Dicionário de relações étnicas e raciais

Dados Internacionais de Catalogação na Publicação (CIP)
(Câmara Brasileira do Livro, SP, Brasil)

Cashmore, Ellis.
Dicionário de relações étnicas e raciais / Ellis Cashmore com Michael Bonton. [et al.]; [tradução: Dinah Kleve]. – São Paulo: Selo Negro, 2000.

Título original: Dictionary of race and ethnic relations.
Vários colaboradores.
Bibliografia
ISBN 978-85-87478-06-1

1. Relações étnicas – Dicionários 2. Relações raciais – Dicionários I. Banton, Michael. II. Título.

00-0764   CDD-305.8003

Índice para catálogo sistemático:
1. Dicionários: Relações étnicas: Ciências sociais   305.8003
2. Dicionários: Relações raciais: Ciências sociais   305.8003
3. Relações étnicas: Dicionários: Ciências sociais   305.8003
3. Relações raciais: Dicionários: Ciências sociais   305.8003

www.selonegro.com.br

EDITORA AFILIADA

Compre em lugar de fotocopiar.
Cada real que você dá por um livro recompensa seus autores
e os convida a produzir mais sobre o tema;
incentiva seus editores a encomendar, traduzir e publicar
outras obras sobre o assunto;
e paga aos livreiros por estocar e levar até você livros
para a sua informação e o se entretenimento.
Cada real que você dá pela fotocópia não autorizada de um livro
financia um crime
e ajuda a matar a produção intelectual de seu país.

Dicionário de relações étnicas e raciais

E LLIS C ASHMORE

SELO
NEGRO

Do original em língua inglesa
DICTIONARY OF RACE AND ETHNIC RELATIONS
Copyright© 1984, 1988 by Routledge & Kegan Paul
Copyright© desta edição 1996 by Routledge
Direitos desta tradução adquiridos por Summus Editorial

Tradução: **Dinah Kleve**
Projeto gráfico e capa: **Nelson Mielnik e Sylvia Mielnik**
Editoração eletrônica: **Acqua Estúdio Gráfico**
Consultoria editorial: **Miriam Santos Leiner**
Editora responsável: **Heloisa Pires Lima**
Impressão: **Sumago Gráfica Editorial Ltda.**

Selo Negro Edições
Departamento editorial:
Rua Itapicuru, 613 – 7º andar
05006-000 – São Paulo – SP
Fone: (11) 3872-3322
Fax: (11) 3872-7476
http://www.selonegro.com.br
e-mail: selonegro@selonegro.com.br

Atendimento ao consumidor:
Summus Editorial
Fone: (11) 3865-9890

Vendas por atacado:
Fone: (11) 3873-8638
Fax: (11) 3873-7085
e-mail: vendas@summus.com.br

Impresso no Brasil

Em memória de
Barry Troyna
1952-1996
Um intelectual pioneiro e querido amigo

Sumário

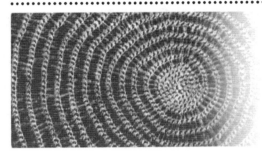

Colaboradores 9
Introdução 11
Dicionário 25
Índice Remissivo 567

Colaboradores

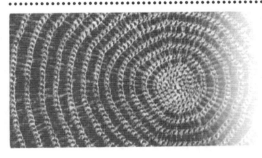

Ellis Cashmore
Professor de sociologia – Universidade de Standford

COLABORADORES

Michael Banton – Professor emérito de sociologia – Universidade de Bristol
James Jennings – Professor de ciência política – Universidade de Massachusetts
Barry Troyna – Professor de educação – Universidade de Warwick
Pierre L. Van Den Berghe – Professor de antropologia e sociologia – Universidade de Washington

COLABORADORES ESPECIALIZADOS

Heribert Adam – Universidade Simon Fraser
Molefu Kete Asanti – Universidade Temple, Filadélfia

Stephane Athey – Universidade Stetson
Carl Bagley – Universidade de Staffordshire
Kingsley Bolton – Universidade de Hong Kong
Roy L. Brooks – Escola de Direito de San Diego
Richard Broome – Universidade La Trobe – Melbourne
Bonnie G. Campodonico – Universidade de Santa Clara
Robin Cohen – Universidade de Warwick
James W. Covington – Universidade de Tampa
Guy Cumberbatch – Universidade de Aston
John A. Garcia – Universidade do Arizona
Ian Hancock – Universidade do Texas
Michael Hechter – Universidade do Arizona/Universidade de Oxford
Gita Jairraj – autor independente – Londres
Robert Kerstein – Universidade de Tampa
Zeus Leonardo – Universidade da Califórnia
Timothy J. Lukes – Universidade de Santa Clara
Peter MCLaren – Universidade da Califórnia
Eugene McLaughlin – Universidade Aberta
Robert Miles – Universidade de Glasgow
Kogila Moodley – Universidade da Colúmbia Britânica
Marshall Murphree – Universidade do Zimbábue
George Paton – Universidade de Aston
Peter Ratcliffe – Universidade de Warwick
Amy I. Shepper – Universidade do Sul da Flórida
John Solomos – Universidade de Southampton
Stuart D. Stein – Universidade da Inglaterra Ocidental
Betty Lee Sung – Faculdade Municipal de Nova York
Steven Vertovec – Universidade de Warwick
Loretta Zimmerman – Universidade de Portland

Introdução

O que torna a questão racial algo tão difícil de tratar, tão refratário a qualquer tipo de política, programas ou medidas conhecidas? Mais de trinta anos após a primeira legislação criada para atenuar os efeitos da discriminação, ainda encontramos provas evidentes de racismo na vida pública e privada. Quatro episódios-chave, ocorridos após a publicação da terceira edição deste livro, voltaram a nos alertar para o fato de que o racismo continua sendo uma implacável e deprimente questão dos nossos tempos. São poucos os temas, se é que há outros, que demandam tanta atenção e esforço com tão poucos frutos. Toda vez que "baixamos a guarda", uma nova descoberta revela a complexidade, a virulência e a absoluta obstinação daquilo que notadamente tornou-se *o* problema do século XX.

Durante o julgamento de O.J. Simpson, 1994-95, pesquisas indicavam uma curiosa diferença na interpretação das provas e testemunhas apresentadas. Somente 5% dos brancos que responderam à pesquisa de opinião pública acreditavam que Simpson era inocente, enquanto 20% estavam convencidos de que ele era culpado antes de o julgamento haver sequer começado. Vinte e oito por cento dos negros afirmaram ter certeza de que Simpson era inocente da acusação dos golpes brutais desferidos contra Nicole Simpson, na noite de 12 de junho de 1994, nos degraus do apartamento dela, em Brentwood. (Para mais informações a respeito do caso Simpson, ver *Causes célèbres*.)

Quando se aproximava a data da conclusão do julgamento, surgiu uma obstinada simetria: 64% dos brancos entrevistados consideravam as provas encontradas convincentes e, caso fizessem parte do júri, teriam condenado o réu; confrontados com as mesmas provas, 55% dos afro-americanos optariam por uma absolvição.

Quatro anos antes, em 1991, uma pesquisa de opinião pública do *Wall Street Journal* e da NBC News revelara um "abismo entre os pontos de vista" de brancos e afro-americanos. Os primeiros enxergavam um país onde as relações entre eles e os negros haviam melhorado na última década, enquanto estes enxergavam exatamente o oposto. Uma das questões mais pungentes a dividir esses dois grupos relacionava-se à assistência do governo federal. Esforços nessa direção foram bem recebidos pela comunidade negra, especialmente as ações afirmativas, mas os brancos os colocavam em dúvidas e encorajavam os negros a se defender por conta própria.

Vários estudos foram caracterizando os Estados Unidos como o que o escritor Andrew Hacker chamou de "duas nações" separadas por problemas raciais. A política segregacionista, que se manteve durante muito tempo depois do fim da escravidão, deixou uma marca indelével nas instituições, costumes, crenças, línguas, culinária etc. Isso era de se esperar. Não tão compreensível, porém, foi a mudança ocorrida na consciência, no enfoque, na mentalidade. Era como se negros e brancos estivessem olhando o mundo por prismas inteiramente diferentes.

Aqueles desejosos de explicar essa diferença com base na natureza, em oposição ao fenômeno social, encontrariam sustentação na pesquisa de Richard Herrnstein e Charles Murray, publicada em 1994 sob o título de *The Bell Curve*. A sensação provocada por essa publicação é o segundo dos nossos eventos centrais. (Ver **Inteligência e raça**.)

Requentar pratos para lá de cozidos raramente rende uma refeição satisfatória. Fazer o mesmo com debates científicos, porém, pode por vezes ter resultados diferentes. O debate provocado por Herrnstein e Murray teve início na década de 1960, com Arthur Jensen, que alcançou a desonra internacional após publicar os resultados de sua pesquisa num respeitável jornal científico, o *Harvard Educational Review*. "Como podemos elevar o QI e o aproveitamento escolar?" era o título do artigo. O projeto desse autor era decifrar o enigma "natureza x educação". A inteligência é algo com o qual já nascemos ou que adquirimos à medida que crescemos?, perguntava-se ele, embora em termos mais eruditos. Seu desejo era, mais especificamente, testar a inteligência de três grupos de crianças: brancas, negras e latinas. Jensen verificou que os resultados obtidos pelos negros eram em quinze pontos inferiores aos dos brancos. Nada de surpreendente nisso. Surpresa teria sido se as crianças afro-americanas tivessem se saído melhor, tendo em vista o histórico de escravidão e privação de direitos civis a que elas e seus antepassados foram submetidos; o impacto desse e de outros fatores no desenvolvimento intelectual é patente.

Jensen, porém, não aceitou que aspectos sociais, culturais ou ambientais, ou seja, a parte da equação referente à educação, fossem as causas fundamentais dos resultados persistentemente baixos das crianças negras. De acordo com suas conclusões, os genes eram em 80% responsáveis pela inteligência humana. A natureza, nos seus experimentos, ganhava de dez a zero. Embora, como enfatizou Jensen, o espírito da pesquisa fosse puramente de investigação científica, suas conclusões "confirmaram as suposições" dos racistas à procura de verdades (se isso não for um paradoxo): os caucasianos são mais inteligentes que outros grupos, considerados raças, e a razão disso reside na biologia – não há nada a fazer a respeito: os negros são naturalmente inferiores.

O vencedor do prêmio Nobel, William Shockley, jogou o seu bisturi por terra quando propôs que os negros fossem esterilizados para evitar que passassem seus genes inferiores adiante. Ao contrário de Jensen, Shockley não insistiu que seus motivos eram puros. Poucos acreditariam nele mesmo.

O notório artigo de Jensen e suas descobertas atearam fogo ao debate que só morreria anos depois, após vários outros estudos terem produzido resultados contrastantes. Poucos se deram conta das brasas adormecidas. Anos mais tarde, *The Belll Curve* – assim intitulado numa alusão à parábola formada pelo resultado da pesquisa a respeito da distribuição da inteligência numa população – reforçou a relação sugerida por Jensen entre QI e raça.

Muitos estudos, disseram os autores, demonstraram uma diferença de aproximadamente quinze pontos entre as médias dos resultados de americanos negros e brancos. Havia também provas mais ambíguas de que os asiáticos tivessem obtido resultados significativamente mais altos que os brancos. Herrnstein morreu antes de o livro ser concluído, mas Murray sobreviveu ao trauma e defendeu seu argumento vigorosamente. A natureza pode ser injusta na distribuição dos genes para o talento, mas não determina nossos destinos. *As diferenças de QI não têm tanta importância*, enfatizou Murray. "Nós colocamos em itálico; se pudéssemos, colocaríamos em néon."

A resposta foi tão aguda e ressonante quanto a que se seguiu ao artigo de Jensen. Ninguém considerou seriamente a dócil desculpa de Murray a respeito de os resultados de QI não importarem, nem sua insistência de que eles só nos falavam a respeito das diferenças entre grupos e não entre indivíduos. Na amostra estudada, havia muitos negros que superavam os brancos. Por mais que soasse escorregadio, Murray enfatizou o seu comprometimento com o individualismo: ter nascido num grupo que é coletivamente inferior não significa que o indivíduo deva aceitar a sua inferioridade. Ele deve "alçar vôo" para tão longe quanto o seu talento natural o possa levar ao longo da rota para o sucesso; esta era a idéia principal da mensagem de Murray.

Quando o artigo de Jensen foi publicado, os Estados Unidos estavam sofrendo uma série de mudanças que transfiguraria a sua paisagem social e política. O movimento pelos direitos civis, liderado por Martin Luther King, pôs-se literalmente em marcha, buscando popularidade e erguendo um espelho metafórico para a América branca. A querida e cândida terra, que havia criado a tragédia por sua própria ignorância ou malevolência, transformara a nação separada pela escravidão, fracionando-a por divisões classistas e étnicas. Atormentados pela falta de progresso que se seguiu à decisão do caso *Brown v. Board of Education of Topeka*, em 1954, de desfazer as fronteiras legais que segregavam brancos e negros nas instituições educacionais, os Estados Unidos tiveram de negociar a concessão de plenos direitos civis a uma população afro-americana abertamente insatisfeita e preparada, em algumas instâncias, para assumir as ruas violentamente.

Previsível, a retração branca à política de não-segregação trouxe a indesejada lembrança, para muitos, de que a tradicional instituição da escravidão ainda era favorecida, e que a sociedade segregada que a ela se sucedeu era um movimento na direção errada. Mas o contexto em que *The Bell Curve* foi publicado era totalmente diferente. A decisão da Suprema Corte de limitar as ações afirmativas projetadas para favorecer as minorias marcou uma acentuada guinada para a direita por parte da mais alta corte judicial do país. (Ver **Ação afirmativa**)

Isso nos leva ao terceiro episódio, que tem suas origens em uma ação legal de 1989, levada à presença das autoridades por Randy Pech, branco, dono de uma construtora, cujo projeto de construção de alambrados numa estrada do Colorado foi rejeitado. Porém, outro projeto, mais caro, de uma empresa de propriedade de um latino, a Gonzalez Construction Company, venceu a licitação. O Congresso havia decidido que pelo menos 10% de todo o dinheiro federal gasto na construção de estradas deveria ir para negócios gerenciados por grupos "desprivilegiados". Pech apelou para a corte e, em 1995, obteve uma vitória significativa: os programas de ações afirmativas deveriam ser questionados e mantidos somente se servissem a um "interesse governamental dominante" (*Adarand Constructors, Inc. v. Peña*). Esse julgamento representou uma mudança de doutrina crucial. A corte judicial conteve as interdições de ações afirmativas, mas determinou um padrão bem mais exato para programas preferenciais aceitáveis. Isto constituiu uma vitória para os "irados homens brancos", que colocavam em risco raças que acreditavam que o jogo havia sido justo por tempo mais que suficiente. O fato, porém, agradou também a um crescente número de liberais desiludidos, os quais acreditavam que, longe de ser uma panacéia para erradicar o racismo, as ações afirmativas o tinham na verdade exacerbado, ao perpetuar as próprias divisões raciais que esperavam erradicar.

A decisão, seguida de uma medida judicial que invalidou um programa educacional para atrair estudantes brancos para escolas predominantemente de negros em Kansas City, deixou os líderes de minorias perplexos. Curiosamente, Clarence Thomas, juiz conservador afro-americano nomeado em meio a controvérsias durante a administração Bush, votou por uma revisão da ação afirmativa, usando como argumento que, por trás desses programas, se escondia "uma teoria de injúria professada a partir de uma inferioridade negra". O próprio Thomas, ironicamente, beneficiou-se de um desses programas. (Ver **Thomas, Clarence**)

Organizações afro-americanas apontaram que as crianças negras ainda têm uma probabilidade três vezes maior de viver na pobreza que as brancas. (Herrnstein e Murray teriam uma explicação óbvia para isso, é claro.) Elas poderiam ter acrescentado também que os afro-americanos constituem quase 40% da população carcerária do país, têm uma expectativa de vida menor que a dos brancos e que o índice de mortalidade infantil entre eles quase dobrou. (Ver **Afro-americanos**.) O uso e o tráfico de drogas também é desproporcionalmente alto entre os negros. (Ver **Drogas e racismo**.)

A ação afirmativa foi o principal impulso na luta dos Estados Unidos contra o racismo e a discriminação racial desde meados da década de 1970. A Grã-Bretanha, nunca tendo experimentado a segregação *de jure* e os múltiplos favoritismos que ela engendra, não via necessidade de tais esquemas preferenciais. Optou por uma política igualitária, mais conservadora de oportunidades, como meio de reduzir as desigualdades raciais que foram expostas com as revoltas civis da década de 1980. (Ver **Oportunidades iguais e Revoltas: Grã-Bretanha.**)

Diferente da ação afirmativa, o enfoque britânico tornou necessária a equalização das condições de entrada no mercado de trabalho e promoções. Quando as principais companhias começaram a definir tendências e a adotar políticas de oportunidades iguais, acreditou-se que a solução para os problemas raciais na Grã-Bretanha havia sido descoberta. No início da década de 1990, efetivamente todos os empregadores reestruturaram suas políticas de contratação, de modo a possibilitar igualdade de oportunidades. Os anúncios de emprego traziam apêndices padronizados, com mensagens do tipo "é um empregador que oferece oportunidades iguais, selecionando e promovendo estritamente por mérito. A companhia dá preferência a aplicações de...", seguindo-se uma descrição de grupos minoritários.

A premissa de oportunidades iguais é a de que a raiz dos males do racismo reside na oferta disparatada de emprego. Historicamente, as maiores rebeliões e agitações na Grã-Bretanha foram fomentadas por questões relacionadas a trabalho. Na década de 1950, os ataques aos negros foram desencadeados pelos brancos que viam nos imigrantes sul-asiáticos e caribenhos competidores indesejados num mercado de trabalho em transformação. As agitações da década de 1980 tiveram como pano de fundo índices insuportavelmente altos de desemprego, e os jovens negros eram o grupo mais afetado. Acreditava-se que se a estratificação do mercado de trabalho pudesse ser amenizada, o racismo e os problemas a ele associados poderiam ser superados. Pressuposição razoável, que funcionou relativamente bem por uma década. As agitadas ruas da Inglaterra pareciam ser coisa do passado.

Foi desencorajador, portanto, descobrir – de acordo com um registro oficial publicado em 1996 – que o abuso racial havia crescido. As estatísticas da polícia mostraram que o número de incidentes violentos, dos quais o fator desencadeante havia sido o racismo, aumentara em 25% entre 1993-94, a maior parte deles tendo ocorrido em áreas municipais. Isso constitui o nosso quarto episódio: os incidentes registrados incluíam ataques raciais, ameaças, abusos verbais, intimidações, estupros, pichações e distribuição de literatura ofensiva. Estima-se que, nos três anos que precederam janeiro de 1996, tenham ocorrido 12 assassinatos por motivos racistas. O mais "famoso" deles ocorreu em Londres, em 1993: um rapaz de 18 anos de idade, Stephen Lawrence, foi surrado até a morte por jovens brancos enquanto esperava o ônibus no ponto.

Mais tipicamente, uma mãe solteira, negra, com três crianças, foi forçada a se mudar de sua casa em Dagenham, Londres, após anos de molestamento racial. Vários vizinhos brancos de meia-idade gritavam constantemente abusos contra ela, ameaçavam os seus filhos e diziam que iam queimar a sua casa. (Ver **Molestamento: racial e racista.**)

Há duas maneiras de analisar esses eventos. Uma é bem mais otimista que a outra, a saber: o índice real de molestamentos não está em crescimento e pode, na verdade, estar decrescendo. Observa-se, de concreto, o aumento do número de incidentes reportados à polícia. As estatísticas de 1996, sob esse prisma, refletem tanto uma maior boa vontade por parte da polícia em aceitar queixas de ofensas relacionadas ao racismo quanto uma maior confiança por parte das minorias étnicas no sistema judiciário criminal. Em outras palavras, as vítimas acreditavam outrora tão pouco na justiça que não viam grande vantagem em registrar seus infortúnios. Nos meados da década de 1990, essa fé foi reconstituída. (Ver **Polícia e racismo**).

A outra maneira de avaliar o relatório é mais direta: as minorias étnicas estavam sendo agredidas mais regularmente. É possível que as ruas de Londres, Birmingham e Manchester já não se caracterizassem mais como áreas de tensão, mas não havia muito do que se envaidecer: ataques racistas e raciais, outrora vistos como uma reminiscência da década de 70, serviram para lembrar aos britânicos que os seus problemas ainda não haviam desaparecido, quase trinta anos após a primeira legislação criada para tornar a discriminação ilegal. (Ver **Lei: relações raciais (Grã-Bretanha)**

Nesses quatro episódios estão compreendidas algumas das tensões que permeiam os debates atuais sobre raça e relações étnicas. Alguns insistem que a situação geral melhorou desde a guerra, tanto nos Estados Unidos quanto na Grã-Bretanha; outros argumentam que o racismo opera atualmente de maneira mais desafiadora, menos exposta à inspeção. Muitos mantêm-se leais às políticas oficiais criadas para aliviar as conseqüências do racismo, desejando levá-las mais adiante; outros acreditam que elas foram malconcebidas e argumentam que nenhuma política social existente pode curar o que é, em sua origem, um fenômeno individual. Eles encontrariam respaldo nas teorias de Herrnstein e Murray.

As diferenças a respeito das soluções para os problemas provocados pelo racismo são reflexo da falta de consenso sobre a fonte de tais problemas. Podemos até estar nos aproximando de uma época em que haverá mesmo desavenças quanto à possibilidade de uma solução. Intelectuais das mais diferentes correntes políticas já reconhecem essa perspectiva sombria. Arthur Schlesinger, por exemplo, em *The Disuniting of America* (Norton, 1992), desencadeia um intenso e difamatório ataque às tentativas de criação de uma sociedade genuinamente multicultural, num país atualmente "rachado". Schlesinger destrói o que ele chama de "o culto à etnia", que "reverteu o movimento da história americana, produzindo uma nação de minorias – ou pelo menos de representantes de minorias – menos interessada em se unir numa tentativa comum do que em declarar a alienação de uma sociedade opressiva, branca, patriarcal, racista, sexista e classista".

O argumento é um dos muitos usados para questionar a viabilidade, ou, na verdade, o desejo, da criação de uma sociedade multicultural. Os Estados Unidos foram seccionados pelo que Schlesinger classifica de "acúmulo de culturas distintas e invioláveis". A intenção dos Estados Unidos era a de ser uma "nação transformadora, desenvolvendo um caráter nacional único, baseado em ideais políticos comuns e experiências compartilhadas. A grande questão da união não era a de preservar antigas culturas, mas sim forjar uma nova cultura americana". Poderíamos adicionar que a "grande questão" era definida pelos brancos. Schlesinger adiciona alguns argumentos novos à discussão, mas o principal deles continua sendo a assimilação. (Ver **Assimilação**) Esse conceito, aparentemente obsoleto, retornou numa época em que a diversidade étnica está aumentando. A homogeneidade étnica é vista por muitos como indispensável para uma existência pacífica. Schlesinger reconhece que a assimilação, como um ideal, foi outrora uma "força coerciva", na medida em que tentava impor imagens e valores eurocêntricos ou, mais especificamente, anglocêntricos, para todos; contudo, acredita também que é mister que essa diversidade seja traduzida em uma unidade. Uma amálgama desse tipo não agrada a todos, mas não se pode negar a sua urgência nos debates correntes. (Ver **Amálgama**.)

Muitos defensores da diversidade têm, ironicamente, premissas similares, embora as proposições sejam diferentes. Escritores como Molefe Kete Asanti e Leonard Jeffries levantaram dúvidas a respeito da validade do pluralismo étnico ou da heterogeneidade cultural. (Ver **Afrocentrismo**.) O objetivo aqui é o crescimento do poder negro pela revitalização cultural: as contestações e negociações são estratégias projetadas para assegurar um espaço cultural. A subversão da ordem dominante vem por meio de um realinhamento da história e da experiência. Sob essa percepção, a cultura é um campo ativo repleto de possibilidades. Em outras palavras, é preciso encontrar um sentido de coletividade negra para que os afro-americanos possam se fortalecer, e a implicação dessa perspectiva é a de que ela não pode ser alcançada por meio de integração gradual ou de qualquer um dos outros processos idealizados para conduzir a uma sociedade multicultural. A multicultura é vista como uma quimera: uma concepção visionária de caráter híbrido. (Ver **Multiculturalismo**)

Até mesmo o conceito subjacente à maioria das concepções de multicultura foi atacado recentemente. "Falar de etnia permite estabelecer definições raciais mais ou menos explícitas do grupo a ser reintroduzido pela porta dos fundos", escreve Michel Wierviorka, em *The Arena of Racism* (Sahe, 1995), "ou, alternativamente, o termo oferece um disfarce social para problemas aos quais não se deseja referir diretamente."

De modo diferente, Robert Young, em *Colonial Desire* (Routledge, 1995), argumenta que avançar numa concepção fluida de cultura em contraste a fixas e essencialistas noções de raça repetem um erro histórico. "É comum, hoje em dia, alegar que em tais assuntos nós abandonamos a biologia e a ciência e nos encaminhamos para a segurança da cultura", escreve Young. Todavia, "cultura e raça desenvolvem-se juntas, emaranhadas uma na outra". O multiculturalismo e a pluralidade de identidades étnicas que elas encorajam estão nos conduzindo a uma nova forma de essencialismo, tornando-se necessário redefinir identidades individuais e grupais. (Ver **Hibridez**)

É possível que haja uma distância entre a concepção de Young e o enfoque sustentado por Ella Shohat e Robert Stam: "Para nós, a palavra multicultura não tem essência, ela aponta para um debate", escrevem em *Unthinking Eurocentrism* (Routledge, 1994). "Apesar de conscientes de suas ambigüidades, gostaríamos de conduzi-la em direção a uma crítica radical das relações de poder, transformando-a em um grito capaz de reavivar um intercoletivismo mais substancial e recíproco." Essa é uma concepção desafiadora de multicultura que evoca uma "profunda reetruturação e reconceituação das relações de poder entre as comunidades culturais". Em outras palavras, a multicultura é vista como um meio de evitar a "balcanização" insinuada por muitas interpretações, em que grupos se dividem e se subdividem com base em verdadeiras ou supostas diferenças e identidades culturais. Em vez disso, visualiza-se uma conexão e um reagrupamento de minorias para formar "comunidades" mais potentes, preparadas para o poder.

Shohat e Stam chamam isso de "multicultura policêntrica", que "pensa e imagina a partir das margens". "Comunidades minoritárias" não são grupos especialmente interessantes a serem inseridos num núcleo preexistente, "e, sim, participantes ativos e potentes, como a própria essência de uma conflituada história comum". Pluralidade, diversidade e diferença são princípios exaltados pelos defensores da multicultura, embora estes, muitas vezes, não parem para pensar nas implicações de encorajar a coexistência de diversas práticas culturais. O que dizer sobre práticas que submetem as mulheres abertamente, como acorrentá-las pelos pés, extirpar-lhes o clitóris, ainda hoje em uso? É possível que haja participantes "ativos, produtivos" na multicultura; mas é pouco provável que se obtenha a aprovação daqueles que lutam contra a subjugação das mulheres. Se a multicultura é mais que um gesto grandiloqüente, temos de considerar a história, a cultura e, o mais importante, o sofrimento que pode ser por ela causado, como algo mais do que a simples coexistência de bombons diferentes em uma grande caixa de chocolates sortidos. (Ver **Patriarcado e etnia**)

Peter McLaren aventurou-se na busca de uma resolução para essa questão. No artigo "Terror branco e influência oposicional", ele endossa uma "multicultura crítica" (*Multiculturalism: A Critical Reader,* organizado por David T. Goldberg, Blackwell, 1994). "A diversidade tem de ser reconhecida como uma política de análise cultural e de compromisso com a justiça social", escreve. "Temos de voltar a nossa atenção para a opressão estrutural nas formas do patriarcado, capitalismo e supremacia branca." Isso significa que não se deve, apesar de todo o relativismo implicado na multicultura, ceder a um absolutismo residual – como uma oposição invariável à perseguição de mulheres promovida pelo patriarcado ou a divisão de classes engendrada pelo capitalismo.

Etnicidade e multiculturalismo vêm, desde a década de 1970, assumindo o papel de principais alternativas para a sociedade racista – talvez correndo mesmo o risco de se desintegrarem sob esse enorme ônus. É hora, portanto, de reavaliar a importância analítica, os objetivos políticos e as implicações morais desses conceitos. Todos os colaboradores deste volume estão, de algum modo, engajados neste projeto. Todos estudaram, pesquisaram e publicaram teses que ampliaram o nosso conhecimento a respeito do tema racial e das relações étnicas.

Ao preparar esta edição, pedi a eles que atentassem para o desenvolvimento dessas questões nos últimos anos.

Um livro como este precisa mudar tão rapidamente quanto a sociedade. Ele varia constantemente de acordo, tanto com os eventos, quanto com as tendências intelectuais. O desenvolvimento ameaça a adequação da explanação das teorias, e uma disciplina saudável precisa se reabastecer. Em vista do tamanho colossal dos problemas confrontados, esse sinal é pelo menos encorajador. Esta edição reflete esses reabastecimentos.

Muitos termos não se encontram no dicionário, nem foram fundidos com novos significados nos últimos anos. O leitor encontrará, assim, itens recém-registrados em **Outros**, um termo revificado por estudos **Pós-coloniais**. O termo **Hibridez** também faz parte deste volume, assim como **Subalterno**. O próprio termo **Discurso colonial**, revelou-se central, é claro, no que diz respeito a raça e a relações étnicas. Desta vez, o estudo das relações raciais e étnicas gerou um outro entendimento do conceito de raça, ou mais apropriadamente "raça". Além das duas perspectivas das edições prévias, há agora uma terceira "**Raça**" como significante.

O movimento intelectual e social **Feminismo negro** ganhou força nos últimos anos e consta também deste volume. E, como que para perpetuar o espírito inquisidor que guia várias propostas novas, incluí nesta edição **Brancura**, para demonstrar que muito do que tomamos como óbvio precisa ser encarado como problemático.

Os debates a respeito da ação afirmativa nos deram base para refletir sobre as premissas filosóficas de tais programas, trazendo à tona a necessidade de investigar o conceito de **Mérito**. O racismo pode ser apropriadamente pluralizado para captar as suas várias e mutantes manifestações. Uma delas é o racismo do meio, que demanda a nossa atenção. **Multirracial/birracial** são termos que invadiram o nosso vocabulário, apesar de não serem bem-vistos por muitos – como indica o seu registro. *Causes célèbres*, embora não seja um termo popularmente associado a relações raciais e étnicas, é uma nova adição que engloba conceitualmente o crescente número de casos legais *high-profile*, os quais têm atraído a atenção do mundo inteiro por enfocar temas raciais.

A relevância do trabalho do intelectual brasileiro Paulo Freire para as questões raciais e relações étnicas foi reavaliada nos últimos anos, e incluimos um ensaio sobre o seu enfoque teórico. Um novo registro no verbete Roma, popular, embora erroneamente conhecido como "ciganos", foi designado para esta edição. Há ainda um novo registro em *Aztlán*, que é de grande significado para a experiência latina.

Muitos outros termos, tão diferentes entre si, como Darwinismo, Diáspora, Genocídio, Segregação, *Rap* e Xenofobia, foram completamente reescritos para abarcar o significado que adquiriram nos últimos anos. A razão oposta justifica a omissão de outros. Minha decisão neste e em muitos outros assuntos foi influenciada pelos conselhos de outros colaboradores, em especial Michael Banton, James Jennings, Pierre van den Berghe e meu querido amigo Barry Troyna, que morreu tão tragicamente jovem, pouco antes deste livro ficar pronto.

Tive o apoio de uma equipe capaz e criativa, liderada por Seth Denbo, da Routledge. Amy Shepper, da University of South Florida, contribuiu valiosamente em diversas áreas.

Incluo aqui a mesma advertência das outras edições: minha tentativa fracassada de onisciência me tornará inevitavelmente culpado de possíveis erros, muitos deles derivados da tentativa de lidar com assuntos a respeito dos quais não tenho o devido conhecimento. Recebi, nos últimos anos, muitas cartas informando-me a respeito de minhas deficiências, e sou grato a elas. Utilizei as informações recebidas para melhorar esta edição. Gostaria de agradecer aos meus correspondentes e também, antecipadamente, aos que se darão ao trabalho de me escrever no futuro.

ABORÍGENES AUSTRALIANOS

Os aborígenes australianos foram chamados por Claude Lévi-Strauss de "aristocratas intelectuais" das populações antigas, em virtude da rica herança cultural que esses caçadores-coletores desenvolveram na Austrália desde, aproximadamente, 50 mil a.c. Essa população está entre os primeiros navegadores, artistas e pensadores religiosos.

1770-1930: ASSIMILAÇÃO

Em 1770, a soberania de 250 diferentes grupos lingüístico-culturais aborígenes foi contestada por Lt. James Cook, que reivindicou a metade leste do continente australiano para os britânicos. Cook tomou posse do território sem negociações ou acordos, uma vez que julgava que a população nativa, além de pouco numerosa, não havia desenvolvido um trabalho agrícola na terra por ela ocupada. Na Austrália, o colonialismo nasceu com a declaração unilateral e incorreta de Cook de que as terras eram *terra nullius* ou improdutivas – avaliação até hoje posta em dúvida.

Os 300 mil aborígenes (as estimativas de Noel Butlin são 800 mil antes do contato com os brancos, e encontram-se em seu livro sobre a varíola, *Our Original Aggression: Aboriginal Populations of Southeastern Australia, 1788-1850,* Allen & Unwin,1983) foram pressionados pelo avanço de zonas de pastoreio e mineração, as quais se expandiram a partir do sul e da área costeira da Austrália, de 1788 até o final do século XIX. Guerrilhas esporádicas pela manutenção de fronteiras na maior parte do território causaram a morte de cerca de 2 mil colonizadores e possivelmente 20 mil aborígenes. Não houve uma política definida de genocídio, mas os colonizadores tiveram, por várias vezes, o apoio de forças do governo em chacinas locais. Contudo, o choque entre a economia dos caçadores-coletores e o eixo pastoral do capitalismo industrial britânico provocou genocídios não programados. No espaço de uma geração, muitos grupos aborígenes foram reduzidos em mais de 80%, outros desapareceram totalmente em decorrência de doenças introduzidas, do desequilíbrio econômico, dos assassinatos cometidos por brancos e, *inter se,* da redução do índice de natalidade, conseqüência da esterilidade e de outros prejuízos culturais.

Muitos aborígenes buscaram estabelecer contato e não foram vítimas passivas da expansão colonial, apesar dos riscos mortais que corriam. Eles defenderam sua terra e seus recursos, tentaram controlar os colonizadores por meio da reciprocidade e da amizade, e aproximaram-se dos europeus por curiosidade ou desejo de expandir suas oportunidades culturais e o poder de sua tradição. Alguns itens materiais, como o vidro e o aço, foram por eles valorizados, mas somente como complementos para as suas próprias necessidades culturais. Muitos aborígenes, especialmente os do Norte, trabalharam na indústria pastoril, que acabou por suplantar a sua própria economia tradicional; eram mão-de-obra barata, servil e essencial. Sua proximidade com as terras de origem e a indiferença de seus patrões para com a sua cultura impediu a manutenção dos velhos métodos.

Após 1850, a conquista de um governo responsável por parte das colônias australianas colocou os colonizadores, e não o British Colonial Office, no poder político aborígene, fato que levou a um século de controles restritivos e racistas apoiados pelas racionalizações desenvolvimentalista e darwinista sociais. No Sudeste da Austrália, onde duas ou três gerações de contato e miscigenação criaram uma população aborígene de descendência mista, a política buscou, depois de 1886, dar fim ao "problema aborígene" por meio de sua assimilação e absorção. Pessoas de ascendência mista foram forçadas a sair de reservas criadas anteriormente e crianças foram separadas de suas famílias, sob a alegação de negligência, e encaminhadas a orfanatos, casas de treinamento, noviciados ou adotadas por brancos. O verdadeiro motivo das remoções que retiraram aproximadamente 8 mil crianças somente dessa região em apenas 60 anos, afetando a maior parte das famílias aborígenes, foi o fato em si de serem aborígenes. As remoções perduraram até a década de 1970, e somente agora estão sendo realizados reassentamentos mediante consultas a essa comunidade.

No Norte e no Sudoeste, onde os descendentes dos aborígenes permaneceram, na sua maioria, de "sangue puro", a política era confiná-los em reservas sob estrito controle, o que ocorreu com metade deles. Da reserva podiam ser enviados para empregadores brancos como trabalhadores domésticos ou rurais pouco qualificados. Os Atos Aborígenes terminaram com muitos direitos civis, incluindo a liberdade de ir e vir, o direito de adquirir propriedades, a liberdade de escolher com quem casar, especialmente no caso de cônjuges de raças diferentes, o poder sobre a própria família e o direito de praticar atividades culturais. Uma dúzia de missões cristãs assumiu um papel similar, porém de modo mais paternal.

A PARTIR DA DÉCADA DE 1930: AUTO-SUFICIÊNCIA

O ativismo aborígene a partir da década de 1930, a tardia receptividade dos australianos brancos na década de 1950 às demandas aborígenes e a liderança do governo federal propiciaram, na década de 1960, um desmantelamento da legislação estatal discriminatória. Um momento decisivo para essa virada foi o plebiscito de 1967 que decidiu, por maioria esmagadora de votos, incluir os aborígenes no censo, juntamente com os outros australianos, para permitir que o governo federal legislasse a respeito deles. A política passou da assimilação para a integração. O governo liberal reformista trabalhista introduziu, em 1972, uma política de autodeterminação dos povos, transformada em autogerenciamento pelo governo sucessor, liberal-nacionalista. As organizações da comunidade aborígene mesclaram-se com as finanças federais, dando poder às pessoas. O Ato de Direito às Terras do Norte (1976) e a legislação do Sul da Austrália levaram à devolução de um quarto das terras estatais – a maioria árida – para a população aborígene. Essas pessoas tiveram, então, de enfrentar difíceis negociações com uma agressiva indústria de mineração. Nessa época, além das pressões externas, uma profusão de administradores e cientistas sociais os "descobriu".

O grande otimismo da década de 1970 em relação aos assuntos aborígenes foi abrandado pelas crescentes dificuldades econômicas e políticas da década de 1980, que os excluíram da pauta principal. Um avanço na questão do direito às terras australianas foi detido por um recuo na posição da população branca na década de 1980. As reservas autogerenciadas cederam lugar a um novo colonialismo de previdência social – quando burocratas brancos e negros começaram a estabelecer fundos gerais e prioridades para o desenvolvimento comunitário, deixando que as comunidades aborígenes locais decidissem a respeito de trivialidades dentro dos limites impostos.

A população aborígene, menos de 2% da população total australiana, continua sendo marginalizada e submetida a condições desfavoráveis, apesar das leis antidiscriminatórias. Parte do confinamento social deve-se ao desejo de solidariedade cultural por parte desse povo, mas o preconceito branco também desempenha um importante papel. A expectativa de vida, saúde, renda, educação e poder político dos aborígenes ainda está dramaticamente abaixo da do restante dos australianos, apesar dos consideráveis programas de subsídio. Os índices de abuso de drogas e aprisionamento são dez vezes mais altos entre eles. Recentes pesquisas de opinião revelaram que dois terços dos australianos concordam que os aborígenes sofrem com a desigualdade social e econômica. As quase cem mortes de aborígenes detentos em sete anos levaram à criação da Comissão Real (1987-91). Embora a grande maioria das mortes não tenha sido caracterizada como criminosa, a comissão condenou o tratamento racista e indiferente dado pelos oficiais de prisão, polícia e comunidade. Esse fato gerou novos regimes de tratamento dos presos, além do levantamento de 4 bilhões de dólares para programas de reabilitação, trabalho e educação voltados para os aborígenes dependentes de drogas. Essa comissão, que obteve uma enorme publicidade, também alertou o público para o problema da remoção de crianças aborígenes desde 1900.

A Comissão Real e as celebrações do bicentenário da colonização britânica reavivaram antigos clamores por um pacto entre brancos e aborígenes australianos. Uma comissão governamental representando ambos os lados está criando uma estratégia de reconciliação para 2001, que muitos esperam possa incluir o pacto, ou acordo, nunca concluído em 1788.

Um decreto da Alta Corte no Caso Mabo (1992) – a respeito do direito às terras da ilha de Murray em Torres Strait – finalmente demoliu a noção de *terra nullius*. Após um ano de feroz controvérsia, o governo Keating Labor aprovou o notório Ato do Título Nativo no ano de 1993, dando à população aborígene, tradicionalmente ligada às terras vagas da Coroa, a oportunidade de requisitar o título de nativo comunitário. Contudo, disputas legais e decisões da Alta Corte deixaram os requerimentos num impasse por mais de dois anos, criando grande ansiedade entre os aborígenes, as companhias de mineração e os arrendatários pastorais brancos.

A decisão da Corte Federal, em 1995, a respeito da reivindicação do "título nativo" por parte dos Wilk (península de Cabo York), alegando que os contratos de arrendamento pastorais extinguiram esse título, gerou uma nova reconciliação, no início de 1996, entre os pastoralistas locais e os aborígenes, para evitar qualquer ação suplementar da Alta Corte. As partes reconheceram mutuamente o arrendamento e o "título nativo" e concordaram em estabelecer acordos de acesso voluntários. O governo federal concordou em financiar a administração ambiental dos dois partidos e patrocinar o registro, como Patrimônio da Humanidade de metade da Península de Cabo York – uma imensidão de 17 milhões de hectares de floresta tropical e pântanos.

A cultura aborígene tradicional, sufocada durante um século por um controle paternalista, está agora renascendo nas áreas rurais, e nas urbanas, onde vários aborígenes estão reivindicando as suas origens. Um renascimento artístico, envolvendo desde remotas comunidades a jovens em prisões, gerou grande orgulho e interesse internacional.

LEITURAS SUGERIDAS

Aboriginal Australians, de Richard Broome (2ª ed., Allen & Unwin, 1994), apresenta um panorama de dois séculos de contato cultural.

Australians for 1788, organizada por J. Mulvaney & P. White (Fairfax, Syme & Weldon, 1987), descreve a diversidade de caçadores-coletores tradicionais na Austrália, e pode ser lido em conjunto

com *Economics and Dream-time*, de Noel Butlin (Cambridge University Press, 1993).
Koori, A Will to Win, de J. Miller (Angus & Robertson, 1985), é a primeira versão da história de brancos e negros feita por um escritor aborígene desde 1788.
Annual Bibliography (1975-76), Australian Institute of Aboriginal and Torres Strait Islander Studies, é um guia de fontes.

Ver também: GENOCÍDIO; ÍNDIOS AMERICANOS; POPULAÇÕES NATIVAS

RICHARD BROOME

AÇÃO AFIRMATIVA

Esta política é voltada para reverter as tendências históricas que conferiram às minorias e às mulheres uma posição de desvantagem, particularmente nas áreas de educação e emprego. Ela visa ir além da tentativa de garantir igualdade de oportunidades individuais ao tornar crime a discriminação, e tem como principais beneficiários os membros de grupos que enfrentaram preconceitos.

EMPREGO

O Ato dos Direitos Civis de 1964 pode ser considerado o primeiro esforço norte-americano em legislar sobre ações relativas a emprego, e que serviu de base para as ações posteriores. O Título VII deste Ato proibia a discriminação nos critérios de contratação com base em raça, sexo, religião e origem natural. A legislação também criou a Comissão para Oportunidades Iguais de Emprego (Equal Employment Opportunity Commission, EEOC) para investigar acusações de discriminação no trabalho. A EEOC, inicialmente, era obrigada a repassar os casos para a Divisão de Direitos Civis do Departamento de Justiça; todavia, em 1972, o Congresso acrescentou uma emenda ao Título VII, aprovando o Ato de Oportunidades Iguais de Emprego. Essa legislação autorizou a EEOC a processar empregadores de entidades privadas em cortes de distritos federais, caso as tentativas de conciliação voluntária falhassem. Ela também permitiu ao Departamento de Justiça levar os governos local e estadual à corte para impugnar suas práticas de contratação. Ainda que muitos tenham visto o Título VII como mera proteção contra a discriminação, várias decisões judiciais o interpretaram como uma justificativa para programas de ações afirmativas.

No que se refere a contratações, o caso *United Steelworkers of America v. Weber*, 1979, apresentou uma decisão significativa. Este foi o primeiro caso ligado ao Título VII a ser apresentado à Suprema Corte, no qual o queixoso alegava "discriminação invertida". A corte considerou que o plano de ação afirmativa acordado entre ambos, a companhia e a união, que incluía promoções preferenciais para os trabalhadores negros da companhia, era uma política aceitável, projetada para aumentar as oportunidades de trabalho das minorias, e não constituía "discriminação invertida". A corte acatou o plano, apesar de a companhia ter sido julgada culpada em casos anteriores de discriminação. A Suprema Corte decidiu que, pelo menos naquele plano voluntário, o Título VII não proibia planos de ação afirmativa para questões raciais.

Em *Johnson v. Transportation Agency, Santa Clara County*, 1987, a Suprema Corte mais uma vez julgou uma ação afirmativa voluntária legítima, com base no Título VII. A Corte observou que o plano pode ser aceitável até mesmo quando a disparidade nos critérios de contratação por motivos raciais ou sexuais deve-se a forças sociais que estão além do controle do empregador, e não a sua própria discriminação individual.

A Suprema Corte também ordenou a impugnação de ações afirmativas com base no Título VII (por exemplo, *Sheet Metal Workers Local 28 v. EEOC, United States v. Paradise*, 1987), apesar de haver esclarecido que daria preferência a planos decretados pela justiça sob circunstâncias mais limitadas em detrimento de planos voluntários. No caso da *Sheet Metal Workers*, por exemplo, a Corte decretou que uma ação afirmativa tem de ser a remediação de uma discriminação passada, embora a maioria concordasse que a reparação afirmativa não se restringisse somente às vítimas diretas da discriminação.

Embora o Ato de Direitos Civis de 1964 não tenha sido originalmente aplicado aos empregadores federais, os presidentes Kennedy, Johnson e Nixon apoiaram os esforços a ações afirmativas durante seus mandatos. Em 1961, Kennedy declarou que a política da bancada executiva era a de encorajar as "medidas positivas de oportunidades iguais para todas as pessoas qualificadas no governo", reafirmada por Johnson em 1965, na Ordem Executiva nº 11 246. Nixon despachou uma ordem executiva em 1969 requisitando que todas as agências federais desenvolvessem um programa de ação afirmativa para superar discriminações passadas. As emendas de 1972 ao Título VII estenderam aos empregadores federais as mesmas proteções dadas aos empregadores de entidades privadas, dando à jurisdição da EEOC um reforço extra no que se refere ao serviço federal.

IMPACTO DISCREPANTE E DECRETOS DE CONCESSÃO

Uma importante promulgação da Suprema Corte foi a que estabeleceu os critérios para se provar a discriminação, os quais passaram a servir de base para acordos de ações afirmativas. Em *Griggs v. Duke Power Company,* 1971, a Corte decidiu que o Título VII proibia ostensivamente as práticas indeterminadas de contratação que não se relacionavam ao desempenho profissional. A Corte aceitou a proposição de impacto diferenciado como base para recursos de ações afirmativas e decidiu que o queixoso, em vez de mostrar o intento discriminatório por parte do empregador, tinha de apresentar informações que mostrassem que mulheres ou membros de alguma minoria estavam desproporcionalmente sub-representados na firma ou categoria de trabalho. Neste caso, um grupo de empregados afro-americanos acusava a companhia de discriminação com base no Título VII, argumentando que a exigência de que os candidatos tivessem o diploma de segundo grau diminuía a probabilidade de os negros serem contratados. Ficou decidido que o ônus da prova cabia ao empregador, estando a seu encargo provar que os critérios básicos para a contratação eram uma necessidade legítima e estavam claramente relacionados ao bom desempenho dos trabalhadores. Mesmo que o empregador conseguisse justificar tal prática, o queixoso ainda podia vencer a causa se provasse que havia outras atitudes válidas disponíveis para o empregador, as quais causariam menos impacto. No caso *Wards Cove Packing Company v. Atonio*, 1989, contudo, a Suprema Corte, que na época contava com várias nomeações do presidente Ronald Reagan, conferiu ônus de prova maior ao queixoso, o qual tinha de demonstrar que o critério de bom desempenho no trabalho discriminava especificamente as minorias ou as mulheres. Mais que isso, se os queixosos decidissem argumentar que várias práticas de contratação criavam um impacto disparatado, os mesmos tinham de mostrar a disparidade criada por essa prática, em separado. A Corte também diminuiu a responsabilidade do empregador em justificar a sua prática de contratação. Os congressistas liberais deram início, imediatamente, a uma ação legislativa para invalidar a jurisprudência do caso *Wards Cove* e reavivar a do caso *Griggs,* o que se consumou com o Ato de Direitos Civis de 1991.

Durante a mesma sessão em que deliberou sobre o caso *Wards Cove*, a Suprema Corte decidiu a respeito de vários outros casos relacionados a programas de ações afirmativas. Um dos mais significativos foi o *Martin v. Wilks.* Supunha-se, de modo geral, que os "decretos de concessão" que resultavam em programas de ações afirmativas não fossem passíveis de impugnações, por parte da Corte, com base em alegações de discriminação invertida por aqueles que não tivessem participado diretamente do ocorrido. No caso *Martin*, a Suprema Corte considerou legítima uma petição assinada por vários bombeiros brancos de Birmingham, Alabama, contra um decreto de concessão aceito pela cidade, pelos bombeiros negros e pelo governo federal. A petição sustentava que aqueles que alegavam discriminação invertida podiam impugnar decretos de concessões, conquanto não participassem dos processos originais em que os decretos foram aceitos. Também esta decisão foi derrubada pelo Ato de Direitos Civis de 1991.

CONTRATOS GOVERNAMENTAIS

O governo federal concentrou seus esforços de ações afirmativas nos beneficiários de contratos federais. O presidente Lyndon B. Johnson publicou a Ordem Executiva nº 11 246, em 1965, a qual proibiu que os contratantes federais incorressem em discriminação com base em raça, religião ou origem. O Gabinete de Anuência de Contratos Federais (The Office of Federal Contract Compliance, OFCC) do Departamento de Trabalho (reorganizado em 1978 para se tornar o Gabinete de Programas de Anuência de Contratos Federais) foi estabelecido em 1966 para regulamentar essas contratações. Em 1968, o OFCC determinou que todos os contratantes com mais de 50 empregados e contratos com valores acima de US$ 50 mil criassem planos de ações afirmativas; em 1969, requereu que alguns empreiteiros da indústria de construção estabelecessem metas e agendas para a contratação de minorias. A política ficou conhecida como "aquiescência de contratos".

O Ato de Contratação para Trabalhos Públicos (The Public Works Employment Act) de 1977, emenda do Ato de Desenvolvimento e Investimento de Capital para Trabalhos Públicos Locais (Local Public Works Capital Development and Investment Act) de 1976, foi um importante passo legislativo no que se refere à ação afirmativa na contratação de minorias. Ele estabelecia que pelo menos 10% dos fundos federais concedidos para projetos em locais públicos fossem usados pelo governo local ou estatal para comprar mantimentos ou serviços de empresas de minorias. A Suprema Corte rejeitou, no caso *Fullilove v. Klutznick*, 1980, uma impugnação a essa ação congressual.

Contudo, no caso *Richmond v. J. A. Croson*, 1989, a Corte estreitou as premissas sobre as quais os governos local e estadual podiam estabelecer programas econômicos para minorias, na ausência de um mandato legislativo federal. Neste caso, a Corte invalidou um programa da cidade de Richmond para contratantes de minorias. Richmond havia reservado 30% do dinheiro para trabalhos públicos a firmas de construção de propriedade de minorias, depois de um estudo haver provado que somente uma pequena porcentagem de seus contratos de construção havia sido concedida a minorias. A Corte decretou que Richmond teria de provar a existência prévia de discriminação aos contratantes de minorias para poder implementar o seu programa. Como resultado, várias cidades que adotaram os programas de Empresas de Negócios de Minorias, como forma de assegurar que grupos prejudicados se beneficiassem dos contratos governamentais para construção e comprassem produtos e serviços, tiveram de elaborar um estudo minucioso para comprovar a discriminação prévia contra grupos particulares e adaptar seus programas cuidadosamente às conclusões oficiais desses estudos.

A Suprema Corte procedeu de maneira similar em *Adarand Constructors Inc. v. Peña*, em 1995. Esse caso dizia respeito a uma política do Departamento Federal de Transportes, que oferecera um bônus aos empreiteiros que contratassem empresas "desprivilegiadas" como subcontratantes, pressupondo que os contratantes de minorias pudessem ser classificados nessa categoria. A maioria decretou que os programas de ação afirmativa federal deveriam ser submetidos a uma "estrita investigação por parte das cortes judiciais", o que significava "estreitamente talhadas" antes de levar adiante um interesse governamental dominante. A Suprema Corte enfatizou que os programas de ações afirmativas deveriam ser analisados para assegurar que não fosse infringido o direito pessoal de igual proteção por parte das leis.

Educação

Além das ações afirmativas relacionadas às contratações, também as relativas às questões educacionais foram apresentadas à Suprema Corte. A decisão mais discutida nesse âmbito foi a do caso *Regent of the University of California v. Bakke*, 1978. Paul Allen Bakke conseguiu contestar o programa de ações afirmativas da Universidade de Medicina da Califórnia, que mantinha várias vagas exclusivas para minorias. Bakke havia-se candidatado para admissão, mas fora recusado, apesar de ser mais bem qualificado que alguns dos candidatos admitidos como parte da cota da Universidade. Embora uma Suprema Corte profundamente dividida tenha decidido a favor de Bakke, a maioria dos juízes também concluiu que os candidatos pertencentes à minoria deveriam receber algum grau de consideração extra na política de admissões da Universidade.

A ação afirmativa foi uma das questões da política pública mais ferozmente debatidas nas últimas duas décadas. A administração conservadora de Ronald Reagan usou-a para fortalecer o apoio político da classe trabalhadora branca ao seu governo, e nomeou membros, para o EEOC e para a comissão de Direitos Civis, que não eram simpáticos aos programas de ações afirmativas que ofereciam benefícios a grupos específicos. O governo Clinton tentou estabelecer um caminho intermediário em resposta aos esforços por ações afirmativas, sugerindo que elas eram apropriadas somente em determinadas circunstâncias. Contudo, em março de 1996, o governo anunciou a sua intenção de limitar as preferências para os contratantes de minorias.

Leituras sugeridas

Equality Transformed: A Quarter-century of Affirmative Action, de Herman Belz (Transaction, 1991), esboça a história de políticas e programas.

Debating Affirmative Action: Race, Gender, Ethnicity and the Politics of Inclusion, organizado por Nicolaus Mills (Delta Books, 1994), avalia os prós e os contras dessas medidas.

Turning Back: A Retreat from Racial Justice in American Thought and Policy, de Stephen Steinberg (Beacon Press, 1995). O capítulo 8 dessa obra é especialmente útil.

Ver também: DIREITOS CIVIS NOS ESTADOS UNIDOS; LEIS; MÉRITO; OPORTUNIDADES IGUAIS, RACISMO INSTITUCIONAL

ROBERT KERSTEIN

ÁFRICA

A história das relações étnicas e raciais na África antecede a conquista colonial européia em vários milênios. O continente foi varrido por numerosas ondas de migração, e incontáveis grupos foram conquistados por impérios multiétnicos. Na verdade, o colonialismo europeu fez a sua primeira incursão na África há mais de dois mil anos, e atingiu larga escala com a conquista de Cartago por Roma em 146 a.C. A cristandade ingressou na Etiópia no século IV; os árabes conquistaram a África do Norte no século VII; e o Islã atravessou o Saara nos primeiros anos do segundo milênio. Toda a costa leste da África estabeleceu relações comerciais com a Arábia, a Índia, a Indonésia e a China por pelo menos 3 mil anos. No interior, houve ascensão e queda de grandes impérios multiétnicos no cinturão do Sudão, desde o Senegal até a Etiópia.

Os países da África central, oriental e do sul eram, de modo geral, menores, um pouco mais novos e mais etnicamente homogêneos, embora parte deles também fosse etnicamente estratificada em conseqüência das conquistas. Alguns deles desenvolveram um racismo inato, como os reinos de Ruanda e Burundi, onde uma minoria tuzi de 15% da população dominou lavradores hutu e servos twa. A alegação de superioridade dos tuzi era baseada, em boa parte, na estatura de suas torres.

A segunda metade do século XV marca a expansão portuguesa ao longo da costa africana. Os portugueses foram sucedidos nos séculos XVI e XVII por outras potências marítimas da Europa ocidental, principalmente ingleses, franceses, espanhóis, holandeses e dinamarqueses. A colonização holandesa no cabo da Boa Esperança, em 1652, marca a criação da primeira colônia européia considerável na África abaixo do Saara, o embrião da atual África do Sul.

As relações da Europa com a África no período de 1500 a 1850 foram dominadas pelo comércio de escravos para suprir a demanda de mão-de-obra das colônias européias do Novo Mundo. Ao contrário da crença comum, o mercado de escravos lançou mais freqüentemente os africanos contra os próprios africanos, e os europeus contra os próprios europeus, do que os africanos contra os europeus. Na maioria das vezes, foram os africanos que empreenderam guerras contra seus vizinhos a fim de escravizá-los ou evitar serem por eles escravizados, e então "pacificamente" vendidos aos mercadores de escravos europeus na costa. Os europeus, por sua vez, competiam ferozmente entre si para ter acesso ao lucrativo mercado e obter o controle dos mares. Ao todo, estima-se que 15 milhões de africanos acorrentados tenham cruzado os mares, vindos principalmente da parte oeste da África, mas também da região do Zaire-Angola, e no século XIX, cada vez mais da região leste da África. O mercado de escravos da África oriental estava centralizado em Zanzibar, sendo estes o principal produto dos comerciantes árabes. O comércio mais intenso ocorreu durante o último século do tráfico de escravos (1750-1850), excedendo freqüentemente os 50 mil por ano.

Depois da proibição do tráfico e da abolição da escravatura, a relação entre a África e a Europa entrou em nova fase. O comércio "oficial" continuou, enquanto o interior foi gradualmente sendo invadido por "exploradores", missionários e expedições militares. A França conquistou a Argélia em 1830; os bôeres e os britânicos estenderam os seus avanços territoriais na África do Sul, de 1830 a 1850. Em 1870, a competição já estava acirrada, e consistia num conjunto de golpes dados pelos colonizadores que disputavam entre si (na maioria franceses, ingleses, belgas e portugueses e, mais tarde, alemães e italianos), reivindicando vastas faixas do Estado real africano. A Conferência de Berlim de 1884-85 repartiu os "espólios" e estabeleceu as regras básicas da luta pela carcaça africana. Foi somente depois da Segunda Guerra Mundial, contudo, que o poder colonial europeu se arraigou na maior parte da África (exceto Etiópia, Libéria e Egito). Se considerarmos que a Segunda Guerra Mundial marcou o início do fim do colonialismo europeu, a efêmera natureza da dominação política européia na África fica evidente: ela só atingiu determinada solidez pelo período de uma geração.

Muito foi escrito a respeito das diferenças entre as políticas coloniais das várias potências. Os ingleses e os belgas foram provavelmente mais racistas e menos assimiladores que os franceses e portugueses. Os franceses, os portugueses e os belgas tinham administrações coloniais mais centralizadas, baseadas em leis mais diretas, enquanto os ingleses favoreciam o poder indireto, pelo menos onde encontraram grandes comunidades tribais, como no Norte da Nigéria e Uganda. Contudo, as semelhanças entre os colonizadores europeus obscurecem as suas diferenças. A ideologia básica do colonialismo era o paternalismo e a realidade consistia em dominação e exploração.

É freqüente a distinção feita entre as colônias de assentamento e as de exploração. As primeiras (como Argélia, África do Sul, Zimbábue, planalto do Quênia e de Angola) foram fundadas para o estabelecimento rural europeu, com a intenção de abrigar um contingente substancial de colonizadores europeus permanentes. (As áreas menos tropicais do continente foram as preferidas para esse propósito.) Hoje em dia, somente a África do Sul mantém uma população de colonizadores europeus. As colônias de exploração, por outro lado, eram criadas para ser administradas por equipes alternadas de administradores e empresários europeus que exploravam o trabalho nativo para a extração de produtos minerais e tropicais (como algodão, café e cacau). O comércio entre a metrópole e a colônia era baseado em termos desiguais: produtos finais europeus extremamente caros em relação as matérias-primas africanas baratas (na sua maioria minerais, produtos agrícolas e silvestres).

Os ventos da mudança trazidos com a Segunda Guerra Mundial afetaram, a princípio, a relação colonial na Ásia (principalmente Índia, Indochina e Indonésia), mas na década de 1950 os ecos de independência começaram a ser ouvidos também em Argélia, Gana, Quênia e alhures. O movimento Mau Mau no Quênia e a guerra argelina pela independência foram as violentas exceções num processo pacífico da evolução política do poder que levou à grande onda de independências em 1960.

Em meados da década de 1960, somente o terço ao sul da África continuava sob o poder colonial ou do colonizador branco. A luta pela independência no Sul assumiu uma feição violenta quando ficou claro que ela não seria concedida por meio de negociações pacíficas. Angola e Moçambique tiveram de lutar contra os portugueses durante 15 anos, para, enfim, obter sua independência em 1975. A luta no Zimbábue também foi violenta, e a liberdade teve de esperar até 1981. A Namíbia tornou-se finalmente independente em 1990, e a África do Sul só atingiu a sua maioridade depois das eleições de 1994.

Desde a independência, os Estados africanos desenvolveram diferentes relações com a Europa. Algumas elites dominantes dos Estados africanos mantiveram estreitos laços econômicos, políticos, culturais e educacionais com a Europa, em geral, e seu antigo poder colonial, em particular, relação freqüentemente caracterizada como neocolonialismo. Países como Costa do Marfim, Senegal e Quênia são exemplos disso. Outros tomaram um rumo mais militar e tentaram romper seus laços coloniais ou, pelo menos, diversificar as suas dependências. Tanzânia, Guiné, Congo-Brazzaville, Gana e Nigéria encontram-se nessa categoria. Outros ainda tentaram estabelecer alianças com Estados comunistas para conquistar a sua independência, mas acabaram estabelecendo outro tipo de dependência; Angola, Etiópia e Moçambique são exemplos desse caso.

Outra mudança interessante ocorrida com a independência foi a passagem das relações raciais para as relações étnicas. As diferenças de pigmentação entre colonizadores e colonizados transformou a luta pela independência, em certa medida, num conflito entre brancos e negros, apesar de muitos dos movimentos libertários enfatizarem a sua característica não-racial e anti-racista. Depois da independência, contudo, a questão racial caiu na irrelevância, exceto pela hostilidade dirigida a certas "minorias intermediárias", como os asiáticos na África Oriental (Uganda, por exemplo, sob o comando de Idi Amin expulsou os sul-asiáticos de seu território).

Já os conflitos entre os grupos nativos pelos espólios da independência surgiram rapidamente em muitas partes da África. Estigmatizados e tribalistas, esses movimentos foram, na realidade, freqüentemente nacionalistas ou irredentistas. Em alguns casos, os conflitos étnicos levaram a guerras abertas e massacres, como no Sudão, Etiópia, Ruanda, Burundi e Nigéria. Em outros países, o jogo de políticas étnicas, embora fosse uma realidade constante, manteve-se relativamente pacífico.

Há uma confusão terminológica que ainda vigora na análise das relações étnicas africanas. O que é chamado de nacionalismo, na África, em nada se assemelha com o que o termo significa convencionalmente em outros lugares. Como pode o conceito de nacionalismo ser aplicado a Estados multinacionais, como Senegal, Nigéria ou Zaire? Ao contrário, o que é chamado de tribalismo na África equivale freqüentemente ao nacionalismo genuíno. As verdadeiras nações africanas são Ibo, Kikuyu e Ewe, e não Nigéria, Quênia e Togo. Somente algumas dessas nações, como Somália e Suazilândia, têm o seu próprio Estado; a esmagadora maioria faz parte de Estados multinacionais ou, ainda pior, está dispersa por vários Estados. Isso serve, é claro, aos interesses das elites dominantes desses Estados multinacionais para estigmatizar as demandas de uma autodeterminação nacional como tribalistas, adequando-as, assim também, à velha visão colonialista da África como um conjunto de tribos.

Poucos Estados africanos apresentam sinais concretos de estarem se encaminhando para a criação de novas nações que coincidam com suas fronteiras geográficas. As tradições e línguas nativas continuam vigorosas, enquanto as línguas oficiais (francês, inglês, português) são utilizadas para a conveniência das classes dominantes e não como base para a criação de novas línguas nacionais. Somente a Tanzânia, com a efetiva expansão do swahili como verdadeira língua natural, apresenta um claro progresso em relação à fusão de uma multiplicidade de grupos étnicos no que pode vir a ser, a seu tempo, uma nova nação genuína.

LEITURAS SUGERIDAS

The African Slave Trade, de Basil Davidson (Little Brown, 1961), é uma explanação fascinante da parceria África–Europa na questão da escravidão, escrita por um erudito inglês radical.

Race and Ethnicity in Africa, organizado por Pierre L. van den Berghe (East African Publishing House, 1975), apresenta uma coletânea de artigos sobre a África do norte, oeste, leste e sul.

Africa, the Politics of Independence, de Immanuel Wallerstein (Vintage, 1961), é um breve tratado sobre a transição do colonialismo para a independência, escrito por um simpático erudito americano.

Ver também: APARTHEID; COLONIALISMO; ESCRAVIDÃO, RACISMO; ZIMBÁBUE

PIERRE L. VAN DEN BERGHE

ÁFRICA DO SUL

Durante as décadas de 1970 e 80, a política do apartheid sul-africano tornou-se uma das grandes questões morais globais, comparável ao debate a respeito da escravidão ou do fascismo. O apartheid, palavra africaan para segregação, denota um sistema impositivo de classificação racial, segregação residencial e desnacionalização da maioria da população negra, excluída de seus direitos de cidadãos.

Numa população de 36 milhões de habitantes, os brancos, que representam 12%, ocupam o topo da hierarquia racial, seguidos pelos 9% das então chamadas "pessoas de cor" – pessoas de origem mista, mas de *background* cultural africânder –, 3% de indianos – que eram na sua maioria importados como mão-de-obra contratada para os canaviais de Natal em 1860 –, e na base estão os 76% de negros, que eram classificados em nove diferentes grupos lingüísticos com pátrias tribais. Os brancos estão divididos em 60% de africânderes, que controlam o poder político na forma de burocracia estatal, e 40% de falantes da língua inglesa, que historicamente dominaram uma economia de Primeiro Mundo com sofisticados recursos e manufatura a custa da exploração da probreza e da dominação em países do Terceiro Mundo.

O padrão de vida vergonhosamente desigual, baseado num sistema de diferenciação étnica sob o domínio de uma minoria, engendrou uma antiga tradição de resistência e sonhos de libertação da conquista colonial, começando com a formação do Congresso Nacional Africano (CNA), em 1912. A oposição, contudo, sempre foi dividida e enfraquecida por diferenças de estratégias no tocante ao uso ou não da violência, boicotes e sanções. Desde a década de 1970 emergem relações de trabalho politizadas entre uniões comerciais militantes, pela ausência de partidos trabalhistas legais a exemplo da unificação européia e norte-americana.

Confrontado com adversários mais fortes e necessidades prementes relacionadas aos seus negócios, o governo sul-africano tentou modernizar o apartheid tradicional e enfraquecer a dissidência por meio da cooptação num parlamento com três câmaras. Contudo, os custos crescentes do domínio por parte da minoria, a pressão interna e externa, acrescidos ao fim da competição da Guerra Fria na África, terminaram por gerar a abolição do antigo apartheid, legalizando, em 1990, os movimentos libertários outrora proibidos. Desde então, as negociações a respeito da divisão do poder político tomaram o lugar, num todo, das confrontações e da polarização racial. Entretanto, a luta pós-apartheid pelo poder entre os grupos divergentes fez crescer a violência política e o declínio econômico. Muitos duvidaram que a prometida democracia pudesse ocorrer sem a expansão da economia. Em 1993, menos de 10% de trabalhadores que entravam no mercado encontravam emprego na economia formal. O crescimento do crime entre uma juventude alienada e desiludida com os diversos partidos políticos sublinhou a necessidade urgente do estabelecimento de uma política para a recuperação econômica.

No início da década de 1990, a social-democracia não-racial (CNA) e o abalado, porém poderoso, Partido Nacional voltaram-se para um sistema de divisão de poderes. Os dois grandes antagonistas eram fortes demais para serem derrotados pelo oponente e fracos demais para governarem sozinhos. Ambos se encaminharam para uma indesejada aliança.

Ambos, contudo, fazem parte de uma economia independente que detém um futuro potencialmente flutuante, dada a infra-estrutura desenvolvida, o capital humano e a notável tolerância entre as pessoas de todos os segmentos da África do Sul. Diferentemente de outras sociedades pluralistas com seus conflitos endêmicos coletivos, a maior parte dos sul-africanos compartilha uma mesma religião e cultura, em que a cor da pele era meramente um marcador artificial para a exclusão. Com o fim dos privilégios diferenciados numa sociedade com constituição federal, votação proporcional, estatuto e direitos, mas acima de tudo, por meio de esforços criativos para lidar com o legado do apartheid, a África do Sul pôde tornar-se a exceção num continente cada vez mais desolado e marginalizado.

LEITURAS SUGERIDAS

The Opening of the Apartheid Mind: Options for the New South Africa, de Heribert Adam e Kogila Moodley (University of California Press, 1993), discute as razões da mudança de política em 1990 e o futuro da África do Sul.

Power and Profit: Politics, Labour and Business in South Africa, organizado por Duncan Innes *et al.* (Oxford University Press, 1992), oferece um panorama das novas questões nas relações industriais e raciais, os desafios educacionais e as políticas econômicas.

Segregation and Apartheid in Twentieth Century South Africa, organizado por William Beinhart e Saul Dubow (Routledge, 1995), é tão abrangente quanto seu título sugere.

Ver também: APARTHEID; CONQUISTA, EXPLORAÇÃO; MANDELA, NELSON

KOGLIA MOODLEY

AFRO-AMERICANOS

O termo africanos-americanos* refere-se a aproximadamente 35 milhões de americanos com ascendência africana vivendo nos Estados Unidos na década de 1990. Esse termo foi revitalizado no final da década de 1980. Durante a década de 1970, havia uma autodescrição semelhante, bastante popular, na comunidade negra: "afro-americano". Embora o termo africano-americano seja utilizado por muitos americanos, o designativo "black" é o preferido para a autodescrição, segundo uma pesquisa publicada pelo Centro de União para Estudos Econômicos e Políticos, uma entidade negra de pesquisa sediada em Washington, D.C.

Apesar de os dois termos serem considerados intercambiáveis, alguns observadores apontaram que "black" é o mais apropriado deles, por refletir uma diáspora africana mais ampla e uma história mais longa do que as associadas ao termo africano-americano. Outros expressam preferência pelo termo "black", por ele abranger vários grupos des-

---

* Forma original, nos anos 1970 popularizou-se nos EUA como afro-americano. Uma década mais tarde foi revitalizada e, atualmente, é a forma de uso corrente naquele país. Neste *Dicionário* optou-se por afro-americano.

cendentes de africanos que moram nos Estados Unidos e que não usam o termo africano-americano para se autodescrever, étnica ou racialmente. Um exemplo desse caso são os haitianos, que podem se identificar como "blacks", mas não necessariamente como africanos-americanos. De fato, no recenseamento de 1990 feito pelo Departamento do Censo dos Estados Unidos, "black" é definido abrangendo pessoas que indicavam sua raça como "preta" ou "negra", além do registro africano-americano, negro porto-riquenho, jamaicano, nigeriano, indiano ou haitiano.

Na década de 1980 foram publicados dois importantes estudos nacionais a respeito do *status* dos africano-americanos. Um deles, assinado pela Academia Nacional de Ciências, tem como título *A Common Destiny: Black in America* (National Academy Press, 1988). Esse estudo apresenta uma reavaliação do *status* dos negros na América a partir dos parâmetros do clássico *An American Dilemma* (1944), do economista sueco Gunnar Myrdal. O outro importante estudo foi patrocinado por um centro de pesquisa da Universidade de Massachusetts, o William Monroe Trotter Institute. Esse estudo tem como título *An Assessment of African Americans in the United States* (1989).

Embora haja importantes diferenças no enfoque de ambos a respeito das questões relacionadas ao modo de vida da população negra nos Estados Unidos, há pelo menos uma importante semelhança entre os dois. Ambos concluíram que, apesar de os negros terem realizado importantes progressos em várias áreas como educação, política, exército, governo, moradia e economia, muitos deles ainda precisam de eqüidade social comparada com a dos brancos. Em outras palavras, ainda que tenha havido alguma melhora no que se refere à questão racial, persiste uma arraigada divisão racial e hierárquica nos Estados Unidos. Enquanto alguns, como Gunnar Myrdal na década de 1940, referiram-se a esse paradoxo radical como um "dilema" americano, outros, como Malcolm X e Martin Luther King Jr., na década de 1960, descreveram-no como a "hipocrisia" americana.

Relações raciais

Não se pode negar que os Estados Unidos fizeram enormes avanços para a melhoria das relações entre negros e brancos desde o Movimento pelos Direitos Civis. A segregação racial, como política oficial de vários estados, foi abolida nos Estados Unidos, resultado de uma importante legislação sobre os direitos civis. Numerosas avaliações atestam que há, hoje em dia, mais brancos tolerantes para com a interação com os negros, no que diz respeito à moradia, escolas e emprego, do que jamais houve antes. Indivíduos negros continuam avançando como pioneiros em áreas outrora completamente inacessíveis a eles. Coellin Powers, por exemplo, alcançou um posto no comando militar do governo dos Estados Unidos. Esportistas negros, como o superastro do basquete, Michael Jordan, e personalidades da TV e da mídia, como Bill Cosby e Oprah Winfrey, são abraçados pelos brancos americanos entusiasticamente.

Paradoxalmente, mesmo com todo esse êxito evidente, houve um aumento do número de incidentes de molestamento racial e violência no país. O Centro de Assistência à Pobreza do Sul registrou, em 1989, que a violência racista nos Estados Unidos havia chegado a um estado crítico. Entre 1980 e 1986, aproximadamente 2 900 incidentes foram registrados em todo o território americano, incluindo 121 assassinatos, 138 atentados a bomba e 302 assaltos.

De acordo com um estudo minucioso sobre as relações entre a polícia e a comunidade, conduzido pela Associação Nacional para a Promoção das Pessoas de Cor (National Association for the Advancement of Colored People (NAACP) em 1992, as relações entre as forças policiais, nas quais predominam os brancos, e os bairros negros continua a ser potencialmente explosiva. Na primavera de 1992, ocorreu em Los Angeles o pior tumulto da história da nação quando um júri inocentou quatro oficiais de polícia por espancamento brutal de um negro.

Vários estudos sugerem que os Estados Unidos podem ainda ser caracterizados, de várias maneiras, como duas sociedades – uma negra e outra branca, tal qual descrito no Relatório da Comissão Kerner, um estudo nacional que avaliou as causas dos tumultos ocorridos no país em meados da década de 1960. Essa é a conclusão não apenas dos dois estudos nacionais citados anteriormente, mas também de muitas outras avaliações recentes, como *The Politics of Rich and Poor*, de Kevin Phillips (1989); *Quiet Riots* (1988), de Roger Wilkins Jr. e Fred Harris; *Chain Reaction*, de Thomas e Mary Edsall (1990); e *Two Nations*, de Andrew Hacker (1992).

FAMÍLIAS

A estrutura familiar africano-americana vem se mostrando, historicamente, diferente da dos americanos brancos. Muitos fatores foram sugeridos para explicar as diferenças entre as estruturas familiares negra e branca, incluindo a escravidão e seus efeitos duradouros, as condições econômicas, a cultura afro-americana, o impacto das políticas de previdência social, como a assistência pública, e as condições que indisponibilizam os homens negros em idade de casamento, como prisões, guerras, drogas e índices persistentemente altos de desemprego.

Existem atualmente vários tipos diferentes de famílias entre os afro-americanos, assim como ocorre em outras comunidades raciais e étnicas nos Estados Unidos. Há várias tendências estruturais e familiares comuns a todas as famílias, independentemente de sua raça e etnia, por exemplo: um decréscimo geral no número das que são encabeçadas por casais e um aumento no número das encabeçadas por mulheres solteiras, assim como índices crescentes de gravidez de adolescentes em toda a sociedade. Em 1990, cerca de metade das famílias negras era encabeçada por casais, contra 83% do total de famílias brancas. Outra diferença entre as comunidades branca e negra é o número maior de pessoas por família (2,6 pessoas), embora este seja menor do que o número médio de pessoas por família nas comunidades latinas nos Estados Unidos (3,5 pessoas) em 1990.

EDUCAÇÃO

O paradoxo racial americano reflete-se nos seus sistemas educacionais. A lacuna entre o número de crianças afro-americanas e brancas matriculadas na escola está desaparecendo rapidamente. Em 1980, menos de meio ano separava os níveis escolares médios de afro-americanos (12,6 anos) e brancos (13 anos). A diferença entre os índices de conclusão do segundo grau desses dois grupos também é bem menor atualmente do que em períodos anteriores. Os resultados de jovens negros em testes nacionais padronizados, como o Teste de Aptidão Escolar (SAT) e a Avaliação Nacional de Progresso Educacional nas áreas de leitura, matemática e ciências, continuam a aumentar e o número de negros que se formam em medicina e advocacia também cresceu significativamente nos últimos anos.

Apesar do grande progresso na área da educação, muitas das escolas públicas nacionais continuam segregadas como predominantemente de brancos, negros ou latinos. É raro encontrar uma escola pública numa importante cidade americana em que estudantes brancos e negros tenham oportunidade de interagir como colegas de classe nos mesmos programas. As disparidades entre as experiências educacionais de crianças e jovens negros e brancos continuam ocorrendo num contexto nacional em que a proporção de crianças negras no total de alunos matriculados em escolas públicas é de aproximadamente 16%, e vem crescendo rapidamente.

Os negros atualmente freqüentam faculdades e universidades que hostilizaram a sua presença no passado. Vários observadores, porém, alegariam que a avaliação feita por W. E. B. DuBois, a respeito da postura das instituições americanas de ensino superior em relação aos estudantes negros em 1926, ainda é adequada para os dias de hoje. A atitude dessas instituições do Norte do país perante o estudante negro varia da tolerância à efetiva hostilidade. Em 1986, o Instituto Nacional de Preconceito e Violência (National Institute of Prejudice and Violence), com sede em Baltimore, Maryland, declarou que "um número crescente de faculdades e universidades está registrando incêndios e outros atos de patente preconceito ou violência racial". Significativos setores do professorado, comando e liderança de muitas das instituições nacionais de ensino superior públicas e privadas resistem aos clamores de inserção de currículos multiculturais que reflitam a crescente diversidade étnica da sociedade e o estudo de "assuntos negros". Outros fatores a inibir a presença de negros na educação superior americana são os cortes federais na assistência financeira, acrescidos do dramático aumento das mensalidades de faculdades e universidades.

POBREZA E EMPREGO

A pobreza continua a ser uma característica determinante da vida da população negra nos Estados Unidos. Ainda que tenha havido um decréscimo na proporção de 55% afro-americanos pobres em 1959 para 32% em 1989, esta última ainda é três vezes maior que o índice de americanos brancos pobres. Essa discrepância ainda persiste, apesar da peculiar estrutura familiar negra, de acordo com as estatísticas do Departamento do Censo dos Estados Unidos. Em outras palavras, embora as famílias negras encabeçadas por casais apresentem um índice de pobreza bastante inferior ao das famílias negras encabeçadas por mulheres solteiras, a probabilidade de os negros das primeiras empobrecerem ainda era, em 1990, duplamente maior do que a das famílias brancas igualmente encabeçadas por casais. Uma grande proporção de jovens negros, e em particular crianças, está submergindo numa persistente pobreza. Em 1990, cerca de metade de todas as crianças negras dos Estados Unidos com menos de seis anos de idade era pobre.

Os índices de desemprego nas comunidades negras continuam altos: de duas a três vezes maior do que os das comunidades brancas, independentemente da situação econômica. Em 1992, o índice oficial de trabalhadores brancos desempregados registrado pelo Departamento de Estatísticas de Trabalho do governo americano foi de 6,3%, enquanto o de trabalhadores negros foi de 13,9%. O índice de adolescentes brancos desempregados era de 19%, o dos negros, de 39,9%. Em algumas partes da nação, os níveis de desemprego de jovens negros apresentam proporções de crise. Em 1988, por exemplo, o Centro de União para Estudos Políticos e Econômicos conduziu uma pesquisa e registrou que a maioria dos negros em idade de trabalho em muitas áreas metropolitanas dos Estados Unidos, onde residiam pelo menos 100 mil negros, não estava em atividade.

As disparidades também são grandes no que diz respeito à prosperidade. O Departamento do Censo dos Estados Unidos registrou, em 1988, que mais da metade (51,9%) de todos os lares negros americanos tinham renda média de US$ 5 mil ou menos, enquanto pouco mais de um quinto (22,6%) dos lares brancos poderia ser situado nessa categoria. Somente 15,5% de todos os lares negros tinham renda média de US$ 50 mil em 1988; quase a metade (46,9%) de todos os lares brancos americanos apresentava renda semelhante.

Instituições legais e justiça criminal

Existe um senso comum de que alguns dos progressos realizados pelos negros na área de direitos civis foram desgastados por uma conservadora Suprema Corte americana. Vários casos decididos por ela em 1989 incluíram opiniões e interpretações legais que representavam uma visão estreita e circunscrita da busca pela igualdade social e racial nos Estados Unidos.

Entre esses casos está o *Wards Cove v. Atonio* (109 S. Ct. 2 115), que passou o ônus da prova de discriminação racial para a suposta vítima. A decisão do caso *Martin v. Wilks* (109 S. Ct. 2 180) deu aos empregados brancos do Corpo de Bombeiros de Birmingham, Alabama, o direito de interpelar um decreto de 1974, que permitia a contratação de bombeiros negros, apesar de os bombeiros brancos em questão não estarem empregados na época da proclamação. O *Richmond v. Croson* (109 S. Ct. 706) vetou um requerimento que reservava 30% das contratações de companhias de construção às minorias na cidade de Richmond, Virgínia. O programa havia sido estabelecido porque, durante um determinado período, a população negra, que constituía mais de um terço da cidade, havia ganho menos de 1% de todos os contratos de construção da cidade. Em 1993, a Suprema Corte declarou inconstitucionais as fronteiras distritais propostas para facilitar a representação negra no Congresso.

Tais esforços estatais foram baseados no Ato de Direito ao Voto, de 1965. O caso *Shaw v. Reno* (113S Ct. 2816) sugeriu que tais esforços representavam uma segregação, ainda que direcionados para situações em que os eleitores negros nunca tiveram chance de eleger representantes negros em razão da discriminação racial.

Essas decisões foram tomadas por uma Suprema Corte dos Estados Unidos dominada pelas nomeações dos presidentes Ronald Reagan (1980-88) e George Bush (1989-92). Juntos, esses dois presidentes nomearam cerca de dois terços de todos os juízes federais do país. O que foi tido por alguns como a tomada da Suprema Corte americana pelas forças conservadoras perdurou com a aposentadoria do gigante legal Thurgood Marshall, em 1991, que coroou uma carreira notável devotada à justiça e à igualdade racial. O substituto de Marshall, Clarence Thomas – ele próprio um afro-americano –, nomeado por Bush, foi criticado por muitos da comunidade legal, que o consideravam um conservador de uma carreira notável.

Houve um aumento significativo no número de nomeações de profissionais negros para cargos na justiça criminal, como juízes, promotores, oficiais e comissários de polícia. Desde 1960, contudo, a proporção de negros nas prisões nacionais cresceu até chegar, aproximadamente, à metade de todos os prisioneiros nos Estados Unidos. Em 1995, o Projeto de Sentenças de Washington, D.C. registrou que um terço de todos os homens negros na faixa dos 20 anos estavam encarcerados ou envolvidos com o sistema judiciário criminal dos Estados Unidos.

Alguns observadores americanos acreditam que tais índices altos refletem discriminação racial contra os jovens negros. Essa foi também a conclusão de um relatório nacional publicado na Associação Nacional para a Promoção das Pessoas de Cor, "Entrevistas sobre a conduta policial e a comunidade em seis cidades americanas" (1992). Esse relatório foi baseado no testemunho público de uma imensa gama de representantes de comunidades em várias cidades.

POLÍTICA

A década de 1980 testemunhou uma explosão política negra nos Estados Unidos, quando pela primeira vez foram eleitos prefeitos negros em Chicago e Nova York. Até mesmo em Boston, pela primeira vez na história, um candidato negro venceu as preliminares para as eleições de prefeito, qualificando-se para concorrer à eleição geral. O primeiro governador negro deste século foi eleito no estado de Virgínia. Jesse Jackson abalou as estruturas da política nacional ao concorrer pelo partido democrata, para a nomeação presidencial em 1984 e 1988, tendo obtido na segunda vez aproximadamente um quarto dos votos necessários para obter a nomeação dos delegados do partido democrata. A tradicional diferença entre a proporção de negros e brancos registrados como eleitores diminuiu consideravelmente. A força eleitoral revigorada da comunidade negra foi decisiva na eleição ou reeleição de vários senadores americanos, em especial em alguns estados do Sul. Foi por causa dessa nova força que vários senadores americanos, apoiados pela vontade dos eleitores negros, derrotaram a nomeação, por parte do presidente Ronald Reagan, do jurista conservador Robert Bork para juiz da Suprema Corte.

Assim como ocorre em outras áreas da vida negra nos Estados Unidos, muitos problemas relacionados à raça persistem, apesar de importantes progressos. Os afro-americanos não conseguiram eleger outro candidato negro a prefeito de Chicago depois da morte do primeiro prefeito negro da cidade, Harold Washington. David Dinkins, o primeiro prefeito negro de Nova York, foi derrotado em sua tentativa de reeleição.

Muitas vitórias políticas importantes para os negros ainda não foram traduzidas numa significativa melhoria de vida para um grande setor que permanece desempregado e pobre. Em nível nacional, os presidentes têm sido hostis ao crescimento político e ao desenvolvimento da comunidade negra desde 1980. Houve apenas dois casos, nos últimos 120 anos da história da nação norte-americana, em que um presidente vetou uma legislação de direitos civis aprovada pelo Congresso americano. A primeira ocorreu no governo Ronald Reagan, que vetou o Ato de Restituição dos Direitos Civis de 1988; o segundo veto foi do presidente Bush, que não assinou o Ato de Direitos Civis de 1990-91. Apesar desses altos e baixos políticos para a América negra, a possibilidade de um maior impacto sobre as instituições eleitorais nacionais em todos os níveis continua promissora. A década de 1990 e as seguintes talvez possam testemunhar a eleição de outros governadores negros, assim como senadores, a exemplo do que ocorreu com a primeira mulher no Senado americano, Carol Moseley Braun. Em 1992, pela primeira vez desde 1860, foram eleitos negros para o Senado na Flórida, Alabama, Carolina do Norte, Carolina do Sul e Virgínia. Além do que já foi apontado, o desenvolvimento demográfico da nação continuará a assegurar que os negros se mantenham como um fator poderoso, ainda que potencialmente, a ser considerado na política nacional.

LEITURAS SUGERIDAS

Quiet Riots, de Roger Wilkins Jr. e Fred Harris (Pantheon, 1988), contém uma série de ensaios que focalizam as mudanças no campo de questões raciais e pobreza nos Estados Unidos desde o relatório da Kerner Communion, em 1968.

Two Nations, de Andrew Hacker (Scribner, 1992), oferece uma imagem melancolicamente analítica de uma sociedade "separada, hostil, desigual". "O racismo transformou a América em sua própria prisioneira", afirma Hacker.

Assessments of the Status of African-Americans, v. IV, editado por Winnie L. Reed (William M. Trotter Institute, University of Massachusetts at Boston, 1990), apresenta uma abrangente reavaliação do *status* dos afro-americanos nas áreas de relações sociais, economia, política, educação e justiça criminal.

Ver também: AÇÃO AFIRMATIVA; *EMPOWERMENT**; KING; MALCOLM X; THOMAS

JAMES JENNINGS

AFRO-CARIBENHOS NA GRÃ-BRETANHA

O movimento de afro-caribenhos de seus países de origem para a Grã-Bretanha, após a Segunda Guerra Mundial, sua experiência cotidiana de racismo e discriminação no centro metropolitano e sua final acomodação nos níveis subalternos da sociedade britânica estratificada por classes são fenômenos do colonialismo, ou seja, do sistema elaborado a partir da exploração rudimentar do trabalho humano e dos recursos naturais. Esse sistema foi assegurado e justificado pela crença na inferioridade e desigualdade racial, que permaneceu firmemente arraigada na consciência coletiva da população branca da Grã-Bretanha. Mais que isso, esse sistema teve conseqüências de grande alcance na economia da metrópole e da periferia, e de importância crucial para as relações econômicas e sociais entre elas. A. Sivanandan enfatizou a questão ao argumentar que "[...] o colonialismo perverte a economia das colônias para seus pró-

---

* Expressão cujo uso vem se consagrando no original e significa aquisição ou aumento de poder.

prios fins, drena sua prosperidade para os cofres metropolitanos e depois lhes dá a independência, deixando-as com uma grande força de trabalho, mas sem capital para torná-la produtiva" (*A Different Hunger*, Pluto Press, 1982).

Migração

No final da Segunda Guerra Mundial, a Grã-Bretanha e outras nações capitalistas ocidentais embarcaram num processo de rápido crescimento econômico que gerou a necessidade de importação de mão-de-obra migrante. Essa demanda foi apenas parcialmente satisfeita pelo influxo de trabalhadores da Polônia e outras partes da Europa, e foi nessa conjuntura que a Grã-Bretanha, quase em desespero, se voltou para as suas colônias e ex-colônias na África, Índia e Caribe.

A migração dos caribenhos, especialmente da Jamaica e Barbados, foi uma experiência bastante rotineira – um mecanismo convencional para escapar dos problemas advindos da superpopulação e do subemprego, fenômenos acarretados pela exploração colonial. Até 1952, os migrantes, por uma série de razões econômicas e sociais, dirigiram-se, de um modo geral, para os Estados Unidos; a promulgação da legislação americana, também em 1952, restringindo a migração, obstruiu essa via. Apesar da relutância dos partidos conservador e trabalhista em encorajar os migrantes negros a seguirem para a Grã-Bretanha, a situação econômica demandava que a imensa reserva de mão-de-obra caribenha barata e alternativa não fosse ignorada, em especial quando podia ser tão facilmente atraída para o centro metropolitano. Os migrantes, juntamente com aqueles que mais tarde vieram da Índia (e depois de 1947, do Paquistão), passaram a ser conhecidos coletivamente como "reserva de mão-de-obra" para a economia britânica.

A natureza do trabalho a que eles foram submetidos no centro metropolitano também foi predeterminada pelo legado colonial. Num período de pleno emprego, trabalhadores nativos brancos passaram inevitavelmente a ocupar cargos mais altos no mercado de trabalho. As vagas de "nível inferior" foram preenchidas pelos migrantes. Tratava-se de ocupações de baixo *status* em indústrias de tecidos e roupas, para as quais freqüentemente não era necessária nenhuma qualificação específica, trabalhos em maquinarias e fundições, hotéis, serviços de transporte e hospital. A noção predominante de que os negros eram seres inferiores que serviam apenas para realizar tarefas servis teve sua origem na era colonial, e a experiência dos migrantes negros nos centros metropolitanos reforçou esse estereótipo. Em resumo, por terem sido obrigados a aceitar funções indesejadas e servis na Grã-Bretanha, supostamente demonstrando, assim, a veracidade dos estereótipos coloniais a seu respeito, os negros foram inevitavelmente aprisionados no pior dos círculos viciosos.

PERFIL DE CLASSE

O perfil dos imigrantes formava uma fração da classe trabalhadora: eles ocupavam posições similares em relação aos meios de produção e supriam a necessidade de mão-de-obra não qualificada. Não obstante seus interesses objetivos serem basicamente os mesmos da classe trabalhadora em geral, os migrantes eram freqüentemente vistos como competidores indesejados. Isso se consolidou quando o *boom* econômico pós-guerra começou a retroceder no final da década de 1950, fazendo com que a hostilidade em relação a eles crescesse. A explosão da violência entre negros e brancos em 1958 no distrito londrino de Notting Hill e em Nottingham exemplificam a então crescente tendência. As demandas cada vez maiores por um controle seletivo de imigração, com o intuito principal de diminuir a entrada de migrantes não brancos das colônias e ex-colônias, também podem ser entendidas sob essa perspectiva.

É difícil estabelecer com precisão a resposta coletiva dos migrantes afro-caribenhos a essas circunstâncias, ainda que pesquisas tenham indicado que a desilusão com a vida na "metrópole" havia-se disseminado entre eles, afinal, não esperavam ter de competir por empregos com os trabalhadores nativos, nem tinham previsto a discriminação individual e institucionalizada e o molestamento que passaram a sofrer diariamente em suas vidas. Isso não significa, porém, que não se mobilizaram com essas experiências: a manifestação de violência racista em 1958 evidenciou a necessidade de maior organização e militância nas comunidades. Ela reforçou a coragem e a resistência dos afro-caribenhos e ajudou a criar o ambiente para a publicação de jornais como o *West Indian Gazette* e a instituição da Organização da Conferência Permanente da Índia Ocidental na Grã-Bretanha. Apesar desses esporádicos e importantes gestos de revolta, é difícil discordar da visão de que os migrantes afro-caribenhos desenvolveram um processo de involução social, mantendo-se à parte da sociedade hostil e fazendo emergir uma solidariedade grupal e uma proximidade pessoal na sua própria comunidade. O enorme crescimento do movimento Pentecostal na Grã-Bretanha demonstrou a extensão desse processo de afastamento. Em 1970, por exemplo, estimou-se que apenas um setor desse movimento sectarista tinha aproximadamente 11 mil congregações de seguidores.

Essa tendência de se abster de posturas mais militantes contra as desigualdades diárias provocadas pelo comportamento dos britânico derivava de uma série de fatores. Alguns afro-caribenhos aderiram ao que foi chamado de "ideologia migrante", ou seja, pelo fato de sua presença na Grã-Bretanha se dever única e exclusivamente a razões econômicas, eles viam a si mesmos como trabalhadores temporários, que retornariam a seu país de origem assim que acumulassem dinheiro suficiente, de forma que estavam preparados para tolerar as condições difíceis encontradas, que também consideravam temporárias. Outros procuraram se adaptar ao que Nancy Foner chamou, em

Jamaica Farewell (Routledge, 1979), de "a dor de ser negro na Grã-Bretanha", em grande parte por acreditarem que seus filhos, nascidos e criados na Grã-Bretanha, sem terem portanto desenvolvido uma cultura migrante, não sofreriam os efeitos debilitantes da discriminação racial, podendo competir em pé de igualdade com seus correlatos brancos no sistema educacional meritocrático britânico.

A persistência do legado colonial, contudo, terminou por provar que esse era um falso otimismo. As desvantagens experienciadas pelos migrantes afro-caribenhos na Grã-Bretanha relacionavam-se, apenas tenuemente, ao fato de eles serem novos naquela sociedade; era pouco provável que diminuíssem com o passar do tempo. É precisamente a probabilidade de suas posições desfavorecidas se reproduzirem nos padrões de vida de seus filhos que distingue a experiência dos migrantes das colônias de outros trabalhadores migrantes. Resultado: os cidadãos de origem afro-caribenha continuam a ocupar posições subalternas no mercado de trabalho, tendem a ganhar menos que os trabalhadores brancos nativos e são mais vulneráveis ao risco de desemprego, especialmente em épocas de recessão econômica. Essa tendência não pode ser atribuída, de maneira significativa, aos alegados "resultados inferiores" obtidos por essa população nas provas escolares. A suposição de que, mesmo em meio a uma grave recessão, recém-formados de mérito equivalente têm chances iguais de conseguir um emprego simplesmente não se sustenta. Jovens negros desempregados tendem a ser mais bem qualificados que seus pares brancos desempregados.

JUVENTUDE

Apesar de haver sempre o risco de simplificar exageradamente a questão, as revoltas em várias áreas multirraciais em 1981 e 1985 sugerem a resposta dos jovens negros à situação por eles vivida. O reconhecimento de que suas chances de vida eram freqüentemente determinadas não pela sua qualificação profissional, mas pela cor de sua pele, gerou a adoção de uma postura mais militante que a que seus pais se dispuseram a assumir. É claro que a juventude negra não constitui um grupo homogêneo de categorias sociais indiferenciadas: muitos jovens negros rejeitam abertamente a atitude oposicionista assumida em 1981 e 1985. Ao mesmo tempo, é difícil negar que os jovens de origem afro-caribenha demonstram uma resistência maior e mais aberta ao racismo e à discriminação que seus pais. Winston James considera que o *slogan* "Ficar aqui, lutar aqui" parece, atualmente, mais apropriado do que nunca. Num quadro de contínua ausência de um movimento coerente e politicamente unificado na Grã-Bretanha, comparável ao movimento pelos direitos civis nos Estados Unidos, por exemplo, a resistência afro-caribenha preserva o potencial de assumir a forma de episódios como os testemunhados em 1981 e 1985. Apesar de poder gerar, a curto prazo, melhoria nas ações, é pouco provável que isso promova algum crescimento substancial nas oportunidades de vida das comunidades afro-caribenhas.

LEITURAS SUGERIDAS

Shattering Illusions, de Trevor Carter (Lawrence Wishart, 1986), apresenta uma análise perspicaz da vida dos afro-caribenhos na Grã-Bretanha desde a década de 1950. Escrito por um educador e ativista político, ele mesmo de origem afro-caribenha, o livro trata da emergência de movimentos de resistência negra contra o racismo britânico nos níveis individual e coletivo de organização.

Young, Female and Black, de Heidi Safia Mirza (Routledge, 1992), reequilibra as disparidades das pesquisas ao focar seu trabalho nas jovens negras entre 15 e 19 anos, exibindo as suas experiências na escola e no mercado de trabalho.

Staying Power, de Peter Fryer (Pluto, 1984), continua sendo um texto clássico. É uma importante explanação histórica a respeito da presença negra na Grã-Bretanha desde o século XVI.

Inside Babylon, organizada por Winston James e Clive Harris, tem como subtítulo "A diáspora caribenha na Grã-Bretanha" (Verso,

1993) e inclui uma série de ensaios úteis e por vezes provocadores sobre esse tema.

Ver também: MIGRAÇÃO; MOVIMENTO RASTAFARI; PENTECOSTALISMO

BARRY TROYNA

AFROCENTRISMO

Uma perspectiva filosófica e teórica de um sistema particular, cujo núcleo essencial é a idéia de que as interpretações e explanações baseadas no papel dos africanos como sujeitos são mais condizentes com a realidade. Esse conceito ganhou corpo na década de 1980, quando estudantes afro-americanos, afro-brasileiros, caribenhos e africanos adotaram uma orientação afrocêntrica em seus trabalhos. O afrocentrismo geralmente se opõe às teorias que "deslocam" os africanos para a margem do pensamento e da experiência humana.

O afrocentrismo sustenta que o dogma ocidental de que foram os gregos que criaram o racionalismo marginaliza todos aqueles que não são europeus. Os afrocentristas afirmam que o dogma é historicamente incorreto e que a construção das noções ocidentais de conhecimento baseadas no modelo grego é relativamente recente, tendo-se iniciado na renascença européia. Na visão padronizada ocidental, nem os africanos, nem os chineses tinham um pensamento racional, o que prova, segundo os afrocentristas, que a visão eurocêntrica tornou-se uma visão etnocêntrica que superestima a experiência européia e subestima todas as outras. O afrocentrismo não é o correlato do eurocentrismo, mas sim uma perspectiva particular para análises que não pretendem ocupar todo o tempo e o espaço, como o eurocentrismo freqüentemente fez. Quando se fala, por exemplo, de música, teatro ou dança clássica, a referência costuma ser a música, o teatro ou a dança européia, o que significa que a Europa ocupa todas as posições intelectuais e artísticas, não deixando lugar para mais ninguém. Os afrocentristas buscam o pluralismo nas visões filosóficas sem hierarquia.

Na visão afrocentrista, o problema de localização assume maior importância que o assunto, ou a informação, a ser considerado. O argumento é que os africanos foram afastados dos termos sociais, políticos, filosóficos e econômicos por meio milênio. Conseqüentemente, torna-se necessário examinar todos os dados a partir do ponto de vista dos africanos como sujeitos, agentes humanos, e não objetos numa moldura européia de referência. O afrocentrismo se reflete em campos tão distintos quanto a dança, a arquitetura, o trabalho social, a literatura, a política e a psicologia. Doutores nesses campos escreveram amplamente a respeito dos motivos da localização e dos componentes da descentralização em várias áreas.

Os afrocentristas afirmam que os seres humanos não podem se despir da cultura, seja participando de sua própria cultura histórica, seja da de outro grupo. A contradição entre a história e a perspectiva produz um tipo de desigualdade que é chamada de descentralização. Eles argumentam que quando um afro-americano escreve sob o ponto de vista dos europeus que vieram para as Américas no *Mayflower*, ou quando críticos literários se referem aos africanos como "os Outros", ocorre a marginalização destes.

Metáforas de localização e deslocamento são as principais ferramentas para análises de eventos, situações, textos, construções, sonhos e autores vistos como exemplos de várias formas de centralização. Ser centralizado é ser localizado como agente e não como "o Outro". Uma guinada tão crítica no pensamento significa que a perspectiva afrocentrista oferece novas percepções e dimensões para a compreensão do fenômeno.

Entre as questões contemporâneas do pensamento afrocentrista estão a má orientação e a desorientação psicológica, atitudes que afetam os africanos que se consideram europeus ou que acreditam ser impossível ser africano e humano ao mesmo tempo. Formas graves desse tipo de atitude foram consideradas orientações extremamente equivocadas por alguns afrocentristas. Outra questão foi a influência de um enfoque centrado na educação, particularmente à medida que se relaciona com a revisão do currículo educacional americano.

Leituras sugeridas

Afrocentricity (Africa World Press, 1987), *The Afrocentric Idea* (Temple University Press, 1987), e *Kemet, Afrocentricity and Knowledge* (Africa World Press, 1990), de Molefi Kete Asanti, formam a trilogia de obras em busca das origens, dos elementos e métodos analíticos do afrocentrismo.

The Africa Centered Perspective of History, de Dona Marimba Richards (Africa World Press, 1992), cobre a história do pensamento dominante europeu e como ele enalteceu o racismo.

Behind the Eurocentrism Veils, de Clinton Jean (University of Massachusetts Press, 1990), é um avaliação de como as instituições políticas e sociais foram racionalizadas num modelo eurocêntrico, marginalizando as instituições africanas.

Journal of Black Studies, publicada por Sage, é um fórum multidisciplinar relacionado a questões que dizem respeito a pessoas de ascendência africana.

Ver também: CARÁTER ETÍOPE; GARVEY; NAÇÃO ISLÃ; NEGRITUDE

Molefi Kete Asanti

Amálgama

Esse termo descreve a fusão de dois ou mais grupos diferentes para produzir um grupo novo e distinto. Pode ser expressa por $A+B+C=Z$, em que A, B e C são grupos individuais e Z é o produto de sua mistura. O termo se referia originalmente a grupos biologicamente diferentes. Mais recentemente, passou a se restringir à fusão de grupos culturais, cuja mistura produz uma nova e única cultura. O Brasil tem uma política de incentivo para casamento entre grupos distintos. O México contemporâneo combina elementos espanhóis com a cultura norte-americana nativa, sendo o resultado algo distinto de ambos. A amálgama difere da assimilação pela tendência de uma das culturas em dominar e absorver todas as outras numa única, ou seja, A+B+C=A, em que A é o grupo mais forte.

LEITURAS SUGERIDAS

"Race and ethinicity", de Richard Schaefer e Robet Lamm, em seu manual *Sociology* 4ª ed., McGraw-Hill, 1992, tem uma seção bastante elucidativa a respeito de amálgama e apresenta vários exemplos.

Ver também: ASSIMILAÇÃO; INTEGRAÇÃO; MULTICULTURALISMO; PLURALISMO

ELLIS CASHMORE

AMBIENTALISMO

As definições ambientalistas a respeito da diversidade racial foram inicialmente desenvolvidas no século XVIII. A Bíblia apresentou todos os seres humanos como descendentes de Adão e Eva. Como, então, poderiam ter surgido as diferentes aparências físicas? O naturalista francês Buffon sustentava que havia originalmente uma espécie de homens que, depois de se dispersar, acabou mudando "em decorrência da influência do clima, da mudança de alimentação e do modo de vida, das epidemias, bem como da intermiscigenação". A efetivação da civilização dependeu da habilidade da sociedade em desenvolver uma organização social apropriada para o seu ambiente. O meio ambiente da África oriental tropical era considerado particularmente adverso, tanto assim que uma das correntes defensoras do comércio de escravos baseava-se na crença de que este ofereceria uma oportunidade de conquistas humanas num meio ambiente mais favorável. A humanidade natural dos africanos orientais foi negada, tanto pelo mercadores de escravos quanto pelos livros contemporâneos de geografia. Alguns autores do século XVIII supunham que a adaptação predominante ao meio ambiente havia sido conquistada durante um longo período, e que era perigoso migrar para uma região com um meio ambiente diferente do seu de origem. A implicação de *Cândido,* de Voltaire, era a de que era melhor que as pessoas permanecessem e cultivassem as terras de seu próprio país. Acreditava-se que os europeus que se estabeleceram na América do Norte acabariam degenerando. O embasamento para essa visão foi encontrado na Bíblia, na qual consta que Deus havia determinado os limites de habitação de cada nação (At 17,26).

O ponto alto do ambientalismo do século XVIII, em sua aplicação nas relações raciais, foi o *Essay on the Causes of the Variety of Complexion and Figure in the Human Species,* de Samuel Stanhope Smith (mais tarde eleito presidente da Princeton College). Ele insistiu que a Bíblia mostrava todos os homens pertencentes a uma única espécie. Havia uma associação genérica entre a cor da pele e o grau de latitude demarcando o hábitat das pessoas de acordo com a "[...] altitude da terra, sua proximidade do sol, a natureza do solo, seu estado de cultivo, o curso dos ventos e muitas outras circunstâncias". A cor, segundo ele escreveu, podia muito bem "ser considerada uma sarda universal". As raças não podiam ser claramente distinguidas uma das outras, portanto foi impossível enumerá-las com alguma certeza. O que impediu o avanço dos negros e outros povos de origem não-européia foi a sua remoção para um meio ambiente melhor. Se fossem "perfeitamente livres, tivessem direito a propriedades e pudessem ter uma participação liberal na sociedade, a condição social e os privilégios de seus senhores, os negros transformariam as suas peculiaridades africanas muito mais rapidamente".

As explicações ambientalistas a respeito da diversidade racial durante a primeira metade do século XIX foram severamente atacadas por autores que ressaltavam as causas hereditárias das diferenças encontradas. As duas definições foram reunidas na teoria darwiniana da seleção natural. Com a instituição da genética como campo de pesquisa científica, tornou-se possível avaliar a relativa importância das definições ambientalista e hereditária quanto a observações particulares. É bastante razoável, contudo, descrever como ambientalistas aqueles autores que ressaltam a relativa importância dos fatores sociais, culturais, econômicos, nutricionais e similares no desempenho diferenciado dos indivíduos de diferentes condições socioeconômicas ou per-tencentes a diferentes grupos étnicos, quando submetidos, por exemplo, a testes de inteligência.

LEITURAS SUGERIDAS

The Image of Africa, de Philip D. Curtin (Macmillan, 1964). Trata-se de um estudo histórico do pensamento ambientalista.

Mirage in the West, de Durand Echeveria (Princenton University Press, 1957), é outro estudo histórico.

White Over Black, de Winthrop D. Jordan (University of North Carolina Press, 1968), oferece um estudo a respeito do pensamento americano.

Ver também: ÁFRICA; DARWINISMO; HEREDITARIANISMO; HEREDITARIEDADE; SOCIOBIOLOGIA

MICHAEL BANTON

AMERICANOS NATIVOS

Ver ÍNDIOS AMERICANOS

ANTI-SEMITISMO

A adesão a visões, atitudes ou ações direcionadas contra os interesses, direitos legais, práticas religiosas ou a vida dos judeus passou a ser conhecida, ao menos desde 1870, como anti-semitismo (Ernest Renan foi, aparentemente, o primeiro a usar esse termo). A mitologia que sustenta a sua justificativa deriva da imagem dos judeus como demônios "assassinos de Cristo" e "demônios encarnados", que usavam o sangue dos cristãos para rituais. De acordo com A. N. Wilson, em sua biografia Jesus: A life (Norton, 1992), os primeiros cristãos, temendo a perseguição romana, culparam os judeus pela morte de Jesus: inventaram que os judeus haviam-se voltado contra Jesus por blasfêmia. "Tal distorção da história não teria sido tão grave se não tivesse sido usada como justificativa para dois mil anos de anti-semitismo cristão", escreve Wilson. "Se pudesse ter presenciado a sina de seu próprio povo nas mãos dos cristãos ao longo da história da Europa católica", acrescenta, "é pouco provável que Jesus testemunhasse as atividades missionárias de são Paulo com tanta equanimidade". Paulo, ao contrário de Jesus, defendia o abandono da Torá judaica.

Na Europa do século XI, a grande maioria dos judeus estava economicamente empobrecida e firme em suas crenças e tradições. Suas roupas diferenciadas e seu estilo de vida transformaram-nos em fácil objeto de escárnio em épocas de catástrofes. As migrações voluntárias e as expulsões forçadas dos séculos XII e XIV deram origem a uma diáspora judaica. Em 1492, 150 mil judeus foram expulsos da Espanha.

O anti-semitismo foi analisado em termos religiosos e raciais. A mais virulenta expressão deste último é, obviamente, o holocausto da Segunda Guerra Mundial, que pretendia eliminar a comunidade judaica européia. Embora tenha diminuído significativamente nos anos que se seguiram à Segunda Guerra Mundial, o anti-semitismo continua uma força poderosa na Europa, em Estados árabes e nos Estados Unidos, entre outros.

Muitas organizações racistas ainda se baseiam no *The Protocols of the Learned Elders of Zion*, um texto notório, publicado na Rússia em 1903, que pretendia ser a minuta de um encontro secreto dos judeus ocorrido nos primeiros anos do século XX, no qual teriam sido delineados os planos para a dominação do mundo. Isso prejudicou ainda mais a imagem dos judeus, moldando-os como organizadores de uma intrincada conspiração para se apoderar das principais instituições financeiras. O livro foi usado originalmente pelos czares russos como justificativa racional para as políticas opressivas contra os judeus, e depois, na década de 1920, pelo industrial Henry Ford, proprietário de um jornal que publicava ataques constantes aos judeus. Ford, mais tarde, se retratou.

LEITURAS SUGERIDAS

Anti-Semitism: The Longest Hatred, de Robert Wistrich (Pantheon, 1992), traça a história do fenômeno desde o seu início, especialmente no período a partir do século III a.C. até as manifestações medievais e contemporâneas na Europa e no Oriente Médio.

In Search of Anti-Semitism, de William F. Buckley Jr. (Continuum, 1992), avalia o anti-semitismo nos atuais movimentos conservadores dos Estados Unidos.

Jewish Identity and Civilizing Processes, de Steven Russell (Macmillan, 1996), retrata a história da experiência judaica na Europa ocidental desde a Idade Média até o presente, usando uma moldura teórica derivada de Norbert Elias.

Ver também: DIÁSPORA; GENOCÍDIO; OUTROS; RACISMO; SIONISMO

ELLIS CASHMORE

APARTHEID

Palavra africaan* que significa "à parte" ou separação total. No contexto sul-africano, onde o termo definia a política oficial, ele se referia à segregação entre os brancos e os definidos como "não-brancos", com base no *baasscap*, filosofia que reivindicava a supremacia dos brancos.

O apartheid tem suas raízes nas relações senhor/escravo negro do colonialismo do século XVI. Os holandeses desenvolveram uma pequena colônia de escravos na Cidade do Cabo (na costa atlântica), nos idos de 1650, que começou a fornecer produtos frescos para os navios que seguiam da Europa para a Ásia. Nos séculos XVIII e XIX, os colonizadores holandeses, conhecidos como bôeres (fazendeiros), mudaram-se para as regiões do interior da África do Sul. As incursões dos bôeres geraram graves conflitos com as populações nativas, como os khoikhoi (hotentotes, como eram chamados pelos bôeres) e da Cidade do Cabo e Bantu do Sudeste. As populações negras nativas foram su-

---

* De acordo com o consulado da África do Sul no Brasil e o *Dicionário Webster's,* adotamos a seguinte nomenclatura: africaans, a língua holandesa sul-africana; africânder, pessoa que fala o idioma africaan; africâner, branco de origem européia, em geral holandesa, nascida na África.

focadas na década de 1870, e os bôeres construíram uma série de repúblicas exclusivamente de brancos no Estado Livre de Orange e em Transvaal.

O interesse britânico nas áreas cresceu depois da descoberta de ouro em Johannesburgo, e os confrontos eclodiram na Guerra dos Bôeres, 1899-1902. A Grã-Bretanha saiu vitoriosa e transformou a área em colônia, a União da África do Sul. Em 1910, a colônia passou a ser um Estado com governo autônomo, ou domínio branco, com os negros excluídos de todas as áreas de influência política.

A divisão entre negros e brancos foi mantida pelo Partido Unido sob a liderança de Jan Smuts (1870-1950), que tomou posse como primeiro-ministro em 1919. Tendo perdido o apoio da classe trabalhadora branca, foi derrotado na eleição de 1924. Retornando ao poder em 1945, Smuts, que certa vez se declarou contrário à segregação, afirmou: "A manutenção de uma supremacia branca na África do Sul é uma política fixa". Entre 1946 e 1948, Smuts desencadeou uma série de movimentos destinados a retirar dos negros o seu já limitado direito ao voto e à previdência. O apartheid foi plenamente institucionalizado em 1948, com a vitória do Partido Nacionalista Africano nas eleições.

Hendrik Verwoerd (1901-66), que em 1948 se tornou o ministro para assuntos indígenas da África do Sul, e a partir de 1958, líder nacional, é reconhecido como o mais importante arquiteto do apartheid. Era simpatizante do nazismo e governou o país por oito anos. Seu comprometimento com o apartheid era reforçado por sua crença de que ele era um instrumento da vontade de Deus. Por reconhecer a necessidade de se manter a divisão social na África do Sul, Verwoerd decidiu retirar-se das eleições em seu país para se manter como membro da Comunidade. Em 1961, a África do Sul tornou-se uma república.

Os primeiros lotes de terra destinados às populações nativas, chamados de reservas bantus, foram oficialmente organizados em Transkei, em 1962. A política estatal da

África do Sul era a de que se deveriam criar Estados negros separados, com governos próprios, visando à sua posterior independência (um sistema de reservas nativas havia sido iniciado em 1840, projetado para restringir as terras rurais nativas a 13% da área total do país). Os negros constituíam por volta de 72% do total de uma população de aproximadamente 30 milhões; eles se fixaram em 12% da terra. Os brancos constituem cerca de 17% da população (o restante é composto por pessoas "de cor" e asiáticos).

Para que a economia pudesse se sustentar, o sistema tinha de permitir que os negros migrassem temporariamente para as áreas urbanas ou zonas dos brancos. Os negros eram obrigados pela polícia a tirar passaportes, que deveriam carregar consigo o tempo todo. Qualquer falha na produção ou porte destes era uma transgressão passível de punição. Os negros, conforme estava determinado, tinham permissão para entrar nas áreas dos brancos somente com o específico propósito de trabalhar. Eles eram necessários, basicamente, para cumprir as tarefas servis que os brancos se recusavam a fazer, sendo que os salários pagos aos brancos excediam em até 12% o dos não-brancos.

Depois de trabalhar, os negros eram obrigados, por lei, a retornar às suas reservas. Esse arranjo começou efetivamente no século XIX, quando se fez necessário encontrar uma solução para o suprimento de mão-de-obra barata (na época, para as minas) sem desfazer a divisão essencial entre negros e brancos. Os trabalhadores negros eram obrigados a viver em barracas precárias durante o período de duração de seu contrato de trabalho para então retornar às suas reservas. Permanecer no território dos brancos além do tempo permitido era uma transgressão, punida com penas de longa duração.

Verwoerd fortaleceu sua política com os Atos de Emendas às Leis Bantu de 1963 e 1964, que eliminaram qualquer vestígio de segurança de emprego para os negros, condenando-os efetivamente à pobreza.

Alguns outros elementos do apartheid, como a ilegalização de relações sexuais entre brancos e não-brancos, já estavam em vigor antes de 1948, mas a implementação do sistema serviu para cimentar a segregação total e legalmente. Para complementar todo o sistema, nenhum direito legal efetivo era concedido aos negros. O mecanismo do sistema do apartheid era: (1) assegurar legalmente uma estrita segregação geográfica e social em todas as esferas de vida e (2) manter um padrão rígido de desigualdade, pelo qual os negros eram efetivamente desprovidos de poder e saúde.

É desnecessário dizer que tal sistema foi periodicamente desafiado, sendo que duas das investidas mais importantes vieram de organizações negras em 1960 (em Sharpeville) e em 1976 (em Soweto). As duas tentativas de golpe foram sufocadas após um terrível derramamento de sangue. O exército da África do Sul e a polícia equiparam-se meticulosamente ao longo dos anos para lidar com as insurreições, sendo a tortura uma de suas práticas mais comuns e até mesmo o assassinato de suspeitos. A morte de Steven Biko em 1977 ilustra muito bem essa afirmação. Biko (1947-77) era, na época, um dos líderes mais carismáticos e influentes do Movimento do Povo Negro, criado nos moldes das organizações Black Power, da década de 1970. A atrocidade ocorrida em 1976, em Soweto, marcou uma espécie de vale na história política da África do Sul, e a morte de Biko fez parte de um castigo bárbaro impingido pela força da Segurança Policial. A seção 6 do Ato de Terrorismo Sul-Africano era regularmente evocada para prender líderes negros suspeitos. Biko foi, na verdade, o 46º negro a morrer sob a custódia da polícia. "Uma luta sem perdas não é uma luta", previu Biko, para si mesmo, tragicamente.

Em teoria, a dissolução do apartheid começou em 1990, quando o primeiro-ministro da África do Sul, F. W. De Klerk, autorizou a libertação de Nelson Mandela e anunciou a tentativa de transição de uma sociedade fragmentada e fracionada para uma nação liberal, multiétnica e democrática. Resoluções agonizantes entre o dominante Partido Nacional e o Congresso Nacional Africano de Mandela produziram obviamente pouco progresso – somente um declínio nos padrões de vida dos negros e uma aguda elevação do índice de criminalidade. O legado do apartheid e a separação, o isolamento e a pobreza por ele criados transformaram a construção da nação numa tarefa árdua.

Em 1996, um caso judicial polêmico decidiu contra a continuação do apartheid na educação. Apesar da eliminação técnica do apartheid, a escola primária Potgietersrus, a 160 milhas ao norte de Johannesburgo, recusou-se a admitir crianças negras, alegando estar salvaguardando a linguagem, religião e cultura africânderes. Quando três crianças negras foram admitidas, pais brancos bloquearam a escola, num estilo reminescente do incidente em Little Rock, Arkansas, quando tropas americanas tiveram de escoltar alunos negros para a escola, em 1957. A Suprema Corte sul-africana ordenou que a escola Potgietersrus admitisse crianças negras, removendo, assim, um dos últimos vestígios do apartheid.

LEITURAS SUGERIDAS

Segregation and Apartheid in Twentieth Century South Africa, organizado por William Beinhart e Saul Dubow (Westview, 1995), é uma coletânea de textos-chave para explorar as origens históricas e políticas do apartheid, assim como seu arcabouço intelectual.

Deconstructing Apartheid Discourse, de Aletta J. Norval (Verso, 1996), analisa o apartheid durante o período transformador das décadas de 1970 e 80 e sua desarticulação a partir da metade da década de 1980. O autor acentua a especificidade da divisão social instituída pelo apartheid, chamada por ele de "um projeto hegemônico fracassado".

The South African Mosaic, de Normazengele A. Mangaliso (University Press of America, 1994), apresenta uma análise sociológica do conflito pós-apartheid.

Ver também: ÁFRICA DO SUL; MANDELA

ELLIS CASHMORE

ARIANOS

De *āryas*, palavra sânscrita que significa "nobre" (ao que parece, usada anteriormente como nome nacional). Era usada na língua inglesa basicamente para denotar a família de línguas indo-européias relacionadas ao sânscrito. A palavra tornou-se mais freqüente depois de haver sido usada em 1850 e 1860 por Gobineau e Max Müller para identificar um grupo de pessoas de uma civilização particular e superior. Gobineau sustentava a idéia de que havia uma hierarquia nas linguagens, a qual mantinha uma estrita correspondência com a hierarquia racial. Ele escreveu: "A história humana assemelha-se a uma imensa tapeçaria [...]. As duas variações inferiores da espécie humana, as raças negra e amarela, são a base rudimentar, o algodão e a lã que as famílias secundárias da raça branca maleabilizam, adicionando a sua seda, enquanto o grupo ariano, envolvendo-os com suas fibras mais finas, por meio das nobres gerações, desenha em sua superfície uma resplandecente obra-prima de arabescos em ouro e prata". A maioria dos autores, que no século XIX se estenderam a respeito da história dos arianos, escreveu com menos elegância a seu respeito, embora com termos freqüentemente quase tão genéricos quanto. Max Müller chegou a se arrepender da extensão do uso da palavra e protestou: "Para mim, um etnólogo que fala de raça ariana, sangue ariano, olhos e cabelos arianos é tão pecador quanto um lingüista que fala de um dicionário dolicocefálico ou de uma gramática braquicefálica [...]. Nós criamos a nossa própria terminologia para classificar as línguas; os etnólogos criam a sua para classificar crânios, cabelos e sangue".

LEITURAS SUGERIDAS

The Aryan Myth, de Leon Poliakov (Chatto, 1974), apresenta uma abrangente explanação do conceito.

Race: The History of an Idea in America, de Thomas F. Gossett (Schocken Books, 1965), é um tratado mais curto.

Ver também: BRANCURA; CHAMBERLAIN; GOBINEAU; NEONAZISMO; *VOLK*

Michael Banton

Ásio-americanos

Os ásio-americanos estão entre os primeiros povos que se estabeleceram na América e fazem parte de sua história há muito tempo. Uma imigração chinesa em larga escala teve início com a Corrida do Ouro, em 1849. Por mais de três décadas, seu trabalho contribuiu para o rápido desenvolvimento econômico da nova nação. Entre 1849-80, mais de 200 mil chineses entraram na América. O ouro que eles extraíam enchia os cofres do Tesouro, e sem os seus músculos, a construção da estrada de ferro transcontinental que interligou o país e criou uma economia nacional teria atrasado vários anos. Eles cultivaram o solo e alimentaram o afluxo dos colonizadores para o Oeste. Contudo, quando a economia entrou em crise, os chineses, apesar de terem sido um dos primeiros a se estabelecer, passaram a ser vítimas de preconceito e perseguição. Eles se tornaram o foco de um "movimento contra os trabalhadores braçais indianos ou chineses". As leis de exclusão introduzidas em 1882 detiveram a imigração da China.

Migração

A contínua necessidade de trabalho levou ao recrutamento de japoneses em 1884. Como aconteceu com os chineses antes deles, os japoneses logo se confrontaram com o preconceito racial e com os clamores por sua exclusão. Em 1908, os trabalhadores japoneses tiveram sua entrada nos Estados Unidos restringida, o que não incluía as mulheres, assentando, assim, as bases para o nascimento de uma geração de nipo-americanos nos Estados Unidos.

Como os grupos asiáticos se sucediam, todos eles encontraram condições similares. Depois da restrição à imigração japonesa, as fontes alternativas de trabalho passaram a ser Coréia e Índia, durante o início do século XVIII. Os indianos foram excluídos por lei em 1917, e, em 1924, todos os imigrantes asiáticos foram classificados como "inelegíveis para a (sic) cidadania" e, portanto, sem permissão para entrar no país. Com a imigração bloqueada, a presença asiática nos Estados Unidos decresceu. A maior parte, nessa época, eram nipo-americanos. Mesmo assim, quando os Estados Unidos entraram na Segunda Guerra Mundial, esses americanos de ascendência japonesa foram agrupados em campos de relocação e detidos durante toda a guerra.

Apesar de a legislação ter interrompido quase completamente a imigração dos asiáticos depois de 1924, os filipinos, considerados cidadãos norte-americanos, adquiriram um *status* especial. Eles preencheram a lacuna na oferta de mão-de-obra criada com a exclusão de todos os outros asiáticos. Contudo, seu destino final foi o mesmo. Em 1934, o governo federal garantiu a independência às Ilhas Filipinas em troca da diminuição da imigração. Nos Estados Unidos, a atitude em relação aos asiáticos caracterizou-se, portanto, por um padrão de tolerância enquanto seu trabalho foi necessário, seguido de racismo e exclusão.

EXPERIÊNCIAS PÓS-GUERRA

Com o fim da Segunda Guerra Mundial, os asiáticos tiveram permissão para entrar nos Estados Unidos, mas as cotas que regulavam a sua admissão mantiveram-se em torno de cem pessoas por país, anualmente, o que equivalia à exclusão. Enquanto os imigrantes anteriores eram homens robustos, muitas mulheres do Japão, Filipinas e Coréia chegaram ao país como "esposas de guerra" dos soldados americanos, já que não estavam sujeitas à limitação das cotas. Isso acrescentou uma nova dimensão à população asiática: famílias interétnicas, com descendentes de sangue misto.

A situação alterou-se em 1965, com a decretação de uma nova lei de imigração. As cotas de origem nacional foram abolidas, e até 20 mil migrantes por país tiveram permissão para entrar nos Estados Unidos. À mudança da lei somou-se uma agitação política e a ameaça comunista, fazendo a imigração asiática inflar. Os asiáticos constituem atualmente um terço dos imigrantes legalmente aceitos nos Estados Unidos. A década de 1980 viu mais de 2 milhões deles sendo admitidos em decorrência do colapso que se seguiu em seus países. China/Taiwan/Hong Kong/: 445 mil; Índia: 251 mil; Japão: 47 mil; Coréia: 334 mil; Ilhas Filipinas: 549 mil; Vietnã: 173 mil. Há atualmente 8 milhões de ásio-americanos nos Estados Unidos (3% da população total).

As conseqüências da Guerra do Vietnã em 1975 trouxeram uma nova categoria de asiáticos para os Estados Unidos: refugiados do Vietnã, Camboja, Laos, Tailândia e até de Burma. O país sentiu a obrigação moral de ajudar os refugiados que buscavam proteção do perigo e da perseguição e ajuda para se restabelecer em sua pátria. Em 1990, mais de 1 milhão, vindo do sudeste da Ásia, havia entrado no país por meio de uma legislação especial de assistência aos refugiados. Esses números excediam os das cotas de imigração. Em 1990, o censo registrou 7 milhões de asiáticos nos Estados Unidos. Deles, 23% são chineses, 19%, filipinos, 12%, japoneses, 11%, indianos, 11%, coreanos, 8%, vietnamitas e 16%, de outros países. Os asiáticos constituem apenas 3% da população americana, embora tenham mais que dobrado em quantidade a cada década desde 1960.

O termo ásio-americano pode provocar equívocos por sugerir uma experiência comum inexistente. Há uma enorme variedade de raças, religiões e línguas entre os ásio-americanos, e as nações de onde eles vêm têm culturas, costumes e tradições largamente diferenciados. Apesar do uso do termo ser um expediente freqüente na caracterização política, ele não considera as diferentes experiências dos indivíduos e das comunidades que pretende abranger. Como um todo, os asiáticos são considerados um dos cinco maiores grupos étnicos nos Estados Unidos: brancos, negros, hispânicos, asiáticos e americanos nativos. Nas décadas de 1980 e 1990, os asiáticos foram a minoria que mais rapidamente cresceu na nação.

PERFIS ATUAIS

Mesmo como grupos étnicos, os asiáticos não são homogêneos. Os imigrantes chineses vindos do continente, Taiwan, Hong Kong, Cingapura ou Vietnã, por exemplo, têm distintos *backgrounds*. Alguns ásio-americanos têm raízes na América que remontam a meados de 1800, mas a grande maioria é de imigrantes recentes. De fato, mais de 95% da população de refugiados é de pessoas nascidas fora do país, da mesma forma como ocorre com a maioria dos asiáticos nos Estados Unidos. Imigrantes recentes, como os filipinos, indianos, coreanos, taiuaneses e chineses de Hong Kong, têm bom nível escolar e são mais prósperos que seus compatriotas no passado. Os chineses do continente e os refugiados do sudeste da Ásia, contudo, têm um histórico marcado pela guerra ou politicamente interrompido. Esses grupos têm mais problemas na reconstrução de suas vidas. Outrora, os japoneses eram o grupo asiático dominante; atualmente, são poucos os imigrantes vindos do Japão.

As populações asiáticas estão concentradas ao longo das costas Leste e Oeste, ilhas havaianas e centros urbanos. Aproximadamente três entre cinco asiáticos vivem nos estados da Califórnia, Nova York e Havaí. Eles introduziram a sua culinária ao paladar americano, a ponto de nos dias de hoje os restaurantes chineses, *sushi bars* japoneses e lojas de comida indiana pontuarem a paisagem urbana. Os asiáticos tendem a valorizar a educação; assim, os pais incentivam os filhos a progredir nos estudos. O perfil escolar dos asiáticos é notável, mas a barreira da língua e o caráter recente de sua imigração os impede de conseguir trabalho de acordo com a sua qualificação, de modo que acabam se envolvendo em pequenos negócios, como restaurantes, quitandas, bancas de jornal, motéis e fábricas de roupas.

Apesar de as portas da América do Norte terem estado abertas para os asiáticos desde 1965, e muitos deles terem a intenção de criar raízes no país por eles adotado, são considerados eternamente estrangeiros e associados à sua pátria. Um desequilíbrio comercial desfavorável com o Japão irá perpetrar a hostilidade, não somente para com os nipo-americanos, mas para com todos os asiáticos. Os ásio-americanos foram considerados culpados pelas mortes no Vietnã. Os sino-americanos são suspeitos de simpatizar com o comunismo por conta de seus laços familiares com a China. Quando a economia entra em crise, os asiáticos são acusados de tirar os empregos dos brancos e negros, vistos como "americanos", enquanto eles são considerados estrangeiros. Recentes explosões de violência contra os asiáticos têm sido muito inquietantes. Ao mesmo tempo que são tidos como bons alunos e bons negociantes, são objeto de escárnio, no clássico estilo "se fizerem, estão errados; se não fizerem, também".

LEITURAS SUGERIDAS

Asian Americans: An Interpretative History, de Sucheng Chan (Twayne, 1991), oferece um panorama ao invés de lidar com cada grupo de ásio-americanos em separado.

Pacific Bridges: The New Immigration from Asia and the Pacific Islands, organizada por James Fawcett e Benjamin Carino (Center for Migration Studies, 1987), oferece um enfoque erudito da imigração asiática contemporânea em todo o mundo.

Strangers from a Different Shore, de Ronald Takaki (Little Brown, 1989), faz uma avaliação aprofundada das experiências chinesa, japonesa, filipina e indiana.

Adjustment Experience of Chinese Immigrant Children, de Betty Lee Sung (Center for Migration Studies, 1987), mostra como as escolas, a comunidade e as famílias ajudam os filhos dos migrantes no seu ajuste à vida num país novo. Esse livro pode ser lido em conjunto com *Education and Class,* de Yuan Cheng (Avebury, 1994), que compara as oportunidades de vida dos chineses na Grã-Bretanha e nos Estados Unidos.

Ver também: ASIÁTICOS NA GRÃ-BRETANHA; DIÁSPORA; MIGRAÇÃO

BETTY LEE SUNG

Asiáticos na Grã-Bretanha

O termo "asiático", no contexto britânico, refere-se normalmente aos migrantes da Ásia do Sul, isto é, Índia, Paquistão, Bangladesh e Sri Lanka e seus descendentes. Isso inclui também os descendentes de asiáticos que já viviam anteriormente nos países da costa leste africana, ao redor do Lago Vitória: Quênia, Tanzânia e Uganda. Os primeiros partiram para a Grã-Bretanha como migrantes, a maioria na década de 1950 e, especialmente, 1960. Os últimos eram refugiados políticos que foram para a Grã-Bretanha após as expulsões da década de 1970. Coletivamente, os sul-asiáticos constituem 2,7% da população total britânica de 54,8 milhões de pessoas. Os indianos formam o maior grupo (840 mil), com 475 mil vindos do Paquistão e 160 mil, de Bangladesh. (Há também 157,5 mil chineses, apesar de não serem convencionalmente analisados com base nas mesmas referências que os sul-asiáticos.)

Migração

A presença sul-asiática na Grã-Bretanha remonta ao século XIX, quando mercadores itinerantes e charlatães viajavam pelo país. Muitos mantinham altos cargos nos governos coloniais e tinham papéis proeminentes na vida pública. Seu perfil contrastava fortemente com o dos imigrantes do sul da Ásia pós-guerra, que viajaram à procura de trabalho e freqüentemente assumiam funções servis nas indústrias têxteis de cidades como Bradford, Leeds e Manchester.

A pesquisa de Muhammed Anwar indica que muitos imigrantes viam a sua estada na Grã-Bretanha como temporária, envolvidos pelo mito do retorno – *The Myth of Return* (Heinemann, 1979). O suposto retorno, porém, não passava disso, um mito, e a maioria terminou por constituir o que foi, na década de 1960, uma "reserva de mão-de-obra". Os sul-asiáticos, em particular os indianos, têm uma forte tradição de migração, tanto assim que existe uma justificável diáspora indiana.

Os padrões de migração mudaram entre 1960 e 1971 por conta da legislação que visava restringir o fluxo de migrantes das antigas colônias britânicas, mais especificamente de países da Nova Comunidade (que incluíam as nações do Sul da Ásia). Muitos migrantes que tinham intenção de permanecer na Grã-Bretanha, ainda que temporariamente, apressaram-se em trazer seus parentes para evitar os controles restritivos. Depois que as famílias estavam reunidas, seguia-se o estabelecimento permanente.

Circunstâncias diferentes precederam a chegada de outros grupos asiáticos nas décadas de 1960 e 70. Vieram refugiados políticos expulsos do Quênia, em 1967-68, e de Uganda, em 1973. A situação do Quênia provocou uma emenda flagrantemente seletiva – e, por inferência, racista – à lei de imigração, em 1968.

Muitos asiáticos da África oriental eram donos de negócios que haviam enviado capital para fora do país a fim de se precaver de uma possível migração forçada. Sua posição quando de sua chegada na Grã-Bretanha era diferente da dos migrantes asiáticos. Eles não chegaram buscando trabalho desesperadamente, nem estavam sozinhos (muitos viajaram em famílias); tinham também alguma experiência em negócios e, em alguns casos, haviam deixado para trás empresas solidamente estabelecidas. O espírito empreendedor desenvolveu-se bastante bem, a ponto de, no final da década de 1980, uma segunda geração de asiáticos da África oriental passar a constituir parte da classe de negociantes étnicos da Grã-Bretanha.

No outro extremo da estrutura de classes, os bengaleses, na sua grande maioria muçulmanos, passaram ao *status* virtual de subclasse. Esse grupo apresentava um número excessivo de desempregados, baixos índices de renda comparados com outros sul-asiáticos e trabalhavam principalmente em ocupações manuais. Enquanto outras comunidades do Sul da Ásia cresceram em termos educacionais, as crianças bengalesas fracassaram.

CULTURA

As diferenças culturais não são suficientes para explicar as diferenças de progresso. Outros grupos muçulmanos do Paquistão e, numa proporção menor, da Índia conseguiram espaço para implantar as suas culturas. Políticas de educação multicultural e anti-racista asseguraram o ensino do inglês como segunda língua, para que as línguas maternas, como o urdu ou o gujarati, não fossem ameaçadas. Os sikhs foram envolvidos num importante caso judicial bem-sucedido, *Mandla v. Dowell Lee*, que resultou no seu reconhecimento como um grupo protegido sob os termos do Ato das Relações Raciais de 1976. Isso significava que a sua distinção cultural, tendo como sinal mais visível o turbante dos homens, foi oficialmente reconhecida.

Os muçulmanos procuraram vigorosamente preservar suas tradições islâmicas, de início pela construção de grandes mesquitas na maioria das principais cidades britânicas. Mais tarde, as escolas muçulmanas pressionaram o governo para serem reconhecidas oficialmente, o que ocorreu com o Ato da Reforma Educacional.

CONFLITO

Os sul-asiáticos sofreram o impacto de algumas das formas mais brutais de molestamento racial. Os episódios chamados de *paki-bashing* (surra em paquistaneses) da década de 1960 tornaram-se uma prática quase ritualística entre os jovens brancos fascistas. O insignificante surgimento de partidos políticos neonazistas na década de 1970 transformou os asiáticos mais uma vez em alvos de ataques físicos. Num caso especialmente revoltante, em 1981, uma mulher paquistanesa e seus três filhos foram assassinados depois que sua casa foi incendiada.

Em 1992, dois incidentes separados em Blackburn, Lancashire e Birmingham sugeriram um novo padrão de violência interétnica, quando gangues de jovens entraram em conflito. As gangues se organizaram por regiões, punjabis, bengaleses etc., e cada um desses grupos parecia ter mantido a sua identidade cultural apesar de quase duas gerações de forças homogeneizantes e assimiladoras da vida urbana. As causas do conflito foram provavelmente menos culturais do que econômicas, já que grupos regionais progrediram em diferentes medidas.

O conflito sublinha a heterogeneidade da população sul-asiática da Grã-Bretanha. Há pelo menos 15 línguas asiáticas diferentes, cada qual com a sua própria literatura. Fora as religiões principais, islamismo, hinduísmo e a doutrina sikh, há os jains, zoroastristas, cristãos e uma variedade de outras crenças. Na década de 1990, os sul-asiáticos estavam espalhados por todas as classes sociais, muitos deles com seus próprios negócios e muitos trabalhando como profissionais liberais. No entanto, grande porcentagem ainda permanece em ocupações da classe trabalhadora.

LEITURAS SUGERIDAS

South Asians Overseas, organizado por C. Clarke, C. Peach e S. Vertovec (Cambridge University Press, 1992), é um guia genérico, como sugere o próprio título, e pode ser lido em conjunto com *Migration: The Asian Experience*, organizado por Judith Brown e Rosemary Foot (Macmillan, 1994), que lida com as várias facetas da migração e colonização asiática.

Race and Politics in Britain, de Shamit Saggar (Harvester Wheatsheaf, 1992), oferece uma visão geral das várias questões que afetam os asiáticos.

"Political blackness in British Asians", de Tariq Modood (*Sociology*, v. 28, nº 4, 1996), rejeita as tentativas de classificar os asiáticos como negros, com a alegação de solidariedade de cor e identidade política.

Ver também: ÁSIO-AMERICANOS; CONFLITO INTERÉTNICO; MIGRAÇÃO; MOLESTAMENTO

BARRY TROYNA/ELLIS CASHMORE

Assimilação

O processo de tornar-se similar. O sentido original dessa palavra emergiu na sociologia por conta de um de seus sentidos secundários, o qual denota a absorção de nutrientes por um organismo vivo – assim como o corpo assimila comida. A popularidade da analogia orgânica na sociologia do século XX aumentou a tendência de dar ao termo o seu segundo sentido. Foi o que ocorreu com o conceito também nos Estados Unidos, na época do grande afluxo de imigrantes vindos da Europa oriental e dos países mediterrâneos, os quais, suspeitava-se, eram de um padrão inferior e menos facilmente assimiláveis do que os imigrantes do Nordeste da Europa. Em virtude da pressão existente na época, portanto, a assimilação passou a significar americanização, do mesmo modo como ocorreu com anglicização na Grã-Bretanha da década de 1960.

As confusões geradas por essa excessiva simplificação foram expostas por Milton M. Gordon, que distinguiu vários empregos diferentes dados ao termo nos Estados Unidos. Um deles foi por ele chamado de anglo-adequação, processo por meio do qual os imigrantes eram levados – ou deveriam ser – a se adequar às práticas do grupo anglo-saxônico dominante. O segundo era o "cadinho de raças", no qual todos os grupos misturavam as suas características e produziam uma nova amálgama. Já o terceiro consiste em duas versões de pluralismo: cultural e estrutural, de acordo com a capacidade da minoria de, apesar de assemelhar-se à maioria em vários aspectos, manter ainda elementos de culturas distintas ou poder ser distinguida pelo modo de seus membros continuarem a se associar uns aos outros.

Para fins sociológicos, são necessárias maiores distinções. A assimilação pode ser vista como um tipo de mudança étnica pela qual as pessoas se tornam parecidas, e contrastada com a diferenciação, por meio da qual os grupos ressaltam as suas diferenças, ao observar, por exemplo, os tabus de comida ou apresentar símbolos e sinais distintos. Membros de um grupo que se diferencia num aspecto (como os sikhs, que usam turbantes) podem assimilar outro (como a língua). Ao discutir as mudanças étnicas é necessário, portanto, especificar os itens culturais particulares para poder examinar a direção em que a mudança ocorre e a velocidade com que ela ocupa o seu espaço. Além disso, a mudança étnica em nível local pode, a curto prazo, correr numa direção oposta à do nível nacional. Um grupo que constitui uma minoria nacional pode corresponder à maioria local, de forma que as pessoas pertencentes à maioria nacional podem estar sendo pressionadas a mudar na direção do grupo que é a maioria local. Por exemplo, em certas áreas de algumas cidades da Grã-Bretanha, onde há um número substancial de crianças negras, não é raro crianças brancas e asiáticas se interessarem por música negra ou adotarem o linguajar dos negros. Na década de 1960, houve bairros em que a maioria das famílias negras vinha da Jamaica. Crianças negras, cujos pais vinham de outros países, tendiam a adotar as formas do dialeto jamaicano, o que contribuiu, mais que qualquer outro elemento, para a criação de novos padrões de linguagem negra.

Algumas minorias adotam conscientemente práticas designadas para resistir às pressões assimiladoras geradas na sociedade nacional, como a propaganda de bens de consumo. Grupos religiosos estabelecem as suas próprias escolas, enquanto ciganos e peregrinos mantêm suas crianças longe das escolas estatais quando sentem seus laços familiares serem por elas ameaçados. Também os membros de uma maioria podem, em outras circunstâncias, impedir a assimilação, restringindo a aceitação social, como os brancos americanos que discriminaram muito mais os negros americanos que os recentes imigrantes brancos. Os sociólogos devem, portanto, atentar para a visão simplista da assimilação como um processo unitário em nível grupal, que pressupõe que a minoria irá se adequar aos modos da maioria e que a própria maioria, ao absorvê-los, não sofrerá mudanças também. Os processos de assimilação são muito mais complexos. Eles precisam ser estudados em nível individual e grupal, levando em consideração as formas específicas de comportamento, analisadas em seu pleno contexto social e político.

LEITURAS SUGERIDAS

Assimilation in America Life, de Milton M. Gordon (Oxford, 1964), apresenta uma discussão genérica.

Racial and Ethnic Competition, de Michael Banton (Cambridge, 1983). O capítulo 7 discute a inter-relação dos processos em níveis individual e grupal.

Ethnic Change, organizado por Charles F. Keyes (University of Washington Press, Seattle, 1981), é uma coletânea de ensaios que analisa os processos de mudança em uma variedade de situações.

Ver também: BOAS; ETNIA; INTEGRAÇÃO; PLURALISMO

MICHAEL BANTON

AZTLÁN

Um forte símbolo dos movimentos nacionalistas méxico-americanos, *Aztlán* refere-se a uma pátria ancestral, utópica terra prometida, e a um emblema político. O termo *Aztlán* surgiu pela primeira vez em registros dos missionários espanhóis do século XVI. Informantes astecas relatavam a migração de seus ancestrais de uma pátria ao Norte de Tenochtitlán (atual cidade do México). Alguns documentos dos missionários localizam *Aztlán* atualmente a nordeste do México e sudeste do Texas ou imediatamente ao norte da cidade do México. Atualmente, acredita-se que *Aztlán* seja a terra que o México cedeu com o Acordo de Guadalupe Hidalgo, em 1848.

Em 1969, *El Plan Espiritual de Aztlán* foi escrito coletivamente na Conferência Nacional da Juventude Libertadora Chicana, e endossado por Rodolfo "Corky" Gonzales, tendo reavivado o interesse pelo território. O documento delineou um plano para a autodeterminação cultural e a unificação dos chicanos. Antes da década de 1960, a palavra chicano foi amplamente usada num sentido pejorativo, mas quando o termo "negro" – outrora usado para depreciar os afro-americanos – foi recodificado, também chicano foi elevado a uma nova categoria, acentuando a restituição do caráter único dos méxico-americanos em meio ao imperialismo dos Estados Unidos. A força unificadora do movimento passou a ser conhecida como chicanismo.

À medida que a agenda nacionalista do chicanismo ganhava ímpeto, os esforços pragmáticos de César Chávez e da Federação dos Trabalhadores de Fazendas Unidos em unificar o trabalho agrícola dos mexicanos e méxico-americanos pareciam excessivamente limitados em abrangência, e *Aztlán* tornou-se uma espécie de convocação para a reapropriação da unidade cultural e da solidariedade que se haviam dissipado nos Estados Unidos. Os seguidores clamaram por plenos direitos de cidadania, por direitos herdados dos ancestrais no Sudeste.

Klor de Alva chamou *Aztlán* de "a mais característica metáfora do ativismo chicano". A sua capacidade de mobilizar os méxico-americanos acentua o poder exercido pelas terras prometidas para os povos na diáspora. Assim como África e Zion foram transformadas de pátrias verdadeiras ou míticas em significantes de resistência, e em alguns casos de desafio político, também *Aztlán* conquistou os corações e mentes dos méxico-americanos ao uni-los numa causa comum. Na verdade, foi a própria unidade gerada pela palavra que provocou a sua queda: quando os grupos de minorias se organizaram com base em gênero, classe e orientação sexual, o movimento *Aztlán* foi considerado excessivamente artificial em sua ética homogênea, e o conceito de um só povo perdeu a credibilidade.

LEITURAS SUGERIDAS

Aztlán: Essays on the Chicano Homeland, organizado por R. Anaya e F. Lomelí (University of New Mexico, 1991). A primeira coletânea de ensaios e documentos políticos de eruditos e artistas a respeito de *Aztlán* desde a década de 1960 até 1989.

"The Aztec Palimpsest: Toward a new understanding of *Aztlán* Cultural Identity and History" (*Aztlán*, v. 19, nº 2, 1992), de Daniel Cooper Alarcón, é uma excelente análise da história mesoamericana e dos usos políticos contemporâneos do termo, assim como as críticas correntes no que se refere à natureza mutante da identidade chicana.

Youth, Identity, Power: The Chicano Movement, de Carlos Muñoz Jr. (Verso, 1989), retrata a história verídica do movimento chicano; escrita por um de seus principais participantes.

Ver também: CHÁVEZ, CÉSAR; DIÁSPORA; LATINOS

STEPHANIE ATHEY

BLACK POWER

O movimento Black Power da década de 1960 representou mais um período de renascimento cultural na América negra, similar, em alguns pontos, à Harlem Renaissance da década de 1920. Muitas instituições negras culturais e educacionais independentes, fundadas durante o movimento Black Power, duraram de meados da década de 1960 até o início da década de 1970. O movimento Black Power nos Estados Unidos – também registrado em alguns escritos como "o movimento da consciência negra" ou das artes negras – foi significativo por causa dos debates que gerou a respeito das estratégias políticas apropriadas que deveriam ser buscadas pelos negros.

O clamor pelo Black Power chamou a atenção da mídia internacional pela primeira vez nos Estados Unidos, no verão de 1966, quando o presidente do Comitê de Coordenação dos Estudantes, Stockely Carmichael, usou o termo várias vezes num discurso durante um encontro pelos direitos civis em Mississipi. A partir desse momento, foi proferido e endossado em discursos por outros ativistas que lutavam pelos direitos civis nesse período.

Esse termo não foi definido precisamente; permaneceu vago tanto quanto ao seu significado como ao seu uso. Como conceito, o termo Black Power tem sido utilizado diferentemente por ativistas e organizações, abarcando um amplo espectro lógico. Durante o final das décadas de 1960 e 1970, muitos livros e artigos foram escritos a seu respeito.

Uma das primeiras tentativas de definir esse conceito resultou no livro co-escrito por Stokely Carmichael e Charles V. Hamilton, *Black Power: The Politics of Liberation in America* (Vintage, 1967). Esses autores sugeriram que o Black Power era um conceito norte-americano que basicamente conclamava o povo negro a atuar com base no poder de grupos organizados. Ainda que alguns integrantes do movimento pelos direitos civis tenham ridicularizado e evitado utilizar o termo por expressar divisão racial, ele acabou sendo aceito por várias organizações e ativistas negros. De fato, até o presidente Richard M. Nixon endossou implicitamente esse termo no início da década de 1970, quando clamou por um capitalismo negro como resposta apropriada às necessidades dos negros dos Estados Unidos.

O movimento Black Power ajudou a eleger os primeiros prefeitos negros das principais cidades americanas. Vários deputados foram eleitos para o Congresso americano como resultado do movimento. Além disso, o período originou debates ideológicos na comunidade negra, abafados anteriormente durante o Movimento pelos Direitos Civis por causa da ênfase dada à dessegregação racial.

LEITURAS SUGERIDAS

Black Power: The Politics of Liberation in America, de Stokely Carmichael e Charles V. Hamilton (Vintage, 1967), introduziu e enalteceu o conceito.

The Black Revolt: A Collection of Essays, organizado por Floyd Barbour (Extending Horizons, 1968), reúne várias perspectivas diferentes.

"Race, class and conflict: intellectual debates on race relations research in the United States since 1960", de Manning Marable (Sage, *Race Relations Abstracts,* 1981), discute e critica alguns dos principais escritos sobre o tema.

JAMES JENNINGS

BLUES

O *blues* foi o primeiro gênero ou expressão musical universalmente reconhecido como totalmente pertencente à cultura negra. William Barlow, em *Looking Up at Down: The Emergence of Blues Culture,* argumenta "O *blues* [...] era uma amálgama das práticas musicais africanas e européias – um *mix* de ritmos africanos, notas melancólicas e técnicas vocais com harmonia européia e formas de balada". Há muitas histórias alternativas a respeito da formação da música e seu desenvolvimento (ver, por exemplo, *The Spirituals and the Blues,* de James Cone, Orbis, 1991, e *Rhythm Oil,* de Stanley Booth, Pantheon, 1992).

Embora as interpretações sejam divergentes, todos concordam que a música nasceu do trabalho coletivo da primeira geração de afro-americanos após a emancipação. Eles não experienciaram a escravidão diretamente, mas suas vidas permaneceram opressivamente árduas e sem perspectivas. A música que tocavam encarnava a falta de esperança e depressão; os assuntos sobre os quais tratavam eram doenças, aprisionamentos, álcool, drogas, trabalho e as segregações forçadas por Jim Crow.

O *blues* era uma música laica: distanciava-se do *spiritual* das igrejas, que exaltava a salvação divina e encorajava em êxtase a jornada para a terra prometida, usando termos que geralmente evitavam os aspectos mais desprazerosos da vida na terra. Os "*negro spirituals*", que foram suplantados na década de 1930 pelo *gospel,* como música religiosa dominante, transmitiam o tipo de esperança oferecida pela igreja, especialmente a batista. O *blues* não oferecia tal coisa – somente a realidade. Lawrence Levine faz uma bela distinção ao citar a cantora Mahalia Jackson, que se recusou a abrir mão da música *gospel* apesar de o *blues* poder dar a ela uma vida melhor. "Os *blues* são canções de desespero, as canções do *gospel* são canções de esperança. Ao cantá-las, você se sente aliviado de seu fardo."

Em termos musicais, as notas "blue" eram as notas normais ou bemóis afinadas na tonalidade maior e menor do terceiro e sétimo graus da escala. As conotações de depressão e desespero, contudo, eram muito mais ressonantes. Como tais, elas tinham relevância específica para os negros: documentavam a experiência distintamente laica afro-americana.

Ele também foi altamente individualizado. Ao contrário das formas musicais afro-americanas anteriores, o *blues* era normalmente tocado solo e sem antífona (como a resposta de um coro, por exemplo). Isso sugeriu a Levine "novas formas de autoconcepção". Essas características definiam o *blues* como o que Levine descreve como "a música mais tipicamente americana que os afro-americanos já criaram". Ele "representa um grau maior de aculturação para o *ethos* individualizado da sociedade mais ampla". As influências da África ocidental podem ser detectadas, mas não se pode negar que o *blues* faz parte da consciência norte-americana, um ajuste dos indivíduos ao seu "aqui e agora".

Muddy Waters e Howlin' Wolf são freqüentemente citados como os grandes modernizadores do *blues*. Water migrou do Delta do Mississipi para Chicago e substituiu o acústico *folk blues* por um som elétrico mais agudo. Ao contrário, John Lee Hooker, que continuou a excursionar aos 70 anos na década de 1990, manteve seu enfoque mais tradicional.

LEITURAS SUGERIDAS

"Looking Up at Down": The Emergence of Blues Culture, de William Barlow (Temple University Press, 1989), inicia sua análise a

partir da premissa de que o *blues* tem profundas raízes nas tradições musicais da África ocidental.

Blues People, de LeRoi Jones (Payback Press, 1995; publicada originalmente em 1963), argumenta que tanto o *blues* como o *jazz* têm uma "válida separação e um anárquico desrespeito às formas populares ocidentais". "O *blues*", acrescenta, "é a mais importante forma básica da música afro-americana."

Black Culture and Black Consciousness, de Lawrence W. Levine (Oxford University Press, 1978), traça a história da cultura afro-americana, dando particular ênfase ao papel da música.

Ver também: *CREOLE*; PENTECOSTALISMO; *RAP*; *REGGAE*

ELLIS CASHMORE

BOAS, FRANZ (1858-1942)

Antropólogo americano nascido e educado (física e geograficamente) na Alemanha. Sua pesquisa a respeito das variações raciais ilustra a transição do interesse pré-darwiniano na morfologia para o enfoque baseado em estatísticas mais tarde estabelecido pela genética dos povos. O estudo de Boas a respeito das "Mudanças nas Formas Corporais dos Descendentes de Imigrantes" (1912), realizado com o auxílio das autoridades de migração, atraiu especial atenção. Nele, a estatura, o peso e o formato da cabeça de 18 mil indivíduos foram medidos, e compararam-se as medidas de filhos de pais europeus nascidos nos Estados Unidos com as de filhos de pais europeus nascidos antes da imigração. Ele descobriu que as crianças judias da Europa oriental de cabeça arrendondada ("braquicéfalas") passaram a ter uma cabeça mais alongada ("dolicocéfalas") nos Estados Unidos, enquanto com as do Sul da Itália ocorreu o fenômeno inverso (de alongada passaram à forma arrendondada). O enfoque buscava um tipo uniforme. A aparente influência do meio americano se fazia sentir com uma intensidade cada vez maior, quanto maior era o tempo passado entre a imigração da mãe e o nascimento do filho. Boas foi ludibriado por suas próprias descobertas. Aquelas eram medidas de variações fenotípicas, e os antropólogos da época ignoravam as causas dessas variações, as quais deveriam ser pesquisadas no genótipo.

As modificações físicas que Boas documentou não eram de grande magnitude, mas propiciaram o questionamento da pressuposição à qual a maioria dos antropólogos estava comprometida – a de que o índice cefálico (proporção entre a largura e o comprimento do crânio, visto de cima) era uma medida estável do histórico genético. Ele era um professor influente, respeitado por sua atividade e devoção à análise objetiva, que desejava desafiar publicamente as doutrinas raciais propagadas pelas campanhas anti-imigratórias. Thomas F. Gosset, historiador do pensamento racial, ficou tão impressionado com o registro de Boas que concluiu que "o principal acontecimento da década de 1920 a conter o fluxo do racismo foi o fato de um homem, Franz Boas, uma autoridade em vários campos que haviam sido as fontes mais fortes do racismo, calmamente pedir uma prova de que a raça determinava a mentalidade e o temperamento das pessoas".

LEITURAS SUGERIDAS

Race, Language and Culture, de Franz Boas (Macmillan, 1912), é um texto clássico.

The Anthropology of Franz Boas, organizado por Walter R. Goldschmidt (American Anthropological Association Memoir 89, 1959), traz uma avaliação da obra de Boas.

Race: The History of an Idea in America, de Thomas F. Gossett (Shocken Books, 1963), apresenta seções a respeito das análises de Boas e sua contribuição geral no campo das pesquisas.

Ver também: ASSIMILAÇÃO; CULTURA; FENÓTIPO; GENÓTIPO

MICHAEL BANTON

BODE EXPIATÓRIO

Termo proveniente do ritual hebreu descrito no Livro dos Levíticos: "Aarão porá ambas as mãos sobre a cabeça do bode ainda vivo e confessará sobre ele todas as faltas dos filhos de Israel, todas as suas transgressões e todos os seus pecados" (16: 21-2). Em outras palavras, os pecados das pessoas são simbolicamente transferidos para o bode, que é, então, libertado, levando consigo toda a culpa do povo.

Tomemos como exemplo, num nível diferente, uma aluna que é humilhada pela professora na escola. Como não pode revidar, ela fica frustrada. Ao chegar em casa, desconta a raiva no irmão ou irmã mais novos, que são um alvo mais acessível.

Nas relações raciais e étnicas, freqüentemente ocorrem processos semelhantes: as pessoas transferem as responsabilidades por seus infortúnios e frustrações para outros grupos, que, em geral, costumam ser minorias visivelmente identificáveis, como negros, asiáticos ou mexicanos, e que têm pouco poder. Esses grupos podem ser apontados e responsabilizados por toda a espécie de males, quer seja o desemprego, a escassez de moradia ou literalmente qualquer outra coisa.

Judeus e negros são os bodes expiatórios mais conhecidos da história recente. Eles foram responsabilizados por quase tudo nos últimos tempos, do declínio econômico ao crescimento do índice de criminalidade. Grupos políticos, como os comunistas, e denominações religiosas, como os católicos romanos, foram usados ao longo da História como convenientes bodes expiatórios. Não é certamente coincidência tais grupos serem invariavelmente desprovidos de poder – eles podem ser responsabilizados e condenados sem que possam contra-atacar e resistir às injustas atribuições. Linchamentos e *pogroms* contra negros e judeus foram largamente utilizados, exatamente porque esses grupos não tinham poder e condições para lutar contra os ataques.

Uma característica significativa do processo que gera bodes expiatórios é a incapacidade do grupo em analisar por completo as circunstâncias que produzem os aparentes infortúnios. O declínio econômico, por exemplo, é causado por um conjunto de fatores, alguns obscuros e difíceis de compreender. A figura do bode expiatório elimina a necessidade de análises mais profundas: ela oferece explicações simplistas e preconceituosas, como "os negros causaram isso".

O bode expiatório encontra seu espaço quando há um estereótipo "disponível", de modo que a culpa é a ele atribuída com o mínimo de ambigüidade. Para aquele que tem uma concepção estereotipada bem-definida dos asiáticos como um povo que trabalha demais, ganha dinheiro demais e se engaja em negócios, digamos, não-ortodoxos, esse grupo pode ser conveniente para ser usado como bode expiatório. Se houver um reconhecimento disseminado de que grande parte dos asiáticos trabalha em péssimas condições, recebe baixos salários e vive em casas superlotadas e em ruínas, a caracterização desse grupo como bode expiatório perde força – dependendo, é claro, de quais são os problemas cuja culpa se deseja atribuir a eles. A regra predominante parece ser não analisar em profundidade o grupo "bode expiatório".

Uma última assertiva a respeito deveria ser mantida em mente: a imagem do grupo identificado e responsabilizado pode ser reajustada com o propósito de criar um bode expiatório, porém, mais freqüentemente, a percepção negativa do grupo já existe no imaginário popular; o bode expiatório apenas adiciona novas dimensões.

LEITURAS SUGERIDAS

American Minority Relations, de James Van der Zanden (4ª ed., Knopf, 1983). O capítulo "Personality bulwarks of racism" analisa o bode expiatório como uma "teoria do preconceito".

The Nature of Prejudice, de Gordon Allport (Addison-Wesley, 1954), é um manual importante e abrangente a respeito dos aspectos das relações raciais, e possui um capítulo especial, "The choice of scapegoats".

"The ultimate attribution error", de Thomas F. Pettigrew, em *Readings About the Social Animal* (Freeman, 1981), questiona algumas das teorias de Allport a respeito do preconceito.

Ver também: DISCRIMINAÇÃO RACIAL; ESTEREÓTIPO; PRECONCEITO; RACISMO

ELLIS CASHMORE

"BRANCURA"

A brancura como categoria inclusiva que abrange um segmento da população não é mais natural do que a negrura. Originou-se na segunda metade do século XVII, como resultado de uma transformação social de colonizadores da América – ingleses, irlandeses, escoceses e outros europeus. A transformação tornou necessária a homogeneização dos *status* de *tenants*, mercadores, plantadores, e assim por diante, num novo *status* – membros de uma raça branca. Como escreve Bennett: "[...] os primeiros colonizadores brancos não tinham um conceito de si mesmos como homens *brancos* [...] A palavra branco, com todo o seu ônus de culpa e arrogância, só passou a ser de uso comum no final deste século".

Ela se desenvolveu em contradição à negrura, que tem genealogia mais extensa, remontando ao período cristão, em que a cor adquiriu conotações negativas e passou a ser associada ao pecado e à escuridão. Jan Pieterse (em *White on Black*, Yale University Press, 1992) mostra como o Islã adotou os negros como símbolos de demônios e como a negrura, na iconografia européia, surgiu entre os séculos XII e XV, avaliada positivamente. Parece que foi somente após o século XVII e o surgimento do colonialismo europeu que a negrura foi difamada e relacionada à selvageria e inferioridade; embora alguns acadêmicos remetam o vínculo a associações cristãs tradicionais derivadas do *Curse of Ham* bíblico.

Jordan insiste que, para os ingleses coloniais, o branco era a cor da pureza e da perfeição. A própria negrura da pele dos africanos era suficientemente traumática para assegurar o preconceito inglês contra eles. A visão ganha apoio com a proposta de Degler de que os valores negativos derivados da cor negra serviram para separar os africanos de outros grupos sobreviventes.

A aplicação do raciocínio científico para a compreensão da raça e do surgimento das tipologias raciais ocorreu depois de 1790, quando o movimento abolicionista ganhou força. O racialismo tornou-se uma defesa "racional" contra a dissolução da escravidão e serviu para fortalecer a imagem dos povos negros como naturalmente adequados para a servidão e para o trabalho. A classificação de Blumenbach, publicada em 1795, incluía os caucasianos, os quais constituíam a divisão da população mundial de pele clara, que se acreditava ser originária do Cáucaso, a cadeia montanhosa da Europa oriental. Ele argumentava que eles eram os mais bonitos, em contraste com os mongóis e etíopes (suas outras categorias raciais). Teorias raciais subseqüentes desviaram somente de forma marginal de sua conclusão, sendo os arianos (Müller) e a raça germânica (Gobineau) simplesmente sinônimos de brancos. O brilho da credibilidade científica foi concedido à crença na superioridade dos brancos, e o domínio europeu da maior parte do mundo reforçou isso.

Concorrendo com esse processo estava a distância entre a negrura e a escravidão. À medida que o movimento abolicionista desenvolvia uma imagem humanística dos negros, os defensores da escravidão justificavam o tratamento dos escravizados como uma propriedade, projetando um argumento racista. Sustentava-se que por serem inferiores em essência, a condição era natural. Quando a necessidade de uma barreira mais precisa e claramente definida para a distinção tornou-se uma pressão mais significativa, o critério de cor passou a ser mais útil.

Nesse contexto, a pele branca foi imbuída de novos significados – como um meio de controle. Na América do Norte do final do século XVII, os pobres europeus, alguns contratados, receberam privilégios civis e sociais sem precedentes, comparados com os concedidos aos africanos. Esses privilégios eram um reconhecimento à sua lealdade para com a terra colonial e para com a classe que detinha propriedades e estabelecia o que podia ser reconhecido como privilégios raciais. A principal ênfase na raça não foi inicialmente disseminada; ocorreu somente nas áreas onde os proprietários de plantações não podiam formar um aparato de controle social sem o apoio adicional dos grupos sem propriedades da extração européia. Virginia e Massachussets possuíam bastantes escravos brancos *de facto* e promoveram o novo *status*.

Para os brancos pobres, esse foi um ajuste bem-vindo para um sistema bem estabelecido. Bennet ressalta que a escravidão branca era precursora da exploração dos negros: "Antes da invenção do homem negro ou branco, ou das palavras e conceitos para descrevê-los, a população colonial consistia de uma grande massa de servos brancos e negros que ocupavam rudemente a mesma categoria econômica e eram tratados com a mesma ignomínia pelos senhores das plantações e políticos". Alinhar-se à plantocracia como "branco" significava libertar a si mesmo dos piores aspectos da escravidão.

Allen defende uma terminologia semelhante no seu *The Invention of the White Race*, que dedica atenção especial às experiências dos migrantes irlandeses, inicialmente vitimizados e depreciados como degenerados e não passíveis às influências civilizatórias, mas transformados mais tarde em defensores de uma ordem exploradora. Os irlandeses eram, com certeza, tidos pelos colonizadores ingleses como um grupo racial inferior (a colonização da Irlanda ocorreu no século XVI), mas não diferiam fisicamente em nada dos ingleses. Houve outros grupos que hoje seriam reconhecidos como brancos que foram prontamente associados à selvageria. Tornou-se, porém, expediente cooptar com eles.

Houve uma apropriação comparável a respeito da invenção da brancura por parte do mundo latino colonial. Confrontados com uma confusa extensão de variações fenotípicas no século XVIII (as colônias latinas não legislavam contra o casamento entre africanos, índios e europeus), os espanhóis criaram *los peninsulares*, uma categoria que significava *status* social e vantagem natural. Baseada na *pureza de sangre*, essa era uma maneira de separar os nascidos na Espanha, incluindo *los criollos*, de todos os outros.

Na época da publicação do livro amplamente lido de John Van Eurie, *White Supremacy and Negro Subordination*, em 1861, o conceito de brancura foi bem integrado àquilo que Smalley chama de "uma visão racial de mundo", na qual a diferenciação social era compreendida em termos de desigualdades naturais. Van Eurie desenvolveu uma concepção de brancura que incluía, entre outros, Átila, o Huno, Genghis Kan e Confúcio – todos líderes de uma maneira ou de outra, mas nenhum deles seria reconhecido como branco hoje em dia. Esse tipo de visão racial de mundo não poderia ser sustentado sem uma propriedade que excluísse de uma vez as raças inferiores e incluísse (e assim integrasse) as superiores; a brancura era essa característica.

Como a brancura significava superioridade e privilégio, sua função era desvalorizar qualquer cor de pele que não tivesse essa qualidade e transformar os seus possuidores nos Outros. No início do século XX, muitos líderes afro-americanos, inclusive Marcus Garvey, argumentaram que os "negros" ficaram presos entre a auto-aversão e a aversão dos outros. Restituir ao "Novo Negro" o seu orgulho e valor era um pré-requisito de resistência e desafio, de acordo com Garvey. A brancura serviu à desvalorização da negrura para os próprios negros. Os tratamentos de alisamento de cabelo e branqueamento de pele atestam, em certa medida, o sucesso dessa função. O famoso *Dolls Test* conduzido em 1939-40 pelo psicólogo Kenneth Clark (e publicado no *Journal of Experimental Education*, primavera de 1940) confirmou isso. Na década de 1950, Frantz Fanon escreveu a respeito de um "complexo de inferioridade" que atormentava os negros.

A transição de "preto" para "black" na década de 1960 envolveu a recodificação da negrura como bela e válida. Os penteados afro e as roupas *kente* foram a evidência disso. O livro de Stokely Carmichael e Charles Hamilton, *Black Power* (Vintage, 1967), refletiu bem essa época. A brancura, como símbolo de tudo o que era bom, foi forçosamente desafiada.

Nos dias de hoje, a brancura não significa tanto a superioridade ou pureza, mas o privilégio e o poder; ela confere vantagens e prestígio. Também estabelece padrões normativos: até recentemente, o termo "não-branco" inscrevia desvio e estigmatização. A brancura permanece significativa somente em determinados tipos de discurso ou contextos; mais especificamente aqueles em que características superficiais observáveis são pressupostas como indicadores de diferenças mais profundas e talvez imutáveis. Esse reconhecimento da cor valida essas diferenças putativas e mantém as barreiras de pé.

LEITURAS SUGERIDAS

The Invention of The White Race: Racial Oppression and Social Control, de Theodore Allen (Verso, 1994), é uma monografia importante a respeito da construção da raça branca como uma entidade particular para se adequar às demandas das condições sociais e ideológicas mutantes. Essa leitura pode ser complementada com *The Shaping of Black America: The Struggles and Triumphs of African-Americans, 1619 to the 1990s*, de Lerone Bennett (Penguin, 1993), que progride na visão de que "os *bondsmen* negros herdaram as suas correntes dos escravos brancos, que eram, por assim dizer, os primeiros escravos americanos".

"Slavery and the genesis of American race prejudice", de Carl N. Degler (*Comparative Studies in Society and History*, v. 2, nº 1, 1959), e *White Over Black*, de Winthrop Jordan (Penguin, 1968), são obras históricas que avaliam as atitudes mutantes dos brancos para com os negros.

Race in North America: Origin and Evolution of a Worldview, de Audrey Smedley (Westview Press, 1993), estuda o estabelecimento das concepções raciais e demonstra como o significado de termos que expressam cor "abriram caminho, talvez subliminarmente", no pensamento europeu, em especial no inglês.

Ver também: *CREOLE*; GARVEY, MARCUS; RAÇA, COMO CLASSI-
FICAÇÃO; "RAÇA", COMO SIGNIFICANTE

ELLIS CASHMORE

BRASIL

A chegada dos portugueses em 1500 marca o início histórico das relações raciais no Brasil. A característica mais importante dessa história é a gradual eliminação da população indígena do território, física e culturalmente, e a sua substituição por populações de origem africana e européia.

Os portugueses encontraram grupos de "índios" semi-nômades, sem Estado, nem classes, cultivando horticulturas tropicais precariamente estabelecidas e de pequena escala. Essas sociedades nativas – somando, na maioria dos casos, algumas poucas centenas com alguns milhares de indivíduos cada uma – não eram apenas organizacional e tecnologicamente incapazes de resistir às invasões dos colonizadores; a falta de imunidade às doenças vindas da Europa (especialmente sarampo, varíola e influenza) tornava-as vulneráveis a desastrosas pandemias.

As tentativas de escravizar os índios fracassaram na maioria das vezes, pois eles ou se refugiavam nas áreas mais inacessíveis do interior das matas, ou morriam de doença, ou escapavam. Esse processo de fugir em direção à floresta amazônica persiste até os dias de hoje, à medida que a fronteira brasileira avança gradualmente sobre os últimos bolsões de populações indígenas. Os índios somam um total bem abaixo de 1% dos 160 milhões de habitantes do Brasil, embora de 5 a 10% dos brasileiros tenham algum ancestral indígena, em especial nos estados do interior. (Pessoas nessa descendência mista são freqüentemente chamadas de caboclos.)

Esse processo de deslocamento dos ameríndios no Brasil foi, algumas vezes, chamado de genocídio. Houve, é claro, conflitos armados entre índios e colonizadores por causa de terras, resultando por vezes em massacres. Houve ainda numerosas alegações de contágio de epidemias por meio da venda ou da distribuição de cobertores contaminados. Não é verdade, ou pelo menos não foi provado, que o governo brasileiro tenha tentado deliberadamente no século XX exterminar os índios, apesar de os efeitos da política de demarcação de fronteira e reassentamento indígena terem sido (e ainda serem) freqüentemente desastrosos para os índios. Como culturas autônomas, os índios da Amazônia estão desaparecendo rapidamente, apesar de a assimilação e a procriação dos sobreviventes com os colonizadores transgressores ocorrer em nível individual. O conflito entre os modos incompatíveis de subsistência é mais ecológico do que "racial", de modo que o processo é mais bem descrito como "etnocídio" gradual e não genocídio.

A outra principal característica das relações raciais brasileiras é, certamente, as relações entre os povos de descendência africana e européia. Uma ampla procriação entre eles, em particular durante o período da escravidão, criou um contínuo de fenótipos, descritos por uma elaborada nomenclatura de termos raciais. É notável, contudo, a ausência, na sociedade brasileira, de grupos raciais distintos e conscientes. Ninguém é capaz de dizer onde termina o "branco" e onde começa o "negro". As descrições sociais de indivíduos variam, na verdade, de região para região, de situação para situação e de acordo com critérios socioeconômicos, bem como do fenótipo. No Brasil como um todo, talvez 40% da população tenha ascendência parcial africana e possa ser classificada como "negra", nos Estados Unidos, por exemplo. No Nordeste do Brasil – o centro da economia da plantação de cana-de-açúcar e, conseqüentemente, da escravidão nos séculos XVI a XIX –, por volta de 70 a 90% da população têm diferentes ascendências africanas.

Muito se falou a respeito do quão tolerante o Brasil é em termos raciais. A escravidão brasileira foi descrita como tendo sido mais humana que a dos Estados Unidos ou a britânico-caribenha, e a Igreja católica, como amenizadora da severidade dos senhores. É possível que os portugueses tenham sido realmente menos racistas e mais tolerantes em suas relações com os negros, criando assim uma sociedade menos rígida, sem divisões de castas tão definidas quanto as impostas pelos britânicos e norte-americanos em suas colônias de escravos. Em conseqüência disso, a emancipação foi mais freqüente e os libertos foram provavelmente "mais livres" do que os seus correlatos no Sul dos Estados Unidos, por exemplo. Por outro lado, o tratamento físico dispensado aos escravos brasileiros foi indubitavelmente inferior ao dispensado aos escravos nos Estados Unidos. Os índices de mortalidade eram extremamente altos, em especial nas minas, que, depois das plantações de cana-de-açúcar, eram o destino principal dos escravos brasileiros.

Um século depois de sua libertação, os afro-brasileiros continuam excessivamente representados na base da pirâmide das classes sociais, mas são encontrados números substanciais na classe média, embora muitos brasileiros brancos, especialmente os filhos da primeira e segunda gerações de imigrantes europeus, sejam também bastante pobres. Os afro-brasileiros nunca foram submetidos a um racismo institucionalizado, nem à segregação, características da discriminação da África do Sul ou dos Estados Unidos, por exemplo. Eles não constituem um grupo consciente, uma vez que os brasileiros não se autoclassificam em grupos raciais. Isso não quer dizer que eles não tenham consciência racial. Na verdade, eles são, com freqüência, muito conscientes dos fenótipos raciais, tanto assim que comumente usam várias classificações raciais distintas para descrever todas as combinações e permutações de cor, pele, textura de cabelo e traços faciais. As taxonomias raciais são, na verdade, tão refinadas que membros de uma mesma família podem muito bem ser classificados por termos raciais diferentes.

Por mais paradoxal que possa soar, foi provavelmente esse alto grau de consciência racial no nível fenotípico individual que, aliado a um alto índice de procriação marital e extramarital, evitou a formação de grupos raciais conscientes rigidamente interligados no Brasil. A "negritude" assume conotações pejorativas no país, porém num sentido mais estético que social ou intelectual. A cortesia pede que se ignore a "negritude" de um indivíduo, usando eufemismos para amenizá-la (como "moreno") e que se "promova" a pessoa racialmente, caso o seu *status* social o permita. "O dinheiro embranquece", diz um ditado brasileiro. Podemos concluir, então, que o Brasil certamente não é livre de preconceitos raciais, embora seja relativamente livre de uma *discriminação categórica,* baseada nos laços sanguíneos com determinado grupo racial.

Com certeza, a classe e a raça se sobrepõem em alguma medida, mas não há barreiras institucionais que impeçam a ascendência dos negros. Os casamentos entre os extremos do espectro de cores são freqüentes, mas não entre fenótipos adjacentes. A raça, ou melhor, o fenótipo, é definitivamente um componente do *status* e do atrativo pessoal, mas não é, com freqüência, a mais importante. Em muitas situações pesa mais a classe social. Na verdade, as relações raciais em termos de trabalho são relativamente livres e desinibidas quando comparadas às dos Estados Unidos, por exemplo, e a segregação residencial e escolar baseia-se quase inteiramente na classe social e não na raça.

Resumindo, o Brasil pode ser descrito como uma sociedade onde as distinções de classe são marcadas e profundas, onde a classe e a cor podem se sobrepor, mas não coincidem, onde a classe social freqüentemente prevalece sobre a cor, e onde a "raça" é um caso de descrição individual e atrativo pessoal, mais do que de pertencer a um grupo. O Brasil é definitivamente uma sociedade com consciência racial, mas sem castas. Não é um paraíso racial, mas também não é uma sociedade racialmente obcecada como a África do Sul e os Estados Unidos.

LEITURAS SUGERIDAS

Casa-grande e senzala, de Gilberto Freire, é a descrição clássica da escravidão no Brasil, feita por um notável intelectual brasileiro de orientação psicanalítica.

Brazil, de Ronald M. Schneider (Westview, 1995), avalia o desenvolvimento histórico do Brasil de 1500 até a independência em 1822, a revolução da classe média em 1930, o golpe militar em 1964 e a volta da democracia depois de 1984.

Race and Racism, de Pierre L. van den Berghe (Wiley, 1978). O capítulo 3, em especial, é um sumário das relações brasileiras.

"Residential segregation by skin color", de Edward Telles (*American Sociological Review*, v. 57, nº 2, abril, 1992), analisa os padrões da divisão geográfica.

Ver também: BRANCURA; CASTA; FENÓTIPO; FREIRE, GILBERTO; FREIRE, PAULO; LINHA DE COR;

PIERRE L. VAN DEN BERGHE

BURGUESIA NEGRA NA GRÃ-BRETANHA

A burguesia negra na Grã-Bretanha emergiu no final da década de 1980 e início da de 90 e era formada pelos empresários sul-asiáticos e afro-caribenhos que tinham-se voltado para a auto-ajuda como um princípio de "desenvolvimento", aqui utilizado no mesmo sentido que o usado por Shelby Steele: "o produto total do esforço *individual*" (*The Content Of Our Character*, St. Martin's Press, 1990).

O período marcou uma interrupção nas políticas corretivas sociais mais tradicionais implantadas pelo governo e pelas agências governamentais. Desencorajadas por mais de três décadas de relativo empobrecimento, muitas minorias étnicas renegociaram as suas posições e optaram pela autocontratação, conduzindo assim à aquisição de seus próprios negócios. A tradição empresarial sul-asiática foi um fenômeno global bem documentado por muitos anos, mas a natureza e o escopo de suas empresas mudaram e se ampliaram no final da década de 1980. A "cultura empresarial" de Margaret Thatcher pretendeu criar um meio fértil para o crescimento de pequenos negócios. Durante o mandato de Thatcher como primeira-ministra da Grã-Bretanha

(1979-90), houve uma série de reformas políticas com o objetivo de minimizar o papel do Estado e maximizar a responsabilidade dos indivíduos. Ironicamente, poucas das companhias criadas sob essas reformas e que chegaram a alcançar pelo menos porte médio foram assistidas pelos vários créditos e esquemas de incentivo oferecidos nessa época. Estima-se que, em 1993, 7% da população de sul-asiáticos e afro-caribenhos (constituindo 4,5% do total da população britânica) estavam envolvidos em algum tipo de atividade empresarial. O setor de serviços foi o mais favorecido, mas uma pequena minoria de sul-asiáticos e afro-caribenhos foi engajada na manufatura.

Além das óbvias dificuldades relacionadas às minorias étnicas numa sociedade predominantemente branca, a burguesia negra britânica confrontou-se com três problemas adicionais. O primeiro era conseguir gerar capital por meio de créditos bancários. O segundo relacionava-se à expansão. Muitas companhias realizavam transações comerciais num mercado restrito, especializando-se em produtos e serviços para minorias étnicas específicas. A expansão para outros setores provou ser problemática, em especial durante a recessão do início da década de 1990.

O terceiro problema era o menos visível: impedir que as companhias de propriedade de negros se transformassem em empregadores de oportunidades genuinamente iguais. "Racismo por procuração" foi o termo dado à prática pela qual os proprietários negros eram obrigados a empregar pessoas brancas para os setores de administração médio e sênior. Agências bancárias e organizações com as quais a burguesia negra mantinha relações comerciais chegaram ao ponto de comunicar aos seus proprietários a sua preferência em lidar diretamente com a equipe branca. Os proprietários viam-se num dilema: rejeitar o pedido e pôr em risco o que poderia ser uma relação de negócios lucrativa ou cooperar e clandestinamente praticar o racismo por procuração. Muitos optaram pela segunda alternativa, jogando fora a escada que eles mesmos haviam galgado.

LEITURAS SUGERIDAS

The Asian Petty Bourgeoisie in Britain, de Shaila Srinivasan (Avebury, 1995), é baseado num estudo em Oxford, Inglaterra, e engloba as questões-chave: por que tantos asiáticos entram no ramo de negócios? Com que conseqüências? Qual é a sua situação social? Os negócios são um veículo de mobilidade social?

Middle-Class Blacks in Britain, de Sharon Daye (Macmillan, 1994), expõe a sua questão central no subtítulo: "Uma fração racial de uma classe ou uma classe de um grupo racial?".

"The new black bourgeoisie", de Ellis Cashmore (*Human Relations*, v. 45, nº 10, 1992), ressalta o crescimento da classe de negociantes étnicos e contém detalhes a respeito das várias manifestações de racismo por procuração.

Ver também: BURGUESIA NEGRA NOS ESTADOS UNIDOS; MINORIA DE INTERMEDIÁRIOS

ELLIS CASHMORE

BURGUESIA NEGRA NOS ESTADOS UNIDOS

Este termo refere-se genericamente a indivíduos ou famílias negras de classe média, tanto em termos econômicos quanto sociais. O termo popularizou-se nos Estados Unidos por meio da tese do sociólogo E. Franklin Frazier, em seu trabalho *Black Bourgeoisie*, publicado em 1957. (Inicialmente publicado em 1955, sob o título francês *Burgeoisie Noire*.) Tema recorrente em sua obra é o de que o comportamento e as ações da classe média negra, assim como daqueles que aspiram a esse *status* social, não são respostas às necessidades dos setores da classe trabalhadora ou da classe pobre da comunidade negra. Mais que isso, o setor da classe média negra descrito por esse autor concentra-se em manter a imagem de um *status*, ainda que ilusório, em vez de devotar tempo, energia e recursos coletivos à construção de uma base social e econômica negra independente nos Estados Unidos.

Na década de 1960, no auge do movimento Black Power, muitos integrantes da comunidade negra usaram o termo burguesia negra pejorativamente. Ele era empregado para descrever os negros com tendências excessivas à integração e à adequação, ilustradas por seu estilo de vida, suas atitudes em relação à classe trabalhadora pobre e negra, e ao seu *status* econômico. O termo também foi usado para descrever os profissionais negros não engajados nas lutas por questões econômicas e políticas da comunidade negra.

Apesar do crescimento do número de trabalhos eruditos e populares focados na classe média negra americana nos últimos 20 anos, como mencionado por Bart Landry em *The New Black Middle-Class*, não há um consenso na literatura quanto à definição desse termo. Enquanto ele se refere a uma extensa gama de características para definir e identificar a classe média negra americana, outros observadores baseiam-se nas rendas. O Departamento de Censo dos Estados Unidos utilizou uma renda média anual de US$ 50 mil como referência para definir a categoria "classe média" nos Estados Unidos.

O sociólogo William J. Wilson reavivou as discussões referentes à natureza e às obrigações da classe média negra em sua obra, *The Declining Significance of Race* (University of Chicago Press, 1978). Wilson argumentou que, na década de 1960, a classe média negra começou a se tornar similar à classe média branca, em termos de educação e possibilidade de ascensão. Ao mesmo tempo, contudo, um setor altamente empobrecido crescia nas cidades americanas, ficando cada vez mais distante em termos sociais e até mesmo geográficos da classe média negra. A alegação de Wilson de que a classe média negra estava se distanciando "geograficamente" dos negros pobres foi questionada por vários cientistas sociais que estudam esse assunto.

Em *Introduction to Afro-American Studies* (Twenty-First Century Books, 1986), Abdul Alkalimat ressalta que a classe média negra teve um caráter dual na história do povo negro nos Estados Unidos. Em razão da importância fundamental da raça na história americana, a classe média negra americana representou uma força desencadeadora de mudanças sociais ao mesmo tempo que foi um instrumento para manter a ordem entre os setores da classe pobre e da classe trabalhadora dessa comunidade. A classe média negra lutou para derrubar as barreiras raciais de modo a beneficiar toda a população, que, no entanto, uma vez derrubadas, não garantiram que os interesses da classe pobre e da classe trabalhadora da comunidade negra fossem satisfeitos. Alguns observadores indicaram cidades como Atlanta e Los Angeles como aquelas em que a classe média negra inovou com estratégias políticas bem-sucedidas que tendiam a desmantelar as barreiras raciais. Tais vitórias foram importantes para o crescimento e o desenvolvimento dos profissionais negros em muitas áreas. Em várias dessas mesmas cidades, porém, a pobreza e o deslocamento econômico aumentaram significativamente para muitos negros.

Leituras sugeridas

The Black Bourgeoisie: The Rise of the New Middle Class, de E. Franklin Frazier (The Free Press, 1957), é uma exposição severa e original.

The Black Middle Class, de Bart Landry (University of California Press, 1987), adota um enfoque mais empírico e faz uma distinção entre a visão de Frazier e a "nova" versão, abarcando tanto profissionais liberais quanto empresários.

Behind the Mule: Race and Class in African-American Politics, de Michael C. Dawson (Princeton University Press, 1994), faz uma avaliação geral das condições dos negros americanos.

New Migrants in the Marketplace: Boston's Ethnic Entrepreneurs, organizado por Marilyn Halter (University of Massachusetts Press, 1995), avalia a cultura econômica e os pequenos negócios de grupos de migrantes na área de Boston, incluindo os ingleses de origem caribenha, dominicana e haitiana.

Ver também: BURGUESIA NEGRA NA GRÃ-BRETANHA; *EMPOWERMENT*; MINORIA DE INTERMEDIÁRIOS

James Jennings

Cadinho de Raças, O
Ver ASSIMILAÇÃO

Capitalismo

O termo refere-se a um tipo específico de estrutura socioeconômica situado em determinado período histórico. Existem, contudo, discórdias consideráveis entre os marxistas e os não-marxistas e entre as várias correntes do marxismo quanto à definição das características dessa estrutura socioeconômica e desse período histórico.

Os não-marxistas tendem a definir o capitalismo de várias maneiras. A primeira concebe-o como qualquer sociedade caracterizada pela presença de relações de troca ou de mercado. Conseqüentemente, a característica que o define é a permuta entre os indivíduos ou a troca de produtos por dinheiro. Na segunda concepção, é definido como qualquer sociedade na qual a produção ocorre com o propósito de lucro. Assim, a característica que o define é a intenção de parte de um grupo de pessoas de organizar a produção e a distribuição de bens para obter, ao final do processo, uma soma de dinheiro maior do que aquela com a qual iniciaram a empreitada. Já a terceira, entende o capitalismo como qualquer sociedade na qual a produção ocorre industrialmente. Neste caso, é o uso específico de equipamentos automáticos que define o capitalismo.

As primeiras duas definições implicam a existência do capitalismo em extensas áreas de todo o mundo, desde o princípio da atividade humana. Seus proponentes argumentam freqüentemente que isso também demonstra que o capitalismo é uma forma natural e inevitável de organização socioeconômica. Essa conclusão tem menos probabilidade de ser aceita por alguns dos defensores do mercado como a característica definidora do capitalismo, por tentar fazer uma distinção entre as formas de organização socioeconômica de mercado e de não mercado (esta última definida como algumas formas de sociedades socialistas estatais). A terceira é mais específica historicamente, localizando o desenvolvimento do capitalismo no final do século XVIII, na Europa, de onde ele se espalhou para caracterizar grandes áreas do mundo no século XX.

Entre essas várias posições, a que mais influenciou a sociologia nas últimas duas décadas foi a identificação do capitalismo com a existência das relações de mercado, como na obra de Max Weber. Foi dessa tradição teórica que grande parte da sociologia das "relações raciais" extraiu suas tentativas de analisar essas "relações" em um contexto estrutural e histórico.

Também na própria corrente marxista existe, há muito tempo, um debate a respeito da origem e da natureza do capitalismo. Há duas posições principais, embora ambas sejam postuladas com base na aceitação do método de Marx e da teoria da mais-valia. Ambas, portanto, aceitam que todas as sociedades previamente existentes caracterizavam-se pela exploração de classes, que consiste na existência de uma classe que se sustenta com os excedentes produzidos por outra. Apesar de outras semelhanças com análises não-marxistas, a aceitação dessa alegação diferencia significativamente as duas posições a seguir.

A primeira identifica o capitalismo como um sistema de produção para o mercado, motivado pelo lucro. Conseqüentemente, para os defensores dessa posição, o surgimento do mercado e o desenvolvimento do intercâmbio, em especial o internacional, marcam a origem do capitalismo na Europa nos séculos XIV e XV. Essa posição desenvolveu-se até o ponto em que o capitalismo passou a ser visto como sinônimo do desenvolvimento de um mercado de relações de intercâmbio, no qual a Europa ocupa o centro de uma série de relações do tipo dominante/subordinado com a América do Sul, Caribe, Índia, África e Sudeste da Ásia. Esses analistas costumam empregar os seguintes dualismos: centro/periferia, metrópole/satélite, desenvolvimento/subdesenvolvimento. Argumenta-se que o desenvolvimento da metrópole central é tanto causa quanto conseqüência do subdesenvolvimento da periferia/satélite. Afirma-se que o capitalismo, na sua forma mais extrema, se refere a esse sistema de relações internacionais e não a qualquer unidade nacional ou unidades que participem dessas relações.

A segunda posição identifica o capitalismo como um modo de produção com as seguintes características: (1) produção de mercadorias generalizadas, cuja maior parte se dá com o propósito de troca e não de uso direto; e (2) a transformação da própria força de trabalho em um artigo que é vendido e comprado por uma remuneração. Com base nessas características, a origem do capitalismo é situada na Inglaterra do século XVII, de onde se espalhou para além da Europa, à medida que as nações-estado foram se formando em torno da produção industrial de produtos, utilizando o trabalho remunerado. Os defensores dessa posição enfatizam o caráter do processo de produção. Para eles, o processo de troca é visto como secundário. Eles aceitam que a origem do capitalismo se encontra parcialmente no acúmulo de capital por meio da exploração colonial, mas acrescentam que isso só conduziu à produção capitalista durante a formação de uma classe de trabalhadores livres e remunerados.

As duas posições marxistas sustentam que o capitalismo se desenvolveu a partir do feudalismo e que esse desenvolvimento marcou o início de uma divisão mundial de trabalho e um processo mundial de desenvolvimento desigual. Em vista disso, sugerem uma relação determinante entre o capitalismo e o colonialismo, o que possibilitou as várias definições marxistas das "relações raciais" históricas e contemporâneas.

Leituras sugeridas

General Economic History, de Max Weber (Transaction, 1981), é uma descrição geral da análise de Weber sobre a natureza e as origens do capitalismo.

O Capital, v. 1, de Karl Marx (Penguin, 1976), especialmente as Partes 2, 3, 5, 7 e 8. A análise de Marx a respeito da natureza e das origens do capitalismo.

The Transition from Feudalism to Capitalism, editado por Rodney Hilton (Verso, 1978). Essa obra ressalta os tópicos mais contestados nos debates marxistas a respeito da origem e da natureza do capitalismo.

Ver também: COLONIALISMO; EXPLORAÇÃO; MARXISMO E RACISMO

Robert Miles

Caráter Etíope

A expressão dos movimentos messiânicos nacionalistas negros, organizados em torno da visão de uma África redimida e liberada de seu papel colonial. Suas fontes derivam de uma cristandade milenar do século XIX, dos missionários e do nacionalismo negro. Suas origens residem no século XVI, como cita Jenkins no seu livro *Black Zion*: "Desde o primeiro dia em que um africano foi capturado, abençoado por alguns clérigos portugueses arrogantes e obrigado a realizar uma terrível travessia pelo Atlântico, passaram a existir duas Áfricas distintas. Existe a entidade geográfica com seus milhões de realidades sociais e a África da mente do negro exilado, uma África composta por séculos de memórias e esperanças subjugadas traduzidas em mito".

Jenkins registra como os escravos que eram transportados para as Américas jogavam-se ao mar, ainda presos a correntes de ferro, em vãs tentativas de nadar de volta para casa. No começo da década de 1830, Samuel Sharpe, escravo jamaicano, organizou uma rebelião com base na crença de um resgate messiânico que os levaria à África. Sharpe usou uma combinação de conceitos cristãos, em especial a idéia de "reencarnação", e crenças africanas para incitar a insurreição. Antes dele, catequizadores americanos de escravos haviam viajado às Índias ocidentais para instituir o que foi chamado de "batismo nativo", mais uma fusão do cristianismo com as crenças africanas.

No século XIX, Paul Cuffee, negro, capitão-do-mar que vivia em Massachusetts, tentou criar um programa de migração, mas só conseguiu enviar 38 pessoas de volta para Serra Leoa. Vários líderes conjecturaram a hipótese de uma migração em massa dos negros para a África depois da iniciativa de Cuffee, embora com algumas modificações, entre eles, o bispo Henry M. Turner, que conseguiu enviar aproximadamente quinhentas pessoas para a Libéria.

Uma das mais distintas expressões do caráter etíope surgiu na década de 1920 com a Associação Universal do Progresso Negro (UNIA), sob a liderança de Marcus Mosiah Garvey, cujo *slogan* "África para os africanos" capturava a filosofia do movimento. Foi implorado aos negros nos Estados Unidos e aos indianos ocidentais que abandonassem as esperanças de integração com a sociedade branca e voltassem seus olhos na direção da África.

Garvey adotou as cores nacionais da Etiópia para a UNIA e referia-se ao império etíope como uma fonte de herança e ancestralidade em contraposição ao domínio imperialista das potências ocidentais. "Nós, negros, acreditamos no Deus da Etiópia", insistia Garvey. "Ele falará com sua voz de trovão que abalará os pilares de um mundo corrupto e injusto, e mais uma vez devolverá à Etiópia a sua glória passada." Como outros movimentos similares, a UNIA identificava todo o continente africano como "Etiópia", tendo como idéia central o fato de que em tempos ancestrais havia somente uma grande nação chamada Etiópia. Os conquistadores europeus encontraram um meio de fracionar o continente em países separados porque isso facilitava a dominação – o princípio de "dividir para melhor governar".

Alguns elementos do caráter etíope podem ser encontrados em muitos movimentos messiânicos do século XX, como os liderados por Daddy Grace – Pai Divino –, J. Arnold Ford e W. D. Fard, que deram início ao movimento que se tornou a atual nação do Islã.

Talvez a manifestação mais universal do caráter etíope seja o *rastafari*. Esse movimento emergiu na década de 1930 adotando as idéias básicas do UNIA, mas enxertando-as numa visão apocalíptica de um futuro em que o controle político dos brancos sobre o Ocidente acabaria e todos os povos negros regressariam.

Na Europa, o movimento chamado *négritude* tornou-se uma contraparte cultural dos movimentos mais abertamente políticos. Isso deu uma expressão artística àquilo que passou a ser compreendido como as formas africanas distintas de pensamento. Um de seus proponentes-líderes, Leopold Senghor, pediu a seus seguidores que tentassem libertar as suas mentes de pensamentos "brancos", rejeitassem os valores brancos e se concentrassem de corpo e alma na Etiópia, que ele usava como sinônimo de África.

Leituras Sugeridas

Black Zion, de David Jenkins (Wildwood Press, 1975), é uma clara exposição das várias manifestações do caráter etíope desde os tempos dos escravos, mostrando como elas são, por vezes, puramente religiosas. Este livro pode ser lido em conjunto com *Black Exodus*, de Edwin S. Redkey (Yale University Press, 1969), que aborda o mesmo assunto, mas dá mais ênfase aos movimentos americanos, particularmente às rebeliões dos escravos do Sul, como a de Nat Turner.

Black Nationalism, de E.U. Essien-Udom (University of Chicago Press, 1962), é essencialmente um estudo a respeito da Nação do Islã, mas com parágrafos interessantes a respeito de seus precursores, como o Moorish Sciece Temple of America e Father Divine's Peace Mission.

Black Messiahs and Uncle Toms, edição revista, de Wilson J. Moses (Pennsylvania State University Press, 1993), mostra a extraordinária continuidade dos temas etíopes entre os movimentos religiosos e sociais afro-americanos.

Ver também: AFROCENTRISMO; BRANCURA; DIÁSPORA; GARVEY, MARCUS; NAÇÃO DO ISLÃ; NEGRITUDE; RASTAFARI

ELLIS CASHMORE

CASTA

O conceito de "casta" tem sido aplicado a uma grande variedade de instituições sociais, tanto humanas quanto animais. Os entomologistas usaram o termo para descrever as formas funcional e anatomicamente distintas (operários, soldados etc.) de muitas espécies de insetos "sociais", especialmente formigas, abelhas e cupins. Os cientistas sociais falaram a respeito de castas em sociedades tão diferentes entre si, como as colônias ibero-americanas até o século XIX, o subcontinente indiano, a África do Sul e os Estados Unidos do século XX, e a África ocidental do período pré-colonial.

Nas ciências sociais, existiram duas correntes no uso do termo. Houve aqueles, especialmente os indianistas, que reservaram o termo para descrever os sistemas de estratificação das sociedades influenciadas pelo hinduísmo, no subcontinente indiano. A outra corrente estendeu o termo a muitas outras sociedades que não possuíam algumas das características do sistema de castas hindu, mas que, apesar disso, apresentavam grupos com as seguintes particularidades:

- endogamia, ou seja, casamento compulsório entre membros da classe;
- membro da casta por nascimento ou vida, portanto *status* hereditário;
- posição hierárquica em relação a outros grupos semelhantes.

Essas três características foram chamadas de "definições mínimas de casta", e aplicadas extensivamente por Lloyd Warner, Gunnar Myrdal e muitos outros, para as relações entre brancos e negros nos Estados Unidos e em outras sociedades, como a África do Sul, com uma hierarquia racial rígida.

Há uma dupla ironia na posição dos que querem reservar o termo para a Índia e as sociedades a ela relacionadas. Em primeiro lugar, o termo casta não é, de forma alguma, originário da Índia. A palavra é de origem hispano-portuguesa (casta), aplicada inicialmente a agrupamentos raciais, principalmente nas colônias espanholas da América. O sistema de castas das colônias espanholas, contudo, não era exatamente um sistema de castas, nem no sentido indiano, nem no sentido expandido. Havia pouca endogamia e a ampla mistura de raças originou uma proliferação de categorias de "meias-castas", como os *mestizos, mulatos* e *zambos*. Como resultado, ser membro de uma casta passou a ser algo mais flexível, negociável e sujeito a redefinições situacionais baseadas em prosperidade e prestígio.

Em segundo lugar, o termo "casta", longe de ajudar a compreender a situação indiana, na verdade confunde ainda mais a sua compreensão. Ele foi usado, com freqüência indiscriminadamente, para se referir a dois agrupamentos muito diferentes: *varna* e *jati*. As quatro *varnas* (brâmanes, xatrias, vaisas e sudras) são grandes agrupamentos subdivididos em múltiplos *jatis*. O verdadeiro grupo social, na maioria das vezes, é o *jati* e não o *varna,* embora grande parte das referências nas escrituras hindus seja aos *varnas.* Parece pouco proveitoso utilizar um único termo como "casta" para se referir a dois tipos de grupo tão diferentes.

Além do uso na sociedade indiana e nos países estratificados por raça, como a África do Sul e os Estados Unidos, o termo também foi aplicado a certos grupos ocupacionais especializados, em particular os párias endógamos de baixo *status* ou os grupos externos às castas, num amplo leque de outras sociedades. Os *eta* ou *burakumin* do Japão, por exemplo, e os ferreiros e louvadores de muitas sociedades africanas foram chamados de castas.

Não há dúvidas quanto ao sistema de castas hindu ter algumas características únicas, mas isso não é razão para restringir o uso do conceito à Índia, designando grupos de atribuições rígidas, estratificados e endógamos. Seria útil, contudo, fazer a distinção entre as sociedades de castas genuínas, onde toda a população se divide em tais grupos, e as sociedades com alguns grupos de castas, nos quais somente a minoria das pessoas pertence a grupos párias. Talvez somente a Índia e a África do Sul, até 1994, cada uma de seu modo particular, possam ser descritas como sociedades de castas, enquanto muitas outras sociedades, tanto no passado quanto no presente, possuem grupos endógamos de párias e exilados.

LEITURAS SUGERIDAS

Homo Hierarchicus, de Louis Dumont (Weidenfeld & Nicholson, 1970), é provavelmente a melhor descrição recente dos sistemas hindus de castas.

Caste and Race, organizado por Anthony de Reuck (Little Brown, 1967), apresenta uma coletânea de ensaios a respeito de autoridades governantes, abrangendo várias sociedades.

The Ethnic Phenomenon, de Pierre L. van den Berghe (Elsevier, 1981), especialmente o capítulo 8 oferece uma discussão mais ampla a respeito das questões mencionadas.

Ver também: COX, OLIVER C.; MYRDAL, GUNNAR; RAÇA

PIERRE L. VAN DEN BERGHE

Caucasianos

Termo introduzido por J. F. Blumenbach, em 1795, para designar uma das "cinco principais variações da espécie humana". Os europeus foram classificados como caucasianos. A escolha do nome deveu-se ao fato de Blumenbach ter acreditado que a região do Cáucaso, especialmente seu declive ao sul, produzira a mais bela raça de homens, tendo sido, provavelmente, o lar dos primeiros seres humanos. Para ele, os primeiros homens eram de pele branca, já que era mais fácil os brancos tornarem-se morenos do que o contrário. As outras quatro "principais variações" eram: mongóis, etíopes, americanos e malaios.

O termo caucasiano continuou a ser usado para designar pessoas brancas até o século XX, apesar de não haver mais qualquer justificativa científica para a prática. As distintas características das populações brancas precisam ser expressas atualmente em termos estatísticos, segundo a freqüência de determinados genes, grupos sanguíneos etc. As semelhanças na aparência podem ser a base para uma classificação social, mas são de pouca utilidade para propósitos biológicos.

Leituras sugeridas

Racial Theories, de Michael Banton (Cambridge University Press, 1987), traça o desenvolvimento das idéias que influenciaram o pensamento sobre raça e racismo.

The Anthropological Treatises of Johann Friedrich Blumenbach, organizado por Thomas Bendyshe (Longman, Green, 1865), é a fonte original.

Ver também: ARIANOS; BRANCURA; FENÓTIPO; RAÇA

Michael Banton

Causes Célèbres

Casos legais ou ações judiciais que atraíram atenção generalizada. Nas relações étnicas e raciais, *causes célèbres* refere-se a casos que foram dramatizados pela mídia para mostrar algumas das segregações e dos conflitos que afetam a cultura. O termo foi usado em 1893-94 para descrever o caso Dreyfus, na França, o qual foi um pote de anti-semitismo. A história recente produziu várias *causes célèbres* em que as questões raciais vieram à tona. Elas podem ser agrupadas em: (a) ações legais propostas por um suposto crime ou incidente aparentemente motivado por uma atitude racista; (b) casos geradores de ações que afetam diferentes grupos étnicos, ou (c) casos ou julgamentos tornados públicos, os quais encarnam temas, atitudes ou sentimentos racistas. Os exemplos são:

(A) O CORREDOR DO CENTRAL PARK

Em abril de 1989, uma jovem branca que trabalhava em Wall Street foi violentada e surrada por pelo menos nove jovens da classe trabalhadora, entre afro-americanos e latinos, com idades variando de 15 a 17 anos, enquanto corria no Central Park de Nova York. Os jovens, do Harlem, foram considerados culpados por estupro e assalto, e a cada um deles foi dada a sentença de cinco a dez anos, pena máxima para menores no estado de Nova York.

Apenas algumas horas depois do ataque, a polícia já tinha seis suspeitos, acusados do que mais tarde foi descrito como "selvageria". O caso foi noticiado internacionalmente e provocou uma reação quase histérica na população, a qual, segundo os críticos argumentaram, contribuiu para um julgamento injusto. Embora todos os acusados, com exceção de um, tenham gravado confissões em vídeo de seu envolvimento no ataque, os testes de DNA não relacionaram nenhum dos cinco ao estupro. Evidências físicas conectaram dois deles à surra.

O *Amsterdam News*, um jornal comunitário, insistiu que havia ocorrido um "linchamento legal", argumentando que a polícia sofreu uma grave pressão para "encontrar um alvo" para a ira nacional, e que os jovens haviam sido praticamente coagidos a confessar. O jornal também ressaltou que o nome da mulher foi mantido em sigilo, embora em crimes semelhantes, envolvendo vítimas negras, os nomes sejam revelados. O caso revelou a interseção das falhas de procedimento nos crimes envolvendo sexo e raça e sugeriu o espectro de um ataque motivado por racismo.

(B) O CASO RODNEY KING

Em março de 1991, Rodney King, um afro-americano, foi detido por policiais de Los Angeles por excesso de velocidade. Os quatro oficiais brancos aplicaram-lhe uma surra brutal, que foi gravada numa fita de vídeo por um transeunte, mais tarde difundida para o mundo todo. Os quatro oficiais de polícia foram inocentados em 1992, veredicto que provocou três dias de violenta agitação e protestos em Los Angeles e em outras cidades dos Estados Unidos. Embora a revolta fosse um protesto ostensivo contra a absolvição, outros fatores também contribuíram. O coronel West escreveu que a "revolta" era "a conseqüência de uma conexão letal de declínio econômico, decadência cultural e letargia política [...]. A raça havia sido o catalisador visível, não a causa subjacente" (em "Learning to talk of race" – ver adiante.)

O veredicto do caso King foi extraordinário por contradizer todas as provas disponíveis – um vídeo que mostrava a vítima levando 56 golpes de cassetete, socos e pontapés. Seu poder de provocar uma rebelião em tão grande escala pode ter residido no fato de ele ter representado uma característica cotidiana das relações dos negros com a polícia de Los Angeles.

As conseqüências do veredicto trouxeram a questão racial à tona depois de um período de relativa "tranqüilidade", no qual "programas universais" de reformas foram defendidos no lugar de políticas que objetivavam grupos específicos – visão inspirada pela expansão da opinião erudita, que acreditava que a desigualdade racial tinha origens não-raciais e que as forças impessoais da economia de mercado explicavam melhor o empobrecimento dos negros nas cidades do que a discriminação racial. A decisão do caso King pareceu lembrar à nação – na verdade, ao mundo – que as suposições de que a discriminação social havia desaparecido eram mal-embasadas.

(c) Barry, Tyson e Simpson

Três casos em que afro-americanos *high-profile* foram indiciados criminalmente adquiriram ressonância para muito além das circunstâncias que os envolviam. Em 1990, Marion Barry, o prefeito democrata de Washington, D.C., onde aproximadamente 80% da população é negra, foi sentenciado e aprisionado por posse de cocaína. Durante mais de duas décadas, Barry fez parte de uma ofensiva pelos direitos civis na capital notoriamente conservadora. Durante o seu terceiro mandato consecutivo, uma amiga o atraiu para uma cilada policial. Câmeras escondidas no quarto de hotel em que os dois se registraram flagraram-no fumando crack. Ao final de um julgamento de seis semanas de duração, que parecia tê-lo desgraçado e destruído politicamente, Barry foi para a prisão, onde passou 180 dias. A fita de vídeo havia sido exibida num monitor de TV instalado no tribunal.

Barry não assumiu a culpa, mas as descrições de suas farras regadas a drogas e de suas propensões sexuais, sustentadas pelo testemunho de uma coleção de cafetões e traficantes, foram transmitidas para todos os lares dos Estados Unidos. Para muitos brancos, Barry era um demagogo sórdido que traíra a confiança dos mais necessitados de seu próprio povo, e cujas deficiências de caráter deveriam tê-lo desqualificado para o exercício de qualquer cargo público. Para muitos afro-americanos, porém, (especialmente entre os eleitores de D.C.), Barry era uma figura heróica e desafiadora, ainda que culpável, que estava sendo punida por enfrentar uma estrutura branca de poder. Três anos após a sua soltura, foi reeleito prefeito.

As suspeitas levantadas por muitos negros a respeito do sistema criminal de justiça ficaram mais uma vez evidentes quando Mike Tyson foi sentenciado por um júri, no condado de Marion, Indiana, sob a acusação de haver estuprado Desiree Washington, candidata ao prêmio Miss América Negra. Desiree afirmava que Tyson havia mantido relações sexuais com ela à força no quarto de hotel, em Indianápolis. Tyson foi solto em março de 1995 e reassumiu sua carreira de lutador de boxe profissional cinco meses depois, sob a supervisão de Don King.

Inversamente à reação ao caso Barry, a opinião pública foi muito menos complacente com Tyson, a ponto de uma festa em comemoração a sua soltura ter sido tumultuada por grupos de mulheres que protestavam. Para muitos, porém, Tyson era um ícone da masculinidade negra que teve de arcar com o ônus de ser um alvo visível. Ele foi um exemplo contemporâneo do "negro arrogante", que precisava ser colocado no seu devido lugar. As dúvidas persistiram por muito tempo depois Tyson ter sido preso: será que se ele fosse um astro branco dos esportes – como Troy Aikman ou Larry Bird, acusado de violentar uma mulher negra –, o veredicto teria sido o mesmo?

Houve semelhanças com o caso de O.J. Simpson: um esportista negro bem-sucedido transformado em astro de cinema acusado de um crime horrendo. Em junho de 1994, Simpson foi preso pelo assassinato de sua ex-mulher, Nicole Simpson, e de seu suposto namorado, Ronald Goldman. A defesa de Simpson, muito dispendiosa (US\$ 4 a 5 milhões), a cargo do advogado das celebridades, Johnnie Cochrane, fez circular a alegação de que o Departamento de Polícia de Los Angeles havia plantado as provas. No rastro do caso King, não era pouco razoável supor que o racismo fosse o motivo de algumas das ações do LAPD, e Cochrane representou com competência o *race card*.

Outras dimensões somaram-se ao caso, fruto das pesquisas realizadas pouco antes do veredicto, indicando que a maioria dos afro-americanos acreditava que o acusado era inocente, enquanto a maioria dos brancos o considerava culpado. Simpson foi inocentado das acusações, em 1995.

Todos os três casos evocaram cinismo, suspeita e uma sensação de que talvez os padrões históricos estivessem se repetindo: os negros estavam sendo punidos por serem bem-sucedidos.

LEITURAS SUGERIDAS

Unequal Verdicts: the Central Park Jogger Trials, de Timothy Sullivan (Simon & Schuster, 1992). Embora a obra não tenha um forte componente analítico, oferece uma boa descrição do caso.

Reading Rodney King, Reading Urban Uprisings, organizado por Robert Gooding-Williams (Routledge, 1993), dedica-se a uma análise do caso e seus efeitos; contém o capítulo citado.

"The influence of racial similarity on the Simpson, O. J. trial", de K. D. Mixon, L. A. Foley e K. Orme (*Journal of Social Behavior and Personality*, v. 10, nº 3, set. 1995). O artigo é baseado numa pesquisa que indica que as percepções fortemente influenciadas pelo *background* étnico afetam as percepções de culpa e inocência. Este livro pode ser lido em conjunto com *Reasonable Doubt: the Simpson Case & the Criminal Justice System*, de Alan M. Dershowitz (Simon & Schuster, 1996).

"Racially based jury nullification: Black power in the criminal justice system", de Paul R. Butler (*Yale Law Journal*, v. 105, nº 3, 1995), propõe a "anulação de júri" pela qual jurados afro-americanos podem considerar a raça para absolver réus negros. Os autores argumentam que, como a maioria dos crimes cometidos por negros tem sua origem na pobreza e na opressão, os jurados teriam uma justificativa moral para absolver criminosos negros não-violentos sob determinadas condições.

Ver também: MÍDIA E RACISMO; POLÍCIA E RACISMO; REVOLTAS
ELLIS CASHMORE

CHAMBERLAIN, HOUSTON STEWART (1855-1927)

"O Profeta Nazista", como passou a ser chamado, era filho de um almirante naval que estudou zoologia com Carl Vogt, em Genebra. Mais tarde, mudou-se para Dresden, onde desenvolveu uma teoria que influenciaria a história mundial. Publicada em 1899, a obra de Chamberlain foi uma gigantesca exploração do que ele chamava de *Os Fundamentos do Século XIX*. Ele os remontava aos anciãos israelitas, localizando o ano crítico de 1200, início da Idade Média, como aquele em que os *Germanen* emergiram "como os fundadores de uma civilização e de uma cultura inteiramente novas".

Grande parte da obra tinha a intenção de diminuir os papéis desempenhados pelos judeus, romanos e gregos no desenvolvimento da cultura européia. Mesmo assim, Chamberlain teve o cuidado de registrar a crescente influência dos judeus nas esferas governamental, literária e artística.

Inspirado nas teorias mais antigas de Gobineau e no trabalho mais recente de Darwin, Chamberlain especulou que a hibridização indiscriminada ou a mistura de raças era algo indesejável, embora tivesse se mantido convicto de que a raça mais forte e adequada pudesse a qualquer momento assumir o domínio e impor a sua superioridade, detendo, assim, o processo de degeneração causado pela miscigenação racial.

Para Chamberlain, essa raça derivava dos povos originais da Alemanha, criados "fisiologicamente por uma mistura sanguínea característica, seguida de procriação, e fisicamente pela influência que contínuas circunstâncias histórico-geográficas produziram ao longo dos anos nesta particular e específica disposição fisiológica". Curiosamente, contudo, ele foi impreciso ao tentar obter uma definição exata de raça. O termo *Germanen* referia-se a uma mistura das populações do Norte e Oeste da Europa, chamadas de "família", a essência da Alemanha.

A importância de Chamberlain não reside tanto no fato de ele ter acrescentado novos conhecimentos ao conceito de raça, mas ao seu argumento a respeito da inerente superioridade de um grupo sobre todos os outros. Havia uma evidente complementaridade entre a versão de Chamberlain da História e do futuro e o que viria a ser a filosofia nacional-socialista.

Apesar de não ter desempenhado uma função ativa no surgimento do nazismo (ele morreu em 1927, antes de os nazistas assumirem o poder na Alemanha), a obra de Chamberlain foi usada para apoiar teoricamente muitas das atrocidades que acompanharam o desenvolvimento do movimento nazista.

LEITURAS SUGERIDAS

The Foundations of the Nineteenth Century, 2 v., de Houston Stewart Chamberlain (Fertig, 1968), é o trabalho infame traduzido por John Lee da edição de 1910, mas com uma nova introdução de George Mosse.

Race, de John R. Baker (Oxford University Press, 1974), explora vários aspectos do conceito de raça e observa atentamente o tratamento de Chamberlain.

Race: A Study in Superstition, de Jacques Barzun (Harcourt, Brace & Co., 1937), é uma relativamente recente, porém significativa visão geral do conceito de raça e seus usos freqüentemente humilhantes.

Ver também: FASCISMO; GOBINEAU; RAÇA; RACISMO; *VOLK*

ELLIS CASHMORE

CHÁVEZ, CÉSAR (1927-93)

Assim como King adotou a desobediência civil não-violenta de Gandhi como meio de apoiar a luta dos negros, também César Chávez o fez com os méxico-americanos. Chávez tornou-se sinônimo do movimento chicano. Sua principal conquista foi a criação da União dos Trabalhadores Agrícolas Unidos (UFW), que atraiu uma considerável proporção da força de trabalho agrícola da Califórnia e provocou melhoras nos salários e nas condições de trabalho dos chicanos.

As táticas do UFW eram moldadas nos boicotes de King – greves, demonstrações de massa – e visavam uma nova legislação. Quando a violência ameaçou vencer as suas estratégias, Chávez, assim como Gandhi, deu início a uma greve de fome em protesto.

Antes de continuar, seria de grande utilidade traçar um perfil dos méxico-americanos. Cerca de 85% deles são nascidos nos Estados Unidos (aproximadamente metade nascida de pais americanos). A grande maioria está abaixo dos 30 anos de idade, fala espanhol tão bem quanto o inglês e pertence à Igreja Católica Romana. A partir da década de 1950 começou a ocorrer um êxodo bastante rápido das áreas rurais para as cidades, apesar de essa mobilidade geográfica não ter sido acompanhada de nenhuma ascendência social.

Em termos de educação, houve melhoras de uma geração para a outra, mas a média das crianças méxico-americanas apresenta um nível escolar mais baixo que seus correlatos americanos e tende a progredir menos que eles também. Essas crianças, portanto, apresentam menor probabilidade de ascenção social e melhoria nas condições materiais, permanecendo uma população predominantemente pobre, com educação limitada.

Durante a década de 1950, os veteranos de guerra méxico-americanos fundaram o GI Fórum, que se tornou uma força importante na luta contra a discriminação por eles sofrida; das turbulências sociais geradas pelo crescimento da década de 1960, surgiu o movimento chicano, comprometido em mudar as circunstâncias precárias dos méxico-americanos. A idéia era promover mudanças econômicas por meio da união das pessoas. Essa união foi conquistada pela restauração da cultura mexicana, o que fez com que os povos de origem mexicana reconhecessem o caráter comum de seus *backgrounds* e de suas condições atuais, produzindo, conseqüentemente, mudanças construtivas.

Chávez tinha muitos obstáculos a superar, incluindo a apatia de muitos méxico-americanos, a resistência dos agricultores e seus influentes apoiadores, além da oposição da ameaçadora Teamsters' Union, que, até 1976, desafiou o direito da UFW de representar os colonos das fazendas da Califórnia. Apesar de seus principais sucessos terem ocorrido na Califórnia, Chávez alastrou seus esforços para unir os trabalhadores agrícolas numa federação em outros lugares, tornando-se a figura mais importante do movimento chicano.

Outros líderes chicanos emergiram no período, além de Chávez. Jerry Apodaca e Raul Castro, por exemplo, optaram por partidos políticos. José Anger Gutiérrez fundou o Partido de La Raza Unida em 1970, no Sul do Texas, e lutou com sucesso por um conselho escolar municipal e por eleições federais.

Além das conquistas visíveis de Chávez na área de emprego, os grupos chicanos obtiveram algum sucesso em importantes objetivos educacionais, tais como a redução dos índices de dissidência escolar, a melhora do aproveitamento escolar, a integração de aulas de língua latina e cultura mexicana no currículo, o treinamento de mais professores e administradores chicanos e a proibição da condução de alunos chicanos em ônibus especiais.

Depois do ímpeto da década de 1960, os chicanos tornaram-se mais intensamente étnicos, criando suas próprias faculdades e universidades, igrejas e movimentos juvenis. Mais recentemente, o movimento gerou organizações feministas chicanas. Um desenvolvimento subseqüente veio em 1967, com os Boinas Marrons, um grupo militante formado nos moldes dos Panteras Negras. Assim como os Panteras Negras reeditaram o enfoque de sistema não violento de King e outros, também os Boinas Marrons reeditaram a resistência chicana da maneira como foi liderada por Chávez. Essa facção do movimento chicano talvez tenha sido inspirada no incidente ocorrido no Novo México, em 1967, quando, liderados por Reies Lopez Tijerina, os chicanos ocuparam o território do Serviço Florestal, tomando vários guardas florestais como reféns. Tijerina e outros foram presos, mas escaparam logo depois de uma invasão ao tribunal do Novo México. Foram necessárias centenas de tropas estatais e guardas nacionais para recapturá-los.

Apesar de não ter refletido a experiência geral dos méxico-americanos, o movimento chicano demonstra a eficácia da etnia militante na tentativa de um progresso seguro. Chávez, em particular, criou uma ampla base de apoio a partir da conscientização da pertinência a um grupo étnico distinto consistentemente desprivilegiado, sublinhando, portanto, a importância da etnia como força de transformações sociais.

LEITURAS SUGERIDAS

    César Chávez: A Triumph of Spirit, de Richard Griswold del Castillo e Richard A. Garcia (University of Oklahoma Press, 1995), é uma biografia do organizador do "farm worker-cum-labor", o qual foi lançado pelos acontecimentos numa contracorrente de greves de *campesinos*.

    The Mexican-American People, de Leo Grebler, Joan W. Moore e Ralph C. Guzman (Free Press, 1970), é a mais abrangente fonte a respeito do assunto; *The Chicanos: A History of Mexican Americans*, de Matt S. Meier e Feliciano Rivera (Hill & Wang, 1972), traça a história chicana e os desenvolvimentos ao longo da década de 1960.

    Race and Class in the South-west, de Mario Barrera (University of Notre Dame Press, 1979), é um enfoque econômico da presença mexicana nos Estados Unidos.

Ver também: *AZTLÁN*; LATINOS; MOVIMENTO PELOS DIREITOS CIVIS

ELLIS CASHMORE

COLONIALISMO

Originário do latim *colonia* para cultivo (especialmente terra nova), este termo refere-se a práticas, teorias e atitudes envolvidas no estabelecimento e na manutenção de um império – sendo esta uma relação na qual um Estado mantém efetiva soberania política sobre um território tipicamente distante. Entre os vários significados do imperialismo – do latim *imperium* (comando ou domínio) –, está o desejo de adquirir colônias e dependências.

Não é possível compreender a complexidade das relações raciais e étnicas sem considerar os aspectos históricos do colonialismo, uma vez que várias situações contemporâneas de relações raciais são resultados finais da conquista e da exploração dos países pobres e relativamente fracos por parte de nações metropolitanas.

Após as conquistas, novas formas de produção foram introduzidas, novos sistemas de poder e de relações de autoridade impostos e novos padrões de desigualdade, envolvendo povos de diferentes *backgrounds*, línguas, credos e freqüentemente cor, estabelecidos. Esses padrões de desigualdade persistiram por gerações.

No sistema colonial, o mais poderoso, os grupos conquistadores que operavam a partir do centro metropolitano conseguiram extrair riquezas dos territórios colonizados periféricos ao sistema apropriando-se das terras e utilizando o trabalho dos povos que viviam nesses territórios. Em circunstâncias extremas, isso tomou a forma de escravidão, embora houvesse o que John Rex chama de "graus de liberdade" menos severos que isso.

Era característico do colonialismo que as potências conquistadoras vissem os povos colonizados como pessoas sem a menor relação com eles mesmos. O pressuposto dos colonizadores era o de que os colonizados eram tão diferentes física e culturalmente que não tinham nada em comum com eles: os colonizados eram os Outros. Crenças racistas foram evocadas para justificar a ampla exploração – os nativos faziam parte de uma espécie subumana e não podiam almejar serem tratados de forma semelhante a seus senhores. Mesmo os colonizadores em certa medida menos racistas, como os espanhóis e os franceses, sustentavam que apesar de os nativos serem humanos, eles se encontravam numa posição tão baixa na escala de categoria das civilizações que levariam gerações até chegar a seus pés. O racismo, portanto, foi altamente complementar ao colonialismo (é preciso ressaltar, porém, que existem exemplos de racismo independentes do colonialismo e vice-versa, não havendo, portanto, uma relação causal entre os dois).

A colonização – processo de tomar terras e recursos para exploração – tem uma longa história. As grandes potências imperialistas (países que adquiriam colônias) foram, a partir do século XVI, Espanha, Portugal, Grã-Bretanha, França, e em extensão menor, Holanda e Dinamarca. Eles eram bastante avançados em termos de navegação, técnicas de agricultura, uso da força do vento e da água e desenvolvimento da tecnologia, de modo que tinham os recursos necessários para a conquista.

Em 1750, as Américas do Sul e Central e metade da América do Norte foram divididas entre essas potências, cabendo à Grã-Bretanha grande parte da América do Norte. Os militares britânicos possibilitaram ao país conquistar também vastas porções da Índia, tornando o seu império supremo; suas conquistas foram bem-sucedidas, complementadas por homens brancos com ideais supostamente cristãos.

O interior da África permaneceu intocado pelos impérios europeus durante várias centenas de anos devido ao controle de sua costa Norte incluindo o Egito por províncias turcas e à prevalência de doenças tropicais, como a malária no Centro e no Sul do continente. A já mais acessível costa Oeste da África, contudo, era amplamente explorada, com europeus ocidentais estabelecendo feitorias para o comércio de escravos diretamente de Dacar para o Cabo (os árabes haviam feito a mesma coisa na costa Oriental). Havia uma rota de comércio triangular envolvendo a Europa, a África ocidental e as Américas (incluindo as ilhas do Caribe), de modo que uma população escrava foi introduzida nas Américas para suplementar ou até mesmo repor a mão-de-obra nativa. Aproximadamente 15 milhões de africanos foram exportados para as Américas, a maioria da África ocidental, mas alguns também da oriental, durante o século XIX, quando o continente foi dividido entre a França (que controlou 3,87 milhões de milhas quadradas), Grã-Bretanha (2 milhões de milhas quadradas), Bélgica, Alemanha (ambas com 900 mil milhas quadradas), Itália (200 mil milhas quadradas), Espanha (80 mil milhas quadradas) e Holanda (cuja república de Transvaal foi incorporada em 1902 pela África do Sul britânica), deixando meras 400 mil milhas quadradas de território não-colonizado.

O domínio europeu estendeu-se também à região da Austrália. Franceses, portugueses, espanhóis e especialmente holandeses fizeram incursões nos séculos XVI e XVII. As viagens do capitão Cook na década de 1770 levaram à ocupação da Austrália, Nova Zelândia e Tasmânia pelos britânicos. Mais tarde, as ilhas do Pacífico, Fuji, Tonga e Gilbert, foram absorvidas pelo império britânico; outras ilhas foram conquistadas pela França e Alemanha, como Samoa, Guam e Havaí, mais tarde tomadas pelos Estados Unidos.

Por volta de 1910, a "europeização" de grande parte do mundo estava completa, com o domínio colonial estendendo-se pela maior parte do globo – a Rússia detinha territórios na Ásia central e oriental. Fora das zonas de controle europeu direto, os impérios turco e chinês foram habitados pelos oficiais e mercadores paternalistas europeus. Somente Japão, Nepal, Tailândia, Etiópia, Libéria e a rebelde ilha caribenha do Haiti ficaram livres de uma direção política européia.

As estruturas coloniais imperialistas foram mantidas da mesma forma como foram estabelecidas: por meio da força militar. Apesar disso, é importante reconhecer os papéis fundamentais desempenhados pelos missionários em disseminar as idéias cristãs altamente favoráveis à dominação. O conceito básico de salvação, por exemplo, encorajava os povos colonizados a aceitar e suportar a dominação e a privação na esperança de uma outra vida após a morte, cultivando, portanto, uma postura passiva e não rebelde. Isso não deve sugerir que os missionários ou suas igrejas congregantes estavam deliberadamente engajados em alguma grande conspiração. Eles eram guiados pela idéia de uma missão civilizadora para reabilitar os povos ateus e atrasados e "salvá-los", convertendo-os ao cristianismo. Isto foi, na verdade, como o chamou Kipling, o "fardo dos homens brancos". O colonialismo operava em vários níveis, especialmente no da consciência.

A Primeira Guerra Mundial pouco enfraqueceu a garra colonial européia: a Alemanha perdeu a sua colônia africana e outras, mas para outras potências européias. Depois da Segunda Guerra Mundial, contudo, os impérios começaram a ruir com um crescente número de colônias obtendo uma suposta independência, total ou parcial. O império britânico transformou-se numa Comunidade, abrangendo uma rede de nações autogovernadas, antigamente pertencentes ao império; os vínculos sociais e econômicos foram mantidos, às vezes, com o domínio indireto da Grã-Bretanha por meio de governos "marionetes".

O colonialismo funcionou à custa do sofrimento das populações colonizadas. Por mais benefícios que estes possam ter recebido em termos de novos produtos, tecnologia, medicina, comércio e educação, eles inevitavelmente sofreram: as perdas humanas no processo de conquista foram inestimáveis; economias auto-suficientes foram obliteradas e novas relações de dependência introduzidas; antigas tradições, costumes, sistemas políticos e religiosos foram destruídos. O Islã, em particular, sofreu extremamente: as conquistas militares na África enfraqueceram a fé islâmica.

(O grande poder imperialista dos tempos modernos foi a Rússia: a área russa de controle, quer fosse por meios diretos ou indiretos, espalhou-se sob a forma de comunismo para abranger países da Europa oriental, Cuba e Afeganistão. Os sistemas russos não operavam com escravos, é claro, mas as evidências sugerem que seus regimes eram extremamente repressivos. A manipulação da consciência ou "lavagem cerebral", tão inerente à antiga dominação colonial, era igualmente acentuada nos sistemas soviéticos.)

A pressuposição básica de desigualdade humana subliminar a toda a empreitada colonial sobreviveu no imaginário popular e manifesta-se naquilo que foi chamado de "mentalidade colonial" (ver *Introduction to Race Relations*, capítulo 1). A crença na inferioridade de alguns grupos denominados "raças" foi transmitida de uma geração à outra e permanece subliminarmente nas situações modernas de relações raciais. A mentalidade colonial que estrutura a percepção de outros povos é um resíduo do colonialismo, ao qual, no entanto, é constantemente dada uma nova relevância com as mudanças das condições sociais.

LEITURAS SUGERIDAS

Introduction to Race Relations, de E. Cashmore e B. Troyna (2.ed., Falmer, 1990), é um enfoque da área em questão, que enfatiza a importância histórica do colonialismo e a persistência da mentalidade colonial.

Race Relations, de Philip Mason (Oxford University Press, 1970), é uma interpretação mais curta da tese principal do autor, *Patterns of Dominance* (Oxford University Press, 1970), que narra as expansões imperialistas e as situações de relações raciais resultantes.

An Unfinished History of the World, de Hugh Thomas (Pan, 1979), tem um capítulo chamado "Impérios", que oferece uma narrativa histórica das conquistas européias.

Ver também: CONQUISTA; DISCURSO COLONIAL; ESCRAVIDÃO; OUTROS; TERCEIRO MUNDO

ELLIS CASHMORE

COLONIALISMO INTERNO

Termo inicialmente utilizado por Robert Blauner para descrever a situação das minorias na América contemporânea. No colonialismo clássico, a população nativa de um país é subjugada por um grupo de colonizadores. Já no colonialismo interno, os grupos colonizados são minorias que vivem sob o controle burocrático dos brancos; conquistados e levados à força para os Estados Unidos, sua cultura, durante esse processo, foi depreciada ou até mesmo destruída. Os índios e mexicanos da América do Norte foram forçados a esse estado de subordinação praticamente da mesma maneira que os asiáticos, africanos, latino-americanos o foram pelos europeus. Os brancos norte-americanos trataram as populações nativas (índios e mexicanos) do mesmo modo como os colonizadores trataram os grupos por eles colonizados.

De acordo com Blauner, os negros, embora não tenham sido conquistados ou escravizados em sua própria terra, foram, todavia, conquistados e forçados à subordinação nos Estados Unidos. Essa entrada involuntária no país distingue os negros, índios americanos e mexicanos de todos os outros grupos migrantes. Os europeus que entraram voluntariamente nos Estados Unidos (quaisquer que tenham sido os seus motivos) formam uma minoria de imigrantes.

Os grupos conquistados e colonizados submetem-se a experiências únicas ao se transformarem numa minoria colonizada: (1) são obrigados a viver numa sociedade que não é a deles; (2) são subjugados, à medida que sua mobilidade social é limitada e seu envolvimento político restrito; e (3) sua cultura é depreciada ou até mesmo extinta. Como resultado, o grupo colonizado fica preso a uma espécie de sistema de castas. Isso, por sua vez, afeta a concepção que o grupo tem de si mesmo: ele passa a aceitar os modos de vida "superiores" do grupo colonizador e tende a ver a si mesmo como inferior.

Algumas áreas específicas, comparadas às colônias internas, foram as bases da segregação em todos os segmentos da vida urbana: política, educação, ocupações e, em teoria, todas as áreas de interação social. Essa segmentação espacial assegurou que certos grupos se agregassem, tornando-se, portanto, mais fácil controlá-los por meio da burocracia branca.

Ao examinar o modo como vários grupos minoritários entraram em contato pela primeira vez com a sociedade americana branca, insiste Blauner, podemos entender o tratamento diferenciado dado às gerações que se seguiram. Assim, as posições das minorias colonizadas são completamente diferentes em termos de estrutura das dos imigrantes. Enquanto os irlandeses, italianos, poloneses e outros progrediram socialmente (ainda que de modo restrito), os negros, mexicanos e índios americanos não. A situação dos mexicanos permanece em desvantagem quase oficializada. Do mesmo modo, as instituições e crenças dos imigrantes nunca foram degradadas como ocorreu com os grupos colonizados. Como evidência disso temos o fato de que o racismo branco é muito mais virulento quando dirigido contra as minorias colonizadas do que contra os grupos imigrantes.

Em termos de classificação, a tese de Blauner tem vários problemas. Um deles, não o menos importante, é: onde se encaixam grupos como os porto-riquenhos, chineses e filipinos? A experiência desses grupos levanta uma questão conceitual bastante significativa – definir a migração forçada e a voluntária. Como o argumento de Blauner se baseia nessa distinção, pode-se perguntar se o assim chamado movimento voluntário para a América não poderia ter sido precipitado por um complexo de circunstâncias que limitaram gravemente as alternativas dos emigrantes. A hipótese de que as condições dos migrantes eram tão insustentáveis que a migração tornou-se um imperativo – ainda que somente no interesse da sobrevivência – é bastante plausível. Haveria até casos mais extremos, em que teria sido a situação política o verdadeiro motivo das migrações. O modelo de colonialismo interno de Blauner, contudo, foi de grande contribuição para as teorias de relações raciais, tendo pelo menos desviado a atenção das circunstâncias correntes para a história como ponto de partida para a investigação.

LEITURAS SUGERIDAS

Racial Oppression in America, de Robert Blauner (Harper & Row, 1972), é a obra que lançou sua importante tese.

Internal Colonialism, de M. Hechter (University of California Press, 1975), narra as causas do nacionalismo na Grã-Bretanha entre os anos de 1536 e 1966, usando o modelo de colonialismo interno.

Ver também: COLONIALISMO; ESCRAVIDÃO; GUETO; MIGRAÇÃO; PLURALISMO; PODER

ELLIS CASHMORE

Condução em Ônibus

Em 1954, durante o caso *Brown v. Board of Education, Topeka, Kansas*, a Suprema Corte dos Estados Unidos decretou que a educação segregada era inconstitucional e violava a 14ª emenda. A partir desse decreto, as escolas foram proibidas de segregar, e designaram-se ônibus especiais para levar os alunos negros e latinos até as escolas nos subúrbios. Lá, eles receberiam a mesma educação que os alunos brancos. Houve controvérsias a respeito da eficácia do processo de dessegregação e da condução em ônibus para assegurar que os estudantes fossem tratados, em primeiro lugar, como indivíduos, e não como membros de uma casta. A dessegregação foi baseada em algumas pressuposições atraentes que não haviam sido testadas. A primeira: que a condução em ônibus equalizaria as oportunidades educacionais. Pesquisas subseqüentes, contudo, mostraram que isso era pouco mais que uma esperança. O efeito da dessegregação no desempenho educacional foi errático. Sob condições ideais, talvez ela fosse eficaz, mas, como bem apontou James Coleman, a maioria das mudanças escolares sob condições ideais tem esse efeito.

A segunda: que a condução em ônibus ajudaria a contra-atacar a natureza historicamente divisória da diferença racial percebida e facilitaria a emergência de uma sociedade mais tolerante. Essa proposição baseava-se na chamada "hipótese de contato", a qual sustenta que o fortalecimento do contato inter-racial (nas escolas, áreas residenciais, locais de trabalho) melhora a relação entre os membros de grupos diferentes. Mais uma vez, contudo, essa é uma visão romantizada – ficção que só sob condições especialmente criadas se traduz num cenário empiricamente verificável. Apesar dessas profundas reservas, a condução em ônibus nos Estados Unidos foi concebida como uma prática liberal, e os seus oponentes, assim como seus argumentos, eram geralmente caracterizados como racistas.

Nove anos após a decisão do caso *Brown*, uma tentativa similar foi feita na Grã-Bretanha para assegurar maior mistura étnica nas escolas; contudo, provocou uma reação oposta. A condução em ônibus era vista como uma prática racista, negação da igualdade de oportunidades para os migrantes da colônia e seus filhos. Liberais brancos e negros, de norte a sul do país, opuseram-se com veemência ao seu princípio e à sua prática. Como podemos explicar essas reações contrastantes?

Nos Estados Unidos, a segregação escolar sancionada legalmente encarnou o "persistente símbolo da escravidão", como afirmou David Kirp (1982). As escolas situadas nos bairros negros eram geralmente velhas e deterioradas e tendiam a ser as últimas a serem reformadas, as mais debilmente embasadas e com as piores equipes de trabalho. Como a educação é convencionalmente vista como a porta para o avanço social e ocupacional, a qualidade inferior da educação dada aos estudantes negros era vista como um instrumento legalmente sancionado, que endossava e perpetuava a subordinação dos negros no país. Não é surpreendente, portanto, que a iniciativa de dessegregação tenha tido origem nas comunidades negras americanas.

Na Grã-Bretanha, por outro lado, não houve uma justificativa educacional clara para a introdução da condução em ônibus. A iniciativa partiu de um grupo de pais brancos do distrito londrino de Southall, que havia-se queixado ao ministro da educação, Edward Boyle, com a alegação de que o progresso educacional de seus filhos estava sendo inibido nas escolas que continham um grande número de não-brancos, principalmente sul-asiáticos. Boyle, em seguida, recomendou ao governo que a proporção de crianças imigrantes não ultrapassasse os 30% em nenhuma escola. Em 1965, a "Lei de Boyle", como passou a ser conhecida, recebeu o apoio oficial do Departamento de Educação e Ciência. Como resultado, algumas autoridades educacionais seguiram as pegadas de Southall e West Bromwich e implantaram formalmente os procedimentos de condução em ônibus.

O maior imperativo para essa ação estava claro: apaziguar a ansiedade dos pais brancos. O fato de a cor da pele ter sido usada como único critério para decidir que estudantes deveriam ser conduzidos nos ônibus demonstrou claramente isto. Mas, como os oponentes da condução em ônibus mencionaram, esses medos eram amplamente infundados, em qualquer caso. Uma pesquisa feita nas escolas primárias de Londres mostrou que a convivência interétnica tem uma influência mínima na aprendizagem da leitura por parte dos alunos. Os oponentes também insistiram que a condução em ônibus era baseada na pressuposição racista de que as escolas que apresentavam uma grande proporção de estudantes não-brancos eram inerentemente inferiores àquelas em que os estudantes brancos eram a maioria.

No final da década de 1970, a maioria das autoridades educacionais que introduziu a condução em ônibus tinha sido persuadida pela eficácia desses argumentos (ou pela ameaça de intervenção da Comissão pela Igualdade Racial) e abandonou o procedimento. Nos Estados Unidos, o lento processo de dessegregação continua, apesar da controvérsia de que ele teria encorajado a "luta branca" e apenas levemente, se é que de alguma forma, gerado algum benefício educacional ou interpessoal. Ainda assim, as diferentes reações à condução dos negros e de outras comunidades de não-brancos em ônibus nos Estados Unidos evidenciaram a sua importância simbólica. De um lado do Atlântico, essa atitude é vista como um catalisador para a igualdade de oportunidades; do outro, como um instrumento designado para enfraquecer esse ideal.

LEITURAS SUGERIDAS

Just Schools, de David Kirp (University of California Press, 1982), começa com uma breve discussão crítica a respeito da relação entre o decreto do caso Brown e a igualdade de oportunidades, e então avalia as experiências de cinco comunidades da área da baía nos 25 anos desde a introdução da dessegregação.

Equality and Achievement in Education (Westview, 1990), de James Coleman. Coleman, na década de 1960, defendeu a condução em ônibus como um mecanismo social para fortalecer a igualdade de oportunidades. Neste livro, ele revisita algumas de suas primeiras pressuposições e expõe as suas debilidades.

Contact and Conflict in Intergroup Encounters (Blackwell, 1986) consiste em uma série de ensaios críticos a respeito da hipótese de contato. A introdução dos editores Hewstone e Brown e o ensaio de Steven Reicher são especialmente incisivos.

Ver também: LEI; DIREITOS CIVIS (EUA); EDUCAÇÃO E DIVERSIDADE CULTURAL

Barry Troyna

Conflito Interétnico

Este termo se refere à luta entre dois ou mais grupos de minorias étnicas na mesma sociedade, que envolve mais do que a competição por recursos escassos: os objetivos do grupo incluem tipicamente eliminar, neutralizar ou pelo menos prejudicar os rivais. Embora a natureza do conflito pareça ser freqüentemente étnica, ela se baseia na incompatibilidade das culturas, e sua fonte normalmente é encontrada na relativa privação.

A relativa privação descreve a emoção negativa, manifesta na ira, no ressentimento ou na insatisfação, que grupos ou indivíduos experienciam quando comparam sua situação com algum padrão ou pontos de referência externos. Isso pode incluir outros grupos de ambientes próximos. O conflito interétnico, em comparação ao conflito étnico (entre grupos etnicamente diferentes, nenhum deles sendo necessariamente uma minoria política ou econômica), ocorre quando uma minoria étnica compara a sua posição com a de uma outra e experiencia a privação. Em termos absolutos, o grupo pode não ser o mais privado ou em desvantagem: é suficiente que ele se sinta privado em comparação a outras minorias étnicas.

Os antecedentes dos conflitos não precisam estar intimamente relacionados aos ressentimentos interétnicos.

Como exemplo temos o conflito entre afro-americanos e cubanos em Miami, Flórida, em 1980. A migração cubana para a Flórida começou a se intensificar no final de 1965, atravessando toda a década de 1960 e 1970. Os migrantes competiam com os negros pelos empregos. Embora o estopim da insurreição de 1980 tenha sido a morte de Arthur McDuffie, um homem negro, pela polícia, grande parte da ira afro-americana voltou-se contra os cubanos, muitos dos quais haviam dado início aos seus próprios negócios. As lojas de propriedade dos cubanos foram destruídas quando a competição se converteu num conflito sem reservas.

O conflito interétnico não é normalmente uma adaptação da memória histórica a um conflito totalmente novo. Existem, contudo, exceções, e a história e a tradição podem ser armas poderosas para inspirar novas mobilizações. A violência esporádica entre os grupos sul-asiáticos na Grã-Bretanha no final da década de 1980 fez lembrar os conflitos tradicionais entre sikhs e muçulmanos. A violência interasiática assumiu caráter regional no início da década de 1990, quando os jovens afiliados com a origem de seus pais (Bangladesh, Punjab, Paquistão etc.) se engajaram na violência uns contra os outros.

Leituras sugeridas

Bridges and Boundaries, organizado por Jack Salzman (Braziller, 1993), enfoca as relações tensas entre os afro-americanos e os judeus americanos.

The Miami Riot of 1980, de Bruce Porter e Marvin Dunn (Lexington Books, 1984), é uma completa e detalhada exposição da insurreição.

Relative Deprivation and Social Justice, de W. G. Runciman (Routledge & Kegan Paul, 1966), é um tratado do conceito originalmente formulado por S. A. Stouffer *et al.*

Ver também: AFRO-AMERICANOS; ASIÁTICOS NA GRÃ-BRETANHA; REVOLTAS: EUA (MIAMI) 1980

Ellis Cashmore

Conquista

Do romano *conquerere* (buscar ou conseguir), refere-se à aquisição e subjugação de um território à força. As conquistas militares são as origens mais comuns das sociedades plurais (sociedades compostas por distintos grupos raciais ou étnicos). São também a origem mais freqüente da desigualdade entre grupos étnicos e raciais. Outra principal origem das sociedades plurais são as imigrações pacíficas, tanto as voluntárias quanto as semivoluntárias (contrato de serviço em país colonial) ou involuntárias (escravidão ou colônias penais). A conquista, sem dúvida, é também uma forma de imigração, em que é o grupo dominante que entra e se dispersa para exercer o controle sobre os nativos. O processo normalmente chamado de imigração, contudo, é a situação em que o grupo dominante é o nativo e os migrantes mudam-se pacificamente e se dispersam para assumir uma posição subordinada. A conquista e a imigração pacífica conduziram a várias situações diferentes de relações raciais e étnicas.

As sociedades plurais originadas por conquistas são freqüentemente dominadas por minorias raciais ou étnicas, que exercem o seu controle por meio de uma superioridade tecnológica e militar e não numérica. Freqüentemente governadas por minorias, tais sociedades costumam ser altamente despóticas e caracterizadas por agudas separações étnicas ou raciais, e um alto grau de desigualdade, legalmente estabelecida entre os grupos étnicos.

Diferentemente dos países cujo pluralismo se deve a imigrações pacíficas, a conquista gera fronteiras étnicas relativamente estáveis ou lentamente mutáveis, em grande parte em virtude do fato de os grupos conquistados em geral reterem uma base territorial e se manterem concentrados em sua pátria tradicional. Ao contrário dos grupos imigrantes que freqüentemente se dispersam ao chegar aos países que os hospedam, os grupos conquistados, por se manterem territorializados, encontram mais facilidade em preservar sua língua, religião e cultura. Mais que isso, o grupo dominante na maioria das vezes nem procura assimilar o conquistado. Contanto que o povo conquistado permaneça submisso e pague os impostos, eles costumam ser deixados à vontade para conduzir seus negócios diários em nível local. Eles podem até manter a sua elite nativa, sob um sistema de governo indireto.

Dois tipos principais de conquista podem ser distinguidos, de acordo com o nível de tecnologia do conquistado. Nos territórios em que os nativos pertencem a grupos pequenos, sem Estado, precariamente assentados e nômades, de caçadores e coletores ou simples horticultores, o resultado é quase sempre o seu deslocamento por parte dos invasores. Às vezes, há uma política definida de genocídio, mas com freqüência as doenças epidêmicas, guerras por fronteiras e a perda de uma base territorial para a subsistência se combinam na destruição das culturas nativas como grupos funcionais e na expulsão dos remanescentes de sua população para reservas nativas. Nessas situações-"limite" que caraterizam países como Canadá, Estados Unidos e Austrália, os conquistadores tomaram o lugar dos nativos, geográfica e demograficamente. As sociedades aborígenes não eram somente frágeis e indefesas; seu pequeno número de membros e sua resistência à subjugação tornaram-nos virtualmente inúteis para os conquistadores, que as transformaram em mão-de-obra.

Quando os conquistadores encontram uma população agrícola assentada, pertencente a uma sociedade nativa estratificada de nível estatal, contudo, a situação é muito diferente. A resistência inicial pode ser mais forte, mas uma vez que o controle é adquirido, os conquistadores encontram uma força de trabalho mais facilmente explorável que, com freqüência, permanece sob a supervisão direta dos colaboradores da classe dominante anterior. O resultado é a exploração e não o deslocamento. Como exemplos temos os mais tradicionais impérios da Europa, Ásia,

África e América pré-colonial, assim como a maior parte das colônias européias da Ásia e da África.

LEITURAS SUGERIDAS

Ethnic Groups in Conflict, de Donald Horowitz (University of California Press, 1985), é um livro que incorpora muitos estudos de conflitos étnicos em todo o mundo.

Interethnic Relations, de E. K. Francis (Elsevier, 1976), apresenta um amplo tratado sociológico a respeito das relações étnicas e raciais, especialmente fortes na Europa e na América do Norte.

Patterns of Dominance, de Philip Mason (Oxford University Press, 1970), é bastante semelhante ao livro acima, porém com um enfoque mais histórico e mais forte a respeito da Ásia e da África.

Ver também: COLONIALISMO; ESCRAVIDÃO; POPULAÇÕES NATIVAS; RAÇA

PIERRE L. VAN DEN BERGHE

CONSERVADORISMO

O conservadorismo teve início como doutrina política a partir da descrença na capacidade dos seres humanos de, agindo nos limites da consciência, entender as complexidades da sociedade. Segue que a única linha mestra para governar a sociedade é a *cautela* ao interferir no que já está estabelecido. Isso não implica uma hostilidade para com as mudanças: o conservadorismo aceita que as sociedades precisam responder continuamente às circunstâncias, mas a resposta deve ser ancorada nos costumes, tradições, normas e valores estabelecidos.

Embora essa prevenção a mudanças radicais possa ser considerada uma característica antiga da disposição humana, o conservadorismo adquiriu coerência como doutrina intelectual em 1790, com a crítica de Edmund Burke à Revolução Francesa e ao racionalismo (particularmente a autoridade de certos indivíduos sobre entidades privilegiadas, como a Igreja e o governo) que ela exalta. *Reflections on the Revolution in France,* de Burke, combateu a insistência racionalista de reconstruir sociedades inteiras sob o espírito da inovação, como uma ruptura com o passado: o presente nunca está livre do passado, argumentou Burke. Componentes fundamentais da sociedade, como a legitimidade do Estado, são produto de tradições que remontam a várias gerações.

Essa veneração por estruturas, hábitos e preconceitos persistentes, transmitidos por gerações, tem sido um tema constante no pensamento conservador até os dias de hoje. (Para Burke, o "preconceito" refere-se positivamente ao saber e à compreensão comum que residem na tradição, e dos quais não se deve abrir mão facilmente.)

Burke admirava a *A riqueza das nações* de Adam Smith, em especial seus argumentos a respeito dos meios mais eficazes para preservar as liberdades individuais e comunitárias. A oposição à intercessão de governos centrais e o respeito pelo mercado livre como um "mecanismo" natural continuam a dominar o pensamento conservador. O mercado livre obviamente gera desigualdades, e os conservadores acreditam que essa é uma conseqüência inevitável da liberdade protegida. O objetivo inerente da igualdade está na redistribuição de recursos desigualmente divididos. De acordo com o pensamento conservador, isso não é possível sem a violação da liberdade (individual ou familiar), resumida na habilidade de possuir e proteger propriedades. Os conservadores vêm há anos priorizando a liberdade à igualdade e têm desconsiderado qualquer tentativa de fazer os valores parecerem compatíveis.

O papel do Estado, do modo como é visto pelos conservadores, é facilitar um meio que permita e até mesmo encoraje a liberdade de competição, ao mesmo tempo que proteja a escolha individual e a liberdade. Uma conseqüência imediata disso é a suspeita quanto às regras instituídas pelo Estado, designadas a regular ou controlar o comportamento humano. Nas relações raciais e étnicas, isso provoca dilemas problemáticos. Seja quanto aos direitos civis ou quanto às relações raciais, a legislação introduz normas destinadas a governar as ações. As ações afirmativas estendem tal governo. Todavia, apesar de poucos duvidarem da necessidade da primeira para gerar e proteger a liberdade, muitos permanecem alertas, mantendo em mente a observação de Burke: "aqueles que tentam nivelar, nunca equalizam", quando resistem a qualquer ação afirmativa. As desigualdades individuais e a hierarquia social são vitais para a autonomia e para uma sociedade próspera. A remoção de barreiras como a segregação facilita a liberdade de oportunidades, tão cara aos conservadores. Ainda, remunerar com base em qualquer coisa que não seja mérito é um anátema.

Os eruditos modernos, especialmente Charles Murray e Thomas Sowell, ressaltaram as perigosas conseqüências das políticas estatais para aliviar as condições dos pobres – um grupo no qual os afro-americanos e latinos estão excessivamente representados. "Nós tentamos prover mais para os pobres e, em vez disso, produzimos mais pobres", reflete Murray a respeito dos programas de previdência, os quais, ele argumenta, têm efeitos destrutivos a longo prazo na forma de uma subclasse cronicamente dependente. Num veio similar, Sowell rebate todas as leis e políticas antidiscriminatórias, em vez de culpar uma suposta deficiência dos afro-americanos por seu contínuo empobrecimento.

O apoio a líderes políticos moderados negros (como Douglas Wilder) e o desafeto para com os ativistas, como Jesse Jackson, levaram à suspeita de que as minorias étnicas poderiam estar pendendo para o conservadorismo. Um estudo feito pelo Centro de Mídia e Assuntos Públicos, em 1986, registrou uma lacuna entre negros e líderes baseados em organizações, em várias questões políticas. Se tal desilusão vai se converter em conservadorismo, ainda é incerto.

Os conservadores modernos negros acreditam que sim. Gary Franks, o primeiro republicano negro eleito para o Senado desde 1937, evocou Booker T. Washington para apoiar a alegação de que o "nacionalismo econômico negro" (como Washington o chamou) traduz em termos práticos a iniciativa individual, ou a auto-ajuda. Franks pertence a uma facção dos políticos negros que endossa a propriedade privada e a tentativa empresarial. Essa facção ressalta a importante distinção entre a dessegregação, que era uma questão a ser demolida pela política social, e a integração, um problema pessoal a ser perseguido pelos indivíduos.

O Partido Conservador britânico nomeou sete candidatos de minorias étnicas para as Eleições Gerais de 1992 (em comparação aos oito do Partido Trabalhista) e se esforçou em cortejar a ascendência e os elementos empresariais das minorias étnicas com os seus valores centrais, expressos pelo político asiático Andrew Popat como: "trabalho, ambição, prudência, determinação e oportunidade para chegar tão longe quanto sua capacidade puder levá-lo".

LEITURAS SUGERIDAS

Conservatism, de Robert Nisbet (Open University Press, 1986), é um resumo sistemático, claro e ressonante a respeito das origens e doutrinas da filosofia conservadora.

Black Politics in Conservative America, de Marcus Pohlmann (Longman, 1990), enfoca, em parte, a lealdade afro-americana à política conservadora.

Losing Ground, de Charles Murray (Basic Books, 1984), e *Ethnic America* (Basic Books, 1981), de Thomas Sowell, exemplificam o conservadorismo intelectual nas relações raciais norte-americanas, uma tendência abertamente criticada por Thomas Boston, em *Race, Class and Conservatism* (Unwin Hyman, 1988).

"Songs of the new blues", de Ellis Cashmore (*New Statesman and Society*, v. 44, nº 165, 1991), analisa os candidatos de minorias étnicas do Partido Conservador britânico e suas perspectivas.

Ver também: AÇÃO AFIRMATIVA; JACKSON, JESSE; POLÍTICA E "RAÇA"; RAÇA; THOMAS, CLARENCE

ELLIS CASHMORE

CONVENÇÃO INTERNACIONAL

A Convenção Internacional de Eliminação de todas as Formas de Discriminação Racial (ICERD) é um acordo firmado sob os auspícios das Nações Unidas e adotado pela Assembléia Geral em 1965. Em agosto de 1995, cerca de

143 países (incluindo as maiores potências, exceto o Japão) o aceitaram, comprometendo-se a obedecer a um comitê de 18 indivíduos eleitos por eles. Esse corpo, o Comitê de Eliminação da Discriminação Racial (CERD) relata à Assembléia Geral o resultado de suas avaliações dos relatórios dos Estados e promove um debate anual, normalmente em outubro. O CERD começou a funcionar em 1970.

Também em agosto de 1995, esses Estados fizeram declarações em acordo com o artigo 14 do ICERD, permitindo que seus habitantes enviassem petições ao CERD caso considerassem que o Estado não havia efetuado as proteções prometidas na convenção; o CERD publica opiniões sobre tais petições. A importância disso para os Estados europeus reside no fato de o ICERD, diferentemente da Convenção Européia de Direitos Humanos, oferecer proteção contra a discriminação racial no exercício dos direitos econômicos.

LEITURAS SUGERIDAS

International Action Against Racial Discrimination, de Michael Banton (Oxford University Press, 1996), discute as soluções oferecidas pela lei internacional para a supressão do racismo.

The First Twenty Years: Progress Report of the Committee on the Elimination of Racial Discrimination (United Nations HR/PUB/91/4, 1991).

Ver mais: DISCRIMINAÇÃO RACIAL (INTERNACIONAL); LEI; LEI: DIREITOS CIVIS; RELAÇÕES DE DIREITO (GRÃ-BRETANHA)

MICHAEL BANTON

COX, OLIVER C. (1901-74)

Nasceu em Trinidad e Tobago e morreu nos Estados Unidos. Estudou direito na Northwestern University e mais tarde fez pós-graduação em direito na University of Chicago. Durante sua estada lá, contraiu poliomielite, e as incapacidades físicas subseqüentes o fizeram acreditar que não seria capaz de exercer a profissão. Optou, então, por fazer mestrado em economia; tornou-se Ph.D. em sociologia, em

1938. Depois disso, tornou-se professor de sociologia na Lincoln University, Missouri, e mais tarde na Wayne State University.

Em termos quantitativos, sua área principal de interesse e escrita foi a natureza do capitalismo como sistema, evidente em suas principais publicações: *The Foundations of Capitalism* (Nova York, Philosophical Library, 1959) e *Capitalism as a System* (Nova York, Monthly Review Press, 1964). A natureza do capitalismo e sua evolução a partir do sistema feudal europeu foi o tema de um de seus últimos artigos "The problem of social transition" (*American Journal of Sociology,* 1973, 79, pp. 1120-33). Contudo, seu nome é conhecido principalmente pelo renovado interesse, nas décadas de 1960 e 70, por seu livro mais antigo, *Caste, Class, and Race* (Nova York, Doubleday, 1948; reimpresso em 1959 e em 1970 pela Monthly Review Press). O livro tornou-se objeto tanto do ataque de sociólogos negros radicais dos Estados Unidos quanto da admiração de autores marxistas e de esquerda na Grã-Bretanha. Os primeiros consideravam Cox um assimilador, por conta de algumas das demandas feitas em seu texto. Os últimos interpretavam o texto como uma análise marxista "clássica" da origem do racismo e das relações entre classe e "raça". Os dois grupos referiam-se ao texto que era produto de uma outra época e outra conjuntura. Além disso, as demandas de Cox e as previsões daquela época anterior foram contraditas pelos eventos da década de 1970, que o tornaram, como observaram outros, um homem solitário e desiludido.

Grande parte de sua obra foi influenciada pelos escritos de Marx, e isso fica evidente em *Caste, Class, and Race.* Nesse texto, ele defende dois argumentos principais. Primeiro, que as relações raciais não podem ser reduzidas a relações de castas – desenvolve uma extensa crítica a W. Lloyd Warner e John Dollard. Segundo, que o que ele preferia definir como "preconceito de raça" (ele rejeitava o termo racismo) não era um fenômeno natural, mas uma conseqüência direta do desenvolvimento do capitalismo, concluindo que a solução para o "problema racial" só poderia ser encontrada na transição do capitalismo para uma sociedade democrática e sem classes. Foi desenvolvendo esse segundo argumento que tentou elaborar uma detalhada teoria e descrição histórica da relação entre classe e "raça".

Quando analisado historicamente, o texto de Cox, publicado em 1949, foi significativo por haver tentado reafirmar o significado das categorias marxistas de análise num contexto que era, no mínimo, desfavorável ao marxismo. Tal fato deveria ser reconhecido mesmo quando se argumenta que o uso feito por ele de algumas categorias marxistas foi baseado no que agora seria visto como uma seleção muito limitada da obra de Marx. Na verdade, o modo como ele definiu e empregou o conceito de classe levou outros a argumentarem que o trabalho não pode ser facilmente qualificado como pertencente à tradição marxista. Sua relação tênue com o marxismo é confirmada pelo artigo anteriormente mencionado, publicado no *American Journal of Sociology* de 1973, que trata da transição do feudalismo para o capitalismo e que não faz nenhuma referência às novas contribuições clássicas marxistas de M. Dodd e P. Sweezy, com exceção do volume 1 de *O capital*, de Marx.

LEITURAS SUGERIDAS

Caste, Class, and Race, de Oliver C. Cox (Monthly Review Press, 1970). Apesar das críticas posteriores, permanece como contribuição desafiadora quando vista historicamente.

The Idea of Race, de Michael Banton (Tavistock, 1977), situa o último trabalho de Cox e o critica no contexto de uma análise da tradição das análises das "relações raciais".

"Class, race and ethnicity", de Robert Miles (*Ethnic and Racial Studies,* 1980, v. 3, nº 2, pp. 169-87), é uma análise crítica da tentativa de Cox de teorizar uma relação entre classe e "raça".

Ver também: CAPITALISMO; CASTA; MARXISMO E RACISMO

ROBERT MILES

CREOLE

Uma cultura distinta produzida como resultado do surgimento de duas ou mais culturas. O termo deriva originalmente do português *crioulo*, que significa "escravo criado no lar do seu senhor". A palavra transformou-se em *criolli* no espanhol e *creole* no francês e adquiriu um significado especial no estado de Louisiana no início da década de 1800. Depois da conquista de Louisiana em 1803, descendentes de franceses e espanhóis passaram a se autodenominar *creoles* como forma de se diferenciar culturalmente dos anglo-americanos que começaram a se mudar para a Louisiana naquela época. Os *creoles* desenvolveram seus estilos próprios de culinária, música e língua. Mais tarde, o termo passou a se referir ao grupo de "coloridos", ou seja, os produtos da miscigenação (mistura de negros e brancos). Eles eram um grupo consciente, que via a si mesmo como diferentes e separados. Baseados em Nova Orleans, falavam francês e desenvolveram as suas próprias instituições educacionais, como a Xavier University.

No contexto caribenho, o termo *creole* referia-se aos descendentes de europeus nascidos ou que viviam no Caribe. Também era usado para distinguir um escravo nascido nas Índias ocidentais de um africano. Os nascidos nas ilhas desenvolveram seu próprio dialeto, música e cultura, e a palavra *creole* passou a significar qualquer coisa recriada no Caribe (provavelmente uma ramificação do latim *creara*, de "criado originalmente"). Pratos, dialetos e formas artísticas muito particulares passaram a ser conhecidos como *creole*, o que denota algo muito positivo e original. Hoje em dia, o termo *creole* descreve qualidades cultivadas para uso local, exclusivas de grupos étnicos, especialmente no que diz respeito a linguagem e dialeto.

LEITURAS SUGERIDAS

Ten Generations, de Frances J. Woods (Louisiana State University Press, 1972), retrata a história da vida de uma família de *creoles* americanos pertencentes a uma elite.

West Indians Societies, de David Lowenthal (Oxford University Press, 1972), define a cultura *creole* baseada na história passada de escravidão e no legado presente da cor, e aborda todo o desenvolvimento de sua cultura. Menos impressionante, mas mesmo assim bastante útil em seu contexto, é o livro de Eric William, *From Columbus to Castro: The History of the Caribbean, 1492-1969* (Deutsch, 1970). *Jamaica Talk*, de Frederic G. Cassidy (Macmillan, 1969), é um estudo interessante a respeito de um dos mais importantes elementos da culturas *creole*: a língua.

Ver também: AMÁLGAMA; COMPANHEIRISMO; HIBRIDEZ; MULTIRRACIAL/BIRRACIAL

ELLIS CASHMORE

CULTURA

Definida por sir Edward Tylor em 1871 como, quando "tomada no seu amplo sentido etnográfico", "este complexo que inclui conhecimento, credo, arte, moral, lei, costumes e outras capacidades e hábitos adquiridos pelos homens como membros de uma sociedade". Desde então proliferaram definições com pouco, se é que algum, aumento de precisão. Sir Raymond Firth escreveu que "[...] se a sociedade é tomada como um conjunto organizado de indivíduos com um determinado modo de vida, a cultura é esse modo de vida. Se a sociedade é tomada como uma agregação de relações sociais, então a cultura é o significado dessas relações. A sociedade enfatiza o componente humano, a agregação de pessoas e as relações entre elas. A cultura enfatiza o componente dos recursos acumulados, tanto imateriais como materiais".

153

Nos Estados Unidos em particular, a cultura é tida como possivelmente o conceito mais central da antropologia como disciplina, mas ela não foi construída sob uma estrutura teórica, o que pode fazer com que seja definida mais agudamente para ser usada em formulações de hipóteses testáveis. Enquanto pode ser conveniente referir-se à "cultura japonesa" e suas características e reconhecer subculturas em tal unidade, é normalmente impossível conceber culturas com fronteiras bem definidas. Por isso é impraticável tratá-las como unidades distintas e finitas passíveis de serem contadas. As culturas tendem a ser sistemas de significados e costumes com limites pouco definidos. E tampouco estáveis. Ao se adequar a circunstâncias mutantes (como novas tecnologias) os indivíduos assumem novos rumos e os significados compartilhados mudam com eles.

É importante manter em mente essas limitações do valor explanatório do conceito de cultura ao considerar o seu uso no campo da educação. Argumenta-se que o currículo das escolas deveria ser revisto para que essas instituições contribuíssem ao máximo na preparação das crianças para a vida num mundo multirracial e numa sociedade que inclui grupos que se distinguem por raça, etnia e cultura. Existe atualmente uma tendência a usar o termo "educação multicultural" como designação oficial para programas voltados a esse fim, embora alguns prefiram os termos educação multirracial ou multi/poliétnica. Contra todos esses termos cabe a objeção de que não existe um número finito de unidades estáveis constituintes. O uso da "cultura" nessa conexão é questionável, haja vista, por exemplo, o modo como a tecnologia avançada é tão prontamente identificada com a cultura do Primeiro Mundo, o Ocidente. A cultura das pessoas que vivem na Índia e em Trinidad tem muitas características em comum com a cultura da Inglaterra: carros, rádios, livros, e assim por diante: mas as coisas tomadas para representar as culturas dos indianos e dos nativos de Trinidad tendem a ser os festejos, as músicas e as receitas. Isso banaliza a cultura das pessoas que vivem nessas sociedades. É como se disséssemos às crianças inglesas que a sua cultura pode ser exemplificada pela *Guy Fawlkes Night* (espécie de queima de Judas que ocorre no aniversário da Conspiração da Pólvora – 5 de novembro), pela *Morris dancing* (antiga dança folclórica inglesa) e por cremes típicos para recheio de doces e pastéis.

LEITURAS SUGERIDAS

Elements of Social Organization, de Raymond Firth (Watts, 1952), p. 27.

Culture: a Critical Review of Concepts and Definitions, de A. L. Kroeber e Clyde Kluckhohn (Peabody Museum Papers, 1952), apresenta uma revisão sistemática de definições.

Ver também: AMÁLGAMA; BOAS, FRANZ; ETNIA; PARENTESCO; PLURALISMO

MICHAEL BANTON

Darwinismo

A influência de Darwin na história do pensamento racial foi profunda. Sua demonstração da mutabilidade das espécies destruiu as doutrinas dos tipologistas raciais que pressupunham a permanência dos tipos. Ele mostrou que o debate entre monogenistas e poligenistas era cientificamente improdutivo e introduziu um novo conceito de "raças geográficas ou subespécies" como "formas locais completamente fixas e isoladas". Por serem isoladas, elas não procriavam, de modo que "não há um teste possível e sim uma opinião individual para determinar quais delas devem ser consideradas como espécie e quais como variedades". Darwin (1809-82) não fez nenhuma tentativa de classificar as raças humanas, observando que o naturalista não tem o direito de dar nomes a objetos que não é capaz de definir. Como era de se esperar, existem falhas na obra de Darwin. Ele acreditava que as características adquiridas podiam ser herdadas, que a hereditariedade era uma mistura igual de caracteres parentais etc. Tais problemas foram resolvidos quando o estudo científico da genética passou a ser possível. Como Jacob Bronowski escreveu certa vez: "a coisa mais importante que Charles Darwin fez foi obrigar os biólogos a encontrar uma unidade de hereditariedade". Foi somente depois de as análises detalhadas da genética dos povos haverem tomado o lugar das raças puras sonhadas pelos tipologistas que as implicações da revolução de Darwin para a compreensão da raça ficaram completamente aparentes.

O pensamento de Darwin pode ser mais bem compreendido se visto como uma combinação de várias correntes. Ernst Mayr distinguiu quatro. Em primeiro lugar, ao juntar e ordenar tantas provas de mutações contínuas no mundo natural, Darwin apresentou exemplos de evolução muito mais convincentes do que os apresentados por seus antecessores. Em segundo, foi o primeiro autor a postular que todos os organismos descendiam de ancestrais comuns por meio de um processo de ramificações contínuas, constituindo, assim, a teoria de descendência comum. Em terceiro, insistiu que a evolução era um processo gradual que produzia várias formas intermediárias entre as variedades e as espécies geográficas, e, por último, sustentava que a evolução é o resultado de uma seleção natural, complementada em algumas espécies pelo processo de seleção sexual.

A teoria correta da evolução não depende da aceitação do argumento de Darwin de que a seleção é a sua causa, de qualquer pressuposição de que a evolução é gradual, ou ainda de que a seleção é suficiente para explicar o processo de formação das espécies ou das variedades. A teoria da evolução é uma teoria genérica que pode ser usada para gerar hipóteses passíveis de adulteração.

A teoria de Darwin era inicialmente menos convincente porque não levava em conta a origem da vida e o código genético. Desde então muitas lacunas têm sido preenchidas, em especial graças às descobertas a respeito da atuação dos vírus. Sob a influência da genética das populações, o argumento darwiniano desdobrou-se numa teoria matemática de reprodução transmissora. A noção de seleção natural passou a postular que alguns indivíduos eram mais adaptáveis porque deixavam mais descendentes do que outros, sem explicar quais eram esses indivíduos. A suposição de que era a melhor adaptação desses indivíduos ao meio ambiente que fazia com que eles deixassem mais descendentes, apesar de já existente, não tinha um lugar explícito na teoria. Assim, nas palavras de C. H. Waddington, autor geneticista do final da década de 1950, "a essência da evolução – ou seja, como você chega a ter cavalos e tigres e coisas – está fora da teoria matemática". Essa lacuna também é bem menor atualmente.

A evolução da transição de répteis a mamíferos, com a perda de alguns ossos e a aquisição de outros, está agora tão bem documentada que é virtualmente impossível traçar uma linha divisória entre os dois. A evolução do vôo, mostrando a contribuição do vôo planado e do pairar nas alturas para o desenvolvimento do vôo de bater de asas foi exemplificada por estudos de lagartos planadores e raposas voadoras. A evolução dos cavalos é a mais bem compreendida, porque há agora um registro de fósseis quase intactos de mais de 60 milhões de anos, representativos de uma sucessão de gêneros e espécies, pela qual se verifica que ocorreram tanto mudanças graduais quanto saltos repentinos, estes últimos apoiando as teorias de um "equilíbrio intermitente" na evolução.

"Darwinismo" não é uma expressão muito usada pelos especialistas. Já o termo "neodarwinismo" é algumas vezes empregado para designar a teoria original de Darwin, modificada pelas leis genéticas de hereditariedade, levantadas pela primeira vez por Mendel. Para os leitores interessados nas relações raciais e étnicas do final do século XX, é importante lembrar que o uso da palavra "raça" como uma construção social no discurso da língua inglesa cotidiana deriva da ciência pré-darwiniana, a qual não abrange o que foi descoberto desde então a respeito das fontes de variação nos humanos, assim como em outras espécies.

LEITURAS SUGERIDAS

Darwin, de Adrian Desmond e James Moore (Penguin, 1991), é um elogiadíssimo relato de sua vida e obra.

The Growth of Biological Thought, de Ernst Mayr (Harvard University Press, 1982), situa a obra de Darwin na história da biologia.

Evolution, de C. Patterson (1978), e *Mammal Evolution* de R.J.G. Savage e M.R. Long (1986, ambos, British Museum, Natural History), são textos mais genéricos.

Ver também: DARWINISMO SOCIAL; EUGENIA; HEREDITARIEDADE; SOCIOBIOLOGIA

MICHAEL BANTON

DARWINISMO SOCIAL

Ampla, porém erroneamente tido como uma escola de pensamento que floresceu no final do século XIX e início do XX. Entre os autores costumeiramente relacionados a essa escola estão Herbert Spencer, Walter Bagehot, Ludwig Gumplowicz, William Graham Sumner, Gustav Ratzenhofer, Franklin H. Giddings e Benjamin Kidd. Alguns manuais identificam uma outra escola, separada e contemporânea, a "antroposociobiologia", liderada por Otto Ammon e Georges Vacher de Lapouge, que apresentaram certas semelhanças de enfoque com alguns dos autores da primeira lista.

A origem das espécies foi publicado em 1859. Vinte anos depois, Bagehot e Gumplowicz tentaram aplicar no estudo da sociedade os princípios que eles acreditavam ter sido estabelecidos por Darwin. A expressão "darwinismo social", porém, surgiria apenas trinta anos depois, quando críticos a utilizaram para designar uma filosofia política que eles consideravam perniciosa. O darwinismo social passou a se referir à doutrina que defendia uma economia livre de mercado oposta à intervenção estatal. Extraído de uma interpretação literal do nome, o termo podia, com maiores justificativas, ser aplicado ao argumento de que a evolução social resulta da seleção natural e sexual de variações favoráveis herdadas.

Com o início dos debates a respeito da evolução social no século XX, verificaram-se várias escolas que divergiam em suas posições. Como foi descrito por R. J. Halliday, os idealistas de Oxford a explicaram em termos do domínio da mente racional sobre o instinto. Os individualistas spencerianos descreveram a evolução humana como um processo principalmente genético ou hereditário, ressaltando as características biológicas do homem e não a sua mente racional. Um terceiro grupo, o movimento civil, apresentou a evolução como um processo de adaptação resultante da interação entre o homem e o seu meio. O homem era único, em virtude da sua habilidade de planejar e influenciar sua própria evolução. Um quarto grupo, identificado com a Sociedade de Eugenia, estava mais próximo do conceito darwiniano de seleção natural, no que se refere à teoria da população. Spencer discordava de quase todos os componentes da doutrina eugênica e enfatizava a relevância do meio ambiente, insistindo, em particular, na hereditariedade das características adquiridas. Os eugenistas podem ser vistos como os verdadeiros seguidores das idéias de Darwin, uma vez que interpretaram o problema social da reprodução a partir do problema biológico da competição por recursos. De acordo com essa visão, a definição convencional do darwinismo social como uma ideologia econômica *laissez-faire* é equivocada: a teoria econômica pressupunha uma habilidade racional de localizar recursos para fins competitivos, enquanto aqueles que partiam de princípios biológicos viam a racionalidade humana como relativamente sem importância. É equivocado também rotular determinados autores como social-darwinistas sem permitir que eles mudem as suas posições. Gumplowicz e Sumner, cada um num determinado estágio de suas carreiras, progrediram com os argumentos darwinistas, mas depois seguiram direções bastante diferentes. Os argumentos de Spencer eram tão especiais para ele que não se ganha nada classificando-o como social darwinista.

Os argumentos favoráveis aos princípios darwinistas tinham uma influência significativa nas relações raciais no início do século XX. Eles introduziram um certo elemento de impiedade e imoralidade na justificativa da expansão européia nos territórios de além-mar. Deram uma força adicional à campanha antiimigração nos Estados Unidos, resultando no ato de exclusão de 1924, que estabelecia cotas para diferentes nações. Eles deram origem à teoria que estabelecia o preconceito racial como um elemento positivo na evolução do homem (mais elegantemente expressa por sir Arthur Keith). Essa teoria reapareceu na década de 1970, vinculada ao conhecido enfoque sociobiológico, e foi aplicada às relações raciais e étnicas por Pierre van den Berghe. Se a sociobiologia é adequadamente descrita como uma nova versão do darwinismo social é algo discutível. Acreditava-se que o melhor caminho para o estudo das relações raciais era isolar a chamada teoria selecionadora, a qual sustenta que (1) é possível auxiliar a evolução mantendo separadas as populações procriadoras, de modo a desenvolver suas capacidades especiais (como na procriação dos animais); (2) que o preconceito racial serve a essa função e, ao fazê-lo, reforça as categorias raciais na vida social; (3) e que, portanto, as categorias raciais são determinadas pelos processos involuntários de herança e seleção. Os tipologistas raciais pré-darwinianos acreditam que devem ter existido raças puras no passado; os selecionistas vêem a pureza racial como algo que se desenvolve constantemente, à medida que os humanos se adaptam às novas circunstâncias, e assim vão envolvendo seus grupos. Os sociobiólogos freqüentemente apresentam algumas versões da teoria selecionista, permitindo que seus argumentos sejam classificados sem que haja questionamentos quanto a eles pertencerem ou não ao darwinismo social.

LEITURAS SUGERIDAS

"Social Darwinism: a definition", de R. J. Halliday (*Victorian Studies*, v. 4, 1971), revisa o problema de definição.

Social Darwinism in American Thought, de Richard Hofstadter (Beacon Press, 1975), é uma narrativa mais convencional.

Racial and Ethnic Competition, de Michael Banton (Cambridge University Press, 1983, pp. 47-50), avalia a teoria selecionadora.

O espetáculo das raças, de L. Schwartz (São Paulo, Companhia das Letras, 1993), analisa a entrada das teorias raciais no final do século XIX no Brasil.

Ver também: AMBIENTALISMO; DARWINISMO; EUGENIA; HEREDITARIANISMO; SOCIOBIOLOGIA

MICHAEL BANTON

DESENVOLVIMENTO

A elevação do conceito de desenvolvimento ao seu atual *status* como uma definição frouxa, mas amplamente aceita como meios e objetivos para um avanço socioeconômico, é um fenômeno comparativamente recente, apesar de ter raízes em conceitos tão antigos quanto as noções sociais darwinianas de progresso evolutivo da sociedade e as noções marxistas de fases históricas. O fenômeno é estreitamente associado ao crescimento dos métodos burocráticos e tecnocráticos no governo e à designação de uma função central ao planejamento e à implantação de programas de melhorias sociais para as estruturas estatais. Assim, as discussões a respeito do desenvolvimento estão centralizadas em contextos nos quais a vanguarda burocrática estatal tipifica o governo, seja nas economias anteriormente planejadas da Europa oriental, seja nas sociedades em desenvolvimento, onde abundam "planos qüinqüenais de desenvolvimento" e "ministérios de desenvolvimento", em proporções não encontradas nas sociedades industrializadas do Ocidente.

As condições socioeconômicas dos Estados pós-coloniais do Terceiro Mundo proporcionaram um ponto de convergência especial para o pensamento desenvolvimentista. Em primeiro lugar, o nacionalismo desses Estados, como citou Young, teve um papel importante na colocação do desenvolvimento no centro da agenda estatal. Em sua fase anticolonial, o nacionalismo preocupava-se principalmente com a liberação política e cultural. Depois da bem-sucedida conclusão dessa fase, o nacionalismo voltou a sua atenção para os objetivos concomitantes do bem-estar espiritual, igualdade social e integração nacional, todos compreendidos na doutrina do desenvolvimento. Em segundo, a noção de desenvolvimento tem uma importante dimensão comparativa. Com seu histórico colonial, os Estados do Terceiro Mundo ocuparam o lugar de explorados num sistema econômico global que inibiu o crescimento de estruturas auto-suficientes. As comparações de seus resultados em vários indicadores de desempenho econômico com os do mundo industrializado do Ocidente são desfavoráveis. "Desenvolvimento" para esses países, portanto, está relacionado a *performance,* segundo os padrões desses indicadores.

Essa premissa revela as duas principais perspectivas do pensamento desenvolvimentista que emergiu depois da Segunda Guerra Mundial. A primeira, predominante nas décadas de 1950 e 60, viu o desenvolvimento como uma trajetória linear do crescimento econômico, caracterizada por estágios pelos quais todos os países têm de passar. Fortemente influenciada pela economia neoclássica, essa perspectiva enfatizou a formação de capital e a geração de emprego por meio da criação de encraves econômicos/tecnológicos, que agiriam como "mecanismos de progresso" para economias inteiras. Tal progresso deveria ser medido principalmente pelos índices econômicos, pressupondo que o crescimento econômico iria "verter" a partir daí para criar benefícios sociais abrangentes. Ao seguir essa trajetória, os países do Terceiro Mundo estariam tentando igualar os estágios de seu crescimento ao das sociedades industriais ocidentais, daí essa perspectiva ser freqüentemente chamada de "teoria da modernização".

Uma segunda perspectiva, que predominou durante a década de 1970, também parte da premissa de que o crescimento econômico constitui o principal critério para o desenvolvimento, mas difere radicalmente nas análises dos obstáculos para a sua conquista. Essa perspectiva sustenta que o desenvolvimento das ex-potências coloniais industrializadas foi histórica e reciprocamente ligado ao subdesenvolvimento da periferia colonial, num sistema de exploração econômica global. A descolonização política provocou poucas mudanças nesse sistema. Por meio de investimentos transnacionais, comércio e tecnologia, auxiliados pela cumplicidade das elites locais, o sistema permanece amplamente em vigor. Os fluxos de capital e recursos continuam a beneficiar as sociedades mais ricas à custa do subdesenvolvimento de outros povos, os quais não podem se desenvolver se o sistema não for destruído ou modificado radicalmente. Genericamente chamada de "teoria do subdesenvolvimento", essa perspectiva, em algumas de suas formas, vê a economia global apresentando uma situação "soma zero", na qual o desenvolvimento do Terceiro Mundo implica inevitavelmente a redistribuição de custos entre os outros participantes do sistema.

Os debates teóricos entre os proponentes dessas duas perspectivas durante a década de 1980 tenderam a modificar o agudo contraste sugerido, na tentativa de identificar e sintetizar os pontos válidos de cada um. Mais importante, contudo, é a sua contínua influência como racionalizações para as políticas dos principais atuantes na cena político-econômica internacional. Muitas das iniciativas de ajuda internacional e das agências de assistência técnica continuam a agir com base em pressuposições enraizadas na teoria da modernização; as posturas políticas internacionais de muitos dos países em desenvolvimento continuam a ser moldadas pelas percepções firmemente estabelecidas na teoria de subdesenvolvimento.

Existe uma terceira perspectiva que vem amadurecendo desde o início da década de 1970, e que desafia a teoria da centralidade vinculada aos indicadores de crescimento econômico como medida de desenvolvimento. De acordo com essa perspectiva, esses indicadores e suas implicações de que os padrões ocidentais de produção e consumo constituem um objetivo padronizado são uma definição incompleta dos bens humanos e sociais. Mais ainda, eles podem ser perigosamente enganadores, uma vez que estabelecem metas impraticáveis com as proporções de recurso/demanda dos países em desenvolvimento. Chamada em algumas de suas formas de "enfoque das necessidades básicas para o desenvolvimento", essa perspectiva aceita uma dimensão econômica nos objetivos de desenvolvimento na produção de alimento, abrigo e bens requeridos pelas necessidades vitais. O desenvolvimento também diz respeito a serviços básicos de educação, saúde e previdência, de modo que os tópicos referentes à igualdade são um aspecto importante desse enfoque. Por fim, há uma ênfase no progresso dos valores morais e culturais, envolvimento participativo de todos os membros da sociedade e desenvolvimento de um sentido de identidade nacional sob a moldura de estruturas políticas viáveis, representativas e integracionais.

Essa perspectiva passou a ser adotada de um modo geral em sociedades em desenvolvimento, não como substituta para as duas anteriores, mas como componente de um espectro de definições do que é desenvolvimento, e é seletivamente evocada em determinados contextos. Sua ênfase na igualdade, identidade cultural e integração nacional oferecem uma útil conexão para a análise dos fatores étnicos no desenvolvimento. Dada a composição multiétnica da maioria dos Estados em desenvolvimento, a etnia é claramente uma variável importante quando se evoca tópicos de integração nacional, sendo quase sempre vista como um obstáculo aos objetivos integracionais. Por outro lado, a ênfase dada às identidades culturais introduz uma perspectiva de valor diferente. Alguns analistas argumentam que esse "etnodesenvolvimento" deve ser um componente importante nos esquemas desenvolvimentistas mais amplos. *Slogans* nacionais populares como "União na Diversidade" revelam a consciência das contradições geradas pela questão étnica, além de freqüentemente camuflar a falta de programas coerentes para lidar com elas. O debate a respeito de políticas assimilacionistas ou pluralistas raramente é explicitado na política dessas sociedades, não pelo fato de a questão ser considerada pouco importante, mas por considerarem que sua suscetibilidade ao tema necessite de um tratamento sigiloso, *ad hoc* mudanças políticas. A lacuna crítica que isso representa no planejamento desenvolvimentista é demonstrada pelas recentes e inesperadas erupções de conflitos étnicos em países em desenvolvimento, como Fuji e Sri Lanka.

A interseção entre as questões étnicas e as de desenvolvimento na área econômica também foi amplamente negada, tanto pelos analistas quanto pelos próprios políticos. É necessário avaliar melhor a noção de identidade étnica como capital social. Algumas análises recentes dos métodos rudimentares de produção agrícola nessas sociedades, baseadas em princípios afetivos de reciprocidade econômica, mostraram como estes podem criar estruturas racional e funcionalmente benéficas para as populações camponesas envolvidas, que, no entanto, também frustram os objetivos macroeconômicos do desenvolvimento estatal. As afinidades afetivas englobam a etnia, e a hipótese de "economia da afetividade" é um corretivo útil para os enfoques que só enxergam a etnia pelo prisma da ação política, dando vazão a uma busca por sua visibilidade num amplo espectro de *locus* comportamentais afetivamente informados em estruturas de desenvolvimento econômico.

LEITURAS SUGERIDAS

Culture and Development, de K.C. Alexander e K.P. Kumaran (Sage, 1992), investiga os desenvolvimentos irregulares em regiões da Índia depois de 40 anos de planejamento.

The Sociology of Developing Societies, de Ankie M.M. Hoogvelt (2ª ed., Macmillan, 1978), avalia várias questões e perspectivas.

Development Perspectives, de P. Streeten (Macmillan, 1981), apresenta uma coletânea de ensaios feita por um dos principais analistas do assunto.

"Ethnicity and third world development", de Marshall W. Murphree em *Theories of Race and Ethnic Relations*, organizado por

J. Rex e D. Mason (Cambridge University Press, 1986), é uma discussão mais ampla a respeito do fator étnico no desenvolvimento. *The Sociology of Development*, organizado por Bryan Roberts, Robert Cushing e Charles Wood (Edward Elgar, 1995), é uma coleção colossal (1 232 pp.) de dois volumes de ensaios a respeito de temas como dependência, modernização e economia global. Seus focos incluem África, América Latina, China e México.

Ver também: ÁFRICA; COLONIALISMO; CONQUISTA; EXPLORAÇÃO; TERCEIRO MUNDO

Marshall Murphree

Desvantagem

Eufemismo para o resultado da discriminação e da exploração, o termo "desvantagem" esconde convenientemente as causas das diferenças de *status*, estando, portanto, em moda no momento nos Estados capitalistas do Ocidente, em especial nos Estados Unidos. O termo sugere implicitamente que o motivo da inferioridade do *status* das vítimas se deve às suas supostas desqualificações. Desprivilegiados é um outro termo igualmente conveniente para ofuscar as verdadeiras fontes da desigualdade.

O conceito de "desvantagem" foi o ponto de partida para a criação de uma série de estratégias nos Estados Unidos para supostamente corrigir as diferenças étnicas e raciais, em especial no que diz respeito a salários, educação e acesso a empregos e escolas. Certas minorias são definidas como em desvantagem ou desprivilegiadas e por isso qualificadas para as ações afirmativas. As diferenças existentes são creditadas principalmente a fatores raciais ou étnicos, excluindo quase totalmente o fator classe. Alega-se que o fato de as minorias estarem em posições "de desvantagem" se deve em parte à discriminação racial ou étnica por eles sofrida e, em parte, aos próprios insucessos, cuja superação demanda ajuda (por exemplo, falta de educação, falta de ética no trabalho, hedonismo, "externalidade" ou qualquer que seja o termo psicológico em moda no momento).

As medidas sociais criadas para sanar as desvantagens consistem basicamente em criar exceções supostamente benignas para as minorias em vez de alterar a estrutura de classes que perpetuam as desigualdades. As ações afirmativas ou "discriminações positivas" assumem a forma de cotas étnicas ou raciais de admissão em universidades e contratações, cursos corretivos para minorias, condução de alunos de determinados grupos raciais em ônibus especiais para a sua "integração" na escola e similares. O denominador comum dessas políticas de aproximadamente 15 anos foi a sua falta de sucesso ou até mesmo o seu efeito bumerangue (expresso na reação dos brancos, aumentando a evidência da consciência racial e a depreciação das credenciais de todos os membros de grupos minoritários).

Muito antes dos Estados Unidos, o governo da Índia, tanto sob o domínio britânico quanto depois de sua independência, adotou políticas similares para amenizar as condições de desvantagem das castas "atrasadas". Os resultados foram semelhantes. Longe de reduzir o significado do *status* das castas, criou-se um incentivo político para que as pessoas se organizassem em linhas de castas e reivindicassem o *status* de "atrasadas" para obter vantagens econômicas ou políticas. Em Israel, também, o governo deu início a políticas de "discriminação benigna", favorecendo os judeus orientais, mas não os árabes, cuja posição está em desvantagem bem maior, e que sofrem uma discriminação muito mais patente.

LEITURAS SUGERIDAS

Affirmative Discrimination, de Nathan Glazer (Basic Books, 1975), é uma crítica à política e ao seu impacto nos Estados Unidos; escrita por um sociólogo americano.

Minority Education and Caste, de John Ogbu (Academic Press, 1978), apresenta uma análise lúcida da fonte da "desvantagem" educacional de grupos minoritários nos Estados Unidos, Grã-Bretanha, Índia, Nigéria e outros, feita por uma antropóloga nigeriana.

Ver também: AÇÃO AFIRMATIVA; DISCRIMINAÇÃO RACIAL; MINORIAS; RACISMO

Pierre L. van den Berghe

Diáspora

Extraída dos antigos termos gregos *dia* (através, por meio de) e *speirõ* (dispersão, disseminar ou dispersar), a palavra diáspora foi utilizada nos últimos anos de várias formas. Entre os seus usos – alguns novos, todos inerentemente relacionados – emergem três enfoques da noção de diáspora e ainda um quarto não relacionado e reagente aos três primeiros.

Como Categoria Social

A "diáspora" foi outrora um conceito relacionado quase exclusivamente à experiência judaica, evocando o seu traumático exílio de uma pátria histórica e a sua dispersão por vários países. Com essas referências, as conotações de "diáspora" quase sempre foram negativas, por serem associadas a um deslocamento forçado, vitimização, alienação e perda. Associado a esse arquétipo havia um sonho de retorno. Essas características acabaram por levar à aplicação comparativa do termo a populações como os armênios e os africanos.

Atualmente, contudo, o termo "diáspora" é usado com freqüência para descrever praticamente qualquer comunidade transnacional, ou seja, uma comunidade cujas redes sociais, econômicas e políticas atravessam as fronteiras das nações-estado. Esse atual uso excessivo e a subteorização – que vê a fusão de categorias como imigrantes, trabalhadores temporários, minorias étnicas, refugiados, expatriados e viajantes – ameaçam a utilidade do termo. Um trabalho teórico pertinente e mais rigoroso para a categoria, contudo, está sendo desenvolvido no momento (como mostram os jornais acadêmicos, por exemplo, *Public Culture*, *Cultural Anthropology* e *Diaspora*.)

Como Forma de Conscientização

Numa alusão direta à noção de "dupla consciência" de W. E. B. Du Bois, o termo diáspora refere-se aqui à consciência individual de uma extensão de conexões descentralizadas e multilocalizadas, de estar simultaneamente "em casa e longe de casa" ou "aqui e lá". É nesse sentido que Paul Gilroy (em *The Black Atlantic*, Verso, 1993) apresenta idéias estimulantes a respeito da exposição das "raízes e rotas" históricas dos povos e passa adiante a proposição (feita originalmente pelo artista *rap* Rakim) de que "não importa de onde você é, mas onde você está".

Como Forma de Produção Cultural

Nesse enfoque, a ênfase recai sobre a fluidez dos estilos construídos e das identidades entre os povos na diáspora. Essas duas características evidenciam-se na produção e reprodução de formas por vezes chamadas de *"cut'n mix"*, híbridas ou "alternativas". É importante ter em mente, de acordo com Stuart Hall, que as identidades culturais "vêm de algum lugar, têm história" e estão sujeitas a contínuas transformações ao longo do "jogo da história, cultura e poder". ("Cultural identity and diaspora", em *Identity: Community, Culture and Difference*, organizado por J. Rutherford, Lawrence & Wishart, 1990). Para Hall, a diáspora abrange representações em constante mutação, que oferecem uma "coerência imaginária" a um conjunto de identidades maleáveis.

Como um Novo Tipo de Problema

De acordo com essa linha de raciocínio – tipicamente associada aos grupos de direita – as comunidades transnacionais são vistas como uma ameaça à segurança do Estado e fontes potenciais de terrorismo internacional. Ainda nesse enfoque, as conexões dos povos com suas respectivas pátrias e outros fragmentos de uma comunidade dispersa por todo o globo levantam dúvidas a respeito de sua lealdade para com as nações-estado que os "hospedam". Formas culturais híbridas e múltiplas identidades expressas pela juventude que se autoproclama "na diáspora" também são vistas pelos conservadores da "sociedade hospedeira" como ataques às normas tradicionais (hegemônicas e assimiladoras). Tais avaliações são contestadas pelos que vêem as fortes redes transnacionais como características nada surpreendentes da globalização (envolvendo, particularmente, o fortalecimento das telecomunicações e a facilidade de viajar), e por aqueles a quem agrada a construção de novas identidades e formas culturais híbridas como modo de avaliar a diversidade cosmopolita.

LEITURAS SUGERIDAS

"Diasporas in modern societies: myths of homeland and return", de William Safran (*Diaspora*, v. 1, nº 1, 1991), descreve características comuns de grupos na diáspora e delineia uma agenda futura para pesquisas.

"Diasporas", de James Clifford (*Cultural Anthropology*, v. 9, nº 3, 1994), oferece uma excelente visão geral a respeito de questões teóricas em torno da diáspora e assuntos sociais e culturais a ela relacionados.

"Rethinking 'Babylon': iconoclastic conceptions of the diasporic experience", de Robin Cohen (*New Community*, v. 21, nº 1, 1995), vai além das imagens associadas à histórica experiência judaica, oferecendo uma tipologia genérica das diásporas na era da globalização.

Ver também: AFRO-AMERICANOS; AFRO-CARIBENHOS; ASIÁTICOS NA GRÃ-BRETANHA; ÁSIO-AMERICANOS; HIBRIDEZ; IRLANDESES E O COLONIALISMO; ROMA; SIONISMO

STEVEN VERTOVEC

DILEMA AMERICANO, UM

Ver MYRDAL, GUNNAR

DISCRIMINAÇÃO RACIAL

Também conhecida como *racialismo*, é a expressão ativa ou comportamental do racismo e visa negar aos membros de certos grupos um acesso igualitário aos recursos escassos e valiosos. Trata-se de algo mais do que pensar desfavoravelmente a respeito de certos grupos ou manter crenças negativas a seu respeito: a discriminação racial envolve colocar essas crenças em ação. O racialismo e o racismo reforçam-se mutuamente de forma autoconsumatória pois, ao negar a determinados grupos o acesso a recursos e serviços, são criadas condições sob as quais esses grupos não podem fazer mais do que confirmar os próprios estereótipos que inspiraram a crença racista original.

A discriminação racial, como forma distinta de muitas outras formas de discriminação, opera com base em um grupo de fatores: ela funciona em relação aos atributos percebidos e às deficiências dos grupos, e não em relação a características individualizadas. Os membros de determinados grupos têm a oportunidade a recompensas negada por razões não relacionadas à sua capacidade, empenho ou mérito de uma maneira geral; são julgados única e exclusivamente por serem membros de um grupo identificável, que se acredita erroneamente ter uma base racial.

A discriminação racial pode ir desde o uso de rótulos pejorativos, como "crioulo" ou "negão" à negação de acesso a esferas institucionais, como habitação, educação, justiça, participação política etc. As ações podem ser intencionais ou não. O uso dos termos racialista e discriminação racial diminuiu nos últimos anos e racismo e racismo institucional ganharam uso popular, expressando pensamentos e ações. O racismo institucional, em especial, é amplamente utilizado para descrever a natureza discriminatória e as operações, ainda que não intencionais, de organizações de grande escala ou sociedades inteiras. Um intelectual insistiria que o termo correto deveria ser discriminação racial institucional ou racialismo institucional.

Leituras sugeridas

Race and Ethnic Relations: American and global perspectives, de Martin Marger (2ª ed., Wadsworth, 1991), traz um capítulo interessante a respeito das 'Técnicas de dominação', que analisa conceitualmente as formas de discriminação.

We and They, de Peter Rose (4ª ed., McGraw-Hill, 1990), contém um capítulo a respeito de 'Discriminação', que avalia o seu funcionamento nos Estados Unidos de hoje.

Clear and Convincing Evidence, organizado por Michael Fix e Raymond Struyk (University Press of America, 1992), explora o método de "investigação" para avaliar a discriminação em áreas como habitação, emprego, concessão de hipotecas e extensão de crédito. Dois indivíduos se equivalem em todos os critérios relevantes, exceto um que, supostamente, gera discriminação: ambos se candidatam ao mesmo emprego, habitação ou serviço, e o tratamento diferencial que recebem dá a medida da discriminação.

Ver também: DISCRIMINAÇÃO RACIAL (INTERNACIONAL); LEI; MOLESTAMENTO; RACISMO INSTITUCIONAL

ELLIS CASHMORE

DISCURSO COLONIAL

Conceito empregado como alternativa às formas de estudo humanístico, o discurso colonial acentua o papel de dominação, exploração e banimento envolvidos na construção de qualquer artefato cultural, incluindo conhecimento, linguagem, moral ou atitude. Seu sentido deriva da análise de Foucault sobre o poder exercido por meio das práticas discursivas (discurso, escrita, conhecimentos – texto) como oposto à força coerciva. Assim, o discurso é constituído de práticas comunicativas e representacionais que são, elas mesmas, uma forma de poder.

Questionar o discurso revela a história como um palimpsesto – algo a respeito do qual as impressões originais são destruídas para dar lugar a outras impressões, no lugar de uma única narrativa para descrever a realidade. Os analistas do discurso examinam as artes da descrição, em particular a literatura. Há mais coisas envolvidas na "reflexão" sobre o discurso do que a mera leitura do texto. Num certo sentido, como escreve Said: "as referências à Austrália, em *David Copperfield*, ou à Índia, em *Jane Eyre*, são feitas porque podem sê-lo, porque o poder britânico (e não só a fantasia do romancista) tornaram essas referências transitórias a essas enormes apropriações possíveis") (*Culture and Imperialism*).

O discurso colonial redefine as fronteiras de modo a "problematizar" a propriedade do discurso. Fanon tentou enfocar as sociedades metropolitanas e coloniais juntas, como entidades discrepantes, porém interconectadas. Seguindo o seu raciocínio, Bhaba declara a unidade do "sujeito colonial", que inclui tanto o colonizado quanto o colonizador. Isso nos alerta para a conflituosa relação conquistador-nativo, um esforço maniqueu, na expressão de Fanon, e propõe a investigação do modo como o discurso é organizado por meio de regras e códigos observados por todos.

Jan/Mohamed faz uma distinção entre as expressões "dominantes" e "hegemônicas" do colonialismo, a primeira caracterizada pela imposição de um controle militar e burocrático europeu às populações nativas e o passivo consentimento dos nativos. Em contraste, a fase hegemônica envolve a internalização de todo o complexo de valores, atitudes e instituições do colonizador por parte da população nativa. Embora o objetivo encoberto dos europeus fosse explorar os recursos naturais das colônias, o expresso era "civilizar" os Outros, subjugando-os. Isso articula-se na literatura, que é uma representação do mundo nas fronteiras da civilização.

A idéia central da análise do discurso colonial é a de que o modo como formulamos ou representamos o passado molda a nossa compreensão do presente. Elevando a importância do papel do discurso, estendendo o alcance imperial e solidificando o domínio colonial, somos mais capazes de esclarecer o papel desempenhado pela cultura (incluindo estética, idéias, valores e outros itens relativamente autônomos das esferas política e econômica) na perpetuação de diferentes tipos de dominação na era póscolonial.

LEITURAS SUGERIDAS

Orientalism (Pantheon, 1978) e *Culture and Imperialism* (Vintage, 1994), de Edward W. Said, mostra brilhantemente como o colonialismo não é apenas um ato de acúmulo e aquisição. Said é apoiado e talvez impelido por formações ideológicas que incluem noções de que certos territórios e populações requerem dominação.

"The Economy of the Manichean allegory", de Abdul R. JanMohamed, em *Race, Writing and Difference*, organizado por Henry L. Gates (University of Chicago Press, 1986), apresenta uma das várias discussões a respeito dos discursos coloniais, o qual pode ser proveitosamente lido em conjunto com outro texto, *Colonial Discourse and Post-colonial Theory*, organizado por Patrick Williams e Laura Chrisman (Harvester Wheatsheaf, 1993).

Power/Knowledge, de Michel Foucault, organizado por Colin Gordon (Harvester Press, 1980), é uma seleção de entrevistas organizadas em torno do tema sugerido pelo título; é um guia útil para o enfoque de Foucault.

Ver também: DIÁSPORA; HIBRIDEZ; OUTROS; PÓS-COLONIAL; SUBALTERNOS

ELLIS CASHMORE

DOLLARD, JOHN (1900-80)

Psicólogo americano, formou-se em psiquiatria em Berlim. Foi o primeiro autor a aplicar as interpretações freudianas às relações entre brancos e negros na América do Norte. De acordo com a doutrina freudiana, a vida em sociedade e a cultura humana requerem um grau de ordem e disciplina que conflita com os desejos do homem jovem. A socialização implica frustração. A reação básica à frustração é uma resposta agressiva que visa à recuperação do controle, mas uma criança não vê vantagem em atacar a figura parental responsável por sua socialização. A criança tem, assim, de voltar sua agressividade contra si mesma, ou armazená-la, esperando por uma oportunidade conveniente de descarregá-la num bode expiatório adequado. O primeiro conceito-chave é, portanto, o da generalizada ou "latente" agressividade armazenada; o segundo, o da permissão social para liberar essa agressividade num grupo-alvo particular; e o terceiro é o de que o "bode expiatório" deve ser prontamente identificável (como no caso dos negros, cuja cor da pele serviu como sinalizador de quem se deveria odiar).

De acordo com essa visão, o preconceito racial foi sempre irracional. Num artigo, Dollard fez distinção entre agressão direta e deslocada. A primeira é aquela em que a agressividade é descarregada contra o agente da frustração; a segunda utiliza-se de um bode expiatório. Dollard ressaltou que numa agressão direta há sempre uma determinada dose de agressão deslocada sendo liberada, acrescentando um elemento emocional que poderia ser o responsável pelo comportamento irracional freqüentemente observado em situações de conflito racional. A principal contribuição de Dollards, é o seu livro *Caste and Class in a Southern Town* (1937), que reúne a interpretação freudiana e uma descrição das relações entre brancos e negros na cidade de Indianola, Mississipi. Nele, negros e brancos são apresentados como castas separadas de acordo com o método de W. Lloyd Warner, embora sem consumar o tipo de análise que os alunos de Warner, Allison Davies, B. B. Gardner e M. Gardner alcançaram em seu livro a respeito de outra cidade do Mississipi, publicado pouco depois sob o título *Deep South*.

LEITURA SUGERIDA

"Hostility and fear in social life", de John Dollard (*Social Forces*, v. 17, 1938), é uma declaração breve, porém bastante abrangente, das idéias de Dollard a respeito do preconceito.

Ver também: BODE EXPIATÓRIO; DISCRIMINAÇÃO RACIAL; MYRDAL, GUNNAR; PRECONCEITO

MICHAEL BANTON

DROGAS E RACISMO

É importante que logo de início se estabeleça uma distinção entre o uso e o tráfico de drogas. De maneira geral, quem usa drogas ilícitas pode não as traficar e vice-versa. Não é claro o quão agudamente essa distinção deva ser feita, uma vez que, mesmo que o uso e o tráfico de drogas não sejam coextensivos, não se pode negar que uma pequena porcentagem de usuários trafica para sustentar o seu vício.

Alguns argumentariam que a alegação de racismo é uma desculpa conveniente para aqueles que desejam se engajar no uso de drogas ilícitas, seu tráfico, ou ambos. Eles não vêem nenhuma outra conexão entre as drogas e o racismo, e poderiam mesmo argumentar que os usuários ou traficantes passariam pelas mesmas situações ainda que o racismo não existisse. Nessa mesma linha de raciocínio, outros argumentariam que até a própria tentativa de colocar a culpa do uso ou tráfico de drogas no racismo é um tipo de racismo invertido.

Por outro lado, argumenta-se que há uma relação definitiva entre drogas e racismo. Nos Estados Unidos, por exemplo, o racismo contribui para o uso e o tráfico de drogas de pelo menos duas maneiras. Em primeiro lugar, o racismo passado – dois séculos de escravidão e quase um de racismo sancionado pelo governo sob o sistema de Jimmy Crow, que teve fim somente no final da década de 1960 – deixou as comunidades negras em visíveis desvantagens sociais e econômicas: empregos com salários menores, moradia inadequada e qualidade de ensino inferior à da existente nas comunidades brancas. Em segundo, o racismo atual, que motiva a discriminação racial no emprego, na moradia e na educação, exacerbando as condições de vida sombrias que os negros americanos de hoje herdaram do racismo passado. As duas forças – o racismo passado e o atual – convergiram em gerações de famílias negras vivendo em comunidades racialmente isoladas.

Presos num ciclo intergerador de pobreza e desespero, não é surpreendente que os negros americanos usem ou trafiquem drogas em índices desproporcionalmente altos. O uso recreativo de drogas oferece um alívio temporário (se não o único) para a dor e a frustração de tentar vencer as insuperáveis disparidades econômicas e sociais. Embora essa conexão possa ser mais facilmente compreendida, a conexão entre essas condições, o racismo e o tráfico de drogas, oferece mais dificuldades para entendimento.

A sociedade, como um todo, tende a ver o tráfico estritamente como uma atividade criminosa. No entanto, negros americanos que vivem na pobreza e traficam drogas consideram essa atividade como "uma opção de carreira e maior atividade econômica". O tráfico de drogas é o seu ganha-pão. Não é simplesmente o seu trabalho (eles vêem a si mesmos como "capitalistas", não como trabalhadores), mas o seu negócio. Na verdade, estudos mostraram que, assim como os anteriormente educados nos princípios financeiros da *Business School*, esses traficantes procuram conscientemente alcançar o grau ótimo de risco e retorno. Outro estudo concluiu que "a estrutura das organizações de tráfico de drogas é complexa e envolve muitas funções, com equivalentes próximos na economia legal". Nas comunidades isoladas racialmente, o tráfico é, às vezes, o único "negócio" da cidade.

LEITURAS SUGERIDAS

"Drug abuse in the inner city: impact on hard-drug users and the community", de Bruce D. Johnson, Terry Williams, Kojo A. Dei e Harry Sanabria (*Drugs and Crime*, organizado por Michael Tonry e James Q. Wilson, University of Chicago Press, 1990, pp. 1-67), é uma sofisticada discussão a respeito do uso e tráfico de drogas nas cidades.

Life with Heroin: Voices from the Inner City, de Bill Hanson, George Beschner, James M. Walters e Elliot Bovelle (Lexington Press, 1985), dá a perspectiva do usuário de drogas da cidade.

Pipe Dream Blues, de Clarence Lusane (South End Press, 1993), propõe que o racismo motiva a política governamental a respeito das drogas; não confundir com *The American Pipe Dream: Crack Cocaine and Inner City,* de Dale Chitwood, James Rivers e James Inciardi (Harcourt Brace, 1996), que avalia o impacto do *crack* nas populações da cidade.

Malign Neglect, de Michael Tonry (Oxford University Press, 1995), argumenta que o preconceito racial é elaborado sob leis penais mandatárias.

Ver também: AFRO-AMERICANOS; BURGUESIA NEGRA; GUETO; SUBCLASSE

Roy L. Brooks

EDUCAÇÃO E DIVERSIDADE CULTURAL

Estudos a respeito da diversidade cultural exploraram uma série de temas importantes contra um pano de fundo confuso de entendimentos contraditórios de conceitos e teorias-chave. Não é de surpreender que os pesquisadores tendam a ficar "em cima do muro" quando se "embaraçam" no conceito mutável de educação multicultural (e termos cognatos, como educação multirracial, educação multiétnica, educação intercultural, educação poliétnica, educação anti-racista e educação para a redução do preconceito). Afinal de contas, eles derivam de conceitos que, com o ônus da bagagem ideológica da sociologia, antropologia, filosofia, psicologia, não transitam bem dentro ou entre essas disciplinas. Resultado: permanecem termos difusos, complexos e, acima de tudo, contestados.

Alguns pesquisadores educacionais repreenderam seus pares por não terem conseguido explicar os sentidos denotativos e conotativos do termo "educação multicultural" (e suas variantes), quando usados como ferramenta explanatória ou analítica. É fácil perceber por quê. Em algumas ocasiões, termos como educação multicultural, multiétnica e multirracial são usados como sinônimos e intercambiáveis. Em outras, alguns conceitos particulares recebem um *status* privilegiado na projeção, execução e disseminação da pesquisa, todavia permanecendo mal definidos.

Na Grã-Bretanha, a tendência desse debate foi estruturar-se em torno de uma exploração intensiva da distinção, se é que há alguma, entre educação multicultural e educação anti-racista. Para alguns autores, a distinção é mais aparente do que real. Eles argumentam que, apesar dos protestos em contrário, os anti-racistas tenderam a mobilizar conceitos, estratégias pedagógicas e imperativos políticos que carregam consigo mais do que uma leve semelhança com aqueles associados ao (descreditado) paradigma da educação multicultural. Os anti-racistas sustentam que sua concepção de racismo e estratégias para o combate à sua reprodução na educação diferem profundamente daquelas operacionalizadas pelos defensores da educação multicultural.

Há pesquisadores, contudo, na Grã-Bretanha e em outros lugares, que revelam a sua impaciência para com os esforços de consolidar uma clareza conceitual. Para eles, tais empreitadas são auto-indulgentes; atividades que desviam a atenção das formulações e implementações de políticas concretas para atenuar a desigualdade racial na educação.

As complicações não terminam por aí, especialmente para os pesquisadores e médicos envolvidos em estudos comparativos. O problema reside na limitada possibilidade de exportar termos por meio de fronteiras nacionais e culturais. Na Grã-Bretanha, por exemplo, o discurso é profundamente racial, com termos como "negro", "racismo" e "anti-racismo" surgindo com freqüência na literatura e práticas associadas. Isso contrasta agudamente com o discurso presente em outros contextos da Europa ocidental. Do mesmo modo, termos como "imigração" assumiram um *status* conotativo e denotativo específicos na Grã-Bretanha, que não são necessariamente compartilhados em outros contextos nacionais.

Essa confusão conceitual corresponde ao debate em torno do multilingualismo. Expressões como línguas maternas, linguagem das comunidades e linguagem materna são com freqüencia usadas intercambiavelmente sem nenhuma explanação ou precisão.

Apesar dessa confusão terminológica e conceitual, existem alguns determinantes comuns. O principal deles é que a educação multicultural supõe a visão de uma sociedade étnica e culturalmente diferente, para a qual o sistema educacional deveria responder de maneira positiva. Nesse sentido, ela pode ser distinguida da educação monocultural e sua concomitante ideologia de assimilação. Aceita-se também, de um modo geral, que a educação multicultural abarca dois objetivos distintos, porém complementares. O primeiro, descobrir as necessidades educacionais particulares dos filhos das minorias étnicas. O segundo, preparar todas as crianças para a vida numa sociedade multicultural.

De particular interesse é o nível de articulação entre os idiomas particularista e universalista da educação multicultural, e a sua relativa contribuição para a obtenção de uma igualdade de oportunidades na educação. Se a "sociedade multicultural" é interpretada como uma descrição social, poder-se-ia argumentar que a assimilação estrutural de fato oferece a rota mais frutífera para a igualdade de oportunidades. Ela pressupõe a prevalência de uma educação propagadora, preocupada principalmente em endossar a hegemonia cultural e conservar a organização da escola, pedagogia, avaliações e currículo de acordo com aquela.

Alternativamente, a percepção de uma "sociedade multicultural" em termos legais demanda a legitimação do pluralismo cultural de uma educação transformadora. Nesse contexto, as estruturas e as experiências educacionais são reconstituídas para assegurar que o pluralismo cultural e os ideais anti-racistas sejam normalizados em procedimentos administrativos, curriculares e de avaliação. O dilema que se coloca quanto aos sistemas educacionais nas sociedades culturalmente diversas é real e exigente. Pouco subsídio para a diversidade pode levar à alienação, agitações e perda de controle; muito, a uma fragmentação e à perda de controle.

LEITURAS SUGERIDAS

Racism and Education: Research Perspectives, de Barry Troyna (Open University Press, 1993), esclarece a função da política e da provisão educacional na reprodução das desigualdades raciais na educação. Também considera o *status* e o valor da pesquisa nesse campo.

"Race" Identity and Representation in Education, organizado por Warren Crichlow e Cameron McCarthy (Routledge, 1993), é uma série abrangente de ensaios, extraídos de contribuições dos Estados Unidos, Reino Unido, Canadá e Austrália, que centralizam a questão dos contextos de desigualdade racial.

Racism and Education: Structures and Strategies; Race, Culture and Difference; e *Racism and Antiracism,* publicados pela Sage Books (1992), oferecem um cuidadoso e detalhado discernimento das complexas questões associadas a esse tema controverso.

Diversity and Multicultural Education, de Lois Foster (Allen e Unwin, 1988), oferece uma perspectiva sociológica da evolução dessa ortodoxia na Austrália.

Antiracism, Culture and Social Justice in Education (Trentham Books, 1995), organizado por Morwenna Griffiths e Barry Troyna. Abrange uma extensão de novos discernimentos teóricos e empíricos do racismo e do anti-racismo na educação.

Ver também: MULTICULTURALISMO; SUBAQUISIÇÃO; WHITE FLIGHT

BARRY TROYNA

EMANCIPAÇÃO

Na lei romana, *emancipare* significava literalmente "transferir a propriedade", mais especificamente a libertação de uma criança da autoridade dos pais. Por extensão, emancipação passou a significar a libertação dos escravos e, num sentido ainda mais amplo, a suspensão de restrições legais a certos grupos, como a emancipação dos judeus na Europa dos séculos XVIII e XIX, dos servos na Rússia do século XIX, ou das mulheres do século XX na Europa.

No contexto das relações raciais, "emancipação" refere-se normalmente à libertação coletiva de escravos em determinados países ou territórios coloniais, especialmente no hemisfério ocidental. A França foi a primeira a instituir uma proclamação de emancipação para os soldados, em 1794, mas o decreto foi rescindido por Napoleão em 1802. A verdadeira emancipação só ocorreu em 1848. A Grã-Bretanha aboliu legalmente a escravidão em seu império em 1833, com um período de transição de cinco a sete anos de "aprendizado". A maioria das colônias hispano-americanas emancipou seus escravos poucos anos depois de obter a sua independência da Espanha, em 1820. Nos Estados Unidos, a primeira Proclamação de Emancipação foi publicada em 1865. O Brasil foi o último país de vulto das Américas a abolir a escravatura: 1888, apenas dois anos depois das colônias espanholas restantes de Cuba e Porto Rico.

O final do século XVIII viu a ascensão de um movimento abolicionista na Europa e na América, especialmente na Grã-Bretanha, França, Estados Unidos e Brasil. O movimento conquistou o seu primeiro grande êxito quando a Grã-Bretanha e os Estados Unidos proibiram o comércio transatlântico de escravos, em 1807. Contudo, foi somente depois do início da década de 1860 que o comércio foi efetivamente abolido. A freqüência da libertação de escravos individuais ainda durante o período de escravidão diferia grandemente de território para território. Alguns países que demoraram a abolir a escravatura, como Brasil e Cuba, tiveram índices muito mais altos de libertação do que outros países, onde a abolição final veio mais cedo (por exemplo, as colônias britânicas e os Estados Unidos).

A extinção ou não do regime escravocrata no mundo atual é uma questão de definição. Existem várias formas tradicionais de servidão e clientela subsistentes em partes da

África, Ásia e até na América Latina, que são difíceis de distinguir da escravidão doméstica. Os campos de concentração soviéticos e nazistas, em virtude do amplo uso do trabalho escravo, poderiam ser qualificados como formas modernas de escravidão.

LEITURAS SUGERIDAS

Slave and Citizen, de Frank Tannenbaum (Random House, 1946), é uma narrativa clássica das diferenças entre os regimes escravocratas em várias partes do hemisfério ocidental.

Race and Class in Latin America, organizado por Magnus Mörner (Columbia University Press, 1970). Em especial, a Parte 1 – "The abolition of slavery and its aftermath".

Slavery and Social Death, de Orlando Patterson (Harvard University Press, 1982), apresenta um estudo sociológico impressionantemente detalhado.

Ver também: BRASIL; ESCRAVIDÃO; RAÇA; RACISMO

PIERRE L. VAN DEN BERGHE

EMPOWERMENT

Nos Estados Unidos o termo *empowerment* não foi definido específica e analiticamente nas ciências sociais: ele tem sido usado de formas diferentes e até contraditórias. Em algumas discussões, refere-se a uma espécie de liberação psicológica; ou seja, alguém foi "empowered" a agir em seu próprio benefício. Em outras, ele pode referir-se à capacidade pessoal ou grupal de lutar por uma agenda econômica livre de excessivas interferências governamentais. Foi assim que um candidato ao senado dos Estados Unidos pelo estado de Maryland em 1988, negro, republicano e conservador, usou o termo em sua campanha.

Essa palavra não se encontra no "World Factbook" da Central Intelligence Agency (Quanta Press, 1990), ou na *Academic American Encyclopedia* (1991). Como termo descritivo, contudo, "empowerment" passou a ser cada vez mais usado e popularizado nas discussões a respeito de raça e pobreza. O termo é utilizado também com freqüência na política e nos círculos políticos.

O governo federal dos Estados Unidos, assim como várias agências públicas locais e estatais, começaram a usar esse termo sem defini-lo de forma clara. Recentemente, a equipe da Casa Branca do presidente George Bush instituiu uma "Força-tarefa de *Empowerment*". O secretário de Habitação e Desenvolvimento Urbano dos Estados Unidos (HUD), Jack Kemp, utilizou o termo várias vezes para descrever a estratégia geral da administração nacional na área de habitação urbana pública. Todavia, no que diz respeito à administração nacional, parece que *empowerment* implica simplesmente possibilitar que os residentes de moradias públicas comprem as unidades em que moram, assumindo, dessa forma, o gerenciamento da moradia pública.

Mack H. Jones usou a palavra para descrever as vitórias eleitorais e as conquistas dos negros em Atlanta, Geórgia, no final da década de 1960 até meados da de 1970. Do modo como foi usado neste artigo em particular, *empowerment* é uma descrição da conquista de cargos eleitorais por parte dos negros. Jones acrescenta ainda que o *empowerment* da comunidade negra não conseguirá melhorar as condições de vida desta, pelo fato de a agenda política pública ser determinada pela relação hierárquica entre o poder branco e a influência e a vida política negra. A principal característica dessa relação é "a subordinação dos negros aos brancos, e a concomitante crença institucionalizada de que a dominação branca é uma função da inerente superioridade dos brancos".

Lawrence J. Hanks usa o termo do mesmo modo que Jones. Ele sugere que o *empowerment* político dos negros reflete três fatores: distribuição proporcional de posições eleitorais baseada no número de negros da população total; desenvolvimento e ativação de políticas públicas que beneficiem os negros; e melhoria do *status* econômico e social da comunidade negra (p. xi). Tanto para Jones quanto para Hanks, o *empowerment* refere-se principalmente às vitórias eleitorais dos negros em várias colocações. Assim, a comunidade negra torna-se *empowered* à medida que conquista cargos eleitorais.

Jones e Hanks, contudo, criticam esse processo ao salientar que o simples fato de os negros obterem cargos políticos não significa necessariamente que se irá ao encalço de políticas públicas mais favoráveis às suas necessidades sociais e econômicas. Os dois autores vêem outras limitações políticas e econômicas na capacidade do *empowerment* – de acordo com o sentido que eles dão ao termo – de melhorar drasticamente as condições de vida dos negros.

Roberto Villareal *et al.* tentam uma definição ligeiramente diferente e concreta do *empowerment* político, ao escreverem que esse termo se refere a uma "capacidade crescente de obter uma valiosa satisfação por meio da organização e agregação de recursos individuais e da habilidade de lideranças organizacionais em impressionantes transações mutuamente benéficas com os outros participantes do processo de coalisão-construção". Assim como Jones e Hanks, contudo, Villareal e outros atestam que o progresso eleitoral deve ser parte integrante do *empowerment* de um grupo.

O termo foi usado aqui para especificar uma mobilização política que tem como objetivo desafiar as relações de prosperidade e poder na sociedade americana. A conquista de cargos eleitorais por parte dos negros ou latinos não é, portanto, suficiente para justificar um termo descritivo que sugira que um grupo se "*empowered*". Apesar de a conquista de cargos oficiais ser um componente crítico do processo de *empowerment* por si só, tais vitórias não garantem que um grupo seja capaz de desafiar as relações de hierarquia econômica e social que Jones descreveu em Atlanta, Geórgia.

LEITURAS SUGERIDAS

The Struggle for Black Political Empowerment in Three Georgia Counties, de Lawrence J. Hanks (University of Tennessee Press,

1987), concentra sua atenção sobre como os negros tentaram mobilizar-se politicamente em três localidades da região sul dos Estados Unidos. Seu estudo busca responder por que o *empowerment* político dos negros não se traduz em políticas públicas de benefícios para sua sociedade.

Latino Empowerment, de Roberto E. Villareal, N. G. Hernandez e H. O. Neighbor (Greenwood Press, 1988), descreve o *empowerment* como a habilidade de barganhar em benefício de demandas grupais. Tais barganhas não se restringem à área política. Dois elementos críticos para o *empowerment* dos latinos, de acordo com esses autores, são a agregação de recursos individuais e comunitários e a qualidade da liderança.

"Black political empowerment in Atlanta: myth and reality", de Mack H. Jones (*Annals,* nº 439, set. 1978), discute o *empowerment* negro no contexto da primeira onda de vitórias eleitorais em nível municipal na América urbana. Ele usa Atlanta, Geórgia, como um caso de estudo para argumentar que as vitórias eleitorais não serão suficientes para melhorar significativamente as condições de vida dos negros.

The Politics of Black Empowerment, de James Jennings (Wayne State University Press, 1992), avalia os complexos processos políticos que precisam ser trilhados em direção ao *empowerment* negro.

Ver também: AFRO-AMERICANOS; CONSERVADORISMO; POLÍTICOS E "RAÇA"; REVOLTAS

JAMES JENNINGS

ESCRAVIDÃO

"A escravidão é o *status* ou a condição de uma pessoa sobre quem todo e qualquer poder de propriedade é exercido", de acordo com a Convenção Americana sobre Escravidão [I (1), Genebra, 1926]. Essa condição envolve invariavelmente o trabalho forçado e não-remunerado da pessoa tida como propriedade e a sua exclusão de qualquer tipo de participação política ou direitos civis.

O processo pelo qual essa condição se realiza é o "tráfico de escravos", definido pela ONU como: "todo ato envolvido na captura e aquisição de um escravo tendo em vista sua venda ou troca; todo ato de disposição de venda ou troca de um escravo adquirido; e, de maneira geral, todo ato de comércio ou transporte de escravos" [I (2), Genebra, 1926].

Pierre L. van den Berghe acrescenta um ponto importante: "A escravidão é uma forma de não-liberdade e incapacidade que é grandemente restrita aos estrangeiros étnicos – pessoas, por definição, externas ao grupo solidário. Algumas formas de cerceamento de liberdade foram institucionalizadas na Roma Imperial, na China e em alguns lugares da África ocidental; contudo, o tipo específico que nos interessa aqui é aquele que foi operado pelos europeus na expansão e manutenção de suas colônias entre os séculos XVI e XIX. A forma especialmente virulenta de racismo que reside na maioria das relações raciais nasceu, em grande parte, do desejo e da necessidade de justificar a escravidão.

As condições para o estabelecimento da escravidão eram basicamente: a conquista de um território, seguida pela captura de seu povo, a venda deste para os mercadores e, então, o seu transporte para um país distante, onde era forçado a trabalhar. A maior parte das atenções européias estava voltada para a África; os povos nativos dessa região passaram por aquilo que Stanley Elkins chama de uma série de "choques" no processo de escravização. "É possível afirmar que todo africano tornado escravo passou por uma experiência traumática, cujo rude impacto físico foi enorme e cujas conseqüências suplantaram qualquer outro evento pelo qual já tivesse passado." Antes do fim do tráfico de escravos em meados do século XIX, cerca de 12 a 15 milhões de africanos já haviam sido transportados para países da América do Norte, Central ou do Sul para trabalhar como escravos (aproximadamente 60% deles capturados no século XVIII, auge do comércio de escravos). Muitos eram oriundos de uma faixa estreita da África Ocidental, e uma significativa maioria, da África Central. As áreas atualmente conhecidas como Angola e Nigéria do Sul eram regiões férteis para comerciantes de escravos. A robustez dos povos nativos e a sua aclimatização às condições tropicais, tornava-os, segundo se acreditava, adequados às plantações de algodão ou cana-de-açúcar em territórios como o Brasil, o Caribe e o sul da América do Norte. Os meios físicos eram duros e exigentes, mas os primeiros escravos tinham vindo de terras onde proliferavam doenças, estando sujeitos à seca e à fome.

Os escravos eram forçados a trabalhar em plantações, minas (especialmente no Brasil), ou em casas (como servos domésticos ou artesãos). A maximização do lucro e a produtividade caracterizavam o regime escravista, e os senhores e comerciantes de escravos não se deixavam abater por considerações morais. As ideologias racistas serviram a propósitos convenientes em vários contextos, uma vez que era absolutamente considerável, em termos morais e cristãos, submeter um semelhante a todo tipo de atrocidades na busca de prosperidade. Se todos os homens são iguais perante Deus, como manter escravo um outro ser humano e privá-lo de seus direitos?

O racismo estabeleceu a legitimação de uma postura que pregava a supremacia de determinadas raças em oposição a outras. Os brancos eram tidos como evidentemente superiores: seu avanço militar e tecnológico confirmava tal suposição. Como os negros africanos não viviam essa situação, não havia razão para considerá-los semelhantes.

As ideologias racistas, diferentemente das marcas de giz num quadro-negro, não podem ser apagadas, quando delas não se precisa mais. Após a abolição da escravatura, o racismo não desapareceu. Em vez disso, perdurou no imaginário das pessoas e continuou a afetar as relações entre brancos e descendentes de escravos ainda mais substancialmente. O racismo estigmatizou as sucessivas gerações dos que haviam sido escravizados anteriormente.

Em 1772, 10 mil escravos foram libertados na Grã-Bretanha, e, em 1807, o comércio legal de escravos foi proibido, após um período de pressão abolicionista, principalmente por parte de grupos religiosos. Os cinqüenta anos subseqüentes viram poucas melhoras nas condições dos ex-escravos, como moradia, vestimenta e alimentação, e sua média de expectativa de vida era pelo menos 12% inferior à dos brancos, em 1850. Em 1883, aproximadamente 800 mil escravos dos territórios britânicos foram libertados, e dez anos depois a escravidão foi abolida na Índia, na época, colônia britânica, e, um ano depois, no Ceilão (atual Sri Lanka). A emancipação total veio em 1865, mas um sistema de trabalho escravo mantido em algumas áreas assegurou que os ex-escravos americanos ficassem presos às plantações.

A emancipação significava, legalmente, a libertação dos escravos de sua condição de propriedade (ou seja, pertencentes a alguém). Ainda assim, várias legislações e outros desdobramentos asseguraram que o seu progresso em direção a alguma forma de igualdade fosse dolorosamente lento, ao longo dos cem anos seguintes.

A combinação particular de escravidão com racismo era potente e tinha efeitos de longo alcance. Há, contudo, exemplos de escravidão sem racismo e alguns sistemas de não-liberdade podem ser impostos sempre que as condições facilitarem a escravidão. Tal situação ocorre principalmente onde a mão-de-obra humana pode ser proveitosamente explorada, e isso se confirma pela durabilidade de várias formas de escravidão. Acreditar que um ser humano possa ser propriedade de outro é uma idéia que persiste no mundo contemporâneo, especialmente na Índia, onde um sistema de escravidão assegura que cerca de 6,5 milhões de pessoas sejam mantidas como escravas. A ausência de leis a respeito de insolvências na Índia permite que um credor seja ressarcido adquirindo o devedor como forma de pagamento e, assim, tornando-o sua propriedade. Outro tipo de escravidão, característico da Ásia, é o rapto de mulheres dos vilarejos bengaleses, seguido pelo seu transporte e venda como servas nos Estados do Golfo.

Na América do Sul há vários exemplos de utilização de mão-de-obra que muito se assemelham à escravidão, como no Peru, onde certas tribos são classificadas como "selvagens" e têm a cidadania negada, ou no Brasil, onde certos latifundiários mantêm trabalhadores em regime de escravidão nas suas plantações, não pagando por seus serviços.

Há também casos que sugerem a existência de escravidão na República Popular da China, na ex-União Soviética e nos Estados Unidos. Na década de 1980, ocorreram prisões por causa da venda de imigrantes indonésias nos Estados Unidos, como servas domésticas, para casas prósperas de Los Angeles. Especula-se que dezenas de milhares de haitianos, mexicanos e salvadorenhos sejam mantidos ilegalmente nos Estados Unidos.

Em 1992, a instituição Anti-Escravidão Internacional, com sede em Londres, submeteu à ONU alguns relatórios a respeito da escravidão no Brasil. Cinco mil homens, mulheres e crianças foram encontrados em condições de escravidão, principalmente nas fazendas de gado da Amazônia e nas usinas de álcool do Mato Grosso. A prática usual era recrutar pessoas desempregadas em um estado, transportá-las para outro, a centenas de quilômetros de lá, prometendo bom salário e boas condições de vida. Ao chegar, elas descobriam que transporte, comida e ferramentas eram cobrados exageradamente, e esses valores deduzidos de seus salários, deixando-os em eterno débito com o fazendeiro ou usineiro. Os fugitivos eram caçados, torturados ou até assassinados. O sistema vinculado ao débito, como era chamado, não estava confinado a áreas remotas. Em Paraibuna, a 80 km de São Paulo, foram encontrados setenta escravos, alguns dos quais forçados a viver com o gado.

O estado mais visível de escravidão nos tempos recentes é o praticado na Mauritânia, república islâmica da África Ocidental. Embora ilegal, o sistema de escravidão é parte integrante da economia e continua em crescimento, atualmente com cerca de 100 mil pessoas mantidas em cativeiro. Ao revisar a recente pesquisa, Russ Vallance, secretário de Desenvolvimento da Sociedade Anti-Escravidão (a quem sou grato pelas informações a respeito da escravidão nos tempos modernos), concluiu que existem provavelmente "mais escravos no mundo atual que os que foram libertos pelas grandes reformas do século XIX" (depoimento dado em 13 de abril de 1983). Tal visão reforça a idéia de que a escravidão surge em praticamente qualquer situação em que a mão-de-obra humana possa ser forçada e explorada.

LEITURAS SUGERIDAS

Slavery and Social Death, de Orlando Patterson (Harvard University Press, 1983), é um tratado original sobre a escravidão, que traça as suas várias formas radicais, teorizando a respeito do motivo da ocorrência dessa forma de dominação e exploração, mesmo quando economicamente irrelevante; a escravidão é vista como uma forma de "morte social", e a participação dos escravos na sociedade é totalmente negada. A obra anterior do autor é *The Sociology of Slavery* (MacGibbon & Kee, 1961).

Roll, Jordan, Roll, de Eugene D. Genovese (Pantheon, 1974), é um texto clássico a respeito do assunto, complementado por *Race and Slavery in the Western Hemisphere*, organizado por Genovese e Stanley L. Engerman (Princeton University Press, 1968); *Slavery*, de Stanley Elkins (University of Chicago Press, 1968), oferece o contraste disso.

The White Man's Burden, de Winthrop Jordan (Oxford University Press, 1974), é uma análise histórica que argumenta que os exploradores ingleses dos séculos XVIII e XIX consideravam os africanos bestas selvagens, hereges que necessitavam de uma disciplina rígida; e, desse modo, os aventureiros sustentaram o tom moral da reforma protestante. Também a respeito da experiência britânica: *Slavery and British Society, 1777-1846*, de J. Walvin (Macmillan, 1982).

Ver também: ÁFRICA; BRASIL; COLONIALISMO; IDEOLOGIA; POVOS NATIVOS

ELLIS CASHMORE

ESTEREÓTIPO

Derivado do termo de pintores de pratos de um molde (originalmente do grego *stereos* para sólido), a expressão refere-se a uma impressão mental fixa. Gordon Allport a define como "uma crença exagerada associada a uma categoria". Essa definição implica uma discrepância entre a realidade objetivamente discernível e a percepção subjetiva dessa realidade.

No campo das relações raciais e étnicas, um estereótipo é freqüentemente definido como uma generalização excessiva a respeito do comportamento ou de outras características de membros de determinados grupos. Os estereótipos étnicos e raciais podem ser positivos ou negativos, embora sejam, com maior freqüência, negativos. Mesmo os ostensivamente positivos podem comumente implicar uma avaliação negativa. Assim, dizer que os negros são musicais e têm um bom ritmo aproxima-se do estereótipo mais abertamente negativo de que eles são infantis e eternamente felizes. Da mesma forma, não existe muita diferença entre dizer que os judeus são solidários com seu grupo ou acusá-los de segregacionistas.

É, certamente, uma difícil questão empírica determinar em que ponto a generalização a respeito de um grupo deixa de ser uma descrição objetiva da realidade e se torna um estereótipo. Guardadas as devidas proporções, praticamente qualquer declaração a respeito de diferenças grupais pode ser considerada estereótipo, a menos que a declaração tenha bases precisas em termos estatísticos e deixe a questão da causalidade em aberto. Tomemos, como exemplo, os índices diferenciados de crimes violentos entre grupos raciais. Os afro-americanos nos Estados Unidos apresentam índices de crimes violentos 5 a 10 vezes mais elevados do que os dos brancos, correspondem à maior parte da população carcerária e são também desproporcionalmente vitimados por crimes violentos, em geral cometidos por outros negros. Declarações como "os negros são criminosos" ou "os negros são predispostos à violência" seriam normalmente rotuladas de estereótipos. A afirmativa "os negros são mais violentos do que os brancos", embora utilizando termos comparativos, ainda poderia ser chamada de estereótipo, uma vez que a declaração implica intrínsecas diferenças raciais na predisposição à violência.

Formulações mais cuidadosas com base em estudos científicos e comparativos talvez escapassem ao rótulo de estereótipo, porque mesmo atestando a existência de diferenças estatísticas entre grupos raciais elas deixam a questão da causa em aberto. O índice mais elevado de criminalidade entre os negros poderia ser relacionado às diferenças de classe e não às questões raciais ou ao preconceito racial da polícia que prende e dos tribunais predominantemente brancos que condenam os negros. Na verdade, todos esses três fatores influenciam o resultado estatístico.

A relação entre preconceito e estereótipo também interessa aos cientistas sociais. Os estereótipos raciais ou étnicos são geralmente expressões de preconceito contra os grupos em questão, mas à medida que reproduzem uma visão do coletivo, também têm um certo valor estatístico e são, portanto, guias moderadamente úteis para a previsão de comportamentos. Ao tentar prever o comportamento dos outros, contando com a simplicidade de categorias rudimentares como idade, sexo, classe social, grupo ético, religião, e assim por diante, de certa forma nos beneficiamos; esses estereótipos implícitos formam a base da maior parte da vida social. Tais estereótipos não refletem necessariamente preconceitos profundamente arraigados.

Sabemos, por exemplo, que a violência nos Estados Unidos está estatisticamente correlacionada não apenas à raça, mas a um conjunto de variáveis, como idade, classe, sexo, horário e moradia. A velha senhora que passa por um grupo de jovens negros da classe trabalhadora tarde da noite, numa rua do Harlem, não estará necessariamente refletindo um comportamento preconceituoso se sentir uma certa apreensão. A questão é meramente de sobrevivência. O risco nessa situação é maior que, por exemplo, num piquenique de sua igreja. O fato de ela ter consciência da diferença é prova de um sentimento comum, não do seu racismo, embora até *possa* sê-lo.

Diante da dificuldade de determinar o hiato entre a realidade objetiva e a percepção subjetiva desta, o conceito de estereótipo não é uma ferramenta científica útil para a análise do comportamento, nem foi muito usado nos últimos vinte anos.

Leituras sugeridas

Stereotype Accuracy, organizado por Yueh-Ting Lee (American Psychological Association, 1995), apresenta um capítulo de abertura que traça a história dos estereótipos e inclui definições.

Black Looks, de Bell Hooks (South End Press, 1992), expõe as maneiras pelas quais as cruas representações racistas na publicidade, filmes, música popular e televisão reforçam o pensamento supremacista branco nos Estados Unidos.

The Nature of Prejudice, de Gordon W. Allport (Addison-Wesley, 1954), é um clássico a respeito das questões relacionadas a preconceito, discriminação e estereótipos, de autoria de um psicólogo social norte-americano.

Ver também: BODE EXPIATÓRIO; DISCRIMINAÇÃO RACIAL; PRECONCEITO; XENOFOBIA

Pierre L. van den Berghe

ETNIA

O termo deriva do grego *ethnikos*, adjetivo de *ethos*, e refere-se a povo ou nação. Em sua forma contemporânea, "étnico" ainda mantém o seu significado básico no sentido em que descreve um grupo possuidor de algum grau de coerência e solidariedade, composto por pessoas conscientes, ao menos em forma latente, de terem origens e interesses comuns. Um grupo étnico não é mero agrupamento de pessoas ou de um setor da população, mas uma agregação consciente de pessoas unidas ou proximamente relacionadas por experiências compartilhadas.

Essas experiências são comumente, mas não sempre, de privação; por exemplo, a caricatura de imigrantes e seus descendentes. Os migrantes originais podem ter deixado sua pátria à procura de uma vida melhor em outro lugar, ou talvez tenham sido levados à força de suas terras como os escravos africanos. Os povos privados podem, ao contrário, ter sido os habitantes naturais das terras invadidas e depois alienados. Os índios norte-americanos e os aborígenes australianos seriam exemplos apropriados deste caso. Quaisquer que sejam as circunstâncias, os povos submetidos à dominação parcial ou total, tanto de uma população nativa hostil quanto de um grupo invasor de conquistadores, passam por experiências de privações. Eles podem ser privados materialmente, despossuídos de sua cultura, neutralizados na política, e muita freqüência, tudo isso junto.

Depois de se conscientizarem de suas dificuldades comuns, a resposta desses povos pode ser a geração de estabilidade, apoio e conforto para aqueles que passam por experiências semelhantes. Ao enfatizar as características de suas vidas, passadas e presentes, eles compartilham, definem limites dentro dos quais podem desenvolver seus próprios costumes, crenças e instituições – em resumo, sua própria cultura. O grupo étnico é, portanto, um fenômeno cultural, mesmo sendo baseado originalmente numa percepção comum e numa experiência de circunstâncias materiais desfavoráveis.

Alguns defenderam a substituição do termo "raça" por "grupo étnico", apesar desse argumento parecer o eixo de uma confusão de significados. Os grupos étnicos prosperam em tempos adversos, e muito freqüentemente existe uma relação entre um grupo considerado "raça" distinta pela população dominante e o grupo que se considera um povo unificado, que compartilha uma experiência comum. O termo "raça", porém, refere-se aos atributos dados a um determinado grupo; "grupo étnico" refere-se à resposta criativa de um povo que, de alguma maneira, se sente marginalizado pela sociedade. Não há uma relação necessária entre os dois conceitos, embora na atualidade haja, muitas vezes, uma superposição dos dois, à medida que um grupo denominado de raça é freqüentemente expulso das principais esferas da sociedade e obrigado a suportar duras privações, sendo essas as condições que contribuem para o crescimento de um grupo étnico. São esses os povos que têm maior probabilidade de se agregar para salientar a sua unidade ou identidade comum como meio de sobrevivência. Michael Banton resumiu a diferença essencial entre grupo étnico e "raça": "[...] o primeiro reflete as tendências positivas de identificação e inclusão, enquanto o segundo, as tendências negativas de não-associação e exclusão".

Floya Anthias escreve: "[...] uma experiência comum de racismo pode agir como um 'etnizador' de diversas culturas, como no caso das 'categorias negras da Grã-Bretanha" (em "Connecting 'race' and ethnic phenomena", *Sociology*, v. 26, 1992). Ela segue citando que a etnia pode tanto militar contra como promover o avanço de objetivos políticos, em especial daqueles relacionados a classe e gênero. "A etnia pode ser um veículo para diversos projetos políticos", argumenta, acrescentando que esta é, muitas vezes, incompatível com a "noção de emancipação" e apóia as desigualdades de gênero. Os seus argumentos vigorosos alertam contra a defesa do pluralismo étnico como uma ferramenta na luta contra o racismo.

O termo define, portanto, a característica proeminente de um grupo que se reconhece, de algum modo (normalmente vários), distinto. A consciência de pertencer a um grupo étnico assume uma característica autoperpetuadora, que é passada de geração a geração. Distintas línguas, crenças religiosas e instituições políticas tornam-se parte de uma bagagem étnica, e as crianças são criadas para aceitar isso.

A etnia pode, é claro, perder a sua força com o questionamento das sucessivas gerações a respeito da validade de um grupo étnico. Como exemplo, poderíamos citar as reações de muitos filhos de imigrantes sul-asiáticos no Reino Unido: a "segunda geração" considerou as demandas culturais (que incluíam desde casamentos arranjados até restrições nas vestimentas) excessivas e agudamente contrastantes com a cultura à qual se associavam, quando longe de suas famílias. Apesar de os migrantes terem julgado a manutenção de sua cultura algo altamente necessário, seus filhos a acharam irrelevante. Ainda assim, a filiação étnica não é algo que se pode abandonar livremente como se fosse uma opção cultural. A filiação étnica foi algo profundamente arraigado na consciência das pessoas durante anos de socialização em um grupo étnico. A fronteira étnica é muito difícil de ser transposta.

A consciência étnica pode também ser ativada para servir a propósitos imediatos. O desenvolvimento do movimento chicano atesta isso. Diversos grupos de mexicanos tomaram consciência de sua condição comum, principalmente por meio dos esforços de pessoas como César Chávez (1927-93), que incitou os trabalhadores agrícolas a criar uma forte união de trabalho baseada na etnia. Neste caso, a etnia foi usada abertamente como um recurso para promover o sentimento de "nós" e "eles" (os proprietários brancos exploradores), atitude para atingir objetivos palpáveis a curto e longo prazo. A criação desse "nós" provocou um confronto na forma de greves brancas, boicotes e demonstrações. A etnia chicana não era o simples despertar espontâneo de uma nova consciência, mas uma deliberada manipulação da percepção das pessoas da própria situação em que viviam. Nesse sentido, a etnia pode ser usada como um instrumento para fins claramente definidos. Vito Marcantonio, congressista ítalo-americano (1902-54), conquistou um forte apoio étnico que o levou ao poder no período de 1934-40. Suas propostas de reformas incluíam programas para o progresso étnico.

Em outras situações, a etnia pode ser, como afirma Sandra Wallman, "uma absoluta irrelevância ou uma desvantagem incapacitadora". Enfatizar ou exagerar as diferenças culturais pode não apenas distinguir um grupo do restante de uma população, mas também induzir a indignação da sociedade mais ampla. Como testemunho disso, temos, por exemplo, a experiência de Yosif Begun (1923-), um dos incontáveis russos sentenciados ao exílio na Sibéria por haver cometido o "crime" de manter a etnia judaica ao ensinar sua língua, história e cultura. O anti-semitismo ocidental ainda prevalece, sustentado provavelmente pela visão de que "os judeus são muito reservados [...], gostam de pensar em si mesmos como um povo superior". Apesar da sua mobilidade social, o seu progresso ainda é, em certo grau, inibido por tais posturas. Situações como essa demonstram que o grupo étnico é amplamente reconhecido pelos outros não-étnicos. O grupo tem um significado independente de seus membros, o que não o torna mais nem menos real num sentido objetivo. A questão acerca da etnia é que ela é tão real quanto as pessoas desejam que ela seja. O grupo pode não ter nenhum significado fora das percepções de seus próprios membros e mesmo assim ser real para eles. Sua apreensão subjetiva do grupo os motiva a organizar suas vidas em torno dele. Ranger, Samad e Stuart utilizam o termo "imaginação da tradição" para explicar como as etnias podem ser "concretizadas" (em *Culture, Identity and Politics*, Avebury 1996).

Poder-se-ia dizer, por exemplo, que muitas das crenças pelas quais o movimento rastafari se norteia são mal embasadas. Os próprios rastas sentem-se unidos tanto por uma ancestralidade comum quanto por circunstâncias materiais correntes. Os vínculos que mantêm a "irmandade" unida têm suas origens na concepção de uma antiga África, unida e gloriosa numa época áurea. O fato de que muitas das idéias defendidas pelos rastas possam estar equivocadas não enfraquece de modo algum os vínculos étnicos, uma vez que eles os consideram significativos e estruturam sua vida cotidiana em torno desses vínculos. A força da etnia reside na importância subjetiva que ela tem para os membros do grupo.

Há um paralelo evidente entre a resposta étnica dos rastas e a dos negros americanos da década de 1960. Gerações anteriores de negros tentaram imitar o estilo de vida da classe média branca. Eram tentativas – talvez vãs – de libertar-se física e intelectualmente da vida nos guetos e de todas as suas associações ao passado. Pele clara e cabelo liso simbolizavam a tentativa de remover a "contaminação" da "negritude" e aspirar aos padrões dos brancos. Os jovens negros da década de 1960 reverteram essa situação. Eles mergulharam de volta na História em busca de suas raízes, e para manifestar isso deixaram seus cabelos crescer no estilo "afro" e mudaram seus nomes para equivalentes africanos, declarando ao mesmo tempo que "o negro é lindo". Para os próprios negros, eles estavam descobrindo o seu passado e, portanto, a eles mesmos. Para os outros, estavam recriando a etnia. Essa etnia baseava-se realmente na concepção de uma ancestralidade comum, mas o modo como a reformularam era um produto de sua imaginação. Sendo assim, ela foi um fenômeno subjetivo que obteve a credibilidade dos vários milhares de membros que atraiu.

O crescimento étnico pode, portanto, emergir de várias fontes. Ele pode ser um mecanismo de defesa, como no caso dos italianos que se mudaram para a América, enfrentaram o antagonismo e a calamidade e, então, voltaram-se para si mesmos para recriar a sua própria cultura no novo contexto. As características básicas da cultura foram transportadas e tiveram sua importância renovada. Já a etnia africana dos jovens negros foi uma nova construção.

Acentuar essa e outras respostas é a questão básica da etnia: ela é obtida e moldada pelas pressões e limites de oportunidades impostos aos povos que anseiam por ser étnicos. Esses povos percebem que precisam enfrentar algo e organizar-se (sobreviver) ou avançar (conquistar). O grupo étnico, contudo, é sempre uma reação às condições e não um despertar espontâneo de pessoas que repentinamente sentem urgência de se expressar por meio de um grupo. Como já ressaltado, a etnia surge como um fenômeno cultural, mas é uma resposta a condições materiais.

O "renascimento étnico", como é às vezes chamado, fez com que alguns autores como Nathan Glazer e Daniel Moynihan elaborassem a teoria de que a etnia já havia tomado o lugar da condição social como forma principal de segregação na sociedade moderna. A etnia, concluem eles, "é a fonte mais fundamental de estratificação". Apesar de parecer ilógico descartar a posição social como o fator crítico de todas as formas de conflito social, há certamente material suficiente para prever que a etnia e os conflitos étnicos serão, no futuro, pelo menos tão significativos quanto os conflitos de classe. Isso posto, não seria nada sábio separar as duas formas, exceto para propósitos analíticos, uma vez que há estreita conexão entre a classe social e a resposta étnica.

Os grupos étnicos são, na maioria das vezes, facções das classes trabalhadoras, uma subclasse especialmente vulnerável aos tipos de exploração em que o capitalismo se baseia. Isso não deve sugerir que os grupos étnicos devam permanecer ancorados nessa posição. A organização étnica em si funciona freqüentemente como um instrumento para levar adiante os interesses dos membros e de alguns grupos, como os católicos irlandeses e os judeus nos Estados Unidos, de se sobrepor às privações materiais e aspirar às elites. Muitas vezes, o impulso étnico avança no território político, criando fortes organizações políticas para representar os interesses dos grupos étnicos. Quase sempre, porém, o grupo vem de uma posição social baixa de marginalidade.

Em resumo: (1) etnia é o termo usado para abranger vários tipos de resposta de diferentes grupos; (2) o grupo étnico baseia-se nas apreensões subjetivas comuns, seja das origens, interesses ou futuro (ou ainda uma combinação destes); (3) a privação material é a condição mais fértil para o crescimento da etnia; (4) o grupo étnico não tem de ser uma "raça" no sentido de ser visto pelos outros como algo inferior, apesar de haver uma forte superposição desses dois conceitos, e muitos grupos que se organizam etnicamente serem freqüentemente designados por outros como uma "raça"; (5) a etnia pode ser usada para vários propósitos diferentes – algumas vezes, como um manifesto instrumento político, outras, como simples estratégia de defesa diante da adversidade; (6) a etnia pode vir a ser uma linha divisória cada vez mais importante na sociedade, embora nunca esteja inteiramente desconectada dos fatores de classe.

LEITURAS SUGERIDAS

Theories of Ethnicity: A Classical Reader, organizado por Werner Sollors, Henry Cabot e Anne Cabot (Macmillan, 1996), reúne ampla gama de ensaios a respeito das facetas conceituais e práticas da etnia.

Racialized Boundaries, de Floya Anthias e Nira Yurval Davies (Routledge, 1992), leva adiante o argumento provocador de que a etnia deveria ser devidamente compreendida como um instrumento político e não calorosamente aceita como um fenômeno cultural.

Ethnic Identity: Creation, Conflict and Accommodation, organizado por Lola Romanucci-Ross e George de Vos (3ª ed., Sage, 1995), é uma avaliação de longo alcance da etnia em regiões como a antiga Iugoslávia, os Estados Bálticos e o Sri Lanka, usando os temas da linguagem e do nacionalismo para conectar as análises.

American Mosaic, organizado por Young Song e Eugene Kim (Prentice Hall, 1993), é uma seleção de interpretações dos padrões norte-americanos de etnia na história e na sociedade contemporânea.

Ver também: CULTURA; MULTICULTURALISMO; PARENTESCO; PLURALISMO; POLÍTICA E "RAÇA"; RASTAFARI

ELLIS CASHMORE

ETNOCENTRISMO

Ver PRECONCEITO; XENOFOBIA

EUGENIA

Movimento social originado por Francis Galton (1822-1911), autor de *Hereditary Genius.* O termo é correntemente definido como uma ciência voltada para o melhoramento das potencialidades genéticas da espécie humana. Sua história, particularmente no que diz respeito às relações raciais, tem sido marcada pela controvérsia.

Galton argumentou que a habilidade mental era herdada diferencialmente pelos indivíduos, grupos e raças. Ele mostrou que essa habilidade, assim como as características físicas, altura, por exemplo, seguiam uma curva normal de distribuição na população e que parentes de pessoas notadamente capazes tendiam a ser muito capazes também. Galton investiu o seu próprio dinheiro para criar uma sociedade de pesquisa e um laboratório eugênico na University College, em Londres, que foi dirigido por seu amigo Karl Pearson. A Sociedade de Educação Eugênica foi fundada em Londres em 1908, e outras sociedades similares seguiram-se em muitos outros países.

Na teoria de Darwin, cada raça é uma linha de indivíduos de ascendência comum. Uma raça que transmite mais características comuns para as gerações futuras é mais bem adaptada do que as outras e tem, portanto, maiores probabilidades de predominar sobre elas no futuro. Isso traz à tona o mesmo tipo de controvérsia gerado por outras teorias (como a marxista) que apregoam poder prever o curso do desenvolvimento futuro. Aqueles que adotam uma postura naturalística argumentam que as decisões éticas deveriam basear-se no conhecimento daquilo que, de qualquer maneira, acontecerá. Os naturalistas insistem que "o que é bom" e "o que o futuro trará" são questões que necessitam de respostas diferentes. Suas objeções são expressas com humor em "Evolutional Hymn", de C. S. Lewis (reimpresso em *The Oxford Book of Light Verse*). Outra posição é a de que os seres humanos diferem de outras formas de vida por terem a habilidade de dirigir o curso de sua futura evolução. Um governo pode criar uma legislação para evitar que pessoas "inadequadas" (deficientes mentais, pessoas que sofrem de doenças hereditárias etc.) tenham filhos – a chamada eugenia negativa –, bem como encorajar (por meio de incentivos fiscais, remunerações especiais etc.) as pessoas consideradas de melhor linhagem a terem mais filhos – eugenia positiva. O movimento eugênico teve um certo sucesso quando sua campanha para a segregação institucionalizada dos deficientes mentais levou à criação do Ato de Deficiência Mental, em 1913, mas seu programa político enfrentou enorme oposição e acabou por se esgotar em si mesmo. O aconselhamento genético é um serviço que se encontra atualmente disponível para pessoas que temem que seus filhos possam nascer com deficiências hereditárias. Ele não é normalmente oferecido com o nome de eugenia, mas pode ser visto como exemplo de uma medida eugênica.

LEITURAS SUGERIDAS

"Galton's conception of race in historical perspective", de Michael Banton, em *Sir Francis Galton FRS: The Legacy of his Ideas*, pp. 170-9, editado por Milo Keynes (Macmillan, 1993), avalia as idéias influentes de Galton.

Eugenics and Politics in Britain, 1900-1914, de G.R. Searle (Woordhoff, Leyden, 1976), descreve a instituição da eugenia no contexto social.

Ver também: DARWINISMO; DARWINISMO SOCIAL; HEREDITARISMO, HEREDITARIEDADE

MICHAEL BANTON

EXPLORAÇÃO

Este termo tem dois usos – um mais restrito e outro mais amplo. O sentido mais restrito é encontrado nos escritos marxistas e refere-se ao processo pelo qual uma classe de não-produtores é capaz de viver sem trabalhar, extraindo um excedente de uma classe de produtores diretos. Esse processo de exploração assume várias formas históricas e estruturais diferentes. Em uma sociedade feudal, os servos produziam produtos e outros itens, tanto para si mesmos como para os vários níveis da aristocracia, trabalhando diretamente nas terras dos senhores e repassando a eles toda a sua produção (ou parte da produção resultante da atividade em sua própria terra). Apesar das variações nas formas específicas de transferência e excedente, o que caracterizava esse processo era uma coerção "legal", imposta aos servos para produzir em benefício da classe dominante.

Já o processo de exploração na sociedade capitalista, segundo os marxistas, é obscurecido pelas várias formas que ele assume. No capitalismo, o trabalhador vende a sua força de trabalho para um capitalista em troca de um salário. O capitalista combina essa força de trabalho com a matéria-prima, equipamentos etc., para produzir bens que são vendidos. Como o trabalhador recebe uma determinada soma de dinheiro pela hora individual trabalhada ou item produzido, parece que ele está sendo plenamente recompensado pelo tempo gasto trabalhando para o capitalista. Na verdade, o valor recebido pelo trabalhador na forma de salário é menor que o valor dos produtos produzidos como resultado da contratação de sua força de trabalho. O lucro origina-se da diferença entre esses dois valores (na esfera da produção) e não da diferença entre o preço combinado de "todos os fatores da produção" e o que o consumidor paga pelo produto (na esfera comercial).

O termo "exploração" tem sido usado nos dois casos para se referir à extração de uma produção excedente. O processo, contudo, não é simplesmente "econômico"; ele ocorre em meio a relações políticas e ideológicas que o sustentam. Nas sociedades feudais havia definições "legais" da quantidade de tempo que o servo deveria passar trabalhando para o senhor. Na sociedade capitalista, o relacionamento entre o trabalhador e o capitalista é permeado e interligado por ampla gama de suprimentos legais e noções ideológicas relativas a um "salário justo", condições de trabalho "aceitáveis" etc. A dimensão político-ideológica integral da exploração na análise marxista provê a ponte para usos mais amplos e até mesmo não-marxistas do conceito de exploração.

Para ilustrar esse ponto, podemos tomar dois exemplos, o do trabalho escravo e o do trabalho migrante por contrato. No primeiro caso, o escravo é considerado propriedade do seu senhor, o qual recebe toda a produção do seu trabalho, mas em troca precisa alimentar e abrigar o escravo. A posse de um ser humano, contudo, requer que este seja desprovido, parcial ou completamente, de humanidade. Decorre, então, um processo histórico *ideológico* pelo qual esses seres humanos escravizados eram definidos como menos humanos, em virtude de sua condição "pagã", e posteriormente de sua suposta "raça". No caso do trabalhador contratado, o ingresso na sociedade onde a sua força de trabalho é empregada em troca de um salário é legal e ideologicamente estruturado, de modo que as condições sob as quais essa troca ocorre são inferiores às aplicadas ao trabalhador nativo. Conseqüentemente, o trabalhador contratado pode não ter residência permanente ou direito a voto.

Esses processos políticos e ideológicos são, em ambos os casos, partes integrantes do processo pelo qual o produto excedente é obtido pela utilização da força de trabalho. Em outras palavras, na análise marxista, eles integram o processo de exploração. Contudo, é comum ver a noção de exploração sendo usada numa referência direta aos próprios processos ideológicos e políticos, e sem nenhuma referência à apropriação de valores excedentes. Esse uso mais amplo tende a emergir de perspectivas teóricas que se referem ao trabalho assalariado como uma forma natural ou aceitável de apropriação da força de trabalho, em comparação às quais, outras formas são, então, avaliadas e analisadas. Assim, no caso do trabalho escravo, o termo exploração é usado como referência tanto para a brutalidade do tratamento dado ao escravo e o modo como este é desumanizado, quanto para a relativa "liberdade" do trabalho assalariado. No caso do trabalhador contratado, a exploração é identificada nas desvantagens legais/políticas impingidas a ele quando comparado com o trabalho "nativo, livre".

Encontramos alguns paralelos no modo com que os autores analisam a posição dos migrantes da "nova comunidade" e de seus filhos na Grã-Bretanha. Julga-se que esse é o único ou principal produto do racismo e da discriminação e, nesse particular, argumenta-se, reside a sua exploração. Em outras palavras, o racismo e a discriminação são formas de exploração por si mesmas, como mostra o fato de os "brancos" não serem objeto de tais experiências e processos. Nesse uso, a exploração perde qualquer conexão direta com as relações de produção e passa a se referir a qualquer processo em que um grupo é tratado de forma diferente de outro. Assim, as várias maneiras de os homens tratarem as mulheres, de "brancos" tratarem "negros" e pais tratarem seus filhos podem recair no princípio da exploração. Isso tende a uma generalização extrema, e os problemas analíticos que ela causa ficam evidentes no modo como a noção de exploração está sendo cada vez mais qualificada por um adjetivo descritivo, como exploração racial, exploração sexual e exploração parental.

LEITURAS SUGERIDAS

O capital, v. 1, de Karl Marx (Penguin, 1976). Nas Partes 3, 4 e 5, Marx detalha a sua análise da natureza da exploração em uma sociedade capitalista por meio do conceito de mais-valia absoluta e relativa.

Ethnic Minorities and Industrial Change in Europe and North America, organizado por Malcolm Cross (Cambridge University Press, 1992), oferece dados comparativos numa escala de persistente exploração dos trabalhadores minoritários.

Racial Oppression in America, de Robert Blauner (Harper & Row, 1972), é um exemplo de análise que tende a uma utilização mais ampla da noção de exploração.

Ver também: CAPITALISMO; DESVANTAGEM; MARXISMO E RACISMO

ROBERT MILES

Fascismo

O termo refere-se ao movimento político que visa uma forma específica de regime de classe autoritário em uma sociedade capitalista. O fascismo surgiu na Europa ocidental após a Primeira Guerra Mundial, embora sua ideologia tenha raízes muito mais profundas nas ações e no pensamento político europeus. Como forma de regime de classe, o fascismo caracteriza-se pela aceitação de um tipo de capitalismo como estrutura e processo econômicos, pela eliminação de todas as classes trabalhadoras independentes e de outras organizações políticas, e pelas formas autoritárias de governo e administração políticas. A última característica fica evidente na rejeição aos conceitos liberais burgueses de organização e representação por meio de partidos em benefício do estabelecimento de uma elite política permanente e de um estado corporativo. Como ideologia, caracteriza-se por um extremo nacionalismo (que freqüente, embora não caracteristicamente, torna-se racismo) e um "irracionalismo" que assevera que os interesses da "nação" devem sempre prevalecer sobre todos os outros. Apesar de os movimentos fascistas existirem em todos os países da Europa desde a década de 1920, foi somente na Alemanha, Itália e Espanha que eles conquistaram poder político.

Os movimentos fascistas do início do século XX representaram uma revolta contra a sociedade burguesa e o Estado liberal, assim como contra as crescentes organizações da classe trabalhadora, tanto as políticas quanto aquelas por categorias profissionais. O apoio inicial a esses movimentos veio de setores da população excluídos política e economicamente dos privilégios da burguesia e de organizações da classe trabalhadora, em especial, camadas da pequena burguesia, clero, algumas categorias profissionais e o proletariado. Esses setores, inseridos que estavam no contexto do grande deslocamento social e econômico da Europa depois de 1918, enfrentavam uma forte pressão política, tanto "de cima" quanto "de baixo". Para qualquer tentativa de explicação desses movimentos, portanto, faz-se mister considerar a situação como um todo – a natureza das categorias que apoiaram o fascismo e as condições estruturais que permitiram que ele se configurasse como solução.

O fascismo representou uma solução à medida que constituía um novo caminho para alcançar o poder político e prometia, por meio da reorganização nacional, um futuro econômico e social radicalmente novo e diferente. Isso ressuscitou o apoio de facções, tanto dos pequenos burgueses quanto da classe trabalhadora, mas foi o apoio político e financeiro do capital monopolista o fator decisivo que garantiu a efetivação do poder. A rota para o poder político baseou-se no apoio tático às atividades eleitorais combinadas com organizações e atividades paramilitares, visando não somente à "autodefesa", mas também a golpes de Estado. Seu objetivo futuro era um Estado nacional purificado de todas as formas de internacionalismo (desde o capital financeiro até o comunismo) e dos privilégios burgueses, em que os homens comuns (e, às vezes, as mulheres) teriam o seu lugar legítimo como membros de uma comunidade nacional. Análises mais recentes do fascismo deram atenção especial à explícita subordinação política das mulheres nesse regime, restritas à função de reprodutoras biológicas da nação, com todas as suas implicações. O movimento também objetivava a dissolução do parlamentarismo burguês como forma de governo para substituí-lo por um governo do partido fascista, o qual encarnaria todos os interesses nacionais.

As rotas para o poder na Itália, Alemanha e Espanha diferem em alguns aspectos consideráveis. Contudo, em todos os três casos, o apoio de importantes setores da classe capitalista dominante foi crucial, tanto em termos de credibilidade política como de apoio financeiro. A ênfase na regeneração nacional e na supressão da organização política da classe trabalhadora prometia dividendos políticos e econômicos – às seções da classe dominante, que enfrentavam uma crise econômica, e a uma classe trabalhadora forte e politicamente consciente – maiores do que os gerados pelo parlamentarismo burguês. É nesse sentido que o fascismo, uma vez no poder, deve ser entendido como forma de governo de classe.

A relação entre o fascismo e o racismo é uma questão particularmente controvertida. Foi somente na Alemanha que o racismo passou a exercer um papel predominante na ideologia e estratégia políticas, o que levou alguns analistas a concluir que é necessário fazer uma forte distinção entre o fascismo e o nazismo. É certo que o movimento fascista na Alemanha reproduziu explicitamente uma noção do nacionalismo alemão com bases biológicas que excluía os judeus, considerados uma "raça" supostamente distinta e inferior, e cuja sobrevivência, caso permitida, poderia provocar a extinção da humanidade. O nacionalismo explicitamente biológico não foi tão expressivo na Itália ou na Espanha, o que não significa que o tratamento dispensado aos judeus faça do fascismo alemão um caso especial. Não somente o fato de haver sido, em todos os três casos, uma forma alternativa de governo de classe que garantia um capitalismo modificado, mas também, e ainda mais importante, a coincidência histórica do surgimento das idéias de "nação" e "raça" como meios de mobilização política no século XIX, mostram que o nacionalismo possibilita, de forma latente, a expressão por meio de um racismo explícito. Isso não é apenas uma coincidência histórica, mas também uma coincidência da natureza do nacionalismo *per se,* caracterizado como é pela crença na existência natural/histórica de populações que compartilham uma herança e uma cultura comuns, as quais devem ser expressas e organizadas num Estado. A noção de distinção natural e cultural, pode facilmente, em determinadas circunstâncias históricas (dada a predominância da idéia comum de "raça"), passar a se expressar em termos de "raça".

A derrota dos poderes fascistas na Segunda Guerra Mundial não levou à eliminação dos movimentos fascistas na Europa ocidental. Apesar de a ideologia e a estratégia política do fascismo terem caído no descrédito – a derrota e a descoberta das atividades do nazismo contra os judeus, alguns setores da Alemanha e outras populações européias muito contribuíram para tal queda –, pequenos partidos fascistas tiveram permissão para continuar a existir e têm, desde meados da década de 1970, mostrado sinais de apoio e atividade crescentes por toda a Europa. Em alguns casos, em especial na Grã-Bretanha, isso se realizou com base na articulação de um racismo explícito em reação à presença e ao assentamento do trabalhador migrante. Não se deve permitir, contudo, que tal fato ofusque as características mais gerais e comuns dos movimentos fascistas, em particular o seu apoio tático à democracia burguesa combinado com a atividade paramilitar repressiva de vários tipos.

Leituras sugeridas

Fascism and Dictatorship, de N. Poulantzas (New Left Books, 1974), contém uma provocante e influente reinterpretação do fascismo a partir de uma perspectiva marxista.

Fascism: A History, de Roger Eatwell (Chatto, 1995), oferece uma história geral do fascismo; como leitura complementar, *Fascism*, organizado por Roger Griffin (Oxford University Press, 1995), oferece mais de duzentas citações a respeito do fascismo na voz de seus precursores, praticantes e críticos, incluindo o compositor do século XIX Richard Wagner. Os dois livros argumentam que o fascismo representou uma séria alternativa intelectual ao progresso socialista ou liberal.

Ver também: MOVIMENTO BRITÂNICO; NACIONALISMO; RACISMO EUROPEU

ROBERT MILES

FEMINISMO NEGRO

Este termo é freqüentemente usado para designar um movimento intelectual e político, referindo-se especificamente ao trabalho das intelectuais e ativistas negras que estão repensando as experiências negras sob uma perspectiva feminista, e reavaliando as políticas feministas brancas numa perspectiva afrocêntrica. Esse trabalho delineia uma longa história da consciência política e da resistência das mulheres negras, que demonstra: (1) a natureza simultaneamente operacional e interligada das opressões por gênero, raça etc., e (2) o caráter central da experiência e do conhecimento das mulheres negras nas lutas políticas.

Ao definir o termo, Patricia Hill Collins tende a equiparar "biologia com ideologia". Alguns textos adotam critérios biologicamente deterministas para o termo negro e fundem as mulheres com o feminismo, independentemente de sua ideologia. Outros intelectuais restringem os escopos das questões feministas à pesquisa e ao ativismo, focados exclusivamente nas mulheres. Ironicamente, a adesão às classificações por raça e gênero podem dar mais crédito às próprias categorias que o feminismo negro procura desmantelar e redefinir. Ann duCille, em "The occult of true Black womanhood" (*Signs*, v. 19, nº 3, 1994), sugere que qualquer definição que confira "acesso privilegiado das mulheres negras" ao conhecimento "enraizado em experiências comuns", na verdade, "delimita e desmerece" o discurso do feminismo negro, ao "restringir o seu trabalho a uma estreita órbita, na qual ele só pode ser prontamente validado por negros e negras, para quem se reproduz o que eles já sabem".

Contudo, definições que promovem a "cegueira" racial ou do gênero para o *background* das intelectuais do feminismo negro podem obscurecer ainda mais a importância das experiências e das análises das mulheres negras. É a insidiosa e onipresente supressão de conhecimento e de condições das mulheres negras que necessita do trabalho das feministas negras em primeiro lugar.

Os clamores por teoria, crítica e ativismo, sob uma perspectiva específica do feminismo negro, que emergiram no contexto das lutas contemporâneas, ressaltaram a supressão do conhecimento das mulheres negras em outros discursos liberacionistas. Como o título da vigorosa coletânea de Gloria Hull *et al.* expressou muito bem, *Todas as mulheres são brancas, todos os negros são homens, mas alguns de nós são corajosos* (Feminist Press, 1982).

Tanto as organizações libertárias negras quanto as feministas brancas marginalizaram as questões e as análises das mulheres negras apesar de dois fatos: (1) o trabalho das mulheres negras foi reconhecido como indispensável para o movimento de libertação dos negros; e (2) as mulheres negras organizaram e sustentaram muitas causas feministas junto, e com freqüência, antes das organizações segregadas de mulheres brancas. Conseqüentemente, a histórica Declaração do Feminismo Negro, na Assembléia de Combahee River em 1977, clamou pela luta contra as "várias e simultâneas opressões": "Estamos efetivamente comprometidas com a luta contra a opressão racial, sexual, heterossexual e de classe, e vemos como nossa tarefa particular o desenvolvimento de análise e prática integradas, baseadas no fato de que os principais sistemas de opressão estão interligados".

Devido à história do racismo nas organizações feministas brancas e à exclusão de mulheres de cor em muitas de suas teorias, há uma hesitação ocasional em definir a política das mulheres negras como "feminista". Em seu *In Search of Our Mother's Gardens* (Harcourt, Brace, 1983), Alice Walker defendeu o termo *womanist* – e não feminista – para apreender a perspectiva única e a visão fortemente humanista que ela acreditava distinguir o ativismo das mulheres negras.

Para aqueles que adotam o termo, o pensamento *womanist* aprofunda os matizes e amplia a extensão das questões associadas ao feminismo orientado pelas mulheres brancas. A filosofia *womanist* está alerta para a hierarquia racial e combina uma forte afirmação da humanidade com uma igualmente forte crítica ideológica da opressão por gênero. Walker enfatiza a necessidade da solidariedade com os homens negros na luta contra o racismo e o "patriarcado". Num caminho similar, Sherley Anne Williams, em *Reading Black, Reading Feminist* (organizado por H. L. Gates, Meridian, 1985), expande o território do feminismo negro para além do estudo da experiência das mulheres negras, impelindo as feministas negras a transformar a análise de gênero num estudo da auto-representação dos homens negros.

Collins argumenta que a epistemologia do feminismo negro foi moldada pelo papel tradicional das mulheres negras como mães, "outros tipos de mães" (adotivas, de criação, comunitárias), professoras e irmãs. As mulheres negras foram essenciais para a apreensão e a transformação de uma visão de mundo afrocêntrica, que sobreviveu nas localidades rurais e urbanas totalmente negras criadas pela segregação. Nos Estados Unidos, por exemplo, as mulheres negras delinearam as suas bases na cultura tradicional afro-americana, nutrindo, assim, o desenvolvimento de uma cultura feminina afrocêntrica distinta. Ao segregar a mão-de-obra feminina negra em trabalhos domésticos, essa política econômica determinada pelo gênero e pela raça assegurou às mulheres negras uma perspectiva de "estranho que pode ver por dentro", desmistificando as ideologias do poder branco pela observação próxima por parte de um "estranho" nos lares dos brancos.

Por meio dessas localizações contraditórias, as mulheres negras criaram um "ponto de vista" único em termos individuais, comunitários e sociais, enquanto as mulheres negras politizadas, ao mesmo tempo, protestavam contra essas localizações subalternas, elaborando estratégias econômicas, políticas e ideológicas de subordinação para suprimir esse pensamento. Por causa dessa supressão histórica, Collins e outros sustentam que a experiência das mulheres negras – assim como é interpretada e teorizada pelas mulheres negras – precisa formar a essência, mas não a totalidade, do trabalho feminista negro.

A intelectualidade do feminismo negro apresenta, do mesmo modo, alguns temas persistentes, como o trabalho das mulheres negras e o seu papel na política econômica, o controle das imagens de mulheres negras na ideologia racista e o fortalecimento pela autodefinição, a saúde das mulheres negras, a família negra, a maternidade como liderança de comunidades, a política sexual no contexto da sociedade dominante e no das relações das mulheres negras.

LEITURAS SUGERIDAS

Black Feminist Thought: Knowledge, Consciousness and the Politics of Empowerment, de Patricia Hill Collins (HarperCollins, 1990), é uma sólida introdução ao feminismo negro, e pode ser lido em conjunto com *Theorizing Black Feminisms: The Visionary Pragmatism of Black Women*, organizado por Stanlie James e Abena P. A. Busia (Routledge, 1993).

"Multiple jeopardy, multiple consciousness: the context of a Black Feminist ideology", de Deborah King (*Signs*, v. 14, nº 1, 1988), apresenta a argumentação de que o feminismo negro é um engajamento em múltiplos níveis, ressaltando a autodeterminação das mulheres negras e a "simultaneidade das opressões" como um conceito essencial para esse empreendimento.

"'Mama's baby, papa's maybe': An American grammar book", de Hortense Spillers (*Diacritics*, v. 17, 1987), sugere que a "desgenerização" dos escravos africanos ao longo da rota África–Índias

Ocidentais criou indivíduos sociais inteiramente novos, que o feminismo ainda tem de reconhecer. A mulher negra situa-se fora das fronteiras de "gênero", sendo o próprio gênero uma forma de supremacia racista.

Ver também: AFROCENTRISMO; PATRIARCADO E ETNIA; SUBALTERNOS

STEPHANIE ATHEY

FENÓTIPO

A aparência visível ou mensurável de um organismo quanto a um ou mais traços, o fenótipo é o que se vê, a aparência ou o comportamento de um organismo em contraste ao genótipo ou constituição genética elementar. Todas as pessoas de olhos castanhos, por exemplo, têm o mesmo fenótipo quanto à cor de olho. Do mesmo modo, o comportamento de uma espécie particular de ratos, quando confrontada com uma série de obstáculos em um labirinto, é um comportamento fenotípico. A aparência externa dos humanos quanto à cor da pele, tipo de cabelo, estrutura óssea etc. é mais bem identificada como variação fenotípica; um modo relativamente livre de conceitos culturais designar as diferenças em oposição à palavra raça, cujo sentido varia de um período histórico e cultural para outro.

LEITURAS SUGERIDAS

Personality and Heredity, de Brian W. P. Wells (Longman, 1980), é uma introdução ao estudo da psicogenética.
The Race Concept, de Michael Banton e Jonathan Harwood (David & Charles, 1975), discute o conceito.

Ver também: GENÓTIPO; INTELIGÊNCIA E RAÇA; RACISMO

MICHAEL BANTON

FREIRE, GILBERTO (1900-87)

Antropólogo e parlamentar brasileiro (1946-50), Gilberto Freire é mais conhecido pelo seu trabalho *Casa-*

grande e senzala (primeira edição em 1933), uma análise detalhada da sociedade colonial, a qual restabeleceu a contribuição positiva dos africanos para a criação do caráter e da cultura brasileira. O livro disseca o mito da democracia cordial brasileira, ou "cadinho de raças", pelo qual os grupos e as classes étnicas dissolveram o racismo e o preconceito.

O contato sexual entre os senhores brancos e os escravos negros foi o ponto de partida para a elaboração dos conceitos de Gilberto Freire a respeito da informalidade e da flexibilidade racial: o nascimento do "mulato" foi considerado o símbolo da democracia racial, uma transcendência das barreiras de classe, expressa por meio do *mesticismo*. Ele argumentou, porém, que a democracia sempre manteve a supremacia da cultura branca européia como um objetivo, em cuja direção o processo de integração deveria avançar. A visão de uma "meta-raça" de brasileiros "pardos" apenas camuflou a localização do poder e a dominação de classe.

A migração em massa e a proletarização do Brasil no século XX trouxeram um agravamento do conflito entre classes e o fim da tradicional intimidade sexual, legado das opressivas relações de patriarcado das economias coloniais. Gilberto Freire foi preso no regime de Getúlio Vargas, antes da Segunda Guerra Mundial.

Leitura sugerida
Casa-Grande e Senzala é a obra central.

Ver também: BRANCURA; BRASIL; CONQUISTA; *CREOLE*; FREIRE, PAULO

Ellis Cashmore

Freire, Paulo (1921-1999)

Educador e filósofo brasileiro, Paulo Freire é mais conhecido pelo seu trabalho de alfabetização crítica, inicialmente articulada em seu notável livro, *Pedagogia do oprimido* (editado em inglês em 1970). Neste livro, desenvolveu um método pedagógico revolucionário, voltado e calcado no processo de libertação; para ele, o ato de ler é um evento politicamente transformador. Durante os anos que se seguiram, e ainda hoje, seus programas de alfabetização, tanto para países em desenvolvimento quanto para os pós-industriais do mundo todo, vêm tentando libertar os oprimidos da destituição de poder resultante do analfabetismo e da alfabetização acrítica do sistema educacional "repressor", em que os sujeitos são vistos como passivos "recebedores" da informação.

Para Paulo Freire, o ato de ler é simultaneamente um ato de descobrir o mundo. Em outras palavras, os sujeitos existem com o mundo, não vivem meramente nele. Uma de suas idéias centrais é, portanto, a de que o homem deve ver-se no mundo como um ser que existe para si mesmo e para os outros e que tenha a capacidade de transformar tanto o seu próprio dia-a-dia como o dos outros. Por meio da alfabetização crítica, as pessoas lêem a palavra e o mundo, tornando-se, assim, capacitadas criticamente para fazer a sua própria história.

Um outro importante conceito na obra de Paulo Freire é o da reflexão. Ao questionar criticamente a realidade objetiva na qual se encontram, os indivíduos e grupos tornam-se reflexivamente conscientes das relações que os oprimem e desumanizam. A reflexão é um ato necessário para a libertação, porém não suficiente; a simples introspecção resulta no que ele chama de "verbalismo", enquanto a ação, quando não acompanhada de uma reflexão crítica, transforma-se em mero "ativismo". Juntas, a reflexão crítica e a ação formam o que Paulo Freire chama de *práxis* (teoria conectada à prática).

A *práxis* decorre parcialmente da ação conjunta para transformar coletivamente as condições de vida materiais. A pedagogia de Paulo Freire é *dialógica*, definindo as condições de aprendizado como uma troca de conhecimento entre sujeitos. O objetivo desse "diálogo" de conhecimento (comunicação dialógica) é a libertação das condições materiais e sociais opressivas. Alfabetizar-se não é somente um processo cognitivo de decodificar sinais, mas algo que requer viver em relação aos outros. O método de alfabetização de Paulo Freire (essencialmente fenomenológico) convida os estudantes a avaliar as condições concretas de sua existência. Tais condições são entendidas como "codificações" sociais, políticas e econômicas, por meio das quais a realidade cotidiana se tornou natural para os oprimidos, passando a ser considerada uma parte supostamente inevitável de sua situação.

Mais adiante, essas codificações são transformadas em "objeto reconhecível" por parte do oprimido pelo processo de "decodificação", no qual a totalidade codificada é quebrada e "retotalizada" na forma de uma ideologia crítica. O objetivo de Paulo Freire é criar *mudanças epistêmicas* na consciência do oprimido, focando as "totalidades da ação-objeto" e as "formas de orientação no mundo," que terminam por conduzir a objetivos, estratégias e programas concretos. Em outras palavras, tais mudanças epistêmicas levam à criação, entre os excluídos, de posições de sujeito político e de formas de subjetividade coletiva. Desse modo, o método de alfabetização capacita os excluídos a alterar suas condições estruturais na sociedade brasileira ao desafiar as relações de poder coercivo da ordem social dominante, que sustentam as hierarquias privilegiadas de raça, classe e gênero.

Nessa concepção, ler já é um ato social. Para libertar a si e aos outros da desumanização vivenciada pelos grupos subordinados ao regime colonialista, os sujeitos devem criticar o contexto em que vivem ou as "situações-limite". Um verdadeiro diálogo entre sujeitos ocorre quando eles falam uns com os outros como autênticos seres humanos, como sujeitos livres da opressão.

LEITURA SUGERIDA

> *Pedagogia do oprimido.* 16ª ed. Rio de Janeiro, Paz e Terra, 1986, é a principal obra de Paulo Freire e pode ser proveitosamente lida em conjunto com *Pedagogia da esperança* (1994).

Ver também: BRASIL; EDUCAÇÃO E DIVERSIDADE CULTURAL
PETER McLAREN/ZEUS LEONARDO

FRENTE NACIONAL

Partido político secundário britânico que concorreu em eleições políticas com algum sucesso durante a década de 1970. Sua premissa era a de que os britânicos de descendência afro-caribenha e asiática ameaçavam as perspectivas de emprego dos brancos nativos. Num contexto de alto desemprego, a mensagem ganhou alguma credibilidade entre facções da classe trabalhadora britânica. O partido foi lançado em 1967, depois de um amálgama com outros grupos neonazistas. Seu objetivo explícito era contestar as eleições (as eleições políticas locais, por exemplo).

O outro principal impulso das atividades políticas foi a sua decisão de fazer demonstrações e organizar encontros em torno de temas explicitamente racistas ou em áreas com comunidades relativamente grandes de negros, morenos ou judeus. Isso provocou, como era de se esperar, uma consistente oposição tanto por parte das comunidades locais quanto das organizações anti-racistas como a Liga Antinazismo que, com freqüência, degenerava em ocorrências violentas. Em 1974, por exemplo, Kevin Gately, que protestava contra a FN, foi morto numa demonstração do partido em Red Lion Square. Pouco menos de cinco anos depois, em abril de 1979, um professor londrino, Blair Peach, foi morto quando antifascistas tentavam evitar o encontro da FN antes das eleições gerais no distrito de Southall, Londres.

Apesar de reivindicar ser o "partido de crescimento mais rápido" da Grã-Bretanha, suas conquistas foram menores e ele sofreu um embaraçoso revés nas eleições de

1979. Depois disso, o número de seus membros caiu e ele perdeu a sua iniciativa para o Movimento Britânico, mais agressivo e voltado para os jovens.

LEITURAS SUGERIDAS

The National Front in English Politics, de Stan Taylor (Macmillan, 1982), aborda criticamente vários aspectos do partido, incluindo o seu *background* ideológico, seus aparentes avanços eleitorais na década de 1970 e a eficácia dos grupos anti-FN como a Liga Antinazismo.

Fascists: A Social Psychological View of the National Front, de Michael Billig (Academic Press, 1978), escrutina as correspondências entre a FN e as organizações e personalidades fascistas anteriores a ele. Inclui também entrevistas com membros de uma subdivisão da FN nos condados britânicos.

Ver também: KU KLUX KLAN; MOVIMENTO BRITÂNICO; NACIONALISMO; NEONAZISMO

BARRY TROYNA

GANDHI, MOHANDAS KARAMCHAND (1869-1948)

Líder do movimento nacionalista indiano que lutou, com sucesso, contra o domínio colonial britânico, Gandhi nasceu em Porbandar, na costa oeste da Índia e teve um casamento arranjado, segundo os costumes hindus, aos 13 anos de idade. Sua mulher, Kasturbai, apoiou-o durante toda a vida. Aos 19 anos, Gandhi foi para a Inglaterra estudar direito, onde graduou-se advogado antes de retornar à Índia em 1891. Lá, a falta de autoconfiança fez com que aceitasse um cargo na África do Sul, onde, acreditava, as exigências profissionais eram menos rigorosas.

Foi na África do Sul que ele se defrontou pela primeira vez com o racismo, quando foi expulso do compartimento de primeira classe do trem para Pretória, apesar de ter o bilhete correspondente – os indianos só tinham permissão para viajar na terceira classe. A expulsão baseou-se somente na sua cor. Depois desse episódio, Gandhi se comprometeu a lutar pelos direitos dos indianos na África do Sul, por meio do Congresso Nacional Indiano, formado em 1894.

Para atingir seus objetivos, formulou o método de desobediência civil não-violenta, ou resistência passiva, que mais tarde ficou conhecida como *satyagraha*, que significa "força da verdade". Quando ele ou um de seus companheiros era preso ou surrado, não havia retaliação, somente uma recusa em se submeter às demandas externas. Nos anos que se seguiram, seu método foi adotado por movimentos de todo o mundo, em especial pela Conferência dos Líderes Cristãos do Sul, de Martin Luther King.

Durante os 21 anos que morou na África do Sul, Gandhi editou uma importante publicação, o *Indian Opinion*, que foi distribuído por todo o país. Tornou-se internacionalmente conhecido por suas campanhas, e suas prisões intermitentes serviram apenas para elevar seu *status*. Durante a Guerra dos Bôeres, 1899-1902, organizou um corpo de ambulância em apoio ao governo britânico, em cujas virtudes ele ainda acreditava nessa época. O repúdio a essa opinião caracterizou-se principalmente em suas operações subseqüentes no Sul da Ásia. A desobediência civil persistiu depois da guerra, culminando numa gigantesca marcha de protesto em 1913, que resultou na concessão de muitas das reivindicações de Gandhi em favor dos indianos.

Sua fama crescente na África do Sul chegou até a Índia, gerando um convite do Congresso Nacional Indiano (Indian National Congress, CNI) para que retornasse e ajudasse o seu próprio país a conquistar o *swaraj*, ou seja, um governo independente. Ele aceitou o convite em 1915, assumindo a liderança do CNI em 1921. O CNI havia sido formado em 1885 essencialmente como um movimento da classe média liberal dedicado a reavivar o interesse pela cultura indiana tradicional; mais tarde, durante a campanha por maior liberdade do controle político britânico, desenvolveu uma tendência política.

Gandhi foi o responsável pela transformação do CNI de uma organização mais ou menos elitista para um movimento de massa, com o apoio da Liga Muçulmana e de outros setores menos expressivos. No lugar do *lobbying* constitucional, o CNI optou por uma ação de massa direta na forma de desobediência civil não-violenta. Ele conseguiu unificar e mobilizar tanto o movimento porque sua liderança se baseava em seu carisma; os indianos não viam nele somente um líder, mas uma pessoa imbuída de poderes sobrenaturais. Certa vez, agradecendo, declarou: "Dizem que sou um santo perdendo-se na política. Na verdade, eu sou um político fazendo o máximo para se tornar um santo". Ele surgiu como um Messias, evocando imagens de santidade com suas severas restrições alimentares, seus votos de castidade, sua insistência em vestir apenas *khaddar* rudimentares e sua visão utópica de uma Índia independente, rural, liberta da ciência e da tecnologia moderna, as quais, argumentava, eram instrumentos da dominação ocidental.

Com a explosão da Primeira Guerra Mundial, a Índia, com a insistência de Gandhi, ofereceu apoio à Grã-Bretanha, na expectativa de uma conquista eleitoral mais forte no governo, conduzido pelo Congresso Nacional Indiano e pela Liga Muçulmana. Isso foi obtido nas Reformas de Montagu-Chelmsford de 1919, insuficiente, todavia, para refrear a corrente de insatisfação pós-guerra. O governo britânico, preocupado em manter a ordem, aprovou os Atos de Rowlatt, que lhe deu maiores poderes para punir os dissidentes indianos.

Gandhi implementou uma vigorosa campanha de desobediência civil e rogou a seus seguidores que se afastassem de todas as posições acadêmicas e governamentais. Toda vez que a violência irrompia, ele dava início a extensos jejuns como que para chantagear seus seguidores, pedindo o cessar da violência, o que invariavelmente funcionava. Entre esses incidentes está aquele em que quase 2 mil aldeões atearam fogo em 21 policiais indianos na estação de Chaura Chaura, nas Províncias Unidas, em fevereiro de

1922. Um dos protestos não-violentos contra as reformas de 1919 transformou-se em atrocidade, quando o general Dyer ordenou às tropas britânicas que abrissem fogo contra uma multidão de indianos desarmados, em Amritsar, resultando em 379 mortos e 1137 feridos. O próprio general Dyer disse, depois do massacre: "Não era mais uma questão de simplesmente dispersar a multidão, mas de produzir um efeito moral suficientemente forte. Minha intenção era dar uma lição que causasse impacto em toda a Índia".

Durante os acontecimentos que levaram ao incidente em Amritsar, a atitude de Gandhi para com os colonialistas britânicos mudou completamente: ele se convencera de que o "governo britânico representava o satanismo". Essa mudança levou-o a se alinhar com algumas das facções do CNI fortemente antibritânicas, o que permitiu que ele conquistasse a liderança da organização.

Houve três décadas de tumultos na Índia antes de o país obter sua independência da Grã-Bretanha, em 1947. Apesar de a influência de Gandhi ter entrado em declínio nos anos precedentes à independência, foi sua carismática liderança que deu ao movimento nacionalista o impulso em direção a um movimento de massa, liderança essa que fez com que ele ficasse conhecido como Mahatma, "a grande alma". Em 1948, foi assassinado por um extremista hindu.

Martin Luther King admirava muito Gandhi e nele inspirou-se, usando o CNI como modelo para o seu próprio movimento. Luther King, assim como Gandhi, exigiu uma grande e quase desumana disciplina de seus seguidores para que se controlassem quando sujeitos à violência. Assim como Gandhi se empenhou para conquistar a independência e a igualdade para os indianos, King lutou pela liberdade e igualdade dos negros norte-americanos.

LEITURAS SUGERIDAS

Em *M. K. Gandhi: An Autobiography* (Penguin, 1982), Gandhi narra suas experiências e filosofias; traduzido do original em gujerati.

Gandhi's Political Philosophy, de Bhiku Parekh (University of Notre Dame Press, 1989), é uma tentativa acadêmica de sistematizar os pensamentos do líder.
Gandhi: Prisioner of Hope, de Judith Brown (Yale University Press, 1989), situa Gandhi num contexto histórico, colonial.

Ver também: CHÁVEZ, CÉSAR; MOVIMENTO PELOS DIREITOS CIVIS; OBSCENIDADES; PODER

GITA JAIRAJ

GARVEY, MARCUS (1887-1940)

Um dos mais influentes líderes negros deste século. Suas verdadeiras conquistas não se comparam às de King, Washington, ou até mesmo Du Bois, mas sua contribuição para fazer com que os povos negros reconhecessem sua ancestralidade africana teve um impacto sem comparações.

Nascido na Jamaica, Garvey viajou pelo Caribe e pela América Central antes de dar início à sua organização nos Estados Unidos. A Associação Universal para o Progresso dos Negros (Universal Negro Improvement Association, UNIA) ia fortemente contra a natureza dos outros movimentos negros americanos. Como o seu biógrafo E. David Cronon afirma: "Garvey procurou erguer muros bem altos de nacionalismo racial numa época em que homens mais ponderados estavam querendo destruir essas barreiras". Enquanto líderes como W. E. B. Du Bois e a Associação Nacional para o Progresso das Pessoas de Cor (National Association for the Advancement of Colored People, NAACP) faziam campanha por uma maior integração entre negros e brancos (principalmente por meio da legislação), ele declarou a integração como impossível e rogou a seus seguidores que rompessem bruscamente com os brancos. Seu objetivo era reconduzir todos os negros àquela que ele considerava a sua pátria por direito: a África. "Se não pode viver ao lado dos homens brancos, mesmo sendo seu companheiro cidadão; se ele alega que você não está apto a essa chance ou oportunidade porque o país é dele por força numérica, encontre o seu próprio país e ascenda até a posição mais alta dentro dele", era a mensagem de Garvey, resumida em seu *slogan* "África para os africanos".

A fim de mostrar que esse não era um *slogan* vazio, Garvey esforçou-se para comprar uma linha de navios a vapor chamada "Black Star" e até deu início a negociações, que terminaram por se mostrar infrutíferas, com o governo da Libéria, para possibilitar a migração em massa. No auge de sua popularidade, comandou 4 milhões de seguidores, todos desejosos de abandonar a América e migrar para a África, para lá começar uma vida nova numa situação que Garvey denominou "um novo negro".

Esse conceito de "novo negro" foi central no movimento de Garvey. Dizia-se aos negros que se livrassem de qualquer noção de inferioridade e cultivassem uma nova identidade. Rogou-se que assumissem o orgulho e a dignidade pelo fato de serem verdadeiros africanos. Sua subordinação era resultado das tentativas dos brancos de controlar os negros, não apenas física, mas também mentalmente. Um dos métodos utilizados pelos brancos era a instrução religiosa: os negros eram educados para acreditar na cristandade convencional e adorar as imagens dos brancos. Garvey, no entanto, fortaleceu o seu UNIA com um novo movimento religioso alternativo, a Igreja Ortodoxa Africana. Seu líder, George Alexander McGuire, instruiu os membros da UNIA a rasgar as imagens de Cristo e de Madonas brancas e substituí-las por versões negras. Ele explicava: "Nosso Deus não tem cor, mas é humano ver tudo pelos seus próprios óculos, e embora os povos brancos tenham sempre visto o seu Deus pelos óculos brancos, nós só agora começamos a ver o nosso próprio Deus com nossos próprios óculos".

Garvey freqüentemente fundia suas práticas políticas com um imaginário bíblico, dando por vezes uma pista da inevitabilidade do êxodo para a África: "Nós reconquistamos gradualmente a nossa fé no Deus da África e ele falará com sua voz de trovão, que abalará os pilares de um mundo corrupto e injusto, e mais uma vez devolverá à Etiópia a sua glória passada". Mensagens como essa e a referência contínua à realeza da Etiópia ajudaram a gerar um tipo de interesse que viria a se transformar no movimento rastafari, cujos membros até hoje se referem a Garvey como um profeta.

Numa época em que as organizações negras, particularmente nos Estados Unidos, tentavam assiduamente implementar políticas graduais integracionistas, o programa de Garvey era uma verdadeira afronta. Ele foi vigorosamente condenado por Du Bois e outros, sofrendo até tentativas de assassinato. Uma notoriedade extra adveio quando entrou em negociações com a Ku Klux Klan; de um modo bizarro, ambos tinham o mesmo ideal – a remoção dos negros.

Durante toda a década de 1920, a influência de Garvey espalhou-se pelos Estados Unidos e Caribe, cultivando uma massa de seguidores. A linha de navios a vapor fracassou, as negociações para uma migração para a África também, e seus seguidores foram desaparecendo. O encanto da política jamaicana terminou depois de uma série de choques com a lei e a ida de Garvey para a Inglaterra, onde morreu em 1940.

Mesmo assim, sua influência sobre os negros persistiu. Sua mulher assim expressou: "Garvey impregnou neles novos conceitos de seus lugares por direito como criaturas de Deus". Garvey instigou o que ele próprio chamou de "uma segunda emancipação – a das mentes e dos pensamentos". Identificou o mal, não tanto nos brancos que controlavam os negros, mas nas mentes dos próprios negros, que aceitavam a sua inferioridade e por isso não conseguiam reconhecer o seu próprio potencial. Ele viabilizou um plano para banir o sentimento de inferioridade com sua concepção do "novo negro". Ainda hoje é reverenciado por muitos negros como um dos mais importantes líderes, não em termos de conquistas práticas, mas como mentor de uma consciência transformadora.

LEITURAS SUGERIDAS

Philosophy and Opinions, 3 v., de Marcus Garvey (Cass, 1967), apresenta uma coletânea de discursos e ensaios editada pela mulher de Garvey, Amy Jacques Garvey; a melhor versão dos complexos, por vezes contraditórios, padrões de pensamento de Garvey.

Black Moses, de E. David Cronon (University of Wisconsin Press, 1974), é uma biografia bem pesquisada do homem e de seu movimento, com atenção especial para os contextos sociais da época.

Marcus Garvey: Anti-Colonial Champion, de Rupert Lewis (Africa World Press, 1988), é uma apreciação da contribuição de Garvey.

Ver também: BLACK POWER; CARÁTER ETÍOPE; NAÇÃO DO ISLÃ; RASTAFARI

Ellis Cashmore

Genocídio

O termo *genocídio* é de derivação recente. Etimologicamente, ele combina o grego *genos* (grupo, tribo) com o latim *cide* (matar). Em 1933, numa época em que nem a expansão, nem o caráter das práticas bárbaras consumadas sob os auspícios do Terceiro Reich podiam ser vislumbrados, o jurista Raphael Lemkin submeteu à Conferência Internacional para a Unificação da Lei Criminal uma proposta para declarar a destruição de coletividades raciais religiosas ou sociais crime perante a lei internacional. Em 1944, Lemkin publicou uma monografia, *Axis Rule in Occupied Europe,* na qual detalhava as práticas e políticas de exterminação utilizadas pelo Terceiro Reich e seus aliados. Ele levou sua luta adiante submetendo o caso à Internacional para o regulamento da "prática de extermínio das nações e grupos étnicos", prática à qual ele se referiu agora como *genocídio.* Lemkin também contribuiu para influenciar os líderes e os representantes da Organização das Nações Unidas a assegurar a aprovação de uma resolução da Assembléia Geral, a qual afirma "[...] o genocídio é considerado crime perante a lei internacional, condenado pelo mundo civilizado e cujos autores e cúmplices são passíveis de punição". A questão foi encaminhada ao Conselho Econômico e Social das Nações Unidas, tendo suas deliberações culminado na assinatura da Convenção das Nações Unidas sobre o Genocídio (United Nations Convention on Genocide, UNCG), em 1948.

O ponto de partida da maior parte das discussões é a definição do termo pelo artigo II da UNCG:

> Na presente convenção, genocídio significa *qualquer* um dos atos abaixo, cometidos *com a intenção* de destruir *total* ou *parcialmente* um grupo nacional, étnico (sic), racial ou religioso como tal.
> (a) Matar membros do grupo;
> (b) Causar sérios danos físicos ou mentais a membros do grupo;
> (c) Intervir de maneira deliberada nas condições de vida do grupo para calculadamente produzir sua destruição física, parcial ou total;
> (d) Impor medidas com a intenção de evitar nascimentos dentro do grupo;
> (e) Transferir, à força, crianças de um grupo para o outro.

Considero essas partes do artigo, que foram interpretadas por outros, especialmente advogados, organizações de direitos humanos, cientistas sociais e funcionários de organizações internacionais, como particularmente de difícil interpretação e/ou aplicação.

Os especialistas, acadêmicos ou não, raramente concordam que um complexo específico de comportamentos mereça a designação de *genocídio*. Em primeiro lugar, tal qual ocorre com qualquer outro instrumento legal, foi o resultado das negociações entre as partes que manteve as visões conflitantes, bem como a aplicabilidade de suas partes constituintes. Embora o artigo IX permita que as disputas entre as partes sejam decididas pela Corte Internacional de Justiça, por razões óbvias isso nunca ocorreu; conseqüentemente, não há um código de leis que esclareça esses parâmetros. Em segundo, como o termo foi desenvolvido para individualizar um complexo de comportamentos particularmente repreensíveis, que foram objeto de condenação internacional, o termo adquiriu um ônus moral muito alto. Isso gera uma indefinida competitividade para designar como genocídios exemplos específicos de comportamento, em geral envolvendo assassinatos em massa. Essa prática não se restringe aos políticos, analistas da mídia, escritores, autores ou vítimas – alguns acadêmicos têm predisposição a ela também.

Por fim, é bastante evidente que o complexo "ideal – típico" de genocídio que Lemkin tinha em mente era a destruição do povo judeu europeu. A destruição do povo judeu foi também claramente a essência do pensamento daqueles que delinearam e negociaram o UNCG, o que recai inequivocamente nos termos do artigo II e nas alíneas *a* a *d*. É precisamente por esse caso em particular ter sido tão importante na gênese do termo, e na sua especificação normativa na UNCG, que a sua aplicação a outras situações se tornou problemática. Apesar do massacre dos armênios pelos turcos durante a Primeira Guerra Mundial, o massacre dos ibos durante a Guerra Civil Nigeriana e a morte por fome dos kulaks na década de 1930 na Ucrânia – apenas para mencionar alguns poucos exemplos de "tipos de genocídio" – terem alguns elementos em comum com a destruição do povo judeu da Europa, existem também importantes diferenças entre eles que tornam a sua subsunção ao artigo II problemática. Algumas dessas dificuldades surgem por Lemkin não ter sido suficientemente rigoroso na codificação dos comportamentos que desejava ver ilegalizados. Apesar de haver concentrado sua atenção somente na exterminação de nações e grupos étnicos, Lemkin ilustrou o que queria dizer com genocídio referindo-se a tais políticas como a "destruição das instituições de autogoverno e a imposição de um padrão alemão de administração", "substituindo a educação vocacional pela educação nas artes liberais" ou "passando a riqueza para os alemães". Algumas dessas políticas são apenas tangencialmente relacionadas à "extermínação".

A íntima conexão cognitiva entre o conceito de genocídio e a destruição do povo judeu europeu durante a era do nazismo explica também a conexão entre os conceitos de genocídio e holocausto. Contudo, enquanto as origens do termo genocídio são associadas à destruição de outros povos europeus durante o mesmo período, o conceito de holocausto, em seu uso inicial, estava atrelado desigualmente à destruição das populações judaicas européias dominadas pelo nazismo.

O termo holocausto tem origem bíblica; refere-se à oferta em sacrifício "completamente consumida pelo fogo em exaltação de Deus" – imolação (do grego *holos* – todo, e *kauston* – queima). No contexto das políticas direcionadas, primeiro aos judeus alemães e depois aos judeus de todos os países ocupados pelo Terceiro Reich nos anos de 1938-45, o termo holocausto é especificamente empregado para se referir à liquidação física dos judeus europeus sob o controle germânico, uma política chamada de *Endlösung*, ou Solução Final, da questão judaica. É ao programa de rotineiros assassinatos de judeus em centros de extermínio especialmente construídos para tal – dos quais os mais conhecidos e notórios são os de Auschwitz, Treblinka, Majdanek e Sobibor – que alude implícita ou explicitamente o termo holocausto, conceito que muitos autores utilizam ao se referir a esse trágico evento.

Um número significativo de autoridades também emprega o termo para designar o amplo alcance das políticas que visavam especificamente aos judeus, aplicadas pelas autoridades do Terceiro Reich, e não simplesmente as desenvolvidas para assegurar a sua destruição física.

A partir de 1933, começaram a ser aprovadas muitas leis e regulamentações que tiveram impacto na vida dos judeus alemães. Leis similares foram introduzidas em países sob dominação alemã. Muitos judeus morreram de desnutrição e doenças associadas nos guetos e a caminho deles, nos campos de concentração e centros de extermínio, e nas mãos de grupos de ação especial, *Einsatzgruppen*, que operavam nas áreas ocupadas da URSS.

O termo holocausto foi sendo gradualmente aplicado, e de forma cada vez mais difusa, para designar os programas de destruição física que haviam feito outras vítimas, que não os judeus europeus, no período da guerra. A razão mais óbvia para isso é a de que os programas de genocídio foram também aplicados a outros grupos durante o mesmo período, na mesma região geográfica. Muitos cristãos poloneses foram vítimas do nazismo tal qual seus compatriotas judeus. Os ciganos também foram exterminados em Auschwitz. Milhões de cidadãos não-judeus da URSS foram liquidados sistematicamente depois da invasão alemã. Setenta mil cidadãos alemães, deficientes físicos ou mentais, ou ambos, foram vítimas do "To" ou programa de eutanásia. Ao identificar as experiências de outros povos e percebê-las semelhantes às aplicadas aos judeus europeus, a terminologia usada para conceituá-las se confunde. Em conseqüência, os termos genocídio e holocausto foram aplicados muito amplamente e de maneira, às vezes, indiscriminada.

A inevitável conseqüência disso é que, para propósito de estudos comparativos, nenhum dos dois termos mostrou-se suficientemente puro analiticamente para levar adiante o desenvolvimento de perspectivas teóricas úteis. Em vez de discutir as características significativas, os complexos causais e as conseqüências associadas a todas as ocorrências excessivamente comuns de assassinatos em massa, os acadêmicos gastaram muito tempo em definições evasivas. As definições proliferaram, mas o entendimento avançou muito pouco. Cada especialista profere uma definição modificada, tornando improdutivas as comparações de descobertas e explanações.

No uso não-acadêmico, os dois termos são aplicados para abranger uma vasta gama de estudos de casos e fenômenos. De maneira geral, todo massacre em larga escala é chamado de holocausto, até mesmo a extinção dos esquilos vermelhos na Grã-Bretanha. O termo genocídio também é, por vezes, usado levianamente. Suas mais recentes atribuições, parcialmente justificadas, foram conectadas aos conflitos civis na antiga Iugoslávia e em Ruanda. Mesmo nesses casos, contudo, o emprego do termo genocídio por parte dos acadêmicos traiu a falta de entendimento das origens ou significado do conceito.

A brutal guerra civil na antiga Iugoslávia foi acompanhada da disseminação de massacres, estupros e forçadas evacuações ou deportações. A política de evacuação forçada, mais comumente chamada de "limpeza étnica", gerou, no seu auge, mais de 2 milhões de refugiados em países europeus e uma enorme redistribuição da população em termos de suas características demográficas relacionadas à sua localização geográfica. Grandes movimentos populacionais resultantes de guerras civis e conflitos internacionais não são, é claro, um fenômeno novo, nem na Europa, nem em outro lugar. O Tratado de Versalhes, no final da Primeira Guerra Mundial, assim como as políticas nacionalistas de Stálin, levaram à redistribuição de grupos populacionais na Europa centro-oriental. Sucessivas administrações israelenses supervisionaram a limpeza étnica das populações árabes após a Guerra da Independência de 1948 e a Guerra de Junho de 1967. Idi Amin "limpou" de Uganda os asiáticos durante a década de 1960.

Não havia nada de novo a respeito da "limpeza étnica" implementada na antiga Iugoslávia. Todas as migrações forçadas são inevitavelmente acompanhadas de violência e brutalidade. A percepção de que há algo "especial" no que ocorreu na Bósnia-Herzegovina advém da evocação de memórias culturais apenas parcialmente adormecidas. Apesar de os conceitos de genocídio e holocausto serem, como a maior parte dos conceitos científicos, amorfos, eles ressoam sempre com uma configuração particular de eventos, os quais Lemkin tentou abranger sob o conceito de genocídio, e que resultaram a destruição dos judeus europeus, designada como Holocausto.

LEITURAS SUGERIDAS

The Holocaust: The Jewish Tragedy, de Martin Gilbert (Collins, 1986), é abrangente, descritivo e pode ser lido em conjunto com Why Did the Heavens Not Darken, de Arno J. Mayer (Verso, 1990), que é tão perspicaz quanto controvertido.

The History and Sociology of Genocide: Analyses and Case Studies, organizado por F. Chalk e J. Jonassohn (Yale University Press, 1990), apresenta uma introdução teórica com proveitosos estudos de casos e complementa o livro de Gill Elliott, Twentieth Century Book of the Dead (Allen Lane, 1972).

Ordinary Men: Reserve Battalion 101 and the Final Solution in Poland, de C. R. Browning (Harper Perennial, 1993), é uma obra-prima.

Ver também: ANTI-SEMITISMO; FASCISMO; ROMA; UNESCO

STUART D. STEIN

GENÓTIPO

Constituição genética elementar de um organismo quanto a um ou mais traços particulares, em oposição a fenótipo ou aparência desse mesmo organismo. Todas as pessoas com olhos castanhos têm o mesmo fenótipo para a cor de olho, embora algumas delas possam portar um gene recessivo para olho azul e ter, portanto, um genótipo diferente. Na previsão da hereditariedade, é o genótipo que importa.

Os genes controlam as enzimas e, dessa maneira, a natureza das características físicas. Eles estão localizados nos cromossomos, e como estes existem aos pares, o mesmo ocorre com os genes. Os dois membros de um par de genes podem ser idênticos ou diferentes. Uma pessoa que tem genes para olhos azuis nos dois cromossomos é chamada de homozigótica para essa característica. Já alguém que possua genes diferentes – para olho azul e para olho castanho – é heterozigótico. Se um homem e uma mulher igualmente homozigóticos para olhos castanhos tiverem filhos, todos terão olhos castanhos. Se um homem homozigótico para olhos azuis tiver um filho com uma mulher homozigótica para olhos castanhos, o resultado já não é tão facilmente previsível. Todo óvulo que a mãe produzir conterá um gene para olho castanho; todo espermatozóide que o pai produzir conterá um gene para olhos azuis. Qualquer que seja o espermatozóide que fertilizar o óvulo, este será heterozigótico, contendo um gene para olho azul e um para olho castanho. Todas as crianças terão olhos castanhos, já que o gene para olhos castanhos produz o elemento químico (Tirocinase) que colore o olho em maior quantidade, chamado por isso de dominante. O gene para olho azul, por sua vez, é recessivo e, apesar de fazer parte do genótipo, não pode ser visto no fenótipo.

Se ambos forem heterozigóticos para olhos castanhos e azuis, o pai e a mãe produzirão, respectivamente, espermatozóides e óvulos com um gene para olhos azuis e um para olhos castanhos. Quando essas células interagirem, três combinações serão possíveis: dois genes para olhos castanhos; um gene para olhos castanhos e um gene para olhos azuis; dois genes para olhos azuis. Como uma das combinações tem duas vezes mais probabilidade de ocorrer do que as outras duas, e como o gene para olhos castanhos é dominante, a probabilidade é a de que, de quatro filhos, três tenham olhos castanhos e um, azuis.

Esse exemplo simplifica excessivamente o fator hereditário que contribui para a cor dos olhos, pois, como já percebido, existem olhos de outras cores que não castanhos e azuis. É possível que outros genes, ou outros tipos de genes para a cor dos olhos, estejam envolvidos na produção desses elementos, mas o exemplo serve para esclarecer as diferenças entre genótipo e fenótipo. Ele também ilustra as leis de Mendel: (1ª) a hereditariedade é particular, resultante da inter-relação de genes característicos e não da mistura de elementos hereditários para produzir um caráter misto; (2ª) as características são herdadas independentemente, assim, o fato de uma criança herdar a cor dos olhos de seu pai ou de sua mãe não indica a probabilidade de ela herdar o cabelo ou a cor da pele de um ou de outro.

LEITURA SUGERIDA

The Race Concept, de Jonathan Harwood e Michael Banton (David & Charles, 1975), avalia a freqüentemente confusa teorização a respeito de "raça".

Ver também: FENÓTIPO; HEREDITARIEDADE; RAÇA

MICHAEL BANTON

GOBINEAU, JOSEPH ARTHUR DE (1816-82)

Um francês nascido numa família burguesa com pretensões aristocráticas, reivindicava o título de "conde". Educado na Alemanha e na França, Gobineau ganhou a vida com o jornalismo até 1849; depois disso, envolveu-se em assuntos diplomáticos, até 1877. Ao que parece, nos salões de Paris, adquiriu familiaridade com as especulações antropológicas da época, notadamente as de Victor Courtet de l'Isle, autor de *La Science politique fondée sur la science de l'homme*, que influenciaram os quatro volumes de seu *Essay on the Inequality of Human Races* – os dois primeiros lançados em 1853 e os dois últimos, em 1855. A questão da desigualdade racial não recebeu tanta atenção no restante de sua obra (que inclui outros 26 livros).

Alguns parágrafos de *Essay* são categóricos em defender uma filosofia de determinismo racial, mas existem também ambigüidades e inconsistências no texto, de modo que diferentes analistas enfatizam diferentes temas de sua obra. Se existe algo que pode considerado o problema central do livro, este é, provavelmente, a declaração de que "as grandes civilizações humanas não são em número maior que dez, todas elas tendo sido produzidas a partir da iniciativa da raça branca" (incluindo, aparentemente, as dos astecas e as dos incas, apesar de suas civilizações nunca terem sido examinadas). O que explica a ascensão e a queda das civilizações? Aliado a esse problema, e por vezes obscurecendo-o, está o desejo do autor de lamentar a ruptura da antiga ordem social e de insistir que o processo de degeneração avançou a ponto de tornar-se irreversível. Para responder a essa questão histórica, Gobineau insiste que as raças diferem em seu valor relativo, e que "a questão para a qual o argumento se volta é a da permanência do tipo". Embora sejam superiores em intelecto, os brancos são inferiores na intensidade de suas sensações, de modo que uma "leve mistura das espécies negras desenvolve a inteligência na raça branca, à medida que se volta para a imaginação". As misturas sanguíneas parecem necessárias para o nascimento de civilizações; porém as misturas, uma vez iniciadas, fogem ao controle, e a "química histórica'" é abalada. Existe, portanto, um tema secundário no livro, o qual ressalta a complementaridade das raças, assim como a sua ordem histórica. Não há uma razão lógica para que a incapacidade dos tipos raciais de perder suas características físicas e morais fundamentais, aliada à possibilidade de "*workshops* étnicos" para expandir uma civilização, não leve ao nascimento de uma décima primeira. A profecia do declínio ("o que é realmente triste não é a morte em si, mas a certeza de que a encontraremos como seres degradados"), portanto, tem suas origens, não na antropologia emprestada de Gobineau, mas no seu pessimismo pessoal.

Uma das mensagens transmitidas pelo livro diz respeito à impotência dos políticos: nada que os homens façam pode alterar o inevitável resultado. Não se percebe também um apoio ao nacionalismo, já que os "germânicos" e "arianos" de Gobineau não equivalem aos *die Deutsche,* mas incluem o elemento frâncico entre a população francesa. O país que melhor preservou os costumes germânicos, e é "o último centro de influência germânica", é a Inglaterra, apesar de a liderança do ariano-germanismo ter passado em algum grau para a Escandinávia. Gobineau enfatiza as diferenças de *status*, assim como as raciais ("Eu não tenho dúvida de que os chefes negros são superiores", escreve, "a julgar pelo nível normalmente alcançado pelo nosso proletariado ou até mesmo pela média das espécies de nossa parcialmente educada burguesia"). Caso tivesse sido levado a sério, portanto, *Essay* não teria sido de valor ideológico para o nacionalismo germânico ou para a reivindicação de uma superioridade racial européia. Contudo, em virtude de suas ambigüidades e pretensões como filosofia histórica abrangente, seu potencial político foi maior do que o de outras obras da escola tipológica. O primeiro livro foi rapidamente traduzido para o inglês porque atraía os defensores da supremacia branca no Sul dos Estados Unidos. O movimento wagneriano na Alemanha cultivou as idéias de Gobineau, formando em 1894 a Sociedade Gobineau para difundi-las. Durante o Terceiro Reich de Hitler, *Essay*, devidamente adequado, tornou-se um livro escolar popular. Michael Biddiss atesta que existem muitas expressões e concepções na literatura política do nazismo que ecoam a obra de Gobineau: "acima de tudo, no *modo* de pensar cada semelhança".

LEITURAS SUGERIDAS

Father of Racist Ideology: The Social and Political Thought of Count Gobineau, de Michael D. Biddiss (Weidenfeld & Nicolson, 1970), tem um tratamento biográfico.

Gobineau: Selected Political Writings, de Michael D. Biddiss (Cape, 1970), é uma antologia particularmente útil.

Ver também: ARIANOS; CHAMBERLAIN, HOUSTON S.; HAECKEL, ERNST; HEREDITARISMO; RAÇA

MICHAEL BANTON

GUETO

A congregação de determinados grupos que compartilham características culturais e étnicas em setores específicos da cidade com freqüência toma a forma de áreas segregadas, descritas como gueto. O conceito, contudo, é notoriamente impreciso e assumiu, pelo uso corrente, conotações pejorativas. Áreas como Bel-Air, em Los Angeles; Hampstead, em Londres; e Solihull, na cidade inglesa de Birmingham, raramente são consideradas guetos urbanos, apesar de sua natureza homogênea: afinal, seus residentes são, em sua esmagadora maioria, brancos e de classe média alta. Em contraste, áreas em cidades como Watts, Brixton e Sparkbrook – que abrigam populações negras relativamente grandes – são, com freqüência, caracterizadas como guetos. Claro está, então, que o termo gueto não é apenas um termo descritivo que se refere a áreas étnicas e de cultura homogêneas. Ele tem conotações fortes, simbolizando tudo o que há de negativo na vida da cidade: altos índices de criminalidade, poluição, barulho, baixa qualidade de moradia, condições sanitárias ruins, e assim por diante.

Num todo, a maioria dos analistas concorda que, tecnicamente, um gueto deveria abranger alto grau de homogeneidade, todos os residentes compartilhando *backgrounds* semelhantes, crenças etc. Eles também deveriam viver em meio à pobreza, quando comparados ao restante da população da cidade. Por esses dois critérios, o Harlem, de Nova York, e o distrito de Watts, em Los Angeles, podem ser legitimamente definidos como guetos. Na Grã-Bretanha, contudo, gueto é uma palavra completamente imprópria, mesmo para áreas como Brixton, Notting Hill e Sparkbrook. Apesar da concentração de migrantes coloniais e seus descendentes nesses e em outros distritos dos principais centros urbanos do país, estes não configuram de forma alguma áreas totalmente habitadas por negros. Pelo contrário, os brancos continuam a constituir a maioria dos residentes dessas áreas, com a presença dos negros e sul-asiáticos restrita a poucas ruas. Contudo, apesar de sua impropriedade técnica, o termo gueto continua a ser popularmente aplicado a essas áreas. Resumindo, "gueto" é um termo emotivo e racista na sua conotação.

A origem do termo remonta à Europa da Idade Média, e se referia às áreas corporativas da cidade, onde os judeus voluntariamente se estabeleciam, quase sempre para se proteger. A natureza voluntária ou o processo de "guetização", no entanto, é uma questão polêmica. Alguns autores adotam um modelo de interpretação de "escolha", no qual observam as atitudes e os comportamentos dos próprios moradores do gueto. Já os que seguem a teoria da "coerção" tendem a adotar uma perspectiva mais ampla e mais diretamente engajada com os processos sociais e políticos. Em outras palavras, a sua explanação é mais determinista sobre a formação dos guetos. Não é de surpreender que as diferentes interpretações do processo tenham conduzido a avaliações contrastantes de suas funções. Louis Wirth, por exemplo, apresentou uma versão romântica da vida no gueto em Chicago na década de 1920, pela qual ressaltava a sua natureza voluntária e, portanto, suas características comunitárias positivas. Por outro lado, Robert Blauner vê o gueto como uma "expressão do *status* de colonizado" e um meio pelo qual a maioria branca pode evitar que os negros se dispersem e se espalhem. Blauner argumentou que os guetos negros nos Estados Unidos são controlados por administradores, educadores e policiais brancos que vivem fora do gueto, mas que efetivamente administram o seu dia-a-dia. Em outras palavras, eles exercem um "poder direto" sobre as comunidades negras, o que Bauner chamou de colonialismo interno. Sob esse sistema, os negros do gueto são controlados de fora: o episódio "Burn, baby, burn" da década de 1960 (EUA), portanto, representou uma tentativa dos residentes do gueto de "sair de uma esfera de controle, confrontando a sociedade e destruindo os símbolos de sua opressão".

Na Grã-Bretanha, um debate similar permeia o padrão de segregação étnica nas cidades: alguns autores ressaltam as práticas discriminatórias do mercado de habitação como o fator determinante para o local de residência de migrantes; outros insistem que a agregação é algo ativamente procurado por eles, e que ocorre independentemente de tais práticas discriminatórias.

No todo, o termo gueto tende a se ressentir de falta de clareza conceitual e oferece uma precisão analítica limitada. Embora sua força conotativa permaneça intacta, seu valor como conceito social científico é limitado.

Leituras sugeridas

The Ghetto, de Louis Wirth (Chicago University Press, 1928), narra a vida no gueto na Chicago da década de 1920, na visão do colaborador de Robert Park, que ajudou a desenvolver a teoria de "ecologia urbana".

Racial Oppression in America, de Robert Blauner (Harper and Row, 1972), apresenta a teoria do colonialismo interno e outros ensaios destinados a revelar a inadequação das análises teóricas existentes nas relações raciais americanas.

The Politics of Race and Residence, de Susan Smith (Polity, 1989), avalia os processos por trás da concentração e da segregação espaciais na cidade contemporânea.

The Ghetto and the Underclass, de John Rex (Gower, 1988), uma série de ensaios a respeito de "raça" e política social. Embora refira-se ocasionalmente a guetos e ao processo de "guetização", Rex não oferece uma definição clara dos termos.

Racism, the City and the State, organizado por Malcolm Cross e Michael Keith (Routledge, 1993), explora a relação entre racismo, cidade e Estado ao enfocar a teoria social urbana, a mudança cultural contemporânea e a subordinação racial.

Ver também: COLONIALISMO INTERNO; DISPERSÃO; RELATÓRIO KERNER

Barry Troyna

HAECKEL, ERNST (1834-1919)

Famoso zoólogo alemão, empreendedor acadêmico e propagador da ciência, desenvolveu uma filosofia de vida chamada "monismo", baseada no darwininismo. Haeckel criou uma série de termos novos, e alguns sobrevivem até hoje, como a "lei da biogenética", segundo a qual a ontogenia recapitula a filogenia. Essa doutrina foi discutida entre os biólogos desde a década de 1820 e aparece em *Vestiges of Creation,* de Robert Chamber, publicada anonimamente. Acreditava-se que todos os embriões passavam, antes de seu nascimento, pelos primeiros estágios de evolução, de modo que os bebês europeus passavam pelos estágios etíopes e mongóis ainda no útero materno.

O significado de Haeckel para o estudo do pensamento racial reside primeiramente na sua decisiva influência no desenvolvimento do movimento Volkish, um tipo especial de nacionalismo romântico alemão. Ele e os monistas foram fonte e inspiração para muitas das diversas correntes de pensamento que mais tarde se uniram sob o emblema do Nacional-Socialismo. Em segundo lugar, popularizou uma versão distorcida das idéias de Darwin, para quem as diferenças raciais eram fundamentais. Sobre os negros, Haeckel escreveu: "de cabelo pixaim"; "incapazes de um desenvolvimento mental superior" sobre os papuas e hotentotes, como "aproximando-se rapidamente de sua completa extinção". Uma de suas teses mais significativas foi a de que "na luta pela sobrevivência, os grupos e as formas mais desenvolvidos, maiores e mais favorecidos tendem positivamente a se espalhar mais, em detrimento dos grupos inferiores, atrasados e menores". Desse modo, Haeckel e os monistas tornaram-se os primeiros a formular um programa de imperialismo racial e *lebensraum* para a Alemanha. O próprio Haeckel apoiou a Liga Pan-Germânica, uma das organizações mais militantes, imperialistas, nacionalistas e anti-semitas do país.

Haeckel teve influência direta e poderosa sobre vários indivíduos importantes no surgimento da antropologia racial e do Nacional-Socialismo. Um deles foi Ludwig Woltman, membro do Partido Social-Democrata, que tentou fundir as idéias de Haeckel com as de Marx, transformando o conceito de luta de classes deste último numa teoria de conflito racial universal. Outro foi Adolf Hitler. De acordo com Daniel Gasman, as visões de Hitler sobre história, política, religião, cristandade, natureza, eugenia, ciência, arte e evolução, ainda que ecléticas, coincidiam com as de Haeckel, e eram freqüentemente expressas na mesma linguagem. Pelo menos dois contatos ideológicos significativos podem ser estabelecidos entre Hitler e a Liga Monista que propagava as doutrinas de Haeckel. Entre os muitos cientistas e intelectuais nazistas havia um general aclamado por Haeckel como um antecessor e precursor intelectual, apesar de nunca ter sido ovacionado como um importante profeta do movimento (como ocorreu com Houston Stewart Chamberlain). A concepção de raça de Chamberlain derivava da teoria pré-darwinista de tipologia racial, o que permitiu a seus entusiastas considerarem os arianos como de uma origem distinta e permanentemente superior. O darwinismo foi incluído no currículo germânico de biologia, mas os nazistas suspeitavam dessa doutrina que atribuía ancestralidade inferior antropóide a todos os homens, pois era incompatível com a sua crença de que os arianos haviam sido racialmente superiores desde o começo dos tempos.

LEITURA SUGERIDA
   The Scientific Origins of National Socialism, de Daniel Gasman (Macdonald, Elsevier, 1971).

Ver também: ARIANOS; CHAMBERLAIN, HOUSTON S.; DARWINISMO; DARWINISMO SOCIAL; *VOLK*

MICHAEL BANTON

HEGEMONIA

Do grego *hegemon* – líder ou governante –, esse termo foi associado a um tipo particular de marxismo do século XX, especialmente aquele defendido pelo italiano Antonio Gramsci (1891-1937). Por hegemonia entende-se o total domínio da classe média (burguesia), não somente nas esferas política e econômica, mas também na da consciência. Marx formulou uma teoria de que as idéias dominantes, em qualquer era, são aquelas da classe dominante, o que é tomado como ponto central nas interpretações das sociedades capitalistas por Gramsci, e aceito por senso comum como a maneira obviamente correta de as coisas serem; não é a percepção neutra do mundo, mas um modo particular de apreender a realidade que se adequa caprichosamente à ordem social existente. Em outras palavras, a liderança burguesa estende-se do mundo material à mente das pessoas.

Para Marx, a consciência não era algo possível de ser separado da existência material, ou seja, o que se passa em nossa cabeça não pode ser dissociado do modo como vivemos o restante de nossa vida. Assim, o modo como nos alimentamos e nos vestimos, nosso lugar na ordem social e nossa maneira de trabalhar, têm, todos eles, influência na nossa consciência. As pessoas têm uma determinada visão da realidade e, na maioria das vezes, acreditam na legitimidade ou "correção" dessa realidade. No capitalismo, a classe trabalhadora (proletariado) vive numa ordem social que funciona contra os seus verdadeiros interesses: é sistematicamente explorada. Contudo, e esta é uma questão crucial, eles não se opõem a essa ordem porque acreditam na sua legitimidade, aceitando, portanto, a sua própria subordinação. Eles acreditam que isso faz parte do senso comum.

Os verdadeiros mecanismos por meio dos quais o senso comum é disseminado e transmitido de uma geração a outra (assegurando, assim, a perpetuação do capitalismo) são complexos, mas o filósofo algeriano Louis Althusser (1918-90) brindou-nos com uma importante versão, usando o conceito de Aparato Ideológico do Estado. Ideologia é uma maneira de ver a realidade; para Althusser (e outros teóricos marxistas), as ideologias distorcem ou mascaram a verdadeira realidade e servem aos interesses da classe dominante (por exemplo, capacitam-nas a manter o controle). Com base no que aprendem na escola, igreja e pela mídia, as pessoas delineam uma imagem da realidade. Ao aceitar essa imagem do senso comum da realidade, as pessoas tornam-se vulneráveis à exploração por parte daqueles que as dominam (por meio de órgãos de controle vinculados à educação, mídia etc.). Uma das características dessa relação é que as pessoas que aceitam o senso comum não se apercebem dessa exploração, existindo, portanto, um controle hegemônico, pelo qual a burguesia mantém a sua liderança sem ser seriamente questionada.

De acordo com Gramsci, o controle hegemônico e o consentimento que ele engendra nunca está totalmente seguro e tem de ser continuamente perseguido; há sempre espaço para a resistência no trabalho cultural subversivo ou anti-hegemônico.

A importância de tudo isso para as relações raciais e étnicas ficou evidente no início da década de 1980, em especial no trabalho teórico do Centro de Estudos Culturais Contemporâneos da Universdade de Birmingham (Inglaterra). As ideologias racistas são vistas como parte do senso comum: as idéias a respeito da inferioridade de negros e asiáticos têm raízes profundas na História, mas são "retrabalhadas" continuamente de modo a dividir a classe trabalhadora. Os "problemas" relacionados aos assim chamados grupos raciais são interpretados como "patológicos", decorrentes do fato de esses grupos serem vistos como diferentes. Esse tipo de senso comum opera em níveis locais (como rebeliões e desemprego) e em níveis internacionais. Como cita Errol Lawrence, "o relativo 'subdesenvolvimento' e a pobreza de muitos dos países do 'Terceiro Mundo' não são vistos, é claro, como o resultado de séculos de imperialismo e dominação colonial, mas como a expressão de um *estado natural de procedimentos*, no qual os negros são vistos como genética e/ou culturalmente inferiores".

Imagens de primitivismo, atraso e estupidez são associadas a negros e asiáticos e inquestionavelmente aceitas como parte do senso comum. Elas são elementos integrantes de uma ideologia mais ampla, cuja força reside, contudo, na incapacidade das pessoas de desmascará-la e desenvolver maneiras alternativas de ver a realidade. O racismo, na interpretação de Gramsci, portanto, não é uma peculiaridade das sociedades de extrema direita, mas parte do senso comum cotidiano na sociedade moderna. A contínua subordinação de negros e asiáticos está relacionada tanto à ideologia quanto às mais facilmente identificáveis formas de desigualdade no trabalho, habitação e educação.

LEITURAS SUGERIDAS

"Just plain common sense: the 'roots' of racism", de Errol Lawrence, em *The Empire Strikes Back*, organizado pelo Centre for

Contemporary Cultural Studies (Hutchinson, 1982), traz fortes argumentos para a compreensão das ideologias racistas sob a óptica gramsciana. Esse artigo usa um material histórico interessante para demonstrar como os regimes imperialistas criaram as imagens racistas, as quais foram transmitidas de uma geração a outra e adquiriram adesão no contexto das "crises orgânicas" das sociedades capitalistas.

Policing the Crisis, de S. Hall, T. Jefferson, C. Critcher, J. Clark e B. Roberts (Macmillan, 1978), é uma antiga, porém influente, análise que traça os processos por meio dos quais o racismo passou a ser reconhecido como um problema social. Hall deu início a esse enfoque num artigo, "Race articulation and societies structured in 'dominance'", publicado em *Sociological Theories* (Unesco, 1980).

Hegemony, de R. Bocock (Tavistock, 1987), é uma introdução resumida e acessível desse conceito.

White on Black, de Jan N. Pieterse (Yale University Press, 1992) avalia como os negros foram representados na cultura ocidental nos últimos duzentos anos.

Ver também: IDEOLOGIA; MARXISMO E RACISMO; MÍDIA E RACISMO; PODER; RACISMO

ELLIS CASHMORE

HEREDITARIEDADE

Uma medida de herança genética. Mais especificamente, a estimativa de herança hereditária de um traço particular expressa a proporção de variações de traços atribuível à variação genética. Suponha, por exemplo, que em determinada população os indivíduos variem de estatura. Se a variação puder ser traçada a partir das diferenças genéticas, a estimativa de hereditariedade para estatura será 1; se ela puder ser traçada a partir das diferenças ambientais, a estimativa será 0.

Todo organismo é produto tanto da herança quanto da influência do meio. Um traço hereditário (como a cor da pele) pode ser modificado pelo meio (pelo bronzeamento, por exemplo). Da mesma forma, um traço sensível às modificações ambientais (como o peso nos humanos) pode ser geneticamente condicionado. Os geneticistas falam de genes que podem ser "ativados e desativados" pelos estímulos ambientais. As dificuldades que envolvem o estudo das interações entre hereditariedade e ambiente podem ser ilustradas pela herança genética para patas amarelas ou incolores em certos tipos de galinha. Quando alimentadas com milho branco, todas as galinhas têm patas incolores; quando alimentadas com milho amarelo, ou num pasto verde, algumas têm patas amarelas. Se algumas das galinhas do grupo de patas amarelas forem alimentadas com o milho branco e outras com milho amarelo, as primeiras têm patas incolores e as últimas, patas amarelas, de modo que a diferença pode ser atribuída à interação entre os fatores ambientais (por exemplo, nutrição) e os fatores genéticos. Esse é o motivo pelo qual a hereditariedade tem de ser estimada para determinadas populações e o porquê de as estimativas para diferentes traços na mesma população variarem substancialmente.

No início da década de 1970, houve um debate feroz a respeito da hereditariedade da inteligência, avaliada de acordo com os resultados dos testes de QI. Estudos norte-americanos registraram uma média de 15% de diferença entre os resultados obtidos por brancos e negros, enquanto os ásio-americanos regularmente saíam-se melhor do que os brancos. Não foi questionado se os fatores ambientais poderiam ter tido influência na diferença de 20-30 pontos entre os QIs individuais, nem se havia diferenças ambientais relevantes entre brancos e negros que pudessem influenciar os testes de QI. A questão concentrou-se no seguinte ponto: as diferenças ambientais poderiam demarcar as diferenças entre os grupos. Hereditários como A. R. Jensen sustentavam que se as estimativas de hereditariedade do QI podiam chegar até 0,8, a diferença de resultado entre os grupos tinha grande probabilidade de ter origem parcialmente genética. Contudo, as estimativas de hereditariedade disponíveis expressavam somente a relativa importância dos fatores ambientais para as diferenças de QI da população branca, não havendo estimativas seguras para os negros. O argumento hereditário foi contestado por falta de provas de que as diferenças ambientais influenciassem os grupos do mesmo modo como o faziam na população branca. Mais que isso, se a própria discriminação contra os negros nos Estados Unidos foi ela mesma uma deficiência intelectual, a comparação entre os grupos tornava-se impossível, já que não havia sido feita uma comparação entre semelhantes.

LEITURAS SUGERIDAS

The Race Concept, de Michael Banton e Jonathan Harwood (David & Charles, 1975), é uma exposição elementar.

The Bell Curve: Intelligence and Class Structure in American Life, de Richard Herrnstein e Charles Murray (Free Press/Simon & Schuster, 1994), é um relato das diferentes concepções acerca da hereditariedade.

The Science and Politics of I.Q., de Leon J. Kamin (Penguin, 1977), oferece uma crítica às provas de inteligência; a oposição às visões é analisada em "The race-intelligence controversy", de Jonathan Harwood, publicado em *Social Studies in Science* (v. 6, 1976 e v. 7, 1977)

Ver também: AMBIENTALISMO; HEREDITARISMO; INTELIGÊNCIA E RAÇA

MICHAEL BANTON

HEREDITARISMO

O argumento de que as diferenças raciais são hereditárias surgiu em oposição à crença de que, já que todos os homens eram descendentes de Adão e Eva, a diversidade tinha de ser o produto da adaptação ao meio. Em 1520, Paracelsus sustentou que os povos "encontrados em ilhas fora da rota" não eram descendentes dos filhos de Adão – antigas teorias a respeito de hereditariedade derivadas dessa tese reivindicavam que as diferenças raciais existiram desde o começo da humanidade. No início do século IX, o influente anatomista francês George Cuvier dividiu o *Homo sapiens* em três subespécies – caucasianos, mongóis e etíopes – cada uma delas subdividida com base em características geográficas, lingüísticas e físicas. Segundo ele, a raça constituía uma hierarquia, e as diferenças de cultura e de mentalidade deviam-se às diferenças físicas. Essa linha de raciocínio constituiu-se numa escola internacional de tipologia racial, expressa por Charles Hamilton Smith (1848) e Robert Knox (1850) na Grã-Bretanha, Arthur de Gobineau (1853) na França, Josiah Clark Nott e George Robbins Gliddon (1854) nos Estados Unidos e por Karl Vogt (1863) na Alemanha. Essa escola é freqüentemente chamada de "racismo científico". Seus seguidores sustentavam que os tipos raciais eram formas permanentes, pelo menos durante o período para o qual havia provas disponíveis, e podiam ter sido criados separadamente. Tipologistas mais rigorosos, como Knox e Nott, acreditavam que os vários tipos humanos eram adaptados a determinadas áreas zoológicas. Da mesma maneira como os marsupiais eram característicos da Austrália, os aborígenes australianos exemplificavam o tipo de homem pertencente a essa região. Outros animais não sobreviveriam no mesmo local por muito tempo. Os europeus julgavam absoluta incoerência tentar colonizar a América do Norte, a Austrália ou as regiões tropicais, uma vez que eles não eram "adequados" a esses meios; caso tentassem fazê-lo, seus descendentes degenerariam e morreriam. A teoria tipológica das diferenças raciais surgiu três décadas antes da principal fase de expansão imperial européia, e suas doutrinas ofereceram pouco ou nenhum apoio às campanhas imperialistas.

Embora as teorias ambientalistas oferecessem explicações para a diversidade das formas raciais, e as teorias hereditárias para a estabilização dessas formas em determinados meios, ambas foram reunidas na teoria da seleção natural, de Darwin. Com o estabelecimento da genética como um campo de pesquisa científica, tornou-se possível avaliar a relativa importância das explicações ambientalistas e hereditárias a respeito de determinadas observações. É bastante razoável, contudo, descrever como "hereditarianistas" os autores que ressaltam a importância da herança genética, relacionada às influências do meio, nos diferentes resultados que apresentam os indivíduos de situação socioeconômica diversa ou de diferentes grupos étnicos, quando avaliados, por exemplo, em testes de inteligência.

LEITURAS SUGERIDAS

The Leopard's Spots, de William Stanton (University of Chicago Press, 1960), é um estudo histórico da escola de pensamento hereditário.

The Black Image in the White Mind: The Debate on Afro-American Character and Destiny, 1817-1914, 2ª ed., de George M. Frederickson (Wesleyan University Press, 1987), é outro registro histórico.

Racial Theories, de Michael Banton (Cambridge University Press, 1987), explica as origens e algumas das conseqüências das primeiras teorias sobre raça.

Ver também: AMBIENTALISMO; GOBINEAU, JOSEPH A.; HEREDITARIEDADE; RAÇA

MICHAEL BANTON

HIBRIDEZ

O termo híbrido desenvolveu-se a partir de origens biológicas e botânicas, tornando-se um termo-chave na crítica cultural contemporânea. "Onde quer que apareça, ele sugere a impossibilidade do essencialismo", escreve Young. Em latim, *hybrida* significava originalmente o cruzamento de uma porca mansa com um javali selvagem, mas, no século XIX, o termo passou a designar um fenômeno psicológico, referindo-se a "meias-raças" (segundo o *Oxford English Dictionary*) ou a um "animal mestiço ou planta híbrida" (de acordo com o *Webster*). As teorias tipológicas raciais advertiam a respeito dos perigos da hibridização e da degeneração resultantes da mistura de distintas raças que ocupavam diferentes posições hierárquicas. A ansiedade quanto à hibridez serviu para manter as "raças" separadas.

Mais recentemente, o termo foi apropriado pelos críticos culturais e engendrado contra as próprias culturas que o inventaram como uma justificativa para as suas práticas segregacionistas, de escravidão e de exploração pós-colonial. Rowe e Schelling definem hibridização como "o modo pelo qual as formas se separam das práticas existentes e se recombinam com novas formas em novas práticas" (em *Memory and Modernity*, Verso, 1991). Assim, embora originalmente denotasse uma amálgama ou mistura, o termo atualmente descreve uma articulação dialética. No livro de Hall a respeito dos negros na Grã-Bretanha, por exemplo, é citado um momento de homogeneização, quando a "negritude" contestou as representações do povo negro feitas pela classe dominante. Da consciência de ter algo em comum (ser negro) advém a consciência da heterogeneidade, da disseminação, de ser parte de uma população dispersa – o que Hall chama de "diasporização".

Nesse sentido, a hibridez descreve a cultura de pessoas que mantêm suas conexões com a terra de seus antepassados, relacionando-se com a cultura do lugar que habitam. Eles não anseiam retornar à sua "pátria" ou recuperar qualquer identidade étnica "pura" ou absoluta; ainda assim, preservam traços de outras culturas, tradições e histórias e resistem à assimilação.

Bakhtin utiliza o termo de outra maneira, descrevendo a capacidade da linguagem de ser simultaneamente a mesma e diferente: "Uma expressão que pertence [...] a um único falante, mas que na verdade contém misturados dentro de si duas expressões, dois tipos de discurso, dois estilos; [...] a divisão de vozes e linguagens ocorre dentro dos limites de um único todo sintático, freqüentemente, de uma única sentença". A aplicação desse conceito aos meios coloniais, por meio do trabalho de Bhaba, revela a hibridez como desafio e resistência ao poder da cultura dominante: "Hibridez [...] é a palavra que nomeia a inversão estratégica do processo de dominação por meio do repúdio (ou seja, a produção de identidades discriminatórias que garantem a identidade 'pura' e original da autoridade)".

Sob essa perspectiva, o colonialismo efetivamente gerou hibridização: ao estabelecer uma única voz de autoridade ou domínio sobre *outros,* ela inclui os outros *excluídos* desse discurso (representando-os, por exemplo) e simultaneamente aliena a base de sua autoridade. A hibridez é o antídoto para as noções essencialistas de identidade e essencialismo: a autoridade colonial e os outros estão circunscritos na mesma narrativa histórica, suas culturas e identidades condicionadas umas pelas outras.

LEITURAS SUGERIDAS

Colonial Desire: Hibridity in Theory, Culture and Race, de Robert J. C. Young (Routledge, 1995), conecta as antigas teorias raciais com as recentes críticas culturais, mostrando como construímos, retrospectivamente, antigas noções de raça como mais essencializadas do que elas realmente eram: "Cultura e raça desenvolvidas juntas, imbricadas uma na outra".

The Location of Culture, de Homi Bhaba (Routledge, 1994), é um texto denso, por vezes surpreendente, a respeito do que o autor chama de "além da teoria". "A hibridez é o sinal da produtividade do poder colonial, suas forças inovadoras e estabilizadoras [...] representam a "tendência" ambivalente do indivíduo discriminado para o aterrador, exorbitante objeto de classificação paranóica – um questionamento perturbador das imagens e das presenças de autoridade."

The Post-Colonial Studies Reader, organizado por Bill Ashcroft, Gareth Griffiths e Helen Tiffin (Routledge, 1994), reúne uma grande quantidade de escritos, entre eles os de Fanton, Spivak e Said; todos unidos pela teoria pós-colonial e análise crítica.

Ver também: *CREOLE*; DIÁSPORA; DISCURSO COLONIAL; OUTROS; PÓS-COLONIAL; SUBALTERNOS

ELLIS CASMORE

HOLOCAUSTO
Ver GENOCÍDIO

HUMOR E ETNIA

O humor étnico, segundo a definição de M. L. Apte (em *American Behavioral Scientists,* v. 30, nº 3, 1987), "é um tipo de humor pelo qual se faz graça do comportamento, costumes, personalidade ou outras características de um grupo, ou de seus membros, em virtude de sua específica identidade sociocultural". Podemos acrescentar a isso que esses grupos não tiveram, historicamente, o poder nem a capacidade de resistir a essas atribuições.

As piadas, em especial, refletem atitudes sociais. Os judeus, por exemplo, são o mais universal alvo de ridículo do humor étnico, e o tratamento a eles dispensado ilustra o que Zijderveld (em *Social Research*, v. 35, 1968) chama de *"joking-down"* e *"joking-up"*. O primeiro refere-se a fazer graça de (e com) grupos superiores ou inferiores em termos de *status* ou classe social como forma de corroborar as relações de poder. Isso constitui uma forma de controle que gerou incontáveis piadas agressivas anti-semitas, as quais, por sua vez, reforçam o sentimento de superioridade de quem o faz. O conceito dos judeus vagando durante a diáspora ocidental deu margem a estereótipos; como conseqüência, as conquistas dos judeus foram reinterpretadas como características negativas (os judeus prósperos, por exemplo, não o são por terem sido bem-sucedidos, mas por serem avarentos e miseráveis). Ao desumanizar os judeus e reduzi-los a estereótipos, a piada não só reflete o racismo de quem a conta, mas também encoraja o próprio comportamento racista.

O *"joking-up"*, por outro lado, criou um humor judaico distinto e espirituoso baseado na autodepreciação – piadas a respeito da própria marginalização. Nesse sentido, o humor funciona como resistência. A sagacidade da reta-liação e o caráter cômico da vingança funcionam similarmente como vitórias simbólicas das minorias sobre as maiorias. O humor é uma fonte de coesão do grupo minoritário. Uma vez estabelecido, contudo, o humor auto-insultante é freqüentemente apropriado pela maioria e por ela endossado. O humor funciona para lembrar à maioria aquilo que eles não são (no caso, avarentos e miseráveis).

Os negros também foram alvos do humor étnico. Em seu primeiro estudo (publicado em *American Sociological Review*, v. 2, 1946), Burma fez uma diferenciação entre o humor "antinegros" expresso pelos brancos para refletir a sua suposta supremacia e controle, e o humor antibrancos, pelo qual os brancos sulistas foram representados sendo enganados pelos negros engenhosos. No primeiro, foi empregado o estereótipo de Jim Crow, do século XIX, que mais tarde foi transformado em personagem: Sambo, que tentava sempre e sem sucesso imitar a cultura branca com conseqüências cômicas. No segundo caso, os negros se utilizaram de uma deturpação de Sambo: no final do século XIX, início do XX, o personagem central era representado como um espertalhão vindo da cidade, que ridicularizava as características a ele atribuídas, expondo o preconceito dos brancos. Assim, Jess Simple e Slim Greer são símbolos do caráter ridículo dos valores dos brancos e de seu estilo de vida, representado pela inversão de papéis e paródias da sociedade branca. Essa tradição, que opera nas realidades cotidianas, e a autodepreciação foram levadas adiante por comediantes contemporâneos, como Gogfrey Cambridge, Dick Gregory, Red Foxx e Richard Pryor. (Nota: o surgimento de Eddie Murphy foi menos uma extensão dessa tradição do que uma modificação do humor antinegros, apenas substituindo os homossexuais, as mulheres e os outros grupos minoritários por negros.)

Davies (no livro de Powell e Paton) argumenta que as piadas transmitidas oralmente no Ocidente a respeito de grupos étnicos, como os irlandeses ou os *"pakis"* (sul-asiáticos), são as mais populares. A ignorância e a estupidez atribuídas a esses grupos servem para a eficiência e a racionalidade ao denegrir seus opositores e por diminuir a tensão daqueles que vivem na "economia miserável" dos tempos modernos. Ao fazer graça do insucesso dos grupos estereotipados em sua tentativa de adequar-se ao mundo moderno, o humor étnico age como um controlador social benigno, impregnando tanto nos piadistas quanto nos alvos étnicos um sentido do que "é certo": as minorias deficientes deveriam se assemelhar mais às adequadas e racionais maiorias.

Uma área de crescente interesse é a forma como a mídia de massa confirmou ou modificou os estereótipos étnicos nas expressões de humor. Exemplos óbvios são *Love Thy Neighbour, Till Death Us Do Part* e *All in Family*, que pretendiam supostamente ridicularizar o preconceito, porém mais provavelmente acabaram por validá-lo na TV. A mostra mais escandalosa de racismo na TV vem de uma produção britânica chamada *Mind Your Language,* a respeito de uma turma de alunos de países diferentes, cada um deles uma grotesca caricatura. Apesar de confirmar a imposição da norma da mídia ou refletir a ambivalência da sociedade a respeito das minorias étnicas, a representação humorística delas pode também fazer as vezes de um analista social, funcionando como um barômetro para a situação mutante de um grupo particular *vis-à-vis* a sociedade mais ampla.

Uma aparente descoberta de como desafiar a apresentação estereotipada dos afro-americanos é verificada pelo sucesso de audiência do *The Cosby Show*, o *sitcom* norte-americano mais popular entre 1984 e 1992. Bill Cosby, pioneiro em *shows* sobre afro-americanos como personagens negros multidimensionais, exemplifica também a recente conquista de posições de poder pelos negros como produtores executivos e diretores de TV nos Estados Unidos, possibilitando-lhes a apresentar, pela primeira vez, seus pontos de vista culturais fora do clichê. Apesar disso, a descrição de Cosby de um profissional negro de meia-idade, pai de cinco filhos, médico obstetra, "de visões conscienciosas e boas intenções" (Grassin), faz pouco mais que reafirmar os modos mais benignos da classe média branca de perceber a participação dos negros na sociedade norte-americana: "O homem negro deveria ser individualista, racialmente invisível, profissionalmente competente, bem-sucedido e ascendente. As expressões de conflito racial e coletividade negra estão ausentes" (D. Crane, *The Production of Culture: Media and the Urban Arts*, Sage, 1992).

Outra dimensão além do humor e da etnia, que acompanha os estudos a respeito do humor com as mulheres, é o caso das afro-americanas, a quem é normalmente atribuída uma sagacidade verbal que nega suas irmãs brancas até relativamente pouco tempo atrás. Isso fica evidente nas esquetes de marido e mulher apresentadas nos antigos musicais do início da década de 1890. Jackie "Moms" Mabley fazia a viúva indecente na série cômica, atuando dentro das fronteiras do humor *folk*, reconhecidas por sua audiência predominantemente de negros.

Cantoras clássicas de *blues*, como Lucille Bogan e Clare Sith, na década de 1920 e 1930 desafiaram a potência sexual masculina nos apelos libidinosos de duplo sentido de suas canções. Em todos esses formatos cômicos, a mulher negra fazia a antagonista do homem negro. Zora Neale Hurston (1903-60), uma das primeiras amplamente aclamadas romancistas afro-americanas, assimilou as tradições *folk* na moderna literatura. Ela dramatizou duelos verbais, caricaturando séries de namoros e rompimentos no Sul. Munroe observa que ela "representava na terra liminar do estoicismo". A singularidade de sua conquista cômica foi vista como um avanço, ainda que indireto, na direção de uma agenda feminista pioneira.

LEITURAS SUGERIDAS

Ethnic Humor Around the World: A Comparative Analysis, de Christie Davies (Indiana University Press, 1990), avalia as origens de tais piadas em todos os continentes, explicando, com uma profusão de exemplos, como, por que e de que pessoas falam as piadas étnicas de todos os lugares.

Humor in Society, organizado por C. Powell e G.E.C. Paton (Macmillan, 1987), é uma coleção de artigos pioneira, incluindo vários a respeito de aspectos do humor étnico, com o argumento central de que o humor é usado por e em certos grupos para manipular a tensão nas relações conflitantes, especialmente aquelas que dizem respeito a grupos étnicos.

"Courtship, comedy, and Afro-American expressive culture in Zora Neale Hurston", de B. Munroe, em *Look Who's Laughing: Gender and Comedy*, organizado por G. Finney (Gordon & Breach, 1994), avalia algumas comediantes-chave do século XX e estilos da expressão cômica afro-americana.

Ver também: ESTEREÓTIPO; FEMINISMO NEGRO; MÍDIA E RACISMO

GEORGE PATON

IDEOLOGIA

Este é um termo cujo conceito é objeto de contínuo debate e argumentação, embora todos os seus usos sugiram que ele se refere a um complexo de idéias. Isso reflete a sua origem, no final do século XVIII, quando era usado para designar a ciência das idéias. Ainda nessa época assumiu outros significados, na mesma época, um deles ainda predominante no discurso do senso comum e no pensamento político conservador. É utilizado de forma pejorativa para designar uma teoria impraticável ou fantasiosa, idéias sem fundamento teórico e que ignoram "os fatos". Nenhum desses dois usos tem importância significativa no modo como o conceito é analiticamente empregado nos dias de hoje.

Os usos analíticos contemporâneos refletem os diferentes modos pelos quais o conceito foi empregado por Marx, que em seus escritos o apresente com dois usos distintos. O primeiro refere-se a descrições falsas e ilusórias da realidade, um sinônimo da noção de falsa consciência. Esse uso encontra-se claramente expresso em *A ideologia alemã,* escrito por Marx e Engels em 1846. Essa noção de ideologia é utilizada tanto pelos marxistas quanto pelos críticos do marxismo, aliada a uma interpretação mecânica da metáfora de base/superestrutura. Isso fica evidente nos argumentos que reivindicam que a ideologia é o reflexo e o produto dos interesses da classe governante e tem a função de esconder da classe trabalhadora a "real" natureza de sua dominação e exploração.

O segundo uso do termo verificado nos escritos de Marx refere-se ao complexo de idéias que correspondem a determinados grupos de interesses e experiências materiais. Esse uso é encontrado em seus últimos trabalhos, notadamente em *Grundisse* e *O capital.* Contudo, esse uso fragmenta-se em duas diferentes ênfases. Por um lado, a ideologia é usada para designar genericamente o significado das formas de consciência geradas e reproduzidas no decorrer da reprodução da vida material. Por outro, para se referir ao fato estrutural da consciência: nesse sentido, a ideologia é empregada para se referir a um nível ou dimensão particular de uma formação social. Os dois usos, contudo, são normalmente associados a uma distinção adicional entre ideologia e ciência, que implícita (se não explicitamente) nos traz de volta à elaboração do tema ilusão. A introdução ao conceito de ciência como polaridade é necessária para permitir uma avaliação crítica da natureza e do conteúdo da ideologia nesses dois novos sentidos.

O trabalho de Althusser e Poulantzas gerou grande parte desse recente debate, do qual emergiram alguns importantes esclarecimentos e desenvolvimentos. Um deles diz respeito à análise do racismo e do nacionalismo como ideologias. Argumentou-se recentemente que, embora as ideologias refiram-se a descrições do mundo totalmente falsas, estas devem ser analisadas e entendidas de modo a permitir que o povo que as articula possa, contudo, compreender o mundo por meio delas. Isso significa que a geração e a reprodução ideológica não podem ser compreendidas somente por algumas noções de falsa percepção ou dominação da classe governante. A última pode ser empiricamente a mesma em determinados exemplos, mas esta não é a essência completa da ideologia. É mais importante explicar por que e como as ideologias "funcionam" no que diz respeito às relações essenciais do modo de produção, permitindo, assim, uma certa autonomia da formação e da reprodução da ideologia. As ideologias são, portanto, imprecisas, não tanto devido à falsa percepção ou doutrinação, mas a determinadas formas nas quais as relações de produção podem ser vivenciadas e expressas fenomenalmente.

Outro esclarecimento importante que emerge dos recentes debates é fruto do renovado interesse no trabalho de Gramsci, do qual surgiu o conceito de senso comum, designando o complexo de idéias e percepções, organizadas sem coerência, que são conseqüências tanto de uma tradição histórica quanto de uma experiência direta, por meio das quais as pessoas mediam a sua vida cotidiana. O termo ideologia pode se referir a esse senso comum que é caracterizado, não somente pela sua "factualidade", mas também pela sua desorganização interna. A ideologia pode, portanto, referir-se a um complexo de idéias que são o produto de um pensamento sistemático, mas também a um conjunto de idéias internamente contraditório e incoerente, por meio das quais a vida cotidianas é vivida.

Esses debates ganham novas feições de acordo com o modo pelo qual o racismo é analisado como ideologia. Utilizou-se a tradição marxista clássica para argumentar que o racismo é uma ideologia criada pela classe dominante numa sociedade capitalista para justificar a exploração das populações coloniais e dividir a classe trabalhadora. Isso reproduz claramente a noção de ideologia como uma criação ilusória da burguesia. Mais recentemente, com base na segunda definição marxista de ideologia, o racismo começou a ser analisado como uma ideologia (complexo de "fatos" e explicações) que deforma a experiência particular e a posição material na economia capitalista mundial. Ela tem condições de existência independente, embora as mesmas não sejam completamente independentes dos parâmetros materiais da formação social. Sob essa perspectiva, significativo é que a ideologia do racismo permite que seções de todas as classes entendam e interpretem intelectualmente o mundo de uma maneira consistente com base em suas experiências. Embora a natureza ilusória das idéias seja abertamente reconhecida (de acordo com a avaliação histórica analítica da idéia de "raça", a ciência, por exemplo), argumentou-se que elas, contudo, oferecem, num certo nível, uma explicação relativamente coerente do mundo percebido e experienciado. Nessa forma extrema, com esse argumento, o racismo torna-se uma dimensão adicional do nível ideológico da formação social. Nesse nível de formação social, pode-se, portanto, identificar uma luta e um conflito ideológico entre racistas e anti-racistas, que não é tido como um conflito entre forças puramente proletárias e burguesas.

LEITURAS SUGERIDAS

On Ideology, do Centre for Contemporary Cultural Studies (Hutchinson, 1978), é uma exposição detalhada dos recentes desenvolvimentos das análises marxistas no debate acerca da natureza da ideologia.

Marxism and Historical Writing, de P. & Q. Hirst (Routledge & Kegan Paul, 1986), apresenta uma discussão crítica das teorias marxistas contemporâneas, com vistas a uma avaliação da ciência materialista da história.

Marx's Method, de Derek Sayer (Harvester, 1979), analisa a natureza e o lugar da ideologia no materialismo histórico de Marx, que rejeita explicitamente a noção de ideologia como criação conspiratória.

Ver também: HEGEMONIA; MARXISMO E RACISMO; NACIONALISMO; RACISMO

ROBERT MILES

Índios Americanos

Há mais de 40 mil anos, os primeiros grupos de mongóis abriram caminho ao longo do Estreito de Bering em direção ao que hoje é o Alasca. Seguindo por corredores livres de gelo, que atualmente formam o Canadá e a região norte dos Estados Unidos, bandos desses migrantes avançaram por mais de 11 mil milhas para o sul até a ponta da América do Sul, onde ainda se encontram seus vestígios, datados de 8 000 a.C. À medida que se dirigiam para as oito zonas climáticas da América do Norte, Central e do Sul, os migrantes, ou índios americanos, foram se adequando ao meio ambiente. O maior progresso foi na área que vai do México central até Bolívia e Peru, onde o cultivo de milho trouxe a prosperidade e a criação de cidades, com praças, parques, edifícios públicos e amplo comércio com outras regiões.

1492 – 1800: CONQUISTA

Alguns índios estabeleceram-se no que atualmente são os Estados Unidos, e muitos dos progressos iniciados no México e na Guatemala, como o cultivo do milho e a construção de pirâmides, começaram a ser introduzidos no Norte. A comunicação entre as tribos nos Estados Unidos era muito difícil por conta das cinqüenta línguas e dialetos diferentes, mas o comércio floresceu especialmente no vale do Mississipi, onde búzios e pérolas do Golfo do México eram levados para as aldeias em Illinois e áreas próximas, e o cobre da região dos Grandes Lagos era distribuído por centenas de milhas.

Havia aproximadamente 2 milhões de índios vivendo dentro das fronteiras dos Estados Unidos quando os europeus chegaram no século XV. Os índios eram relativamente livres de doenças quando chegaram da Ásia, mas começaram a morrer em grande quantidade depois do contato com os europeus – varíola, malária, sarampo, cachumba e outras eram doenças contra as quais não haviam desenvolvido nenhuma imunidade. Entre 1519 e 1540, o principal período da conquista espanhola, as populações asteca, maia e inca foram reduzidas à metade. Em 1560, cerca de 40 milhões de índios podem ter morrido por causa do contato com os espanhóis.

Apesar de haverem encontrado ouro no Caribe e nas Américas Central e do Sul, os espanhóis não conseguiram encontrá-lo onde hoje se situam os Estados Unidos. Sua entrada na região está marcada por alguns poucos fortes e várias missões erguidas para converter os índios americanos. Os franceses tiveram mais sorte, uma vez que vieram à procura de peles. No vale do Mississipi há muitas cidades que se desenvolveram a partir de postos de troca, como Detroit, St. Louis, Nova Orleans e Green Bay.

O maior número de colonizadores veio da Inglaterra. Eles assinaram um acordo com os índios para a aquisição de terras. Quando as várias famílias vindas das ilhas britânicas e do continente europeu invadiram as terras das tribos, surgiu o conflito. Em 1763, a resistência dos índios à colonização britânica no Centro-Oeste forçou a Coroa inglesa a declarar a Linha da Proclamação, que continua a ser a base legal para a fundação de reservas, reivindicação de terras e direitos aborígenes nos Estados Unidos e Canadá. A proclamação proibia a colonização a oeste da linha formada pelo escoamento que divide os montes Apalaches; todas as pessoas que houvessem ultrapassado essa fronteira tinham de ir embora. Qualquer concessão futura de terras na América indígena teria de ser negociada entre os representantes da Coroa britânica e os líderes das tribos. Uma das causas da Guerra Revolucionária Americana (1775-81) foi a tentativa do governo britânico de verificar o suposto direito dos colonizadores de se expandir desimpedidamente nos territórios índios, protegendo as terras da América indígena das incursões de britânicos.

Com o aumento do número de índios nascidos brancos (*creoles*) e mistos (*mestizos*) na América Central e do Sul, os índios de sangue puro se revoltaram contra os impostos altos e o trabalho forçado, mas as insurreições contra os espanhóis, como a dos incas no Peru, em 1780, fracassaram, e os índios de puro sangue foram sendo gradualmente segregados em áreas rejeitadas pelos *creoles* e *mestizos* na época. O trabalho forçado dos maias nas plantações de banana e café da Guatemala persistiram por muitos anos até o século XX.

Depois de as colônias haverem conquistado sua independência, como os Estados Unidos, o direito dos índios à terra foi respeitado e o governo passou a tomar posse delas apenas por meio da compra ou de outros meios legais. Em 1789, Henry Knox, o Primeiro Secretário de Guerra, recomendou que o governo federal e não os estados detivessem a primazia nos assuntos indígenas, e que qualquer aquisição de terra fosse realizada sob a regulamentação do governo federal. Sua recomendação foi adotada pelas autoridades federais. A partir desse momento, sempre que uma das várias tribos do Oeste se insurgia contra os colonos que haviam invadido suas terras e saía derrotada na guerra contra os brancos, seus membros eram enviados para uma reserva de tamanho reduzido ou para perto da antiga residência da tribo. Tal transação foi autorizada por um acordo assinado pelos líderes tribais e representantes do governo federal.

1830-1935: REMOÇÃO

O Ato de Remoção dos Índios, de 1830, conduziu à "remoção" forçada de 100 mil índios de suas terras, principalmente os cherokee da Carolina do Norte e os seminole da Flórida. O ato se manteve leal ao espírito da Proclamação de 1763, pelo qual a separação era a linha-mestra. Com o acentuado movimento dos colonizadores para o Oeste, houve um aumento das guerras entre índios e brancos. O conflito sempre terminava com a tribo sendo confinada numa reserva de tamanho bastante reduzido, ou com a sua remoção para Kansas ou Oklahoma, onde lhe era designada uma reserva. Uma vez na reserva, a tribo passava a ser governada pelos termos do acordo assinado com o governo que determinava o tamanho da reserva, a quantidade de comida a ser fornecida e o dinheiro ou anuidades que receberiam por 10 ou 15 anos. Havia agentes do governo que supervisionavam uma equipe que incluía um fazendeiro, um professor e um intérprete. Apesar de terem sido confinados em reservas sob a ameaça de uma força armada, os índios conseguiram resistir a períodos de fome quando o governo ignorou os termos do acordo a respeito da distribuição de comida. Grande parte das terras das reservas não era adequada ao trabalho agrícola ou pecuário e a qualidade de ensino nas escolas de apenas um cômodo era precária.

DE 1936 ATÉ OS DIAS DE HOJE: CULTURAS SEPARADAS

Durante o período passado na reserva, professores e agentes tentaram mudar o modo de vestir dos índios, além de cortar o cabelo dos homens, erradicar a religião indígena e seu estilo de vida, e trocar seus nomes, dando-lhes um nome e sobrenome que pudessem ser pronunciados pelos brancos; uma assimilação forçada acrescida à ênfase de uma estrita separação. A resistência a esse processo terminou em 1890 na Batalha de Wounded Knee, quando duzentos índios sioux foram massacrados pelas forças americanas. Em 1887, o Congresso aprovou o Loteamento Geral, ou Ato de Dawes, que tratava da divisão da maioria das reservas em áreas de 160 acres a serem concedidas a todo índio adulto, sendo que as terras restantes ficariam disponíveis para venda ao público em geral. A grande maioria das reservas foi liquidada, mas os índios aproveitaram muito pouco de seus lotes de terra, pois, quando o proprietário morria, a terra era dividida entre os seus vários filhos, transformando-se em áreas excessivamente pequenas para a administração bem-sucedida de uma fazenda ou para o pastoreio. Grande parte das terras foi perdida para os brancos por conta de leis inadequadas que não protegiam os direitos dos índios. Em 1935, aproximadamente 100 mil deles já haviam perdido as suas posses.

Cerca de 40 anos após a aprovação do Ato de Loteamento, Lewis Merian foi nomeado pela Secretaria do Interior para investigar as condições em que viviam os índios. Merian descobriu que a maioria deles era extremamente pobre, incapaz de se adequar à sociedade branca e que grande parte da terra em que eles viviam não podia sustentar um fazendeiro branco experiente. Além disso, a saúde era precária, bem como a qualidade de ensino. O álcool contribuiu significativamente para a precariedade da saúde dos indígenas ao longo da história de suas relações com os brancos, em que mercadores e comerciantes de uísque disponibilizaram um suprimento de bebida alcoólica aos índios, dando início a hábitos que persistem até os dias de hoje.

Como resultado do Relatório Merian, o Ato de Reorganização Indígena foi aprovado em junho de 1934. Isso permitiu que os índios escrevessem uma constituição, formassem um governo e conseguissem empréstimos de um fundo de crédito para estabelecer negócios nas reservas. De acordo com os termos desse ato, o prefeito eleito entre os membros da tribo tomaria o lugar dos chefes, e atividades como criação de gado, implementação de fazendas, abertura de fábrica de enlatados de salmão e construção de acomodações para turistas ajudaram a aumentar a renda média dos índios que trabalhavam nessas empresas. Língua, religião e artes indígenas foram incentivadas e os padrões de ensino, elevados.

Esse programa tinha como objetivo reverter os efeitos das antigas tentativas de assimilação forçada: ele reconhecia a singularidade cultural dos índios e refutava qualquer esforço para alterar essa realidade.

O ativismo indígena norte-americano contemporâneo pode ter começado em 1961, em Chicago, quando quinhentas pessoas compareceram a uma conferência que visava a revisão de políticas passadas e a formulação de novas. Alguns jovens delegados dessa conferência formaram a Conferência Nacional da Juventude Indígena, que patrocinou demonstrações e protestou contra a prisão de índios pescadores, os quais tinham seus direitos de pesca garantidos em acordos federais. O Congresso começou a aprovar várias leis, incluindo o Ato de Autodeterminação de 1975, que beneficiou a educação, a previdência social e os direitos civis dos índios e reforçou o seu *status* legal como um grupo étnico distinto. Em 1972, dois membros do Movimento dos Índios Norte-americanos foram assassinados em Wounded Knee, mostrando que a resistência entre os índios norte-americanos ainda estava viva. Em 1990, os mohawks, em protesto, mantiveram um cerco a Oca, Quebec, durante 11 semanas.

Uma recente interpretação da lei federal que rege as reservas possibilitou a abertura de tabacarias, lojas, bingos e cassinos e um aumento no orçamento das tribos. Como as leis referentes aos impostos e regulamentos não valem nas reservas, as tabacarias que lá passaram a funcionar começaram a vender cigarros a um preço mais barato do que o cobrado em qualquer outro lugar do Estado. Com esse sucesso, vieram os bingos que ofereciam prêmios muito mais altos do que em qualquer outro lugar, chegando finalmente à abertura de cassinos. Todo esse dinheiro adicional deu às tribos a chance de prover melhores moradias e oportunidades econômicas a seus membros. Há, hoje em dia, tantos índios na América quanto o que havia quando Colombo lá aportou em 1492 (2 milhões). Todavia, como muitos deles têm apenas uma pequena parcela de sangue índio, esse número é bastante relativo.

LEITURAS SUGERIDAS

Education for Extinction: American Indians and the Boarding School Experience, 1875-1928, de David Wallace (University of Kansas Press, 1990), relata como as crianças índias foram retiradas de suas casas e levadas para internatos do governo para que a cul-

tura branca pudesse começar a criar raízes; a cultura "selvagem" dos índios foi desaparecendo aos poucos até a completa extinção.
The American Indian: Prehistory to the Present, de Arrel M. Gibson (D.C. Health and Co., 1988), é um bom texto-base.
Custer Died For Your Sins: An Indian Manifesto, de Vine Deloria Jr. (University of Oklahoma Press, 1988), é uma notável história, contada do ponto de vista dos índios norte-americanos.

Ver também: CONQUISTA; *CREOLE*; CULTURA, EXPLORAÇÃO; POPULAÇÕES INDÍGENAS

JAMES A. COVINGTON

INTEGRAÇÃO

Descreve uma condição pela qual diferentes grupos étnicos podem manter suas fronteiras grupais e singularidades participando, ao mesmo tempo e igualmente, dos processos essenciais de produção, distribuição e governo. A diversidade cultural é mantida sem a implicação de que alguns grupos tenham mais acesso a recursos que outros. Para que seja completamente integrada, uma sociedade deve remover as hierarquias étnicas que permitem acessos diferenciados e encorajar as contribuições de todos os grupos para o todo social.

Na Grã-Bretanha, a integração tem sido um ideal político desde 1966, quando o então Secretário da Habitação, Roy Jenkins, a definiu como "não um processo de achatamento, de assimilação, mas de oportunidades iguais, acompanhadas de diversidade cultural numa atmosfera de tolerância mútua". O contraste com a assimilação é importante: longe de facilitar a absorção de uma cultura por outra, a integração torna necessária a retenção ou até mesmo o fortalecimento das diferenças dos grupos étnicos. A metáfora popular de assimilação foi o "cadinho de raças"; a da integração é a da "salada mista", com seus ingredientes separados e distinguíveis mas não sendo um menos valioso que os outros. (O Canadá preferiu o conceito "mosaico étnico", com as diferentes peças da sociedade reunidas em um arranjo.)

Nos Estados Unidos, a integração é usada como sinônimo de pluralismo, especificamente "pluralismo igualitário", como Martin Marger o chama, em que equilíbrio e coesão são mantidos entre os vários grupos e no qual não há minorias étnicas porque não há hierarquias étnicas. Num certo sentido, os grupos étnicos tornam-se grupos de interesse político que competem por recompensas da sociedade. Essas diferenças competitivas, contudo, não conduzem necessariamente ao conflito: elas são mediadas por meio de um "razoável dar e receber, no contexto dos hábitos consensuais da sociedade", de acordo com Marger (*Race and Ethnic Relations*, 2ª ed. edição, Wadsworth, 1991). As diferenças grupais nunca são ameaçadas, porque o respeito mútuo é uma parte importante da ordem social, havendo apenas a necessidade de um acordo quanto às diretrizes do governo, pelas quais a produção e a distribuição dos recursos escassos seja justamente manejada e a lei, operada.

Em algumas sociedades, como Bélgica, Canadá e Suíça, foram criadas instituições para assegurar a distribuição de recursos de maneira etnicamente proporcional, protegendo as diferenças culturais e mantendo os grupos integrados no todo. Integração significa mais que coexistência; implica uma participação ativa de todos os grupos e um acordo quanto aos métodos apropriados de organização e distribuição do poder, privilégios, direitos, bens e serviços, sem comprometer as diferenças culturais.

Tanto na Grã-Bretanha como nos Estados Unidos, a integração permanece mais um ideal que uma realidade. Apesar da indisposição de grupos culturalmente distintos, houve um progresso muito lento em direção ao seu envolvimento em políticas principais, comércio, profissões e outras áreas-chave. Embora o racismo persistente tenha retardado o progresso da integração nos dois contextos, os grupos mobilizaram-se em torno de sua identidade étnica para forçar algumas medidas de integração. A Associação de Trabalhadores Indianos e a Associação de Trabalhadores Paquistaneses, na Grã-Bretanha, e o Movimento dos Índios Americanos e o Congresso da Igualdade Racial, nos Estados Unidos, são exemplos de grupos que evidenciaram a pressão política. O reconhecimento oficial por eles recebido pode ter sido pequeno, mas, a longo prazo, poderá facilitar uma participação mais completa na sociedade.

LEITURAS SUGERIDAS

Diversity in America, de Vincent N. Parrillo (Sage, 1995), analisa as possibilidades de integração entre as diversas etnias.

Majority and Minority, organizado por Norman Yetman (5ª ed., Allyn & Bacon, 1991), tem uma seção que abrange nove ensaios a respeito de "Padrões de integração étnica na América".

The Disuniting of America, de Arthur Schlesinger (Norton, 1991), é um ensaio polêmico que critica as tentativas de integrar diferentes grupos étnicos nos Estados Unidos, o que considera fútil e indesejável.

Ver também: AMÁLGAMA; ASSIMILAÇÃO; MULTICULTURALISMO; PLURALISMO

ELLIS CASHMORE

INTELIGÊNCIA E RAÇA

O debate acerca das diferenças raciais quanto à inteligência ferveu por mais de um século, especialmente no que diz respeito aos povos de origem africana. No Ocidente, os negros foram considerados há muito tempo como intelectualmente inferiores aos brancos e asiáticos; a partir do século XIX, as doutrinas racistas de Arthur Gobineau, Houston Stewart Chamberlain (mentor intelectual de Adolf Hitler) e outros procuraram respaldar cientificamente as teorias de diferenças mentais entre as raças. Durante a Primeira Guerra Mundial, quando os testes de QI começaram a ser amplamente aplicados a recrutas, alunos e outros grupos nos Estados Unidos, o interesse pelas diferenças raciais quanto à inteligência ganhou outro avanço. Os resultados foram utilizados para "provar" a inferioridade, não só dos negros, mas também dos imigrantes da Europa oriental e do sul.

Mais recentemente, o trabalho de Arthur Jensen e outros psicométricos manteve a controvérsia viva, em especial o artigo de Jensen, de 1969, publicado na *Harward Educational Review*, e seu *Bias in Mental Testing* (1980). Durante os últimos trinta anos, contudo, o grande peso da opinião científica foi depositado na vertente ambientalista de interpretação das diferenças entre os resultados dos grupos submetidos a testes de QI. Jensen foi repetidamente atacado por declarar que os negros americanos eram de forma inata inferiores em certas habilidades intelectuais, e que por volta de 80% das variações de desempenho em testes de QI se deviam à hereditariedade.

A posição "hereditária" de Jensen tem dois componentes principais, que são, teoricamente, separáveis. Um consiste em afirmar que a hereditariedade da inteligência *individual* é alta; o outro atribui as diferenças de inteligência dos *grupos* a fatores genéticos. A segunda afirmação de maneira alguma segue a primeira. É consenso para a maioria dos geneticistas que a inteligência humana é determinada por muitos genes, e que qualquer avaliação de um grupo, complexo em habilidades, por um teste de QI é suspeita. Mesmo que se aceite a validade do teste, fazer afirmações a respeito da hereditariedade de um traço poligênico vai muito além do escopo da genética moderna. Finalmente, transpor uma suposição de hereditariedade do fenótipo individual para o nível de diferenças entre grupos representa outro salto gigantesco para muito além dos dados. Na verdade, qualquer avaliação de hereditariedade é sempre específica de uma época e de uma situação: ela só se sustenta num grupo específico de condições ambientais. A hereditariedade de um determinado traço difere amplamente de um grupo para outro, se as condições ambientais variam (como ocorre claramente para negros e brancos americanos). Resumindo, as conclusões de Jensen não só se baseiam em suposições, como não se fundamentam na genética humana.

Há muitas provas de que Jensen errou ao atribuir as diferenças de resultados nos testes de QI para inteligência nata às diferenças "raciais". Grupos similarmente em desvantagem, em nada relacionados aos afro-americanos, também mostraram um hiato nos resultados de testes de QI de por volta de 10-15 pontos (o mesmo entre brancos e negros nos EUA). Isso incluiu grupos tão diversos quanto imigrantes europeus no Estados Unidos das primeiras décadas do século XX e judeus orientais na Israel atual. Inversamente, alguns subgrupos de afro-americanos nos Estados Unidos, em especial pessoas da Índia ocidental de descendência recente saem-se consideravelmente melhor que os afro-americanos continentais há muito assentados (que, assim como os indianos ocidentais, vêm principalmente das populações da África ocidental).

Não se pode negar que haja um importante componente genético na inteligência fenotípica, mas o nosso conhecimento rudimentar da genética humana não permite nenhuma hipótese baseada no grau de hereditariedade. Talvez a conclusão mais segura seja a de que a inteligência, assim como outros fenótipos comportamentais, seja 100% hereditária e 100% ambiental. Mesmo que a hereditariedade da inteligência em um grupo pudesse ser comprovada, ela não seria a mesma num outro grupo, e a hereditariedade do grupo não seria uma base válida para explicar as diferenças entre eles.

É possível que existam significativas diferenças nas freqüências dos genes que afetam a inteligência entre os grupos humanos, mas nenhuma foi encontrada até hoje, nem é plausível concluir qualquer uma com os dados existentes. O peso das provas aponta para uma explicação ambiental das diferenças entre os resultados de diversos grupos nos testes de QI. De qualquer maneira, as diferenças entre os grupos são bem menores do que as diferenças individuais dentro dos mesmos. As individuais, nos desempenhos em testes de QI, são provavelmente atribuíveis a uma mistura de fatores genéticos e ambientais, em proporções desconhecidas. O mais problemático de tudo é até que ponto os testes de QI são uma medida significativa de inteligência.

LEITURAS SUGERIDAS

"How much can we boost I.Q. and scholastic achievement", de Arthur Jensen, em *Harvard Educational Review* (v. 39, 1969, p. 1-123), é o tratamento mais acadêmico da posição hereditária.

Inequality, de Cristopher Jencks (Basic Books, 1972), defende 45% de hereditariedade nos resultados de testes fenótipos de QI, com variações de 20%, para mais ou para menos.

The I.Q. Controversy, organizado por N. J. Block e Gerald Dworkin (Pantheon, 1976), é uma coletânea de ensaios a respeito de testes de QI e suas implicações para a política social; pode ser proveitosamente lido com o capítulo seis de *Race and Culture: A World View*, de Thomas Sowell (Basic Books, 1994).

The Bell Curve: Intelligence and Class Structure in American Life, de Richard Herrnstein e Charles Murray (Free Press/Simon & Schuster, 1994), é um controvertida declaração a respeito da relação entre inteligência, raça, classe e várias outras características sociais, como crime, ocupação e educação.

Ver também: AMBIENTALISMO; DARWINISMO; FENÓTIPO; GENÓTIPO; HEREDITARIEDADE; HEREDITARISMO;

Pierre L. Van den Berghe

IRLANDESES E COLONIALISMO

A experiência do emigrante irlandês só pode ser compreendida pelo reconhecimento do dramático impacto dos séculos de colonialismo britânico para esse povo. Devido à sua posição geográfica e seus feudos políticos internos, a Irlanda tornou-se a primeira colônia inglesa. Os normandos estabeleceram colônias no século XII, mas foi somente depois do século XVI que a colonização sistemática teve início, durante o governo dos Tudor e de seus sucessores. Apesar de os normandos terem sido finalmente assimilados pela sociedade tradicional gaélica, os invasores do século XVI não o foram. Como resultado do rompimento da Inglaterra com o catolicismo, a conexão entre os dois países terminou por se romper. Conseqüentemente, a religião passou a ser o modo pelo qual o colonizador se distinguia do colonizado. Isso foi exacerbado pelo fato de números significativos de colonizadores protestantes escoceses e ingleses obterem subseqüentemente as terras dos católicos nativos por intermédio da Coroa inglesa, em especial em Ulster. Os irlandeses nativos foram representados como ateus selvagens, os "mais incivilizados, mais sujos, mais bárbaros e mais brutos em seus costumes e comportamentos do que qualquer outra civilização conhecida". Isso fornecia uma justificativa para privar a população nativa – "os Outros não-civilizados" – de seus direitos religiosos, civis e à terra por meio de conquistas militares e legislações, como as Leis Penais de 1697. No início do século XVIII, quase 90% da terra estava nas mãos de não-católicos de origem estrangeira. O único modo legal de os católicos poderem manter a propriedade de suas terras era renunciando à sua religião.

Destituição e Migração

O colonialismo trouxe a destruição para a maior parte da população irlandesa, o proletariado. Um reformista agrário inglês, Arthur Young, comparou a situação do proletariado do final do século XVIII com a dos escravos. Eles sobreviviam com o cultivo de um único produto, a batata, enquanto os demais produtos por eles produzidos eram exportados. Quando esse produto não vingou, entre 1845 e 1851, 1,5 milhão de pessoas morreu de doença e fome. O primeiro-ministro na época, Lord Russell, declarou: "É preciso que se compreenda completamente que nós não podemos alimentar as pessoas". Não há dúvida de que a fome resultou da natureza do sistema econômico gerado pelo colonialismo. De todos os países do norte da Europa, somente na Irlanda uma porcentagem tão grande da população dependeu de um único alimento para sua sobrevivência.

A fome atingiu de forma dramática a sociedade irlandesa. A força militar e a legislação repressiva nunca resultaram na aceitação do colonialismo por parte dos irlandeses. Contudo, a patente magnitude do desastre destruiu a infra-estrutura de uma cultura celta distinta. A língua gaélica, por exemplo, instrumento dessa cultura, foi virtualmente extinta em decorrência da gravidade do impacto causado pela fome nas áreas geográficas em que ela havia sido extensivamente usada.

A emigração em massa também tornou-se parte da experiência irlandesa. Embora já existisse há séculos, a migração para a Grã-Bretanha era periódica, e a migração dos escoceses-irlandeses para a América do Norte havia sido relativamente pequena. Muitos irlandeses foram levados para a Austrália como criminosos. Entre 1841 e 1861, porém, meio milhão de irlandeses estabeleceu-se na Grã-Bretanha. De maior significado foi o fato de entre 1846 e 1850 aproximadamente 900 mil pessoas terem migrado para a América do Norte, e a população irlandesa-americana ter, em 1860, saltado para 1,5 milhão de pessoas. Muitos irlandeses não sobreviveram à jornada desesperada pelo Atlântico em "navios-caixões". Em 1848, por exemplo, dos 100 mil que partiram para o Canadá, 17 mil morreram durante o percurso, e 20 mil logo após sua chegada. Em Grosse Island, um porto de imigrantes em Quebec, uma inscrição dizia: "Neste local repousam os restos mortais de 5294 pessoas, que fugindo da epidemia e da fome na Irlanda no ano de 1847, encontraram na América apenas o seu túmulo". Essa trágica diáspora irlandesa durou até 1921.

Tanto na Grã-Bretanha como na América do Norte, os irlandeses suportaram a hostilidade anticatólica dos anglo-saxãos e anglo-americanos e foram acusados de tomar seus empregos, diminuir os salários e causar problemas políticos. *Charges* antiirlandeses, representando-os como uma raça menos desenvolvida, eram publicadas em revistas como a *Punch* e apoiadas por autores respeitáveis como Thomas Carlyle, Elizabeth Gaskell e Charles Kingsley. Este afirmou que "é terrível ver chimpanzés brancos; se eles fossem pretos, não seria tão impressionante. Porém, a sua pele, exceto quando bronzeada por causa da exposição ao sol, é tão branca como a nossa". O historiador americano

Edward A. Freeman, comentou que "essa seria uma grande terra se cada irlandês matasse um negro e fosse enforcado por isso". É nesse contexto de "irlandofobia" que a caricatura racista dos Paddy bêbados, violentos e ignorantes se estabeleceu. A suposta "selvageria" e "imprevisibilidade", pelas quais eram representados, demonstrava que os autores questionavam se eles algum dia poderiam ser assimilados pela sociedade.

Adaptação, Assimilação e Reafirmação

Os irlandeses habitantes da América do Norte conseguiram, apesar de tudo, adaptar-se e encontrar um mecanismo de assimilação, o que não ocorreu na Grã-Bretanha. Em virtude da sua concentração urbana, seu domínio dos serviços municipais, tais como polícia e corpo de bombeiros, sua transição para um proletariado urbano e sua mestria no processo político democrático anglo-saxão, eles foram capazes de construir mecanismos políticos poderosos em várias cidades. Essas máquinas partidárias democráticas passaram a oferecer, a partir da década de 1870, os meios pelos quais os irlandeses conseguiram obter respeitabilidade na sociedade norte-americana, desafiar seus oponentes WASP (Ku Klux Kan) e estabelecer a sua superioridade em relação a outros grupos minoritários e étnicos. Argumenta-se que a eleição do presidente John F. Kennedy indicou o final do período de assimilação dos irlandeses na sociedade americana. Essa eleição removeu finalmente qualquer resquício do sentimento de inferioridade social e insegurança. Muitos, contudo, ainda acreditam que tanto o presidente quanto o seu irmão foram assassinados por serem irlandeses católicos.

Durante todo esse complexo processo de transição de gerações, adaptação e assimilação, muitos irlandeses jamais esqueceram a sua pátria. Esse exílio relutante carregava consigo uma sensação de banimento colonial, um repúdio ao povo inglês e uma romantização da Irlanda.

Não é de surpreender o fato de as comunidades irlandesas na América do Norte terem fornecido recrutas, dinheiro e apoio a sucessivas revoltas contra a presença inglesa na Irlanda. As noções de "caráter irlandês" como identidade étnica clara na América do Norte foram, em muitos aspectos, construídas em oposição ao "caráter inglês". Contudo, muitos também decidiram esquecer o "antigo país" e "os velhos tempos". Eles conviviam com a (1) "vergonha" de ter chegado ao Novo Mundo como pobres e despossuídos; (2) "culpa" por terem abandonado a família e os amigos a um destino trágico; (3) "negação" de suas origens para superar o preconceito disseminado e a discriminação; (4) auto-imagem de "sobreviventes", que não tinham outra opção a não ser olhar para o futuro em vez de lutar contra um passado humilhante.

Talvez seja a problemática ambivalência entre "memória" e "esquecimento" a explicação para o fato de ter sido somente depois da década de 1980 que milhões de norte-americanos sentiram curiosidade e segurança suficientes para recuperar, lembrar e "reimaginar" as suas raízes.

A Irlanda continua a ser afetada pela sua experiência colonial. Em 1922, em conseqüência da Guerra da Independência, o país foi dividido. Isso prejudicou seriamente a psique nacional, impedindo tanto o processo de descolonização quanto a construção de uma unidade pós-colonial. Em seis países de Ulster, os descendentes dos colonizadores do século XVII criaram um Estado protestante para um povo protestante. A minoria católica foi privada de seus direitos civis básicos e sofreu uma considerável discriminação. No final da década de 1960, utilizando métodos emprestados do movimento norte-americano pelos direitos civis, os católicos desafiaram o *status quo* e desde esse período tem havido uma violenta luta sectária para manter a existência da Irlanda do Norte.

A divisão teve conseqüências consideráveis para o resto da Irlanda. A crise de Ulster sempre ameaçou a sua estabilidade em razão da possibilidade de a violência se disseminar a partir do Sul. Economicamente, a divisão privou a República da Irlanda de sua região mais industrializada, e sucessivos governos tiveram de lidar com as conseqüências do subdesenvolvimento do resto do país. Como resultado, o único produto importante que o país exporta são sucessivas gerações de jovens irlandeses. Durante as décadas de 1980 e 90, dezenas de milhares deles partiram para a Grã-Bretanhã e países da Europa. Existem evidências que sugerem que essa nova diáspora tenha revitalizado as comunidades irlandesas existentes nos dois países. Contudo, o ressurgimento da emigração em massa está fazendo desaparecer cidades e municípios irlandeses, já que só os muito velhos e os muitos jovens lá permanecem.

LEITURAS SUGERIDAS

The Irish World Wide: History, Heritage, Identity, organizado por P. O'Sullivan (St. Martin's Press, 1994), é o tratado interdisciplinar do "estado da arte" dos irlandeses fora de seu país. É composto por seis diferentes volumes:
Volume 1: Patterns of Migration
Volume 2: The Irish in New Communities
Volume 3: The Creative Migrant
Volume 4: Irish Women and Irish Migration
Volume 5: Religion and Identity
Volume 6: The Meaning of the Famine.
Emigrants and Exiles, de K. Miller (Oxford University Press, 1985), continua sendo um dos livros mais importantes a respeito da migração irlandesa para a América do Norte.
From the Ward to the White House: The Irish in American Politics, de G. E. Reedy (Charles Scribners & Son, 1991), apresenta uma boa visão do impacto dos irlandeses no desenvolvimento do sistema político partidário dos Estados Unidos.
The Great Calamity: The Irish Famine, de C. Kinealy (Gill & Macmillan, 1994), é a mais abrangente análise do que "a grande fome" significou para os irlandeses.

Ver também: DIÁSPORA; ETNIA; MIGRAÇÃO; MINORIAS
EUGENE MCLAUGHLIN

JACKSON, JESSE (1941-)

Membro ativo da Conferência dos Líderes dos Cristãos do Sul no período crucial de 1966-71, quando tinha pouco mais de 20 anos, nascido na Carolina do Sul, Jackson tornou-se um líder e porta-voz extraordinariamente enérgico e impressionante dos negros norte-americanos. Ele afirma ter sido amigo íntimo de Martin Luther King e sempre fala de como o líder morreu em seus braços – reivindicação de muitos dos que estiveram presentes na morte do líder. Em 1969, liderou a Coalisão dos Negros Ativos por uma Ação Comunitária Unificada. Em 1971, criou o Pessoas Unidas para Salvar a Humanidade (Push), com sede em Chicago. Esse grupo de pressão tinha um engenhoso repertório de estratégias, uma delas baseada na ameaça de boicotes da população negra aos produtos das companhias que não cedessem às demandas do Push, como contratar ou promover mais empregados negros.

O reverendo Jackson não teve sucesso na sua tentativa de nomeação como candidato à presidência pelo Partido Democrata em 1984, mas sua campanha, por vezes controvertida, chamou muita atenção. Em 1988, ele concorreu com Michael Dukakis. Ressaltava continuamente a natureza "multicultural" da sociedade norte-americana utilizando seu conceito de "Coalizão Arco-Íris", uma chamada para a unidade política de todos os grupos tradicionalmente marginalizados nas políticas eleitorais, incluindo as minorias étnicas, mulheres, pobres e ambientalistas. Jackson tentou ir além dos interesses étnicos, evitando o questionável título de "candidato negro" e pregando uma disseminação mais ampla dos grupos – tentativa que não foi completamente bem-sucedida como indica o antagonismo da comunidade judaica.

Depois de 1988, Jackson não tentou mais conquistar cargos políticos, mesmo quando lhe foi "implorado" que o fizesse (como na eleição para prefeito de Washington, em 1990). Apesar de não ter um cargo oficial no governo, Jackson manteve-se influente, como atestaram várias pesquisas da década de 1990, confirmando que ele estava entre as figuras mais amplamente reconhecidas da vida pública da América do Norte. Em 1989, visitou a então União Soviética e a África em séries de viagens internacionais *high-profile*. Tal foi a sua proeminência que ele foi capaz de se encontrar e negociar com vários chefes de Estado. Em 1990, teve um programa de TV, no qual recebia vários convidados para debates. A estratégia da Push, que havia sido bem-sucedida na década de 1980, sofreu um reverso em 1991, quando o fabricante de artigos esportivos Nike, que contrata muitos negros para a publicidade de seus produtos, recusou-se a negociar. O boicote de Jackson fracassou, e a Nike saiu ilesa.

Durante a Guerra do Golfo em 1991, Jackson viajou para o Iraque para persuadir Saddam Hussein a libertar seus reféns. Apesar da forte especulação em 1992, ele se recusou a concorrer a presidência, com a seguinte argumentação: "as bases de minha força e credibilidade não estão em nenhum cargo ou posição, mas na minha relação com o povo", e acrescentou que aqueles que haviam assumido cargos no governo "acabaram tornando-se conservadores e cautelosos".

LEITURAS SUGERIDAS

"Profiles: Jesse Jackson", de Marshall Frady, é um artigo de 89 páginas dividido em três partes publicado no *The New Yorker* (3, 10 e 17 fev. 1992). "Jesse Jackson and the new black political power", de William Strickland, publicado em *Black Enterprise* (v. 21, nº 1, ago. 1990), apresenta outro perfil.

The Jackson Phenomenon, de Elizabeth Colton (Doubleday, 1989) é uma série de reflexões do secretário de imprensa de Jackson no início de 1988.

The Jackson Phenomenon, de A.L. Reed (Yale University Press, 1986), gera controvérsia ao argumentar que as campanhas de Jackson, na verdade, mais prejudicaram do que ajudaram o movimento político negro americano.

Ver também: KING, MARTIN L.; MOVIMENTO PELOS DIREITOS CIVIS; POLÍTICA E "RAÇA"

ELLIS CASHMORE

JIM CROW

"Jim Crow" era um nome comum de escravo, e foi utilizado para intitular uma canção de Thomas Rice (1808-60), artista do século XIX. Essa canção ridicularizava os negros, retratando-os como idiotas engraçados, congenitamente preguiçosos, mas com uma aura de felicidade infantil. O nome foi aplicado à legislação que contribuiu para a prática da segregação entre brancos e afro-americanos.

Ao final da Guerra Civil, em 1863, foi promulgada a 13ª Emenda à Constituição Americana, a Proclamação da Emancipação, que libertou todos os escravos. Ela também trouxe à tona uma nova questão: a abolição da escravatura punha um fim na responsabilidade dos brancos para com os negros? O governo federal deveria dar proteção e recursos econômicos aos ex-escravos? Na tentativa de formular respostas a essas questões, o governo federal planejou reconstruir o Sul sobre uma nova base de igualdade.

Assim, quando oito estados do Sul, tentaram por meios legais conhecidos como "Black Codes", negar o acesso dos negros a trabalhos desejáveis e bem pagos, o governo federal introduziu duas emendas adicionais para garantir: (1) proteção igual a todos de acordo com a lei; (2) direito a voto igual a todos os homens (o que não incluía as mulheres).

A reconstrução mal havia começado quando a ocupação militar do Sul terminou em 1875. Estabeleceu-se uma crença de que os negros prosperariam por sua própria iniciativa e aplicação sem intervenção federal. Apesar de a Declaração dos Direitos Civis de 1875 garantir a todos os cidadãos o mesmo acesso aos recursos públicos, a ajuda do governo foi bastante limitada; segurança econômica e igualdade política eram questões para empreitadas pessoais. A hostilidade para com os negros era disseminada, especialmente no Sul, e o ressentimento vinha à tona cada vez que os negros exibiam alguma conquista. A 13ª Emenda deu fim à escravidão, mas isso não significou o fim das crenças racistas que a sustentavam.

Em 1883, a Suprema Corte dos Estados Unidos determinou que a Declaração de 1875 não se aplicava a "atos pessoais de discriminação social". Isso significava, em termos práticos, que as leis estatais que determinavam departamentos segregados para negros e brancos eram constitucionais. A idéia era a de que o governo federal havia-se excedido na ajuda aos negros em sua transição para a condição de homens livres. Desse modo, a Suprema Corte norte-americana privou a antiga legislação de sua borda afiada, restituindo a determinação dos direitos civis ao nível estatal e não mais federal. O que se seguiu passou a ser conhecido como a era "Jim Crow": os estados do Sul sancionaram uma série de estatutos que contribuíram para a segregação entre negros e brancos em esferas como educação, transporte, casamento e lazer.

O caso *Plessy v. Ferguson*, de 1896, foi uma virada do ponto de vista legal: a Suprema Corte validou o requerimento do estado de Louisiana que segregava os assentos dos trens. A doutrina que emergiu dessa decisão era a de que negros e brancos eram "separados, porém iguais". Mr. Plessy era, segundo ele argumentava, sete oitavos "branco", e mesmo assim era considerado, para todas os propósitos, um "negro"; não tendo, portanto, permissão para viajar nos vagões "só para brancos". A doutrina do "separado, porém igual" espalhou-se por todo o Sul, a ponto de em 1910 já haver um verdadeiro sistema de castas em prática. Ele servia para manter os negros em suas posições subordinadas, negando-lhes o acesso a níveis razoáveis de educação e empregos; o principal meio de sobrevivência dos negros era a meia.

A segregação "Jim Crow" era do tipo *de jure*, uma separação sancionada pela lei. Nos casos em que a lei não apoiava a prática de segregação invocava-se as forças da Ku Klux Klan. A ocorrência de linchamentos era disseminada e totalmente ignorada pelas autoridades legais, de modo que os negros se sentiam intimidados para desafiar a segregação e eram, em certa medida, forçados a aceitar a sua inferioridade. Em outras palavras, os negros não dispunham de nenhum recurso para ter acesso a uma boa educação, qualificar-se para melhores trabalhos, nem protestar agressivamente contra as suas condições (sem o medo de violentas represálias). Eram, portanto, fadados a se conformar com a imagem popular de "Jim Crow".

A decisão judicial que deu fim à era "Jim Crow" ocorreu em 1954, com o caso *Brown v. Board of Education*. As escolas segregacionistas foram declaradas inconstitucionais, um princípio estendido posteriormente aos ônibus, restaurantes, parques etc. As leis "Jim Crow" foram sendo gradualmente derrubadas durante a década seguinte, e sua dissolução total ocorreu com o Ato dos Direitos Civis de 1964.

LEITURAS SUGERIDAS

Race, Ethnicity, and Class in American Social Thought 1865-1919, de Glenn C. Altschuler (Harlan Davidson, 1982), é uma monografia histórica que descreve em detalhes os acontecimentos e as conseqüências desse período crucial para as relações raciais norte-americanas.

The Shaping of Black America, de Lerone Bennett, Jr. (Penguin, 1993), traça a história afro-americana desde 1619.

The Color Line: Legacy for the Twenty-first Century, de John H. Franklin (University of Missouri Press, 1994), argumenta que a "color line" instituída pelas leis "Jim Crow" ainda influenciam a educação, habitação, saúde e o sistema legal.

Ver também: DIREITOS CIVIS DOS EUA; ESCRAVIDÃO; LEI; MOVIMENTO PELOS DIREITOS CIVIS; MYRDAL, GUNNAR; SEGREGAÇÃO

ELLIS CASHMORE

KING, MARTIN LUTHER (1929-68)

Nascido numa família de classe média do Alabama, Luther King estudou no Morehouse College (Atlanta), Crozer Theological Seminary (Pensilvânia), onde foi ordenado na Igreja Batista Nacional, e na Boston University, onde obteve o seu doutorado em teologia, em 1955.

Quase um ano depois de obter o doutorado, Luther King, que estava servindo como pastor batista em Montgomery, Alabama, ouviu falar da recusa de Rosa Park em ceder seu assento na seção "só para brancos" de um ônibus municipal. Essa atitude histórica deu a King a oportunidade de iniciar uma série de boicotes que terminaram por originar um movimento de importância nacional, destinado a assegurar os direitos civis aos negros, na época ainda sofrendo os resquícios da era "Jim Crow", apesar do fim legal da segregação com a decisão do caso *Brown*, em 1954.

Luther King trabalhou com líderes civis negros, como Ralph Abernatthy, E. D. Dixon e Bayard Rustin, para promover um boicote aos ônibus de Montgomery. Durante todo o ano de 1956, cerca de 95% dos negros da cidade recusaram-se a usar os ônibus públicos. Em novembro de 1956, um decreto da Suprema Corte declarou que as leis de segregação nos ônibus da cidade de Montgomery eram inconstitucionais. Nos 11 meses que precederam essa decisão, Luther King despontou como um líder significativo, e o sucesso concreto de sua campanha terminou por transformá-lo. Como observa Marable, em seu livro *Race, Rebellion and Reform* (Macmillan, 1984), "do dia para a noite King tornou-se o símbolo carismático das aspirações políticas de milhões de pessoas de cor do mundo todo".

O sucesso do caso Montgomery provocou outros boicotes isolados, embora nenhuma campanha significativa de massa tenha sido concretizada antes da década de 1960. Luther King havia formado, em 1957, a Conferência dos Líderes Cristãos do Sul (Southern Christian Leadership Conference, SCLC), da qual era presidente e que se tornou o seu veículo para a reforma dos direitos civis. Influenciado pelos ensinamentos de Thoreau e, em especial, de Gandhi, empregou as táticas de desobediência civil não-violenta, realizando demonstrações de rua, marchas e protestos até mesmo em cadeias. As manifestações tornaram-se mais freqüentes depois de 1960 e funcionaram especialmente bem para os estudantes negros que protestavam contra a segregação nos refeitórios das instituições educacionais.

Luther King e seus seguidores tiveram de suportar violentos ataques dos brancos e até mesmo de alguns negros temerosos de represálias. Ele mesmo foi sentenciado a quatro meses de prisão depois de ter liderado um protesto em Atlanta. As acusações foram retiradas, mas ainda assim foi preso por ter violado a sua *sursis* numa transgressão no trânsito. John F. Kennedy usou a sua influência para soltá-lo, estratégia que indubitavelmente desempenhou um importante papel na sua eleição para a presidência naquele mesmo ano (na maioria das cidades e estados, três quartos de todos os votos dos negros foram para as nomeações do Partido Democrata).

Luther King mantinha boas relações políticas tanto com John quanto com Robert Kennedy, com quem negociou reformas nos direitos civis, entre as mais importantes as duas leis aprovadas em 1964 e em 1965. A última, assinada pelo sucessor de Kennedy, Lyndon B. Johnson (cuja candidatura presidencial foi endossada por Luther King), assegurou o direito de voto dos negros e foi precedida por uma marcha de 4 mil pessoas de Selma até Montgomery. Em dezembro de 1964, ele recebeu o Prêmio Nobel da Paz.

Em seu livro, *Martin Luther King, Jr.*, W. R. Miller descreve como sua conquista mais notável o fato de ter conseguido transformar a classe média negra na espinha dorsal de sua cruzada. Quando começou a estruturar a sua organização no Sul dos Estados Unidos, um quinto da população da região era composta por negros, e desses, menos de um terço encontrava-se acima da linha de pobreza. A importância disso é que havia um número considerável de negros que se preocupavam com algo mais do que a sua simples sobrevivência física, e eram suficientemente ambiciosos para se tornarem a espinha dorsal de um movimento de reforma de massa. A associação e o apoio da classe média negra emergente foram algumas das chaves do seu sucesso em liderar um movimento de tão grande escala e força, mas foram também a razão pela qual, muito cedo – 1960, quando tinha 31 anos –, "ele parecia estar mais distante do pensamento e do sentimento que fervilhava nos *campus* das universidades negras", como afirma Marable.

Em 1963, o "sentimento" havia-se espalhado. Foi nesse ano que ele pronunciou o seu famoso discurso "Eu tenho um sonho" para um público de 250 mil pessoas e milhões de telespectadores. O conteúdo do discurso era relativamente ameno, incorporando passagens de outros discursos mais antigos e sem nenhuma referência à violenta reação dos brancos enfrentada por seus simpatizantes. Foi também em 1963 que proferiu outro discurso no Harlem, diante de um público de 3 mil pessoas, muitas das quais o ridicularizavam e gritavam em coro: "Queremos Malcom [X]!", para mostrar o seu descontentamento com os programas graduais e moderados de Luther King.

O mesmo sentimento foi articulado mais agressivamente a partir de 1965, quando o Black Power provocou tumultos em muitas das principais cidades dos Estados Unidos. Luther King permaneceu leal à sua condenação à violência, mas ficou claramente perturbado pelas discórdias dentro do seu próprio movimento e pelas pressões externas exercidas por seus militantes. Ele pareceu, a partir desse momento, estar se encaminhando em direção a uma postura mais extrema. Admitiu, em 1966, que a sua política de "uma pequena mudança aqui, uma pequena mudança ali" era uma idéia que havia, como ele mesmo disse, "repensado". Essa mudança se tornou pública por meio das suas críticas à Guerra do Vietnã; em particular, ao número desproporcional de negros envolvidos na ação militar. Muitos negros desaprovaram a sua oposição e se voltaram gravemente contra ele. Em seus últimos anos de vida lutou não apenas contra as forças reacionárias da América do Norte branca, mas também contra as demandas radicais dos militantes negros, que defendiam soluções violentas para os problemas que ele havia levantado.

Em abril de 1968, Luther King viajou para Memphis a fim de apoiar uma greve dos trabalhadores negros dos departamentos sanitários. Lá, foi assassinado. Foram necessárias 70 mil efetivos para refrear a violência que irrompeu em 125 cidades norte-americanas depois disso.

LEITURAS SUGERIDAS

And the Walls Came Tumbling Down, de Ralph Abernathy (Harper & Row, 1989), é uma biografia do confidente e conselheiro do líder assassinado que revela facetas anteriormente ignoradas da vida pessoal de Luther King.

King: a biography, de D.C. Lewis (University of Illinois. Press, 1978), *Martin Luther King*, de K. Slack (SCM Press,1970) e *Martin*

Luther King Jr., de W. R. Miller (Avon Books, 1968), são todas biografias de boa qualidade.

Orders to kill, de William Pepper (Carroll & Graf, 1995) afirma que Luther King foi assassinado pelos serviços de inteligência dos EUA. Escrito por um advogado residente em Londres, descarta a teoria do assassino "independente" (James Earl Ray, setenciado a 99 anos) e argumenta que Luther King foi morto porque se considerou que sua cruzada pelos negros estava se transformando numa campanha contra o Vietnã.

Ver também: AFRO-AMERICANOS; BLACK POWER; GANDHI, MOHANDAS K.; MAL-COLM X; MOVIMENTO PELOS DIREITOS CIVIS

ELLIS CASHMORE

KU KLUX KLAN

Organização racista criada no final da Guerra Civil americana, em 1865. Seu nome deriva do grego *Kuklos* – círculo ou bando, e do escocês *Klan* – clã, denotando uma ancestralidade comum. De início pretendida como uma sociedade secreta, a Ku Klux Klan opunha-se aos novos direitos legais e sociais concedidos a 4 milhões de negros depois da abolição da escravidão. Em diferentes fases de seu desenvolvimento, aterrorizou negros, judeus, católicos, muçulmanos e comunistas, reivindicando um imperativo constante: manter a supremacia branca. A Ku Klux Klan foi, e na verdade ainda é, uma das mais vigorosas organizações racistas dos Estados Unidos e, numa extensão bem menor, na Europa. Ela vem lutando durante toda a sua existência para manter a suposta pureza dos anglo-saxãos protestantes brancos – a (While Anglo-Sason Protestant, WASP).

Assim como nas organizações neonazistas, a filosofia da KKK baseia-se na visão de que a raça branca (usando os seus termos) deve reinar soberana. Ao longo de seus duzentos anos de história, os Estados Unidos abrigaram a maioria dos protestantes de descendência inglesa, anglo-saxãos. De acordo com a filosofia Ku Klux Klan, era indiscutível que Deus olhava constantemente por eles, protegendo-os e designando os brancos como o grupo soberano, dominante. Isso podia ser comprovado pelo seu bem-estar material comparado às condições de vida dos outros dois grupos principais: (1) os índios americanos, selvagens subumanos que só serviam para ser exterminados; (2) os negros, menos que humanos, que deveriam ser usados como propriedade para poupar os brancos dos trabalhos mais pesados.

A Ku Klux Klan acreditava que havia um plano divino pelo qual a WASP deveria dominar; esse plano havia sido violado pela libertação dos escravos e pela crescente presença dos católicos. William Randel extraiu de um manifesto da KKK: "Nosso principal e fundamental objetivo é A MANUTENÇÃO DA SUPREMACIA DA RAÇA BRANCA nesta república. A história e a psicologia nos ensinam que pertencemos a uma raça que a natureza imbuiu de evidente superioridade sobre todas as outras, e que o Criador, elevando-nos assim acima do padrão humano da criação, nos deu um domínio sobre as raças inferiores, que nenhuma lei pode nos tirar permanentemente".

A Ku Klux Klan desenvolveu uma série de métodos para alcançar o seu objetivo. No extremo "respeitável", aventurou-se na política nacional, tanto independentemente como vinculada aos principais partidos. No outro, simplesmente aniquilou grupos inteiros de pessoas. Pouco depois de sua formação, os integrantes da KKK costumavam usar mantos e capuzes brancos para aterrorizar os negros: havia linchamentos regulares, castrações e destruição de propriedades pertencentes a negros. Ainda recentemente, como em 1978, em Greensboro, a KKK armou uma emboscada e matou cinco pessoas. Talvez a maior atrocidade dos tempos atuais, contudo, tenha sido a de 1963, quando uma igreja foi bombardeada em Birmingham, Alabama, matando quatro moças negras.

A KKK ganhou importância a partir da década de 1920, quando adquiriu uma estrutura organizacional, principalmente pela influência de William Mason. Ela assumiu, ostensivamente, a forma de uma sociedade secreta, muito semelhante à maçonaria, com uma hierarquia de lojas e uma rede de comunicações. A cabeça de seu "império invisível", como a KKK se autodenomina, era o Mago Imperial, sob cujo comando estavam os Grandes Dragões, Grandes Titãs, Lictores, e assim por diante.

Na década de 1920 o racismo estava disseminado em todo o território dos Estados Unidos e havia uma crescente hostilidade para com os imigrantes vindos da Europa. Charles Alexander escreveu a respeito das frentes sulistas desse período: "A Ku Klux Klan só estava fazendo aquilo que a maioria desejava – preservar o modo de vida norte-americano como os brancos do Sul o definiam". Randel estima que havia, nessa época, por volta de 5 milhões de pessoas de alguma maneira afiliadas à Ku Klux Klan. Em alguns aspectos, ela era tida como uma força moral, imagem esta forjada pelas empresas filantrópicas e pelos rituais semelhantes aos da igreja. O apoio financeiro veio em resposta aos apelos por caridade.

É impossível sequer estimar hoje em dia quantos afiliados existem, pelo fato de a KKK ainda preservar cuidadosamente sua condição de organização secreta. Ela tem conexões internacionais com outros grupos fascistas e ramificações na Grã-Bretanha, onde estabeleceu sua base, em meados da década de 1960. Sua presença na Inglaterra ficou evidente pela profusão de cruzes em chamas pregadas ou encostadas nas portas de alguns escolhidos, normalmente negros ou asiáticos.

Bill Wilkinson, um Mago Imperial, entrou ilegalmente na Grã-Bretanha em 1978 com a expressa intenção de obter apoio, mas parece que o impacto foi negativo. O ambiente britânico àquela altura estava repleto de grupos neofascistas que iam desde a "respeitável" Frente Nacional, passando pela virulenta Liga de St. George, até o paramilitar Combate 88. A Klu Klux Klan, contudo, preservou a sua força nos Estados Unidos e permanece como uma das organizações racistas clandestinas mais poderosas.

Leituras sugeridas

The Ku Klux Klan, de William P. Randel (Hamish Hamilton, 1965), é uma narrativa detalhada do crescimento da organização nos Estados Unidos, embora não cubra vários aspectos da Ku Klux Klan moderna ou suas atividades na Grã-Bretanha.

The Ku Klux Klan in the Southwest, de Charles C. Alexander (University of Kentucky Press, 1965), apresenta um estudo de um dos segmentos da KKK nos Estados Unidos.

The Fiery Cross, de W. Craig (Simon Schuster, 1987), argumenta que a KKK é "uma instituição norte-americana".

Ver também: ARIANOS; BRANCURA; FRENTE NACIONAL; MOVIMENTO BRITÂNICO; NEONAZISMO; SKINHEADS

ELLIS CASHMORE

Latinos

As designações latinos ou hispânicos (os termos são usados intercambiavelmente) referem-se a pessoas de origem espanhola procedentes da América Latina e que falam espanhol, assim como às da Península Ibérica. Os termos incluem também os indivíduos cujos ancestrais são dessas regiões. Os jornalistas e líderes da comunidade latina começaram a se referir à década de 1980 como a década dos hispânicos. Grande parte da atenção voltou-se para o significativo crescimento da proporção entre as pessoas de origem latina e o potencial de impactar a essência social, cultural e política dos Estados Unidos. O crescimento da população foi creditado a uma população jovem com um alto grau de fertilidade e um significativo influxo de imigrantes da América Latina. Existem mais de 25 milhões de latinos nos Estados Unidos (10,2% do total da população). Algumas projeções demográficas sugerem que, em 2020, eles serão a maior minoria étnica, totalizando 49 milhões de pessoas. Muitos dos imigrantes vieram do México, desde a sua revolução na virada do século, com os maiores crescimentos ocorridos a partir da década de 1960. Outras importantes fontes desse crescimento foram Cuba (a partir do regime de Fidel Castro) e Porto Rico (meados da década de 1950) e mais recentemente, os refugiados da América Central, que migraram de seus países para escapar da instabilidade política e da violência física.

Assim, o mais recente ressurgimento da política latina está conectado à crescente presença de pessoas de origem espanhola. Ao mesmo tempo, o grupo latino "guarda-chuva" representa uma configuração de pessoas de várias origens (como mexicanos, guatemaltecos, argentinos, cubanos etc.). Como resultado, os primeiros esforços políticos foram direcionados para cada subcomunidade latina em particular, por sua própria conta. A agregação de latinos representa um fenômeno mais recente que apresenta o efeito de aumentar a população do grupo e suas bases geográficas para desempenhar um papel na área política nacional. Outro importante fator a ser considerado na compreensão da política latina são os números significativos, tanto de nativos quanto de pessoas nascidas no estrangeiro. Cada subgrupo difere do outro em *status* socioeconômico (os latinos nascidos fora do país são menos educados, dominam mais a língua espanhola e ocupam empregos de *status* e salários mais baixos), bem como no seu contato com instituições e agentes do sistema político. Os porto-riquenhos nascidos na comunidade de Porto Rico desfrutam de cidadania americana, enquanto outros "imigrantes" latinos são classificados como refugiados (em especial, no caso dos cubanos), estrangeiros com residência permanente ou trabalhadores ilegais.

Essas observações preliminares ajudam a situar os latinos nos Estados Unidos como uma combinação rapidamente crescente de grupos de origem espanhola que formam o segundo maior grupo minoritário nos Estados Unidos (e que em breve será a maior minoria mundial, de acordo com um relatório de 1995 do censo americano, o qual previu que a população latina crescerá até 24,5% até 2050). São membros "nativos" que permaneceram (não é tanto o caso das pessoas de origem mexicana) e migrantes internacionais recentes. Existe tanto a preservação das tradições culturais nativas quanto a aculturação dos princípios e valores americanos. Para os nossos propósitos, os latinos nos Estados Unidos conquistaram algum nível de reconhecimento e presença na sociedade norte-americana e em suas instituições políticas.

O "Guarda-Chuva" Latino

O "guarda-chuva" latino medeia grupos de origens nacionais distintas, dos quais os povos com origem mexicana são o maior segmento (aproximadamente dois terços de todos os latinos). Eles são encontrados predominantemente na região sul dos Estados Unidos. Os padrões mais recentes de imigração indicaram méxico-americanos na região centro-oeste e, também, na área de Washington, D.C. O desenvolvimento político dessa comunidade teve suas origens mais recentes na social e politicamente ativa década de 1960. O movimento *chicano* desenvolveu uma ideologia que incorporou determinação e controle da comunidade e revitalização cultural. É digno de nota que segmentos da classe trabalhadora da comunidade *chicana* serviram como base de liderança e organização para o movimento político. Esse período de elevada politização entre as comunidades de origem mexicana precedeu a política latina contemporânea.

Avanços similares ocorreram também nas comunidades porto-riquenhas no nordeste dos Estados Unidos, especialmente na região metropolitana de Nova York. Mais uma vez, questões relativas ao controle da comunidade, uma auto-imagem culturalmente positiva e o ataque à discriminação e ao acesso desigual a oportunidades econômicas e políticas foram os principais focos de muitas comunidades porto-riquenhas. O desenvolvimento político dos cubanos ocorreu com o significativo êxodo deles, que se seguiu à queda do regime de Batista. Desde 1969, houve grandes ondas de migração de cubanos, principalmente para o sul da Flórida. O reconhecimento do *status* de refugiados políticos com a respectiva ajuda governamental e a migração da classe média de Cuba facilitaram a adaptação econômica da comunidade cubana. Em virtude desse *status*, a contínua ajuda a eles, os embargos comerciais contra Cuba, o apoio dos Estados Unidos nos esforços contra regimes comunistas e o desenvolvimento econômico forjaram as atividades políticas cubanas. Essa breve introdução à política pré-latina serve para caracterizar as comunidades de origens distintas que estavam tentando desenvolver suas próprias bases políticas e seus recursos para enfrentar as desigualdades e as questões políticas de suas respectivas comunidades.

Questões Políticas

A criação de uma agenda política latina consensual e bem-estabelecida é algo ainda em processo de mais refinamento e detalhamento. Existem, contudo, algumas áreas de interesse e preocupação comuns. Uma das principais diz respeito ao aproveitamento escolar e ao acesso e à educação de qualidade. Além da necessidade de programas bilíngües para os estudantes que falam limitadamente a língua inglesa, o financiamento de escolas e recursos iguais para latinos, em especial aqueles que freqüentam escolas segregadas, e a representação de latinos em todos os segmentos do sistema educacional são cruciais para eles. Os latinos vêem as conquistas na educação como essenciais para a melhora da mobilidade social e a estabilidade econômica. Durante a década de 1980, eles registraram níveis de desemprego maiores que os trabalhadores não-pertencentes a minorias. A educação representa, portanto, um importante veículo para expandir o investimento do capital humano. Concomitantemente, questões relacionadas a economia, emprego, treinamento profissional, discriminação, desenvolvimento econômico e assistência a pequenos negócios estão entre as áreas políticas mais importantes para os latinos.

Com uma significativa proporção da população nascida fora do país e a migração contínua da América Latina para os Estados Unidos, a reforma da imigração colocou a comunidade latina em posições politicamente difíceis. Grande parte da "controvérsia" referente à imigração centrou-se na imigração ilegal, competição por empregos e diminuição de salários por causa da mão-de-obra estrangeira "barata". Os imigrantes latinos são vistos, na maioria das vezes, como a principal fonte de imigração legal e ilegal. As discussões a respeito de imigração colocam os latinos na defensiva e contrários às iniciativas de impedi-la e de restringir os controles do mercado de trabalho. A aprovação do Ato de Controle da Reforma da Imigração representou os esforços dos líderes latinos em modificar essa iniciativa legislativa de forma a incorporar as preocupações políticas latinas. Elas centralizam-se em torno da proteção dos direitos civis de todos os latinos, especialmente os nascidos no país, contra a discriminação no emprego. Além disso, a concessão de "anistia" para legalizar o *status* dos residentes ilegais resultou, em grande parte, dos esforços dos líderes latinos. Qualquer empenho em alterar a política de imigração, especialmente de maneira restritiva, resulta num envolvimento político latino.

Uma questão relacionada à significativa porcentagem de latinos nascidos no estrangeiro é a da naturalização. Os latinos, em especial os nascidos no México, apresentam um dos menores índices de naturalização de todos os imigrantes. A alta porcentagem de não-cidadãos diminui a grande população de base e o bloco de eleitores em potencial. Esforços recentes de organizações como a Naturalization Among Latin Imigration Organization (NALEO) escolheram como alvo o segmento de não-cidadãos latinos para entender quais são os fatores que inibem a naturalização, bem como as tarefas promocionais capazes de encorajar mais latinos a assumir a cidadania americana.

O padrão de participação política entre os latinos estende-se dos níveis eleitoralmente inferiores da população não-minoritária aos mais altos graus de envolvimento na área da política educacional. Os índices de registro eleitoral entre os latinos e de manifestação dos eleitores tendem a ser de 5 a 15% mais baixos, embora o diferencial seja menor para os cubanos. A não-cidadania, os níveis inferiores de escolaridade e o interesse na política, a alienação e o cinismo são alguns dos motivos de tal padrão. Apesar disso, a disparidade está diminuindo com a tendência recente dos latinos de participar na política americana.

Em termos organizacionais, é pequena a porcentagem de latinos que pertencem a grupos formais e que contribuem com dinheiro, se comparados à população geral. Existe, ao mesmo tempo, uma consciência entre os latinos das organizações latinas e de suas atividades. A representação latina em todos os níveis do sistema federal dos Estados Unidos cresceu muito nos últimos vinte anos. Muito desse aumento foi influenciado pelo requerimento decenal de redistribuição de todos os corpos legislativos baseado no princípio "um homem, um voto". O rápido crescimento dos latinos e a sua colocação nos estados mais populosos resultaram em novos distritos legislativos ou novos limites distritais, competitivos para os candidatos latinos. Em 1970, por exemplo, havia cinco latinos (todos méxico-americanos) na Câmara dos Deputados dos Estados Unidos. Esse número cresceu para dez em 1980 e, com eleição para o Congresso de 1992, a delegação congressual latina cresceu para 17 membros. As conquistas mais significativas ocorreram nos distritos municipais e escolares. Mais uma vez, um tema recorrente para a política latina é o processo de penetração no sistema político dos Estados Unidos e o aumento de sua representação e seu impacto no processo político.

LEITURAS SUGERIDAS

Latino Voices: Mexican, Puerto Rican and Cuban Perspectives on American Politics, de Rodolfo de la Garza, Louis Desipio, F. Chris Garcia, John A. Garcia e Angelo Falcon (Westview Press, 1992), apresenta as primeiras descobertas da pesquisa de Política Latina Nacional. Ela foi a primeira série nacional de entrevistas cara a cara com pessoas de origem mexicana, porto-riquenha e cubana.

Latinos and the Political System, organizado por Chris Garcia (University of Notre Dame Press, 1988), é uma coletânea de artigos e uma das poucas obras a respeito dos latinos que enfoca especificamente o alcance dos tópicos politicamente relevantes para essa população.

Latinos and the U. S. Political System, de Rodney Hero (Temple University Press, 1992), representa uma tentativa de situar a política latina num esquema conceitual, um pluralismo de duas linhas, para explicar, por meio dele, a participação política latina e o impacto por ela provocado; há uma discussão específica enfocando as várias formas de participação política dos três principais grupos latinos.

Ver também: *AZTLÁN*; CHÁVEZ, CÉSAR; LEI: IMIGRAÇÃO EUA; MIGRAÇÃO

JOHN A. GARCIA

LEE, SPIKE (1957-)

Talvez o mais original, e de muitas maneiras iconoclasta, cineasta de sua geração, Lee nasceu em Atlanta, Geórgia. É o mais velho de cinco filhos. Seu pai foi Bill Lee, aclamado baixista de jazz, e sua mãe Jacquelyne (Shelton) Lee, professora. Shelton Jackson Lee mudou-se com sua família para Chicago e, em 1959, para o Brooklyn, Nova York – onde foram rodados seus primeiros filmes. Interessou-se por filmes durante o tempo de estudos na Morehouse College. Depois de formado, ganhou um estágio na Columbia Pictures na Califórnia antes de voltar para Nova York, onde fez mestrado no Institute of Film and Television, na New York University. O filme que apresentou como tese de mestrado, *Joe's Bed-Study Barbershop: We Cut Heads*, recebeu um prêmio da Academia para estudantes e foi exibido pelo mundo todo em vários festivais internacionais.

Seus dois primeiros filmes comerciais, *She's Gotta Have It* (1986) e *School Daze* (1988) foram sucessos populares, mas o terceiro superou ambos, tanto em termos comerciais quanto de aclamação da crítica. *Faça a coisa certa* (1989) foi abandonado pela Paramount Pictures depois de Lee ter-se recusado a mudar seu final, um conflito violento no qual afro-americanos ateiam fogo a uma pizzaria de propriedade de um italiano e um oficial de polícia branco mata um jovem negro. O filme expõe as tensões interétnicas no distrito de Bedford, Stuyvesant, Nova York, e mostra os negros como seres imperfeitos e falíveis. Finalmente, foi editado pela Universal Pictures. Os filmes subseqüentes, como *Mo' Better Blues* (1990), evitaram o conhecido estereótipo drogas/violência escolhido por muitos de seus pares. *Febre na selva* (1991), em especial, apresenta negros e outras minorias étnicas como complexas, multifacetadas e predispostas aos preconceitos convencionalmente reservados aos brancos. O filme retrata o relacionamento de um homem negro com uma mulher italiana.

A carreira de Lee foi definida pela filmagem da biografia *Malcolm X* (1992), cuja direção foi originalmente conferida a Norman Jewison, um homem branco. Lee conquistou o trabalho após argumentar veementemente que os diretores brancos não podem transportar a riqueza da cultura negra para as telas. Ele já havia criticado anteriormente Steven Spielberg por sua versão filmada de *A cor púrpura*, de Alice Walker (1986). Lee alega que "nós (negros) não podemos simplesmente nos recostar e deixar outras pessoas definirem a nossa existência, especialmente quando mentiras são colocadas na tela" (*Washington Post*, 22 out. 1986).

LEITURAS SUGERIDAS

"Spike Lee hates your cracker ass", de Barbara G. Harrison, em *Esquire* (outubro, 1992), apresenta uma entrevista com Lee a respeito de Malcolm X, cujas filosofias, diz ele, deveriam ser mescladas com as de Martin Luther King: "a síntese não incluirá a não-violência total".

Spike Lee, de Alex Patterson (Avon Books, 1992), é uma biografia não autorizada, que cita Lee reveladoramente: "Os negros foram perseguidos pela mídia desde o primeiro dia (mas), nós exageramos quando pensamos que as nossas imagens têm de ser 100% angelicais".

Ver também: AFROCENTRISMO; MALCOLM X; MÍDIA E RACISMO; RAP

Ellis Cashmore

Lei: Direitos Civis (EUA)

Fora o breve período imediatamente após a Guerra Civil, a legislação americana até 1938 sustentou a discriminação contra os negros e outros grupos minoritários. A reconstrução era uma exceção ao padrão geral que negava direitos civis aos negros, como voto, acesso à educação, e assim por diante. O Ato dos Direitos Civis de 1866 assinalou o fim da discriminação *de jure* (o racismo legal), mas várias ações federais ajudaram a diminuir o racismo em diversos setores antes disso.

Em 1938, por exemplo, a Suprema Corte determinou que a Universidade de Missouri deveria admitir um candidato negro para a faculdade de direito porque o estado não tinha uma instituição comparável aberta para negros (*Missouri ex. rel. v. Canada*). Quatro anos depois, os órgãos governamentais foram instruídos para dar fim à discriminação no emprego e, em 1946, o transporte interestadual segregado foi considerado ilegal. O transporte segregado foi, de modo geral, mais disseminado nos estados do sul do que nos do norte, embora a segregação de fato tenha-se espalhado por toda a América, com repartições públicas com áreas restritas somente para brancos e outras somente para negros.

No campo da habitação, os negros eram impedidos de comprar certas propriedades devido a uma cláusula vinculada à escritura, segundo a qual o comprador concorda em não vender ou alugar o imóvel a membros de determinados grupos, como negros, judeus ou latinos. Em 1948, a Suprema Corte decidiu, no caso *Shelly v. Kraemer*, que os contratos restritivos não eram mais obrigatórios. Isso, contudo, não os eliminou: significava simplesmente que não seriam mais obrigatórios. O ato de 1968 acabou por bani-los.

Talvez a legislação mais importante a respeito de relações raciais tenha sido a de 1954, com o famoso caso *Brown v. Board of Education*. A Suprema Corte findou com o princípio do "separado, mas igual", estabelecido em 1896 pelo caso *Plessy v. Ferguson*, segundo o qual deveriam haver acomodações diferenciadas para os negros. As instituições negras na área da educação eram realmente separadas, mas raramente iguais a suas equivalentes brancas. A decisão de 1954 deu um fim a isso e tornou a segregação nas escolas ilegal. A importância dessa decisão foi exaltada pelo fato de muitos acreditarem que toda a questão da igualdade dependia da educação integrada. A Associação Nacional para o Progresso de Pessoas de Cor (National Association for the Advancement of Colored People, NAACP) precipitou a decisão de 1954, usando como argumento o caso de Oliver Brown, cuja filha tinha sido forçada a viajar de ônibus para uma escola só de negros, mesmo morando perto de uma instituição só para brancos. A NAACP insistiu que a segregação nas escolas era inconstitucional e a Suprema Corte concordou. O chefe de justiça Warren, que a presidia, concluiu: "A doutrina do 'separado, mas igual' não tem lugar no campo da educação pública".

Entre 1957 e 1960, a legislação dos direitos civis foi reforçada pela Divisão de Direitos Civis do Departamento de Justiça dos Estados Unidos. O período crítico no que se refere à legislação antidiscriminação, contudo, veio nos quatro anos seguintes. A pressão do movimento de Martin Luther King resultou no fortalecimento do direito ao voto para os negros (1960) e o banimento da discriminação (inclusive a sexista) no emprego e na participação na união comercial, assim como o acesso a acomodações de propriedades privadas como hotéis, restaurantes e teatros. O fortalecimento das provisões contra a discriminação na educação também ganhou mais importância.

Constitucionalmente, o Ato dos Direitos Civis de 1964 foi uma espécie de "divisor de águas" nas relações raciais americanas, estendendo os poderes federais para eliminar a discriminação em lugares de acomodações públicas e acabar com a segregação em todas as instalações mantidas por organizações públicas. Além disso, a educação pública foi dessegregada e a Comissão de Direitos Civis conquistou novos poderes. A discriminação no emprego baseada em "raça, cor, sexo ou origem" foi considerada ilegal. A Comissão de Oportunidades Iguais de Emprego foi estabelecida para investigar e monitorar as queixas referentes a esse aspecto.

O mais disseminado requerimento para limitar o direito das minorias ao voto foi o teste de alfabetização, que assumia várias formas diferentes em muitos estados do sul, oeste e nordeste. Isso reduzia as oportunidades de voto para os negros, hispânicos e índios americanos, uma vez que esses grupos, tendo sofrido amplas discriminações educacionais, não correspondiam às exigências do teste (em alguns casos, somava-se a isso o fato de serem feitas exigências mais rigorosas para as minorias do que para os brancos). O Ato do Direito ao Voto de 1965 acabou em grande parte com esses testes. A discriminação racial, contudo, continuou em alguns estados cujas políticas de registro eleitoral tornavam o voto mais fácil para os brancos; mas o ato de 1965 tornou a discriminação no acesso à urna consideravelmente mais difícil.

Cinco decisões-chave judiciais de 1989 prepararam terreno para a nova legislação. A mais importante delas foi a do caso *Wards Cove v. Antonio*, que envolvia o conceito de "impacto disparatado", uma prática não-intencionalmente discriminatória, mas que, no entanto, provoca um efeito estatisticamente desproporcional sobre membros de grupos minoritários ou mulheres. Decidiu-se que o reclamante deveria provar que uma minoria estava sub-representada num determinado trabalho e demonstrar que havia candidatos qualificados no mercado. No caso *Price Waterhouse v. Hopkins* deliberou-se a respeito da possibilidade de haver um "motivo misto" por trás da discriminação: para que um empregado ganhasse a causa contra um empregador, o primeiro necessitaria de "provas claras e convincentes" de que os motivos existentes por trás de uma ação eram completamente discriminatórios e não apenas que a discriminação estava presente.

Os Atos de Direitos Civis de 1991 assinados pelo presidente George Bush foram efetivamente uma resposta às decisões da Suprema Corte, que haviam estreitado o alcance da legislação antidiscriminação existente. Eles corroboraram o princípio do caso *Wards Cove* de que o reclamante necessitava de provas estatísticas, mas derrubaram o caso *Price Waterhouse*. Passou a ser necessário provar que a discriminação era somente parte do motivo misto. A principal mudança que adveio em 1991, contudo, foi o fato de que as partes que levantassem ações contra a discriminação intencional baseada nos termos do Ato de Direitos Civis de 1964 (especificamente o título VII) teriam direito à audição de um júri que poderia decidir a respeito da extensão da compensação aos prejuízos, tanto monetários quanto emocionais.

LEITURAS SUGERIDAS

Rethinking the American Race Problem, de Roy L. Brooks (University of California Press, 1990), é uma análise detalhada e repleta de informações teóricas a respeito do aparato legal dos Estados Unidos referente à discriminação.

Eye on the Prize, de Juan Williams (Viking, 1987), está vinculado às celebradas séries televisivas, documentando os anos de luta pelos direitos civis, 1954-65, e mostrando como cada legislação foi duramente conquistada.

Unlikely Heroes, de Jack Bass (University of Alabama Press, 1992), narra a implementação da decisão do caso *Brown*.

Ver também: AÇÃO AFIRMATIVA; JIM CROW; SEGREGAÇÃO

ELLIS CASHMORE

Lei: Discriminação Racial (Internacional)

A definição aceita de discriminação racial é aquela que se encontra na Convenção Internacional para a Eliminação de Todas as Formas de Discriminação Racial, artigo 1 (1): "qualquer distinção, exclusão, restrição ou favorecimento baseados em raça, cor, descendência ou origem nacional ou étnica com o propósito de efetuar, anular ou diminuir o reconhecimento, deleite ou exercício, em termos iguais de direitos humanos e liberdades no campo político, econômico, social, cultural ou qualquer outro da vida pública". Essa definição especifica (i) a proibição de um motivo para as ações ("baseados em raça" etc.), (ii) quatro classes de pessoas protegidas (aquelas diferenciadas por raça etc.) e (iii) uma esfera na qual as proteções devem operar na vida pública.

A definição internacional é inspirada num conceito dos direitos humanos como os direitos de todas as pessoas, que está acima do estado e que deve ser por ele respeitado. A definição dos Estados Unidos deriva do conceito de cidadania da Constituição de 1789. A lei britânica tem como eixo um estatuto aprovado pelo parlamento como o legislador.

Leituras sugeridas

The Lawful Rights of Mankind, de Paul Sieghart (Oxford University Press, 1986), e *Equality and Discrimination under International Law* de Warwick McKean (Clarendon Press, 1983), adotam uma perspectiva global a respeito do assunto.

International Action Against Racial Discrimination, de Michael Banton (Oxford University Press, 1996), aborda as principais iniciativas.

Ver também: CONVENÇÃO INTERNACIONAL; LEI: DIREITOS CIVIS NOS EUA; LEI: RELAÇÕES RACIAIS (GRÃ-BRETANHA)

Michael Banton

Lei: Imigração (Grã-Bretanha)

Os séculos XVII e XVIII viram a Grã-Bretanha e outras potências da Europa ocidental ocuparem vastas porções da

África, da Ásia e do Caribe. Essa expansão colonial gerou as bases econômicas para o desenvolvimento de um capitalismo ocidental: as colônias eram fonte de mão-de-obra barata, matéria bruta e, em alguns casos, mercados. Nos anos imediatamente seguintes ao fim da Segunda Guerra Mundial, a Grã-Bretanha explorou a sua fonte de mão-de-obra ao máximo. A introdução do Ato de Nacionalidade de 1948 pelo governo trabalhista facilitou o acesso a ela e, embora alguns membros daquela que é comumente chamada de "a periferia lunática" (*lunatic fringe*) da Câmara dos Comuns tenham protestado publicamente contra o influxo não-regulado de migrantes negros (e mais tarde, sul-asiáticos), suas demandas tendiam a cair em ouvidos surdos. Embora muitos de seus colegas de ambos os lados da Câmara partilhassem dessa preocupação com o crescente assentamento de migrantes negros na Grã-Bretanha, a prioridade terminou por recair nas necessidades econômicas do país. A Grã-Bretanha estava experienciando um grande crescimento econômico, e a importação de mão-de-obra barata era essencial para preencher os níveis subalternos do mercado de trabalho. Nem o governo central interveio no assentamento dos migrantes. Eles eram vistos e tratados como alimento para as fábricas, e nenhuma tentativa era feita para facilitar o seu assentamento por meio de provisão de conselhos e instituições educacionais, habitacionais e previdenciárias.

Foi somente depois de a economia começar a decair em meados da década de 1950 e a demanda de trabalho nas principais indústrias regredir que a eficácia do enfoque britânico da imigração passou a ser seriamente questionada. Por um lado, as autoridades locais que deveriam lidar com o assentamento migrante reclamavam que seus recursos limitados já estavam estendidos ao máximo. Por outro, a erupção da violência entre negros e brancos em Notting Hill e Nottingham em 1958 evidenciou o ressentimento de alguns setores da população branca para com os migrantes negros. Nesse ambiente de iminente estresse social e econômico, a racialização das políticas de imigração da Grã-Bretanha surgiu como uma importante alavanca sobre a qual o debate político se equilibrou. Arriscando ser excessivamente simplista, pode-se dizer que havia dois rumos disponíveis para o governo: o primeiro consistia na implementação de políticas destinadas a remediar os problemas sociais assinalados pelo assentamento de migrantes coloniais em determinadas regiões da Grã-Bretanha. A outra opção para o governo central era acabar com essa "porta aberta", ou seja, a política de imigração não-intervencionista, e impor controles à entrada de estrangeiros. Esse segundo enfoque foi considerado totalmente desnecessário, como explicou o líder do Partido Trabalhista na Câmara dos Comuns no início da década de 1960 – a migração regulava-se por si só; como a economia havia entrado numa fase descendente e o número de vagas de trabalho havia diminuído de modo gradual, o número de migrantes do Caribe havia decrescido correspondentemente. Não havia também uma perspectiva de desemprego a longo prazo. De acordo com esse ponto de vista, as reivindicações de que os migrantes passariam longos períodos privados de benefícios de segurança eram completamente insustentáveis.

Resumindo, o governo conservador absteve-se de tomar a decisão mais construtiva e lógica para atacar os problemas sociais por meio de políticas para melhorar as condições de moradia e trabalho dos residentes negros e brancos, voltando-se, em vez disso, para uma política de rendição. As razões por trás desse curso de ação são complexas e, em parte, especuláveis. Mesmo assim, pesquisas recentes a respeito dos debates de gabinete e ministeriais desse período indicam que o controle da imigração negra sempre foi favorecido. O que parece ter inibido ou pelo menos atrasado a sua efetivação foi o embaraço que pode ter acompanhado a sua introdução, dado o *status* da Grã-Bretanha de cabeça da Comunidade e das colônias.

O Ato dos Imigrantes da Comunidade Britânica de 1962 marcou formalmente o fim (ainda que não-institucionalizado) do professado enfoque *laissez-faire* britânico. Estabeleceu um precedente para a introdução de uma legislação de imigração cada vez mais restrita, e de fato racialmente discriminatória, e pressagiou o início daquilo que algumas pessoas, inclusive parlamentares, identificaram como as características definidoras do debate das relações raciais: os números.

O ato qualificou quais eram os migrantes da Nova Comunidade Britânica com direito a livre entrada na Grã-Bretanha, ou seja, migrantes negros e morenos. Embora a cor da pele não fosse abertamente declarada como critério de entrada, a exclusão dos cidadãos da República da Irlanda das normas de controle do ato demonstravam a sua natureza racialmente discriminatória.

Em 1965, o controle seletivo de imigração tornou-se uma política bipartidária. Apesar de sua oposição relativamente forte à legislação de 1962, o Partido Trabalhista retornou em 1965 a essa questão e, por conveniência política, introduziu uma extensão ao antigo ato. Resumindo, o ano de 1965 marcou o ponto do consenso público em Westminster baseado na identificação de negros e morenos como "o problema", e "fechar a torneira" como a solução. "Manter os números baixos é bom para as relações raciais" tornou-se o princípio organizacional dessa política bipartidária. Como disse o parlamentar do Partido Trabalhista em 1965, Roy Hattersley: "Sem integração, a limitação é imperdoável; sem limitação, a integração é impossível".

Esse princípio foi subseqüentemente colocado em prática pelos principais partidos em 1968, 1971, 1981 e 1988. Embora os negros na Grã-Bretanha tenham mantido sua cidadania, o efeito dessas leis foi prejudicial para a sua segurança e seu bem-estar. De modo geral, esses controles seletivos institucionalizaram a noção de diferentes direitos e *status* para as populações brancas e não-brancas na sua relação com a Grã-Bretanha. O Ato da Imigração de 1971 deu fim efetivamente a todas as imigrações iniciais (ou seja, chefes de família) da Nova Comunidade Britânica e colocou os trabalhadores coloniais imigrantes da Grã-Bretanha no mesmo patamar que os, digamos, "trabalhadores convidados", ou *Gastarbeiter*, na Alemanha. O Ato de Nacionalidade de 1981 foi até mais além na redução, entre outras coisas, dos direitos à cidadania das pessoas negras e morenas nascidas na Grã-Bretanha. O Ato de Imigração de 1988 vai ainda mais fundo nas leis restritivas e racistas ao introduzir os "testes de recursos" para a entrada de estrangeiros. Fica, então, bastante claro que as desigualdades na distribuição global de prosperidade significam que os migrantes potenciais de Bangladesh, desejosos de juntar-se à sua família na Grã-Bretanha, terão mais probabilidade de ser atingidos por essa regulamentação do que muitos outros de seus correlatos brancos.

Em 1978, Ann Dummett afirmou que, embora as leis de imigração anteriores tenham constituído parte das políticas externas do país, elas não podem ser inteiramente dissociadas da política geral de relações raciais, pois expressam, "por meio de sua definição de imigrantes desejados e indesejados, que tipo de sociedade cada governo ambiciona". A pertinência e veracidade dessa observação no caso da Grã-Bretanha são claras. Os controles externos de imigração na Grã-Bretanha tornaram-se mais restritivos de modo que a confiança do governo nos controles internos como verificação de passaporte e supervisão policial de imigrantes "suspeitos" de ilegalidade se tornou correspondentemente maior. O Ato de Nacionalidade de 1981 e o Ato de Imigração de 1988 asseguraram que esse padrão de constrangimento interno fosse sustentado. O Ato de Asilo e Imigração (Requisições) foi aprovado pela Coroa em 1993. Nos dois anos que se seguiram, as recusas aos pedidos de asilo aumentaram de 16 para 76%. Restrições adicionais para a concessão de asilo foram debatidas em 1996 quando o Projeto de Lei para Asilo e Imigração foi aventado. Entre as suas medidas estavam: (1) excluir os requisitantes de asilo de uma "lista branca" de países; (2) remover os requisitantes de asilo para um terceiro país "seguro", caso eles tivessem passado por tal país antes de chegar à Grã-Bretanha; (3) reduzir o direito de entrada no país para muitos requisitantes de asilo; (4) introduzir uma categoria legal de "imigrante", abrangendo muitos residentes a longo prazo na Grã-Bretanha que não obteriam automaticamente os mesmos direitos de outros cidadãos; (5) aumentar os poderes da polícia e dos oficiais de imigração; (6) tornar os empregadores criminalmente responsáveis pelo *status* de seus empregados.

A reintegração da antiga colônia britânica de Hong Kong à República Popular da China, em junho de 1997, introduziu a seguinte questão: os 3,3 milhões de residentes nascidos em Hong Kong tinham o direito de viver e trabalhar na Grã-Bretanha? Foram expedidos passaportes especiais da nação britânica que permitiam aos seus portadores visitar a Grã-Bretanha, mas não trabalhar. As exceções eram os portadores de passaporte com condições de investir 1 milhão de libras (US$ 1,6 milhões) nos títulos do tesouro do governo.

LEITURAS SUGERIDAS

A Tolerant Country?, de Colin Holmes (Faber and Faber, 1991), é uma breve e compacta narrativa dos padrões de imigração para a Grã-Bretanha e a reação que ela gerou nas comunidades nativas brancas.

"The 1951-55 Conservative government and the racialization of black immigration policy" consta em *Inside Babylon* (Verso, 1993), organizado por Winston James e Clive Harris. Escrito por Bob Carter, Clive Harris e Shirley Joshi, o livro desafia as visões convencionais a respeito da alegada política britânica de imigração *laissez-faire* entre 1948 e 1962.

The Immigration Act 1988 é um estudo político sobre relações étnicas da Warwick University publicado em 1991. Nela, Chris Platt questiona o conteúdo, os efeitos e as implicações do ato, o último de uma grande série de políticas que restringiram a entrada de negros na Grã-Bretanha e que causaram um impacto diferenciado nos direitos de cidadania das comunidades negras britânicas.

Ver também: BODE EXPIATÓRIO; LEI: IMIGRAÇÃO EUA; MIGRAÇÃO

BARRY TROYNA/ELLIS CASHMORE

Lei: Imigração EUA

A história da política de imigração dos Estados Unidos divide-se em cinco períodos distintos: 1609-1775 (período colonial); 1776-1881 (fase da "porta aberta"); 1882-1916 (fase regulada); 1917-1964 (fase restritiva) e 1965–tempos atuais (fase liberada).

No século XVII, a política de imigração colonial foi moldada pela necessidade de mão-de-obra para trabalhar as terras virgens do Novo Mundo. Foram projetados esquemas que atraíam pessoas para as colônias da Europa e das Ilhas Britânicas. O transporte foi patrocinado, e os subsídios para que os novos colonizadores adquirissem terras e ferramentas, providenciados. Bônus foram pagos a quem pudesse conceder serviços de trabalhadores por contrato e levá-los para a América.

A disponibilidade de trabalho e propriedades era o principal incentivo para a migração, embora a política religiosa da maioria das colônias também fosse um atrativo. Fora a Nova Inglaterra, todas as áreas toleravam a maioria das variedades do cristianismo. Alguns lugares tornaram-se encraves religiosos, como Maryland para os católicos ingleses e a Pensilvânia para os *quakers*. Houve três importantes componentes estabelecidos nessa fase:

- o governo local exercia jurisdição sobre a imigração e o assentamento;
- o governo local e os empresários privados eram responsáveis pelo recrutamento de imigrantes no estrangeiro;
- o desenvolvimento econômico estimulava a busca ativa de uma nova fonte de trabalho, de maneira que a política visava encorajar o fluxo de imigrantes.

A recusa do governo britânico em reconhecer os atos de naturalização geral gerou conflitos por restringir o assentamento em áreas onde a mão-de-obra era necessária. De fato, essa foi uma das objeções que levaram os colonizadores a enfrentar os britânicos em 1775. A Guerra da Independência trouxe um novo conceito de identidade nacional. Os novos americanos começaram a se ver como um "povo fronteiriço" singular. Isso influenciou a Constituição promulgada em 1787 e tornou os estrangeiros inelegíveis para altos cargos políticos até que tivessem preenchido os pré-requisitos residenciais.

O Congresso aprovou leis federais em 1790 permitindo a concessão de cidadania a qualquer branco residente ou permanente por dois anos em território nacional. Era uma política muito "flexível" e permitiu o crescimento em massa da população no século XIX. De 1820 a 1860, houve alguma regulamentação no tráfego de migrantes nos principais portos de entrada, especialmente Nova York. Os comandantes eram obrigados a fornecer detalhes a respeito de seus passageiros, possibilitando a identificação e deportação de um enfermo e a proibição da entrada de quem não pudesse dar nenhuma contribuição significativa para a força de trabalho. O critério de entrada era composto de itens como saúde, profissão ou habilidade e religião, de modo que havia pouco controle da imigração. Os oficiais federais não mantinham nenhum registro dos imigrantes até 1820. A ênfase recaía muito mais sobre a aquisição de tanta mão-de-obra quanto fosse possível; tanta que havia uma intensa competição entre os estados.

Na década de 1870, desembarcavam mais de 280 mil imigrantes por ano nos portos americanos. Aterrado com o volume crescente, o Congresso declarou as leis estaduais existentes inconstitucionais e sancionou uma série de estatutos para colocar a imigração sob controle federal.

No final do século XIX, o governo federal instituiu uma estrutura burocrática para efetivar o novo controle da imigração. As restrições tornaram-se gradualmente mais rigorosas à medida que as especulações a respeito das ligações entre os imigrantes e os problemas sociais aumentavam. Um acontecimento notável chamou a atenção para os trabalhadores chineses: as organizações trabalhistas sentiram-se ameaçadas pelos trabalhadores desunidos e sem qualificação que estavam dispostos a trabalhar em troca de baixos salários. A pressão resultou numa nova legislação que impedia os trabalhadores chineses de obter cidadania (tornando-os, assim, mais manejáveis pelo controle).

O Ato de Exclusão dos Chineses, de 1882, foi um movimento significativo na identificação de um grupo como não-assimilável e ameaçador. Mais uma vez, na década de 1890, um grupo foi classificado como indesejável – eram os "novos imigrantes" do sul e do leste da Europa, que estavam engrossando as filas para os centros urbanos. Foram acrescidos regulamentos mais rigorosos quanto à saúde e competência; por volta de 15% dos migrantes estavam sendo rejeitados no final do século.

Contudo, a "fatia estrangeira" continuou a aumentar, especialmente pelos japoneses na Califórnia. Em 1910, o Relatório Dillingham a respeito dos efeitos nocivos da imigração argumentou, embora implicitamente, que os "novos imigrantes" eram inferiores àqueles do norte e oeste da Europa. Povos, portanto, como os eslavos ou sicilianos tornaram-se motivo de pânico por serem incapazes de se "americanizar".

O Ato de Imigração de 1917 foi o primeiro de uma seqüência de estatutos severamente restritivos baseados nesse relatório. Certas zonas foram restritas, testes de alfabetização, introduzidos, e uma ordem catalogada de possíveis imigrantes, formulada. Nenhum limite foi imposto ao hemisfério norte ocidental, e a falta de restrições aos vizinhos assegurou um estável e econômico fornecimento de mão-de-obra da América Central. Os imigrantes do sul e do leste da Europa foram gravemente privados, e ninguém da assim chamada zona asiática barrado (incluindo a Índia, a Indochina e outros países menores da Ásia) tinha permissão para entrar. Isso efetivamente assinalou o início da era da restrição. Mais tarde, foram introduzidos os sistemas de cotas, permitindo a entrada anual de um número X de imigrantes de países específicos. O impulso para atos posteriores foi selecionar os grupos considerados mais bem adequados à sociedade americana.

Os métodos inadequados de classificação da origem nacional prejudicaram o sistema de cotas, e o esforço para impedir a entrada de grupos "não assimiláveis" era ineficiente. Na década de 1930, contudo, o sistema estava funcionando bem, e a imigração começou a decair, especialmente com o início da Grande Depressão; grandes porções das cotas não foram preenchidas. De fato, pela primeira vez na história, o número de pessoas que deixaram os Estados Unidos excedeu o daquelas que entraram. A Segunda Guerra Mundial obrigou o governo dos Estados Unidos a fornecer provisões especiais para grupos que estavam sofrendo privações como resultado das experiências da guerra.

Talvez a legislação de imigração mais significativa dos tempos modernos seja o Ato McCarran-Walter de 1952, que estreitou as restrições aos imigrantes vindos de colônias dos países "cotistas", de modo que os imigrantes negros das Índias ocidentais que entravam anteriormente no país como participantes da cota britânica foram muito reduzidos (isso, por sua vez, estimulou muitos migrantes a se voltarem para a Grã-Bretanha como uma alternativa, precipitando, assim, uma alta massiva na migração caribenha para a Grã-Bretanha). Havia, contudo, elementos liberalizadores no Ato, como a concessão para não menos que 85% da cota anual total para os países do norte e do oeste da Europa e a extensão de cotas para países asiáticos.

O governo Kennedy atacou o sistema de cotas de origem nacional como "sem bases na lógica ou na razão", e a sua reforma terminou por resultar no Ato Hart-Celler de 1965 (cujas medidas tiveram efeito em 1968). O sistema de cotas foi abolido, e o teto da imigração anual subiu para 290 mil pessoas, removendo, ao mesmo tempo, qualquer tratamento preferencial para os países do Ocidente (o que foi revisto mais tarde, em 1976, para dar prioridade aos imigrantes ocidentais com treinamento, habilidade ou laços familiares).

As reformas ocorridas a partir de meados do século XX serviram para desmantelar algumas das medidas de exclusão instaladas quando o governo federal assumiu o controle da imigração sem desfazer a conexão crucial entre o fluxo de imigração e as demandas de mão-de-obra, que se tornou uma característica de todas as sociedades industriais. A importância dessa conexão é reforçada pela preocupação com a imigração ilegal, especialmente do México (mais de meio milhão de prisões e deportações ocorrem anualmente e estima-se que entre 1 e 8 milhões de mexicanos residam ilegalmente nos Estados Unidos).

O Ato de Reforma e Controle da Imigração de 1986 destinou-se especificamente a combater essa imigração ilegal. Estabeleceu sanções contra empregadores contratantes de trabalhadores não-autorizados que podiam provar o fato de haverem trabalhado por pelo menos noventa dias na agricultura nos Estados Unidos no ano que findava em 1º de maio de 1986. Inadvertidamente, porém, a lei também permitiu o surgimento de um mercado de documentos falsificados que derrubou os objetivos da legislação. A menos que um documento fosse obviamente falso, ele normalmente bastava como prova para proteger um empregador das penalidades legais, que iam desde US$ 100 até seis meses de prisão. Um relatório de 1992 a respeito da lei da Comissão de Trabalhadores Agrícolas descobriu que ela não tinha feito virtualmente nenhuma diferença no influxo da imigração ilegal e propôs mudanças para fortalecê-la. O relatório deveria ser submetido ao Congresso em 1993.

Os anos de 1995-96 testemunharam uma enxurrada de atividades para restringir a imigração. A Proposição 187 da Califórnia, como passou a ser conhecida, desencadeou um debate nacional: era uma "iniciativa que proibia os estrangeiros ilegais de receber educação pública e a maior parte dos serviços de saúde e sociais financiados pelo governo" e, como tal, apresentava um efeito adverso sobre os migrantes ilegais do México e seus filhos. Num veio similar, o governo Clinton e a liderança republicana no Congresso defenderam maiores esforços contra os migrantes ilegais e patrocinaram projetos de leis separados, que reduziriam a imigração ilegal em por volta de um terço.

Embora grande parte do debate tenha-se centrado na possibilidade ou não de os imigrantes tomarem os empregos dos americanos, o subtexto relacionava-se ao crescimento da população e à diversidade étnica. Em 1996, um relatório do censo de Washington, D.C., previu uma mudança demográfica significativa abastecida pela imigração e altos índices de natalidade entre as mulheres latinas. A proporção de brancos deveria cair de 74 para 53% em 2050, com a de latinos aumentando de 10,2 para 24,5% e os asiáticos de 3,3 para 8,2%. A população afro-americana, previu o relatório, cresceria somente 1,6%.

LEITURAS SUGERIDAS

The Distant Magnet: European Emigration to the USA, de Philip Taylor (Eyre & Spottiswood, 1971), analisa os movimentos europeus e os fatores que levaram as pessoas para a América – pode ser lido juntamente com *Immigration as a Factor in American History*, de Oscar Handlin (Prentice-Hall, 1959), que é um texto clássico a respeito da imigração inicial.

Immigration in America's Future, de David Heer (Westview, 1996), enfoca as tendências imigratórias nos Estados Unidos e levanta questões a respeito da natureza das políticas imigratórias. Abordando a disputa da Proposição 187, o influxo de refugiados cubanos para a Flórida e a ultrapassagem ilegal de fronteiras para a Califórnia e Texas, Heer conecta a reação a esses episódios com problemas básicos como padrões de vida, preservação de uma "cultura americana", conflitos de classe e etnia e o papel da nação nos assuntos estrangeiros.

Ver também: LEI: IMIGRAÇÃO (GRÃ-BRETANHA); MIGRAÇÃO
ELLIS CASHMORE

LEI: RELAÇÕES RACIAIS (GRÃ-BRETANHA)

O desenvolvimento das leis antidiscriminatórias na Grã-Bretanha deve ser considerado, em primeiro lugar, contra um *background* de medidas cada vez mais draconianas destinadas inicialmente a reduzir o número de imigrantes negros e morenos que entram no país e, subseqüentemente, a eliminar esse processo por completo. Invocando o princípio "manter os números baixos é bom para as relações raciais", os principais partidos políticos apresentaram consistentemente leis antidiscriminatórias como um aspecto complementar de suas iniciativas políticas nessas questões. O imperativo dessas leis era conceder oportunidades iguais para todas as pessoas na Grã-Bretanha, independentemente das características a elas atribuídas como a cor da pele. A realidade da situação, contudo, sugere que elas sejam vistas como algo mais que um gesto simbólico das populações não-brancas da Grã-Bretanha, cuja confiança no comprometimento estatal com as "relações raciais harmoniosas" foi irrevogavelmente minada pela obsessão por números, pelo desenvolvimento de controles internos e externos de migração, pela divisão de unidades familiares, e assim por diante. Isso constitui o impulso para a política estatal que legitimou o *status* de segunda classe para as comunidades não-brancas na Grã-Bretanha. Resumindo, a ingênua intenção de criar uma sociedade na qual "todo cidadão compartilhasse do mesmo direito para as mesmas liberdades, as mesmas responsabilidades, as mesmas oportunidades (e) os mesmos benefícios" não está mais próxima de sua realização nos anos 90 do que estava quando foi inicialmente declarada, em 1968, pelo secretário dos Negócios Internos do governo trabalhista, James Callaghan.

Contexto

Os movimentos para a concessão de oportunidades iguais para as comunidades não-brancas na Grã-Bretanha foram freqüentemente associados ao Partido Trabalhista, mas foi somente depois de 1965 que o desenvolvimento de uma política de imigração exclusivista foi acompanhado de uma ação para melhorar a situação dessas comunidades. Nesse ano, o governo trabalhista introduziu o seu White Paper, *Immigration from the Commonwealth*, que tentou amenizar as restrições para a imigração ao introduzir leis de proteção para combater a discriminação racial. Comparado com iniciativas similares no Canadá e nos Estados Unidos, o Projeto de Lei de Relações Raciais de 1965 tinha um alcance muito limitado. Tornou a discriminação racial ilegal em "locais públicos", como restaurantes, hotéis, lugares de entretenimento e transportes públicos, e organizou a Junta de Relações Raciais que foi encarregada de lidar com as queixas de discriminação e conciliá-las.)

Mas, limitações práticas à parte, ele falhou em proteger os não-brancos das práticas discriminatórias nas esferas da habitação e emprego, por exemplo – o projeto de lei de 1965 também era incoerente. Insistia que os migrantes negros e morenos não privavam os brancos de seus empregos, não tinham saúde e padrões sanitários inferiores e não dilapidariam a previdência estatal. Tendo denunciado o racismo e se dissociado de práticas racistas, contudo, o governo trabalhista continuou a orquestrar e apoiar as visões racistas ao implementar políticas racistas que excluíam deliberadamente os não-brancos.

O uso prático limitado das leis antidiscriminatórias incluídas no Projeto de Lei de 1965 foi ressaltado pelas descobertas das investigações oficiais dois anos mais tarde, que revelaram a extensão da discriminação pela cor no emprego e na habitação. A necessidade de uma extensão para as medidas de 1965 foi mais uma vez sublinhada pela erupção da violência no distrito de Watts, Los Angeles, e em outras regiões dos Estados Unidos nessa época. Foi precisamente a negativa sistemática de conceder oportunidades iguais que precipitou a reação volátil dos negros nos Estados Unidos. Com medo de que algo similar ocorresse no Reino Unido, o governo trabalhista iniciou uma nova legislação em 1968, o Ato das Relações Raciais. Isso ampliou o alcance da lei em esferas importantes como o emprego e a habitação, e, mais importante, os poderes da Junta das

Relações Raciais não foram ampliados. Ela permaneceu como um corpo reativo que tinha permissão para responder a acusações e não de dar início a investigações de práticas racistas. É óbvio que uma lei que requeria provas de atos deliberados de discriminação racial só poderia ter um efeito limitado nos padrões mais disseminados de desigualdade entre brancos e não-brancos. Afinal, ela não podia fazer nada para combater as mais sutis, menos visíveis e conspícuas expressões de discriminação racial.

A veracidade desse argumento foi demonstrada pela investigação oficial seguinte que relatou as suas descobertas em meados da década de 1970. Ela demonstrou que a proscrição por lei do racismo na habitação e no emprego tinha provocado um decréscimo significativo de sua incidência; ao mesmo tempo, o aparente sucesso do Ato de Relações Raciais de 1968 pode ter sido diminuído pela substituição de práticas abertamente racialistas por formas menos perceptíveis e detectáveis de sua operação. Mais ainda, o estudo oficial mostrou que a discriminação baseada na cor continuou ocorrendo e que muitos não-brancos que haviam sido discriminados não haviam relatado o fato à Junta das Relações Raciais.

Comissão para a Igualdade Racial

Juntamente com o desenvolvimento de leis inovadoras e antidiscriminatórias nos Estados Unidos e a introdução do Ato de Discriminação Sexual Britânico (1975), as avaliações oficiais catalisaram mais legislações nesse campo. Em 1976, o governo trabalhista introduziu um novo Ato de Relações Étnicas. Isso reestruturou totalmente a maquinaria que lidava com a antidiscriminação e integrou as funções da Junta das Relações Raciais e da Comissão das Relações Comunitárias (estabelecida em 1968 para promover relações comunitárias harmônicas) num novo corpo, a Comissão para Igualdade Racial (Commission for Racial Equality, CRE). Diferente de seus antecessores, a CRE foi capacitada para dar início a investigações em que havia suspeita de discriminação e, caso a confirmação ocorresse, publicar intimações de não discriminação.

Desde a sua inauguração, a CRE tem sido atacada por todos os lados. Em 1981, por exemplo, uma equipe do Subcomitê dos Negócios Interiores das Relações Raciais e Migração foi severamente crítica a respeito da falta de direção da CRE, sua falta de coesão e, conseqüentemente, suas tentativas ineficientes de eliminar a discriminação racial.

É difícil negar a legitimidade dessa e de outras críticas à CRE. Falando abertamente, a CRE sofre pela tensão criada por suas duas principais e, diriam alguns, insolúveis funções: a promoção de "relações comunitárias harmônicas" e a investigação de alegada discriminação. Qual delas deveria ter prioridade continua a ser um dilema ainda mobilizante. Ao mesmo tempo, é preciso reconhecer que as funções da CRE se realizam num clima político que não só é indiferente a uma política coordenada quanto às relações raciais, mas é completamente antagônico a tal política. A despeito das faltas internas da CRE, qualquer organização integrada na maquinaria do Estado tem pouca probabilidade de ser eficiente, quer seja no combate às práticas raciais discriminatórias, quer seja na capacidade de acalmar as ansiedades das comunidades não-brancas na Grã-Bretanha. Como pode a CRE ou o alcance das medidas antidiscriminatórias ser efetivo quando conectados a governos resolutamente determinados a evitar o assentamento de negros e morenos na Grã-Bretanha ou a sancionar o baixo *status* dessas comunidades? Em tal contexto, as políticas para combater a discriminação racial, ainda que determinadas e bem organizadas, não podem nunca ser suficientes para assegurar a igualdade entre cidadãos brancos e não-brancos na Grã-Bretanha.

LEITURAS SUGERIDAS

"Racial inequality and the limits of law", de L. Lustgarten e J. Edwards, consta em *Racism and Antiracism* (Sage Books, 1992), organizado por Peter Braham *et al.* Explora a ineficácia do Ato de Relações Raciais de 1976 em particular e as debilidades das leis antidiscriminação de um modo geral.

Race and Racism in Contemporary Britain, de John Solomos (Macmillan, 1989), oferece uma narrativa das origens e do impacto das legislações contra a discriminação racial na Grã-Bretanha.

Ver também: LEI: DIREITOS CIVIS; LEI: DISCRIMINAÇÃO RACIAL; MIGRAÇÃO

BARRY TROYNA

LÍNGUA, RAÇA E ETNIA

O estudo do modo como a língua é afetada pela raça e pela etnia levanta questões relacionadas ao nacionalismo, ao multilingüismo, ao colonialismo, à formação da língua e ao surgimento de variedades distintas do inglês negro nos Estados Unidos e na Grã-Bretanha.

Com o desenvolvimento das classificações de raça baseadas nas diferenças fenotípicas durante o século XIX, inicia-se uma busca por provas em apoio a tais teorias no estudo da língua. Os acadêmicos tentaram reconstruir "famílias" de línguas a partir de provas lingüísticas. As línguas da Europa e da Índia foram classificadas no mesmo grupo de línguas indo-européias. Ao mesmo tempo, foi estabelecido o mito de uma raça indo-européia – ou ariana há muito perdida – que falava uma "protolíngua" originadora das indo-européias – e que deu origem aos eslavos, romanos, alemães e outras raças européias. A suposição de que raça, cultura e língua são isomórficas é obviamente falsa, mas teve com freqüência um apelo forte para os políticos e as populações em muitas nações. O *Ein Volk, Ein Reich, Eine Sprache* é um exemplo disso.

O modo como a "raça", como construção analítica, no entanto, mostra-se indeterminada e insuficiente após uma avaliação mais próxima, é paralelo aos problemas que encontramos quando tentamos submeter uma "língua" a um escrutínio similar. O termo "língua" pode ser associado a vários significados: pode referir-se à língua materna dos indivíduos, às descrições do comportamento lingüístico conforme as tipificações dos dicionários e descrições gramaticais ou à língua de uma determinada comunidade e sua literatura, especialmente a língua "padrão" de uma determinada nação. O termo pode finalmente referir-se também à língua que as pessoas efetivamente falam ou escrevem – interessante notar que é somente com este último significado que o termo é usado num sentido não-idealizado (e, portanto, não-estereotipado). O termo "língua", assim como "raça", gera muitos de seus significados mais amplos a partir do simbolismo que o conecta ao conceito mental, ainda que obscuro, do que essa imagem pode ser.

A sociolingüística tem como eixo a idéia de que o termo "língua" não pode ser adequadamente explicado por uma referência a um critério apenas lingüístico. Existem vários exemplos pelo mundo todo. Na Escandinávia, por exemplo, o dialeto cotidiano foi segmentado quase arbitrariamente pelas forças políticas ou sociais, originando línguas "separadas". A grande maioria das sociedades mundiais é multilingual e não monolingual. Estima-se que as 140 nações-Estado do mundo compartilham uma média de 4 ou 5 mil línguas. Até mesmo na Grã-Bretanha, que é tradicionalmente considerada uma sociedade monolingual, calcula-se que havia, em 1987, mais de 170 línguas faladas por crianças somente em Londres.

Atualmente, uma das principais causas do multilinguismo em várias partes do mundo é o imperialismo (entre as outras razões estão a migração e a federação). As línguas européias (inclusive inglês, francês, espanhol e português) estabeleceram-se no Caribe, América do Sul, África e Ásia por meio das classes governantes coloniais durante os séculos XVIII e XIX. Com o declínio do império britânico após 1945, a disseminação do inglês foi sustentada pelo crescente poder econômico e tecnológico dos Estados Unidos. O imperialismo colonial tradicional pode ter decaído significativamente, mas um *imperialismo lingüístico* de diferentes tipos ainda persiste. Hoje em dia, o inglês é falado por 300 milhões de nativos nos Estados Unidos e Grã-Bretanha, mas tem também ampla vigência entre outro bilhão, aproximadamente, de falantes de inglês como segunda língua, desde a África ocidental até a Índia, Cingapura, Hong Kong e Ilhas Filipinas. O inglês é, atualmente, a língua internacional da ciência e da tecnologia, dos negócios e das finanças, das comunicações mundiais e dos estudos acadêmicos internacionais.

Um dos principais problemas da formação de línguas no mundo todo, portanto, tem sido a escolha de línguas nacionais ou oficiais para os recém-Estados independentes. Houve vários motivos para que essa escolha envolvesse, com freqüência, uma mediação entre a língua internacional – como o inglês – e as línguas nativas, como pode ser observado na Índia, em Cingapura, na Malásia e em muitas nações pós-coloniais na África. Como resultado do colonialismo e de fatos a ele relacionados, existem hoje grandes quantidades de pessoas de origem africana e asiática que falam línguas originalmente européias. Em muitos casos essas variedades de segunda língua passaram a ter, ao menos parcialmente, uma roupagem nativa, de modo que hoje é possível falar em inglês nigeriano, inglês indiano, inglês cingapuriano etc.

Embora seja equivocado supor que os falantes de uma mesma língua pertençam necessariamente a uma mesma "raça", ou que os falantes daquelas que parecem ser línguas aparentadas sejam necessariamente relacionados racialmente, a língua pode desempenhar um papel crucial no simbolismo ou na significação, pelo fato de pertencer a um determinado grupo étnico. Indispensável para o entendimento da relação entre a língua e a etnia é a percepção de que o comportamento da língua dos indivíduos está intimamente relacionado à sua percepção de si mesmos e de sua própria identidade. Essa compreensão foi coerente e poderosamente expressa no trabalho do sociolingüista britânico Robert Le Page que desenvolveu uma teoria do uso como "atos de identidade". De acordo com ela, o indivíduo cria o seu próprio comportamento lingüístico de modo que este corresponda ao do grupo ou grupos com os quais deseja ser identificado até o ponto de: poder identificar os grupos; observar e analisar tais grupos; ser motivado a adaptar o seu comportamento; e ainda ser capaz de adaptá-lo. O indivíduo torna-se, desse modo, apto a situar-se no espaço multidimensional definido por tais grupos a partir de fatores como sexo, idade, classe social, profissão e outros parâmetros de pertinência a um grupo, incluindo a etnia.

As questões da língua relacionadas à etnia podem ser vistas nos conflitos vividos pelos grupos de línguas minoritárias nas sociedades multilinguais, como é o caso da população francófoba no Canadá. A importância da etnia pode residir também no modo como a distinta identidade dos grupos étnicos é expressa, não somente por meio de diferentes línguas, mas também de diferentes variações de uma mesma língua.

O caso do "inglês falado pelo negro", tanto nos Estados Unidos como na Grã-Bretanha, é um bom exemplo do último ponto levantado. O estudo do Inglês Negro Vernacular (ou Black English Vernacular, BEV) teve como pioneiro o sociolingüista William Labov. Seus estudos e os que a eles se seguiram enfatizaram os distintos padrões do BEV em termos de pronúncia e gramática. Uma grande controvérsia cercou as origens do BEV. Alguns lingüistas argumentaram que este descendia de uma variedade *creole* do inglês, enquanto outros enfatizaram a semelhança do BEV com variações não padronizadas do inglês americano. Apesar dos argumentos, um juiz concluiu, em um julgamento histórico em Ann Arbor, Michigan, 1979, o assim chamado *Black English Trial*, que a incapacidade de as autoridades escolares em reconhecer o inglês negro como uma língua separada tinha prejudicado o progresso educacional das crianças negras nessa área.

Estudos recentes na Grã-Bretanha propuseram-se a descrever o "Inglês Negro Britânico". Esse termo é usado para fazer menção a um tipo de *creole* jamaicano modificado, falado pela segunda geração de britânicos de descendência caribenha. Se o inglês negro baseado no *creole* é ou não uma "variação" lingüística completamente desenvolvida é questão de interpretação (a maior parte dos falantes britânicos do Inglês Negro terá invariavelmente uma fluência de outras variedades da língua também). Contudo, uma coisa é clara: a adoção das formas de discurso *creole* por parte dos jovens de descendência caribenha na Grã-Bretanha está ligada à afirmação de uma identidade étnica intimamente relacionada aos interesses e às atividades da comunidade negra (como o rastafari e a música *reggae*). Além disso, o uso do *creole* ou "*patois*" também está ligado ao sentido de solidariedade e de orgulho étnico e expressa ao menos uma resistência simbólica àquilo que muitos jovens negros percebem como uma sociedade racista e repressora.

Ao mesmo tempo, as questões de raça e etnia foram recentemente conectadas em todo o mundo à questão dos "direitos da língua" ou "direitos humanos lingüísticos". A maior parte das 5 mil línguas mundiais enfrentará a "morte da língua" nos próximos trinta anos. As variedades locais de discurso estão sendo deslocadas por línguas nacionais e internacionais como resultado dos desenvolvimentos econômicos e dos efeitos da educação e da mídia de massa. Aqueles que trabalham na questão dos direitos da língua estão preocupados, não apenas com a morte de muitas variações língüísticas, mas também com o tratamento desigual concedido, hoje em dia, particularmente na educação, aos falantes de línguas minoritárias por parte dos governos e instituições estatais.

O reconhecimento dos "direitos lingüísticos humanos" envolve o reconhecimento por parte da maioria tanto da etnia quanto da língua da minoria. Vários grupos minoritários do mundo obtiveram um reconhecimento formal para as suas reivindicações em acordos como a Declaração das Nações Unidas dos Direitos Nativos e o Acordo Europeu para Línguas Regionais e Minoritárias, e minorias como os bascos, catalãos e galeses obtiveram algum sucesso na manutenção e no resgate de suas línguas. Nas próximas décadas, a questão dos direitos humanos lingüísticos provavelmente crescerá em importância, não apenas como questão lingüística – o que acontece com as minorias lingüísticas em todos os aspectos de suas vidas nacionais no mundo todo.

LEITURAS SUGERIDAS

London Jamaican: Language Systems in Interaction, de Mark Sebba (Longman, 1993), estuda as formas do *creole* jamaicano falado pela juventude negra na Grã-Bretanha.

Linguistic Human Rights: Overcoming Linguistic Discrimination, organizado por Tove Skutnabb-Kangas e Robert Phillipson (Walter de Gruyter, 1994), oferece uma visão geral do crescente debate a respeito dos direitos humanos lingüísticos, com discussões sobre os direitos da língua em várias sociedades do mundo, incluindo Estados Unidos, Nova Zelândia, América Latina e África pós-colonial.

Acts of Identity, de Robert Le Page e Andrée Tabouret-Keller (Cambridge University Press, 1985), é uma descrição magistral das línguas *creoles* caribenhas, mas é também muito mais, incluindo uma teoria do uso da língua em sociedades multilinguais e seções detalhadas a respeito de língua e raça, língua e etnia e o *creole* jamaicano londrino.

Language and Ehtnic Relations, organizado por Howard Giles e Bernard Saint-Jacques (Pergamon Press, 1980), é uma coletânea de artigos que lida com a língua e a etnia, tanto na teoria quanto no estudo de casos.

Ver também: ARIANOS; COLONIALISMO; *CREOLE*; ETNIA

KINGSLEY BOLTON

LINHA DA COR

A linha da cor é a divisão simbólica entre os grupos "raciais" nas sociedades em que a pigmentação da pele é um critério de *status* social. Ela é, certamente, mais rígida e claramente definida nas sociedades mais racistas, ou seja, nas sociedades que atribuem direitos diferentes e privilégios aos membros de diferentes grupos raciais. Se o acesso a recursos sociais (como escola, habitação, emprego) depende da raça, a classificação racial tem de ser mantida e a pertinência a um grupo racial tem de ser o menos ambíguo possível. Isso é verdade mesmo quando a discriminação racial é supostamente benigna, como a ação afirmativa nos Estados Unidos, por exemplo.

Os sistemas mais simples de estratificação racial são os dicotômicos, pelo qual se é classificado como branco ou negro, branco ou não-branco, branco ou de cor. Um exemplo disso são os Estados Unidos, onde a ascendência africana classifica alguém como "preto", "negro", "de cor" ou "afro-americano" (usando os diferentes rótulos aplicados em diferentes épocas às mesmas pessoas). Os sistemas mais complexos têm três grupos, como algumas sociedades caribenhas, que fazem distinção entre brancos, mulatos e negros. A África do Sul reconheceu oficialmente, sob o domínio do apartheid, quatro grupos raciais – brancos, de cor, indianos e negros –, mas mantém, com freqüência, os três últimos grupos subordinados na abrangente categoria de não-brancos.

A linha da cor pode ser mais ou menos rígida. Em alguns países, como alguns estados dos Estados Unidos até 1967, o casamento inter-racial era proibido por lei. Na África do Sul, tanto os casamentos quanto as relações sexuais entre brancos e não-brancos eram considerados crimes sujeitos a inflexíveis penalidades (até sete anos de prisão). Para evitar a "passagem" (ou seja, a transposição clandestina da linha da cor), o governo da África do Sul aprovou o Ato do Registro da População, providenciando a criação de cartões de identidade e a classificação racial permanente de toda a população.

Em particular nas sociedades virulentamente racistas que tentam manter uma linha da cor rígida, os incentivos para "passar" são bastante fortes, encorajando aqueles cujo fenótipo é suficientemente similar ao do grupo dominante a atravessar a linha da cor. Mesmo as extensas "passagens" não desabilitam necessariamente a linha da cor. A própria evasão implica a aceitação do sistema, razão pela qual a "passagem" é tão freqüentemente considerada mais indigna pelos membros do grupo subordinado que pelos do grupo dominante infiltrado por "oportunistas".

Do outro lado do espectro estão as sociedades nas quais as fronteiras raciais são tão ambíguas e flexíveis que, mesmo exibindo uma boa dose de consciência racial, não se pode falar propriamente em linha da cor. O Brasil é um exemplo de país sem nenhum ponto crítico relacionado à permanência na linha da cor. Ninguém sabe ao certo onde termina a brancura e onde começa a "negritude".

LEITURAS SUGERIDAS

Race Relations, de Michael Banton (Tavistock, 1967). Clássico escrito sob uma perspectiva sociológica comparativa.

Race Relations, de Philip Mason (Oxford University Press, 1970), é uma descrição mais resumida sob um ponto de vista mais histórico.

South Africa: A Study in Conflict, de Pierre L. van den Berghe (University of California Press, 1967), apresenta uma descrição detalhada do *apartheid* na África do Sul.

Ver também: AÇÃO AFIRMATIVA; APARTHEID; BRASIL; FENÓTIPO; MONITORAÇÃO ÉTNICA; SEGREGAÇÃO

PIERRE L. VAN DEN BERGHE

LOS ANGELES: TUMULTOS, 1992

Ver: TUMULTOS: EUA, 1992.

MALCOLM X (1925-65)

Proeminente representante do nacionalismo negro nos Estados Unidos nas décadas de 1950 e 60, Malcolm Little (como foi batizado) tornou-se intelectualmente mais influente depois de seu assassinato em 1965, aos 40 anos. Seus argumentos radicais em defesa do separatismo negro e o endossamento da violência fizeram dele, de diversas formas, o *alter ego* de Martin Luther King. Numa época em que a Conferência de Líderes Cristãos de King usava a desobediência não-violenta como principal estratégia para obter uma reforma dos direitos civis, cujo objetivo supremo era a integração, Malcolm X pediu aos negros que renunciassem ao cristianismo, rejeitassem o próprio conceito de integração e abandonassem qualquer idéia de que as melhorias nas condições materiais dos negros poderiam ser patrocinadas pelos brancos.

Malcolm nasceu em 19 de maio de 1925 em Omaha, Nebraska. Seu pai, Earl Little, usou o seu ministério batista itinerante para divulgar as idéias nacionalistas de Marcus Garvey. Era membro da Associação Universal de Progresso Negro de Garvey, o que parece ter sido o motivo de seu assassinato por brancos quando Malcolm tinha seis anos de idade. Os assassinos nunca foram encontrados. Malcolm mudou-se para Boston com 15 anos para morar com sua meia-irmã, Ella. Poucos anos depois, mudou-se para o Harlem, Nova York, e passou a ganhar a vida como cafetão e traficante, atividades que o indispuseram com a justiça.

Malcolm começou a sentir-se atraído pela Nação do Islã (muçulmanos negros) enquanto esteve preso cumprindo pena iniciada em 1946. Estudou os escritos de Elijah Muhammad e, ao ser solto, em 1952, foi a Chicago para conhecê-lo. Adotou, então, o nome de Malcolm X (que mais tarde mudou para El-Hajj Malik El-Shabazz). Dois anos depois, Malcom lideraria uma mesquita no Harlem.

Sua ruptura com a Nação do Islã ocorreu em 1963, quando foi suspenso por se referir à morte de John F. Kennedy como um caso de "galinhas voltando para o poleiro". (Mais tarde, explicou que, para ele, garoto de fazenda em Omaha, a volta das galinhas para o poleiro era um evento feliz.) Malcolm rompeu, então, com o movimento, embora particularmente já estivesse desligado dele há algum tempo, como revelou na sua autobiografia: "Eu estava convencido de que a Nação do Islã poderia ser uma força até maior na luta geral dos negros americanos – se nós nos engajássemos numa *ação efetiva*".

Em 1964, tendo deixado a Nação do Islã, começou a expor as suas próprias e distintas idéias a respeito de uma luta negra internacional. Fundou a Organização da Unidade Afro-Americana (Organization of Afro-American Unity, OAAU) para expressar essas idéias. Manteve as suas crenças islâmicas, fazendo inclusive uma viagem à Meca. Viajou também para a África ocidental, onde se encontrou com vários líderes nacionais. Na época em que sua reputação começou a crescer, Martin Luther King persistia, com sucesso, na luta por uma legislação dos direitos civis, embora muitos negros, insatisfeitos com o ritmo lento das reformas, estivessem em busca de alternativas de enfoques mais diretos. Malcolm encontrou-se com King em 1964, um ano antes de denunciar veementemente tanto King quanto o seu movimento num discurso (reimpresso no *The End of White Supremacy*, organizado por I. B. Karim, Arcade Publishing, 1971). "Eu acho que qualquer negro que vive atualmente no meio dos 'pretos', como são chamados os que estão sendo brutalizados, cuspidos e humilhados da pior maneira imaginável, e que ensine a esses pretos a dar a outra face, a sofrer pacificamente ou a amar o seu inimigo, é um traidor do 'preto'", disse Malcolm. "Se o povo negro não vê nada de errado em ser arrastado e enviado para a Coréia, para o sul do Vietnã, Laos, Berlim ou qualquer outro lugar para lutar e morrer pelo homem branco, então não há nada de errado com o mesmo homem negro quando ele faz a mesma coisa ao ser submetido à brutalidade neste país por parte do homem branco."

Em seus últimos três meses de vida, Malcolm X vinculou o progresso nacional na África com a emancipação das mulheres. Abandonou sua antiga proposta de um Estado negro independente nos Estados Unidos e relaxou a sua censura a casamentos etnicamente mistos. Ele também endossou o registro eleitoral e o envolvimento político, embora tenha advertido que a legislação dos direitos civis não tinha capacidade de aquietar a verdadeira "dinamite social" no gueto. Foi um aviso profético. Em 1965, teve início um período de dois anos de insurreições negras. Apesar de já não estar mais vivo para testemunhar o ocorrido, ele as teria endossado, pois como disse: "[...] alguém que luta contra o racismo tem todo o direito de lutar contra ele por quaisquer meios necessários" – frase pela qual ele ainda é lembrado.

Seu assassinato durante uma assembléia da OAAU no Harlem, em 21 de fevereiro de 1965, ainda está cercado de mistério. Houve alguns boatos a respeito de conspirações envolvendo sua visita a Paris, pouco antes de sua morte. Sabia-se que estava sendo controlado pelo FBI. Três membros da Nação do Islã foram condenados por haverem atirado nele, mas ainda hoje persistem especulações a respeito da culpa dos dois e da cumplicidade entre a polícia de Nova York, o FBI e, possivelmente, a CIA.

Vinte anos após a sua morte, Malcolm foi ressuscitado pelo rap e canonizado pelas mãos do cineasta Spike Lee. O título do livro de Dyson, *Making Malcolm*, sugere o processo pelo qual o seu legado foi adaptado e vendido a uma nova geração de negros. O "X" tornou-se, no início da década de 1990, um logotipo; e trechos de seus pronunciamentos políticos ("por quaisquer meios necessários"; "eu nem chamo isso de violência – quando é autodefesa, eu chamo de inteligência") foram transformados em clichês.

LEITURAS SUGERIDAS

The Autobiography of Malcolm X, escrita por Alex Haley (Hutchinson & Collins, 1966) e *Victims of Democracy*, de Victor Wolfenstein (Guildford, 1993), são duas das várias publicações a respeito de sua vida.

From Civil Rights to Black Liberation: Malcolm X and the Organization of Afro-American Unity, de William W. Sales (South End Press, 1994), enfoca a influência de Malcolm na política negra na década de 1960, com uma referência especial à OAAU.

Making Malcolm: The Myth and Meaning of Malcolm X, de Michael E. Dyson (Oxford University Press, 1995), analisa o surgimento de Malcolm como um ícone do nacionalismo negro militante.

Ver também: BLACK POWER; KING; NAÇÃO DO ISLÃ

ELLIS CASHMORE

MANDELA, NELSON (1918-)

Nelson Mandela nasceu na família real de Tembu, Transkei, em 1918. Preparado para tornar-se um chefe, freqüentou a Headtown School no Cabo Leste e, mais tarde, a

Fort Hare University College, de onde foi expulso em 1940 por suas atividades na política estudantil. Muitos líderes africanos, incluindo Robert Mugabe, mais tarde presidente do Zimbábue, estudaram na época na Fort Hare, que se tornou o centro dos primeiros sentimentos anticoloniais e das estratégias de libertação. Depois de mudar-se para Johannesburgo, Mandela estudou direito e, junto com Oliver Tambo, elaborou as primeiras práticas advocatícias africanas em 1952.

Ao lado de Walter Sisulu, Mandela foi membro ativo da Liga Jovem do Congresso Nacional Africano, da qual se tornou presidente nacional em 1950. Ajudou a organizar a campanha de resistência pacífica em oposição às leis do apartheid, o que ocasionou a sua primeira prisão, conseguindo suspender a sentença sob o Ato da Supressão do Comunismo. Apesar de banido da atividade política, reorganizou as ramificações do CNA em pequenas células, que funcionavam clandestinamente. Em 1956, Mandela estava entre os 156 líderes políticos presos por alta traição em conseqüência da demonstração da campanha contra a declaração da República. Em 1961, depois que o CNA e o PAC se tornaram ilegais, Mandela foi para a clandestinidade e viajou para Addis Ababa, Argélia e Londres, onde realizou conferências e encontrou vários líderes políticos.

Poucas semanas depois de seu retorno à África do Sul, em julho de 1962, Mandela foi preso e condenado por incitação e por ter deixado o país ilegalmente. Juntamente com seus companheiros que conspiravam na fazenda de Rivônia, arredores de Johannesburgo, foi sentenciado à prisão perpétua em 12 de junho de 1964.

No dia 11 de fevereiro de 1990, foi finalmente solto incondicionalmente, após haver rejeitado, durante anos, antigas ofertas de liberdade com a condição de que não se engajasse em nenhum movimento de resistência violenta.

Após 26 anos de prisão, Mandela rapidamente preencheu uma lacuna no campo heterogêneo do CNA. Sua liderança unificou o mais antigo e popular movimento de libertação, administrando a divisão entre a juventude militante e os mais antigos tradicionalistas, revolucionários e pragmáticos, africanistas nacionalistas e liberais universalistas, sociólogos ortodoxos e capitalistas social-democratas. Sem o mito de Mandela, o CNA não teria sido capaz de reorganizar seus céticos integrantes sob a nova política de negociações, suspender a luta armada e amenizar as promessas de nacionalização e redistribuição. A notável falta de amargura de Mandela e sua moderação foram cruciais para convencer o segmento branco a dividir o poder político e a concordar com o direito ao voto universal sem ser derrotado militarmente.

O brilho da liberação, porém, se apagou quando Mandela passou a lidar concretamente com o poder. Seu fracasso em conciliar o CNA com os grupos antiapartheid rivais, em especial o Partido Libertador Inkatha, do chefe zulu Mangosutho Buthelezi e o Congresso Pan-Africano, contribuiu para a escalada de violência política. Ao colocar-se solidamente no CNA como sua base de poder e exercendo um mandato organizacional, Mandela assumiu o papel de homem de Estado reconciliador acima da estreita competição entre os partidos. A trágica lealdade a sua esposa dissidente, Winnie, antes de sua separação e divórcio formais, além de seu apoio à Organização de Libertação da Palestina (OLP), de Arafat, a Kadafi, da Líbia, e a Fidel Castro, de Cuba, levantaram dúvidas quanto ao seu julgamento político. Muitas críticas acusam o outrora prisioneiro de estar correndo o risco de tornar-se um mero figurante e angariador de fundos, um símbolo mais forte por trás das grades do que no mundo real mais austero. Apesar disso, Mandela foi eleito presidente em abril de 1994.

LEITURAS SUGERIDAS

South Africa in Crisis, organizado por J. Blumenfeld (Croom Helm, 1987), documenta as percepções e políticas de todos os principais grupos de interesse e seu papel no estado de agitação.

State Resistance and Change in South Africa, organizado por P. Frankel, N. Pines e M. Swilling (Croom Helm, 1987), reúne capítulos organizados em torno de temas a respeito de Estado, resistência e mudança, com uma avaliação especial do CNA.
Long Walk to Freedom (Little, Brown, 1994) é a autobiografia de Mandela.

Ver também: ÁFRICA DO SUL; APARTHEID; OBSCENIDADES

HERIBERT ADAM

MAORIS
Ver POVOS NATIVOS

MARLEY, BOB
Ver REGGAE

MARXISMO E RACISMO

A discussão marxista a respeito da inter-relação entre as relações raciais e as categorias étnicas intensificaram-se nas últimas duas décadas. A explosão do debate marxista a respeito dessa questão certamente contradiz o argumento freqüentemente citado de que a resposta preferida do marxismo às formas não-classistas de divisão social é ou o silêncio ou uma tentativa de encaixar à força uma realidade complexa em modelos restritos e deterministas.

Várias questões-chave dominaram os recentes debates. Em primeiro lugar estão as visões de Marx e Engels a respeito do assunto, ou melhor, o seu suposto fracasso em analisá-lo sistematicamente. Em segundo, o problema de como os conceitos marxistas de classe podem nos ajudar a compreender as dinâmicas das sociedades estruturadas em caracterizações raciais e étnicas. Em terceiro, vem a questão dos recentes debates marxistas a respeito de ideologia, hegemonia e determinação e a maneira pela qual podem nos auxiliar a compreender o desenvolvimento do racismo como uma importante força ideológica nas sociedades contemporâneas. Em quarto lugar, o modo como os importantes debates a respeito de classes sociais e sexismo conectam-se à análise da raça. Finalmente, existe uma animada discussão em torno do alegado preconceito eurocêntrico a respeito da teoria marxista.

Classe e Nacionalismo

O ponto de partida para a maioria dos recentes estudos marxistas a respeito da dinâmica entre raça e classe é o fato de o marxismo clássico não conter um tratamento sistemático para essa questão. Foi dito, por exemplo, que embora os escritos de Marx e Engels contenham várias referências dispersas à pertinência das relações étnicas e raciais em certas formações sociais, como a referência à raça como um fator econômico na escravidão dos Estados Unidos, elas apresentam pouca reflexão histórica ou teórica a respeito do papel de tais processos no modelo capitalista de produção como um todo. Talvez até mais prejudiciais, como argumentaram vários críticos, muitas das declarações sobre raça de Marx e Engels revelam traços do estereótipo racial dominante em sua época e um uso nãocrítico do imaginário racista do senso comum. Além disso, vários críticos do marxismo alegaram que a crença dos marxistas no conceito de classe os impediu de analisar o fenômeno racial e étnico por conta própria, não o compreendendo dentro das relações sociais mais amplas ou tratando-o como um fenômeno superestrutural.

Nos escritos de Marx e Engels, as referências às divisões raciais e étnicas, juntamente com as questões relacionadas às diferenças religiosas, identidade regional e nacionalidade, organizam-se em torno de dois temas. O primeiro é a questão das divisões internas na classe trabalhadora. Um bom exemplo dessa corrente são os trabalhadores irlandeses que migraram para a Inglaterra e Escócia à procura de emprego. Marx e Engels comentam em vários trechos de sua obra o impacto dessa divisão na consciência da classe trabalhadora inglesa e a maneira como ela se perpetrou.

O segundo tema a ser encontrado nas obras de Marx e Engels é a instituição da nação e a questão nacional. Eles freqüentemente chamaram a atenção para o significado das identidades nacionais e sua inter-relação com as relações de classe. No início, ressaltaram o efeito que o desenvolvimento do nacionalismo irlandês teve na consciência do proletariado inglês. Mais tarde, reconheceram o desenvolvimento de um movimento nacionalista na Irlanda como essencial para o surgimento de um forte movimento trabalhista na Inglaterra. Suas obras históricas estão repletas de referências ao surgimento, desenvolvimento ou morte de nacionalidades. A análise oferecida não é, de modo algum, tão detalhada quanto poderia ter sido, mas (a) permite questionar a noção de que Marx e Engels mantiveram silêncio a respeito de outras formas que não as diferenciações por classe e (b) oferece uma base para tentativas marxistas posteriores de analisar o impacto do nacionalismo na classe trabalhadora.

Os primeiros trabalhos marxistas a respeito de divisões raciais e étnicas concentraram-se particularmente na raça e na classe como modos de exploração. O livro *Caste, Class and Race*, de Oliver Cox (Monthly Press, 1948), é um exemplo pioneiro desse enfoque. Cox visou principalmente aos interesses econômicos que geraram historicamente a exploração e as ideologias racistas e explicou a desigualdade racial como resultado dos interesses da classe capitalista em superexplorar segmentos da classe trabalhadora. Como ele considerava a divisão de classes a fonte fundamental da exploração na sociedade, o mote principal de sua obra foi conceitualizar a exploração racial como uma forma especial de exploração de classe. Esse modelo exerceu subseqüentemente uma profunda influência no trabalho de autores marxistas a respeito de raça nos Estados

Unidos e, numa extensão mais limitada, nas sociedades européias e outras.

Reducionismo

A questão ganhou nova vida durante a década de 1960, resultado, em especial, da regeneração dos debates marxistas a respeito de classe e materialismo histórico, que procuraram transcender o reducionismo econômico, e, em parte, por meio de uma maior consciência política de que as desigualdades raciais contemporâneas estavam sendo reproduzidas de uma maneira complexa que não podia ser reduzida a noções economistas de classe. Esse repensar da teoria de classes e o contexto histórico das relações raça-classe tornaram-se evidentes na nova pesquisa a respeito da escravidão nos Estados Unidos, nos estudos sobre o racismo e a segmentação de mercado de trabalho, na análise do racismo estatal na África do Sul e na grande quantidade de trabalhos a respeito da economia do trabalho migrante. Desse grande corpo de pesquisa e escritos históricos, desde a década de 1960, surgiram vários temas importantes. Eles se centraram:

- na questão da autonomia (relativa ou outras) do racismo quanto às relações de classe;
- no papel do Estado e das instituições políticas em relação às questões raciais e étnicas;
- no impacto do racismo na estrutura da classe trabalhadora e na dinâmica da luta e na organização política das classes; e
- nos processos por meio dos quais as ideologias racistas são produzidas e reproduzidas.

A questão da autonomia entre raça e classe introduziu problemas nesse campo teórico surgidos na análise da formação de classes e do ambiente capitalista. Essa influência é especialmente clara no trabalho de Stuart Hall e outros autores marxistas da Grã-Bretanha, nas obras de vários acadêmicos americanos e no trabalho de vários autores a respeito da migração européia. O ponto de partida do trabalho de Hall é a afirmação de que é incorreto contrapor raça e classe de maneira simplista, uma vez que é questão essencial a articulação de ambas em situações históricas específicas. Num estudo sobre a Jamaica, por exemplo, ele ressalta o modo pelo qual a classe é superdeterminada pela raça, cor e cultura. Assim, embora não seja possível reduzir o racismo a relações de classe ou sociais, Stuart também afirma que este não pode ser adequadamente compreendido, independentemente das forças econômicas políticas e ideológicas mais amplas.

Estudos de Omi e Winant (*Racial Formation in the United States*, Routledge & Kegan Paul, 1986) e do Grupo Raça e Política do Centro de Estudos Culturais Contemporâneos (Center for Contemporary Cultural Studies, CCCS) (*The Empire Strikes Back*, Hutchinson, 1982) enfocaram mais especificamente o papel do Estado como um lugar de reprodução de situações estruturadas racialmente. Formulados em parte a partir dos recentes debates marxistas a respeito da natureza do Estado capitalista, vários estudos analisaram a interação entre a política e o racismo em ambientes históricos específicos. Estudos a respeito do papel das instituições estatais na manutenção de estruturas racializadas em várias sociedades, especialmente nos Estados Unidos e na África do Sul, ressaltaram a importância do contexto político do racismo. Isso trouxe à tona questões e problemas importantes: qual é o papel preciso do Estado na reprodução de relações sociais estruturadas racialmente? Até que ponto o Estado pode ser transformado num instrumento de ação política anti-racista? Essas e outras questões estão sendo atualmente exploradas e debatidas.

Como já foi dito, a reivindicação de que o racismo é uma fonte de divisão na classe trabalhadora foi o ponto central para os primeiros trabalhos de autores marxistas como Cox. Esse tema tornou-se central mais uma vez nos debates contemporâneos a respeito do racismo e da formação de classes, em parte como resultado do crescimento do apoio da classe trabalhadora aos grupos políticos racistas, em parte em decorrência do surgimento de políticos negros. Em seu estudo *Immigrant Workers in the Class Structure in Western Europe* (2ª ed., Oxford University Press, 1973), Castles e Kosack lidam com o modo pelo qual o Estado interveio para a criação de duas categorias distintas dentro da classe trabalhadora por meio do sistema de trabalho contratado, que nega direitos políticos à categoria inferior essencialmente estrangeira. Diz-se que essa categoria inferior cumpre a função de uma reserva de mão-de-obra. Na Grã-Bretanha, o trabalho de Robert Miles e Annie Phizacklea a respeito do racismo na classe trabalhadora demonstram outra corrente do debate. Suas obras representam uma profunda preocupação para com a superação do impacto potencialmente divisor do racismo na organização de classe e na ação política radical. Foram levantadas questões similares nos Estados Unidos e, em virtude do clima político de muitas sociedades capitalistas avançadas, essa parece ser uma fonte de preocupação que ainda persistirá por algum tempo.

IDEOLOGIA

O tema final a emergir dos debates marxistas a respeito de raça e classe é o da ideologia. O desenvolvimento das ideologias racistas e as várias formas que elas assumiram em diferentes níveis do desenvolvimento do capitalismo não foram questões que tradicionalmente tenham recebido muita atenção por parte dos marxistas. O interesse renovado em suas análises, porém, ajudou a superar essa negligência. Foram levantadas questões a respeito das raízes históricas, culturais, literárias e filosóficas das ideologias raciais. Mais especificamente, as questões referem-se ao papel que as relações ideológicas podem exercer no fornecimento de uma base para a articulação de práticas e ideologias racistas.

Um aspecto importante dos recentes debates a respeito da pertinência do marxismo nas análises de raça e racismo é a questão de existir ou não um preconceito eurocêntrico intrínseco na essência da teoria marxista – este tema foi abordado nos últimos anos por vários críticos do marxismo e por outros que professam ser simpáticos à sua tradição. Talvez a declaração mais importante dessa posição seja o *Black Marxism*, de Cedric Robinson (Zed Press, 1983), que argumenta com veemência que o marxismo está caoticamente atado às tradições filosóficas da Europa ocidental que não podem incorporar facilmente a experiência do racismo e das divisões étnicas. Esse e outros estudos parecem decididos a levantar questões que desempenharão um papel nas discussões marxistas ainda durante um bom tempo.

Atualmente, contudo, a crise mais ampla da teoria marxista resultou no desenvolvimento de novas perspectivas que vão claramente além do marxismo. Mais importante – foram feitos recentes progressos na compreensão do papel das ideologias raciais e da racialização dos discursos social e político. Originados em grande parte nos Estados Unidos, tais estudos enfocaram várias áreas, incluindo literatura, cinema e outras formas de cultura popular. Procuraram mostrar que a compreensão do que é raça nas sociedades contemporâneas e a articulação das ideologias racistas não podem ser reduzidas a relações econômicas, políticas ou de classe. O trabalho de teóricos literários e culturais nos Estados Unidos e na Grã-Bretanha nos últimos anos provocou o florescimento de estudos que se utilizam dos debates a respeito do pós-culturalismo e do pós-modernismo como um meio de enfocar as complexas formas de identidades racializadas nas sociedades coloniais e pós-coloniais.

Talvez em virtude das transformações mais amplas na teoria social, essa seja uma área de pesquisa que se desenvolveu muito rapidamente nos últimos anos. Além dos estudos das tendências contemporâneas, houve também um aumento do interesse na pesquisa histórica das origens das idéias a respeito de raça e as dinâmicas de raça, classe e gênero durante o período colonial. Isso se refletiu em importantes e valiosas elucidações, no uso transformador dos símbolos raciais durante os últimos séculos e na descrição da experiência do pós-colonialismo e o seu impacto na nossa compreensão de raça e cultura.

É claro que as recentes descrições foram bem além do trabalho de Oliver Cox e outros autores marxistas contemporâneos como Robert Miles. Eles, porém, ressaltam os modos pelos quais muitos autores outrora influenciados pelo marxismo começaram a questionar a importância do paradigma marxista para a análise da raça e do racismo nas sociedades contemporâneas.

LEITURAS SUGERIDAS

Racism, de Robert Miles (Routledge, 1991), apresenta uma análise crítica do racismo a partir de uma perspectiva marxista, enquanto *There Ain't No Black in the Union Jack*, de Paul Gilroy (Hutchinson, 1986), critica as descrições marxistas do racismo.

"Varieties of Marxist conceptions of 'race', class and the state", de John Solomos, em *Theories of Race and Ethnic Relations*, organizado por J. Rex e D. Mason (Cambridge University Press, 1986), é uma revisão crítica das principais correntes dos escritos marxistas a respeito do racismo.

"Race", Writing and Difference, organizado por H. L. Gates Jr. (University of Chicago Press, 1986), e *Anatomy of Racism*, organizado por D. T. Godberg (University of Minnesota Press, 1990), são duas coleções que avaliam a força e as limitações dos modelos de ação, incluindo os pós-marxistas.

Ver também: CAPITALISMO; COX, OLIVER C.; EXPLORAÇÃO; HEGEMONIA; IDEOLOGIA

JOHN SOLOMOS

MÉRITO

Mérito é um termo freqüentemente usado no debate a respeito da ação afirmativa. É um debate acalorado, uma vez que os dois lados fazem objeções ao conceito.

Tanto os oponentes quanto os sustentadores da ação afirmativa insistem que é a sua posição que protege o mérito e a recompensa para indivíduos por comportamento meritório.

Seus oponentes reivindicam que os beneficiários dos programas de ação afirmativa não "fazem jus" às vantagens recebidas porque são designadas com base no gênero e na cor da pele e não no talento individual. O talento relaciona-se supostamente a distinções mais legítimas entre os indivíduos, como inteligência, aptidão e habilidade. Os oponentes da ação afirmativa preferem que esses traços sejam reconhecidos como meritórios, e os indivíduos que os possuem recebam recompensas como admissão em faculdades ou em empregos por "merecimento". O sucesso de gente talentosa não deve ser obstruído por programas governamentais que reconhecem e recompensam indivíduos meramente pelo grupo ao qual pertencem. Os críticos da ação afirmativa defendem que haja, em vez disso, um ambiente de oportunidades iguais, em que indivíduos que mereçam legitimamente concorram de forma justa pelos lucros da sociedade.

Para aqueles que apóiam a ação afirmativa, contudo, o mérito é obstruído num meio sem ação afirmativa. Seus defensores tornam o conceito de oportunidades iguais mais complexo, perguntando: e se o sistema de recompensas da sociedade está tão corrompido que se torna mais fácil para as pessoas de uma determinada cor ou gênero desenvolver e exibir os seus talentos? O surgimento do talento estaria, em tais casos, menos relacionado aos traços individuais como energia e criatividade e mais vinculado a privilégios genéticos. É possível, portanto, que numa sociedade discriminatória, o mérito seja associado ao sexo ou à cor da pele do indivíduo, mesmo que ele seja ostensivamente creditado ao talento.

Em resposta a esse problema, os defensores da ação afirmativa argumentam que só o talento não define necessariamente mérito, pois o talento reconhecido em algumas sociedades pode ser adquirido pelo privilégio e não pela aplicação. Eles dizem que as considerações de mérito devem incluir o papel do esforço, do trabalho duro e da persistência na formação do talento individual. Pode ser que uma criança afro-americana da cidade tenha mais dificuldade de se preparar para a faculdade do que uma próspera criança branca do subúrbio. Eles afirmam também que essa discrepância na dificuldade deveria ser considerada nos cálculos de mérito. As políticas de ação afirmativa, quer seja na academia, quer na comunidade de negócios, voltam-se para essa discrepância e provêm um maior acesso ao verdadeiro potencial por reconhecerem aqueles indivíduos com talentos não-reconhecidos ou não-elaborados.

O debate a respeito de mérito pode então ser reduzido a uma questão de diferença de ênfase. Os oponentes da ação afirmativa preferem considerar apenas a aptidão como válida para o mérito; enfatizam as qualidades pessoais, independentemente das origens dessa qualidade. Os defensores da ação afirmativa, por outro lado, reconhecem os esforços e os sacrifícios realizados na conquista da eficiência. A medida de mérito é, então, a distância a ser percorrida pelo indivíduo e não somente o seu destino final. Se fica determinado que grupos como os afro-americanos e as mulheres costumam percorrer uma distância maior no reconhecimento do talento, é bastante legítimo que a sociedade e o governo concedam preferências a eles. De qualquer modo, para que haja um consenso no que diz respeito à ação afirmativa, está claro que as diferenças nos conceitos de mérito devem ser reconhecidas e resolvidas.

Leituras sugeridas

"Deserving jobs", de David Miller (*The Philosophical Quarterly*, abril de 1992, v. 42, nº 167), avalia as bases das políticas sociais destinadas a remediar as desigualdades do mercado de trabalho.

"The end of equality: The ugly truth about America's future", de Mickey Kaus (*The New Republic*, junho de 1992, v. 206, nº 25), e

"The concept of desert in distributive Justice", de Julian Lamont (*The Philosophical Quarterly*, janeiro de 1994, v. 44, nº 174), são artigos úteis.

When Race Counts: The Morality of Racial Preference in Britain and America, de John Edwards (Routledge, 1994), avalia criticamente o princípio de mérito e aborda as condições sob as quais ele pode ser suprimido sem prejuízo à justiça.

Ver também: AÇÃO AFIRMATIVA; OPORTUNIDADES IGUAIS; RACISMO INSTITUCIONAL; SUBAPROVEITAMENTO

TIMOTHY J. LUKES/BONNIE G. CAMPODONICO

MÍDIA E RACISMO

Em 1827, foi lançado o primeiro jornal de e para negros americanos: o *Freedom's Journal*. Em sua primeira edição, ele proclamava: "Sofremos muito por sermos incorretamente representados desde a imprensa até a Igreja" e "O público foi traído por tempo demais". Acusações semelhantes foram lançadas ao longo dos anos contra cada novo veículo de mídia de massas – cinema, rádio e televisão. Os protestos tinham como tema central o fato de as minorias étnicas serem sub-representadas e estereotipadas pela mídia.

A importância de tais protestos reside no significado cultural da mídia de massa. A televisão, por exemplo, predomina como atividade de lazer durante cerca de 30 horas por semana para os cidadãos da Grã-Bretanha e dos Estados Unidos, onde uma enorme porcentagem das pessoas cita a televisão como a mais importante fonte de informação a respeito do que acontece no mundo.

Embora as provas obtidas pelas pesquisas continuem a sustentar as preocupações do modo como a mídia lida com as minorias étnicas, não parece haver muita dúvida de que aconteceram melhorias notáveis ao longo dos anos na maior parte das diversas áreas da mídia. Zinkhan, por exemplo, entre outros, no seu *Journalism Quarterly* (outono, 1986) nota grandes mudanças nas propagandas veiculadas por revistas populares, em que os negros estão cada vez mais representados, especialmente em papéis de *status* mais alto. Do final da década de 1960 até o início da de 1980, a proporção de anúncios com participação negra praticamente dobrou, atingindo, porém, somente 4% – uma porcentagem bem inferior aos 12% do total da população dos Estados Unidos.

Os dois estudos mais abrangentes da representação dos grupos de minorias étnicas na televisão britânica publicados pela BBC e IBA em 1996 concluíram que elas estão sendo agora super-representadas em razão, principalmente, das representações estereotipadas dos afro-caribenhos como músicos e esportistas. Os asiáticos foram constantemente sub-representados.

Embora a estereotipização negativa tenha declinado, o problema da representação adequada persiste e é difícil de lidar por várias razões. Acima de tudo, a mídia de massa é financiada ou justificada pela audiência em massa. Os grupos minoritários constituem a essência da audiência da televisão popular. Infelizmente, os programas para minorias tendem a ser assistidos pelo pequeno número de pessoas que raramente desligam o aparelho. Em termos econômicos, portanto, em especial com o advento da televisão sem fronteiras (transmissões via satélite, por exemplo), existe uma forte pressão na direção do que poderia ser descrito como um seriado americano típico em que não existem minorias étnicas.

As preocupações quanto ao "imperialismo cultural", no qual a mídia do Primeiro Mundo domina o Terceiro e as notícias a seu respeito, estimularam a Unesco a propor "uma nova ordem de informações" que permitisse maior representação dos pontos de vista do Terceiro Mundo (ver Karl Nordenstreng, *The Mass Media Declaration of Unesco*, 1984). Apesar de outros fatores haverem, sem dúvida, influenciado essa atitude, os Estados Unidos retiraram o seu considerável subsídio à Unesco logo após a proposta.

As notícias que recebemos por meio da mídia a respeito do mundo – em especial de países estrangeiros – raramente são boas. Como mostrou um antigo relatório da Unesco de 1973, as questões raciais têm freqüentemente articulações negativas. Uma análise das manchetes da imprensa britânica revelou que em um terço das vezes em que o tema raça surgia estava associado a palavras relacionadas a conflito ou violência como "Choque racial no Texas". Contudo, como argumentaram mais tarde seus autores (Hartman and Husband, *Racism and the Mass Media*, 1974), "[...] a mídia não parece ter nenhuma influência direta nas atitudes como tais. Parece que a mídia serve para definir as dimensões da situação para as pessoas". Certamente, noções simples como as elaboradas durante os tumultos britânicos de 1981, quando a mídia criou um efeito "dominó" (Scarman, 1981), não resistem a uma avaliação mais detalhada, como observou o relatório da Comissão Kerner.

As tentativas de demonstrar que o racismo na mídia tem um efeito poderoso nas atitudes públicas não dispunham de evidências que as sustentassem. Muitas pesquisas sobre uma série popular da televisão, *Till Death Do Us Part* (Reino Unido) e o seu desenvolvimento americano (*All in the Family*) indicaram o problema. Os dois programas tencionavam fazer o público rir do preconceito ao fazer graça da intolerância. Infelizmente, embora tanto o público que sofre o preconceito quanto aquele que não o sofre rissem do programa da mesma forma, não houve modificações significativas de atitude da audiência. Muitas pessoas que sofriam com o preconceito simpatizavam e admiravam o marginalizado Archie Bunker da série americana.

Outra pesquisa a respeito dos efeitos da mídia de massa sustentam a teoria de que o seu poder em mudar a sociedade é muito limitado. Isso não significa que a mídia seja irrelevante. Outra pesquisa, a Tan and Tan, por exemplo, de 1979, no *Journal of Communication,* sugere um efeito mais insidioso – a auto-estima dos negros pode baixar por causa dos programas de entretenimento da TV.

A mídia pode não ter um efeito poderoso no preconceito como costuma ser definido na literatura a respeito das relações raciais, mas pode muito bem impactar as percepções de si mesmos. Como a pesquisa sobre sexismo parece indicar, pode ser que o inimigo tradicional tenha a sua maior influência pelo fato de seus preconceitos serem aceitos pelas mulheres e não por sua própria discriminação para com elas. No campo das relações raciais, a mídia pode ter pouco poder de mudança, mas uma vez operando num clima em que as minorias étnicas estão profundamente arraigadas numa história e numa cultura de discriminação, seu papel passivo meramente reforçando essa experiência pode ser fonte de consideráveis preocupações.

Leituras sugeridas

Minorities and Media, de Clint C. Wilson II e Felix Gutierrez (2ª ed., Sage, 1995), é uma avaliação atualizada das relações históricas entre a mídia e as quatro maiores minorias étnicas dos Estados Unidos: afro-americanos, latinos, índios americanos e asiático-americanos. Os estudos equivalentes britânicos são *Portrayals of Minorities on BBC Television* (BBC Publications, 1996) e *Ethnic Minorities on Television* (IBA Publications, 1996), ambos de Guy Cumberbatch e Samantha Woods.

Gender, Race and Class in Media: A Text-reader é uma coletânea de mais de 600 páginas de artigos publicados anteriormente editada por Gail Dines e Jean Humez (Sage, 1995). Há vários capítulos excelentes a respeito de como a nossa experiência é estruturada pelas imagens das minorias étnicas difundidas pela mídia.

...And There was Television, de Ellis Cashmore (Routledge, 1994), possui um capítulo intitulado "Imagens étnicas", que avalia os modos pelos quais as minorias étnicas têm sido representadas na televisão americana e na britânica, e como os estereótipos rudimentares foram substituídos por representações com mais nuances. Essas mudanças refletem alterações nas condições sociais. Também voltado para as representações na televisão é o livro *Race, Myth and News*, de Christopher Campbell (Sage, 1995).

Ver também: ESTEREÓTIPO; HUMOR E ETNIA; RELATÓRIO KERNER; LEE, SPIKE; RELATÓRIO SCARMAN

Guy Cumberbatch

Migração

Os deslocamentos de populações estão presentes desde a aurora da história humana – os fenômenos de caçar e colher, a transumância (migração sazonal de rebanhos da planície para a serra e vice-versa) e o nomadismo tiveram início com a própria organização social humana. Os desastres naturais, as mudanças climáticas adversas, a fome e a agressão territorial por outras comunidades ou espécies são também ocorrências comuns. A história bíblica da fuga dos judeus do antigo Egito também é muito bem conhecida, mas outros grandes impérios – notadamente asteca, inca, mesopotâmico, hindu e zhou – também construíram imensos monumentos usando povos subordinados, vindos com freqüência de lugares distantes, obrigando-os a trabalhar.

O Período Mercantil

O "sistema mundial moderno" foi marcado pelo florescimento do comércio de longa distância e da abertura de linhas mundiais de comunicação. Ao longo dessas conexões arteriais fluíam não apenas mercadorias como ervas e espécies, metais preciosos e marfim, mas também marinheiros, colonizadores, mercadores e escravos. O mercantilismo europeu também deu início aos, até agora, mais amplos processos de migração forçada – o transporte em navios de 10 milhões de escravos da África ocidental para o Novo Mundo. Caribe, México, Brasil e estados do sul dos Estados Unidos têm grandes populações que descendem desses africanos.

No final da escravidão, a mão-de-obra escrava da China, da Índia e do Japão trabalhava nas plantações de cana-de-açúcar das potências européias no Caribe, na Índia e em áreas do Oceano Pacífico. A mão-de-obra escrava deixou de ser utilizada principalmente de 1834 a 1920, quando o programa cessou na Índia britânica, sob o impacto das demandas indianas nacionalistas. O Regulamento Coolie, que permitia o uso de mão-de-obra escrava nas Índias orientais holandesas, só foi finalmente revogado em 1941.

Além dos migrantes compulsórios e dos escravos, a expansão global européia contou com o assentamento voluntário e involuntário dos próprios europeus – particularmente das colônias de assentamento e das Américas. A migração involuntária e induzida pelas potências mercantis européias incluíam emigrantes europeus que se sujeitavam a um período convencionado de servidão como forma de pagamento de sua passagem para o Novo Mundo, criminosos, soldados aposentados e empregados. No caso da Inglaterra, um documento lançado e publicado para o rei James I por Bacon, em 1606, proveu a justificativa do princípio. A Inglaterra obteria, dizia Bacon, "um duplo benefício – evitar que essas pessoas permaneçam aqui e fazer uso delas lá". Os índices de pobreza caíram e os desocupados, mendigos e criminosos seriam bem utilizados nas colônias. Nem as crianças estavam imunes a essa lógica impiedosa. Sob os vários esquemas de migração de crianças, que tiveram início em 1618 e foram concluídos somente em 1967, um total de 150 mil crianças órfãs e indigentes foram enviadas às colônias britânicas (os descendentes dessas crianças perfazem 1% da população atual do Canadá).

Como muitos migrantes voluntários, os colonizadores britânicos seguiram para as sociedades de domínio do Canadá, da Nova Zelândia e da Austrália, onde monopolizaram a vida política e econômica em detrimento dos habitantes locais. Os migrantes britânicos também foram para os Estados Unidos, a Rodésia (atuais Zâmbia e Zimbábue) e a África do Sul, onde sua hegemonia política exclusiva foi lentamente minada por outros colonizadores ou pelos próprios povos nativos. Os portugueses estabeleceram-se em Angola, Brasil, Moçambique e alguns poucos lugares menores. Grande parte da África do Norte e Indochina foram povoadas pelos franceses. Tal foi o nível de identificação com suas novas casas que os holandeses na

África do Sul chamavam a si mesmos de africâners (africanos), enquanto muitos colonizadores franceses na Algéria se autodenominavam *pied noirs* (pés negros), numa alusão à sua conexão com o solo africano. Mas, apesar da localização dos africâners e dos britânicos, os assentamentos europeus não sobreviveram. Os franceses e portugueses, em especial, tiveram de absorver grandes populações de repatriados no final de seus impérios coloniais.

A Era Colonial e Industrial

O mercantilismo impulsionou a comercialização da agricultura, a exportação de produtos manufaturados e o crescimento do império europeu. Isso provocou grandes deslocamentos da população interna para incorporar a necessidade pessoal dos empreendimentos coloniais e para a internacionalização do mercado de trabalho.

As potências coloniais precisavam de grandes grupos de trabalhadores para manter as minas, cortar a madeira, estabelecer as plantações de borracha e construir cais, ferrovias, estradas e canais necessários para cimentar a sua supremacia comercial e promover suas concepções imperiais. As potências coloniais adaptavam freqüentemente os seus sistemas coloniais de recrutamento de mão-de-obra escrava aos seus próprios propósitos. Os espanhóis recrutaram trabalhadores de *repartimiento* para escavar as minas de prata de Potosí, na Bolívia, e usaram o sistema *mita* no Peru. As minas de ouro da África do Sul recrutaram, por meio de um sistema de migração rotatória, milhões de trabalhadores africanos semilivres dos países ao redor. A mão-de-obra livre migrante foi recrutada para trabalhar nos vários esquemas do canal de Panamá, mas o risco de morte era tão alto que ameaçava a conclusão do projeto.

O mercado de trabalho livre foi institucionalizado notadamente pelo crescimento das novas indústrias de massa nos Estados Unidos. Ao colapso do feudalismo e à segunda servidão na Europa seguiu-se a Grande Migração Atlântica, quando, no período de 1870 a 1914, 35 milhões de europeus foram transferidos para os Estados Unidos em navios. Movimentos internacionais similares de poloneses para a Alemanha e de irlandeses para a Grã-Bretanha acompanharam o desenvolvimento industrial, embora os franceses, italianos e japoneses tenham sido capazes de equipar suas fábricas, em grande parte, com os recursos de suas precárias áreas rurais.

Migração Rural-Urbana

Poucos países pequenos e somente as regiões mais remotas de grandes países conseguiram resistir aos aparentemente inexoráveis fluxos da agricultura para a indústria, da vida rural para a urbana. Esse processo é freqüentemente descrito como um fato natural, ainda que triste, do fluxo da vida em resposta às "pressões da população". Na tentativa, porém, de obter uma explicação mais satisfatória para a migração rural-urbana, é válido lembrar o comentário de Marx: "a população não pressiona o capital, é o capital que pressiona a população".

Esse aforismo é um lembrete útil de que uma ampla gama de fenômenos – como o cercamento de terras, a ocupação de terras por colonizadores, as lutas entre rancheiros e fazendeiros, o movimento em busca do dinheiro, a criação de pastos para fazenda e negócios agrícolas e a introdução de sementes altamente desenvolvidas que precisam de irrigação, fertilizantes e grandes tratos – são exemplos de pressões comerciais nas áreas agrícolas. Todos eles também resultam na migração de sem-terra ou pequenos agricultores, fazendeiros e artesãos, que acham cada vez mais difícil sobreviver na zona rural.

As projeções das conseqüências demográficas desse processo são: em termos globais, a porcentagem estimada da população nas áreas urbanas no ano de 2025 é de 65,2% – 86,7% nas regiões mais desenvolvidas e 60,9%

nas menos desenvolvidas. Os efeitos desestabilizantes de movimentos de escala tão larga na capacidade de prover moradia, alimentação, governo estável e um meio de subsistência sustentável para a maioria da população é evidente por si só.

Correntes Migratórias Atuais

Quatro formas de migração predominaram no período pós-1945. A primeira foi a formação de Estados resultantes de pressões nacionalistas que provocaram deslocamentos em massa. Os exemplos incluem a troca dos muçulmanos da Índia com os hindus do Paquistão e a expulsão dos palestinos de Israel. Esse fenômeno é visto freqüentemente também no bloco dos antigos Estados socialistas, notadamente na ex-Iugoslávia. Também ocorreram deslocamentos em massa depois das duas guerras mundiais, de guerras entre Estados localizadas, guerras civis, fome, crises econômicas e instabilidade política. Em meados da década de 1990, por volta de 17 milhões de "refugiados" (o termo usado aqui é genérico, não no sentido legal) foram forçados a deixar suas casas.

Na segunda forma, a mão-de-obra não-especializada, característica do período pós-guerra, continuou a migrar apesar das restrições impostas pelos países europeus e norte-americanos na década de 1970. Os fluxos seguiram por vezes em novas direções, como os países ricos em petróleo do Golfo ou a Venezuela. Em outros casos, os trabalhadores ilegais, não-registrados e contratados continuaram a migrar para países ricos numa busca freqüentemente desesperada por trabalho.

Na terceira, os migrantes qualificados usaram a globalização da economia para assegurar suas comparativas vantagens no emprego. Empregados civis internacionais, empresários independentes, cientistas, médicos e dentistas, executivos, engenheiros e arquitetos capacitados são exemplos de trabalhadores altamente qualificados com grande mobilidade que atravessam fronteiras internacionais com pouca dificuldade.

A quarta forma de migração refere-se às pessoas que buscam asilo, como as que esperam por um reconhecimento legal como refugiados sob as convenções internacionais, vindas da Europa e da América do Norte, em números significativos. As medidas constitucionais na Alemanha e na França e a percepção de que os Estados Unidos estão dispostos a aceitar as "massas amontoadas" mundiais agem como fatores permissíveis, mas o crescimento do número daqueles que procuram asilo acionou uma reação xenófoba, hostil e freqüentemente violenta para com os recémchegados. Medidas cada vez mais restritivas têm sido impostas ou anunciadas em todos os países de destino para diminuir o fluxo dos que pedem asilo.

LEITURAS SUGERIDAS

The Cambridge Survey of World Migration, organizado por Robin Cohen (Cambridge University Press, 1995), oferece a cobertura mais abrangente da migração em um único volume. Com 95 contribuições de acadêmicos de 27 países, os autores cobrem os padrões de migrações regionais, a migração de mão-de-obra, as trajetórias dos refugiados e a migração ilegal. O livro contém contribuições históricas e contemporâneas.

The New Untouchables: Immigration and the New World Worker, de Nigel Harris (I. B. Taurus, 1995), descreve o conflito entre as crescentes restrições estatais e o aumento da mobilidade dos trabalhadores. Harris sugere que as pressões da globalização terminarão por desafiar a capacidade das nações de controlar suas fronteiras.

The State of the World's Refugees 1995: In Search of Solutions é um relatório escrito pela Alta Comissão para Refugiados das Nações Unidas (United Nations High Commission for Refugees, UNHCR) e publicado pela Oxford University Press, 1995. Embora argumentem que o direito ao asilo político deveria ser escrupulosamente respeitado, os autores do relatório observam que são necessários maiores esforços para lidar com o problema dos refugiados e das pessoas deslocadas de seu lugar de origem. O relatório é incisivo e conta com excelentes imagens.

Ver também: COLONIALISMO; DIÁSPORA; LEI: IMIGRAÇÃO

ROBIN COHEN

Minoria Intermediária

O termo foi usado para descrever a grande extensão de minorias concentradas em nichos econômicos intermediários, que se engajam em atividades comerciais de todo gênero, apesar de enfrentar hostilidade para fazê-lo. O termo aparece nas análises da história da diáspora judaica, mas foi também amplamente utilizado na descrição de vários outros grupos étnicos, principalmente os do subcontinente indiano, China, Líbano, Armênia e Grécia.

Embora haja uma concordância plena a respeito da disseminada ocorrência desse fenômeno, as tentativas de explicar o mecanismo por meio do qual o *status* étnico, a especialização econômica no comércio e a hostilidade da sociedade hospedeira se associam e assumem formas conflitantes. Os elementos-chave para o debate enfocam:

- por que determinadas minorias se caracterizam como intermediárias;
- como elas se concentram nesses nichos econômicos;
- quais são as origens da hostilidade para com as minorias intermediárias.

Em primeiro lugar, os grupos encontrados com mais regularidade como intermediários podem ser utilmente comparados em termos econômicos, sistema familiar e atributos culturais. É digno de nota também que não existem, comparativamente, exemplos bem documentados de minorias de origem africana trabalhando, por exemplo, a de origem asiática, como intermediários. Os processos sociais por meio dos quais os negros se concentram no setor de emprego público e não nos papéis de intermediários é assunto para mais pesquisa.

Em segundo, as explicações de como as minorias intermediárias entram nos nichos comerciais de todo gênero variam entre as que ressaltam as características estruturais de oportunidades econômicas ("hiato de *status*") (Zenner, 1980) e aquelas que enfatizam a posse de relevantes qualificações e valores culturais que facilitam o trabalho comercial.

Por fim, algumas explicações das origens da hostilidade para com as minorias intermediárias ressaltam os interesses e as ações da elite dominante que pode considerar tais grupos úteis como fontes de crescimento econômico e bodes expiatórios em tempos de crise. Outros enfoques localizam as origens da hostilidade para com os intermediários nas relações com competidores, clientes ou empregados. Bonacich (1973) argumenta que as minorias intermediárias são caracteristicamente "hóspedes temporários" e que sua lealdade para com uma outra pátria, para a qual esperam voltar, reforça os efeitos da separação cultural ao encorajar atitudes negativas na sociedade hospedeira. Embora essa formulação não tenha resistido a análises críticas (Zenner, 1980), ela estimulou outras hipóteses testáveis que clarearam as relações entre etnia e especialização econômica.

LEITURAS SUGERIDAS

"A theory of middleman minorities", de Edna Bonacich (*American Sociological Review* 38: 583-94, 1973), é uma versão sofisticada de uma teoria das minorias intermediárias.

"Middleman minority theories: a critical review", de Walter Zenner (em Roy Bryce-Laporte, org.), *Sourcebook of the New Immigration* (Transaction Books, 1980), resume as principais contribuições nesse campo. Zenner conclui que, embora uma teoria satisfatória a respeito das minorias intermediárias ainda não tenha sido levada adiante, o debate trouxe à tona várias hipóteses úteis e testáveis que podem ser aplicadas a uma extensa variedade de contextos.

Race and Culture: A World View, de Thomas Sowell (Basic Books, 1994), apresenta um argumento provocante: "As minorias intermediárias tenderam a exibir semelhanças em certos traços sociais, apesar das grandes diferenças entre elas quanto a características culturais específicas, tais como religião, alimentação, vestimenta e língua".

Ver também: BURGUESIA NEGRA: EUA, GRÃ-BRETANHA; DIÁSPORA

ROBIN WARD

MINORIAS

O termo "minoria" tem provocado confusões no campo das relações raciais e étnicas em virtude do seu duplo significado – numérico e político. Nos Estados Unidos, onde o termo arraigou-se na terminologia oficial, um grupo é definido como minoritário principalmente em termos de desvantagens, falta de oportunidades ou alguns eufemismos de combinação de opressão política, exploração econômica e discriminação social. No uso americano recente, o substantivo "minoria" pode referir-se tanto a um grupo racial ou étnico quanto a um membro seu. Como os grupos assim definidos (principalmente os afro-americanos, ameríndios, hispânicos e grupos de origem asiática) são todos minorias numéricas da população total dos Estados Unidos, o uso do termo na América do Norte é relativamente tranqüilo, embora possa refletir o interesse de classes. (A única confusão possível ocorre com o uso político do termo como referência à representação partidária no governo, como em "o líder da minoria no Senado".)

Como um termo a ser usado num estudo comparativo de relações raciais e étnicas, a expressão é um risco, uma vez que muitas minorias numéricas foram politicamente dominantes e economicamente privilegiadas. Quase todas as colônias tropicais das potências européias, por exemplo, foram governadas por minorias freqüentemente inferiores a 19% ou mesmo a 1% da população total. É óbvio que não faz muito sentido falar dos povos nativos da Índia, Argélia, Nigéria ou África do Sul como minorias em relação aos seus líderes coloniais.

Mesmo num contexto político como o dos Estados Unidos, onde aqueles que sofrem desvantagem e falta de oportunidades por motivos étnicos e raciais constituem minoria numérica, o termo é um risco em questão de análise. Sua popularidade, contudo, pode muito bem dever-se ao fato de ela servir a interesses políticos, precisamente por ofuscar a realidade.

Em primeiro lugar, num sistema representativo, em que

números pequenos carecem de vantagens por sua simpes existência, não há clareza quanto ao início e ao fim do *status* de minoria. Nos Estados Unidos, por exemplo, muitas vozes se levantaram pela inclusão de grupos como os judeus e os nipo-americanos nessa categoria, baseando-se tanto na discriminação passada quanto em seu pequeno número, enquanto outros tentaram excluí-los por conta do sucesso obtido acima da média nos índices educacionais ou econômicos. Se o *status* de minoria confere um acesso preferencial a recursos (como ocorre com as políticas de ações afirmativas nos Estados Unidos), a confusão quanto ao termo pode, é claro, ser manipulada para ganhos políticos e econômicos.

Em segundo, a definição de minoria em termos raciais e étnicos e a associação desse termo com a exclusão política e econômica do fluxo da maioria representam um obscurecimento das realidades de classe. Mais especificamente, atribuem o *status* de grupo dominante (Protestantes Brancos Anglo-Saxões – White Anglo-Saxon Protestant, WASP, no discurso em voga nos Estados Unidos) a um grupo muito maior e muito mais difuso do que a classe atualmente dominante na sociedade americana. Também, é claro, dividem a classe trabalhadora em linhas raciais e étnicas e militam contra as organizações baseadas em classe ao recompensar a afiliação étnica e racial. Talvez mais insidiosamente, camuflem o fato de que os Estados Unidos são, assim como todas as sociedades, governados por uma pequena elite e não por um grande grupo amorfo como o WASP; ou seja, o termo minoria recupera o mito majoritário da democracia burguesa.

LEITURA SUGERIDA

Protection of Ethnic Minorities, organizado por Robert G. Wirsing (Pergamon Press, 1981), é um bom resumo do tratamento dispensado às minorias étnicas nos países capitalistas, socialistas e do Terceiro Mundo.

Ver também: AÇÃO AFIRMATIVA; DESVANTAGEM; MONITORAÇÃO ÉTNICA

PIERRE L. VAN DEN BERGHE

Molestamento: Racial e Racista

O molestamento sofrido pelas populações negras na Grã-Bretanha tem uma longa história. Desde os confrontos nos estaleiros de Londres, Cardiff, Liverpool e South Shields, entre 1919 e 1948, envolvendo ataques a pescadores da colônia, passando pelas campanhas "Nigger-hunting" (perseguição aos negros) dos Teddy Boys na década de 1950 e os episódios de "Paki-bashing" (surras em paquistaneses) na de 1960, até os assassinatos de Gurdip Singh Chaggar, ocorrido em Southall, 1976, e Altab Ali em Whitechapel, dois anos mais tarde, o molestamento é um "modo de vida" para os cidadãos negros da Grã-Bretanha.

Associadas a essa particular evidência na "tradição britânica de intolerância" houve duas tendências traiçoeiras e significativas. Em primeiro lugar, diferentemente do que ocorreu nos ataques a negros na Grã-Bretanha na primeira metade do século XX (e antes), em Nottingham e Notting Hill, em 1958, era possível perceber a passagem da violência coletiva para a violência individualizada. Em segundo, os agressores tendiam a despersonalizar as suas vítimas. "Fazer um Paki", por exemplo, é uma expressão que se mantém popular desde o surgimento das culturas *skinheads* no final da década de 1960.

No início da década de 1980 ficou claro que esses atos de violência não eram "apenas um soluço" nas relações raciais britânicas, como haviam sido descritos pelo ministro dos Negócios Interiores na ocasião da morte de Chaggar, em 1976. Não: eles constituíam uma onipresente e corrosiva influência na qualidade de vida dos cidadãos negros da Grã-Bretanha. Segundo um relatório de 1989 do Comitê de Negócios Interiores, o molestamento constitui uma das "realidades ameaçadoras" para os cidadãos negros e seus filhos.

A década de 1980 e o início da de 1990 viveram uma tumultuada atividade nessa área. As iniciativas cristalizaram-se em torno de uma (atrasada) tentativa de documentar a incidência do molestamento, discernir os padrões que o caracterizam como tal, se é que havia algum, e desenvolver estratégias para evitar a sua ocorrência, lidar com seus autores e apoiar suas vítimas. Apesar da crescente preocupação demonstrada pelos políticos locais e nacionais, polícia, pedagogos, entidades comunitárias, ativistas e combatentes do racismo, o material resultante permanece significativo quanto à descrição e inexpressivo quanto à definição. Resumindo, a definição do que constitui um "molestamento racial" (e termos cognatos, como incidentes raciais, intimidações raciais, ataques raciais, violência racial e conflito inter-racial) permanece evasiva. Mas definições são importantes. Por quê? Porque ajudam a criar os parâmetros para uma pesquisa empírica e esclarecer alguns dos mitos, suposições e estereótipos que prevalecem nessa área.

As definições operacionais de incidente racial que prevalecem atualmente nos órgãos oficiais, força policial, governos central e local e grupos de monitoração – quando a violência é expressamente motivada por questões "raciais" ou percebida pela vítima como tal – permitem interpretações muito amplas. Isso é insatisfatório por três motivos.

Em primeiro lugar, um incidente racial tende a ser comparado com um ataque aberto a um indivíduo ou a um grupo em sua propriedade. Ou seja, um incidente facilmente observável, passível de monitoração e registro. Essa definição de comportamento, no entanto, falha ao não considerar as expressões mais sutis, embora não menos intimidatórias, de molestamento, que também definem e confinam a experiência dos negros na Grã-Bretanha: pichações racistas ou outros insultos por escrito; abuso verbal; desrespeito a diferenças quanto a música, alimentação, vestimentas ou costumes; pronúncia deliberadamente errada de nomes; imitação jocosa de sotaques, exclusão, e assim por diante.

A outra principal deficiência dessas definições é a sua

tendência a fundir "racial" com racismo, não oferecendo as ferramentas analíticas necessárias para esclarecer e interpretar a incidência e a direção dos conflitos entre adultos negros e brancos e seus filhos. Em termos de análise empírica, a caracterização ampla do conflito entre negros e brancos como "racial" obriga-nos a descrever os dois padrões dominantes que surgiram das pesquisas nesse campo, a saber: que os negros têm maior probabilidade de sofrer molestamentos motivados "por questões raciais" que seus correlatos brancos, e que as crianças negras são mais freqüentemente sujeitas a abusos em decorrência de sua origem "racial" do que as brancas.

Existe, contudo, uma outra deficiência mais grave no uso intercambial dos termos. Os ataques racistas (de brancos contra negros) fazem parte de uma ideologia "coerente" de opressão, o que não é verdade quando são os negros que atacam os brancos, ou quando ocorre um conflito entre membros de diferentes grupos étnicos minoritários.

O que se omite nas definições operacionais mais populares desses incidentes é o reconhecimento das relações assimétricas entre cidadãos negros e brancos (e seus filhos), e a consciência de que a extensão do molestamento e do abuso de negros por parte dos brancos expressa a ideologia que sustenta essa relação: o racismo.

LEITURAS SUGERIDAS

Beneath the Surface of Racial Harassment (Avebury, 1992), de Barnor Hesse *et al.*, oferece uma exposição teórica do "molestamento racial" conectada a um estudo de pesquisa empírica de sua incidência e formas assumidas num município dos arredores de Londres.

Racism in Children's Lives (Routledge, 1992), de Barry Troyna e Richard Hatcher, explora a evidência dos xingamentos racistas na vida das crianças que crescem em bairros predominantemente brancos.

Traditions of Intolerance, organizado por Tony Kushner e Kenneth Lunn (Manchester University Press, 1989), trata da história do molestamento.

Uma edição especial do *New Community* (v. 21, nº 4, 1995) enfoca a violência racista e o extremismo político na Europa ocidental.

Ver também: CONFLITO INTERÉTNICO; DISCRIMINAÇÃO RACIAL; RACISMO INVERTIDO; SKINHEADS

BARRY TROYNA

MONITORAÇÃO ÉTNICA

Método para calcular aproximadamente a eficácia – ou a falta de – das ações afirmativas ou programas análogos, registrando o *background* étnico ou a origem dos novatos e membros da equipe já existente numa organização. Solicitava-se aos candidatos ou membros que descrevessem a si mesmos de acordo com um critério especificado. Um caso típico é o formulário de candidatura da União Nacional Britânica de Jornalistas, que lista: "A. Negro (afro-caribenho, incluindo os negros britânicos cujos antepassados tenham nascido ou vindo recentemente da Guiana ou de alguma ilha nas Índias ocidentais). B. Negro (africano, incluindo negros britânicos cujos antepassados tenham nascido ou vindo recentemente da África). C. Negro (asiático, incluindo negros britânicos cujos antepassados tenham nascido ou vindo recentemente do subcontinente indiano). D. Brancos (Reino Unido); ou E. Irlandeses".

Os proponentes de tais procedimentos (como a Comissão para Igualdade Racial) argumentaram que esses eram os únicos meios de medir o progresso das organizações na criação de oportunidades iguais no recrutamento, seleção e promoção de empregados, na exposição da discriminação em períodos regulares. Seus oponentes (entre eles gerentes de equipes de executivos e muitos grupos de minorias étnicas) argumentaram que as perguntas feitas eram, na melhor das hipóteses, impertinentes, e na pior delas, racistas, por encorajar a perpetuação das diferenças em setores em que as diferenças étnicas eram irrelevantes. Existe ainda o medo do uso que pode ser feito desses dados.

Frank Reeves chamou esse procedimento de "uma forma benigna de racialização discursiva", em que "as características raciais" são identificadas na política, embora para propósitos benignos – sendo a eliminação do racismo a principal delas. Isso contrasta com as formas nocivas de racialização, como a dos fascistas, que delineam as populações de acordo com a raça alegada.

Leituras sugeridas

The Manufacture of Disadvantage, organizado por Gloria Lee e Ray Loveridge (Open University Press, 1987), tem várias seleções abordando a monitoração étnica e seus problemas, especialmente os capítulos de Lee, Jenkins e Miles.

Racism and Equal Opportunities Policies in the 1980s, organizado por Richard Jenkins e John Solomos (Cambridge University Press, 1987), enfoca o problema das oportunidades iguais e dos métodos para assegurar a sua manutenção.

British Racial Discourse, de F. Reeves (Cambridge University Press, 1983), explora o uso das avaliações raciais no discurso político, sugerindo que ele pode ser aberto ou encoberto e adequado a fins benignos ou racistas.

Ver também: AÇÃO AFIRMATIVA; LEI: DIREITOS CIVIS; LEI: RELAÇÕES RACIAIS

Barry Troyna/Ellis Cashmore

Movimento Britânico

Organização que teve início em 1968 com 150 membros, e que alcançou proeminência no final da década de 1980, após uma estratégia de recrutamento objetivando a juventude descontente. Seus membros foram fortalecidos pelo renascimento do movimento skinhead, que aterrorizou os britânico-asiáticos na década de 1960. As convocações para o Movimento Britânico foram acontecimentos tipicamente violentos.

As raízes do movimento remontam a 1957, quando nasceu o grupo fascista Liga de Defesa dos Brancos, que contribuiu para o crescimento da violência étnica. Em 1960, ele se juntou a outro grupo para formar o Partido Nacional Britânico (British National Party, BNP), encabeçado por Colin Jordan. Jordan o deixou para formar o Partido Socialista Nacional, que mais tarde se relançou como Movimento Britânico (British Movement, BM). Nada mais que uma organização marginal comprometida com o anti-semitismo e outras formas de racismo, o movimento só começou a adquirir significado com o renascimento dos skinheads.

O movimento recrutou jovens em estádios de futebol, concertos de rock, e abertamente nas ruas, apelando para a juventude britânica branca, persuadindo-a por meio da "ameaça" representada pelas minorias étnicas. No início da década de 1990, o BM e seu papel como a principal organização orientada para a juventude foi adotado pelo Partido Nacional Britânico, formado em 1960 por Colin Jordan e John Tyndall. O BNP comprometeu-se com o que chamava de "uma comunidade homogênea".

LEITURAS SUGERIDAS

"Racist violence and political extremism" é o tema de uma edição especial da *New Community* (v. 21, nº 4, 1995). Inclui ensaios a respeito desse tema relacionados à Grã-Bretanha e ao continente europeu.

"New-age nazism", de Matthew Kalman e John Murray (*New Statesman & Society*, 23 jun. 1995), avalia o modo como os grupos neonazistas se alinharam com os movimentos verde e *new age*.

The Extreme Right in Europe and the U.S.A., editado por Paul Hainsworth (Pinter, 1992), é uma análise dos grupos neonazistas, país a país.

Ver também: FASCISMO; FRENTE NACIONAL; NACIONALISMO; POLÍTICA E RAÇA; SKINHEADS

BARRY TROYNA

MOVIMENTO PELOS DIREITOS CIVIS

No dia 1º de dezembro de 1955, Rosa Parks, uma costureira negra, recusou-se a abrir mão de seu lugar para um homem branco num ônibus em Montgomery, Alabama. Sua atitude provocou mudanças de proporções monumentais na condição dos negros nos Estados Unidos. Foi o impulso para o início do movimento social mais influente de toda a história das relações étnicas e raciais da América do Norte.

Seis meses antes do incidente, a Suprema Corte Americana havia revertido, na decisão do caso *Brown v. Board of Education*, o princípio "separado, mas igual", há 58 anos em vigor, em virtude da forte pressão de uma campanha sustentada pela Associação Nacional pelo Progresso das Pessoas de Cor (National Association for the Advancement of Colored Peopple, NAACP), que acreditava que a solução para a questão da desigualdade social residia na dessegregação dos alunos.

A recusa de Park em ceder seu lugar no ônibus resultou na sua prisão, o que gerou o protesto das organizações negras no Sul. A reação imediata à prisão de Park foi um boicote dos negros aos ônibus, em Montgomery. Essa ação foi tão impressionante que levou à formação da Conferência de Líderes Cristãos do Sul em 1957. Essa aliança não muito estreita de ministros foi o mote central daquilo que passou a ser conhecido coletivamente como "o movimento pelos direitos civis" ou, por vezes, apenas como "o movimento". Ele foi liderado pelo reverendo dr. Martin Luther King (1929-68), formado pela Boston University, e adepto da filosofia de desobediência civil não-violenta de Mahatma Gandhi. Luther King conseguiu mobilizar protestos populares negros ao organizar uma série de boicotes a ônibus, similares ao realizado em Montgomery, que acabaram por resultar numa interdição da Suprema Corte ao transporte público segregado.

Assegurar a dessegregação na educação e conquistar o direito de voto para os negros, contudo, era uma tarefa mais difícil, e Luther King teve de preparar uma campanha de protesto negro bem embasada teoricamente. Dois projetos de lei, em 1957 e 1960, que visavam assegurar o direito de voto aos negros nas eleições federais, foram vetados em virtude da ampla oposição dos estados do Sul, que se mobilizavam em direção contrária, ou seja, para reduzir o número de negros registrados como eleitores. Também foram criadas ações legais para dessegregar as escolas em nível estatal nas situações em que o poder executivo não estava amplamente disponível para fortalecer a lei. Em 1964 (dez anos depois do caso Brown), menos de 2% dos estudantes negros do Sul freqüentavam escolas integradas.

A essa altura, o movimento de Luther King estava em plena atividade: os boicotes haviam sido fortalecidos com marchas pacíficas (nas ruas e nas prisões) e grandes assembléias nas ruas. À medida que a campanha ganhava força, também a reação dos brancos do Sul crescia, com ataques a vários líderes do movimento pelos direitos civis e seus seguidores, muitos deles sendo assassinados. O presidente nessa época era John F. Kennedy, eleito em 1960 com um apoio significativo dos negros. Os primeiros dois anos de seu mandato trouxeram mudanças cautelosas, mas em 1963 Kennedy apoiou o movimento pelos direitos civis, clamando por uma legislação abrangente para (1) dar fim à segregação nas instituições educacionais públicas; (2) garantir o direito ao voto dos negros; e (3) deter a discriminação em todas as repartições públicas. Uma mostra de apoio às legislações propostas veio em 28 de agosto de 1963, com uma demonstração da qual participaram quase 200 mil negros e brancos. Foi nessa demonstração que Luther King proferiu o seu famoso discurso "Eu tenho um sonho" (I have a dream).

A campanha do movimento viu seus esforços traduzirem-se em resultados nos dois anos seguintes. Depois do assassinato de Kennedy, a administração do presidente Lyndon B. Johnson aprovou, em 1964, atos que ampliaram os direitos do procurador-geral de reforçar a proibição da discriminação nas repartições públicas e, em 1965, de garantir o direito ao voto (independentemente do nível escolar ou qualquer outro critério potencialmente discriminatório). A última legislação aumentou de modo significativo o número de eleitores negros no Sul, alterando toda a estrutura do poder político, em especial nos estados sulinos.

Foi o Ato dos Direitos Civis de 1964, no entanto, que se constituiu num divisor de águas nas relações raciais americanas. Entre as suas condições estavam: (1) a ampliação dos poderes federais para deter a discriminação em acomodações públicas; (2) a política de dessegregação de todas as construções mantidas por organizações públicas (mais uma vez com o apoio do poder executivo para reforçá-lo); (3) a dessegregação da educação pública; (4) a ampliação dos poderes da Comissão pelos Direitos Civis; (5) a proibição da discriminação em qualquer programa federalmente assistido; (6) a proibição total de discriminação na contratação baseada em critérios de raça, cor, sexo ou origem do candidato ao emprego; e (7) o estabelecimento de uma Comissão de Oportunidades de Emprego Iguais para investigar e controlar acusações.

O Ato foi uma abrangente reformulação legal das relações étnicas e raciais, graças, em grande parte, às campanhas postuladas e não-violentas do movimento pelos direitos civis e à habilidade de Martin Luther King em negociar nos mais altos escalões políticos. O assassinato do líder, em Memphis, no dia 4 de abril de 1968, simbolizou o fim da era do movimento pelos direitos civis, embora um tipo diferente de protesto tenha emergido nos anos que se seguiram imediatamente ao Ato de 1964. Enquanto Luther King e seu movimento trouxeram, por meios pacíficos, conquistas concretas e o aumento do respeito próprio dos negros, o novo movimento era baseado na visão de que nenhuma melhora significativa a longo prazo poderia ser obtida por meios pacíficos no sistema político – como Luther King havia feito. A alternativa era reagir violentamente ao sistema. Para muitos, o Black Power assumiu o lugar do movimento pelos direitos civis.

LEITURAS SUGERIDAS

Freedom Bound: A History of America's Civil Rights Movement, de Robert Leeisbrot (Plume, 1993), é exatamente o que o seu título sugere.

Eyes on the Prize: America's Civil Rights Years, 1954-1965, de Juan Williams (Viking, 1987), é um volume associado à brilhante série homônima de televisão do Public Broadcasting System.

The Making of Martin Luther King and the Civil Rights Movement, de Brian Ward e Tony Badger (Macmillan, 1995), faz uma análise original do movimento ao procurar suas origens na década de 1930, avaliando seus efeitos contemporâneos e fazendo comparações com as experiências da África do Sul e da Grã-Bretanha.

Ver também: AFRO-AMERICANOS; DIREITOS CIVIS NOS ESTADOS UNIDOS; JIM CROW; KING, MARTIN L.; LEI; SEGREGAÇÃO

ELLIS CASHMORE

MUÇULMANOS NEGROS
Ver NAÇÃO DO ISLÃ

MUHAMMAD, ELIJAH
Ver NAÇÃO DO ISLÃ

MULTICULTURALISMO

O multiculturalismo possui, na sua essência, a idéia, ou ideal, de uma coexistência harmônica entre grupos étnica ou culturalmente diferentes em uma sociedade pluralista. Os principais usos do termo, contudo, alcançaram uma extensão de sentidos que o incluíram como uma ideologia, um discurso e um apanhado de políticas e práticas.

Ideologicamente, o multiculturalismo abrangeu temas relacionados, incorporando a aceitação de diferentes grupos étnicos, religiões, práticas culturais e diversidades lingüísticas numa sociedade pluralista. Quando aplicado à política, abrangeu uma extensão de antigas políticas estatais com dois propósitos principais: manter a harmonia entre grupos étnicos diversos e estruturar as relações entre o Estado e as minorias étnicas.

Em termos de política estatal, o Canadá é identificado como o país que mais tem promovido políticas de multiculturalismo: por exemplo, manifestações de um ideal político em manter as relações entre os grupos étnicos de modo a implicar coexistência, tolerância mútua e igualdade. A imagem do "mosaico" canadense, no qual os grupos que o compõem possuem formas distintas, mas formam juntos um todo unificado, costuma ser comparada à imagem do "cadinho de raças", usada para tipificar os objetivos de assimilação das minorias étnicas nos Estados Unidos.

Alguns críticos do multiculturalismo argumentaram o seu efeito de dividir a sociedade e a sua tendência a ameaçar a unidade do Estado. Outros alegaram que ele gera guetos sociais ou culturais, que limitam as oportunidades das minorias étnicas. Outras críticas apontaram os conflitos ou tensões entre a promoção do multiculturalismo e a conquista da igualdade de gênero.

Os debates acerca do multiculturalismo em determinadas instituições sociais e agências estatais (como escolas, serviços sociais e policiais) evidenciaram a posição dele em relação a outros enfoques. Na educação, por exemplo, o multiculturalismo direciona as escolas para um currículo que incorpora matérias de diferentes culturas e provê a celebração de festividades, religiosas ou não, como forma de alimentar a consciência das diferenças culturais e de promover relações positivas entre os estudantes.

Nos contextos educacionais, o multiculturalismo desenvolveu-se por meio de críticas aos modelos educacionais de assimilação que tentam impor uma educação monocultural a sociedades culturalmente diversificadas. Os críticos do multiculturalismo na educação, por sua vez, argumentaram a seu respeito a partir de perspectivas assimiladoras e anti-racistas. Alguns acusaram o relativismo subliminar ao tratamento de diferentes culturas como igualmente merecedoras de respeito.

Outros criticaram a forma celebratória do multiculturalismo que enfatizou as artes, a cultura e as festividades religiosas. Uma crítica anti-racista ao multiculturalismo argumenta que tal ênfase lida com os aspectos periféricos da educação, uma vez que não reconhece o significado do racismo operante por meio de práticas discriminatórias dentro das escolas e na sociedade mais ampla. Enquanto alguns discutiram se o multiculturalismo e o anti-racismo constituem discursos irreconciliáveis ou levam a políticas incompatíveis, outros procuraram desenvolver uma síntese do multiculturalismo com o racismo.

Análises do crescimento dos debates a respeito do multiculturalismo revelam mudanças subliminares nas relações de poder, resultantes de fatores como migração, mudanças demográficas ou resistência sistemática ao racismo. Nesse contexto, torna-se possível o surgimento de debates a respeito das práticas e princípios do multiculturalismo, assumindo diferentes formas em vários contextos locais, nacionais ou internacionais.

LEITURAS SUGERIDAS

Multiculturalism in Canada, de A. Fleras e J. L. Elliott (Nelson Canada, 1992), avalia a atuação das políticas na perpetuação do mosaico vertical do Canadá.

Education in a Multicultural Society, de Roy Todd (Cassell, 1991), ressalta os problemas e as políticas nas sociedades plurais.

A Different Mirror: A History of Multicultural America, de Ronald Takaki (Little Brown, 1993), inicia a sua análise no século XVII e delineia o curso da história multicultural da América do Norte.

Ver também: AMÁLGAMA; EDUCAÇÃO E DIVERSIDADE CULTURAL; INTEGRAÇÃO; PLURALISMO

ROY TODD

MULTIRRACIAL/BIRRACIAL

Esses termos descrevem as pessoas cujos pais têm heranças "raciais" diferentes. O birracialismo refere-se àqueles com duas heranças, sendo normalmente um dos progenitores negro e o outro branco, enquanto o multirracismo é um termo mais abrangente, sugerindo uma pluralidade de heranças por várias gerações.

Do século XVI ao XX, o termo *mulatto* (palavra portuguesa para uma jovem mula) foi usado nas Índias ocidentais e nos Estados Unidos para se referir a crianças de herança mista. Outros termos desumanizantes incluíram o uso americano e britânico de "meia estirpe" e "estirpe mista". O termo predominante no século XX foi "meia casta", e somente em países como o Brasil, onde pessoas de herança mista tornaram-se a maioria da população, que ela deixou de ser um motivo de reprovação social.

As atitudes sociais nos Estados Unidos foram tradicionalmente baseadas na lei de "uma gota de sangue negro" (adotada por alguns estados após a abolição da escravidão) que era usada para classificar os indivíduos como negros. Embora muitas pessoas com pais de herança branca e negra tenham presumivelmente internalizado essa regra e se identificado como negros, outras consideravam-se brancas. Os filhos dessas uniões experimentaram com freqüência a rejeição tanto dos negros quanto dos brancos – na realidade, da sociedade.

Foi somente depois de 1967 que as leis antimiscigenação ainda restantes foram revogadas por um decreto da Suprema Corte dos Estados Unidos. O caso *Loving v. Virginia* foi o resultado de uma ação de Richard e Mildred Loving, presos em sua cidade natal em Virgínia, em 1958, por serem casados; ele era branco e ela, negra. Eles fugiram para Washington, D.C., em vez de enfrentar o processo, e de lá lutaram, acabando por vencer o caso.

Além das leis antimiscigenação revogadas, outras mudanças significativas durante a década de 1960, tanto nos Estados Unidos quanto na Grã-Bretanha, podem ter contribuído para o desenvolvimento de mais identidades positivas de indivíduos multirraciais. Tais mudanças incluíram o descrédito científico da superioridade da raça branca e o surgimento do multiculturalismo. Ironicamente, a regra "uma gota de sangue negro" ressurgiu quando os líderes negros incitaram as pessoas de herança mista a se referirem a si mesmas e a serem percebidas pelos outros como negros. Embora essa visão tenha sido mais amplamente aceita nos Estados Unidos, a extensão de sua aprovação na Grã-Bretanha continua incerta.

Durante a década passada, contudo, a negação de parte da herança das pessoas tornou-se uma questão a ser considerada. Os indivíduos que se identificavam como multirraciais alegavam que era psicologicamente prejudicial negar a parte branca de sua herança e que fazer isso significaria, em essência, apoiar a teoria desacreditada de distintas "raças" biológicas. Redes de apoio multirraciais e alguns demógrafos estimam que haja pelo menos um milhão de pessoas de origem multirracial das mais variadas heranças em toda a América do Norte.

Alguns dos problemas específicos enfrentados pelos adolescentes birraciais foram expostos em um estudo de Gibbs e Hines (em Root, 1992), concluindo que os conflitos referentes à identidade étnica poderiam ser atribuídos à não integração das heranças "raciais" e étnicas dos dois progenitores numa identidade coesa. Embora vários indivíduos se identificassem apenas com os seus aspectos brancos, outros se "superidentificavam" com o progenitor pertencente a uma minoria e rejeitavam a brancura, assumindo, por vezes, características estereotipadas. Alguns sentiam-se pressionados a se identificar com um grupo ou outro e achavam-se ambivalentes a respeito da herança "racial" dos pais. Outros adolescentes birraciais alternam entre uma herança e outra refletindo "lealdades divididas".

As categorias do censo dos Estados Unidos e da Grã-Bretanha estão sendo reavaliadas atualmente. Insatisfeitos com aquilo que entendem ser a inadequação dos estatutos existentes, os defensores de um *status* separado, designando os indivíduos de heranças mistas como multirraciais e não como "outros", acreditam que essa categoria possibilitaria um reconhecimento oficial e uma representação mais precisa na demografia americana e britânica.

Os opositores a uma categoria multirracial no censo temem que, à medida que mais negros escolham essa categoria "racial", os números no grupo de raça negra caiam e percam a sua força política por trás das políticas governamentais destinadas a promover a igualdade "racial". Poderíamos acrescentar que a mera admissão de uma nova categoria "racial" no discurso já contestado serve para perpetuar as divisões que outras políticas tentaram romper.

LEITURAS SUGERIDAS

The Multiracial Experience: Racial Borders as the New Frontier, organizado por Maria P. P. Root (Sage, 1996), é uma coletânea de artigos que exploram a dinâmica do multiculturalismo; é complementado pelo trabalho anterior da mesma autora, Racially Mixed People in America (Sage, 1992), que aborda a identidade multirracial e questiona, na sua conclusão, as categorias "raciais" do censo americano.

Multiracial Couples: Black and White Voices, de Paul Rosenblatt, Terri Karis e Richard Powell (Sage, 1995), e Black, White, Other: Biracial Americans Talk About Race and Identity, de Lisa Funderburg (William Morrow, 1994), são baseadas em estudos qualitativos de entrevistas.

Black, White or Mixed Race? Race and Racism in the Lives of Young People of Mixed Parentage, de Barbara Tizard e Ann Phoenix (Routledge, 1993), avalia o multirracialismo a partir de um contexto histórico e explora as identidades "raciais" dos adolescentes com pais negros e brancos na Grã-Bretanha.

Ver também: BRASIL; *CREOLE*; HIBRIDEZ

AMY I. SHEPPER

MYRDAL, GUNNAR (1898-1987)

Economista e sociólogo sueco, vencedor do prêmio Nobel (Economia, 1974). Entre suas principais obras estão *Asian Drama, Beyond the Welfare State, Challenge to Affluence* e *Rich Lands and Poor*. Sua principal contribuição para o campo das relações raciais foi o seu estudo monumental sobre os negros americanos, encomendado pela Carnegie Corporation of New York, em 1937, conduzido por uma grande equipe de colaboradores entre 1937 e 1942 e publicado em 1944 – um livro de 1300 páginas, dois volumes, 45 capítulos: *An American Dilemma*. Esse grande esforço de pesquisa colocou no papel quase um quarto de século de cultura afro-americana. A lista dos colaboradores de Myrdal contou com verdadeiros conhecedores do assunto: Charles S. Johnson, Guy B. Johnson, Melville Herskovits, Otto Klineberg, E. Franklin Frazier, St Clair Drake, Arnold Rose e Allison Davis, para citar apenas alguns.

Uma característica influente do *An American Dilemma* foi o seu "Apêndice 2, Uma Nota Metodológica a Respeito dos Fatos e das Avaliações da Ciência Social". Essa declaração clássica do papel dos valores científicos sociais na sua pesquisa foi amplamente aclamada e seguida.

A tese central do livro é a de que os Estados Unidos viveram durante muito tempo um doloroso dilema causado pela discrepância entre seus ideais democráticos e libertários de igualdade e liberdade para todos e o seu tratamento vergonhoso para com os afro-americanos, inicialmente como escravos, propriedades sem direitos, e depois como castas segregadas da sociedade. Myrdal previu, contudo, que esse dilema seria resolvido lenta e cuidadosamente com o alinhamento do tratamento para com os negros com os ideais elevados da República americana.

An American Dilemma foi influente também na sua análise das relações entre brancos e negros em termos de castas e classe. A primeira declaração impressa da escola de castas e classes foi de autoria do sociólogo e antropólogo americano Lloyd Warner, em sua introdução a um livro de alguns dos colaboradores de Myrdal, publicado em 1941, mas o conceito foi amplamente adotado depois. Warner, Myrdal e outros viam os brancos e os negros como representantes de duas castas quase impermeáveis, cujas atribuições características eram: pertinência vitalícia a um grupo, hierarquia e endogamia. Cada casta racial foi internamente dividida em classes permeáveis, mas o *status* de classe não foi diretamente transferido de uma casta para outra porque elas próprias possuíam a sua hierarquia.

Myrdal não deixou de ter críticos. Em 1948, Oliver C. Cox publicou o seu grande ataque a ele e seus associados, *Caste, Class and Race*. A partir de uma perspectiva marxista, Cox referiu-se ao racismo americano como a ferramenta capitalista para atacar a classe trabalhadora e gerar uma falsa consciência. Atacou a formulação idealista de Myrdal de um dilema e analisa a situação em termos de interesse de classes dos capitalistas dominantes. Cox também rejeita a descrição dos afro-americanos como uma casta, ressaltando a natureza não-consensual do sistema americano, comparada ao que ele via como a natureza consensual do clássico sistema de castas hindu.

LEITURAS SUGERIDAS

An American Dilemma: The Negro Problem and Modern Democracy, de Gunnar Myrdal (Transaction, 1995; originalmente Harper & Row, 1944), estuda de forma monumental os negros americanos no início da década de 1940; a edição aqui citada possui uma introdução de Sissela Bok, filha de Myrdal.

Caste, Class and Race, de Oliver C. Cox (Doubleday, 1948), é a severa crítica marxista a Myrdal.

The Negro in America, de Arnold Rose (Harper, 1948), é uma condensação de *An American Dilemma*.

Ver também: CASTA; COX, OLIVER C.; MARXISMO E RACISMO; MOVIMENTO PELOS DIREITOS CIVIS

PIERRE L. VAN DEN BERGHE

Nação do Islã (ou Muçulmanos Negros)

O maior e mais importante movimento sectário afro-americano, a Nação do Islã, tem 1500 membros registrados e incontáveis simpatizantes, todos convencidos de que os brancos foram o centro da conspiração secular que negou ao povo negro a sua ancestralidade e obscureceu suas conquistas históricas. O movimento pode ser descrito pelas atitudes de seus líderes.

Noble Drew Ali

Muitas seitas e cultos negros surgiram em Chicago e Nova York nos primeiros vinte anos do século XX. Uma delas foi o Templo Americano da Ciência Moura fundado em 1913 por Timothy Drew (1886-1929) que, mais tarde, mudou seu nome para Drew Ali. A seita baseava-se nos princípios islâmicos e adaptou uma versão do Alcorão. Drew solicitou a seus seguidores que buscassem sua origem nos antigos mouros e explicou que os brancos tinham destituído os negros de sua religião, seu poder, sua terra e sua cultura. Ele foi assassinado em 1929, mas seus seguidores acreditavam que ele era um profeta enviado por Alá e esperavam sua reencarnação.

WALLACE D. FARD

Fard vendia produtos de seda de porta em porta nos guetos de Detroit. No final da década de 1920, começou a alegar ser "árabe" e um profeta enviado para ajudar os negros a descobrir sua dupla herança – africana e islâmica. Segundo ele, os afro-americanos descendiam dos primeiros humanos, a "proto-raça", cujos descendentes podiam ser encontrados na sua forma mais pura entre os muçulmanos no Oriente Médio, África e Ásia. Fard ensinou que o mundo tinha sido, outrora, dominado pelos negros que desenvolveram uma civilização altamente avançada. A Terra teria sido povoada com animais por 24 cientistas, que criaram árvores, montanhas e oceanos e até mesmo a lua. De acordo com Fard, eles se comunicavam com Marte. Um cientista chamado Yacub descobriu, 8 400 anos depois, que havia dois "germes" dentro dos negros, um negro forte e outro moreno fraco. Yacub separou os dois e por meio de uma espécie de engenharia genética, conseguiu reproduzir as pessoas mais claras e mais fracas, que migraram para as frias terras incultas da Europa. Essa raça clara, porém, era adepta do roubo; eram pessoas ardilosas que usaram suas habilidades para assumir o controle do mundo. Uma vez no poder, sua maldade não teve limites. Escravizaram os negros, física e mentalmente, convencendo-os de que eram seres inferiores e que os verdadeiros profetas eram brancos. A opressão dos negros só terá fim quando eles se derem conta disso.

ELIJAH MUHAMMAD

Fard desapareceu em circunstâncias misteriosas em 1934, e um de seus discípulos, Elijah Muhammad (nome original Elijah Poole) – a quem ele havia conhecido em 1931 –, dedicou-se a disseminar suas revelações. Elijah difundiu seus ensinamentos com vigor e montou uma organização coerente para o movimento, atraindo várias pessoas conhecidas dele, como Malcolm X na década de 1950 e Muhammad Ali na década de 1960, todos convertidos para a Nação do Islã.

Em 1963, Elijah foi envolvido num escândalo. Correram boatos de que ele estava dormindo com suas secretárias, transgredindo o seu próprio código moral. Malcolm X achou que isso tirava a credibilidade de Elijah, o que foi um dos motivos de sua saída do movimento. Em 4 de dezembro de 1964, numa edição da revista da Nação do Islã, *Muhammad Speaks*, um dos seguidores fiéis de Elijah, Louis Farrakhan, escreveu: "A morte está determinada. e Malcolm não escapará [...]. Um homem desses merece morrer". Dois meses depois, Malcolm foi assassinado.

LOUIS FARRAKHAN

Quando Elijah morreu, em 1975, seu filho, Wallace Deen Muhammad, assumiu a liderança do movimento que, na época, contava com mais de 50 mil membros. Farrakhan, nascido Louis Walcott, nasceu em 1933 no Bronx, Nova York, mas cresceu em Boston. Ex-músico (calipso) com o nome artístico de Louis X (chegou a fazer uma gravação: "O paraíso dos homens brancos é o inferno dos homens negros"), era um seguidor fiel de Elijah e se opunha às reformas iniciadas por Deen, visando relaxar as restrições à entrada de membros e a procura de maior integração com os muçulmanos ao redor do mundo. O movimento foi dividido, Deen mudou o nome da sua organização para Comunidade Mundial do Islã, enquanto Farrakhan manteve o original. Farrakhan também reativou a ala militante chamada O Fruto do Islã. Seus ensinamentos eram essencialmente os de Elijah e Fard, embora ele tenha dado um passo sem precedentes – alinhou-se com um candidato de um partido político, Jesse Jackson. Em 1984, durante a campanha para a nomeação de Jackson, houve um boato de que ele havia se referido à cidade de Nova York como "Hymietown"* numa conversa com Farrakhan. Isso deu início a uma série de observações durante os anos subseqüentes que acabou por afastar os judeus, e fazendo de Farrakhan o mais infame líder da história da Nação do Islã. Num discurso proferido em Nova Orleans em 1989, ele professou ter descoberto a origem da Aids nas tentativas do governo americano de destruir a população da África central. Explicou de maneira semelhante o influxo de *crack* e outras drogas pesadas nos bairros negros. Propôs reparações para os anos de escravidão, o que em parte incluía a libertação dos negros das prisões e a reserva de um território separado exclusivamente para os negros. O conceito de um território voluntariamente separado e auto-suficiente foi central na filosofia da Nação do Islã desde os tempos de Elijah.

Em 1995, após anos de relativa obscuridade, Farrakhan voltou à evidência quando organizou uma marcha em Washington, D. C. e proferiu um discurso para cerca de 600 mil afro-americanos. Embora ele não tenha reivindicado tal *status*, pode ter sido o mais influente líder negro num período que testemunhou a queda (e mais tarde a restauração) de Marion Barry, a deposição de Benjamin Chavis como diretor executivo da Associação Nacional pelo Progresso das Pessoas de Cor (National Association for the Advancement of Colored People, NAACP) e o desaparecimento político do outrora nomeado para concorrer à presidência, Jesse Jackson.

LEITURAS SUGERIDAS

Black Nationalism, de E. V. Essien-Udom (University of Chicago Press, 1962), baseia-se num estudo de dois anos em Chicago e Nova York, enquanto *The Black Musslims in America*, de C. Eric

---

* Forma pejorativa de designação do bairro judeu, especialmente em Nova York.

Lincoln, é uma análise profunda do movimento em seu contexto histórico. Ambas são obras consistentes, ainda que datadas.

Elijah Muhammad: Religious Leader, de Malu Halasa (Chelsea House, 1990), é uma breve biografia do influente líder integrante da série "Black Americans of Achievement". *Malcolm X*, de Jack Rummel (1989), também consta dessas acessíveis, porém superficiais séries.

"False prophet – the rise of Louis Farrakhan" é um artigo crítico composto de duas partes, escrito por Adolph Reed no jornal *Nation* (v. 252, nº 1 e 2, 21 e 28 de jan. 1991). Reed explora o desenvolvimento de Farrakhan e argumenta que ele interessava aos brancos porque legitimava a idéia de que os negros deveriam resolver seus problemas sozinhos. Um outro crítico de Farrakhan, Nat Hentoff, lamenta não haver mais líderes negros confiáveis ou inspiradores do que os líderes da Nação do Islã em "I am to the black people as the Pope is to white people", em *Village Voice* (v. 36, nº 21, 21, de maio 1991).

Ver também: AFROCENTRISMO; CARÁTER ETÍOPE; GARVEY, MARCUS; MALCOLM X; *NÉGRITUDE*

Ellis Cashmore

Nacionalismo

Termo referente a uma ideologia formulada após a Revolução Francesa, o nacionalismo tornou-se um grande determinante da ação política no século XIX no mundo todo. Muitos autores almejam uma firme distinção entre essa concepção de nacionalismo como ideologia e a noção de um sentimento nacional referente a um senso de solidariedade coletiva dentro de fronteiras geográficas e culturais identificadas. A distinção pode, portanto, dever-se ao fato de uma determinada população poder expressar alguma noção de identidade nacional na ausência de um movimento político coerente e organizado, para gerar ou reproduzir fronteiras territoriais nas quais a formação de um Estado tem poder político.

Como ideologia, o nacionalismo contém três idéias principais. Em primeiro lugar, argumenta que uma população identificada deveria ser capaz de formular instituições e leis com as quais determinar o seu próprio futuro. Segundo, sustenta que cada população dessas possui um grupo único de características que a identificam como uma "nação". Terceiro, conseqüentemente, o mundo está naturalmente dividido em algumas dessas "nações". Essa combinação de idéias e reivindicações constitui a base das estratégias e movimentos políticos que desde o século XIX tiveram forte influência na organização política do mundo. A formação e reprodução das fronteiras nacionais não é, portanto, um processo natural ou inevitável, mas, sim, conseqüência das ações humanas em determinadas circunstâncias históricas. Esse processo não precisa, na verdade, ser diretamente provocado pela ideologia do nacionalismo, como ilustram os exemplos da Inglaterra, França, Espanha e Holanda.

A origem da ideologia é objeto de debate contínuo, embora haja uma concordância considerável a respeito da alegação de que ela está conectada àquilo que alguns autores chamam de industrialização e outros definem como o desenvolvimento do capitalismo. O que une essas diferentes tradições teóricas é o emprego da noção de desenvolvimento irregular. O que se alega é que desde o final do século XVIII, o processo de industrialização/desenvolvimento do capitalismo ocorreu em determinadas áreas geográficas, causando o desejo de certos grupos de áreas próximas de imitar os progressos realizados em outros lugares para compartilhar das conseqüentes vantagens materiais e políticas. A ideologia do nacionalismo foi um meio de mobilizar politicamente as populações para construir um ambiente político especial ao desenvolvimento capitalista/econômico, como, por exemplo, "catch up" com o desenvolvimento daqueles que haviam se desenvolvido antes.

Pode-se observar que esse processo persistiu no século XX, especialmente no que diz respeito à redefinição das fronteiras políticas depois das duas "grandes guerras" na Europa, embora, mais uma vez, o nacionalismo tenha sido um fator proeminente. Uma diversidade tão ampla de exemplos de como o nacionalismo foi uma força política, especialmente no século XX, apóia a contestação de que o nacionalismo pode ser combinado tanto com movimentos políticos de "esquerda" quanto de "direita", fato que pode causar dificuldades especiais para os autores marxistas. É possível ilustrar esse ponto com uma referência ao modo pelo qual o nacionalismo tem sido um componente, por outro lado, do surgimento do fascismo na Europa e de movimentos libertários na África e sudeste da Ásia. Mais que isso, os últimos exemplos serviram de inspiração política aos negros dos Estados Unidos na década de 1960, onde a resistência política ao racismo institucionalizado foi expressa em termos de nacionalismo. Esses exemplos representaram um problema para os marxistas, uma vez que alegam que as classes constituem a principal força para a mudança revolucionária. O relativo fracasso dos marxistas em explicar o significado político do nacionalismo no século XX foi paralelo às alegações cada vez mais comuns dos sociólogos e cientistas políticos de que o nacionalismo constitui a principal força política do século XX.

O fato de o nacionalismo ter surgido como uma ideologia coerente e explícita na mesma época em que o racismo foi formulado como doutrina "científica" é significativo. As duas ideologias asseveram que a população mundial divide-se naturalmente em grupos distintos, embora a natureza do grupo e as bases da divisão natural difiram. Mesmo assim, o fato de o racismo alegar alguma forma de relação determinista entre as características biológicas reais ou atribuídas e as características culturais significa que o nacionalismo, embora ostensivamente focado nas diferenças históricas/culturais, pode ainda assim mergulhar ou desenvolver-se do primeiro. Isso fica particularmente evidente na política da Grã-Bretanha a partir da década de 1960, quando expressões de um nacionalismo britânico passaram a conter cada vez mais a forma do racismo, embora sem um uso explícito da idéia de "raça" no caso dos principais partidos políticos. Nos partidos neofascistas, contudo, o nacionalismo é expresso explicitamente por meio de uma noção de "raça" alinhada com as correntes centrais da ideologia fascista.

LEITURAS SUGERIDAS

Nationalism: The Nation-state and Nationalism in the Twentieth Century, de Montserrat Guibernau (Polity, 1995), avalia o caráter político do nacionalismo e ressalta a sua importância como fonte de identidade; o livro também aborda a questão das nações sem Estado.

Nation and Identity in Contemporary Europe, organizado por Brian Jenkins e Spyros Sofos (Routledge, 1996), assevera que a "nação" é uma construção ideológica e que o nacionalismo, longe de ser uma reação natural, é um programa político.

The Break-up of Britain, de Tom Nairn (Verso, 1981), é uma importante análise marxista do nacionalismo que rompe com as análises marxistas e as explicações sociológicas anteriores.

Ver também: DESENVOLVIMENTO; FASCISMO; IDEOLOGIA; RACISMO

ROBERT MILES

NAÇÕES UNIDAS

A principal fonte e autoridade no tocante à ação internacional contra a discriminação racial é a United Nations Charter (UN), que declara no seu artigo 55 que as Nações Unidas devem promover "o respeito universal e a observância dos direitos humanos e das liberdades fundamentais para todos, sem discriminação de raça, sexo, língua ou religião". As Nações Unidas são constituídas de uma variedade de corpos com funções separadas que, por vezes, se sobrepõem no que diz respeito aos direitos humanos: a Assembléia Geral, o Conselho de Segurança, o Conselho Econômico e Social (com sua subsidiária, a Comissão de Direitos Humanos), o Conselho, os corpos que monitoram os acordos e as agências especializadas, incluindo a International Labor Organization (instituição autônoma fundada em 1919) e a Unesco.

A Comissão de Direitos Humanos tem a sua própria subsidiária, a Subcomissão de Prevenção da Discriminação e Proteção das Minorias. Em resposta a incidentes anti-semitas ocorridos na Europa em 1959 e a reclamações de regimes racistas na África do Sul, a Subcomissão deu alguns passos que resultaram, em 1963, na adoção da Assembléia Geral da Declaração das Nações Unidas pela Eliminação de todas as Formas de Discriminação Racial, e na Convenção sob o mesmo nome dois anos depois. Em 1965 proclamou também que o dia 21 de março (o aniversário do massacre de Sharpeville na África do Sul) deveria ser observado como Dia Internacional para a Eliminação da Discriminação Racial.

Mais tarde, ela designou o ano de 1971 como o "Ano Internacional do Combate ao Racismo e à Discriminação Racial", um passo seguido pela transformação dos anos de 1973-83 na "Década de Combate ao Racismo e à Discriminação Racial". Foi nessa conexão que, em 1975, a Assembléia Geral adotou, por 72 votos a 35, a resolução 3379, que "determina que o sionismo é uma forma de racismo e de discriminação racial". Em 16 de dezembro de 1992 um esboço da resolução A/46/L.47 foi adotado por 111 votos a 25, de acordo com a qual a Assembléia Geral revogou a resolução anterior.

A Assembléia Geral proclamou uma Terceira Década de Combate ao Racismo e à Discriminação Racial, a partir de 1993, mas relativamente pouca coisa se fez para implementar esse plano de atividades, pois o dinheiro disponível era pouco. Numa medida à parte, a Comissão das Nações Unidas de Direitos Humanos decidiu, em 1993, nomear um relator especial "para as formas contemporâneas de racismo, discriminação racial, xenofobia e intolerâncias afins". O nomeado foi um juiz da corte constitucional em Benin. A resolução da Comissão enfatizou as "manifestações ocorridas nos países desenvolvidos".

No ano seguinte, a Comissão requisitou que ele examinasse as "formas contemporâneas de racismo, discriminação racial e formas de discriminação contra negros, árabes e muçulmanos, xenofobia, negrofobia, anti-semitismo e intolerâncias afins, bem como medidas governamentais para se sobrepor a elas". A lista dos grupos vitimados é um indicador das forças políticas por trás das decisões desse tipo. Essa foi a primeira ocasião em que uma resolução desse tipo mencionava o anti-semitismo.

Os grupos que trabalham na Subcomissão prepararam uma Declaração Universal dos Direitos dos Povos Nativos e outra dos Direitos das Pessoas Pertencentes a Minorias Nacionais, Étnicas, Religiosas e Lingüísticas. Esta última foi adotada pela Assembléia Geral, proclamando a Década Internacional dos Povos Nativos de todo o Mundo a partir de dezembro de 1994, enquanto a proposta da criação de um fórum permanente para os povos nativos nas Nações Unidas continua avançando. Também deve ser notado que a Convenção dos Direitos de todos os Trabalhadores Migrantes e Membros de suas Famílias foi adotada em 1991.

LEITURAS SUGERIDAS

International Action Against Racial Discrimination, de Michael Banton (Oxford University Press, 1996), apresenta detalhes a respeito da iniciativa.

United Nations Action in the Field of Human Rights (Nova York, United Nations Sales, nº E.88.XIV.2).

Ver também: CONVENÇÃO INTERNACIONAL; POVOS NATIVOS; SIONISMO; UNESCO; XENOFOBIA.

MICHAEL BANTON

NÉGRITUDE

Movimento iniciado na década de 1930 pelo poeta nascido na Martinica, Aimé Césaire, e outros artistas negros de língua francesa que queriam redescobrir antigos valores e modos de pensar africanos, pelo qual pretendiam promover o sentimento de orgulho e dignidade de sua herança. Em seu sentido mais amplo, a *négritude* foi "a conscientização e o desenvolvimento dos valores africanos", de acordo com Leopold Senghor, que ajudou a desenvolver as idéias originais e transformá-las num movimento político coerente.

Apesar de se tratar essencialmente de uma crítica artística e literária à sociedade ocidental e sua sistemática supressão da potencialidade dos negros por meio da dissociação deles daquelas que eram consideradas suas verdadeiras raízes, a *négritude* assumiu uma dimensão maior com Senghor, que se tornou presidente do Senegal. O impulso foi, de acordo com L. V. Thomas, "a redescoberta do próprio passado, da própria cultura, dos próprios ancestrais e da própria língua". Inspirado no etnógrafo e historiador Leo Frobenius, Senghor investigou a cultura africana, à qual atribuía o caráter "etíope", empenhando-se na luta por uma concepção de realidade diferente da que ele presumia existir nas antigas sociedades africanas.

Leo Kuper escreve: "A *négritude* desenvolveu-se, inicialmente, como uma reação ao racismo branco, uma oposição dialética aos valores culturais impostos pelos brancos". Mas a orientação para a África não dizia respeito, segundo G. R. Coulthard, "a civilizações africanas ou valores culturais africanos, mas sim à própria África como uma vaga região geográfica e pátria imaginária e emocional de todos os negros do mundo".

A *négritude* nunca defendeu uma volta à África num sentido físico, como fez Marcus Garvey. Tampouco rejeitou os elementos espirituais das religiões negras, como fez W. E. Dubois. Ela visava fazer a presença africana ser sentida por milhões de exilados, negros espalhados que sofreram uma "lavagem cerebral" pelos modos ocidentais de pensamento. Era uma tentativa de criar consciência africana para os negros, onde quer que eles estivessem; um retorno à África por meio da percepção de sua presença na mente dos negros. Como disse o poeta haitiano Jean Price-Mars: "Nós pertencemos à África por conta do nosso sangue".

Como outros movimentos etíopes, a *négritude* condenava a cristandade convencional, considerando-a uma ferramenta do colonialismo destinada a subjugar os negros e perpetuar sua escravidão física e mental. Era vista, como cita Coulthard, em "hipócrita convivência com o colonialismo e o imperialismo". O colonialismo destituiu os negros culturalmente até os ossos, mas, como escreveu o poeta *négritude* Leon Damas:

> Nós despimos nossas roupas européias...
> Nosso orgulho de ser negros
> A glória de ser negro

Isso resume o esforço *négritude*: fortalecer o povo negro, não por meios políticos abertos, mas injetando neles um sentido de história e cultura composto das qualidades características derivadas da África; um novo orgulho e uma nova dignidade de ser negro e de ser africano.

LEITURAS SUGERIDAS

Race and Colour in Caribbean Literature, de G.R. Coulthard (Oxford University Press, 1962), é uma avaliação e apreciação da *négritude* em seu contexto histórico.

"Senghor and *négritude*", de L. V. Thomas, em *Présence Africaine* (1965, v. 26, nº 54), detalha a apreciável contribuição do presidente-poeta do Senegal ao movimento e suas tentativas de convertê-lo em políticas práticas.

Voices of Négritude, de J. Finn (Quartet, 1988), delineia as origens e o desenvolvimento do movimento e sua relação com o "Negrista" na América Latina, cultos do Renascimento do Harlem e Caribe.

Ver também: ÁFRICA; AFROCENTRISMO; CARÁTER ETÍOPE; GARVEY, MARCUS; NAÇÃO DO ISLÃ; RASTAFARI

ELLIS CASHMORE

NEONAZISMO

Do grego *neos* – novo ou revivido – e da grafia fonética alemã das duas primeiras sílabas de *Nationalsozialist*, o partido fascista que assumiu o controle político da Alemanha em 1933 sob o comando de Adolf Hitler. O termo refere-se aos grupos, partidos e organizações contemporâneas que exibem características associadas ao partido nazista original: autoritarismo, hierarquia, governo de direita e oposição à democracia, ao liberalismo, ao pluralismo e a uma série de grupos minoritários, especialmente judeus e negros.

O termo foi aplicado a grupos supremacistas brancos, incluindo a Ku Klux Klan, o Outro e os afiliados da Igreja da Nação Ariana, incluindo o Michigan Militia, que foi responsabilizado pelas bombas que explodiram em Oklahoma em abril de 1995. Esse episódio revelou a prontidão desses grupos em se envolver em atividades terroristas na perseguição de seus objetivos.

O estudo, entre outros, de Aho (*This Thing of Darkness: A Sociology of the Enemy*, University of Washington Press, 1994) sugere que a visão de mundo dos membros desses grupos é freqüentemente moldada pela insegurança econômica, uma profunda desconfiança no governo e, em muitos casos, um fervor religioso que antecipa uma batalha política entre o Bem e o Mal. Muitos grupos, incluindo o Ordem, criam teorias conspiratórias, especialmente a respeito das atividades dos judeus no governo e no comércio. O patriotismo cristão costuma ser evocado para justificar tais visões: houve uma conexão estreita entre os grupos neonazistas e as organizações da Igreja.

LEITURAS SUGERIDAS

"Home-grown extremism", de Scott Heller (em *Chronicle of Higher Education*, seção A10-11, maio de 1995, v. 41, nº 35), reúne sistematicamente vários trabalhos empíricos a respeito de grupos neonazistas nos Estados Unidos.

Religion and the Racist Right, de Michael Barkun (University of North Carolina Press, 1994), explora o movimento Identidade Cristã, que acredita que os brancos são os descendentes naturais das tribos de Israel, que os judeus são o produto de uma união sexual entre Eva e Satã e estes são os últimos dias antes do apocalipse cósmico. Pode ser lido em conjunto com *The Politics of Righteousness: Idaho Christian Patriotism*, de James A. Aho (University of Washington Press, 1994).

Extremism in America (New York University Press, 1995) é uma coletânea anônima de textos racistas, incluindo o infame Turner Diaries, venerado por muitos neonazistas.

Ver também: FASCISMO; KU KLUX KLAN; LEI: MOVIMENTO BRITÂNICO; FRENTE NACIONAL; SKINHEADS

Ellis Cashmore

NOVA DIVISÃO INTERNACIONAL DE MÃO-DE OBRA (NEW INTERNATIONAL DIVISION OF LABOR, NIDL)

Publicada pela primeira vez em inglês em 1980, a tese NIDL, promulgada por Fröbel *et al.* e Ernst, propõe o argumento que, desde 1970, houve um deslocamento do capital dos centros industriais para as nações periféricas subdesenvolvidas, onde existe mão-de-obra barata e não-organizada. A saída dos grandes centros foi acelerada pelas dificuldades em assegurar e obter grandes lucros, conflitos industriais, aumento dos custos de produção e a união dos migrantes e minorias étnicas em federações que impediram altos níveis de exploração de mão-de-obra.

Na Alemanha, onde a tese foi desenvolvida, as vantagens econômicas da importação de um grande número de migrantes temporários era evidente. Os desenvolvimentos técnicos e administrativos subseqüentes dos processos de trabalho, contudo, permitiram o uso da mão-de-obra periférica e com pouco treinamento. Os governos do Terceiro Mundo facilitaram ainda mais essa tendência, legislando contra o poder das uniões de trabalhadores e comerciantes.

A tese pretende, em parte, explicar o declínio da indústria na metrópole industrial tradicional. Quando a política de atração de mão-de-obra migrante barata começou a mostrar sinais de fraqueza, buscou-se uma nova política de exportação de capital, freqüentemente à custa daqueles no centro do mercado de trabalho. A tese NIDL foi amplamente criticada por várias frentes. Cohen, em especial, nota uma falta de originalidade na observação de que os mercados de trabalho globais foram localizados no estrangeiro; essa estratégia remonta ao período mercantilista. Ele também se opõe à "lógica" implícita na sua seqüência de fases, formas de mudança de mão-de-obra num movimento inexorável. Também põe em dúvida a concepção de uma única divisão da mão-de-obra: existem várias formas de sua utilização que implicam os padrões dos fluxos migratórios.

LEITURAS SUGERIDAS

The New International Division of Labour, de F. Fröbel, J. Heinrichs e O. Kreye (Cambridge University Press, 1980), e *The New International Division of Labour, Technology and Underdevelopment*, organizado por D. Ernst (Campus Verlag, 1980), são as duas exposições básicas.

"Migration and the new international division of labour", de Robin Cohen, em *Ethnic Minorities and Industrial Change in Europe and North America*, organizado por Malcolm Cross (Cambridge University Press, 1992), é uma das muitas discussões críticas a respeito da tese NIDL nesse livro.

Ver também: COLONIALISMO; DESENVOLVIMENTO; EXPLORAÇÃO; MIGRAÇÃO

ELLIS CASHMORE

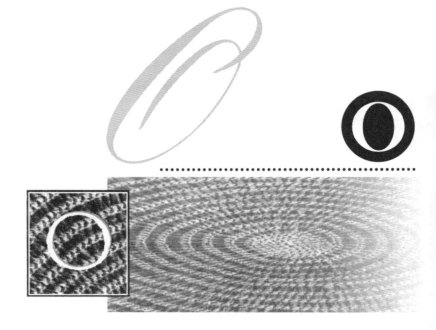

OPORTUNIDADES IGUAIS

Originalmente defendido pelo movimento americano pelos direitos civis, este princípio foi apropriado pelos conservadores do final da década de 1970 e utilizado como alternativa para as políticas que enfatizavam a igualdade de resultados em oposição à de oportunidades. Assim definido, este conceito era um complemento perfeito para o igualitarismo conservador que predominava nos Estados Unidos e na Grã-Bretanha nas décadas de 1980 e 1990. Seus tópicos eram:

- A adequação de um lugar no mercado por meio da justa distribuição de renda por habilidade, inovação e tentativa.
- A necessidade de encorajar a eliminação da discriminação no que diz respeito à entrada no mercado de trabalho.
- A ausência de responsabilidade estatal pelo racismo na história.

- A padronização de um critério de contratação por mérito, como o exemplificado nos típicos anúncios de emprego de contratantes partidários da linha de oportunidades iguais "[...] incentivamos as solicitações de todos os candidatos adequadamente qualificados, independente de sua origem étnica, raça, sexo etc.".
- O não-desejo de uma interferência governamental na proteção de grupos que, por motivos históricos, foram desprivilegiados ou fragilizados.
- A necessidade de somente harmonizar as questões relacionadas a aptidão profissional e especializações para cargos, a fim de oferecer aos grupos atualmente desprivilegiados as habilidades e os valores necessários para torná-los competitivos no mercado de trabalho, e, na mesma medida, a adequação essencial às transações estruturais atuais.
- Avaliar as terríveis conseqüências das políticas destinadas a melhorar as condições de grupos específicos por meio de favorecimento, preferência ou proteção. A dependência do Estado era tida como o resultado mais provável.

O conceito de oportunidades iguais era perfeitamente consonante com a ideologia implantada por Ronald Reagan nos Estados Unidos, e por Margareth Tatcher, na Grã-Bretanha, na década de 1980. O apelo às forças do mercado, a ausência do governo na ampliação das oportunidades e a oposição à concessão de privilégios ou direitos especiais constituem uma ferramenta eficaz para a contestação de algumas formas de liberalismo moderno. Em contraste às políticas que clamavam por um papel ativo do governo na melhora das condições de grupos desprivilegiados, o igualitarismo conservador enfatizou o *laissez-faire* e a teoria econômica de *supply-side* como meios de corrigir as desigualdades patentes na distribuição de recursos.

Embora tenha sido moralmente legitimado dos dois lados do Atlântico, o conceito de oportunidades iguais tem obtido resultados práticos limitados, principalmente por assegurar a não-discriminação em seus princípios. A sua implementação nos casos de promoções ou transferências provou ser ainda mais difícil e diminuiu a sua força.

LEITURAS SUGERIDAS

Equal Opportunity Theory, de Dennis E. Mithaug (Sage, 1996), avalia a discrepância entre o conceito de direito humano e a experiência de autodeterminação.

Chain Reaction, de Thomas e Mary Edsall (Norton, 1991), contém um capítulo a respeito de "Race, rights and party choice", que avalia a simetria entre o conceito de oportunidades iguais e as ideologias republicanas.

Taking Sides, organizado por Kurt Finsterbausch e George McKenna (7ª ed., Dushkin, 1992), oferece uma série de artigos, incluindo um intitulado "Is black self-help the solution to social equality?", na Parte 3.

Ver também: AÇÃO AFIRMATIVA; DIREITOS CIVIS; LEI; MÉRITO; RELAÇÕES RACIAIS

ELLIS CASHMORE

OUTROS

O tema do outro tem suas origens em interrogações filosóficas a respeito da natureza da identidade. Onde reside a identidade de uma coisa? A diferença entre o mesmo e o outro é uma questão de essência ou existência? Com Hegel, a identidade e a diferença traduzem-se na antinomia entre o ser e o nada, o espírito e a matéria desdobram-se em história. O que ele chama de luta de vida e morte com o outro, como entre o senhor e o escravo, por exemplo, é uma relação que muda dialeticamente com o passar do tempo. Schopenhauer fala do desejo e da representação, Heidegger, do *Ser e o tempo*, Sartre, do *Ser e o nada*. Estas e outras questões geram noções como o impensado, o implícito (Husserl), ou as possibilidades virtuais ou insatisfeitas (Marcuse). Da psicanálise e do inconsciente como o outro do ego surge o tema do um e do outro. Em *I and*

Thou, Martin Buber aborda o outro nas relações sociais como um parceiro em potencial no diálogo.

A diferença cultural é de grande importância na questão do outro. Desde tempos imemoriais, as pessoas se consideravam como "o povo" e todo o resto como "os outros" – os gregos e os *barbaroi*, os judeus e os *goyim*, os japoneses e os *gaijin*. No Ocidente, a distinção entre cristãos e ateus serviu durante muito tempo como principal fronteira entre o eu e os outros. Os "hereges" e aqueles que tinham outra fé, como os muçulmanos, judeus e cristãos ortodoxos, ocuparam nichos intermediários. Na Renascença, a distinção entre "antigos" e "modernos" escondeu essas diversidades. O Iluminismo introduziu a preocupação com a classificação e as tentativas científicas de classificar os humanos com base na raça e língua. Na aurora da Revolução Francesa a nacionalidade tornou-se um elemento definidor de identidade. As noções de "raça", língua e nacionalidade se misturaram (as nações eram tidas como raças e as raças eram vistas como grupos lingüísticos).

Outra face do Iluminismo foi a preocupação romântica com o desconhecido em seu caráter ambivalente de atração e repulsão. O *pathos* do desconhecido (o selvagem, o distante) coincidia com uma versão secular do panteísmo do "Deus escondido" (*deus absconditus*). Os "outros" eram a encarnação dos ideais (os bons ou nobres selvagens), medos (monstros, canibais), objetos de desejo, janelas do mistério. Os outros eram alvo de ódio – bodes expiatórios, como no anti-semitismo e nos progroms. "Não foi outra coisa senão a diversidade que matou os judeus." O genocídio de povos nativos – índios americanos, tasmanianos, armênios; o tratamento desumano para com escravos, nativos – faz parte da história da diversidade. No orientalismo e exotismo do século XIX, todas essas atitudes refletem-se num ambiente generalizado de expansão, imperialismo e colonialismo ocidental.

A descolonização desestabilizou essas relações. As identidades imperiais foram descentralizadas. A "questão do outro" tornou-se, nesse contexto, um tema crítico para a antropologia estruturalista e sua compreensão da cultura como um sistema de sistemas, seguindo o modelo da língua. Tzvetan Todorov é um representante clássico desse enfoque que se utiliza de um sistema binário do eu e do outro. Na obra de Michel Foucault, as relações de poder e domínio são analisadas por meio da análise do discurso como regimes de conhecimento ou ordens epistemológicas. A forma como os outros são representados é uma chave para a compreensão da estrutura dos regimes de conhecimento e de suas reivindicações de veracidade. Foucault concentrou-se nos outros da sociedade francesa, naqueles classificados como desviados, criminosos, hereges, insanos, doentes. Em *Orientalism*, Edward Said aplicou a análise do discurso aos textos produzidos pelos orientalistas europeus a respeito do "Oriente", o mundo colonizado.

Uma ampla tradição dos estudos culturais e pós-coloniais avalia como os outros são representados. Os principais eixos de diversidade são os "Três Grandes" – raça, classe e gênero. As representações dos outros em termos raciais coincidem freqüentemente com as das mulheres e pessoas de classe inferior. A noção do "outro" foi gradualmente abandonada por ser muito restrita e estática. Existem tantos tipos de "outros", que é pouco interessante generalizá-los. Além disso, o "eu" não representa mais uma identidade fixa; prova disso são as noções de múltipla identidade e a "descentralização do sujeito". O sujeito universal do Iluminismo (branco, homem, de meia-idade, racional) não é mais tido como evidente.

Jacques Derrida reitera a questão do outro em termos de identidade e diferença, trazendo-a de volta para o território mais amplo do questionamento filosófico no qual ela se originou. No feminismo, estudos culturais e sociologia, a *diferença* assume gradualmente o lugar da diversidade. A terminologia identidade/diferença é mais concreta do que eu/outro. A diferença, é claro, também aparece de várias formas: como diversidade, diferença ontológica, diferença metafísica, a diferença de Deus, de gênero e diferença cultural.

Com o passar do tempo, portanto, o outro passou a referir-se a questões de ser e não ser, de inerência e transcendência, e a diferenças culturais relativas a língua, religião, *status* de civilização ou evolução (selvagens, primitivos), "raça", etnia, nacionalidade, gênero, classe, desenvolvimento, ideologia, idade e assim por diante. Sendo todos esses fatores básicos para a construção das fronteiras da comunidade.

LEITURAS SUGERIDAS

The Conquest of America: the Question of the Other, de Tzvetan Todorov (Harper and Row, 1984; edição francesa original de 1982), é uma fonte de informações clássica da antropologia estruturalista que pode ser lida em conjunto com uma coletânea anterior organizada por Francis Barker *et al., Europe and its Others* (Essex University, 1985).

Uma obra relevante, em meio às várias de Michel Foucault, é *Madness and Civilization: A History of Insanity in the Age of Reason* (Random House, 1965). Da obra de Jacques Derrida destaca-se *Writing and Difference* (Chicago University Press, 1978).

Orientalism, de Edward Said (Penguin, 1978), é um estudo autorizado e pioneiro que discute a construção do Oriente como "o outro" fundamentalmente diferente do Ocidente. Muito úteis para o estudo do colonialismo são os livros de Nicholas Thomas, *Colonialism's Culture: Anthropology, Travel and Government* (Polity Press, 1994), *Representing Others: White Views of Indigenous Peoples,* organizado por Mike Gidley (University of Exeter Press, 1992), e *Barbaric Others,* de Zia Sardar, Ashis Nandy e Merryl Wyn Davies (Pluto Press, 1993).

Ver também: DISCURSO COLONIAL; HIBRIDEZ; LÍNGUA; PÓS-COLONIAL; RAÇA E ETNIA; SUBALTERNOS

JAN NEDERVEEN PIETERSE

Parentesco

Deve-se distinguir parentesco por afinidade (relação estabelecida pelo casamento) e por descendência. É importante também entender o parentesco como uma rede pessoal, um meio de recrutar grupos corporativos e um sentimento de identificação. Sir Raymond Firth escreveu, em 1958: "O modo pelo qual uma pessoa se torna parente de um grupo é chamado de descendência. O modo pelo qual ela adquire posição e privilégio é chamado de sucessão, e o modo pelo qual adquire a propriedade de bens materiais depois da morte de seu antigo proprietário chama-se herança". A descendência pode ser traçada (i) a partir de um ancestral masculino (patrilinear); (ii) a partir de um ancestral feminino (matrilinear); (iii) por meio de ambos, simultaneamente, mas com propósitos diferentes (duplo unilinear); ou (iv) pela mistura de linhas (chamada omnilinear, cognata ou bilateral). Duas pessoas são parentes quando uma é descendente da outra (parentesco linear, como entre avô e neto) ou quando são ambos descendentes de um ancestral comum (parentesco colateral, como entre um homem e seu irmão ou tio). Qualquer quadro de parentesco necessita de um ponto de referência, o do ego, a partir do qual as relações são reconhecidas. Quando o parentesco é usado como base para reivindicar direitos, é também necessário estabelecer um limite para o alcance dos graus de relação (como o parentesco medieval alemão, que vai apenas até os primos de 6º grau). Fica evidente que só alguns dos parentes do ego serão do mesmo parentesco unilinear dele, de modo que o reconhecimento das relações de parentesco compreende mais pessoas da geração presente que as necessárias para o reconhecimento da descendência unilinear, uma vez que as linhas de descendência podem apresentar um número grande de ancestrais que estariam fora da abrangência do parentesco reconhecido. Os direitos de parentesco podem ser criados por adoção, por exemplo, e dependem do reconhecimento social das relações, não de relações genéticas (ou consangüinidade).

A maioria das pessoas cresce em famílias e, portanto, vivencia as relações de parentesco como princípios organizacionais do mundo social. São, assim, aptas para organizar as suas percepções do mundo natural de acordo com princípios similares, observando relações entre os animais, plantas etc., que se assemelham às familiares. Eles também usam os sentimentos de identificação gerados na rede de parentesco como normas para julgar as relações sociais. A fraternidade, por exemplo, é considerada um valor importante, uma vez que se supõe que os irmãos se apóiam e cuidam uns dos outros, ignorando a freqüência com que, em alguns sistemas sociais, os irmãos lutam entre si pela primazia. Os sentimentos de parentesco são estendidos em vários movimentos étnicos para abranger uma rede muito mais extensa (o uso, por exemplo, de "irmão" e "irmã" no movimento de revitalização afro-americana). As relações de descendência também são replicadas na organização da etnia. Da mesma forma como alguém pode ser um MacDonald em contraponto a um Campbell; um habitante da Alta Escócia em oposição a um habitante da Baixa Escócia; um escocês e não um inglês, mas um britânico ou um europeu quando no estrangeiro, assim um imigrante pode se utilizar de uma série de identidades étnicas de diferentes magnitudes de acordo com a situação social em que se encontra. Uma identidade se aninha na outra numa ordem de segmentação.

Leituras sugeridas

Introduction to Social Anthropology, de Lucy Mair (2ª ed., Clarendon Press, 1972), é um manual antropológico bastante claro a respeito do tema; o restante da bibliografia disponível é excessivamente extenso e por vezes muito técnico.

Human Types, de Raymond Firth (New English Library, 1958), é a fonte da citação na página 397.

Ver também: BOAS, FRANZ; CULTURA; ETNIA; PATRIARCADO

Michael Banton

Paternalismo

Do latim *pater*, pai, este termo refere-se àquilo que é essencialmente uma legitimação do despotismo ou da tirania. Modelo de relações familiares, especialmente entre pai e filho, o paternalismo é aplicado a relações de desigualdades econômica, social e política. A liberdade dos indivíduos é, portanto, limitada por regulamentos que são aparentemente 'bem-intencionados".

É claro que existe um elemento de despotismo nas relações entre pais e filhos, mas um despotismo temperado e legitimado pelo "amor". Na língua mais fria da sociobiologia, o parentesco contribui para a formação de um caráter comum entre os interesses genéticos dos parentes. Pode-se realmente esperar que os pais exerçam sua autoridade em benefício de seus filhos, se não o tempo todo, pelo menos na sua maior parte, uma vez que os interesses dos filhos acabam coincidindo com os seus.

Na ausência de tal caráter comum de interesses genéticos, as relações desiguais de poder são caracterizadas por uma distribuição altamente assimétrica de custos e benefícios, ou seja, exploração. É do interesse da parte dominante, portanto, tentar camuflar a natureza coerciva e exploradora das relações ao reivindicar que a dominação visa aos interesses do oprimido. Isso se dá ao asseverar que os dominados se encontram em estado análogo ao da infância, ou seja, são dependentes, imaturos, irresponsáveis e incapazes de gerenciar seus próprios interesses, e que os regentes "amam" os seus subordinados e agem, *in loco parentis*, para o bem do oprimido.

O paternalismo é provavelmente a mais disseminada e legitimada ideologia das sociedades pré-industriais, tendo sido reinventado independentemente várias vezes em um largo espectro de situações sociais. Ele caracterizou, entre outros, as relações patrão-empregado em várias sociedades pré-industriais, os laços entre padrinhos e afilhados nos países da América Latina socialmente estratificados, o ônus do homem branco e a ideologia da missão civilizadora do colonialismo europeu na África, as relações entre senhores e escravos nos regimes de escravidão do Hemisfério Ocidental e as entre professores e alunos nas universidades.

A aceitação da ideologia legitimadora por parte dos subordinados é geralmente proporcional ao grau de benevolência percebido na relação e à diferença de idade entre as partes. O modelo é mais aceitável, portanto, entre professor e aluno do que entre senhores e escravos. Como um tipo de relação racial e étnica, o paternalismo caracterizou muitas sociedades, embora a aceitação dessa ideologia pelo oprimido tenha sido sempre problemática. As duas situações em que o paternalismo foi mais explicitamente formulado como uma legitimação do despotismo talvez tenham sido o colonialismo europeu, em especial na África, e o estabelecimento da escravidão nas Américas.

Muito se discutiu a respeito da extensão em que os colonizados e os escravos aceitaram a visão que seus senhores tinham deles, interiorizando um sentimento de inferioridade (a assim chamada mentalidade *sambo*). Existem muitas provas de que a servidão e a subserviência eram somente mecanismos oportunistas de sobrevivência, embora não se possa desconsiderar por completo que alguns escravos e colonizados de fato desenvolveram uma complexa dependência. Isso ocorreu mais provavelmente no caso da escravidão do que no do colonialismo, uma vez que o estabelecimento de fato da escravidão nos latifúndios é uma representação mais próxima de uma grande família (embora esteja longe de ser uma família feliz) do que o da colônia típica.

Na verdade, a extensa união (freqüentemente forçada e quase sempre extraconjugal) entre proprietários ou supervisores e escravas era característica de todos os regimes de escravidão. Para os homens dominantes, a união sexual com as escravas era uma maneira de combinar negócios e prazer, daí sua popularidade, tanto na América do Norte quanto na do Sul. (Os latinos tendiam a ser menos hipócritas e mais abertos na aceitação da miscigenação do que os holandeses e ingleses, mas não há evidências de que a incidência efetiva da prática tenha diferido nos vários regimes de escravidão.) Esses relacionamentos inter-raciais criaram, é claro, numerosos laços de intimidade sexual e de parentesco entre senhores e escravos, e transformaram muitas famílias, diversificando-as, embora de modo perverso. O fato inegável, contudo, é que os laços inter-raciais, sexuais e de parentesco afetaram a relação entre os senhores e os escravos e consolidaram o modelo paternalista de legitimação ao lhe dar *algumas* bases factuais.

LEITURAS SUGERIDAS

Roll, Jordan, Roll, de Eugene Genovese (Pantheon, 1974), é uma descrição do sistema de assentamento nos Estados Unidos feita por um historiador marxista a partir do ponto de vista dos escravos.

The Masters and the Slaves, de Gilberto Freire (Knopf, 1964), é a versão clássica da escravidão no Brasil feita por um sociólogo de orientação psicanalítica.

Race and Racism, de Pierre L. van den Berghe (Wiley, 1964), analisa as relações raciais no México, Brasil, África do Sul e Estados Unidos, ressaltando o contraste entre as relações raciais "paternalistas" e "competitivas".

Ver também: ÁFRICA; APARTHEID; BRASIL; COLONIALISMO; ESCRAVIDÃO; FREIRE, GILBERTO

PIERRE L. VAN DEN BERGHE

PATRIARCADO E ETINA

O patriarcado é um sistema social que surgiu na Antigüidade e que persiste até os dias de hoje assumindo várias formas. Ele existiu em diversos tipos de nações-estados – feudais, capitalistas ou socialistas – sem que as bases essenciais do sistema diferissem significativamente. Em todos os meios patriarcais, o domínio, no que diz respeito ao poder e à autoridade, era centralizado no macho e expresso principalmente por meio do controle e da discriminação econômica do gênero feminino.

ORIGENS

As origens do patriarcado podem ser encontradas nas divisões sexuais primitivas de mão-de-obra, resultantes da transição dos modos de sobrevivência baseados na colheita e na procura de alimento para a caça, há provavelmente três milhões de anos. As mulheres, incapacitadas de se engajar nas acrobacias fisicamente mais desafiadoras do grande jogo de caça durante a gravidez e períodos de amamentação, e mais tarde (há 10 mil anos), da agricultura de subsistência, foram relegadas a outras tarefas rotuladas como de menor valor. O poder econômico masculino cresceu com a domesticação dos animais e a aquisição de rebanhos por parte dos homens, e a prosperidade resultante entrelaçava-se em vários sistemas patriarcais. O surgimento da propriedade como algo privado e não comunitário foi um fator determinante para o estabelecimento das relações de subordinação feminina. O advento da propriedade privada alterou de forma mais significativa as relações de sexo-gênero igualitárias por alterar o funcionamento básico das famílias. A mão-de-obra feminina passou dos serviços de sobrevivência ou melhoria da sociedade para uma atividade que fez crescer a prosperidade da família. Naquela época, muitas culturas patriarcais negavam às mulheres o direito de adquirir, manter ou dispor de propriedades.

Em várias cidades-reinos antigas, os primeiros componentes do patriarcado foram evidenciados pelo controle masculino de duas das capacidades biológicas femininas, a sexualidade e a procriação. A subordinação sexual feminina foi legitimada em códigos de lei que vigoravam não só na família, uma das primeiras e principais instituições construídas com base nos valores patriarcais, mas também no Estado. Os homens recorreram também ao uso da força, designação de privilégios de classe, dependência econômica e confirmação de respeitabilidade ou não às mulheres para manter o controle. Com o passar do tempo, o patriarcado teve de situar as mulheres numa classe subjugada na qual elas não gozavam dos mesmos direitos concedidos aos homens. O direito das mulheres de ter, usufruir e vender propriedades foi negado nas sociedades mais antigas e ainda é uma característica da subjugação feminina em várias nações-Estado atuais.

Na Antigüidade, assim como nos dias de hoje, o patriarcado expressou-se de várias maneiras. Numa família patriarcal, o homem possuía o direito de preservar a vida ou decretar a morte das mulheres. Em outros meios patriarcais, o direito das mulheres à vida era controlado pelo Estado. As principais ferramentas de subjugação utilizadas pelos homens foram a concessão de prêmios por obediência, ou castigos, até físicos em sua natureza, por desobediência. Em todas as situações, o homem era designado como o cabeça da família.

As cidades-reinos da Mesopotâmia foram algumas das primeiras organizações estatais a aplicar a ideologia patriarcal para justificar a estratificação por sexo-gênero. Um sistema patriarcal estabeleceu-se no Vale Fértil: a categórica sanção do patriarcado na Mesopotâmia foi evidenciada pela codificação da lei, mais notadamente o código de Hamurabi, cujos estatutos anulavam os direitos das mulheres em várias áreas. Elas podiam, no sistema mesopotâmico, ser repudiadas por seus maridos por esterilidade, infidelidade e outros tipos de conduta reprovável; os prêmios e as punições eram ditados pelos homens. Na Mesopotâmia, as mulheres casadas podiam ser dadas aos credores de seus maridos para saldar uma dívida. Essas mesmas mulheres tinham, por outro lado, permissão para possuir propriedades e se engajar em empresas comerciais livres do controle masculino.

Nem todos os reinos antigos que foram transformados de organizações arcaicas em nações e Estados de culturas emergentes tiveram como característica principal uma expressão genuína do patriarcado. Muitas sociedades anteriormente dedicadas à horticultura, por exemplo, foram estruturadas em torno das mulheres como forças dominantes da sociedade. Se o matriarcado é definido como o exato oposto do patriarcado em termos de poder e controle, um reflexo do sistema patriarcal, a história não provê um exemplo de cultura matriarcal.

O modelo mesopotâmico foi copiado de várias maneiras em grande parte das sociedades da Antigüidade e disseminado, com algumas modificações, no mundo moderno. As civilizações grega e romana eram sociedades nas quais prevalecia o patriarcado. A sociedade inglesa do século XVII era patriarcal na sua natureza, e o mesmo era verdade para os Estados Unidos. Alguns aspectos do patriarcado permanecem ainda hoje, como características das duas sociedades. Na verdade, as expressões de patriarcado ainda existentes na Inglaterra e nos Estados Unidos são chamadas de patriarcado *de facto*, já que nas duas sociedades o Estado não intervém quando certos direitos femininos, no lar ou no local de trabalho, são violados por uma figura masculina que concede prêmios para aquilo que é considerado um comportamento aceitável e impõe punições para atos "indecorosos".

MATRIFOCALIDADE AFRO-AMERICANA

Os acadêmicos sugerem que a estrutura familiar afro-americana representa uma exceção ao patriarcado, argumentando que a vida das famílias afro-americanas demonstra a existência de um sistema matriarcal marcado pela matrifocalidade e lares consanguíneos. Essa visão deriva da crença de que as mulheres afro-americanas assumiram, por necessidade, o controle do poder e a autoridade nas famílias. As mulheres afro-americanas, desde o período da escravidão até a era moderna, foram forçadas a assumir o controle para preservar a unidade familiar em virtude da ausência ou desemprego prolongado do cabeça do lar. A cultura matriarcal afro-americana também foi reforçada pelo modo como a assistência do governo moderno é estruturada. Existem pensões – Auxílio para Famílias com Crianças Dependentes (Families with Dependent Children, AFDC) – determinadas com base na ausência de um homem adulto no lar, o chamado "lar sem homem".

Aqueles que se opõem a esse argumento notam que a experiência familiar afro-americana é caracterizada pelo sistema de redes de parentesco. Com a destruição das unidades familiares nucleares e poligâmicas, a linhagem não pôde mais ser reconstruída com base na escravidão, desenvolvendo-se redes baseadas no casamento, amizade e laços familiares. Tal sistema ainda persiste, tendo-se tornado até mais necessário, sugerem os acadêmicos, por causa de outras forças que desgastam ainda mais o núcleo familiar. As fronteiras das unidades familiares afro-americanas são elásticas e o funcionamento interno de tais grupos gera comportamentos que permitem um alto grau de adaptação a crises como desemprego, restrições de pagamento de previdência social e falta de um lar permanente, obrigando a unidade familiar a um movimento constante.

No sistema afro-americano de rede de parentesco, de acordo com muitos, as mulheres adultas desempenham um papel-chave na aquisição de recursos para suprir as necessidades do lar. Elas, contudo, não detêm o poder e a autoridade absolutos na estrutura de parentesco. As redes de parentesco afro-americanas são unidades cooperativas: todos os membros, homens, mulheres e crianças, são convocados para ajudar, a fim de que a família sobreviva. Todos os membros, numa extensão não encontrada nas famílias brancas, despendem esforços para adquirir recursos fundamentais para se sobrepor às múltiplas desvantagens a que são sujeitos. Os sistemas de parentesco afro-americanos costumam abranger três gerações, e existem dentro de um sistema de parentesco mais amplo, estendido e capaz de adaptações. O papel da mulher nesse sistema duplamente conectado é *matrifocal*, sendo cultural e estrutural: as mulheres adultas, principalmente as mães, transmitem valores culturais e participam de quase todas as decisões familiares, da criação da família, dos laços de parentesco e da aquisição de recursos.

Na rede de parentesco afro-americana, as mulheres jovens são educadas para demonstrar força e se tornar membros ativos da sociedade. Tanto os homens quanto as mulheres exibem qualidades de confiança, iniciativa, autonomia e decisão. Um aspecto significativo dos processos de sociabilização é o treinamento das mulheres para agir independentemente dos homens. Além disso, num tal arranjo matrifocal e bilateral, existe uma afinidade maior entre mãe, filho e irmãos do que nas relações conjugais. As ligações humanas nas relações de parentesco afro-americanas são decididamente voltadas para os vínculos entre mãe e filho, assim como em muitas outras culturas em que o matriarcado está presente.

Existem sistemas familiares construídos entre os ibos da Nigéria, os javaneses e dois grupos étnicos da Indonésia, os minangkabaus e os atjehneses, nos quais também se observam graus de matrifocalidade. Assim como o sistema afro-americano de parentesco, o sistema javanês também é bilateral. Entre os javaneses, do mesmo modo como em muitas culturas matrifocais, o vínculo prevalecente é o de mãe e filho e não o de marido e mulher.

As famílias patriarcais são por vezes consanguíneas, ou seja, organizadas com base nas relações de sangue. O poder é investido nos membros masculinos mais velhos da família. Exemplos desse patriarcado são encontrados em muitas famílias chinesas. Outros exemplos de estruturas familiares patriarcais consanguíneas são Israel e Roma antigos. Tanto as relações de sangue quanto as relações estendidas, como amizade e cultura, são as bases sociais que criam o sistema contemporâneo família-parentesco afro-americano.

Religião

Outra força que possibilitou o surgimento do patriarcado e sustentou a sua existência até os tempos modernos foi a religião. Religiões como judaísmo, cristianismo, hinduísmo e islamismo geraram o desenvolvimento de doutrinas e práticas que fortaleceram as ideologias patriarcais existentes. Por meio de uma explicação metafísica, os homens puderam legitimar extensamente a sua própria superioridade e colocar as mulheres em posições inferiores e mesmo precárias na sociedade.

A tradição judaico-cristã construiu uma hierarquia dominada pelos homens voltada para Deus. Uma idéia importante dessa tradição era a de que a criação do homem havia sido um ato principal, enquanto a da mulher fora secundário: a mulher havia sido criada para servir ao homem e gerar filhos. De acordo com os rituais do judaísmo e do cristianismo, as mulheres não podiam ser ordenadas, nem celebrar sacramentos e eram forçadas a cobrir a cabeça, especialmente em reuniões religiosas, num símbolo de submissão à autoridade masculina.

Outras convenções metafísicas antigas negavam às mulheres o direito de se tornar sacerdotisas, curadoras divinas ou profetisas. O deus masculino dominante que surgiu no monoteísmo hebreu em alguns casos destruiu ou diminuiu a presença de influentes e poderosas deusas nas sociedades antigas.

No hinduísmo, as mulheres eram consideradas mais erotizadas do que os homens. Acreditava-se que, caso esse erotismo não sofresse restrições, a busca masculina pela espiritualidade e por um alto grau de ascetismo seria impedida. As mulheres hindus eram enclausuradas. Jamais eram vistas por homens que não fossem membros de sua família e cobriam suas vestes com véu. Na sociedade hindu tradicional, todas as propriedades adquiridas pela esposa eram transferidas para o seu marido quando do casamento.

O mesmo acontecia na Grécia, Roma, Israel, China e Japão antigos. Também na Inglaterra e nas Américas o direito de adquirir propriedades não existia até o período moderno. Os direitos das mulheres à propriedade ainda hoje são negados no Irã islâmico e na Arábia Saudita.

TEORIAS DE PATRIARCADO

As feministas socialistas-marxistas alegam que a organização capitalista-materialista da sociedade evoca o patriarcado, provocando o surgimento de um arranjo funcional da força de trabalho baseado nas divisões sexuais, que não é igualitário no que se refere a admissões em empregos e salários e nem valoriza as mulheres. O patriarcado sustenta-se pelo modo como as relações de classe acontecem. Essas relações e a divisão da mão-de-obra de acordo com o sexo sustentam-se mutuamente no capitalismo. O patriarcado, sob essa perspectiva, é um sistema universal que não vai se alterar *a menos* que ocorra uma restruturação radical da sociedade.

Outras feministas voltam-se para a psicanálise a fim de oferecer explicações ao surgimento do patriarcado. Elas notam que a partir da criação das classificações de gênero, masculino e feminino, desenvolveu-se um padrão duplo, concedendo às mulheres uma posição inferior na sociedade. A autoridade do homem como pai foi a principal ferramenta estrutural empregada para a inclusão do gênero na ordem social.

Outro grupo de teóricos sociais difere das feministas mais radicais e desenvolve um conceito de que o patriarcado foi, e continua sendo, apenas um dos vários sistemas de sexo-gênero. O seu ponto de vista reside na idéia de que o patriarcado pode funcionar independentemente dos sistemas políticos, o que acontece e que é autônomo. Há uma aceitação generalizada de que nem todas as sociedades do passado eram universalmente patriarcais. Qualquer declaração feita anteriormente nesse sentido devia-se em grande parte às suposições patriarcais introduzidas pelos etnógrafos e antropólogos. Embora se alegue que várias sociedades do passado eram culturalmente mais igualitárias do que outras e que o papel das mulheres ia além de procriar e cuidar das crianças, mesmo assim elas não constituíam sistemas genuinamente matriarcais. Nenhuma sociedade do passado era um verdadeiro matriarcado; as mulheres conquistaram posições de importância, mas não conquistaram nem utilizaram uma dominância em termos de poder e de autoridade.

LEITURAS SUGERIDAS

Women Culture & Society, organizado por Michelle Zimbalist Rosaldo e Louise Lamphere (Stanford University Press, 1974), é composto por 16 artigos que exploram diversas teorias para explicar o papel das mulheres no desenvolvimento de várias sociedades e culturas. Esse livro é complementado por *Women, Politics and the Third World,* organizado por Haleh Ashfar (Routledge, 1996), que avalia as estratégias de resistência adotadas pelas mulheres.

The Creation of Patriarchy, v. 1, de Grada Lerner (Oxford University Press, 1986), é uma investigação estilística e informativa da evolução do patriarcado nas culturas antigas.

Myths, Dreams and Mysteries: The Encounter Between Contemporary Faiths and Archaic Realities, de Mircea Eliade (traduzido do francês para o inglês por Phillip Mairet, Harper Torchbooks, 1967), tem como tema central a delineação de dois tipos de pensamento: o tradicional, arcaico e oriental na sua natureza, e o moderno, ocidental no seu tipo. Cada um deles afeta as atitudes culturais em relação às mulheres.

Ver também: AFRO-AMERICANOS; ETNIA; PARENTESCO

LORETTA ZIMMERMAN

PENTECOSTALISMO

Termo utilizado para descrever um conjunto de seitas religiosas que proliferou particularmente entre os negros do Caribe, Estados Unidos e Inglaterra. Em termos de doutrina, os cultos giram em torno do Dia de Pentecostes citado em Atos dos Apóstolos, 2:1-2: *"Ao cumprir-se o dia de Pentecostes, estavam todos reunidos no mesmo lugar; de repente, veio do céu um som, como de um vento impetuoso, e encheu toda a casa onde estavam assentados".*

Os membros do pentecostalismo, ou "santos", deveriam esperar esse dia do juízo final, quando alcançariam a salvação; enquanto isso, deveriam se afastar o máximo possível do "mundo de fora" e restringir o contato com essas pessoas. Eles acreditavam ser o "povo escolhido", que seria resgatado no dia de Pentecostes, quando todos os outros seriam condenados ao inferno.

As origens precisas do pentecostalismo são obscuras, mas parece ter havido antecedentes tanto na América quanto nas Índias Ocidentais, onde floresceu um movimento chamado batismo nativo. Ele se baseava no cristianismo, mas foi fundido com elementos oriundos dos sistemas de credos africanos. A escravidão desempenhou um importante papel na criação do batismo nativo, como ressalta Malcolm Calley: "A função mais importante da escravidão nas Índias Ocidentais foi possivelmente a de impedir a difusão de um conhecimento detalhado do cristianismo para os escravos, estimulando-os assim a inventar suas próprias interpretações e seitas".

Os padres batistas nativos laicos foram expostos aos ensinamentos cristãos na América e a mescla que fizeram dos conceitos bíblicos e do ritualismo africano foi entusiasticamente recebida pelos escravos americanos e, mais tarde (na década de 1780), pelos escravos jamaicanos. O batismo nativo sobreviveu às tentativas de proprietários dos latifúndios de suprimi-lo e gerou uma variedade de formas que mais tarde se transmudaram no pentecostalismo.

As seitas mantiveram-se presentes no Caribe e nos Estados Unidos depois da emancipação e cresceram na Grã-Bretanha nas décadas de 1950 e 60, coincidindo com a chegada de dezenas de milhares de migrantes caribenhos. A resposta da primeira onda de imigrantes ao racialismo branco foi caracterizada pelo autor Dilip Hiro como "evasão": eles se voltaram para dentro, desenvolvendo posturas destinadas a minimizar sua visibilidade. Clubes, lojas e, é claro, igrejas negras foram criados. Calley localiza o início do pentecostalismo na Grã-Bretanha em 1954, quando as celebrações eram mantidas em residências. Em 1967, Clifford Hill revelou que uma única ramificação do movimento, a Igreja de Deus do Novo Testamento, comandava sozinha seguidores de 10 861 congregações, empregava 15 ministros em tempo integral e tinha edificações próprias, incluindo uma faculdade de teologia para o treinamento de seus próprios ministros.

O crescimento do pentecostalismo é ainda mais surpreendente quando consideramos as restrições impostas a seus membros: o consumo de tabaco e álcool era proibido, assim como o uso de jóias, cosméticos, palavras chulas e a devassidão sexual. Recomendava-se evitar o contato com o mundo "contaminado" de fora. A observação dessas regras e a adesão às práticas do pentecostalismo asseguravam ao fiel uma relação especial com Deus, expressa por meio da experiência do êxtase, na qual os indivíduos eram "preenchidos" pelo espírito de Deus, sofriam convulsões, tremores e eram capazes de falar em várias línguas (glossolalia): "*Todos ficaram cheios do Espírito Santo e passa-*

ram a falar em outras línguas, segundo o Espírito lhes concedia que falassem" (At, 2:4).

O pentecostalismo indica como muitos grupos étnicos, especialmente os negros nos Estados Unidos e na Grã-Bretanha, em vez de articular qualquer protesto aberto contra o tratamento a eles dispensado pela sociedade, desenvolveram estilos de vida alternativos criando suas próprias religiões autônomas, afastando-se passivamente e buscando a salvação, não neste mundo, mas na vida após a morte.

LEITURAS SUGERIDAS

"Pentecostalism", de Grant Wacker, em *Encyclopedia of American Religious Experience*, v. II, organizado por C. Lippy e P. Williams (Charles Scribner's Sons, 1988), é um excelente resumo de toda a tradição. Complementa-se pelo tratado mais completo de John T. Nichol, *Pentecostalism* (Harper & Row, 1966).

God's People, de Malcolm Calley (Oxford University Press, 1965), é um estudo detalhado do crescimento do pentecostalismo na Grã-Bretanha, trazendo capítulos úteis a respeito dos antecedentes das seitas.

The Making of the Black Working Class in Britain, de R. Ramdin (Gower, 1987), tem uma seção a respeito das "igrejas negras". O resto do livro oferece informações contextuais detalhadas.

Ver também: AFRO-CARIBENHOS NA GRÃ-BRETANHA; RASTAFARI

ELLIS CASHMORE

PERSONALIDADE AUTORITÁRIA, A
Ver PRECONCEITO

PLURALISMO

Este termo refere-se às relações sociais em que grupos distintos em vários aspectos compartilham outros tantos aspectos de uma cultura e um conjunto de instituições comuns. Cada grupo preserva as suas próprias origens étnicas ao perpetuar culturas específicas (ou "subculturas") na forma de igrejas, negócios, clubes e mídia. O termo também encerra o seu próprio conjunto de relações primárias como redes de amizade, famílias e casamentos interfamiliares. Todos esses grupos participam coletivamente de algumas esferas e formam, coletivamente, uma "sociedade pluralista".

J. S. Furnivall usou as sociedades de Burma e da Indonésia como exemplos de sociedades pluralistas. Nessas sociedades, as pessoas de *backgrounds* étnicos muito diferentes só se encontravam no mercado, onde tinham de dispor dos produtos e serviços de outros grupos. O mercado era a cola que mantinha os diferentes grupos unidos como as pedras de um mosaico. O mosaico é uma metáfora útil para o pluralismo: uma entidade uniforme composta por vários elementos distintos e separados.

Existem dois tipos básicos de pluralismo: o cultural e o estrutural. O cultural ocorre quando os grupos têm a sua própria religião, crenças, costumes, atitudes e estilos de vida em geral, mas compartilham outros com grupos diferentes. O pluralismo estrutural ocorre quando os grupos têm as suas próprias estruturas e instituições sociais, enquanto compartilham outras. Vários grupos podem, por exemplo, apoiar um único governo, reconhecer a mesma lei e usar o mesmo dinheiro, mas freqüentam as suas próprias igrejas, falam uma segunda língua entre si, têm seus próprios métodos de ensino e ocupações especializadas e casam somente em seu próprio grupo.

O pluralismo, como ferramenta analítica, pretende explicar como grupos diferentes, com diferentes *backgrounds*, e talvez interesses diferentes, podem viver juntos sem que a sua diversidade se torne motivo de conflito. Isso ocorre especialmente quando o poder é distribuído de maneira justa e uniforme entre os grupos. Quando um dos grupos detém o controle do poder, o conflito tem grande probabilidade de ocorrer. Historicamente, o pluralismo parece se aplicar a países pré-industriais ou em industrialização, como a África Oriental ou as sociedades caribenhas, onde existem segmentos mais ou menos iguais, e não classes hierárquicas como nas sociedades industrializadas.

A sociedade pluralista é baseada na heterogeneidade cultural e social (isto é, composta por elementos diversos), mas não cria necessariamente divisões profundas nem produz conflitos graves. Os grupos mantêm as suas próprias características e identidades corporativas distintas sem serem excluídos ou relegados a posições inferiores, contribuindo assim para a riqueza da sociedade.

O pluralismo foi usado como ideal em algumas circunstâncias, algo a ser almejado; uma sociedade onde todos os grupos podem expressar as suas diversidades e cultivar a sua singularidade sem se envolver em conflitos de qualquer monta. O ideal encoraja a autoconsciência e o desenvolvimento em algumas esferas, a unificação e a cooperação, em outras. Essa noção foi especialmente disseminada nos países da América do Norte, que abrigam uma variedade de grupos étnicos, mas a unidade resultante pode ser apenas limitada, apesar das tentativas de equilibrar os interesses envolvidos. Por mais bem-intencionado que possa ser o objetivo, ele é constantemente impedido pelo racismo que nega a grupos diferentes o acesso a certos tipos de recursos (como empregos bem pagos e boa moradia).

O termo pluralismo também é usado na ciência política de um modo ligeiramente distinto: descreve uma situação na qual existem vários grupos de interesse segmentados horizontalmente sem que nenhum deles exerça o domínio completo. As semelhanças com o pluralismo étnico são evidentes: a divisão com base na diversidade sem grandes desigualdades de poder; uma diferenciação horizontal e não vertical.

Leituras sugeridas

Netherlands India, de J. S. Furnivall (Cambridge University Press, 1967, 1ª ed., de 1947), traz uma visão bastante antiga das sociedades pluralistas e oferece o modelo teórico para a obra posterior de M. G. Smith, *The Plural Society in the British West Indies* (University of California Press, 1965).

"Pluralism, race and ethnicity in selected African countries", de M. G. Smith, em *Theories of Race and Ethnic Relations*, organizado por J. Rex e D. Mason (Cambridge University Press, 1986), constitui-se numa reavaliação mais recente feita por um dos proponentes originais dessa perspectiva.

"Pluralism: a political perspective", de Michael Walzer, em *Encyclopedia of American Ethnic Groups* (Harvard University Press, 1980), avalia o desenvolvimento do pluralismo nos Estados Unidos.

Ver também: CULTURA; ETNIA; MULTICULTURALISMO; PODER; POVOS NATIVOS

ELLIS CASHMORE

PODER

Conceito crucial nas relações raciais e étnicas por referir-se à capacidade de determinar exatamente o grau de aquiescência ou obediência a outros de acordo com a vontade de algo ou alguém. O poder pode ser investido em indivíduos, grupos, sociedades inteiras ou até em blocos de sociedades; a característica que o distingue é a capacidade de influenciar os outros a agir e talvez até a pensar de acordo com as demandas de quem o detém.

Houve um grande debate a respeito da exata natureza do poder. Existem muitas formas diferentes de poder. A escravidão é um exemplo extremo do que poderia ser chamado de "poder cru" – uma coerção absoluta baseada na força física. Ela consiste num grupo exercer sua vontade sobre outro por meio do controle quase total das circunstâncias; a resignação é reforçada pela aplicação de sanções negativas aos comportamentos indesejados. O filósofo francês Jean-Jaccques Rousseau reconheceu: "O homem mais forte nunca é suficientemente forte para ser sempre senhor, a menos que transforme o seu poder em direito e a obediência em dever".

A compulsão absoluta funciona em determinadas condições, em especial onde existe uma grande disparidade de recursos materiais, mas as relações raciais da atualidade normalmente apresentam relações de poder mais complexas, sendo necessário um reconhecimento por parte do grupo destituído de poder do direito do grupo que o detém de exercer a sua vontade. Existem muitas situações em que um grupo detém o poder em virtude da aceitação por parte de outros da *legitimidade* de sua posição, nunca desafiando a relação desigual. Poder-se-ia argumentar plausivelmente que, durante muitos anos, os negros nos Estados Unidos não questionaram seriamente a legitimidade da relação de poder da qual faziam parte: eles reconheceram o direito dos brancos de governar, aceitando assim a sua própria posição subordinada. A ameaça da força que residia por trás do poder dos brancos nos dias de escravidão não foi necessária para a manutenção da relação de poder.

O poder é por vezes efetivado mediante um meio unificado de regras, como as leis existentes nos Estados Unidos até a legislação dos direitos civis. Elas institucionalizaram o poder branco e destituíram os negros de poder por meios legais. Um exemplo extremo é a lei referente ao apartheid, que nega definitivamente o acesso ao poder aos não-brancos. Esse tipo de arranjo foi caracterizado pelo sociólogo Max Weber como "racional-legal", mas existem alternativas. Pode existir um modo "tradicional" de legitimação, no qual a autoridade foi investida num grupo durante um longo período. Em algumas ocasiões podem emergir líderes "carismáticos" que adquirem poder pelo fato de seus seguidores acreditarem que estes têm dons especiais, às vezes até sobrenaturais. Nessas situações, o poder legitimador extremo pode ser "a vontade de Deus", gerando freqüentemente forças para mudanças nas relações de poder no lugar das que asseguraram os arranjos existentes. A campanha bem-sucedida de Gandhi contra o poder britânico na Índia é um exemplo óbvio.

O caso de Gandhi é um exemplo em que a legitimidade de uma relação de poder deixou de ser plausível, surgindo em seu lugar uma alternativa. Uma vez perdida a legitimidade, as formas de resistência ao poder têm maior probabilidade de proliferar. Basicamente, todas as lutas étnicas dizem respeito a relações de poder. Onde existe uma diversidade de grupos com interesses divergentes e nenhuma atribuição absoluta de legitimidade a uma relação de poder existe também uma grande probabilidade de resistência perpétua.

LEITURAS SUGERIDAS

Race, Ethnicity and Power, de Donald Baker (Routledge & Kegan Paul, 1983), permanece sendo um estudo exemplar a respeito do modo por meio do qual o poder agiu nas relações étnicas na Austrália, América do Norte e África do Sul.

Power, Racism and Privilege, de William J. Wilson (Free Press, 1973), é uma análise antiga, mas ainda de utilidade, das relações raciais, que inclui o âmbito de poder e alguns bons dados de comparação.

Max Weber: The Lawyer as Social Thinker, de Stephen Turner e Regis Factor (Routledge, 1994), expõe o pensamento de influentes teóricos.

Ver também: COLONIALISMO; ESCRAVIDÃO; GANDHI, MOHANDAS K.; HEGEMONIA

ELLIS CASHMORE

POLÍCIA E RACISMO

Dado o volume das reclamações vindas da América do Norte, Grã-Bretanha, Austrália, Alemanha e França, é difícil evitar a conclusão de que as minorias étnicas ainda são as maiores vítimas de algumas das mais graves e controvertidas práticas policiais. Existem várias alegações distintas, porém correlacionadas, de práticas policiais racistas identificáveis, que podem ser divididas em duas categorias: o policiamento excessivo dos grupos minoritários e o policiamento deficiente quanto às necessidades específicas de lei e ordem desses grupos

POLICIAMENTO EXCESSIVO

As alegações de policiamento excessivo estão relacionadas ao uso discriminatório dos poderes da polícia ao lidar com membros de comunidades minoritárias, especialmente no que diz respeito à revista, detenção, custódia e uso (em certos casos, letal) da força bruta. A pesquisa do Ministério Britânico dos Negócios Interiores (Documento 6, 1983) revelou que "a probabilidade de os jovens negros (homens) serem detidos pela polícia é significativamente maior do que a de seus correlatos brancos". Os líderes comunitários dos Estados Unidos continuam a protestar contra as políticas de detenção e revista *rotineiramente* utilizadas para com os homens afro-americanos e latinos. As comunidades minoritárias reclamam do molestamento individual e o policiamento excessivo feito por tropas policiais especializadas, invadindo eventos culturais e políticos, assim como de blitzes de imigração. Como resultado daquilo que elas percebem como perturbação e uma discriminação constantes, frações significativas dessas comunidades, em especial os jovens, alienaram-se da polícia. Na Grã-Bretanha, o Relatório Scarman, resultado de uma investigação realizada após os tumultos de 1981, reconheceu que os distúrbios eram "essencialmente uma erupção da ira e do ressentimento dos jovens negros contra a polícia". Num veio similar, o Relatório Kerner, efetuado em conseqüência dos graves tumultos ocorridos em Watts, Detroit, Newark e Washington, afirmou que a força policial dos Estados Unidos "tinha passado a simbolizar a repressão, o poder e o racismo brancos". Na Austrália, a Investigação Nacional a Respeito da Violência Racista argumentou que a razão de as relações entre os aborígenes e a polícia serem tão ruins devia-se ao "envolvimento disseminado da polícia em atos de violência racista, intimidação e molestamento" (Governo Australiano, 1991).

Policiamento Deficiente

A segunda faceta do policiamento racialmente discriminatório está relacionada à recusa da polícia em responder adequadamente às necessidades das comunidades minoritárias. As críticas à polícia alegam que responder às necessidades dos moradores de guetos dominados pelo crime é uma prioridade menor para a polícia do que responder às dos bairros respeitáveis. Assim, em nome da manutenção da ordem pública, a polícia virtualmente abandonou certos bairros. Os críticos também afirmam ter identificado um padrão consistente na atitude policial no que se refere a ataques motivados por questões racistas, a saber: completa falta de resposta ou interesse, relutância em levar os agressores a julgamento; redefinição de tais ataques como não-racistas; tratamento da vítima como criminosa e reação severa às medidas de autoproteção das comunidades. Com o surgimento do extremismo de direita na França e na Alemanha e a crescente gravidade dos ataques a trabalhadores estrangeiros, campos de refugiados e comunidades de imigrantes, a aparente falta de proteção policial tornou-se uma pendência ainda mais grave. Essa falta de intervenção contrasta fortemente com o policiamento excessivo a que os grupos minoritários alegam estar normalmente sujeitos.

Tumultos/Insurreições

A manifestação extrema do quase completo colapso das relações entre a polícia e a comunidade é o tumulto ou insurreição. As insurreições britânicas de 1981-85 foram precipitadas pelo que era tido como ações policiais desmedidas nos bairros de minorias étnicas. Mais recentemente, os Estados Unidos viram com horror o mais sério tumulto do período pós-guerra abarcar o centro de Los Angeles, tirando cinqüenta vidas e causando milhões de dólares de prejuízo. Desencadeada pela absolvição dos oficiais de polícia pelo espancamento de Rodney King, a ferocidade dos tumultos de maio de 1992 indicou a profundidade da ira e da frustração entre muitos afro-americanos. Para muitos líderes comunitários, o veredicto representou a perda da fé na justiça do sistema judicial penal por parte dos afro-americanos. E sugeriu também que a classe média branca dos Estados Unidos estava disposta a fechar os olhos à sistemática brutalização policial e aos danos causados aos negros.

Explicações

i. Individual. Várias explicações foram desenvolvidas para explicar o conflito entre a polícia e os grupos minoritários. A posição policial ortodoxa tende a negar o problema da perturbação e da discrimação raciais. Os representantes da polícia continuam a argumentar que a verdadeira fonte do problema é a super-representação de certos grupos étnicos nas estatísticas criminais. Assim, argumenta-se que a criminalidade de certas comunidades "patológicas" gera práticas policiais preventivas e que na "luta contra o crime" sempre haverá acidentes. Eles também apontam as atitudes contrárias à polícia arraigadas nessas comunidades ou "subclasses". Oficiais veteranos mais esclarecidos argumentariam que o problema do preconceito racial reside nas atitudes individualizadas de oficiais de polícia e não na instituição como um todo. Não há dúvida de que o preconceito existe nas forças policias predominantemente brancas em questão. Pesquisas sugerem, contudo, que o problema não se restringe apenas a algumas poucas "maçãs podres". O estudo do Instituto de Estudos Policiais a respeito das relações comunidade-polícia em Londres relatou que "podem existir alguns grupos nas quais é normal se referir aos negros como 'urubus', 'crioulos' e assim por diante". Esse estudo também assinalou que os oficiais supervisores faziam pouco para controlar os comentários racistas. Como conseqüência dos tumultos em Los Angeles, vários novos relatórios foram produzidos, indicando que as atitudes racistas eram disseminadas entre os oficiais em certas forças americanas. Depois do caso King, os advogados de defesa de O. J. Simpson não tiveram dificuldade em argumentar, plausivelmente, que as ações dos oficiais da polícia de Los Angeles haviam sido motivadas por racismo.

ii. Estrutural. A explicação alternativa argumenta que a fonte dessa relação conflituosa reside no comando da polícia e na posição estrutural dos grupos minoritários. De acordo com essa perspectiva, as relações antagônicas entre a polícia e as minorias étnicas não são um fenômeno recente. O antagonismo, contudo, foi exacerbado do final da década de 1960 em diante, em razão da natureza mutante das sociedades em questão. Durante esse período, argumenta-se, houve uma mudança fundamental na lei autoritária e nas tendências de ordem surgidas tanto nos Estados Unidos quanto na Grã-Bretanha. Sob a proteção de um direito radical por ascendência, foi feito um esforço concentrado para remodelar essas sociedades de modo a viabilizar uma nova ordem econômica que não fosse obstruída pela expansão da prosperidade e da parafernália liberal. Quem mais sofreu com essa reestruturação foram as comunidades minoritárias. Elas não têm mais nenhum papel essencial na nova ordem econômica e sofrem de maneira desproporcional com o desemprego estrutural e os efeitos da diminuição da prosperidade e o não-investimento urbano. Elas são, para todos os efeitos, destituídas de poder político e social e economicamente empobrecidas, vivendo fora das estruturas de cidadania reconstituídas. Nesse ambiente, a polícia tem o papel institucional de controlar e conter a reação dos habitantes do gueto mais afetados pelas mudanças sociais e econômicas. Foi esse papel institucional que os levou ao constante conflito com certos grupos minoritários. De acordo com essa perspectiva, também o direito radical gerou uma potente conexão entre raça e crime, proporcionando a *raison d'être* do policiamento ostensivo desses grupos. Em decorrência disso, as comunidades minoritárias foram patologizadas e criminalizadas, e o apoio branco, mobilizado para a "fina linha azul".

De acordo com esse ponto de vista, as sugestões para melhorar o treinamento dos policiais e o andamento das relações raciais, o recrutamento de oficiais de grupos minori-

tários e a caracterização do racismo como delito discipli-
nar não funcionarão, porque a fonte do problema é estrutural e não individual. O racismo está institucionalizado
na polícia. Somente quando houver uma mudança política
mais ampla que possibilite um policiamento adequado e
o respeito pelos direitos humanos será possível controlar o
policiamento arbitrário dos grupos minoritários. Depois dos
acontecimentos de Los Angeles, contudo, os analistas políticos ficaram pessimistas quanto à possibilidade de alguma
mudança política radical e de grande abrangência, tanto em
relação às questões sociais mais amplas quanto ao funcionamento do sistema judicial criminal. E nesse contexto é
significativo notar que, assim como ocorreu com a polícia
britânica depois dos tumultos da década de 1980, a resposta imediata da polícia de Los Angeles foi introduzir um
treinamento intensivo de controle de tumultos para seus
oficiais.

Uma observação pertinente a essa perspectiva é a de
que as forças policiais efetivamente utilizaram o alardea-
mento da alegada propensão ao crime das minorias étnicas para justificar o ganho material e político dos recursos
que fortaleceram a sua autonomia profissional. Ao gerar a
imagem de uma sociedade oprimida pelo crime, onde os
negros aparecem de maneira desproporcional nas estatísticas criminais, as forças policias têm podido, desde a
guerra, demandar um controle maior sobre suas próprias
práticas para poder estar à altura dos desafios gerados
pelas alegadas crises. Essa teoria está elaborada em *Out of
Order?*

LEITURAS SUGERIDAS

Out of Order? Policing Black People, organizado por E. Cashmore e McLaughlin (Routledge, 1991), analisa comparativamente as relações entre a polícia e as comunidades negras na Grã-Bretanha e
nos Estados Unidos.

The Racialization of British Policing, de Simon Holdaway
(Macmillan, 1996), apóia-se em fontes secundárias para argumentar
que a questão da "raça" está presente no policiamento britânico.

Pode ser lido em conjunto com *Racism and Criminology*, organizado por Dee Cook e Barbara Hudson (Sage, 1993).
The Los Angeles Riots: Lessons for the Urban Future, organizado por Mark Baldassare (Westview, 1994), reúne visões de vários acadêmicos a respeito da persistente tensão entre a polícia e os negros.
Black Police in America, de W. M. Dulaney (Indiana University Press, 1996), aborda o impacto da presença de oficiais negros no reforço da lei e no controle do crime.

Ver também: AUSTRALIANOS ABORÍGENES; RELATÓRIO KERNER; RELATÓRIO SCARMAN; TUMULTOS: GRÃ-BRETANHA E EUA

EUGENE MCLAUGHLIN

POLÍTICA E "RAÇA"

A idéia de "raça" foi adotada e empregada como um objeto de ação política de diversas maneiras em diferentes países. Em outras palavras, é possível investigar diferentes maneiras por meio das quais os processos políticos foram racializados. Na grande maioria dos casos, a idéia de "raça" foi empregada para justificar ou legitimar uma ação discriminatória de alguma espécie. Em casos extremos, como o da Alemanha nas décadas de 1930 e 40, a idéia de "raça" foi empregada pelo partido nazista para justificar uma solução para os problemas econômicos e políticos, que envolvia o assassinato em massa dos judeus. Na África do Sul, desde o início do século XIX até a década de 1950, a idéia de "raça" foi empregada para justificar a segregação física e a extrema exploração da mão-de-obra africana.

Os dois casos representam exemplos do século XX de uma relação que caracteriza o domínio e a expansão colonial europeus do final do século XVIII e século XIX e a exploração da mão-de-obra africana nos Estados Unidos no mesmo período. Em ambos os casos, segmentos importantes da classe dominante justificaram a sua atividade econômica e política rotulando aqueles cuja mão-de-obra exploravam como pertencentes a uma "raça" inferior. A aplicação política do rótulo "raça" foi explicitamente acompanhada pelo emprego de uma ideologia fascista: os africanos, tanto na África quanto nos Estados Unidos, eram definidos como pertencentes a uma "raça negra", tida como biológica e culturalmente inferior quando comparada com a "raça" à qual os exploradores alegadamente pertenciam.

O fato de que esse racismo tenha sido usado para justificar um assassinato em massa no coração do continente europeu, caracterizado por várias classes nacionais dominantes como o epíteto da "civilização" e da "democracia", foi uma das razões pelas quais o funcionamento das políticas racializadas na Europa mudou depois de 1945. Outro fator igualmente importante foi o processo de descolonização que estava em pleno andamento na década de 1950. Apesar de abrir mão do controle político direto sobre as colônias, freqüentemente, depois de luta armada, os europeus e norte-americanos desejavam manter o controle econômico tanto quanto possível, não necessitando mais para isso da definição das classes governantes emergentes como membros de uma "raça" inferior. Por essa mesma razão, a política européia e norte-americana em relação à África do Sul mudou até o ponto de expressar sua oposição política à maneira e ao conteúdo dos meios de dominação de suas classes governantes, enquanto o comércio e os investimentos continuaram relativamente desimpedidos. O necessário desejo de manter o domínio internacional do capital não foi o único fator determinante dessa mudança na ideologia da classe dominante, mas forneceu seus parâmetros. Isso também repercutiu em larga escala, na sociedade européia e, em especial, na americana. A contradição entre a legitimação política da classe governante americana em termos de "liberdade" e "igualdade", quando combinadas com as relações mutantes da política mundial nas décadas de 1950 e 60, foi claramente contradita pela posição e experiência da população de ascendência africana nos Estados Unidos. O resultado foi a rebelião e a revolta daqueles que eram o objeto dessa contradição e, como conseqüência a longo prazo, uma redefinição por parte dos explorados do significado da palavra "raça".

Este processo geral não foi uniforme, nem universal. Não significou também que a idéia de "raça" tivesse sido removida do discurso político. Embora a língua do racismo biológico tivesse sido banida da política burguesa, a língua da "raça" persistiu e foi acompanhada por afirmações de uma inferioridade cultural. Apenas a lei neofascista mantinha o "antigo" racismo: os parlamentares articularam o "novo" racismo. O processo fica particularmente claro na Europa Ocidental (na Grã-Bretanha o processo se evidencia na forma extrema), onde, desde 1945, a racialização da política tornou-se uma questão interna.

Antes do início das grandes migrações de mão-de-obra da década de 1940, a racialização da política estava ligada principalmente aos negócios coloniais. A princípio, a reação política a essas migrações esteve em desacordo com a reação econômica: os capitalistas queriam a força de trabalho e viam o trabalho migrante como uma solução para o seu problema. Desde o início, porém, houve uma reação política hostil que ganhou força durante a década de 1960. Atraía-se a atenção para as diversidades culturais, conectando-as com a idéia de "raça" (os migrantes eram identificados principalmente por certas características fenotípicas). Extensas legislações racistas foram aprovadas em diferentes países europeus com base nessa nova forma de racialização, a fim de restringir os imigrantes a uma posição legal/ideológica marginal. Em alguns casos, a legislação precedeu e estruturou diretamente a entrada desses migrantes.

Como resultado desse processo, a "raça" é, na atualidade, amplamente definida na Europa como um problema político que requer atenção e decisões políticas. Isso não corresponde ao fato de a língua do racismo científico do século XIX ter estado amplamente ausente do discurso político, nem que tenham sido eleitos governantes que negaram, com veemência, haverem sido motivados pelo racismo ou que ele tenha sido institucionalizado por lei. O objeto e o problema oficiais explicitamente definidos são os "imigrantes", mas a língua e as imagens usadas por todas as classes para discutir esse "problema" atrai diretamente a atenção para esta reserva do racismo do final do século XVII e século XIX.

LEITURAS SUGERIDAS

Race, Politics and Social Change, de John Solomos e Les Back (Routledge, 1995), avalia o papel da raça na política e o impacto do multiculturalismo na sua elaboração.

The Politics of Multiculturalism, de Bikhu Parekh (Macmillan 1996), aborda as questões teóricas relacionadas a assuntos como identidade nacional, cidadania e discurso político.

Black Politics in Conservative America, de Marcus Pohlmann (Longman, 1990), trata dos principais enfoques políticos em relação aos cidadãos negros.

Ver também: COLONIALISMO; *EMPOWERMENT*; MIGRAÇÃO; RACIALIZAÇÃO

ROBERT MILES

POLITICAMENTE CORRETO

Conjunto muito ridicularizado de princípios e diretrizes, o politicamente correto tornou-se uma verdadeira ortodoxia nas universidades dos Estados Unidos no início da década de 1990. Embora baseada em conceitos que soavam acadêmicos, sua decretação foi rapidamente interpretada como uma forma de censura. Ela objetivava reequilibrar as academias norte-americanas, as quais, acreditava-se, estavam atoladas no mesmo racismo e sexismo existentes e promovidos por grande parte da cultura americana. O caráter prevalecente do racismo e do sexismo refletiu-se na língua da instrução e no conteúdo do currículo. Como o conhecimento é disseminado por meio das instituições educacionais, pensou-se ser improvável que este servisse a objetivos de emancipação, a menos que rejeitasse conscientemente o racismo e o sexismo e abraçasse ativamente as alternativas baseadas em regulamentos anti-racistas e anti-sexistas.

As inspirações da correção política eram diversas. A análise de Michel Foucault do binômio poder/conhecimento foi importante por ressaltar que a produção do intelecto e da imaginação não representam tanto a capacidade dos autores que as produzem, mas as relações de poder e as ideologias que definem os limites do discurso, ou seja, em termos muito genéricos, o contexto no qual o conhecimento é produzido. Reconheceu-se, também, que os conceitos não são formados na mente humana independentemente da língua que usamos para expressá-los. O mundo não é experienciado como uma série de fatos, mas sim de sinais codificados numa língua. É isso que torna possível para nós experienciar o mundo como "natural" e "certo". De acordo com autores como Roland Barthes, entretanto, pode-se descobrir códigos e convenções invisíveis por meio dos quais os sentidos das experiências são aceitos.

O método de desconstrução de Jacques Derrida foi um desafio para a língua na qual o argumento racional é expresso. Derrida argumentou que a tradição ocidental de pensamento é baseada na suposição de uma fonte final ou garantia de um significado na língua. A língua é um instrumento, mas não um instrumento neutro. Os seguidores do politicamente correto acreditam que ele foi usado para perpetuar o racismo e o sexismo, mas de maneiras que quase desafiam as análises convencionais.

Por esse motivo, o politicamente correto deu início a sua tentativa de combater as concepções ocidentais ou eurocêntricas de conhecimento usando a língua e o discurso que ele imprime como alvo. Os termos e textos não carregam consigo pensamentos; eles os perpetuam, freqüentemente, de uma maneira não reflexiva. Além dos casos mais óbvios em que termos como "negro" ou suas analogias eram usados de maneira degradante, com um tom abusivo implícito, o politicamente correto verificou cuidadosamente todos os significados possíveis de palavras como "beleza", "corpulento", "querido" e "líder". Qualquer palavra com uma vaga inferência sexista ou racista, ou que refletisse negativamente pessoas prejudicadas de alguma forma, idosas ou jovens, era considerada um anátema.

O politicamente correto também radiografou os currículos, encontrando freqüentemente preconceitos eurocêntricos nas matérias tradicionais como literatura inglesa e filosofia, por exemplo, o domínio dos "homens brancos mortos" (Shakespeare e Aristóteles, entre outros). Tentou-se instituir alguns cursos de multiculturalismo obrigatórios para todos os alunos. As universidades dos Estados Unidos insistiram com tamanho zelo nesse caminho, que acabaram gerando reações contrárias por parte dos membros das faculdades que viam no "politicamente correto" uma violação à "liberdade acadêmica". Em um caso notável na Duke University, o comportamento na sala de aula foi monitorado para erradicar o racismo. O processo revelou somente "expressões faciais ou linguagem corporal desrespeitosas para com alunos negros". Esse tipo de descoberta acelerou a trivialização do politicamente correto, reduzindo assim o seu impacto como força intelectual.

LEITURAS SUGERIDAS

Unthinking Eurocentrism, de Ellas Shohat e Robert Stam (Routledge, 1994), traz o capítulo "The politics of multiculturalism in the postmodern age", que oferece uma visão desafiadora da correção política ao reverter a memorável pergunta de Spivak: "Os não subalternos podem falar?".

The Politics and Philosophy of Political Correctness, de Jung Min Choi e John W. Murphy (Praeger, 1993), explora as suposições que interligam os debates a respeito do politicamente correto.

After Political Correctness, organizado por Christopher Newfield e Ronald Strickland (Westview Press, 1995), centraliza o debate a respeito do politicamente correto como uma luta pelas próprias propostas de ensino superior.

Ver também: AFROCENTRISMO; EDUCAÇÃO E DIVERSIDADE CULTURAL; MULTICULTURALISMO; SUBALTERNO

ELLIS CASHMORE

Porto-Riquenhos nos Estados Unidos

Cerca de um terço da população porto-riquenha vive nos Estados Unidos. Mais de metade desse grupo – 800 a 900 mil – mora na cidade de Nova York, cerca de duas vezes mais do que em San Juan, capital de Porto Rico.

Porto Rico é uma ilha caribenha situada a aproximadamente mil milhas a sudeste da Flórida. O território foi conquistado pelos espanhóis e transformado numa colônia de escravos com a introdução de mão-de-obra africana no início do século XVI. A influência cultural dominante permanece espanhola. Depois da Guerra Hispano-Americana, Porto Rico foi dado aos Estados Unidos sob os termos do Acordo de Paris de 1898, com a concessão de um governo local até 1917, quando os porto-riquenhos foram declarados cidadãos dos Estados Unidos. A partir dessa data, precipitou-se uma migração para o continente.

As melhorias na saúde e nas condições sanitárias produziram um declínio no índice de mortalidade e aumento significativo da população de Porto Rico, pressionando sua economia, o que acelerou a migração das pessoas em busca de emprego. Com o acesso para os Estados Unidos simplificado pela disponibilidade da cidadania americana, o fluxo de migração cresceu rapidamente na década de 1920.

Desastres naturais em 1928 e 1932 devastaram plantações de café (a maior fonte de renda da ilha) e estimularam mais ainda a migração. A Segunda Guerra Mundial reduziu esse movimento, mas o advento da viagem aérea com baixos custos depois da guerra (seis horas até Nova York por aproximadamente 50 dólares) resultou numa migração em massa. Em 1973, quase 5 milhões de pessoas que não conseguiam encontrar trabalho na sua pátria estavam viajando para os Estados Unidos em busca de uma oportunidade.

Nova York tornou-se o centro de gravidade dos migrantes, em especial a área de East Harlem, chamada de El Barrio (o bairro), ainda o protótipo do gueto porto-riquenho. Como muitos outros imigrantes, os porto-riquenhos enfrentaram problemas de fragmentação da família, condições de vida inadequadas, saúde debilitada, exploração no trabalho, deficiências na língua e na educação e os obstáculos subliminares do racismo. Tudo isso teve o efeito de uni-los. A percepção de compartilhar os mesmos problemas gerou um vigoroso caráter étnico.

Como os avanços eram poucos, a etnia foi ganhando mais seguidores, com a indesejada conseqüência de intensificar sua privação. Oscar Louis, em seu estudo a respeito dos porto-riquenhos em Nova York, descreve uma "cultura da pobreza" na qual os porto-riquenhos crescem numa comunidade de laços muito estreitos e assimilam a pobreza como um modo de vida, em vez de tentar superá-la. O catolicismo onipresente reforça o sentido de identidade grupal. A solidariedade familiar funcionou como um tipo de restrição para a mobilidade geográfica e social. Para progredir educacional e ocupacionalmente é preciso, muitas vezes, deixar a comunidade e, dessa forma, a unidade familiar (que é grande – por volta de quatro pessoas –, se comparada à média de Nova York). A aderência a essa cultura por si só degrada qualquer perspectiva de melhora e prende os porto-riquenhos a um mundo de fatalismo e ao tipo de violência das ruas retratado em *West Side Story*.

As indicações são de que atualmente os porto-riquenhos estão tentando progredir tanto na educação quanto no trabalho, mas em detrimento da solidariedade familiar e, em última instância, da etnia porto-riquenha. O casamento fora do grupo étnico também enfraquece o sentido de comunidade e identidade que os porto-riquenhos vêm demonstrando desde a guerra.

Leituras sugeridas

La Vida: A Puerto Rican Family in the Culture of Poverty – San Juan and New York, de Oscar Lewis (Secker & Warburg, 1967), é um estudo clássico a respeito da vida dos porto-riquenhos, rico em ilustrações e amarrado teoricamente pela tese do autor a respeito da "cultura da pobreza".

"Puerto Ricans and the political economy of New York", de Clara Rodriguez em *From Different Shores,* organizado por Ronald Takaki (Oxford University Press, 1987), aborda a integração não-uniforme dos porto-riquenhos na economia de Nova York.
The Semiotics of Exclusion: Puerto Rican Experiences of Language, Race and Class, de Bonnie Urciouli (Westview Press, 1996), baseia-se na etnografia e em entrevistas, mapeando as experiências da classe trabalhadora porto-riquenha nos Estados Unidos.

Ver também: ETNIA; LATINOS; MINORIAS

ELLIS CASHMORE

PÓS-COLONIAL

Termo usado para descrever o trabalho teórico e empírico que centralizou as questões surgidas a partir das relações coloniais e suas conseqüências; colonial aqui significando a implementação dos poderes imperiais em territórios distantes. O "pós" alinha-o a outros movimentos intelectuais como o pós-modernismo, pós-feminismo e, mais significativamente, o pós-estruturalismo, em que a sua conotação é a de uma transição para além dos discursos mais obsoletos; neste caso, uma era ou época histórica (colonialismo) e um tipo de teorização (crítica nacionalista anti-colonial). A ascensão de sua popularidade coincide com a decadência do paradigma mais antigo do "Terceiro Mundo".

Produto em grande parte das academias européias e americanas, o discurso pós-colonial lida não somente com as antigas colônias que conquistaram a independência depois da Segunda Guerra Mundial, mas também com a experiência dos descendentes dos habitantes desses territórios e suas experiências nos centros metropolitanos dos poderes coloniais do "Primeiro Mundo" – a diáspora. Seu foco reside nas forças institucionais que moldam e estabelecem os limites da representação do que foram/são considerados os seres humanos subordinados e os esforços desses grupos subordinados para desafiar as representações.

A teoria literária pós-colonial preocupa-se com a análise dos textos produzidos por todas as sociedades de algum modo afetadas pelos regimes coloniais, colonizador e colonizado. A "leitura contrapontual" que Edward Said fez de *Heart of Darkness*, de Joseph Conrad, por exemplo, revela "uma estrutura de atitude e referência" que anima e articula a relação entre a Inglaterra e a África no século XIX.

A teoria pós-colonial abrange a obra de uma ampla gama de autores de diversos *backgrounds*, incluindo Frantz Fanon, Jean-Paul Sartre e Gayatri Spivak. Entre seus críticos está Carole Boyce Davies, que se opõe a ele em vários termos, incluindo o fato de que a sua formulação é excessivamente prematura, a-histórica e que "remasculiniza e recentraliza os discursos a que as mulheres resistem". O último ponto refere-se à tendência da teoria pós-colonial de se tornar uma narrativa singular, o que Davies chama de "o centro anunciando a sua própria agenda política sem referência às articulações dos nativos". Ao integrar-se como "teoria", o discurso pós-colonial tornou-se propriedade das academias ocidentais (dominadas pelos homens), ainda que as obras tenham sido escritas por acadêmicos de herança não-ocidental.

LEITURAS SUGERIDAS

The Post-Colonial Studies Reader, organizado por Bill Ashcroft, Gareth Griffiths e Helen Tiffin (Routledge, 1994), reúne um amplo leque de artigos de Fanon, Spivak e Said, entre outros. Pode ser lido em conjunto com um texto semelhante, *Colonial Discourse and Post-colonial Theory*, organizado por Patrick Williams e Laura Chrisman (Harvester Wheatsheaf, 1993).

The Wretched of the Earth (Grove Press, 1964) e *Black Skin, Whites Masks*, de Frantz Fanon (Grove Press, 1967), são textos importantes aclamados pelos teóricos do pós-colonial; as influências de Fanon incluem Hegel, Marx, Freud e Nietzsche.

Black Women, Writing and Identity, de Carole Boyce Davies (Routledge, 1994), contém a crítica mencionada.

Ver também: DESENVOLVIMENTO; DIÁSPORA; HIBRIDEZ; OUTROS; SUBALTERNOS

ELLIS CASHMORE

Povos Nativos

Antes da expansão da Europa, muitas regiões da Terra eram ocupadas por povos que não dominavam a arte da escrita e que perseguiam modos de vida tecnologicamente simples. Pelo fato de Colombo ter pensado que havia descoberto uma nova rota para as Índias, os europeus descreveram as pessoas que viviam nas Américas, no período de sua descoberta, como índios. O povo nativo da Austrália foi chamado de aborígene. Na África e Oceania, a expressão "nativo" foi amplamente usada. Os europeus descreviam a si mesmos como civilizados, mas, ironicamente, quanto mais fraca era a população nativa, maior a brutalidade demonstrada para com eles. Nos Estados Unidos e na Austrália, os povos nativos foram por vezes caçados por brancos armados, que viam nisso uma forma de esporte. No Brasil e na Austrália, doenças foram deliberadamente disseminadas entre as populações nativas, além de comida envenenada deixada à sua disposição.

Na Nova Zelândia, antes das invasões européias, havia por volta de 200 mil maoris. Antes do final do século XIX, eles pareciam estar desaparecendo, tal era o número dos que haviam sucumbido às doenças européias ou sido baleados por outros maoris portando mosquetes importados. Foi quando o orgulho cultural maori e o índice de natalidade entre eles começaram a ressuscitar. Uma seqüência similar de três estágios – derrota, desespero e regeneração – pode ser encontrada na história dos americanos nativos dos Estados Unidos, cujas terras foram desapropriadas de modo ainda mais selvagem do que nas colônias européias ao norte e ao sul. A ocupação européia na América do Norte foi legitimada por acordos internacionais, nos quais as "tribos de índios" eram consideradas por lei como nações de *status* igual ao dos invasores. Várias potências européias estavam ávidas por fazer tais acordos pois competiam entre si. As reivindicações políticas dos nativos americanos atualmente são de que os brancos deveriam observar as promessas feitas nesses acordos.

Nenhuma promulgação é mais importante do que a do "Direito Nativo" à terra. O direito aborígene (ou "nativo") à terra foi reconhecido pela lei comum do Canadá juntamente com os acordos, embora a propriedade das riquezas minerais permanecesse da Coroa. Na Austrália, não houve acordos entre os invasores e as nações nativas após o assentamento britânico de 1788. A terra foi chamada pela lei de *terra nullius* (terra que não pertence a ninguém) até janeiro de 1992, quando, num julgamento histórico – o caso *Mabo v. Queensland* –, a Alta Corte determinou que o título nativo tinha sobrevivido à anexação da Coroa e que as pessoas de origem indígena poderiam, sob condições específicas, desfrutar dos direitos dele derivados.

Na Nova Zelândia, o Acordo de Waitangi, de 1840, ganhou nova vida em 1975 com o estabelecimento do Tribunal de Waitangi, que dispõe de autoridade para acessar as reivindicações de terra maori. Segundo a lei dos Estados Unidos, a Coroa britânica adquiriu, na época do descobrimento, o direito a todas as terras, sujeito, porém, a um direito indígena de ocupação, que deve ser protegido pelo governo contra terceiros, mas pode ser extinto pelo Congresso.

Na Suécia, o povo indígena é chamado de saami (antigamente lapões). Embora a maioria das pessoas dessa origem habite atualmente nas cidades, a cultura saami é identificada com a criação de renas. A lei protege os direitos das pessoas pertencentes a comunidades reconhecidamente saamis ao uso tradicional dos pastos para a criação de renas e os direitos de caça e pesca associados, mas não aceita a propriedade da terra em si.

Nas Nações Unidas, representantes dos povos indígenas de todo o mundo têm pressionado por um melhor reconhecimento de seus distintos direitos como habitantes originais de seus países e proprietários da terra. Como a lei internacional reconhece que "todas as pessoas têm o direito de autodeterminação", muitos governantes relutam em se referir aos grupos indígenas como "povos" e preferem o termo "pessoas nativas".

LEITURAS SUGERIDAS

White Settlers and Native Peoples, de A. Grenfell Price (Melbourne, Cambridge University Press, 1950), é uma reavaliação geral.

The Indigenous World (Copenhagen, publicação anual), o Anuário do Grupo Internacional de Trabalho para Assuntos Indígenas.

Ver também: ABORÍGENES AUSTRALIANOS; AMERICANOS NATIVOS; NAÇÕES UNIDAS

MICHAEL BANTON

PRECONCEITO

Do latim *prae*, antes, e *conceptu*, conceito, este termo pode ser definido como o conjunto de crenças e valores aprendidos, que levam um indivíduo ou um grupo a nutrir opiniões a favor ou contra os membros de determinados grupos, antes de uma efetiva experiência com estes. Tecnicamente, portanto, existe um preconceito positivo e um negativo, embora nas relações raciais e étnicas o termo costume se referir ao aspecto negativo de um grupo herdar ou gerar visões hostis a respeito de um outro, distinguível com base em generalizações. Essas generalizações derivam invariavelmente da informação incorreta ou incompleta a respeito do outro grupo.

Podemos dizer, por exemplo, que uma pessoa (ou grupo) é preconceituosa quanto a asiáticos; queremos dizer que ela tem um comportamento hostil para com os asiáticos (esse comportamento é chamado de discriminação). A pessoa acredita que, com raras exceções, todos os asiáticos são exatamente iguais. As características genéricas que ela atribui a eles, porém, são falhas. A generalização é chamada de estereotipização e significa atribuir características a qualquer pessoa de um grupo, independentemente da real variação entre seus membros. Descobriu-se em pesquisa recente que muitos brancos residentes em áreas de desenvolvimento habitacional na Grã-Bretanha eram preconceituosos em relação aos asiáticos, acreditando ser todos "não-higiênicos, astutos e antibrancos, entre outras coisas". Essas visões não eram extraídas de experiências válidas, mas de boatos.

Tais preconceitos podem não se restringir a grupos étnicos, mas podem ser aplicados praticamente a qualquer grupo (incluindo nações ou continentes inteiros), aos quais se possa atribuir características generalizadas. Desse modo, é negado aos membros de tais grupos o direito de ser reconhecidos e tratados como pessoas com características individuais.

Há vários exemplos desses processos espalhados por toda a História, embora o anti-semitismo da Segunda Guerra Mundial se sobressaia: milhões de indivíduos foram identificados compartilhando alegadas características em razão de sua herança judaica. Generalizações vulgares a respeito dos judeus foram usadas como justificativa para toda sorte de atrocidades.

Depois da guerra, Theodor Adorno *et al.* elaboraram um estudo de grande escala a respeito do preconceito. Publicado em 1950, *The Authoritarian Personality* concluiu que certas pessoas são preconceituosas porque os seus preconceitos vão ao encontro de certas necessidades associadas a sua personalidade. Além disso, os altamente preconceituosos tinham grande probabilidade de apresentar personalidades autoritárias; tendiam a ser submissos e obedientes à autoridade e a rejeitar "grupos externos" de modo punitivo. Eles também viam as pessoas em termos dicotômicos – "ou você está conosco ou contra nós".

Como conseqüência, se o preconceito estivesse ligado a um tipo fundamental de personalidade, essas pessoas seriam preconceituosas não apenas contra um "grupo externo" em particular, mas contra todas as pessoas e grupos considerados de alguma maneira diferentes.

Os pesquisadores chamaram essa forma genérica e complexa de preconceito de "etnocentrismo", em contraste ao mais unidimensional anti-semitismo. O etnocentrismo referia-se a uma tendência em considerar o próprio grupo como padrão e todos os outros grupos como estrangeiros e, geralmente, inferiores. Os modos próprios de pensar e se comportar eram vistos como normais, a maneira natural de se fazer as coisas. A maior descoberta da pesquisa foi a de que havia uma forte relação entre o grau consistentemente alto do preconceito contra os "grupos externos" e uma personalidade com as seguintes características: apego aos "valores convencionais", intolerância à fraqueza; rigidez de crenças e de pontos de vista; tendência à punição e desconfiança; respeito à autoridade num grau extremo – eis aí a "personalidade autoritária".

Adorno e seus colaboradores vincularam o desenvolvimento dessa complexa personalidade e do preconceito às primeiras experiências do início da infância em famílias de tendências severamente disciplinadoras. Quando criança, o indivíduo de personalidade autoritária era inseguro, dependente, medroso e inconscientemente hostil para com seus pais. Já adulto, represava grande parte de sua ira que, em razão de sua insegurança, se manifestava por meio de uma agressividade deslocada contra grupos sem poder. Esse indivíduo permanece, ao mesmo tempo, respeitador e obediente àqueles em situação de autoridade.

Embora *The Authoritarian Personality* tenha-se tornado um estudo clássico das causas do preconceito, os psicólogos e sociólogos modernos tenderam a desviar a ênfase dos conflitos infantis inconscientes e colocá-la nas pressões e nas influências do contexto social. Muitos apontaram o preconceito como uma questão de aprendizado: as pessoas simplesmente tomam para si os preconceitos contra determinados grupos manifestados por outras pessoas com as quais se identificam, que podem ser os próprios pais ou colegas. De qualquer modo, o indivíduo sente-se pressionado a se adequar, ajustando as suas visões de acordo com o preconceito aprendido. Isso ajuda a explicar por que o preconceito parece passar de uma geração à outra. Thomas Pettigrew argumentou que, embora as características da personalidade possam explicar alguns preconceitos, sua maior proporção se baseia numa conformidade sem desvios aos padrões prevalecentes. Assim, alguém que cresce num meio onde todos aqueles com nomes que soam espanhóis são considerados idiotas e servem apenas para as ocupações servis, sente-se fortemente pressionado a se alinhar com seus próprios preconceitos a fim de se adequar a essa generalização.

Outras explicações também evocam fatores sociais. O fenômeno conhecido como "bode expiatório" diz respeito a grupos minoritários em situações que não são de sua própria feitura, mas produzem grande quantidade de preconceitos contra eles. Um declínio social geral pode levar à forte contração do mercado de trabalho e à deterioração das condições materiais. As causas subjacentes ao declínio podem ser complexas, mas algumas pessoas procuram por algo mais imediato e localizado na forma de um grupo minoritário. Assim, um imigrante ou um grupo minoritário pode ser transformado em bode expiatório, com a possível criação de preconceitos negativos contra esse grupo.

O preconceito pode ser explicado, portanto, como o resultado das experiências da infância, da pressão para se adequar à sociedade em que se vive e da busca por um bode expiatório. Existem muitas outras explicações; ele pode ser enfocado como um fenômeno individual ou social. Independentemente da explicação, é preciso considerar que o preconceito é um fator importante nas relações raciais e étnicas. Ser consciente da presença de um outro grupo e manter valores e crenças negativos a seu respeito influencia crucialmente o comportamento em relação a esse grupo e, portanto, o padrão geral das relações raciais.

LEITURAS SUGERIDAS

The Authoritarian Personality, de T. S. Adorno, E. Frenkel-Brunswick, D. J. Levinson e R. N. Sanforo (Harper & Row, 1950), é o mais importante estudo a respeito do preconceito desde a guerra.

The Nature of Prejudice, de Gordon Allport (Addison-Wesley, 1954), foi, na sua época, o maior estudo a respeito da psicologia das relações raciais. Sua narrativa acadêmica a respeito das causas e das soluções para o preconceito impressiona até os dias de hoje.

How Young Children Perceive Race, de Robyn M. Holmes (Sage, 1995), baseia-se em observações práticas e mostra como as crianças absorvem idéias a respeito das identidades étnicas, suas e dos outros.

Ver também: BODE EXPIATÓRIO; DISCRIMINAÇÃO RACIAL; DOLLARD, JOHN; ESTEREÓTIPO; XENOFOBIA

Ellis Cashmore

Profecia Autocumpridora

Este termo, inicialmente usado pelo sociólogo Robert Merton em 1948 (*Antioch Review*, v. 13), refere-se aos processos pelos quais falsas crenças são convertidas em realidades práticas. O principal argumento de Merton baseia-se na proposição de W. I. Thomas: "Se os homens definem uma situação como real, suas conseqüências se tornam reais". Ele ofereceu como exemplo os brancos da América do Norte que mantinham crenças a respeito do típico migrante negro do Sul não-industrializado: "Indisciplinado nas tradições da união de comércio e na arte de negociação coletiva [...] um traidor da classe trabalhadora". Os brancos não consideravam preconceito tal visão; acreditavam que era baseada em "fatos nus e crus". Ao definir a realidade dessa forma, passaram a agir, portanto, de acordo com os "fatos", excluindo os negros dos sindicatos, de modo que a única maneira destes conseguirem trabalho era sujeitando-se a trabalhar por salários e em condições inferiores às prescritas legalmente, o que serviu para confirmar as crenças originais dos brancos. (O filme de John Sayles, *Matewan*, aborda essa questão.)

"A profecia autocumpridora é, inicialmente, uma *falsa* definição da situação, evocando um novo comportamento que torna verdadeira a concepção originalmente falsa", escreveu Merton. Na década de 1960, um estudo feito por Rosenthal e Jacobson ilustrou essa tese: os pesquisadores selecionaram aleatoriamente 20% das crianças nas listas escolares de San Francisco, Califórnia, e informaram as autoridades competentes, incluindo uma equipe de professores, que essas crianças eram intelectualmente promissoras, ou, usando os seus próprios termos, "fracassos". De volta à escola, algum tempo depois, os pesquisadores descobriram que as crianças pertencentes à lista dos 20% estavam se saindo muito bem, não, segundo eles, por suas capacidades ou esforços, mas por causa das maiores expectativas por parte da escola para com eles e da atenção extra que lhes foi conferida. Os professores aceitaram sem questionar as observações dos pesquisadores e ajustaram o seu comportamento para com os "fracassos" de modo a criar condições para que eles pudessem obter bons resultados. Pode-se facilmente imaginar o experimento no sentido inverso, com grupos de alunos falsamente definidos, por exemplo, de acordo com suposições racistas, e categorizá-los como "aprendizes lentos", e veremos toda uma realidade sendo criada para se adequar às crenças, ou, em outras palavras, cumprir a profecia.

Merton mostrou como isso refletia na vida além dos bancos escolares quando escreveu: "Se parece ao grupo interno de brancos que os negros não são tão educados quanto eles, que os negros têm uma proporção 'desmedidamente' alta de trabalhadores não-qualificados e uma proporção 'desmedidamente' baixa de negócios e profissionais bem-sucedidos; de que eles são extravagantes, e assim por diante ao longo de um catálogo de virtudes e pecados da classe média, não é difícil entender sua crença de que o negro é inferior ao branco". Um efeito especialmente nocivo disso é o que Merton chamou de "auto-hipnose", no qual o grupo rotulado como inferior passa, ele mesmo, a acreditar nisso.

A tarefa dos "Grupos Raciais e Étnicos Externos", como Merton os chamou, de romper o "ciclo autocumpridor" não é nada simples, uma vez que, mesmo quando eles demonstram características valorizadas pelos brancos, o seu comportamento pode ser avaliado diferentemente. Merton descreveu a "alquimia moral" pela qual os valores norte-americanos, como a aplicação, a resolução e a perseverança, quando apresentados pelos judeus ou japoneses, podem comprovar "a sua mentalidade exploradora, a sua rude deterioração dos padrões norte-americanos, suas práticas competitivas injustas". Os brancos transformam as suas próprias virtudes nos vícios dos outros, de modo que os "grupos étnicos externos", na expressão de Merton, estão sempre errados, quer façam ou não alguma coisa.

A tese de Merton, ainda que antiga, mas nem por isso absolutamente crucial, cita alguns dos caminhos lógicos do "intrincado labirinto de autocontradições" das mentalidades brancas, mostrando como o racismo, longe de ser uma questão de preconceitos cegos, é sustentado e nutrido por ações que se, em um nível, parecem desafiar as crenças racistas, num outro podem ser interpretadas como um apoio a elas.

LEITURAS SUGERIDAS

"The self-fulfilling prophecy", de R. K. Merton, foi reimpresso no livro do autor, *Social Theory and Social Structure* (Macmillan, 1968), e em vários outros, incluindo *Social Problems*, organizado por E. McDonagh e J. Simpson (2ª ed., Holt, Rhinehart & Winston, 1969).

Pygmalion in the Classroom, de R. Rosenthal e L. Jacobson (Holt, Rhinehart & Winston, 1968), inclui detalhes a respeito do estudo acadêmico; a coletânea organizada por Jacobson e P. Insel, *What Do You Expect?* (Cummings, 1975), é um conjunto de estudos explorando o princípio geral.

Ver também: DESVANTAGEM; ESTEREÓTIPO; SUB-RENDIMENTO; XENOFOBIA

ELLIS CASHMORE

PRUITT-IGOE

Nome de duas áreas de St. Louis designadas por seus urbanistas como locais destinados a grandes projetos habitacionais. No início da década de 1950, foram erguidos blocos de arranha-céus em espaços intencionalmente reservados para o uso dos moradores e da comunidade próxima.

O projeto foi desenvolvido no espírito das boas relações étnicas, tendo como idéia central a crença de que reunidos e longe dos brancos, os negros morariam com maior harmonia. O plano consistia, originalmente, em destinar aos brancos uma área e aos negros, outra, mas a Suprema Corte Americana considerou essa divisão inconstitucional e as duas áreas foram finalmente ocupadas por aproximadamente 10 mil residentes, na maioria negros. As primeiras famílias mudaram-se durante o ano de 1954; em 1959, o projeto havia-se tornado um escândalo completo, não somente por causa de sua arquitetura não usual, mas pela alta incidência de crimes, vandalismo e prostituição. A falta de atrativos refletiu-se no alto índice de unidades vagas, que excedia ao de qualquer outro dos Estados Unidos.

Rainwater estudou a área e registrou: "Os habitantes originais foram fortemente atraídos de vários terrenos baldios do centro da cidade. [...] Somente os pretos (sic) desesperados por um lugar para morar querem viver em Pruitt-Igoe".

O lugar tornou-se um "despejadouro" de negros pobres. A violência nas ruas tornou-se uma ocorrência diária, o roubo passou a ser lugar-comum e os edifícios foram se deteriorando sem que nada fosse feito para impedir. As famílias deixavam o lugar o mais rápido que podiam: 65% de unidades vagas atestavam o absoluto fracasso do projeto. Doze anos depois de sua construção, Pruitt-Igoe foi literalmente implodido.

A "moradia pública monstruosa" como Oscar Newman a chamou, serviu como lembrete dos efeitos negativos de projetos baseados na segregação *de facto*. Uma política semelhante foi quase efetivada na Grã-Bretanha em 1978, quando o Grande Conselho Londrino anunciou a proposta de uma área "racialmente segregada" para os bengaleses no distrito de Tower Hamlets. Seu caráter divisório, contudo, foi notado e o projeto não vingou. A aglomeração é uma "resposta" simples aos problemas dos centros das cidades, mas não é, de maneira alguma, sua solução. Ela sucumbe aos preconceitos e medos, podendo criar artificialmente grandes guetos – como no caso de Pruitt-Igoe.

LEITURAS SUGERIDAS

Behind Ghetto Walls, de Lee Rainwater (Penguin, 1973), estuda a vida dos residentes de Pruitt-Igoe, com uma avaliação de seus efeitos.

Defensible Space, de Oscar Newman (Architectural Press, 1972), é uma análise de como os meios físicos podem afetar o comportamento social das pessoas, com atenção particular a Pruitt-Igoe.

Race and Racism, organizado por P. Jackson (Allen & Unwin, 1987), avalia os aspectos geográficos do racismo, incluindo as bases territoriais da segregação residencial.

Ver também: DISPERSÃO; GUETO; SEGREGAÇÃO; TRANSPORTE EM ÔNIBUS

ELLIS CASHMORE

PURIFICAÇÃO ÉTNICA
Ver GENOCÍDIO

RAÇA – COMO CLASSIFICAÇÃO

Um grupo ou categoria de pessoas conectadas por uma origem comum. A palavra entrou para a língua inglesa no começo do século XVI; desde então e até o começo do século XIX, foi usada principalmente para se referir a características comuns apresentadas em virtude de uma mesma ascendência. O termo também foi usado menos rigidamente, como na ocasião em que John Bunyan escreveu, em 1678, "sobre os Caminhos e a Raça dos Santos" ou, como por volta de cem anos depois, quando Robert Burns chamou as bruxas de "chefes da raça com cara de lua cheia". Seu uso na literatura para designar descendentes de uma mesma figura ancestral ou como um sinônimo para nação persiste até os dias de hoje, embora atualmente pareça arcaico. Desde o início do século XIX, a palavra foi usada em vários outros sentidos. É importante ressaltar essas mudanças porque há uma suposição de que a palavra só pode ser usada de uma única maneira cientificamente válida. As diversidades físicas atraem a atenção das pessoas tão prontamente que elas não percebem que a validade da raça como conceito depende do seu emprego numa explicação. De acordo com esse ponto de vista, a questão principal não é o que vem a ser "raça", mas o modo como o termo é empregado. As pessoas elaboram crenças a respeito de raça, assim como a respeito de nacionalidade, etnia e classe, numa tentativa de cultivar identidades grupais.

As mudanças no uso da palavra "raça" refletem as mudanças na compreensão popular das causas das diversidades físicas e culturais. Pelo menos até o século XVIII, o principal paradigma para explicar tais diversidades era provido pelo Antigo Testamento. Isso possibilitou uma série de genealogias por meio das quais parecia possível investigar a população mundial e as relações que os diferentes grupos estabeleciam entre si. As diversidades nas aparências externas puderam então ser interpretadas de uma das três seguintes formas: como um desígnio de Deus, como resultado das diversidades ambientais independentemente de questões morais e como fruto de diferentes ancestrais originais. Em qualquer um dos três casos, o sentido dominante ligado à palavra raça era o de ascendência. No início do século XIX, o crescente conhecimento a respeito das diversidades entre os povos do mundo sugeriu a muitas pessoas que elas eram parte de um padrão mais genérico de diversidades naturais que abrangiam os reinos animal e vegetal. Sob a influência de George Cuvier, anatomista comparativo francês, tais diversidades foram vistas como a expressão de tipos. Um "tipo" era definido como uma forma primitiva ou original independentemente de diversidades climáticas ou de outra ordem física. Acreditava-se que os tipos eram permanentes (já que essa era uma visão pré-darwiniana da natureza). O termo "raça" passou a ser usado no sentido de tipo, designando espécies de seres humanos distintos, tanto pela constituição física quanto pela capacidade mental. Essa concepção sobreviveu até os dias de hoje e forma a essência das doutrinas freqüentemente designadas como "racismo científico".

Darwin mostrou que nenhuma forma na natureza é permanente. Seu trabalho gerou uma nova interpretação, de acordo com a qual as diversidades físicas entre as pessoas são provenientes de sua diferente herança genética. A raça (ou raça geográfica, de acordo com o vocabulário de Darwin) tornou-se um sinônimo para subespécies, ou seja, uma subdivisão da espécie que é distinta somente porque seus membros estão isolados de outros indivíduos pertencentes à mesma espécie. Se esse isolamento não reduz a possibilidade de união entre essas populações, o caráter distinto de seu conjunto de genes será reduzido. A teoria da seleção natural e o estabelecimento da genética como um campo de pesquisa experimental teve implicações revolucionárias para o estudo das diversidades raciais, mas foram necessárias quase duas gerações para que essas implicações fossem adequadamente apreciadas. Durante meio século depois da publicação de *A Origem* de Darwin em 1859, os antropólogos continuaram a propor classificações raciais do *Homo sapiens* na crença de que assim a natureza das diversidades poderia ser mais bem compreendida. Pesquisas subseqüentes sugerem, ao contrário, que as classificações baseadas em variações fenotípicas são de valor muito limitado e que é mais útil determinar a freqüência com a qual os vários genes ocorrem nas diferentes populações.

Em 1935, sir Julian Huxley e A. C. Hadon afirmaram que os grupos na Europa habitualmente chamados de raças seriam mais bem designados como "grupos étnicos". Segundo eles, era "muito desejável que a aplicação do termo raça a grupos humanos caísse do vocabulário científico. [...] Depois a palavra será deliberadamente evitada e o termo *grupo* (*étnico*) ou *povo* será empregado em seu lugar".

Muito poucos seguiram o seu conselho. Nos países de língua inglesa, o termo "raça" é amplamente usado como construção social. Nos Estados Unidos, por exemplo, uma pessoa de, digamos, um oitavo de ancestralidade africana e sete oitavos de européia pode descrever a si mesma como negra e ser descrita assim pelos outros. Essa designação segue uma regra social e não zoológica. Na maioria dos outros países, tal pessoa não seria descrita como negra. Na França (e em alguns países de língua não-inglesa) a expressão em inglês "relações raciais" é considerada mal formulada, quando não racista. Ainda assim não seria difícil deter o uso de "raça" como construção social e substituí-lo por referências à etnia, o idioma da raça é importante para medidas de combate à discriminação racial. Na Grã-Bretanha, assim como em outros países, a lei proíbe a discriminação, "por motivos de ordem racial" e oferece proteção a "pessoas que não sejam do mesmo grupo racial". O uso da expressão "raça" na lei, no censo e em documentos oficiais pode parecer uma sanção do governo a uma classificação que não é mais de valor explicativo em zoologia e a manutenção de uma crença pré-darwiniana de que ela é importante para a compreensão das diversidades que são de caráter social, cultural e econômico.

Leituras sugeridas

The Race Concept, de Michael Banton e Jonathan Harwood (David & Charles, 1975), traz um histórico elementar e uma exposição simples e científica do conceito.

The Concept of Race, organizado por Ashley Montagu (Free Press, 1964), é uma coletânea de ensaios bastante útil.

We Europeans: A Survey of Racial Problems, de Julian S. Huxley e A. C. Haddon (Cape, 1935), foi o primeiro texto a reconhecer a impropriedade do termo "raça" quando aplicado às populações humanas.

Ver também: DARWINISMO; FENÓTIPO; GENÓTIPO; "RAÇA" – COMO SIGNIFICANTE; RAÇA – COMO SINÔNIMO; UNESCO

Michael Banton

"Raça" – Como Significante

Em oposição aos outros enfoques do tema, a análise do discurso trata a "raça" (as aspas são convenção) como *significante* – uma expressão, som ou imagem cujos significados são viabilizados somente por meio da aplicação de regras ou códigos. Assim, os significados de raça estão codificados e podem ser decodificados somente nos parâmetros do discurso. A indeterminação de "raça" (e, por conseguinte, de todos os significantes) possibilita a sua *polissemia* ou abertura para várias interpretações (o termo polissemia é preferido ao ambigüidade, que sugere somente um duplo sentido). "Raça" é um significante mutável que significa diferentes coisas para diferentes pessoas em diferentes lugares na história e desafia as explicações definitivas fora de contextos específicos. A maneira pela qual o significante "raça" é decodificado e lido pelos sujeitos é conhecida como *significado* e isso, mais uma vez, só é possível pelo uso das regras do discurso.

O enfoque vai para além da crítica da "raça" como um termo biológico equivocado ou até como um sinônimo para diversidade cultural: o interesse está no uso popular do termo. A expressão "raça" perdeu seu *status* de algo com características e traços estáveis e, em seu lugar, foi concebida como difusa. A questão predominante passou a ser o discurso. Descentralizar o conceito desse modo necessariamente modifica a maneira de analisá-lo.

Gates se opõe dizendo que "raça" tornou-se "uma tropa de extremas e irredutíveis diversidades entre culturas, grupos lingüísticos ou adesões a sistemas de crenças específicas [...] é muito arbitrária na sua aplicação". O conceito costurou crenças anteriormente vagas e possivelmente incoerentes a respeito da supremacia branca, ao funcionar como sinônimo de cor de pele e outras características fenotípicas relacionadas a desvios e inferioridade.

A admissão da palavra na nossa língua e, portanto, no nosso discurso, nos capacita e encoraja a *desejar* o sentido da diversidade natural em nossas formulações. Para Gates: "Fazer isso é engajar-se num ato pernicioso de linguagem por meio do qual se exacerba o problema complexo da diversidade cultural e étnica em vez de mitigá-lo ou remediá-lo".

Em outras palavras, a mera menção à palavra raça empenha a nossa compreensão de uma diversidade permanente e, em conseqüência, uma concepção de "diversidade". As críticas ao termo raça e as revelações de sua redundância como construção analítica desestabilizaram e desmembraram a sua compreensão como um critério com sentido nas ciências sociais e biológicas, mas enquanto as conversações contemporâneas continuarem a incluir a palavra, seu potencial persistirá. Isso ocorre porque o termo "raça" propõe descrever algo, mas inclui simultaneamente a diversidade.

O foco recai, então, na língua, não meramente como um transportador da palavra e a reunião de crenças e metáforas que incorpora, mas como um signo de diversidade, cultural e biológica, e um modo de manter a distância entre os grupos soberanos e os subordinados. A língua é tanto um meio quanto um constituinte ativo do processo de "racialização".

As culturas nunca são impermeáveis e o significante "raça" aparece em várias culturas de resistência às ordens coloniais e racistas. W.E.B. Du Bois escreveu a esse respeito em seu *The Souls of Black Folk* (originalmente publicado em 1903), onde argumenta que se deveria buscar uma solução criativa para o caráter divisório da "raça". Os ataques indiscriminados e amplamente distribuídos contra a cultura branca ou ocidental não foram produtivos. Ele alertou contra o nacionalismo separatista, antes uma reação que uma resposta imaginativa, e rogou que, em vez disso, se permitisse uma brecha no discurso da América branca para fazê-la reconhecer as histórias marginalizadas e suprimidas. Assim, embora Du Bois tenha rejeitado a "raça" como uma unidade de hierarquia, em verdade, seu esforço precisou dela, não tanto para obstruir ou eliminar, mas para questionar e expor.

Nas concepções contemporâneas não há raça "fora" do domínio, da biologia ou de qualquer outra parte do mundo; há somente "raça" como um modo de entender e interpretar as diversidades por meio de marcadores inteligíveis. "Problematizar" o conceito desse modo possibilita desestabilizar as bases intelectuais sobre as quais ele repousou por muito tempo.

LEITURAS SUGERIDAS

"Race", Writing and Difference, organizado por Henry L. Gates (University of Chicago Press, 1986), reúne vários artigos publicados anteriormente no volume 12 de *Critical Inquiry* e aborda aspectos da importância e influência da "raça", uma "presença persistente, porém implícita" no século XX, na literatura.

Imperial Leather: Race, Gender and Sexuality in the Colonial Conquest, de Anne McClintock (Routledge, 1995), explora a instabilidade histórica do conceito de raça, abarcando não somente os povos colonizados, mas também irlandeses, judeus e, por vezes, prostitutas, naquilo que a autora chama de "a narrativa imperial".

Racist Culture, de David Theo Goldberg (Blackwell, 1995), e "Is there a 'neo-racism'?" de Etienne Balibar (em *Race, Nation, Class,* organizado por Balibar e Immanuel Wallerstein, Verso, 1991), tratam da norma quase universal de "raça" e podem ser lidos proveitosamente em conjunto com *The Meaning of Race: Race, History and Culture in Western Society,* de Kenan Malik (Macmillan, 1996), um manual que tenta reconstruir a "evolução do discurso moderno a respeito da raça".

Ver também: DISCURSO COLONIAL; PÓS-COLONIAL; RAÇA – COMO CLASSIFICAÇÃO; RAÇA – COMO SINÔNIMO

ELLIS CASHMORE

RAÇA – COMO SINÔNIMO

Aplicado aos grupos de organismos vivos, o termo "raça" foi usado em pelo menos quatro sentidos diferentes. O uso mais comum do termo em biologia refere-se às subespécies, ou seja, a uma variedade de espécies que desenvolveram características distintas por meio do isolamento, mas ainda não perderam a capacidade de procriar e produzir híbridos férteis com outras subespécies da mesma espécie. Atualmente, os biólogos preferem o termo subespécie ou linhagem (no caso de espécies domesticadas) a "raça", evitando assim a confusão associada ao último termo.

Os antropólogos físicos costumavam falar de "raças" humanas no sentido de subespécies, sendo o esquema mais comum a grande divisão tripartite da espécie humana em negróides, mongolóides e caucasóides. Nos últimos quarenta, cinqüenta anos, contudo, ficou cada vez mais claro que não era possível fazer nenhuma taxionomia significativa das raças humanas. Não só os numerosos grupos não podiam ser classificados como pertencentes a algum dos três principais, como os antropólogos físicos não chegavam a um acordo a respeito de onde deveriam ser traçadas as fronteiras genéticas entre os grupos humanos ou mesmo quantos grupos existiam. A condição essencial para a divisão em subespécies é o isolamento em termos de procriação, freqüentemente mantido por barreiras ecológicas. Já os humanos migraram, atravessando grandes distâncias e procriaram extensivamente durante milhares de anos. Com o início da expansão marítima da Europa iniciado há cinco séculos, este processo de cruzamento foi bastante acelerado, ofuscando assim as fronteiras "raciais" e contribuindo mais do que nunca para a homogeneização genética de nossa espécie.

Um segundo uso do termo "raça" é aquele em que ele surge como sinônimo de espécie, como na expressão "a raça humana". Esse uso com freqüência ocorre em oposição deliberada ao primeiro, ressaltando a unidade da espécie humana.

O terceiro sentido é aquele em que o termo é usado como sinônimo do que costumamos chamar de nação ou grupo étnico, como "a raça francesa", ou "a raça alemã". Este terceiro uso tornou-se obsoleto, mas foi muito comum no século XIX e início do XX.

Finalmente, uma "raça" pode significar um grupo de pessoas *socialmente* unificadas numa determinada sociedade em virtude de *marcadores físicos* como a pigmentação da pele, a textura do cabelo, os traços faciais, a estatura e coisas do gênero. Para evitar confusão, algumas pessoas especificam "raça social" quando usam o termo raça no seu quarto significado. Quase todos os cientistas sociais usam o termo *somente* neste quarto sentido de grupo *social* definido pela visibilidade somática. É importante ressaltar aqui que qualquer semelhança com o primeiro uso é pouco mais que coincidência. Embora ocupem posições *sociais* similares em suas respectivas sociedades, os "negros" na África do Sul e Austrália, por exemplo, não são mais proximamente aparentados geneticamente entre si do que o são com os "brancos". Mesmo quando existe alguma ancestralidade comum em grande escala (como entre as populações afro-americanas do Brasil e dos Estados Unidos, ambas provenientes predominantemente da África Ocidental e de cruzamentos com europeus), um mesmo rótulo social pode abranger combinações muito diferentes de ancestralidade. No Brasil, um negro é uma pessoa de ancestralidade predominantemente africana, enquanto nos Estados Unidos o termo refere-se com freqüência a pessoas de origem familiar predominantemente européia que no Brasil seriam chamadas de "brancas".

Os rótulos raciais têm seu significado, portanto, em razão puramente do teor específico ligado aos termos raciais numa determinada época e lugar. As raças sociais *não* são subespécies geneticamente ligadas entre si. Na verdade, os membros de diferentes raças sociais são com freqüência parentes próximos uns dos outros em muitas sociedades multirraciais, em especial naquelas com um histórico de escravidão.

É também importante notar que nem todas as sociedades reconhecem as raças sociais. Na verdade, a grande maioria das sociedades humanas não usou os fenótipos físicos como base para distinção de grupos. Onde quer que as raças sociais existam, existe invariavelmente uma atribuição de importância social e comportamental aos marcadores físicos. As sociedades que reconhecem as raças sociais são invariavelmente racistas, no sentido de que as pessoas, em especial os membros do grupo racial dominante, acreditam que os fenótipos físicos estão ligados a características intelectuais, morais e comportamentais. Raça e racismo, portanto, andam de mãos dadas.

LEITURAS SUGERIDAS
The Idea of Race, de Michael Banton (Tavistock, 1977), avalia de maneira completa o desenvolvimento do racismo no Ocidente.
Race and Racism, de Pierre L. van den Berghe (Wiley, 1978), compara quatro sociedades (Brasil, México, África do Sul e Estados Unidos), atribuindo diferentes graus de importância à "raça".

Ver também: APARTHEID; EUGENIA; FENÓTIPO; PLURALISMO; RAÇA: PERSPECTIVA 1; RACISMO; RELAÇÕES RACIAIS; UNESCO
PIERRE L. VAN DEN BERGHE

RACIALIZAÇÃO

Termo que surgiu nas análises da década de 1970 para se referir ao processo político e ideológico por meio do qual determinadas populações são identificadas por referência direta ou indireta às suas características fenotípicas reais ou imaginárias, de modo a sugerir que essa população só pode ser compreendida como uma suposta unidade biológica. Esse processo normalmente envolve a utilização direta da idéia de "raça" para descrever ou se referir à população em questão.

O uso e o sentido do termo emergem da análise histórica. Esse trabalho demonstra que a idéia de "raça" não é uma idéia universal, mas emerge de um ponto particular da história da Europa Ocidental. Com o decorrer do tempo, passou a ser usada para se referir a categorias supostamente fixas e distintas da população mundial. Isso demonstra que a "raça" não é um fato biológico, mas uma construção social. O primeiro uso da noção de racialização surgiu durante o estabelecimento dessas alegações e foi usado para se referir especificamente ao desenvolvimento da idéia de "raça" de início nas obras históricas e, mais tarde, nas obras "científicas" do final do século XVIII e século XIX.

O uso do termo foi desenvolvido e ampliado com o passar do tempo em decorrência do fato de o processo de identificação de determinadas populações como "raças" não se restringir ao nível da atividade "intelectual". Por intermédio de um processo ainda não adequadamente compreendido e analisado, essa construção social de "raça" passou para o nível da caracterização e ação diárias. Em reconhecimento disso, a noção de racialização foi usada num sentido mais amplo para se referir a qualquer processo ou situação em que a idéia de "raça" fosse introduzida para definir e qualificar uma população específica, suas características e suas ações. Assim, o fato de as reações públicas e políticas à migração e presença irlandesa na Grã-Bretanha no século XIX ter empregado a idéia de "raça" para se referir aos irlandeses pode ser compreendida analiticamente como um exemplo de racialização. Da mesma forma, é possível chamar de racialização da política britânica conseqüências políticas e ideológicas da migração da Nova Comunidade Britânica para a Grã-Bretanha na década de 1950, quando começaram a ser definidas pelos políticos por meio de uma referência à idéia de "raça".

No seu uso mais estreito, o conteúdo ideológico do processo de racialização fornece descrições como racismo ou, mais especificamente, racismo científico. No seu uso mais amplo, referindo-se também à atribuição de significado social e de sentido para as variações fenotípicas/genéticas em todas as dimensões da vida social, o conteúdo ideológico do processo identificado não é necessariamente racista. Antes dessa determinação, é necessário analisar o conteúdo do significado atribuído e a função das populações nessa atribuição (objeto e sujeito). Desse modo podemos levar em conta o fato de que aqueles que foram historicamente "vítimas" da racialização podem por sua vez empregar a idéia de "raça" naqueles que assim os rotularam, sem necessariamente concluir que essa resposta é de conteúdo racista. Isso requer, portanto, que os conceitos de racismo e racialização sejam mantidos analiticamente distintos.

LEITURAS SUGERIDAS

The Idea of Race, de Michael Banton (Tavistock, 1967), contém uma das primeiras utilizações do termo para se referir aos escritos históricos e científicos dos séculos XVIII e XIX.

Racism and Migrant Labour, de Robert Miles (Routledge & Kegan Paul, 1982), é um exemplo da utilização do termo num sentido mais amplo.

Ver também: IDEOLOGIA; RAÇA; RACISMO; RELAÇÕES RACIAIS

ROBERT MILES

RACISMO

Palavra usada com vários sentidos. Até o final da década de 1960, a maioria dos dicionários e manuais a definiam como doutrina, dogma, ideologia ou conjunto de crenças. O elemento essencial dessa doutrina era que a "raça" determinava a cultura, e dela derivavam as alegações de superioridade racial. A palavra foi usada na década de 1960 num sentido ampliado para incorporar práticas, atitudes e crenças; nesse sentido, o racismo denota todo o complexo de fatores que geram a discriminação racial e designa às vezes, mais livremente, também aqueles fatores que produzem as desvantagens raciais. No início de 1983, o Grande Conselho Londrino anunciou planos para "eliminar os problemas do racismo e da desvantagem racial na capital" incluindo a declaração da cidade de Londres como uma "Zona Anti-Racista".

Um terceiro uso do termo pode ser encontrado nas obras acadêmicas. Diz-se que a expansão do capitalismo no Novo Mundo necessitou da exploração da mão-de-obra africana. A exploração poderia ser mais efetiva se a mão-de-obra negra pudesse ser tratada como um bem; para tanto, criou-se todo um complexo para facilitar isso. As crenças a respeito da inferioridade dos negros podem ser adequadamente compreendidas apenas como parte de uma nova criação histórica que nos séculos subseqüentes foi modificada juntamente com a estrutura econômica. O nome desse complexo histórico é racismo.

Não há razão para a palavra racismo não ser usada em diferentes sentidos para diferentes propósitos. Na sociologia, contudo, é certo que continuarão a existir pelo menos dois tipos de definições correspondentes a duas teorias de conhecimento contrastantes. Os autores de tradição filosófica kantiana acreditam que suas definições têm de ser elaboradas pelo observador na tentativa de formular teorias que vão explicar tantas observações quanto possível. Já os autores de tradição hegeliana acreditam que o observador é parte do mundo que estuda. O observador tem de compreender os princípios subjacentes ao desenvolvimento do mundo e calcular primeiro as definições que abarcam a essência das relações históricas.

As implicações dessa distinção podem ser mais bem apreciadas se a definição do racismo for comparada à do anti-semitismo. Os cientistas sociais que usam uma epistemologia kantiana partirão de elementos do preconceito contra negros e judeus. Aqueles que usam uma epistemologia hegeliana podem, como Oliver C. Cox, asseverar que o racismo e o anti-semitismo são fenômenos diferentes que servem a diferentes funções no sistema social (embora deva ser notado que nem todos aqueles seguidores dessa epistemologia aceitariam uma análise funcionalista). A mesma oposição de visões pode ser encontrada nas discussões a respeito das atitudes e práticas dos grupos minoritários. Os autores da primeira tradição podem apontar para a evidência daquilo que definem como preconceito racial, expresso tanto pelos negros quanto pelos brancos, e chamá-la de racismo. Na Grã-Bretanha, por exemplo, os afro-caribenhos e asiáticos podem se referir tão rudemente uns aos outros como os brancos a seu respeito. Para os autores da segunda tradição, a reação ideológica dos grupos submetidos ao racismo ("branco") não podem ser imediatamente definidos desse modo, não somente em razão das diferenças de conteúdo ideológico, mas também pelo fato de o significado explanatório estar ligado à posição estrutural dos respectivos grupos. Segundo essa perspectiva, a hostilidade entre os afro-caribenhos e os asiáticos será investigada a partir de sua experiência histórica com o imperialismo britânico e/ou com os conflitos gerados por suas posições estruturais na Grã-Bretanha. É no contexto de tal análise que o significado ideológico da hostilidade será avaliado quanto à possibilidade de ser considerado racista.

Nos últimos anos, a palavra foi usada de tantos modos diferentes que existe o perigo de perder seu valor como conceito. Quão restrita tem de ser uma definição? Alguns autores quiseram impor um limite ao uso da palavra para se referir a uma ideologia interligada ao desenvolvimento do pensamento racial na Europa ocidental. A observação de que apenas no século XIX a idéia de "raça" passou a significar uma classificação tipológica das espécies humanas (asseverando que as características biológicas determinavam as características culturais e psicológicas) sugeriu a eles que "racismo" seria o nome certo para identificar a doutrina inicialmente desenvolvida em meados do século XIX que alegava ter *status* científico. Como conceito, portanto, o racismo distinguiria as reivindicações e argumentos que asseveram explicitamente que as características biológicas das pessoas são sinais de suas características psicológicas e culturais. A partir de 1945, tais reivindicações foram ficando cada vez menos comuns, daí se concluir que a expressão racismo está declinando. Alguns autores preferem nomear esse corpo de argumentos de racismo científico, enquanto outros o chamam de tipologia racial.

Outra facção sustenta que a avaliação do significado da forma ideológica chamada racismo deveria ser subordinada a uma consideração da sua estrutura. Embora os argumentos biológicos sejam freqüentemente menos elaborados, outros assumiram o seu lugar, justificando por outros meios o tratamento desigual dos mesmos grupos de pessoas. Por esse motivo, argumenta-se que aquilo que define o racismo como uma ideologia é o fato de atribuir uma relação determinista entre um grupo e as suas supostas características. Tal definição de racismo amplia a sua aplicação, mas somente até o ponto em que geralmente cede à sua falta de sentido analítico. O processo ideológico de atribuição determinista de características a determinados grupos é disseminado, e muitos tipos diferentes de grupos são seu objeto. A exclusão das mulheres de uma ampla gama de atividades, por exemplo, é freqüentemente justificada pela atribuição determinista de supostas características como fraqueza física, emotividade e irracionalidade. Uma definição de racismo que se refere somente às características estruturais do processo ideológico deve abranger tais reivindicações, negando assim qualquer possibilidade de distinção entre racismo e sexismo.

A imputação de características negativas reais ou supostas a um determinado grupo é geralmente vista como um traço central do racismo como ideologia. Essa é a base comum dos autores da atualidade. Um de nós (MB), contudo, acredita que é possível analisar adequadamente o que se percebe como relações raciais sem o emprego de nenhum conceito de racismo, desde que exista algum modo de identificar as teorias do século XIX, de que a "raça" determina a cultura. Outro (RM), deseja continuar a empregar o termo, porém com um sentido específico. Assim, é a atribuição de um significado social (sentido) a determinados padrões de diversidades fenotípicas e/ou genéticas, juntamente com as características de imputações deterministas adicionais de outras características reais ou supostas a um grupo constituído por descendência, que define o racismo como ideologia. Essas características, por sua vez, devem ser negativamente avaliadas e/ou designadas como a razão para justificar o tratamento desigual do grupo definido.

Essa definição não pressupõe nem confirma as características biológicas (reais ou atribuídas) que passaram a definir o grupo que é objeto de racismo. O racismo, portanto, não é uma ideologia que tem somente os "negros" como objeto, o que nos permite levar em conta a observação de que os judeus e irlandeses, por exemplo, foram objeto de ideologias racistas por terem sido identificados por referências a características biológicas reais ou supostas além de negativamente avaliados e tratados. Essa é também uma definição que permite especificamente ao modo do racismo assumir várias formas em diferentes sociedades e épocas. Isso encoraja uma análise histórica do surgimento de sentidos e avaliações a respeito de determinadas populações em conjunto com a expansão da atividade econômica e política dos mercadores europeus (e, mais tarde, dos capitalistas europeus) e das mudanças desses sentidos e avaliações juntamente às na natureza e na atividade do capitalismo baseado na Europa Ocidental e na América do Norte. Contudo, a relação específica entre a geração e a reprodução do racismo e o desenvolvimento do capitalismo, dependente como era do imperialismo, ainda permanece objeto de contínuo debate.

É pouco provável que se construa uma ponte sobre o abismo intelectual que separa as duas tradições filosóficas na geração presente, uma vez que geram diferentes critérios para a definição do racismo (e para outros conceitos). Cada uma delas tem seus atrativos e suas inconsistências. O progresso acadêmico será auxiliado se aqueles que se dedicam a essas questões apreciarem a natureza do abismo e os diferentes conceitos e ênfases empíricas por ele gerados.

LEITURAS SUGERIDAS

The Logic of Racism, de Ellis Cashmore (Allen & Unwin, 1986), explora qualitativamente as razões que sustentam o racismo entre os brancos e como essas razões diferem de acordo com a classe social, idade e geografia.

Portraits of White Racism, de David Wellman (Cambridge University Press, 1977), é um dos textos que se propõem a uma definição bem mais ampla de racismo, referindo-se à subordinação estrutural de determinados grupos de pessoas. Um bom exemplo de definição de racismo que perde a sua precisão analítica por sua amplitude.

The Arena of Racism, de Michael Wieviorka (Sage, 1995), oferece a perspectiva de um sociólogo francês que sustenta que "a disseminação do racismo ocorre contra um pano de fundo do colapso, ausência ou inversão de movimentos sociais e, mais genericamente, de uma crise da modernidade".

Impacts of Racism on White Americans, organizado por Benjamin Bowser e Raymond Hunt (2ª ed., Sage, 1996), começa com a questão central "O que motiva o racismo branco?", e segue por várias outras correlatas, especialmente a respeito das relações entre o racismo e a identidade branca.

Ver também: RACIALIZAÇÃO; RACISMO INSTITUCIONAL; RELAÇÕES RACIAIS; UNESCO

MICHAEL BANTON/ROBERT MILES

RACISMO DO MEIO AMBIENTE

Este termo tem suas origens num relatório de 1987, da Comissão de Justiça Social dos Estados Unidos, que detectou um padrão de "racismo do meio ambiente" na localização de depósitos de resíduos tóxicos e incineradores, concluindo que a maior parte dos mais amplos e perigosos lixões estava situada em comunidades cuja maioria da população era negra ou latina. O termo designa atualmente, em termos gerais, as diversas maneiras pelas quais as minorias são lesadas no que se refere à qualidade do meio ambiente (além de não conseguir se assegurar de renovações), locações pobres, índices de poluição química e sonora elevados, e assim por diante.

Uma questão-chave são os padrões de estabelecimento das áreas residenciais: a segregação étnica é uma característica comum de muitas, talvez a maioria, das sociedades contemporâneas, diferindo somente em seu grau. Isso não é um problema em si; é claro que aqueles que possuem uma herança comum podem muito bem desejar compartilhar um espaço onde residir. A diferença entre as comunidades majoritárias e minoritárias é a extensão em que esse desejo pode ser realizado, num contexto que os envolvidos classificariam como um meio ambiente "desejável". Em outras palavras, por toda uma série de razões como as assinaladas no final do parágrafo anterior, existe uma tendência desproporcional de que as minorias vivam em bairros ambientalmente pobres; pobres significando nesse contexto negligência e decadência da infra-estrutura urbana, altos índices de poluição e falta de investimento interno e, portanto, de oportunidades de emprego.

A tendência da política urbana, especialmente na Grã-Bretanha e nos Estados Unidos, foi, nas últimas décadas, a de adotar um enfoque de "cegueira para as cores" ao lidar com os problemas de decadência urbana. Um relatório de 1994 da Agência de Proteção ao Meio Ambiente dos Estados Unidos, por exemplo, concluiu que, apesar de as minorias étnicas terem maior probabilidade de se expor aos perigos químicos, esse padrão era determinado não tanto pela raça, mas pela pobreza. A implicação política dessa conclusão foi a de que a pobreza, num sentido amplo, deveria ser banida. Uma exceção a essa tendência foram as linhas mestras preparadas pela administração Clinton, em 1994, que requeria que as agências federais se assegurassem de que seus programas não impunham um grau injusto de prejuízos ambientais aos pobres brancos ou às minorias étnicas.

Um dos problemas cruciais das áreas urbanas do interior está relacionado aos índices de inadequação e à falta de restauração das estruturas das casas mais antigas. Na Grã-Bretanha da década de 1960, a política central foi a de limpeza de área, ou seja, as casas mais pobres eram demolidas para dar lugar a novos projetos urbanos. Rex e Moore, em sua pesquisa rudimentar, realizada em Birmingham, mostraram como as decisões políticas levaram à exclusão de regiões com grande número de moradores negros dos planos de limpeza de área; os políticos locais usaram o pretexto de que a obrigação legal de realojar os deslocados provocaria a ira dos moradores brancos que não se beneficiassem com essa lei. Quando a política passou da limpeza de área para a renovação (em meados da década de 1970) e restauração, a pesquisa dos estudiosos voltou-se para o cálculo aproximado do impacto que o investimento na designadas Áreas de Ação Habitacional ou Áreas de Melhorias Gerais teria nas populações minoritárias. O investimento tinha maiores probabilidades de beneficiar os moradores brancos. Todas essas questões têm implicações significativas com a saúde, dadas as relações estabelecidas entre a moradia pobre e certas fontes de altos níveis de morbidez (e mortalidade).

LEITURAS SUGERIDAS

Race, Community and Conflict, de John Rex e Robert Moore (Oxford University Press, 1967), aponta muito claramente como e por que as populações minoritárias de Birmingham estavam localizadas em áreas ambientalmente decadentes.

"Renewal, regeneration and 'race': issues in urban policy", de Peter Ratcliffe, foi publicado no *New Community* (v. 18, nº 3, 1992) e mostra como a política urbana fracassou em suas tentativas de melhorar a situação dos moradores pertencentes a minorias.

Enviromental Health and Racial Equality (Commission for Racial Equality, Londres, 1994) apresenta uma revisão das tentativas de demolir as práticas discriminatórias, mas conclui que, de maneira geral, as autoridades locais britânicas fizeram muito pouco para controlar o "racismo do meio ambiente".

Ver também: GUETO; PRUITT-IGOE; RACISMO INSTITUCIONAL; SEGREGAÇÃO

PETER RATCLIFFE

RACISMO EUROPEU

Durante o início da década de 1990, um dos principais fenômenos da realidade política contemporânea, tanto na Europa ocidental quanto na oriental, foi o aumento do racismo e o crescimento do debate público a respeito da imigração. Essa tendência fez-se notar em países tão diferentes da Europa ocidental quanto França, Alemanha, Áustria, Bélgica e Itália. Nas sociedades pós-comunistas, tais como Hungria, Romênia, Polônia, República Tcheca e as componentes da antiga União Soviética, houve um verdadeiro desabrochar de movimentos racial-nacionalistas. A desintegração da Iugoslávia foi acompanhada de tentativas organizadas de remover grupos étnicos e religiosos inteiros por meio da "limpeza étnica" e do terror. Dadas essas tendências, talvez não seja de todo surpreendente que o racismo tenha-se tornado cada vez mais uma questão política, e que muitas pessoas tivessem começado a se preocupar abertamente com o crescimento dos movimentos políticos neofascistas.

Desde meados da década de 1980 começaram a surgir indícios de um crescimento do racismo e da hostilidade para com os migrantes, como os partidos políticos de direita e neofascistas, que usavam a questão da imigração para obter o apoio da opinião pública. Havia também numerosas formas de política e intervenções para tratar da posição econômica e social das comunidades minoritárias. Nesse contexto sociopolítico não parecia haver dúvida de que os movimentos racistas eram uma força importante em toda a Europa.

Na Europa ocidental, dois fatores conjunturais próximos são freqüentemente eleitos como aqueles que ajudaram a moldar o desenvolvimento do racismo. Em primeiro lugar, argumenta-se que o desenvolvimento da Europa oriental e da antiga União Soviética ajudou a semear o "medo" de uma provável imigração em massa dos povos dos antigos Estados comunistas para países tão diversos como Alemanha, Itália e Áustria. Em segundo, a imigração da África do Norte tornou-se uma questão política chave para a França e outras sociedades. Argumenta-se que a instabilidade política e as mudanças demográficas poderiam pressionar uma migração para a região da África do Norte como um todo, e que isso poderia causar um impacto maior em países como França e Itália e, conseqüentemente, o resto da Europa.

Na Europa oriental, o colapso do comunismo criou um vácuo político e trouxe à tona a desastrosa situação econômica de vários países. Isso resultou em grandes deslocamentos sociais e econômicos, que evidenciaram a lacuna existente entre as expectativas criadas pelas reformas políticas e as privações cotidianas enfrentadas por grandes facções da sociedade. Nesse contexto, os movimentos extremistas nacionalistas e racistas puderam angariar apoio culpando as minorias, como os ciganos e os judeus, pelos males econômicos e sociais. Nas sociedades multiétnicas como a República Tcheca, Romênia e a antiga Iugoslávia, tais movimentos obtiveram apoio manipulando as fronteiras e as divisões étnicas.

Tanto na Europa ocidental quanto na oriental, houve uma confusão disseminada no início da década de 1990 acerca dos limites da identidade nacional e o papel das diferenças culturais, religiosas e lingüísticas. Isso significou que uma variedade de movimentos políticos e sociais conquistou adesões com a ajuda de símbolos e ideologias que refletiam o ressurgimento tanto de um estilo antigo de racismo, quanto de suas novas formas. O *Vlaams Blok,* na Bélgica, e o *Front National,* na França, usaram a imigração e o anti-semitismo como símbolos-chave em suas mobilizações políticas. Na Alemanha, grupos como o *Republikaner* e o *Deutsche Volksunion* usaram uma plataforma similar e obtiveram apoio baseados na oposição à migração da Europa oriental. O *slogan* tradicional nazista *judenfrei* foi reciclado em meio ao clamor de que a Alemanha se tornasse *ausländerfrei,* ou seja, livre de estrangeiros.

Um dos aspectos mais perniciosos dessa renovação do movimento racista foi o aumento dos ataques aos estrangeiros e o uso de táticas terroristas por parte de grupos neofascistas. Apesar de boa parte da publicidade a respeito desse fenômeno ter-se preocupado com a Alemanha, o aumento de ataques contra as minorias raciais e étnicas foi uma tendência muito mais ampla, que afetou os países de toda a Europa. O clima político que produziu o ressurgimento do apoio eleitoral a tais movimentos foi acompanhado de uma onda de ataques físicos e violência. Os alvos de tais ataques não eram somente os grupos migrantes, como os turcos na Alemanha, mas também as minorias nacionais, como os ciganos, na Hungria e na Romênia.

Além da proliferação dos movimentos sociais racistas, houve uma intensificação da luta política e ideológica em torno das expressões do racismo, que freqüentemente argumentam não o ser. Enquanto muitos grupos usavam abertamente símbolos raciais, outros apresentavam-se como defensores dos interesses "nacionais" e tentavam dissociar-se do racismo como uma ideologia de superioridade por diferença biológica.

Não há um modelo fácil que possa ser usado para explicar o poder e o papel exercido por tais tipos de racismo na Europa contemporânea. Não podemos permitir que noções simplistas ou derivadas de um contexto sócio-histórico específico sejam usadas para explicar o papel das ideologias e dos movimentos racistas na "Nova Europa". Parte do problema é que o papel do *Front National* na França e de movimentos similares na Bélgica, Alemanha, Áustria e outros precisam ser contextualizados, confrontando-os com o desenvolvimento nos meios políticos, em particular, e com as tendências das sociedades européias, mais genericamente. Os pesquisadores, de uma forma geral, não têm tido muito sucesso em combinar esses dois níveis de análise e em explicar e descrever o desenvolvimento das novas formas de racismo.

Talvez a questão mais patente a confrontar as sociedades européias na década de 1990 tenha sido a falta de um debate sério a respeito dos melhores modos de derrotar o crescimento do racismo e da articulação de iniciativas anti-racistas apropriadas. Esse foi certamente um aspecto difícil da política neste campo, como podemos constatar pelas confusas e conflitantes descrições de anti-racismo.

Deve ser notado que a recente onda de ataques contra migrantes e minorias também ajudou a gerar uma resposta considerável por parte das próprias comunidades anti-racistas e minoritárias. Isso ficou evidente nas crescentes mobilizações na Alemanha e na França contra a extrema direita e nas tentativas das comunidades minoritárias de organizar estratégias de autodefesa. Como conseqüência dos violentos ataques contra estrangeiros na Alemanha, grupos anti-racistas de todo o país organizaram grandes demonstrações, o que ajudou a conscientizar a população dos perigos representados pelas atividades dos movimentos racistas.

Também está claro que os governos estão sob forte pressão para acabar com os movimentos e partidos de extrema direita mais violentos. Em dezembro de 1992, o governo alemão deu início a medidas legais destinadas a controlar as atividades de alguns dos grupos neonazistas que se haviam envolvido em ataques contra migrantes e refugiados. As condenações de alguns grupos já foram emitidas, e outros grupos poderão ser condenados num futuro bem próximo. Outro fator interessante é a ação de entidades não-governamentais. A Federação Alemã de Futebol, por exemplo, organizou todos os clubes na *Bundesliga* para demolir as tentativas de grupos neonazistas de angariar o apoio dos jovens patrocinadores de futebol.

LEITURAS SUGERIDAS

Racism and Migration in Western Europe, organizado por John Wrench e John Solomos (Berg, 1993), discute as formas mutantes dos debates políticos a respeito de raça e imigração.

The Age of Migration, de Stephen Castles e Mark Miller (Macmillan, 1993), oferece uma visão geral das políticas de imigração no período corrente.

Ver também: ANTI-SEMITISMO; MIGRAÇÃO; NACIONALISMO

JOHN SOLOMOS

RACISMO INSTITUCIONAL

Embora o racismo possa ser descrito, num certo sentido, como crença ou idéias de indivíduos, em seu sentido institucional ele se refere às operações anônimas de discriminação em organizações, profissões, ou até mesmo sociedades inteiras. É anônimo à medida que os indivíduos podem negar a acusação de racismo e se abster da responsabilidade. Mais que isso, se o padrão de exclusão persiste, as causas devem ser procuradas nas instituições às quais ele pertence, nas suposições não expressas nas quais tais organizações baseiam suas práticas e nos inquestionáveis princípios que, porventura, possam usar.

O termo foi introduzido em 1967 pelos ativistas negros Stokely Carmichael e Charles V. Hamilton, em *Black Power: The Politics of Liberation in America* (Penguin). O racismo é "onipresente" e "permeia a sociedade tanto no nível individual quanto no institucional, aberta e subliminarmente", eles escreveram. Autores posteriores, como Douglas Glasgow, tentaram restringir o uso do conceito expressando o fato de que, nas décadas de 1960 e 70, "as placas de 'para pessoas de cor' e 'só para brancos' das décadas de 1930 e 40 haviam sido removidas, mas as instituições do país (EUA) foram mais do que nunca completamente saturadas de expressões encobertas de racismo" (em *The Black Underclass*, Jossey Bass, 1980). Glasgow escreveu mais: "O racismo institucional (que envolve moradores de guetos, instituições educacionais do interior da cidade, aprisionamentos policiais, modelos de sucesso limitados, aspirações diminuídas e oportunidades limitadas) não apenas produz menores investimentos e maiores manobras de autoproteção; ele destrói a motivação, produzindo efetivamente jovens ocupacionalmente obsoletos, fadados à condição de subclasse".

Nesses termos, o racismo institucional é camuflado uma vez que suas causas específicas não são detectáveis, embora seus efeitos e resultados sejam bastante visíveis. O racismo é mascarado nos procedimentos das indústrias, dos partidos políticos, das escolas etc. Defini-lo assim de forma tão abrangente o faz um termo ressonante e bastante utilizado ultimamente. Seu *status* genérico, porém, deu margem a várias críticas a respeito da sua falta de especificidade e, portanto, de sua utilidade limitada como ferramenta de análise. Jenny Williams, por exemplo, chama o racismo institucional de "um conceito-ponte que conecta e ofusca a distinção entre o material e o ideológico".

A força do racismo institucional está em capturar as maneiras pelas quais sociedades inteiras, ou seções delas, são afetadas pelo racismo, ou talvez por legados racistas, muito tempo depois dos indivíduos racistas terem desaparecido. O racismo residual pode não ser reconhecido, nem ser intencional, mas, se não for exposto, permanecerá. Sua força, contudo, é, sob um ponto de vista diferente, também sua fraqueza: uma acusação de racismo institucional permite que todos saiam ilesos; somente a instituição abstrata é passível de culpa. Os críticos insistem que as instituições são, no final das contas, o produto de tentativas humanas, e que é absolutamente um erro supor que o *racismo institucional* é uma *causa* (por exemplo, termos de categorias que não se combinam quando colocados juntos).

Críticas conceituais à parte, o racismo institucional demonstrou ser de valor prático para ressaltar a necessidade de uma ação positiva, contínua, para erradicar a discriminação racial, em vez de presumir que ela desaparecerá. Até mesmo organizações comprometidas com causas "de valor", que deveriam supostamente complementar os esforços pelos direitos civis e oportunidades iguais, são afetadas por ele, como indica o caso de 1990, ocorrido em Washington, D.C. Oito grandes organizações ambientalistas nacionais, incluindo a Natural Resources Defense Council, Wilderness Society e o Sierra Club, foram acusadas de racismo em suas práticas de contratação por grupos de direitos civis. Nenhum dos líderes dessas organizações era afro-americano ou latino, e poucos de seus diretores pertenciam a grupos minoritários. De 315 membros da equipe da Audubon Society, três eram negros. Da equipe de quarenta pessoas da Friends of the Earth, quatro eram de grupos minoritários. O Natural Resources Defense Council tinha cinco membros, de sua equipe de 140 pessoas, pertencentes a minorias étnicas. O Sierra Club tinha um latino entre as 250 pessoas da equipe.

A reação das organizações acusadas foi típica: havia falta de especialistas negros ou hispânicos treinados para causas ambientais. As organizações acrescentaram que não tinham consciência da "brancura do movimento verde" e que dariam início a um "esforço concentrado" para remediar o desequilíbrio (*New York Times*, 1º fev. 1990).

Em nenhum dos ataques às organizações foi individualizado algum culpado, nem nenhum motivo imputado. Ninguém foi efetivamente acusado de se recusar a nomear ou promover alguém por motivos racistas. As críticas baseavam-se em análises clínicas que detectaram o racismo institucionalizado, nesse caso, em grupos nos quais isso parecia pouco provável. Esse foi um exemplo de como as acusações de racismo institucional podem trazer a conscientização do fato e promover tentativas mais agressivas de desencorajá-lo. Entre outros exemplos de racismo institucional que vieram à luz nesses últimos anos estão:

- As políticas de crédito de bancos e instituições de empréstimo que evitam a concessão de hipotecas para pessoas que vivem em bairros densamente povoados por minorias étnicas;
- Regras promocionais aplicadas a empregos historicamente ocupados por brancos que tornam as minorias étnicas recentemente nomeadas (e as mulheres) mais sujeitas à demissão (a política do "último a entrar, primeiro a sair") e menos elegíveis para promoções (o "teto de vidro");
- Políticas restritivas de faltas, aliadas à proibição de turnos de meio-período, ou a negação de benefícios aos que trabalham meio-período, que dificultam aos chefes de família solteiros – na sua maioria mulheres, e uma quantidade desproporcional de descendência africana – conseguir e manter empregos e, assim, sustentar sua família;
- Implementar exigências excessivamente altas, desnecessárias e não intencionalmente engendradas para a compleição física dos homens brancos, excluindo, assim, certas minorias étnicas dos empregos;

- Usar testes acadêmicos padronizados, ou critérios gerados para as normas culturais e educacionais dos homens da classe média branca, que não são indicadores relevantes da habilidade de realizar bem um determinado trabalho.

O racismo institucional tornou-se central no vocabulário contemporâneo das relações raciais e étnicas e, apesar de sua elasticidade conceitual, mostrou-se útil para a análise do modo como as instituições operaram com base em linhas racistas sem admiti-lo ou até mesmo reconhecê-lo, e como tais operações podem persistir mesmo em face das políticas oficiais geradas para a remoção da discriminação.

LEITURAS SUGERIDAS

Race, Class and Gender, de Paula Rothenberg (2ª ed., St. Martin's Press, 1992), contém uma seção: "The economics of race, gender and class in the United States", que inclui estudos a respeito de desigualdades em instituições.

Rethinking the American Race Problem, de Roy Brooks (University of California Press, 1990), está repleto de casos legais de instituições que foram acusadas de racismo, mas todas escaparam da condenação devido à necessidade de se provar a intenção e a provocação do mesmo. O racismo institucional, como conceito, não considera a intenção, centralizando-se somente nos resultados.

White Racism, de Joe R. Feagin e Hernan Vera (Routledge, 1995), concentra-se no "caráter cotidiano" do racismo e oferece vários exemplos.

Ver também: AÇÃO AFIRMATIVA; MONITORAÇÃO ÉTNICA; OPORTUNIDADES IGUAIS

ELLIS CASHMORE

RACISMO INVERTIDO ("RACISMO NEGRO")

Nos últimos anos, as expressões de hostilidade, discriminação ou até mesmo indiferença para com os brancos por parte de minorias étnicas foram algumas vezes interpretadas como racismo invertido. No que diz respeito ao seu verdadeiro conteúdo, algumas das crenças e teorias detidas pelas minorias étnicas, especialmente os afro-americanos e afro-caribenhos, correspondem a um negativo fotográfico do racismo branco. As crenças envolvem uma aceitação das categorias básicas impostas pelos brancos para justificar a sua dominação histórica e privilégio contemporâneo, seguidos por uma negação da validade dos significados vinculados a essas categorias pelas doutrinas dos brancos.

O que se aceita: negros e brancos constituem raças distintas. O que se rejeita: a raça negra é inferior e degenerada. Esse ponto é modificado para incluir a visão de que os negros são superiores. Encontramos exemplos a esse respeito nas filosofias da Nação do Islã. Robert Miles acredita que as declarações de seu líder, Louis Farrakhan, "fornecem descrições de racismo" (em *Racism*, Routledge, 1989). Embora não explicite todos os argumentos, Miles presumivelmente refere-se ao por vezes amargo anti-semitismo de Farrakhan, cujas teorias tinham uma simetria alarmante com a suposta conspiração sionista para dominar o mundo dos *Protocols*, que por gerações inspiraram as organizações racistas brancas. Os judeus são descritos como aranhas no centro de uma enorme teia política por eles tecida ao redor do mundo.

Se essa fosse uma exclusiva questão sobre crenças, haveria poucos argumentos a respeito da existência do racismo invertido ou negro. O conteúdo, porém, é apenas um dos componentes do racismo. As populações negras foram afetadas pela experiência da migração forçada e da opressão a que foram submetidas. O elemento material das relações negras com os brancos afetou a mentalidade dos dois grupos, ou os enfoques mútuos. A grande diferença é que o racismo branco é um legado do imperialismo, enquanto a versão negra é uma reação à experiência do racismo. Essa diferença qualitativa é camuflada pelo termo "racismo invertido", que implica uma comparação excessivamente simples com os seus correlatos brancos.

A reação negra ao racismo branco assume várias formas; aceitar as categorias raciais e articulá-las de modo a imitar o racismo branco é apenas uma delas. Chamar isso de racismo invertido não parece servir às aspirações analíticas. O termo sugere erroneamente que o racismo, nos dias atuais, pode ser estudado por meio da avaliação de crenças, sem a cuidadosa consideração das experiências históricas amplamente diferentes dos grupos envolvidos.

LEITURA SUGERIDA

Introduction to Race Relations, de Ellis Cashmore e Barry Troyna (2ª ed. Falmer, 1990), adota o mesmo enfoque para o termo e oferece uma maneira alternativa de lidar com situações que superficialmente parecem racismo invertido.

Ver também: CONFLITO INTERÉTNICO; MALCOLM X; NAÇÃO DO ISLÃ

ELLIS CASHMORE

RAP

Termo que deriva da gíria para fala e refere-se ao gênero meio falado, meio cantado que se tornou a tradução musical da experiência afro-americana das décadas de 1980 e 90. O rap teve início na década de 1970 nos bairros predominantemente negros de Nova York e Nova Jersey. Criado muito mais pelos DJs do que pelos músicos, consiste em peças avulsas ou "amostras" de faixas anteriormente gravadas, tocadas repetidamente, por vezes de trás para a frente, freqüentemente com uma outra faixa sendo tocada simultaneamente e com voz sobre as duas.

Os DJs "marcam" a música ao modo dos DJs jamaicanos: enquanto a música toca, o DJ fala ou dubla suas rimas ou faz versos cômicos. Muitas narrativas citam o DJ jamaicano Kool Herc como o pioneiro nesse enfoque no final da década de 1960. Vários DJs adotaram e refinaram a técnica que na década de 1970 passou a ser conhecida como *rapping*. Os DJs da área de Nova York e Nova Jersey, especialmente Gary Byrd, usaram a fala ou ritmização sobre músicas pré-gravadas em seus shows, embora tenham sido os DJs itinerantes que originaram o "*scratching*", que significava imprimir um estilo a uma gravação para produzir novos sons. Usadas juntas, as técnicas possibilitaram um enfoque musical único e barato.

A primeira gravação de rap de sucesso comercial, com 2 milhões de cópias vendidas foi "Rapper's delight" de Sugar Hill Gang, lançado em 1979. A marca foi superada em 1981 por "The Message", de Grandmaster Flash and The Furious Five, que era um rap longo, mais falado do que cantado, a respeito da vida no gueto vista pelos olhos de um jovem negro – "Ratos na sala da frente / baratas nos fundos / sucata no corredor / e um bastão de basebol". A letra era muito diferente das canções anteriores de Sugar Hill e mostrou como a música podia radicalizar a experiência negra, transformando-a numa investida contra a polícia e num desafio à sua autoridade; os atos criminosos podiam ser transformados em atos políticos. Essa corrente de rap tornou-se particularmente popular na costa oeste dos Estados Unidos.

O primeiro disco de rap com sucesso comercial de uma banda de Los Angeles foi *Straight Outta Compton,* do NWA, que em seus créditos agradeceram a "gângsteres, traficantes, assassinos, michês, criminosos, bêbados, vagabundos" e a uma série de outros membros genuínos da subclasse. Dois milhões de cópias foram vendidas. A infâmia do NWA, além da fama, deu a Ice Cube, um de seus membros, a exposição de que necessitava para deslanchar sua carreira solo, de modo que ao deixar a banda em 1989, já era um compositor/produtor estabelecido. Ice Cube lançou seu próprio selo e passou a gerenciar uma gravadora. Em seu primeiro álbum *AmeriKKKa's Most Wanted,* Cube personificou a população negra criminalizada e deu um impulso ao gênero integrando ao rap várias visões a respeito dos oficiais, juízes e outras autoridades no cumprimento da lei.

O disco começa com o personagem descrito no título sendo levado para uma cadeira elétrica.

O *gangsta rap*, como foi chamado, seguiu até obter uma verdadeira hegemonia na década de 1990, quando o gênero deixou de ser alternativo. Em 1991, o disco seguinte do NWA, *Niggaz4Life,* entrou para o ranking pop da *Billboard* na segunda colocação, sem a ajuda de uma faixa *trailer* ou videoclipe. As produções de discos de baixo orçamento, tão importantes na década de 1980, tornaram-se coisa do passado assim que o dinheiro começou a entrar nos guetos.

Igrejas, organizações afro-americanas de vulto, grupos femininos, dois presidentes norte-americanos e uma série de outras pessoas e grupos de direita condenaram o rap "Cop killer" (Assassino de tiras), de Ice-T, que fala de um jovem que tinha a intenção de matar um oficial da polícia. "Morra, porco, morra", ele diz enquanto maneja a sua "serra de doze polegadas". Assim como ocorria em outras faixas de *gangsta rap*, a canção mitificava o seu herói eponímico. Em 1992, a Warner Brother Records retirou de circulação cópias do CD depois de ameaças de morte, protestos de associações policiais e denúncias da Casa Branca. Mais tarde, a Warner demitiu Ice-T por causa de uma discórdia a respeito da capa de seu *Home Invasion.* Foi o início de uma relação extremamente competitiva entre a Time Warner e o rap. O megaconglomerado vendeu a sua participação na Interscope Records, companhia que tinha em seu catálogo o rapper Snoop Doggy Dogg, preso sob acusação de assassinato. Seu álbum *Doggy Style* vendeu 4 milhões de cópias, gerando 40 milhões de dólares, apesar de ter sua execução proibida pela Radio KACE em Los Angeles e pela WBLS de Nova York, entre outras. O artista fez uma turnê pela Grã-Bretanha mediante uma fiança de 1 milhão de dólares. Snoop Doggy Dogg foi um dos muitos rappers de alta vendagem que borraram a nitidez do limite entre a vida e a arte.

O rap começou com paródias inocentes a respeito de rapazes e moças, mas tornou-se irado com freqüentes diatribes maldosas visando muitas vezes as mulheres. As primeiras evidências disso surgiram no rap "Six in the morning", de Ice-T – "Enquanto caminhávamos até ela ela continuava a falar / Então nós surramos a piranha no meio da porra da rua" e no "Gangsta fairytale", de Ice Cube – "Jack e Jill subiram a montanha para tirar uma soneca / A putinha lhe passou gonorréia".

A reação "ponderada" ao abuso do rap contra as mulheres foi a de explicar como os homens negros estavam engajados em buscar as causas de seu óbvio enfraquecimento. Foram apontadas as autoridades oficiais, identificadas pela polícia, e as mulheres negras. Houston Baker sugere que a defesa para o cruelmente sexista 2 Live Crew pode residir na argumentação "Mas, seu guarda, os carros à minha frente também estavam correndo!" (1993: 72). Cornel West escreve efusivamente a respeito do papel dos rappers na "repolitização da subclasse negra trabalhadora e pobre" em seu livro *Keeping Faith* (Routledge, 1993), embora coloque entre parênteses "(apesar de seu virulento sexismo)".

Muitas rappers se opuseram a isso. Em seu *single* de 1994, "Unity", Queen Latifah perguntou: "Quem *você* está chamando de puta?". Roxanne Shant declarou que "Os manos não são merda nenhuma". Outras usaram nomes parodiando seus correlatos masculinos: por exemplo, Hoes with Attitude. Bytches with Problems foi outro, embora a sua faixa "Two minute brother", ridicularizando um amante nada espetacular, afirmasse os valores patriarcais conhecidos do rap, aqueles que celebravam o tipo de homem que podia prover sua mulher (ou, mais comumente, mulheres) tanto material quanto sexualmente e ridicularizava os outros chamando-os de "frutinhas" ou "punks". Como observa Tricia Rose: "Essa espécie de homofobia afirma os padrões opressivos da masculinidade heterossexual" (1994: 151).

A popularidade do rap com as principais audiências assegurou o lucro de várias gravadoras especializadas em rap, outrora independentes. Com o passar dos anos, surgiram vários jovens empresários, como Russel Simmons, da Rush Communications, o mais celebrado. Entre outros estavam Andre Harrell, Sean "Puffy" Combs e Antonio "LA" Reid. Todos fizeram fortunas pessoais com o que se tornou uma indústria de rap em meados da década de 1990.

LEITURAS SUGERIDAS

Black Noise: Rap Music and Black Culture in Contemporary America, de Tricia Rose (Wesleyan University Press, 1994), analisa o rap como uma prática de oposição, um veículo por meio do qual a voz dos marginalizados pôde ser ouvida. O livro de Houson S. Baker, Black Studies, Rap and the Academy (University of Chicago Press, 1993), adota um enfoque semelhante, enquanto The New Beats, de S. H. Fernando Jr. (Payback Press, 1995), é uma história oral do rap e da cultura hip-hop em geral, da qual faz parte. Todos oferecem interpretações de modo geral interessantes.

"The rap on rap", de David Samuels (The New Republic, 11 nov. 1991, pp. 24-9) e "Jazz, rock'n'roll, rap and politics", de M. Bernard-Donals (Journal of Popular Culture, v. 28, nº 2, outono, 1994, pp. 127-38) oferecem um contraste cínico às leituras citadas e entendem o gênero do rap como uma operação conduzida pelos brancos.

Ver também: AFRO-AMERICANOS; *BLUES*; LEE, SPIKE; *REGGAE*

ELLIS CASHMORE

RASTAFARI

O movimento negro que mais rapidamente cresceu nas décadas de 1970 e 1980 surgiu inicialmente na Jamaica em 1930, pouco depois do declínio do líder Marcus Garvey, que organizou a sua Associação Universal para o Progresso Negro em torno da ambição de retornar à África. "África para os africanos" foi a filosofia básica de Garvey. Ele trabalhou com programas de migração em massa, comprando linhas de navios a vapor e negociando com governos africanos.

Garvey teve algum sucesso nas Índias Ocidentais (ele nasceu na Jamaica), mas foi mais influente depois de sua morte, pois corria a lenda de ter profetizado: "Olhe para a África - quando um rei negro for coroado, o dia da salvação estará próximo". Todo um movimento foi criado em torno dessa previsão. Em 1930, Ras Tafari foi coroado imperador da Etiópia e assumiu o seu título oficial de Haile Selaisse I. Garvey, nessa época, já não estava mais em evidência, mas pelo menos alguns negros jamaicanos lembraram-se de sua profecia e fizeram a conexão entre "o rei negro" Haile Selassie e "o dia da salvação", do retorno à África. A conexão foi reforçada por um outro elemento acrescido pelos novos seguidores de Garvey. Eles concluíram que Haile Selassie não era apenas um rei, mas também o seu Deus e o seu Messias, que efetivaria miraculosamente o êxodo negro para a África (usada como sinônimo de Etiópia) e simultaneamente dissolveria o domínio imperial das potências ocidentais da "Babilônia", passando-o para os novos seguidores de Garvey.

Vale a pena notar que Garvey não endossou de modo algum essa nova interpretação de sua filosofia. Ele, na verdade, atacou Haile Selassie chamando-o de "grande covarde" e "o líder de um país onde os negros são acorrentados e açoitados". Mais ainda, insistia numa organização prática e não dava ênfase ao valor da salvação espiritual; seus novos seguidores voltaram-se para outra direção, não fazendo nenhuma preparação para voltar para a África, simplesmente esperando a intervenção de seu Messias, Ras Tafari.

O que Garvey realmente disse, contudo, foi menos importante do que a reputação do que ele supostamente teria dito, fazendo com que o novo movimento rapidamente ganhasse novos seguidores entre os negros jamaicanos socialmente privados, cheios de esperança de qualquer tipo de mudança em suas vidas empobrecidas e dispostos a aderir à mais pobre das teorias acerca de como poderiam escapar de sua condição. Eles adotaram as cores do movimento de Garvey – vermelho, preto e verde (da bandeira da Etiópia) – e torceram os seus cabelos em longos cachos emaranhados chamados *dreadlocks* como forma de exacerbar o seu aspecto e caráter primitivo em contraste às aparências ocidentais. Alguns fizeram uso do ganja, um tipo de *Cannabis sativa* encontrado na Jamaica e até atribuíram essa "marijuana" de propriedades religiosas. Eles a usaram em rituais de veneração a *Jah* (a forma de Jeová usada na Bíblia antes da versão de King James). Muitos se mudaram para as regiões montanhosas do interior da ilha e criaram suas próprias comunidades, uma das quais liderada por Leonard Howell, que, juntamente com H. Archibald Dunkley, é tido popularmente como um dos formuladores do novo garveyismo.

Garvey manteve-se um profeta relutante, embora uma leitura cuidadosa de seus discursos e comentários revele o seu grande interesse na realeza etíope e o repetido uso de imagens bíblicas freqüentemente apocalípticas para reforçar as suas crenças. "Nós, negros, acreditamos no Deus da Etiópia, o Deus eterno", escreveu Garvey no primeiro volume de *Philosophy and Opinions*. Seu conceito de um deus negro era algo significativo. Ele implorou aos seus seguidores que destruíssem as imagens de cristos e madonas brancas e as substituíssem por versões negras. "Ninguém sabe quando chegará a hora da redenção da África", alertou certa vez. "Está no vento. Está vindo. Um belo dia, como uma tempestade, estará aqui."

Os rastas, como passaram a ser chamados, agrupavam-se periodicamente em portos para esperar por navios que os levassem para a África. A certa altura, uma facção do movimento voltou-se para táticas de guerrilha num vão esforço de auxiliar a destruição da Babilônia. Mais recentemente, o movimento ganhou um *status* mais respeitável na Jamaica e tornou-se uma força cultural de vital importância na ilha.

O movimento rastafari manifestou-se em meados da década de 1970 em lugares como Estados Unidos, Inglaterra, Holanda, França, Nova Zelândia e Austrália. Seu crescimento foi estimulado pelo aumento da popularidade da música reggae inspirada no rasta, que recebeu atenção pessoal de Bob Marley (1945-81), praticamente o protótipo do rasta. Parece que a imagem de um continente africano unido e um deus negro era bastante forte. Ela foi usada em aguda contraposição ao domínio imperial do Ocidente. Os negros que iam contra a sociedade e buscavam alternativas encontraram no movimento uma nova força para a negritude, que os impregnou de um sentido de identidade, de pertencer a uma unidade.

Embora exista uma infinita variedade de interpretações da filosofia de Garvey, dois temas permaneceram centrais na crença rastafari: a divindade de Haile Selassie (cuja morte em 1975 pouco contribuiu para dissuadir os rastas de seu poder de instigar a transformação) e o impulso do retorno à África – se não física, pelo menos conscientemente (como cantava o músico rasta de reggae, Peter Tosh: "Não importa de onde você vem, se você é um homem negro, você é africano").

Em 1989, Trevor Dawkins, um rasta nascido em Birmingham, Inglaterra, venceu um caso de discriminação racial contra uma organização governamental britânica, gerando controvérsias a respeito do *status* legal dos rastas. De acordo com os termos do Ato de Relações Raciais de 1976, os rastas foram oficialmente reconhecidos como um grupo étnico e, como tal, não poderiam ser legalmente discriminados com base em suas características culturais. Eles estavam sob o mesmo tipo de proteção fornecida aos sikhs (que não podem ser preteridos em empregos por usarem turbantes, por exemplo). A decisão foi subseqüentemente revertida, gerando um debate legal a respeito do assunto.

Leituras sugeridas

Rastafari and other Afro-Caribbean Worldviews, organizado por Barry Chevannes (Macmillan, 1995), traz uma coletânea de documentos de conferências, a maior parte dos quais discute aspectos do movimento.

The Rastafarians, de Ellis Cashmore (2ª ed., Minority Rights Group, 1992), atualiza um relatório mais antigo que documenta as mudanças legais no *status* dos rastafaris na Grã-Bretanha. O livro aborda o caso Dawkins.

Rastafari and Reggae, de Rebekah Mulvaney (Greenwood Press, 1990), é um dicionário de termos rasta.

Ver também: CARÁTER ETÍOPE; GARVEY, MARCUS; NAÇÃO DO ISLÃ; NEGRITUDE

ELLIS CASHMORE

REGGAE

Amálgama de várias formas musicais, o reggae – provavelmente derivado de *"raggamuffin"*, uma pessoa esfarrapada – tornou-se um fenômeno cultural quase universal. Ele foi a música dos rastafari na década de 1970: suas mensagens e temas foram difundidos principalmente pelas músicas de Bob Marley (1945-81), cujos álbuns continuam a ser vendidos. Entre os derivados estilísticos do reggae estão o *ragga*, o *moshing* e o *jungle*.

Música essencialmente de protesto, o reggae fundiu vários elementos diferentes da música popular na Jamaica, onde se originou. Sebastian Clarke investigou as suas origens na música híbrida que nasceu na época da escravidão. Parece, no entanto, que a etapa significativa do desenvolvimento do reggae ocorreu na década de 1950, quando o som do ritmo negro americano, o blues e a música soul percorreram o Caribe por meio das estações de rádio e dos indianos ocidentais que migraram temporariamente para os Estados Unidos à procura de trabalho. As primeiras tentativas de imitar a música americana fracassaram, mas fizeram surgir inadvertidamente um estilo único que passou a se chamar "*blue beat*" e, mais tarde, "*ska*". Esse ritmo tornou-se popular nas Índias Ocidentais, especialmente na Jamaica, por intermédio de DJs peripatéticos que operavam um verdadeiro "sistema de som". Os DJs imprimiram a sua própria identidade à música, "dublando" ou brincando com o ritmo sobre a música, literalmente falando no microfone enquanto os discos tocavam, tentando animar os dançarinos. Isso ficou conhecido como *"toasting".* Muitos DJs desenvolveram repu-

483

tações mais prestigiadas do que os músicos sobre cujas canções dublavam.

O ska foi introduzido na Grã-Bretanha na década de 1960, recebido entusiasticamente por jovens brancos, mas sem nunca ter-se tornado uma música popular. Alguns discos de ska tornaram-se sucessos comerciais como *Long shot kick the bucket* e *The return of Django*.

No final da década de 1960, contudo, o ska sofreu mudanças e ganhou uma característica geral mais política. Os músicos, que não eram adeptos nem simpatizavam com os ideais rastafari, começaram a fazer declarações a respeito das condições dos negros por meio das suas músicas. Os temas incluíam exploração, pobreza, desigualdade, liberação e a crítica experiência de "sofrimento". Elas eram articuladas a partir de um imaginário rastafari, em que o sistema controlador era a Babilônia, em contraste à liberdade de Zion. Previsões como "uma guerra na Babilônia" e "um incêndio – a roda vai girar, feitor de escravos, você vai se queimar" foram incorporadas à música.

Em seu livro *The Black Atlantic* (Verso, 1993), Gilroy escreve a respeito da contribuição do reggae para a criação de uma "cultura conscientemente sintética": "Uma vez que as suas (do reggae) próprias origens híbridas no *rhythm and blues* foram efetivamente obscurecidas, ele deixou de significar, na Grã-Bretanha, um estilo exclusivamente étnico jamaicano e gerou um tipo diferente de legitimidade cultural, tanto de um novo *status* global quanto da expressão do que poderia ser chamado de uma cultura pan-caribenha". O reggae, nessa visão, articula a consciência de participar de uma diáspora negra.

LEITURAS SUGERIDAS

There Ain't No Black in the Union Jack, de Paul Gilroy (Hutchinson, 1987), contém uma análise substancial do reggae e pode ser lido como um precursor do trabalho do autor citado.

Rastafari and Reggae, de Rebekah Mulvaney (Greenwood Press, 1990), é um dicionário e uma fonte de dados.

Catch a Fire, de Timothy White (Elm Tree Books, 1983), é a melhor e mais abrangente biografia de Bob Marley. Baseia-se em entrevistas com Marley e com membros de um "círculo interno" de amigos num período de sete anos antes da morte do artista em 1981. O livro traz também a crônica da infância de Marley, o seu envolvimento com o reggae e mostra como ele foi promovido à posição de "superstar" na década de 1970; traz ainda uma "discografia" completa de Marley, os Wailers e suas *backing vocals,* as I Threes.

Cut'n' Mix, de Dick Hebdige (Comedia, 1987), oferece uma definição concisa do reggae, mas também considera outros estilos musicais caribenhos como expressões da experiência negra no Novo Mundo.

Ver também: AFROCENTRISMO; *BLUES,* DIÁSPORA; CARÁTER ETÍOPE; *RAP*; RASTAFARI

ELLIS CASHMORE

RELAÇÕES RACIAIS: PEREPECTIVA 1

Termo usado nos textos acadêmicos e no dia-a-dia para se referir a uma determinada categoria de relações sociais. A tradição acadêmica que aborda essas relações passou a ser conhecida como a sociologia das "relações raciais". Atualmente, constitui-se numa disciplina distinta e institucionalizada na análise sociológica. Existe, contudo, dentro e fora dessa subdisciplina, uma controvérsia a respeito do que caracteriza essa categoria aparentemente distinta de relações sociais, uma controvérsia que emerge do reconhecimento de que o *Homo sapiens* é uma espécie. As ciências biológicas explicam as variações genéticas, mas isso não corresponde ao que, no cotidiano, é considerado uma diversidade de "raça" baseada em variações fenotípicas. Por esse motivo, as "relações raciais" não podem ser as que ocorrem naturalmente entre grupos biológicos distintos. Elas passaram a ser vistas como relações entre grupos que empregam a idéia de "raça" na estruturação de suas ações e reações entre si.

Esta última noção de "relações raciais" liga os trabalhos pioneiros de Robert Park, John Dollard, Lloyd Warner, Gunnar Myrdal e Oliver C. Cox nos Estados Unidos, que

tratavam, de uma maneira ou de outra, das "relações raciais". Grande parte das obras das décadas de 1950 e 60 nos Estados Unidos deturparam as novas definições políticas que surgiram da luta renovada contra o racismo e a discriminação, mas concordavam que as "relações raciais" eram uma categoria real e distinta de relações sociais. Para eles, portanto, a idéia de "raça" era empregada com um novo significado positivo – como uma característica coletiva da população afro-americana, distinguindo-a da maioria da população americana de origem européia. Eles concordavam, porém, que as relações entre esses dois grupos definidos eram "relações raciais".

Essa concepção originada nos Estados Unidos influenciou uma reação política, acadêmica e da mídia à migração de mão-de-obra da "Nova Comunidade Britânica" para a Grã-Bretanha na década de 1950, embora essa reação também fosse causada pela reminiscência do pensamento imperialista a respeito das "raças" inferiores ao império. Como conseqüência, as "relações raciais" "surgiram" na Grã-Bretanha na década de 1950, deslocadas das colônias ou, mais especificamente, da África (em especial da catastrófica Federação da África Central). A maioria dos autores e analistas adotou essa definição e sua história. Alguns acadêmicos foram mais além e tentaram explícita e analiticamente classificar as "relações raciais" não somente como uma categoria distinta de relações sociais, mas também ocupando um lugar específico na teoria sociológica. O projeto foi definido como o isolamento das características definidoras de uma situação de "relações raciais" e a classificação dos diferentes tipos de tais situações.

A sociologia das "relações raciais" desenvolvida a partir dessas questões analíticas ateve-se a dois temas principais: estimar a extensão e os efeitos do racismo e da discriminação sobre aqueles que tinham sido objetos destes e a luta política contra o racismo e a discriminação. É uma sociologia do conflito, que reflete as concepções cotidianas das "relações raciais", embora ofereça uma explicação totalmente diferente para esse conflito do que aquela utilizada no dia-a-dia.

Mais recentemente, desenvolveu-se uma nova linha de pesquisa, crítica a essa tradição de trabalho, e que se move em direção à rejeição das "relações raciais" como forma de estudo legítima. Essa posição está firmemente baseada na análise histórica, tanto da idéia de "raça" quanto do estudo acadêmico das relações entre grupos que utilizam essa idéia para organizar suas relações sociais. A partir daí concluiu-se que, devido ao fato de a "raça" não passar de um fenômeno socialmente construído, assim também o são as relações entre os grupos que se constituem por intermédio dessa construção social. Conseqüentemente, não existe nada de distintivo a respeito das relações resultantes entre os grupos participantes de tal construção social. Em outras palavras, as chamadas "relações raciais" não são quantitativamente diferentes de outras formas de relações sociais.

Persiste ainda o problema de determinar como essas relações são construídas histórica e socialmente, a fim de se poder analisá-las. Atualmente, vislumbram-se duas soluções. A primeira entende as "relações raciais e étnicas" como uma subdivisão da sociologia das relações entre os grupos. Sua premissa é a observação de que uma tradição de pesquisa foi estabelecida e que qualquer novo desenvolvimento deveria se restringir a ela. Mais significativamente, porém, argumenta-se que as circunstâncias sob as quais os indivíduos são descritos, ou descrevem a si mesmos como membros de uma "raça" (somadas às diversas conseqüências de tal descrição), fornecem uma explicação em termos de uma teoria de relações entre os grupos. A segunda posição, desenvolvida a partir das categorias de análise marxistas, alegam que esse processo de descrição social deveria ser analisado como um processo político e ideológico e por essa razão não pode empregar conceitos cotidianos de "raça" e "relações raciais", nem como categorias analíticas, nem como categorias descritivas. O que nos leva à conclusão de que não pode haver uma teoria das relações raciais, uma vez que isso serviria somente para confirmar um processo ideológico e político historicamente específico.

LEITURAS SUGERIDAS

Race Relations in Sociological Theory, de John Rex (Weidenfeld & Nicolson, 1970), é uma análise que reivindica um *status* teórico para a análise sociológica das relações raciais.

"Analytical and folk concepts of race and ethnicity", de Michael Banton em *Ethnic and Racial Studies,* (1979, v. 2, nº 2), faz uma reflexão crítica a respeito do ponto central dos estudos das relações raciais, mas que continua a enfatizar a necessidade de uma teoria a respeito das "relações raciais (e étnicas)".

Racism and Migrant Labour, de R. Miles (Routledge & Kegan Paul, 1982), é uma elaboração da crítica moderna mas dentro de uma moldura marxista de referências, que conclui que a tarefa analítica não é a de desenvolver uma teoria das "relações raciais", mas explicar historicamente por que certas formas de relações sociais são racializadas.

Ver também: COX, OLIVER C.; DOLLARD, JOHN; MYRDAL, GUNNAR; RAÇA: PERSPECTIVA 2; RACIALIZAÇÃO

ROBERT MILES

RELAÇÕES RACIAIS – PEREPECTIVA 2

Um enfoque alternativo argumenta que o termo "relações raciais" pode e, na verdade, deve ser aplicado a formas específicas de relacionamento social. Esse enfoque reconhece plenamente e endossa o vazio do próprio conceito de raça, mas ao mesmo tempo insiste que, em várias situações, as pessoas acreditam na existência de uma raça, pautando suas relações com os outros em decorrência das crenças a respeito desses outros. Se a pessoa acredita que aqueles outros pertencem a um grupo genética e permanentemente diferente (e possivelmente inferior em algum aspecto), temos uma situação de relações raciais. É esse o objeto de pesquisa.

A natureza exata da raça não está em questão, embora o conceito biológico tenha sido refutado muitas vezes antes. A questão é, contudo, que as pessoas, certas ou erradas, aceitam isso como verdade e agem de acordo com as suas crenças. Desse modo, a raça torna-se algo subjetivamente real: não importa o quanto possamos achá-la ofensiva ou o quão negativamente nos impressione a pesquisa científica (em grande parte falsa) a seu respeito, ela permanece como uma força altamente motivadora por trás dos pensamentos e do comportamento das pessoas. Ela é tão real quanto as pessoas querem que seja e não pode ser simplesmente desprezada. Reconhecer isso é o ponto de partida do estudo das relações raciais sob essa perspectiva.

Assim, é possível aceitar o conselho de Michael Banton, de que "o estudante que deseja compreender a natureza do campo de estudos das relações raciais [...] deve enfocá-lo do ponto de vista do aumento do conhecimento. Acreditar na raça é o mesmo que acreditar em deter uma forma de conhecimento (mesmo que esse conhecimento seja construído sobre bases incertas). O que de forma alguma nega as enormes influências das relações raciais que residem fora das mentes das pessoas e que estão bem além do seu controle. De fato, esse enfoque ressalta que o estudo das relações raciais deveria ocorrer nos níveis: (1) da descoberta das razões que levam as pessoas a acreditar que os outros são tão diferentes, cultural e biologicamente; (2) da descoberta de como essa crença afeta as suas ações em relação aos outros – o que costuma assumir a forma de manutenção social (e freqüentemente geográfica) de uma distância, na tentativa de manter as relações desiguais e (3) da análise do modo como essas crenças e a terminologia que as complementa são usadas de modo a perpetuar um contexto no qual o conceito de raça continua a ter importância – um discurso racializado.

Isso define o escopo do campo de estudos muito amplamente, uma vez que a característica que distingue as relações raciais é a consciência da raça, e é possível identificar muitas situações e complexos de relações sociais em que essa consciência está presente. Ela inevitalmente influenciará a conduta das relações sociais, mas quase certamente operará combinada com outras influências. Os processos de inclusão e exclusão podem ser fortemente influenciados pela consciência da raça – ou racismo –, embora seja necessário supor, ainda que não seja verdade, que este é o único, o mais forte fator de influência. Com freqüência não somos capazes de discernir a contribuição que o racismo oferece para a manutenção de uma atividade social, a não ser em termos de avaliação. A contribuição precisa é objeto de pesquisa empírica.

As relações raciais, como programa de estudo empírico, buscam analisar as relações entre grupos de fatores, um dos quais o racismo. Se, por exemplo, o fenômeno a ser explicado – *explanandum*, em termos formais – é o baixo rendimento escolar das crianças negras, podemos comparar amostras do desempenho de crianças negras com a de seus correlatos brancos e descobrir algo nas experiência das crianças negras que explique o fenômeno. Abdicando dos julgamentos a respeito de características inatas (genéticas), podemos investigar os fatores antecedentes que geraram ou estão associados ao baixo rendimento. É claro que podem existir vários fatores, muitos dos quais não envolvendo racismo. Mesmo assim talvez se possa identificar fatores que envolvam a consciência da raça que exercerão uma influência no rendimento escolar da criança. Isso chamará a atenção para o valor da ênfase no racismo como o enfoque de alguns dos problemas enfrentados pelas minorias étnicas. Muitas minorias étnicas podem apresentar problemas que não são exclusivos, mas compartilhados com os brancos. Podemos analisar ambos a partir de fatores explicativos – *explanans* – bastante diferentes ou precisamente os mesmos. O primeiro modo pode revelar o racismo como algo que afeta a situação das minorias étnicas, enquanto o segundo pode revelar grandes semelhanças nas condições e nas experiências vividas pelos dois grupos.

Parte-se da suposição de que existe racismo. A análise então assume a forma de uma pesquisa de suas origens (em grupos gerais ou particulares), investigando de maneira aetiológica uma elaboração do pensamento racista, uma consideração de seus efeitos, comportamentais e cognitivos, e a avaliação de sua importância funcional na cultura mais ampla.

Uma concepção estreita desse programa de estudos poderia localizar a resposta a esse tipo de questões no indivíduo, sugerindo, por exemplo, o motivo pelo qual certos grupos sofrem preconceito e avaliando qual o impacto em seu comportamento e em suas relações durante um determinado período. O estudo clássico neste veio é o *The Authoritarian Personality,* de Theodor Adorno e seus colaboradores (ver Preconceito). O enfoque preferido seria muito mais amplo em termos de escopo, buscando integrar a análise histórica das condições coloniais às situações mais contemporâneas de relações raciais com uma avaliação de como a cultura intermediaria essas situações.

Em muitos casos, as situações de relações raciais são altamente complementares à perpetuação do capitalismo (ampliando, por exemplo, as divisões entre os trabalhadores brancos e negros, minando assim a solidariedade da classe trabalhadora). Mas foi proposto que isso não prova que as relações raciais não podem existir independentemente do capitalismo; portanto, pode haver uma relação próxima, mas não direta, entre os dois. As atuais formas de racismo e as formas que ele assumiu na história recente indicam que ele está relacionado ao desenvolvimento do capitalismo moderno, embora não seja causado por ele.

As situações de relações raciais não são uma série perfeitamente definida de eventos, mas sim um complexo em desenvolvimento. Um estudo maduro das relações raciais deveria ser capaz de incorporar a investigação dos eventos mutáveis e interpretá-los no contexto das condições históricas, políticas e sociais. Desse modo, é possível reconhecer que a raça, como conceito, é analiticamente redundante, ainda que identificando as situações de relações raciais como o foco do estudo.

LEITURAS SUGERIDAS

Introduction to Race Relations, de E. Cashmore e B. Troyna (2ª ed., Falmer, 1990), é uma versão elaborada desse enfoque do estudo das relações raciais, que defende com vigor a conservação dessa área distinta de estudo.

Race, Culture and Diference, organizado por James Donald e Ali Rattansi (Sage, 1992), questiona o modo como o conceito de raça é produzido e sustentado na sociedade; os autores sustentam a posição central da cultura na compreensão do funcionamento da raça.

Racism and Society, de John Solomos e Les Back (Macmillan, 1996), reúne material abundante a respeito da área de estudo.

Ver também: COLONIALISMO; ESCRAVIDÃO; PRECONCEITO; RAÇA – COMO SIGNIFICANTE; RACISMO

BARRY TROYNA/ELLIS CASHMORE

RELATÓRIO KERNER

Nome abreviado do relatório da Comissão Nacional Consultiva de Distúrbios Civis presidida por Otto Kerner. A comissão foi criada pelo presidente Lyndon B. Johnson, em 1967, com o objetivo de investigar as causas e as conseqüências de uma série de insurreições ocorridas em várias cidades dos Estados Unidos nos dois anos anteriores.

O primeiro deles teve início no dia 11 de agosto de 1965. Um confronto entre policiais brancos e jovens negros em Watts, o maior gueto negro de Los Angeles, marcou o final do período de protestos não-violentos contra a opressão sofrida pelos negros nos Estados Unidos e foi um presságio do início de uma série de revoltas raciais. No final do ano de 1968, o *slogan* "Burn, baby, burn" tinha sido ouvido em praticamente todas as cidades mais importantes dos Estados Unidos, de costa a costa, de Norte a Sul. Apenas em 1967, mais de 150 "revoltas raciais" foram registradas durante o "longo verão quente", as mais graves tendo ocorrido em Newark e Detroit. No final de 1968, a polícia registrou 50 mil prisões e mais de 8 mil incidentes.

Negros e brancos radicais de esquerda caracterizaram as revoltas como insurreições revolucionárias, comparáveis às rebeliões coloniais na África e na Ásia. Os reacionários brancos, embora concordassem com essa descrição, sustentavam que os episódios haviam sido provocados por agitadores estrangeiros e negros comunistas, e imploravam que as autoridades respondessem ao fogo com fogo também. O presidente Johnson, contudo, tendia a concordar com o argumento dos líderes negros moderados de que a reunião de um número relativamente pequeno de jovens agitadores tinha agido contra a vontade da grande maioria dos negros norte-americanos. Em seu discurso para a nação, em 27 de julho de 1967, Johnson anunciou sua intenção de dar início a uma investigação para determinar as causas das revoltas, examinar as características das áreas afetadas e das pessoas que delas participaram, avaliar a cobertura da mídia e o tratamento das revoltas e seus efeitos, e, o mais importante, instituir estratégias para evitar a possibilidade de futuras desordens.

Motivos especulativos para os tumultos "Burn, baby, burn" foram amplamente repudiados pela profusão de estatísticas e documentos apresentados por Kerner e seus colegas no relatório de 1968. Talvez não seja surpreendente – tendo em vista o significado e a autoridade da qual a Comissão estava imbuída – que algumas das análises e dos métodos de pesquisa dos delegados tenham sido, e ainda sejam, objeto de meticuloso escrutínio por parte dos analistas sociais, e julgados, em alguns casos, incoerentes. Mesmo assim, o "perfil do típico agitador" esboçado pelos delegados foi de um modo geral aceito: um homem negro, jovem, solteiro, nascido e criado em seu próprio estado e cuja posição econômica condizia com a dos negros que não haviam participado do tumulto. Ele tendia a ter uma educação um pouco melhor que a do restante dos residentes do gueto, apesar de ocupar os escalões mais baixos do mercado de trabalho, raramente trabalhava em período integral e estava com freqüência desempregado. Embora tivesse uma probabilidade levemente maior do que a dos não participantes de ter sido criado em um lar sem a presença de um homem adulto, a diferença estatística era insignificante e seu impacto, marginal. A evidência apresentada pela comissão, e subseqüentemente verificada por outra pesquisa, sugeriu que os motivos dos "agitadores" eram principalmente políticos: eles não estavam reagindo contra a sua própria condição de desavantagem nem contra sua comunidade local, mas sim à posição mais genericamente em desvantagem e oprimida de toda a comunidade negra dos Estados Unidos.

A mais fundamental das "forças elementares" que haviam precipitado as desordens foi, nas palavras dos delegados, "a galopante segregação dos negros de baixos salários e em desvantagem das maiores cidades norte-americanas". Como eles expressam em sua conclusão ao relatório: "Nossa nação está seguindo na direção da criação de duas sociedades, uma negra e outra branca – separadas e desiguais". Eles identificaram três modos pelos dos quais as políticas governamentais poderiam proceder: o primeiro foi a "opção pelas políticas existentes", as quais, eles preveniram, carregavam consigo "o preço supremo" de uma probabilidade ainda maior da ocorrência de desordens civis, ultrapassando possivelmente a escala dos incidentes "Burn, baby, burn". Uma política de "enriquecimento" ou "embelezamento do gueto" constituía a segunda estratégia. Esta reconhecia alguns dos aspectos positivos da vida no gueto e tinha como premissa a noção de comunidades separadas, mas iguais. Embora uma estratégia semelhante tenha sido defendida por muitos líderes do Black Power, os delegados observaram que o "embelezamento do gueto" para reforçar o seu *status* demandaria um considerável rearranjo das verbas nacionais.

A estratégia de ações corretivas que parecia mais condizente era a que combinava políticas de "embelezamento do gueto" com "programas destinados a encorajar a integração de um número significativo de negros na sociedade fora do gueto". Em outras palavras, a política de enriquecimento seria uma medida provisória: o objetivo era a dispersão. Isso, eles argumentavam, não apenas melhoraria os padrões educacionais e sociais dos negros norte-americanos, como também facilitaria a integração social e ajudaria a assegurar a estabilidade social. Simplificando, a dispersão constituía o meio mais eficaz de manejar a crise.

Apesar de suas várias limitações, os delegados Kerner apresentaram as desordens a partir de uma perspectiva sociológica em vez de uma que se relacionasse exclusivamente à "lei e à ordem". Embora tendesse a ignorar as formas mais insidiosas e de maior alcance de racismo institucional como instrumento de opressão nos Estados Unidos, o relatório realçou o papel central que o racismo branco (e as ações que isso provocou) teve no irromper das desordens. Nesse sentido, sua avaliação foi bem mais sofisticada que a de seu correlato inglês, o Relatório Scarman, ainda que, como o documento, evocasse uma resposta esporádica e altamente seletiva do governo central.

LEITURAS SUGERIDAS

Report of the National Advisory Commission on Civil Disorders *(Kerner Report)*, tem uma introdução de Tom Wicker (Bantam Books, 1968).

Prevention and Control of Urban Disorders, do Departamento Norte-Americano de Justiça (U.S. Goverment Printing Office, 1980), apresenta uma avaliação mais atualizada das agitações.

"Parameters of British and North American racism", de Louis Kushnick (*Race and Class*, v. 23, nº 2/3, 1982), argumenta que, apesar de suas pretensões liberais, a Comissão Kerner defendia a coerção e a coptação. Suas recomendações de controle policial mais efetivo, por exemplo, foram mais entusiástica e energeticamente implementadas.

Ver também: BLACK POWER; REVOLTAS: GRÃ-BRETANHA, 1981; GUETO; RELATÓRIO SCARMAN; REVOLTAS: EUA, 1965-67

BARRY TROYNA

RELATÓRIO SCARMAN

Descobertas de uma comissão chefiada por Scarman, o honorável lorde dos direitos britânicos, para investigar as causas dos distúrbios urbanos ocorridos em Brixton, Londres, 1981, e a partir delas elaborar recomendações. A violência explodiu nas ruas de Birmingham, Liverpool e Manchester (julho de 1981) durante a investigação e no relatório subseqüente encaminhado ao parlamento Scarman fez algumas referências pontuais a essas desordens, enfocando especialmente as semelhanças e diferenças das condições sociais e econômicas desses lugares com as de Brixton. Scarman também considerou a alegação de que teria havido o chamado efeito "dominó" nas erupções de julho, estimulado pelas descrições que a mídia forneceu a respeito das desordens de Brixton.

A investigação Scarman diferiu em pelos menos dois aspectos significativos de seu correlato americano, o relatório da Comissão Kerner, a respeito das desordens "Burn, baby, burn" da década de 1960. Em primeiro lugar, a coleta de provas por parte da comissão americana foi realizada por uma equipe de pesquisadores; na Grã-Bretanha, essa função foi assumida pelo próprio lorde Scarman. Como resultado, ele obteve uma versão menos detalhada e abrangente da extensão da desvantagem racial e dos protestos das comunidades negras que os seus correlatos americanos. Em segundo, Scarman presidiu uma pesquisa quase judicial, estabelecida de acordo com a seção 32 do Ato Policial de 1964. A natureza da pesquisa, portanto, fortaleceu o ceticismo já existente a respeito de sua função e relevância e desencorajou vários membros das comunidades negras de fornecer evidências orais ou escritas. Isso sublinhou ainda mais a contestação de que o relatório, publicado em novembro de 1981, apresentava somente uma visão parcial do que havia acontecido.

A avaliação de Scarman sobre os distúrbios ocorridos no distrito de Brixton evidenciou as privações sociais e econômicas vividas pelos negros e, numa extensão menor, pelas comunidades brancas. Habitação miserável, insuficiência de áreas de lazer e recreação e os níveis quase obscenos de desemprego, especialmente entre os jovens negros, constituíam algumas das principais causas das desordens, escreveu. As provas obtidas, porém, indicavam inequivocamente que procedimentos opressivos – alguns diriam repressivos – dos policiais foram a centelha que gerou o fogo de abril de 1981. Scarman foi extremamente crítico a respeito da decisão tomada pelo chefe de polícia local, comandante Fairbairn, de dar início ao Swamp 81 (ver p. 545) no dia 6 de abril. A essência da operação era "saturar" certas áreas do distrito com oficiais de polícia autorizados a deter e revistar suspeitos. Apesar das relações notoriamente precárias entre os policiais e a comunidade em Brixton – especialmente na área Railton Road/Mayall Road, a "Linha de Frente", como foi freqüentemente chamada –, a decisão foi tomada independentemente das discussões tidas com os líderes da comunidade local. Como citou Scarman: "Eu estou [...] certo de que o 'Swamp 81' contribuiu para o aumento da tensão [...] nos dias imediatamente precedentes às desordens" (§ 4.43).

Entre as várias críticas à polícia colhidas pela pesquisa – molestamento, policiamento não imaginativo/inflexível, reações excessivas etc. –, Scarman foi informado de que certos oficiais de polícia eram racistas. Ele concluiu, com certa circunspecção, que essa poderia ser uma avaliação a respeito de um pequeno grupo de oficiais de polícia de Brixton e de outros lugares. Insistiu, contudo, na denúncia de que a força policial, e britânica em geral, era caracterizada por um racismo institucional (ver §§ 2.21 e 9.1). Suas considerações a respeito dessa questão atraíram discórdias consideráveis e subseqüentemente disseminadas e, como David Mason argumentou, baseadas numa compreensão embrionária desse conceito.

A tendência de Scarman de dividir o policiamento em métodos "pesados" e "suaves" e de defender este último – na forma de policiamento comunitário e colocando os "policiais novamente nos eixos" – também atraiu críticas na força policial. O argumento baseava-se na convicção de que o policiamento "suave" não era, em absoluto, uma cura para o crime, como também não apropriado a todas as circunstâncias. Outros, não membros da força policial, também criticaram o policiamento da comunidade, embora por razões diferentes: essa seria uma forma mais sutil, embora não menos ofensiva, de assegurar o controle repressivo sobre as comunidades.

A noção de "responsabilidade policial" aparece de forma proeminente no relatório: "Responsabilidade", escreveu Scarman, "significa, eu não tenho dúvida nenhuma, a chave para um policiamento bem-sucedido e socialmente responsável" (§ 5.57). A sua recomendação para que a responsabilidade fosse oficial foi recebida com pouco entusiasmo pela maior parte das forças policiais, as quais sustentaram que isso minaria a independência operacional de suas forças. Uma visão contrastante disso é a de que o policiamento só pode ocorrer efetivamente com o consentimento do público; portanto, era necessária uma ação legislativa para fornecer o meio estatutário necessário para a discussão em nível local.

A ênfase de Scarman no papel da polícia, tanto no contexto das desordens quanto de uma maneira geral, não era surpreendente, tendo em vista que a investigação foi gerada com base numa seção do Ato Policial de 1964. Ele, contudo, se engajou em questões mais amplas relacionadas à política social, tanto em seções significativas do relatório quanto nas suas recomendações subseqüentes. Como ele mesmo enumera, questões como moradia, educação, conselhos locais de relações comunitárias, a mídia e a sua relação específica com as necessidades das comunidades de minorias étnicas "têm de ser analisadas constantemente, em vista da possibilidade de o contexto social no qual a polícia opera não continuar criando condições para desordens futuras" (§ 6.42).

A investigação Scarman foi projetada para funcionar em um ambiente liberal-reformista; o objetivo era identificar os fatores que precipitaram as desordens em Brixton, em abril de 1981, e em outras localidades na Grã-Bretanha, três meses depois, e recomendar as políticas e práticas necessárias para o restabelecimento das bases e estruturas da sociedade. Conseqüentemente, aqueles que entenderam as desordens como um exercício de violência impensada, uma indicação adicional da erosão dos valores tradicionais e morais, criticaram o relatório por sua orientação liberal. Já aqueles que analisaram as desordens em termos de uma insurreição ou rebelião contra as instituições estatais repressivas, e que defendiam a erradicação dessas instituições, rejeitaram o relatório por considerá-lo conservador, míope e altamente irrelevante. Seja como for, Scarman ansiava desapontar e antagonizar – e ele o fez!

LEITURAS SUGERIDAS

The Brixton Disorders, 10-12 April 1981, de Lord Scarman (HMSO, Cmnd. 8427, 1981. Publicado também por Penguin, 1982).

Scarman and After, organizado por John Benyon (Pergamon, 1984), é um conjunto de obras literárias que reflete os distúrbios, o relatório e as suas conseqüências.

Out of Order? Policing Black People, organizado por Ellis Cashmore e Eugene McLaughlin (Routledge, 1991), aborda comparativamente a política para com os negros na Grã-Bretanha e nos Estados Unidos.

Ver também: POLÍCIA E RACISMO; POLÍTICA E "RAÇA"; RACISMO INSTITUCIONAL; RELATÓRIO KERNER; TUMULTOS: GRÃ-BRETANHA, 1981

BARRY TROYNA

RELATÓRIO SWANN

Relatório oficial do governo britânico, publicado em 1985 como "Education for All", que defendia o desenvolvimento de uma concepção universalista da educação multicultural – ideologia educacional que abrangia todas as escolas, independentemente de sua localização geográfica, alcance de idade ou etnia de sua equipe ou alunos. Aliado a essa convicção, o relatório Swann, como passou a ser comumente conhecido, forneceu dados mais atualizados a respeito da relação entre etnia, desempenho educacional, mantido o paradigma de pesquisa limitado de seu precursor, o relatório Rampton de 1981. Ele diferia do anterior na visão mais circunspecta que oferecia do racismo como uma variável nas experiências educacionais das crianças negras nas escolas britânicas.

Esse relatório apresentou a mesma falha do Rampton, ao atrair um apoio significativo às recomendações do governo central. Sua publicação foi seguida pela destinação de uma quantidade limitada de fundos à educação por meio da provisão de Education Suport Grants (ESG), incentivos escolares servindo predominantemente às populações brancas desejosas de se engajar em alguma versão de educação multicultural.

Fazendo uma retrospectiva, e apesar das críticas completamente justificadas do relatório Swann, os anos de 1985-88 agora se assemelham aos dias de serenidade da educação multicultural (até mesmo anti-racista) na Grã-Bretanha. O relatório ofereceu um contexto para debates, seminários, conferências e publicações a respeito dessa ortodoxia educacional. Embora tenham freqüentemente gerado mais calor do que luz, esses eventos ajudaram a assegurar as estratégias para pôr em prática mudanças educacionais vinculadas a preocupações quanto à justiça social integrando-as à educação inicial e à formação de professores, a tomada de decisões administrativas e à prática rotineira do branqueamento curricular.

A aprovação da Ato de Reforma Educacional de 1988, contudo, soou como a morte de muitas dessas iniciativas. Com a introdução do Currículo Nacional (alguns dizem Nacionalista), o gerenciamento financeiro das escolas com base em universidades, as escolas subsidiadas, as faculdades tecnológicas e o correlativo enfraquecimento das autoridades educacionais locais e a chamada da Educação para Todos ("Education of All" – ERA) soam agora mais como um leve sussurro no mundo selvagem. O efeito do ERA e da legislação a ele associada foi o de ressuscitar a educação com base em conceitos assimilacionistas na Grã-Bretanha contemporânea. As noções universalistas de educação multicultural, que tinham uma base tênue em meados da década de 1990, foram eliminadas.

LEITURAS SUGERIDAS

Education, Racism and Reform, de Barry Troyna e Bruce Carrington (Routledge, 1990), oferece uma visão geral dos desenvolvimentos ideológicos e políticos no tocante à raça e à educação na Grã-Bretanha. Inclui uma análise detalhada dos relatórios Rampton e Swann.

Education for All, organizado por Gajendra Verma (Falmer, 1989), traz uma série de ensaios que avaliam o significado do relatório Swann na legitimização das versões culturais pluralistas de educação.

Racism and Education: Research Perspectives, de Barry Troyna (Open University Press, 1993), avalia o papel da educação na legitimação e reprodução da desigualdade racial. O livro contém capítulos que avaliam a contribuição do relatório Swann e do ERA de 1988 para o desenvolvimento da educação multicultural e anti-racista.

Racism and Antiracism in Real Schools de David Gillborn (Open University Press, 1995), oferece uma compreensão a respeito de como as escolas responderam às questões relacionadas à raça, apesar do ataque do governo conservador britânico na década de 1990.

Ver também: AFRO-CARIBENHOS NA GRÃ-BRETANHA; ASIÁTICOS NA GRÃ-BRETANHA; EDUCAÇÃO E DIVERSIDADE CULTURAL; SUB-RENDIMENTO

BARRY TROYNA

ROMA

Popular e erroneamente tomados por ciganos, os roma (*singular: rom*) são um povo diaspórico de origem indiana que chegou à Europa no final do século XIII, antes de se mudar para outros continentes. Eles somam hoje entre 10 e 12 milhões no mundo todo, com 6-7 milhões na Europa Oriental, 2 milhões na Ocidental, 1 milhão na América do Norte e 1 milhão na América do Sul.

A idéia genérica que se sustenta é a de que os roma vieram do Egito (daí "Gypsian" ou "Gipsy", ciganos, em inglês), embora outros sugiram que eles descendam dos 10 mil músicos que foram doados pelo rei da Índia para o xá do Irã no século V. Atualmente, aceita-se que a população tenha origens não-arianas (principalmente dravidian e pratihara, embora com algumas contribuições africanas dos siddis ou dos africanos orientais selecionados para combater no exército muçulmano e hindu). Eram pessoas escolhidas nos batalhões para resistir à incursão do Ghazi Islâmico (que guerreavam com os não-muçulmanos) na Índia no século XI. Eles começaram a surgir na Europa a partir de 1300.

A palavra romani para um não-rom é *gadzo* (do sânscrito *gajjha,* civil). A língua romani reflete de várias maneiras os padrões de migração; tem elementos do hindi (nordeste da Índia), traços do iranic (nordeste da África), e palavras armênias, georgianas e osséticas (região caucasiana da Europa Oriental). A presença do grego sugere uma longa estada no Império Bizantino na Ásia ocidental e sudeste da Europa.

O movimento para a Europa, assim como a saída da Índia, foi o resultado da expansão islâmica. Nos Bálcãs, os roma constituíram uma população muito requisitada de artesãos e foram empregados nos principados de Wallachian e Moldávia no sudeste da Europa. A necessidade da mão-de-obra romani precipitou um movimento para outras partes da Europa, onde a sua habilidade em fabricar armas transformou-os em trabalhadores procurados – tanto que a legislação permitindo a escravização dos roma consta de várias constituições. Sua emancipação veio por volta da segunda metade do século XIX.

Em 1500, os grupos romani tinham alcançado todos os países do sudeste e leste da Europa. O êxodo que se seguiu à abolição da escravidão começou na década de 1860 e levou centenas de milhares de roma *Vlax* (romenos e búlgaros) para a Rússia, Sérvia, Américas e outros lugares.

Atualmente, os roma *Vlax* são o grupo romani mais numeroso e amplamente disperso e o seu dialeto de romani, o mais popular. Outros acontecimentos populares, como a queda do Império Austro-Húngaro e as duas guerras mundiais, estimularam as migrações. Depois do colapso do comunismo, em 1989, uma grande migração partindo da Europa oriental levou mais roma para o ocidente Europeu e América do Norte.

O sentimento anticiganos tem sido uma característica na vida dos roma. Como não brancos, não cristãos e nômades, entrando na Europa perto do ápice do imperialismo otomano, eles foram inicialmente identificados como muçulmanos e vistos como uma ameaça não somente para a Igreja católica, mas para a economia européia, que era sustentada pelo comércio com o Oriente. Usando-se uma retórica bíblica, a pele escura era associada ao mal; o racismo foi a justificativa racional de Hitler para o desejo de erradicar os roma. Como um povo diaspórico, os roma eram transitórios onde quer que estivessem. A cultura romani proibia – e ainda proíbe – contatos íntimos com os não-roma, reforçando assim o seu *status* marginal e a sua não participação nas várias sociedades hospedeiras. Várias leis foram instituídas para manter os roma a distância. Quando os países da Europa Ocidental entraram no período da expansão colonial, seus territórios além-mar tornaram-se despejadouros de populações romani indesejadas. Na década de 1960, eles foram embarcados como escravos da Grã-Bretanha, França e Portugal rumo às suas colônias no Caribe e em outros lugares.

A balcanização da Europa em várias repúblicas étnicas distintas depois de 1989 gerou molestamento e outra onda de migração romani forçada. Na Bósnia-Herzegovina, Polônia, Eslováquia, Bulgária e República Tcheca, a atividade anti-romani foi especialmente severa. Em 1995, 24 casas foram incendiadas em Bacu, Romênia, e cinco roma foram feridos por uma carta-bomba em Bucareste, fazendo surgir a suspeita de que existia uma intenção de genocídio em alguns dos ataques. Em 1994, instaurou-se uma audiência no Congresso a respeito dos abusos aos direitos humanos dos roma. O surgimento dos *skinheads* nos Estados Unidos trouxe novos problemas para os roma, regularmente vitimados pelos jovens neonazistas.

LEITURAS SUGERIDAS

A History of the Gypsies of Eastern and the USSR, de David Crowe (St. Martin's Press, 1995), é uma narrativa da história e da situação sociopolítica dos roma nos diversos países.

The Gypsies, de Angus Fraser (Blackwell, 1991), é um tratado histórico das origens e migrações e pode ser proveitosamente lido em conjunto com uma coletânea organizada por David Crowe e John Kolsti, *The Gypsies of Eastern* Europe (Sharpe, 1986).

The Pariah Syndrome: An Account of Gypsy Slavery and Persecution, de Ian Hancock (Karoma, 1987), trata principalmente dos cinco séculos de escravidão romani, contendo capítulos a respeito das leis anti-romanis na Europa e nos EUA.

Ver também: ARIANOS; DIÁSPORA; ESCRAVIDÃO; RACISMO EUROPEU; SKINHEADS

IAN HANCOCK

Segregação

Há dois tipos de segregação: *de jure* e *de facto*. A segregação *de jure* representa uma situação em que grupos definidos com base em diferenças "raciais" ou étnicas putativas são formalmente separados por lei. Na segunda situação (*de facto*), tal separação existe sem uma restrição formal legal.

Embora tenha havido numerosos casos de segregação legal ao longo da história, as mais conhecidas são as leis "Jim Crow" da era pós-guerra de secessão nos Estados Unidos e o apartheid na África do Sul. No primeiro caso, os níveis de segregação racial entre as comunidades negra e branca aumentaram depois da abolição do regime escravocrata. A maioria dos analistas apontou tal situação como resultado do medo de uma relação igualitária entre os escravos libertos e os seus antigos senhores: manter a diferença era, certamente, um modo de prolongar o sistema de subordinação, enraizado na noção de uma hierarquia "racial" étnica. O apartheid sul-africano estendeu e formalizou o processo de segregação estritamente residencial de 1948 até a década de 1990, o que foi consagrado pelo Ato de Áreas Grupais e pela política "Bantustan".

A segregação legalmente reforçada, foi, nos dois países, muito além da questão do assentamento residencial. Os "não-brancos" eram impedidos de compartilhar de toda uma extensão de serviços com os brancos: educação, emprego e saúde; eram proibidos até mesmo de freqüentar locais públicos, como restaurantes, cafés, cinemas, clubes, transporte público e piscinas/praias. O apartheid chegou ao extremo de separar as entradas de prédios públicos, estabelecer bancos e fontes de parques, e assim por diante.

A segregação *de facto* segue, algumas vezes, a abolição formal de sua equivalente *de jure*. Assim, a segregação residencial no sul dos Estados Unidos permaneceu em evidência por uma série de razões. A pobreza, o alto nível de desemprego e as práticas discriminatórias institucionalizadas no mercado da habitação mantiveram a mobilidade dos afro-americanos gravemente restrita, e a ameaça de violência motivada por racismo captava aqueles para quem tal movimento era praticável. Além das restrições estruturais, havia também o isolamento daqueles que compartilhavam uma mesma herança cultural. Os afro-americanos que haviam migrado do Sul rural para as cidades do Norte à procura de trabalho acabaram por reproduzir seus padrões anteriores: concentrar-se em guetos urbanos pobres.

É importante reconhecer, portanto, que a segregação *de facto* não deve ser interpretada como uma segregação voluntária. Existem também certas "áreas cinzentas" na esfera policial, onde mesmo na ausência de uma estrutura legal, os "costumes e práticas" podem gerar uma segregação localizada. Em resposta às queixas de molestamento racial por bengaleses em Tower Hamlets, Londres, na década de 1970, as autoridades locais resolveram acomodar os queixosos em apartamentos (completamente inadequados para eles), em um pequeno número de blocos de arranha-céus. A segregação imposta, portanto, resultou da falta de vontade do Grande Conselho Londrino de lidar com o problema essencial: era mais fácil deslocar uma comunidade já marginalizada do que lidar com os autores dos molestamentos, na sua maior parte, os residentes brancos.

Mais significativo ainda, no contexto da segregação involuntária sem uma estrutura legal formalizada, é o processo que ficou conhecido eufemisticamente como "limpeza étnica". Baseado com freqüência em sistemáticos genocídios étnicos, como os ocorridos na Bósnia e em outras regiões da antiga Iugoslávia no início da década de 1990, esse é um processo politicamente encaminhado. No caso da Bósnia, o Acordo de Paz de Dayton, assinado por todos os partidos em guerra, em dezembro de 1995, definiu "fronteiras étnicas" em termos espaciais, de modo que a "segregação política" se tornou segregação *de jure* formal.

A não ser em certos casos extremos, alguns deles citados neste livro, a segregação não é um fenômeno presente ou ausente: ela tende a ser uma questão de graduação. O desafio para os pesquisadores é medir o nível de segregação. Vários problemas de mensuração, em especial os associados à natureza arbitrária das unidades espaciais burocraticamente definidas, dificultam a realização de análises comparativas (ver o artigo de Massey e Denton, recomendado a seguir). É importante assumir esses problemas, contudo, uma vez que a análise dos padrões de mudanças espaciais, particularmente quando em conjunto com questões como classe social, pode fornecer compreensões da dinâmica da mudança social.

LEITURAS SUGERIDAS

Ethnic Segregation in Cities, organizado por Ceri Peach, Vaughan Robinson e Susan Smith (Croom Helm, 1981), oferece contribuições teóricas e substantivas de alguns dos principais pesquisadores na área.

"Trends in the residential segregation of Blacks, Hispanics, and Asians: 1970-1980", de D. S. Massey e N. A. Denton, publicado em

American Sociological Review (v. 52, 1987), discute o problema da medição dos níveis de segregação espacial.

Social Geography and Ethnicity in Britain: Geographical Spread, Spatial Concentration and Internal Migration, organizado por Peter Ratcliffe (Ethnicity in the 1991 Census, v. 3, OPCS, 1966), apresenta uma avaliação detalhada dos padrões residenciais atuais e passados na Grã-Bretanha e estabelece a provável direção e o significado das futuras mudanças.

Ver também: APARTHEID; GUETO; PRUITT-IGOE; *WHITE FLIGHT*
PETER RATCLIFFE

SIONISMO

O sionismo, em sua forma moderna, desenvolveu-se a partir de uma crença do final do século XIX – a necessidade de estabelecer uma pátria judaica autônoma na Palestina. Theodor Hertzl (1860-1904), jornalista húngaro que vivia em Viena, foi finalmente persuadido pelos acontecimentos do caso Dreyfus na França e pelos *progroms* (o massacre organizado de judeus na Rússia) a concluir em seu livro, *Der Judenstaat,* que a única maneira de os judeus poderem praticar a sua religião e cultura em segurança era tendo a sua própria nação-Estado. Em 1897, no I Congresso Sionista Mundial na Basiléia, Chaim Weizmann (1874-1952) insistiu que esse Estado deveria ser recriado na Palestina, mesmo que não tivesse havido um significativo assentamento judaico na área depois da conquista de Jerusalém em 70 d.C.

O argumento foi o de que os judeus sempre consideraram a Palestina como sua pátria espiritual, citando a oração judaica que diz "no ano que vem em Jerusalém". Pode-se argumentar também que os judeus ortodoxos lidavam com esse sentimento de uma forma filosófica: uma forma de afirmar antigas crenças, não de recomendar a formação de um Estado judaico com Jerusalém como capital. Herzl e Weizmann enfrentaram a oposição a suas idéias tanto por parte dos judeus ortodoxos quanto por parte daqueles judeus que acreditavam pertencer aos países em que eles e suas famílias haviam-se estabelecido. Mesmo depois da declaração de Balfour, em 1917, expressando a simpatia do governo britânico para com as aspirações sionistas, favorecendo "o estabelecimento de uma pátria nacional na Palestina para o povo judeu", não houve uma grande migração de judeus para a Palestina, que foi, por centenas de anos, predominantemente árabe.

Até a Segunda Guerra Mundial, as alegações do sionismo de que os judeus de todo o mundo desejavam e tentavam voltar para uma pátria de onde eles se sentiam exilados, tinham de fato muito pouca base em fatos reais. Foi somente depois do genocídio anti-semita do partido nazista, que assassinou 6 milhões de judeus entre os anos de 1939 e 1945, que as teorias clássicas de Herzl, Achad e Ha'am passaram a significar alguma coisa para os sobreviventes do Holocausto e para os judeus na diáspora.

Assim como os *progroms* convenceram Herzl, o Holocausto convenceu milhões. A maioria dos judeus passou a acreditar que pertencia a um povo separado que tinha sofrido discriminações e perseguições sem fim. A única maneira de praticar o estilo judaico de vida em segurança era viver num Estado judeu, controlado e governado por judeus. A principal aspiração teórica do sionismo transformou-se em realidade com a proclamação do Estado de Israel, em 1948.

Embora a demanda fundamental pela criação de um Estado judeu na Palestina tivesse sido concretizada, o sionismo contemporâneo significa mais que um apoio pró-Israel na diáspora e mais que um patriotismo israelense em Israel. Embora inclua essas duas ideologias, ele envolve um enfoque abrangente dos problemas do povo judaico. As partes integrantes de um programa sionista estão, em grande parte (embora não completamente), incluídas nas resoluções do XXVII Congresso Sionista realizado em Jerusalém, em 1978:

- A unidade do povo judaico e a centralidade de Israel na vida judaica;

- A admissão do povo judaico na sua pátria histórica, a terra de Israel;
- A elaboração do Estado de Israel;
- A apresentação da identidade do povo judeu por meio da promoção da educação hebraica e judaica e dos valores culturais e espirituais judaicos;
- A proteção dos direitos dos judeus onde quer que seja.

O encorajamento da "aliya" (a imigração para Israel) é a principal tarefa do movimento sionista.

A publicação soviética *Pravda*, em 1971, iniciou uma campanha anti-sionista. As atordoantes acusações de Moscou de que os líderes sionistas haviam colaborado com os nazistas alemães foram adotadas pelos Estados árabes, na época, no auge do *boom* do petróleo. Juntos, os países conseguiram obter votos suficientes das Nações Unidas para *push through* o que agora é uma resolução infame. Em novembro de 1975, a Assembléia Geral da ONU aprovou a resolução 3 379, associando o sionismo ao apartheid sul-africano e condenando-o como "uma forma de racismo e discriminação racial". Isso negou implicitamente o direito de Israel a uma existência legítima.

Os sionistas refutaram essas ligações enfaticamente, alegando que a resolução havia igualado nacionalismo com o racismo. Alguns críticos e vítimas de Israel replicaram que esse país não se comportou melhor (e, na verdade, algumas vezes pior) depois de ter obtido um território-nação (em 1948) que outros Estados e movimentos nacionalistas. Israel negou direitos civis a sua minoria árabe; muitos de seus membros foram expulsos das terras em que nasceram; o país se engajou em atos de violência que ultrapassaram uma resposta legítima à violência cometida contra ele. Os defensores e apoiadores de Israel responderam às críticas defendendo uma oposição ao anti-semitismo.

As mudanças ocorridas na política no início da década de 1990 provocaram uma reconsideração dessa resolução. A Guerra do Golfo Pérsico, especialmente, dividiu o mundo árabe e islamita, e o colapso do comunismo quebrou o bloco soviético. Em dezembro de 1991, a ONU votou por revogar a resolução de 1975, por 111 a 25. Essa foi a segunda vez, na sua história, que a ONU reverteu uma de suas próprias resoluções.

LEITURAS SUGERIDAS

The Idea of the Jewish State, de B. Halpern (Harvard University Press, 1969), delineia os desenvolvimentos políticos.

The Origins of Zionism, de P. Vital (Clarendon Press, 1975), é um guia abrangente para o entendimento do sionismo e suas raízes.

Lost Jews: The Struggle for Identity Today, de Emma Klein (Macmillan, 1995), investiga os judeus "nas margens da vida judaica", e como eles buscaram afiliações alternativas à identidade judaica.

Ver também: ANTI-SEMITISMO; DIÁSPORA; NACIONALISMO; NAÇÕES UNIDAS

CARL A. BAGLEY/ ELLIS CASHMORE

SKINHEADS

Ao contrário dos muitos outros movimentos supremacistas brancos que enfraqueceram nos últimos anos, os skinheads continuam a atrair adeptos de toda a Europa e Estados Unidos. Eles seguiram os passos de seus correlatos britânicos da década de 1970, que formaram alianças com organizações neofascistas, como a Frente Nacional e o Movimento Britânico, e se ligaram a movimentos políticos já estabelecidos. Embora não tenham uma estrutura organizacional formal, foram bem aceitos em grupos de padrão semelhante, como a Ku Klux Klan, a Liberty Lobby, a White Aryan Resistence e os partidos alemães radicais de direita, National Front e Deutsche Alternativ.

O movimento skinhead surgiu na Inglaterra, no final da década de 1960, como uma reação hostil da classe trabalhadora às mudanças culturais pelas quais a juventude atual ansiava. Atraindo o apoio dos jovens nas cidades do interior da Grã-Bretanha, os skinheads tinham como alvo os grupos tidos como "*outsiders*", mais particularmente os migrantes sul-asiáticos – "*pakis*", como a eles se referiam. Seu uniforme consistia em cabeça raspada, braçadeiras (suspensórios), jeans e coturnos. Depois de um período de declínio, reapareceram em 1978 com o ressurgimento dos movimentos racistas.

Quando esse movimento começou a se dispersar na Grã-Bretanha, na década de 1980, equivalentes norte-americanos vieram à tona. Muitos casos de brutalidade e vandalismo envolvendo ataques de skinheads a minorias étnicas ocorreram nas décadas de 1980 e 1990; o mais conhecido deles envolveu Tom Metzger, ex-Grande Dragão da Ku Klux Klan e líder da White Aryan Resistance (WAR), que tinha um grande número de membros. Em 1990, o tribunal de Portland, Oregon, responsabilizou Metzger e seu filho pela morte de Mulvgeta Seraw, um migrante etíope, surrado por um grupo de skinheads, que teria se inspirado nas idéias de Metzger, que foi obrigado a pagar 12,5 milhões de dólares à família de Seraw. Em 1993, Metzger foi à corte novamente, acusado de ter violado as regras municipais de incêndio do Vale de San Francisco, Califórnia, ao queimar ritualisticamente uma cruz ao estilo da Ku Klux Klan. Seu advogado invocou a Primeira Emenda da Constituição norte-americana (*free speech*), expressão de liberdade, argumentando que Metzger estava sendo perseguido por "suas crenças".

Em 1992, o governo alemão baniu a venda, a manufatura e a distribuição da música skinhead conhecida como "Oi!", cuja letra evocava o racismo e o genocídio. De acordo com George Marshall (em *Spirit* of '69: *A Skinhead Bibble*, ST Publishing, 1991), a música foi lançada em 1980 pela banda inglesa The Cockney Rejects. Entre as bandas alemãs afetadas pela interdição estavam a Störkraft (Força Destruidora), Endstufe (Estágio Final) e Kahlkopf (Cabeça Calva). Nesse período, surgiram movimentos skinheads nos países da Europa oriental, como Polônia, Hungria, Eslováquia e República Tcheca. Seus alvos eram os ciganos, judeus e pessoas em busca de asilo político.

LEITURAS SUGERIDAS

Blood in the face, de James Ridgeway (Thunder's Mouth Press, 1990), aborda o surgimento daquilo que o autor chama de "nova cultura branca", que inclui skinheads e outros movimentos brancos supremacistas.

"Long days journey into white", de Kathy Dobie (em *Village Voice*, v. 37, nº 17, abril 1992), discute o papel das mulheres skinheads e o seu envolvimento com as organizações neonazistas.

No Future, de Ellis Cashmore (Heinemann, 1984), investiga as origens dos skinheads e avalia o seu legado, "a mentalidade skinhead".

Ver também: BODE EXPIATÓRIO; ESTEREÓTIPO; KU KLUX KLAN; NEONAZISMO; RACISMO EUROPEU

ELLIS CASHMORE

SOCIOBIOLOGIA

Desde a popularização do termo por Edward O. Wilson em 1975, a sociobiologia passou a ser tratada como o estudo do comportamento animal a partir da perspectiva darwiniana da teoria da evolução. O enfoque, contudo, remonta à obra de William D. Hamilton e John Maynard Smith, de meados da década de 1960. Uma nomenclatura mais antiga é a etologia. Outros preferem biologia comportamental ou ecologia populacional. Quando aplicado a outros animais, o assunto apresenta relativamente poucas controvérsias, mas a sociobiologia humana tem sido energicamente atacada como racista, sexista, hereditária, social-darwinista, e assim por diante. A proposição essencial da sociobiologia de que o comportamento, assim como a anatomia, evoluiu em virtude da seleção natural, tendo, portanto, uma base genética, não deveria gerar tanta controvérsia.

O modelo sociobiológico *não* é hereditário; ao contrário, ele tem sua premissa no teorema de que qualquer fenótipo é produto da interação de um genótipo com o meio ambiente. Mais que isso, ele não assume nenhuma posição *a priori* a respeito da relativa importância de cada um, que é altamente variável de uma espécie para outra, e dos vários comportamentos em uma mesma espécie. A sociobiologia também não nega ou minimiza a importância da linguagem simbólica e da cultura para os humanos. Os sociobiólogos só insistem que a linguagem humana e a própria cultura evoluíram biologicamente, tendo sofrido, portanto, alguma influência genética, por mais remota, indireta e flexível que ela possa ser. Eles apenas rejeitam o ambientalismo extremo, argumentando que os humanos têm probabilidades iguais de aprender qualquer coisa com a mesma facilidade, e que a evolução cultural é completamente desvinculada da evolução biológica.

Um dos pilares da sociobiologia (e que a distingue da mais antiga etologia) é a ênfase na seleção em nível individual e a sua posição contrária à seleção grupal. Os organismos agem de maneira a maximizar a sua adequação individual (medida em termos de sucesso de reprodução), não para beneficiar o seu grupo ou a sua espécie, exceto à medida que a adequação do grupo coincide com a adequação individual. Finalmente, a unidade da seleção natural é o gene e não o organismo, que é, em termos de evolução, um modo do gene fazer cópias de si mesmo, idéia popularizada por Richard Dawkins.

O que parece um comportamento altruísta é explicado pela sociobiologia como um egoísmo genético extremo. Um comportamento benéfico pode aumentar uma adequação individual de duas maneiras: por meio do *nepotismo* ou seleção por parentesco, e pela relação de *reciprocidade*. Ao ajudar a reprodução dos próprios parentes (nepotismo), um organismo pode maximizar a sua própria adequação, até porque os parentes compartilham de uma determinada porcentagem de seus genes por descendência comum (metade entre irmão e filhos, um quarto entre avós e netos, tios e sobrinhos, um oitavo entre primos de primeiro grau etc.) Ajudar os parentes a se reproduzir é, assim, uma maneira indireta de reproduzir os próprios genes. O nepotismo pode ser maximizador de uma adequação mesmo se o comportamento não for recíproco. Na verdade, muitas formas do nepotismo são altamente assimétricas (entre pais e filhos, por exemplo). Descobriu-se que o nepotismo é um poderoso princípio explanatório da sociabilidade animal e é, obviamente, universal nas sociedades humanas.

Entre indivíduos não-aparentados, o comportamento benéfico só maximiza a adequação se for recíproco, embora as relações de reciprocidade estejam sempre vulneráveis a charlatães e parasitas (que tentam evitar a reciprocidade). Na natureza, a reprodução sexual é uma forma disseminada de reciprocidade entre machos e fêmeas; cada um dos sexos se beneficia sendo "legal" com o outro, mas a natureza não seleciona de acordo com um amor insatisfeito! Muitas das aplicações mais bem-sucedidas da sociobiologia ocorreram no campo das estratégias de machos e fêmeas no tocante à reprodução e ao "investimento dos progenitores" e aos sistemas de casamento entre as diferentes espécies. Nos humanos, as relações de reciprocidade podem ser extremamente complexas e sofisticadas, pois a inteligência humana permite o desenvolvimento de estratagemas ardilosos, gerando, por esse motivo, a necessidade de estratégias para contra-atacar os charlatães. As condições para a evolução do altruísmo recíproco nos humanos e nos outros animais foi especificada por Robert Trivers.

Um aspecto negligenciado da sociabilidade humana na sociobiologia foi o papel da coerção na promoção do parasitismo intra-específico e intra-social. É claro que com o surgimento dos Estados nos últimos 7 ou 8 mil anos da evolução humana, muitas relações tornaram-se assimétricas, uma vez que alguns indivíduos se utilizam de meios coercivos para se apropriar de recursos a fim de maximizar a sua própria adequação, em detrimento da dos outros. Na verdade, as sociedades humanas tornaram-se cada vez mais coercivas à medida que foram crescendo em tamanho e complexidade.

A sociobiologia não deveria ser vista como uma ameaça às ciências sociais e humanas, mas como um convite para incorporar o estudo do comportamento humano à principal corrente teórica da síntese neodarwinista, a teoria biológica dominante por mais de um século. Suas compreensões complementares especificam e enriquecem o que sabemos há muito tempo a nosso respeito – que somos produto tanto da hereditariedade quanto do meio ambiente, e que a natureza e a nutrição não são mais do que dois lados de uma mesma moeda evolutiva.

LEITURAS SUGERIDAS

Sociobiology and Behaviour, de David Barash (Elsevier, 1981), é um resumo lúcido, não-técnico das idéias dos principais teóricos da sociobiologia.

Sociobiology, Sense and Nonsense, de Michael Ruse (Reidel, 1979), constitui uma revisão completa dos argumentos científicos, éticos e ideológicos a favor e contra a sociobiologia e de suas implicações humanas.

On Human Nature, de Edward O. Wilson (Harvard, 1978), é uma declaração voltada para um público leigo a respeito da relação entre os genes e a cultura, pelo homem que deu à sociobiologia este nome. O livro é baseado em *Human Nature and Biocultural Evolution*, de J. Lopreato (Allen and Unwin, 1984).

Ver também: AMBIENTALISMO; DARWINISMO; DARWINISMO SOCIAL; FENÓTIPO; GENÓTIPO; HEREDITARISMO;

PIERRE L. VAN DEN BERGHE

SUB-RENDIMENTO

Este termo se refere a um padrão persistente no qual um grupo rende menos em termos escolares do que se poderia razoavelmente esperar. Parte da premissa de uma noção ideológica de escola como algo bom, persistente e altamente funcional na sociedade dos tempos modernos. Deriva da suposição liberal-democrática de que a educação é o principal instrumento da mobilidade ocupacional e social. Apoiando isso está a convicção de que a posse de credenciais educacionais formais desempenha um papel importante na distribuição das futuras chances de vida. Sem essas credenciais, presume-se comumente que uma pessoa ao completar o ensino médio não tenha probabilidade de conseguir o tipo de emprego ao qual aspira, se conseguir algum.

O Ato de Educação da Grã-Bretanha, em 1944, teve como objetivo assegurar que moças e rapazes da classe trabalhadora tivessem as mesmas oportunidades de obter educação secundária que seus pares da classe média. Apesar disso, algumas pesquisas logo revelaram que, embora obtendo igualdade de acesso à educação, os membros da classe trabalhadora continuaram rendendo menos do que seus pares da classe média. Essa questão gerou uma nova política em meados da década de 1960, com a dissolução do sistema tripartite da educação e o estabelecimento das escolas secundárias abrangentes. O imperativo dessa ação era claro: recuperar a credibilidade meritocrática das escolas, assegurando que todos os alunos, independentemente de seus *backgrounds*, tivessem oportunidades iguais de desenvolver o seu potencial intelectual por completo pelo acesso desimpedido às instituições educacionais e às credenciais oferecidas. Na Grã-Bretanha, como em outras sociedades capitalistas do Ocidente, a igualdade de oportunidades é o princípio organizacional da educação estatal.

Apesar da introdução de escolas abrangentes e iniciativas relacionadas, uma significativa diferença persistiu entre os níveis de rendimento acadêmico dos alunos da classe trabalhadora e da classe média. Tendo em vista que esse padrão é raramente explicado em termos de diferenças intelectuais natas entre esses dois grupos sociais, os alunos da classe trabalhadora apresentam, o que foi considerado formalmente, um "sub-rendimento", ou seja, diferente de seus correlatos da classe média, eles não estão exercendo o seu potencial intelectual de forma completa. Um grupo não pode render menos que o padrão se o seu nível intelectual e o de rendimento houverem sido geneticamente determinados a ser inferiores aos do grupo ao qual estão sendo comparados. Segundo esse ponto de vista, portanto, as causas de seu desempenho acadêmico relativamente inferior residem em outro lugar. Uma das explicações mais populares para essa tendência é a de que os alunos da classe trabalhadora vêm de *backgrounds* culturalmente deficientes e que as escolas devem fornecer um meio compensatório para fortalecer o seu desempenho acadêmico: por essa razão, iniciativas educacionais compensatórias. Os marxistas rejeitam essa interpretação patológica, preferindo, em vez disso, localizar as causas do sub-rendimento nas estruturas institucionais da sociedade e nas suas relações com o sistema educacional. Diferente, ainda, é a visão de que os microprocessos escolares desempenham o papel mais importante nesse cenário. Aqui, argumenta-se que os professores perpetuam os padrões diferenciais de rendimento por meio de suas expectativas e tratamentos dispensados aos alunos da classe trabalhadora. Eles são estereotipados como tendo um baixo rendimento e recebem oportunidades educacionais de nível inferior, condizentes com essas avaliações.

Uma extensão semelhante de explicações foi alegada para explicar o sub-rendimento dos alunos de origem afro-caribenha nas escolas britânicas. Desde o início da década de 1960, pesquisas registraram o baixo desempenho acadêmico desses alunos comparado ao dos alunos brancos e sul-asiáticos. Os prognósticos iniciais otimistas de que esse era um fenômeno transitório que derivava, em grande parte, do caráter recente desses alunos no sistema educacional britânico e que, portanto, iria diminuir com o passar do tempo não eram mais sustentáveis no final da década de 1970 e início da de 80. Numa extensão de investigações e pesquisas, incluindo aquelas conduzidas sob os auspícios dos Comitês Rampton e Swann, os alunos de origem afro-caribenha, juntamente com as crianças bengalesas, apresentaram "sub-rendimento", ou seja, não se saíram tão bem nas avaliações públicas quanto os alunos de outros grupos étnicos.

Certos educadores e psicólogos, como Arthur Jensen e Hans Eysenck, alegaram o intelecto inferior nato dos alunos negros. Contudo, em vista das razões já expostas anteriormente, aqueles que aderem ao argumento do "racismo científico" não podem tipificar legitimamente esses alunos como apresentando "sub-rendimento". Mais ainda, essas justificativas perderam por completo o seu valor e credibilidade com as provas que mostram que a diferença de Q. I. (por si só uma medida altamente duvidosa) das populações é maior do que a diferença na média entre elas.

As causas específicas dessa tendência é uma questão que vem atormentando os educadores há vários anos, e a resposta permanece fugidia. Ao mesmo tempo, muitos pesquisadores ficaram tão preocupados em estabelecer diferenças, ou em outras palavras, estabelecer linhas étnicas, que tenderam a ignorar a influência significativa do gênero e do *background* da classe social nos níveis de desempenho. Poder-se-ia supor que o "sub-rendimento dos indianos orientais" é uma designação não-aplicável e que se os dados da pesquisa fossem padronizados, considerando os *backgrounds* de classe e gênero, os resultados mostrariam poucas diferenças significativas entre os alunos negros e os seus correlatos brancos da classe trabalhadora?

Essa obsessão com o rendimento nas avaliações públicas talvez esteja mal localizada. Embora pesquisadores e políticos tenham tradicionalmente concentrado sua atenção em "quem consegue o quê", eles ignoraram a questão igualmente importante de "quem vai para onde – e por quê?". Simplificando, o debate a respeito do "sub-rendimento", em especial quando relacionado à etnia, focalizou somente a ponta do *iceberg*, a saber: os resultados observáveis na escola. Os pesquisadores que assumiram a responsabilidade de se aprofundar e tentaram deslindar as decisões e os processos que influenciam a seleção e a localização dos alunos nas classes examinadas e não-examinadas, revelaram uma extensão de padrões insidiosos, que têm, ao menos, de ser considerados nesse debate. Existe uma tendência de os professores destratarem os alunos de origem afro-caribenha com relação aos assuntos acadêmicos em favor do desenvolvimento do que eles percebem ser uma habilidade superior esportiva? Os alunos cuja língua materna não é o inglês são tidos como menos capazes intelectualmente que os seus pares, cuja língua materna é o inglês? Os alunos afro-caribenhos são desencorajados a competir nas avaliações de alto nível porque seus professores reconhecem que eles têm dificuldade de se concentrar e perseverar, em outras palavras, uma "atitude-problema"?

A pesquisa, baseada em sua maior parte em métodos étnicos, dirigiu-se tardiamente para essas e outras questões relacionadas, sugerindo que "desvalorizados" pode ser uma nomenclatura mais apropriada que "sub-rendimento".

LEITURAS SUGERIDAS

The Bell Curve: Intelligence and Class Structure in American Life (Free Press, 1994), é o controvertido texto no qual Richard J. Herrnstein e Charles Murray afirmam que existem provas científicas que demonstram a existência de diferenças de níveis de inteligência entre as classes sociais e os grupos étnicos baseadas nas características genéticas.

The Science and Politics of Racial Research (University of Illinois Press, 1994), de William H. Tucker, expõe as motivações políticas e ideológicas daqueles que consideram que a "inferioridade inata de uma raça" ainda é uma "questão científica".

"Underachievement: a case of conceptual confusion", de Ian Plewis, em *British Educational Research Journal* (v. 17, nº 4, 1911), esclarece alguns pontos obscuros e confusos associados ao uso do conceito em pesquisas, e pode ser lido em conjunto com *"Race", Ethnicity and Education,* de David Gillborn (Unwin Hhyman, 1990), o qual oferece uma compreensão original e iluminada da complexa relação entre etnia, educação e rendimento.

British Educational Research Journal (v. 19, nº 2, 1993) inclui um debate entre Barry Troyna e Roger Gomm a respeito de como melhor interpretar os processos escolares que governam a seleção e a localização dos alunos pertencentes a minorais étnicas em grupos de exames.

Ver também: EDUCAÇÃO E DIVERSIDADE CULTURAL; INTELIGÊNCIA E RAÇA; MARXISMO E RAÇA; RELATÓRIO SWANN

BARRY TROYNA

Subalternos

Termo de origem militar e que remonta ao século XVI, refere-se à classe júnior (do latim *sub*, abaixo, e *alternus*, alternado). Ganhou uso corrente principalmente por meio da obra de Gayatri Spivak, que gira em torno de questões como: a experiência da opressão confere uma jurisdição especial ao direito de falar sobre a opressão e a representação disso é possível num discurso no qual os grupos subalternos já são "spoken for". Seu artigo "Can the subaltern speak?" questionou a credibilidade da mulher subalterna, já representada como muda ou ignorada; seu discurso é, por definição, um não-discurso. O discurso, nessa concepção, diz respeito não tanto à habilidade dos grupos de articulá-lo mas à recepção por eles obtida.

O jornal *Subaltern Studies* (publicado pela Oxford University Press) dedicou-se a tentar "compreender a consciência que forjou e ainda forja as atitudes políticas tomadas pelas classes subalternas por si só, independentemente de qualquer iniciativa das elites", como Dipesh Chakrabarty coloca em discussão no quarto volume (1985) do jornal. A "atitude subalterna" refere-se à "combinação de cultura de resistência e aceitação da dominação e da hierarquia".

Parte desse projeto, de acordo com Spivak, é revelar a brancura como uma identidade étnica culturalmente construída – em que construída quer dizer em contradição às minorias subalternas subjugadas ou silenciadas. A posição privilegiada do "homem branco" em relação aos grupos subalternos foi "naturalizada" ao ponto da invisibilidade. Ainda assim, sua condição e existência foram viabilizadas pela negação de voz aos Outros.

Leituras sugeridas

"Can the subaltern speak?", de Gayatri C. Spivak, em *Marxism and the Interpretation of Culture*, organizado por Cary Nelson e Lawrence Grossberg (University of Illinois Press, 1987), é o influente artigo citado.

"Gayatri Spivak on the politics of the subaltern" é a entrevista publicada de Spivak a Howard Winant (*Socialist Review*, v. 20, nº 3, jul.-set., 1990).

The Postcolonial Critic: Interviews, Strategies, Dialogues, de Gayatri Spivak (Routledge, 1990), organizado por Sarah Harasyan, é um guia para a compreensão dos pensamentos de Spivak.

Ver também: DIÁSPORA; DISCURSO COLONIAL; HIBRIDEZ; OUTROS; PÓS-COLONIAL

ELLIS CASHMORE

SUBCLASSE

O conceito de subclasse foi utilizado por sociólogos para descrever a camada inferior das sociedades complexas, especialmente no contexto urbano. O termo refere-se a um grupo heterogêneo, situado abaixo da classe trabalhadora estavelmente empregada, considerado além dos confins do socialmente "respeitável". A expressão inclui categorias sociais como os cronicamente desempregados, os vagabundos, criminosos do submundo, alguns grupos considerados corruptos ou imorais (como as prostitutas) e, algumas vezes, até alguns grupos de fora da casta, ignorados, que podem ser étnica ou racialmente definidos (como os ciganos na Europa, os intocáveis na Índia, os *burakhumin* no Japão ou os "negros dos guetos" nos Estados Unidos).

Entre os sinônimos próximos de subclasse estão *Lumpenproletariat*, subprolretariado, párias e grupos de fora da casta. Cada um desses termos tem conotações especiais e tende a ser usado por cientistas sociais de diferentes convicções ideológicas. Assim, o termo *Lumpenproletariad* é geralmente utilizado pelos marxistas e se refere mais às dimensões econômicas de *status*, enquanto pária destina-se mais à desvalorização moral do grupo, sendo mais utilizado pelos acadêmicos liberais. Subclasse é provavelmente o termo mais neutro.

Uma característica-chave da subclasse nas modernas sociedades pós-industriais é a sua marginalidade ao sistema de produção e a sua relativa redundância a ele. Em períodos anteriores, nas diferentes fases de industrialização, a grande maioria da classe trabalhadora consistia em trabalhadores de fábrica com pouco treinamento e, portanto, intercambiáveis, sendo que os desempregados formavam uma reserva do proletariado, usada para furar greves, manter os salários baixos e perpetuar a exploração da classe trabalhadora como um todo. Com o surgimento dos prósperos Estados pós-industriais social-democráticos da Europa Ocidental, Austrália e América do Norte, uma linha cada vez mais aguda foi se delineando: de um lado, uma classe trabalhadora estável, segura, protegida pela união comercial e crescentemente empregada em serviços de habilidades específicas, de outro, uma subclasse subempregada em situação instável, subsistindo numa mistura de pagamentos de previdência e uma economia *underground* ilegal (tráfico de drogas, jogos, prostituição, trabalho em *sweat shop* ilegais e assim por diante).

O baixo nível e a pouca habilidade da subclasse moderna em comparação com as demandas cada vez mais altas de mão-de-obra especializada na economia principal combinam com a síndrome de dependência criada pelo sistema de previdência para perpetuar a marginalidade e a superfluidez da subclasse. Em sociedades como a Grã-Bretanha e os Estados Unidos, onde um setor substancial da subclasse também é racialmente estigmatizado e discriminado, a autoperpetuação da subclasse urbana é agravada ainda mais pelo racismo.

A imigração ilegal, como de hispânicos e asiáticos nos Estados Unidos, agrava ainda mais o problema, favorecendo a superexploração dos trabalhadores, cuja ilegalidade os exclui da proteção legal no tocante a salários, empregos e benefícios sociais. Um fator adicional é o crescente número de crianças urbanas criadas por progenitores solteiros (na aterradora maioria, mães) que, além de sofrer com o racismo e a falta de qualificação, são marginalizadas pelo sistema de produção por meio da discriminação sexual e das responsabilidades parentais. Estima-se, por exemplo, que 50% das crianças negras nos EUA são criadas por famílias encabeçadas por pais solteiros. Muitos deles herdam o *status* de subclasse e são condenados a formar a essência da juventude do gueto desempregado. Atualmente, por volta de 40% dos jovens negros urbanos estão cronicamente desempregados, quatro vezes a média nacional, e sobrevivem, em grande parte, por conta da previdência e de atividades marginais ou ilegais. A dependência econômica da mãe solteira dá-se, com freqüência, a uma criação do sistema previdenciário. A ausência de um homem adulto residindo na casa freqüentemente é considerada para o recebimento de auxílio da previdência; o que, por sua vez, encoraja o abandono masculino e perpetua a síndrome da previdência materna na subclasse.

LEITURAS SUGERIDAS

The Truly Disadvantaged, de William J. Wilson (University of Chicago Press, 1987), é uma obra antiga que analisa a formação da subclasse.

Social Inequality, organizado por André Béteille (Penguin, 1969), é uma coletânea de artigos clássicos, tanto teóricos quanto empíricos, abrangendo várias partes do mundo.

The Other America, de Michael Harrington (Macmillan, 1962), continua sendo o livro mais influente na "descoberta" da subclasse americana.

Ver também: CASTA; DESVANTAGEM; *EMPOWERMENT*; EXPLORAÇÃO

PIERRE L. VAN DEN BERGHE

TEORIA DA ESCOLHA RACIONAL

A teoria da escolha racional é um conjunto de esforços de pesquisa baseado na metodologia agente-racional da microeconomia. Neste enfoque, os resultados comportamentais são tidos como uma função da interação entre determinadas restrições estruturais e os valores ou utilidades dos indivíduos. A estrutura determina, em maior ou menor grau, as restrições sob as quais os indivíduos agem. Dentro desses limites, os indivíduos se confrontam com vários caminhos de ação. O caminho finalmente escolhido é selecionado de modo a adquirir o máximo de eficiência. Como a escolha racional é uma teoria dedutiva e genérica, ela gera a expectativa de um campo de relações raciais e étnicas com um novo programa de pesquisa capaz de produzir previsões em vez de descrições *post hoc*.

As aplicações nessa área de vulto começaram apenas recentemente. Sowell, por exemplo, em seu livro *Race and Economics* (McKay, 1975), usa os princípios da escolha racional para explicar padrões da discriminação racial no mercado de trabalho. Considere uma sociedade com um grupo de baixo *status* cujos membros representam uma mão-de-obra barata no mercado de trabalho. Esse tipo de hierarquia geralmente provoca um distanciamento: assim, membros de um grupo de alto *status* preferem limitar a sua interação social com os indivíduos de baixo *status*. Presumindo que os empregadores são maximizadores de lucro e não podem se chocar efetivamente com os membros de um determinado grupo, a discriminação racial no emprego será maior nas indústrias não-lucrativas e reguladas do que nas empresas não-reguladas e lucrativas. Mesmo que todos os empregadores prefiram excluir todos os trabalhadores de baixo *status* de suas firmas, sempre que o salário recebido por esses trabalhadores for inferior à sua produtividade, existirá um incentivo econômico para contratá-los. Se, contudo, os empregadores são impedidos de maximizar os seus lucros por causa da regulamentação governamental, ou fazem parte de empresas sem fins lucrativos, não há chance de obter mais lucro ao contratar a mão-de-obra relativamente barata (e de baixo *status* racial) e, portanto, tenderão a discriminar mais que as empresas lucrativas e não-reguladas, que têm um incentivo para contratar trabalhadores de preço baixo.

Landa (em *The Journal of Legal Studies*, v. 10, 1981) tenta explicar por que os intermediários etnicamente homogêneos são tão mais comuns nas sociedades do Terceiro Mundo do que nas desenvolvidas. Seus argumentos partem da natureza problemática do comércio na teoria da escolha racional. Se dois participantes de um contrato são maximizadores de prosperidade, o que impede qualquer um dos dois de invalidá-lo quando isso for lucrativo? Nas sociedades em que as leis contratuais são desenvolvidas e facilmente reforçadas, o sistema judiciário é com freqüência suficiente para impedir que os comerciantes infrinjam o contrato. Essa solução, contudo, não se encontra disponível nos países com sistemas judiciários mal desenvolvidos ou inexistentes. Nesses casos, as redes etnicamente homogêneas são as melhores alternativas para os comerciantes a fim de garantir que o contrato não seja infringido. Os comerciantes racionais escolhem participar do tipo de rede comercial mais barato. É provável que eles escolham redes de comércio etnicamente homogêneas porque isso traz economia em termos de coordenação e reforço. Por um lado, os códigos tradicionais de conduta (como os de Confúcio ou do Talmud) podem trazer muitos dos efeitos dos sistemas contratuais; por outro, confinar o comércio aos membros do seu próprio grupo étnico permite que se tire vantagem de uma ferramenta de proteção informalmente eficiente. O comerciante pode prever o comportamento contratual do parceiro em potencial com um alto grau de acerto. Por essas razões, a prevalência dos intermediários étnicos especializados deveria ser maior (*Ceteris paribus*) nas sociedades com sistemas judiciários menos desenvolvidos.

Finalmente, Hechter, Friedman e Applebaum (em *International Migration Review*, v. 16, 1982) tentam prever as condições sob as quais surgirá a ação étnica coletiva. Na sua visão, a probabilidade da ação coletiva surgir não reside em fatores como o grau de igualdade interétnica ou os níveis mutantes de relativa privação que afeta os desejos dos membros por mudanças estruturais na sociedade como um todo. Os membros de qualquer grupo étnico só vão se engajar numa ação coletiva quando acreditarem que fazendo isso receberão um benefício de rede individual. Nesse aspecto, as organizações étnicas são vitais por duas razões. Elas são a principal fonte de recompensas e punições privadas que motivam a decisão individual de participar de uma ação coletiva, mas como o cálculo individual de custo/benefício depende em parte da estimativa da probabilidade de sucesso de qualquer ação coletiva, as organizações podem desempenhar um papel-chave no controle da informação disponível para os seus membros. Quando os membros têm poucas fontes alternativas de informação, as organizações podem facilmente convencê-los de que o sucesso de uma ação coletiva cuidadosamente planejada é uma possibilidade real, talvez até mesmo uma conclusão predeterminada. Com base nisso, a probabilidade de uma ação étnica coletiva ocorrer varia positivamente de acordo com os recursos organizacionais, a capacidade de monitoração, a solidariedade, o controle das informações, o histórico da distribuição justa dos lucros coletivos e a adoção de táticas não-violentas e, negativamente, de acordo com o tamanho da organização e a capacidade de seus concorrentes – inclusive o Estado – de punir os supostos participantes.

Como a maioria das outras aplicações da teoria da escolha racional neste campo, estas ainda necessitam de rigorosos testes empíricos.

A agenda de pesquisa da escolha racional enfrenta dois importantes desafios. O primeiro é explicar a existência das instituições sociais que restringem o conjunto de ações individuais praticáveis – que são normalmente tratadas como certas – de premissas da escolha racional; isto é discutido em *Social Institutions,* organizado por M. Hechter, K. Dieter-Opp e R. Wippler (Gruyt, 1994).

O segundo desafio é lançar luz sobre o problema da formação de valores (ver Hechter, "The role of values in rational choice theory", em *Rationality and Society,* v. 6, nº 3, 1994): "Valor" é o termo genérico usado nas análises da escolha racional para designar posições internas. Aliadas às restrições institucionais e ambientais, as preferências ajudam a determinar as ações individuais e os resultados sociais. Como essas posições internas não são facilmente mensuráveis, os teóricos da escolha racional construíram seus próprios modelos sob rigorosas suposições que permitem que o seu papel independente seja ignorado. A próxima tarefa é incorporar suposições mais realistas a respeito de preferências nesses modelos dedutivos.

Leituras sugeridas

Racial and Ethnic Competition, de Michael Banton (Cambridge University Press, 1990), tenta integrar a teoria com a análise comparativa.

Foundations of Society Theory, de James S. Coleman (Harvard University Press, 1990), é uma descrição importante da teoria sociológica da escolha racional.

Principles of Group Solidarity, de Michael Hechter (University of California Press, 1987), apresenta uma análise das condições sob as quais os grupos são mais ou menos solidários.

Ver também: DISCRIMINAÇÃO RACIAL; MINORIAS; PLURALISMO; PODER; PRECONCEITO

MICHAEL HECHTER

TERCEIRO MUNDO

A origem deste termo é geralmente atribuída a Alfred Sauvy, que escrevendo ao *L'Observateur* em 1952, usou a expressão *le tiers monde* para descrever as nações que se libertaram do colonialismo de maneira semelhante à luta dos proletários (o Terceiro Estado), superando a dominação da nobreza e do clero durante a Revolução Francesa. A maioria dos países do Terceiro Mundo tem um histórico de dominação colonial e perseguiu uma identidade coletiva que os desassocia politicamente dos dois ex-blocos de poder, o soviético e o ocidental capitalista. O termo também tem um caráter econômico, abarcando coletivamente os países que foram situados como explorados pelo legado colonial na economia internacional e que geralmente ficaram para trás no desenvolvimento industrial. Embora o critério de definição seja um tanto diferente, outros termos como "o sul" (em oposição ao norte) e "o mundo em desenvolvimento" são freqüentemente usados de forma intercambiável com a expressão "Terceiro Mundo" nos mesmos textos.

Como Estados pós-coloniais, a maioria dos países do Terceiro Mundo tem economias historicamente enraizadas num sistema que esvaziou a sua prosperidade natural e a confiscou para o lucro dos poderes coloniais, tendo sido sua função prover matéria bruta, mão-de-obra barata e mercados para o desenvolvimento da industrialização em outros lugares. A independência política que se seguiu à Segunda Guerra Mundial fez pouco para mudar as características fundamentais desse sistema, em que os mecanismos de intercâmbio e investimento multinacionais mantiveram a dependência econômica neocolonial num ambiente de aparente independência política. Apesar do sucesso de alguns países do Terceiro Mundo em produzir economias dinâmicas (em grande parte na Ásia oriental) ou em controlar a produção primária (OPEC), os países do Terceiro Mundo encontram-se, de maneira geral, numa espiral descendente de situações desvantajosas no sistema econômico internacional, gerando assim uma "crise de débito internacional" que está voltada, atualmente, não apenas para si, mas para todo o sistema monetário mundial. Essa situação confirma, de maneira lamentável, a amarga definição do presidente Nyerere a respeito do Terceiro Mundo: a "União Comercial dos Pobres".

A análise do papel que ocupa o Terceiro Mundo num sistema global de exploração econômica foi em grande parte desenvolvida por teóricos em política econômica, os quais trabalhavam a partir dos paradigmas da "dependência" e dos "sistemas mundiais", e pela economia neoclássica. Embora esses enfoques tenham indubitavelmente sido primordiais e produtivos, também tenderam a marginalizar a importância das estruturas governamentais do Terceiro Mundo, ao argumentar que estes tinham pouco espaço para ações autônomas. Essa implicação está atualmente sendo desafiada, tendo em vista um maior conhecimento das questões relativas ao Terceiro Mundo. Essa corrente vê a criação de estruturas socioeconômicas integrativas endógenas como um componente necessário para o desenvolvimento econômico. A partir dessa perspectiva, o fator étnico torna-se freqüentemente uma variável importante, uma vez que muitos Estados do Terceiro Mundo são etnicamente heterogêneos, decorrência das partições arbitrárias da política colonialista. Para esses Estados poliétnicos, o objetivo de transformar os Estados em uma nação com estruturas que encorajem a participação econômica e a política integrada é uma questão criticamente central. O *locus* para a resolução dessa questão reside, em grande parte, dentro das próprias estruturas governamentais do Terceiro Mundo. O grau de conquista do objetivo determinará, em grande parte, a sua habilidade para superar as dimensões de dependência de seu atual *status* internacional.

Leituras sugeridas

The Third World, de Peter Worsley (2ª ed., Weidenfeld and Nicolson, 1977), é uma influente avaliação das questões a partir de uma perspectiva sociológica.

Third World Cities in Global Perspective, de David A. Smith (Westview, 1995), enfoca a desigualdade global e a dependência como uma maneira de explorar o crescimento das cidades no Terceiro Mundo.

Third Worlds: The Politics of the Middle East and Africa, organizado por Heather Deegan (Routledge, 1996), argumenta que países do Oriente Médio e da África apresentam contrastes escondidos – embora haja semelhanças históricas e culturais.

Ver também: COLONIALISMO; CONQUISTA; DESENVOLVIMENTO; PODER

Marshall Murphree

Thomas, Clarence (1948 –)

No dia 1º de novembro de 1991, Clarence Thomas foi nomeado juiz associado da Suprema Corte dos Estados Unidos. Com essa nomeação, tornou-se o segundo representante de uma minoria racial a ocupar uma cadeira na mais alta corte dos Estados Unidos, encerrando o que foi uma das mais controvertidas, se não a mais, das nomeações para a Suprema Corte.

Afro-americano de origem humilde e criado no segregado sul do país, Thomas chegou a juiz da Corte de Apelações dos Estados Unidos, no Distrito de Colúmbia, assumindo o posto ocupado pelo igualmente controvertido Robert Bork, apenas dezoito meses antes de sua nomeação, feita por George Bush, presidente republicano que não apoiou o Ato dos Direitos Civis de 1964 e que também vetou o Ato dos Direitos Civis de 1990. Com isso, tornou-se o único presidente dos Estados Unidos, na época, a vetar um estatuto de direitos civis. Thomas, um republicano conservador que construiu sua reputação profissional com freqüentes críticas aos líderes do movimento pelos direitos civis e a seus programas (como as ações afirmativas), foi apresentado à nação como "a pessoa mais qualificada" para substituir o lendário advogado dos direitos civis e da justiça liberal, Thurgood Marshall. Também irônico e controvertido foi o fato de o juiz Thomas ter-se beneficiado pessoalmente dos programas de ação afirmativa em sua vida profissional e acadêmica.

Numa situação sem precedentes, o juiz Thomas apresentou-se ao Comitê Judiciário do Senado por duas vezes. A primeira aparição concentrou-se em torno de questões rotineiras a respeito de posturas judiciais e interpretação da constituição, incluindo a posição do nomeado a respeito da legalização do aborto e da doutrina dos "direitos naturais". Durante essas audiências, o nomeado fez a famosa declaração de que nunca havia discutido com ninguém a sua opinião pessoal a respeito do famoso caso *Roe v. Wade*, que envolvia a questão do aborto.

Cerca de uma semana depois dessas audiências – antes, porém, de a nomeação ser votada –, o comitê foi chamado novamente para uma sessão extraordinária, a fim de considerar formalmente a acusação de molestamento sexual imposta a Thomas por uma respeitada professora afro-americana de direito, Anita Hill. No que foi o seu mais eficiente desempenho durante as audiências de confirmação, Justice Thomas surpreendeu os senadores do Partido Democrata, que eram todos brancos e liberais, acusando-os de participar de um "linchamento de alta tecnologia".

Aqui, as ironias raciais tornam-se evidentes. Um afro-americano que havia criticado ferozmente os líderes do movimento pelos direitos civis por erguer a voz contra o racismo ignora a sua própria plataforma quando sob ataque – ele usou o argumento do racismo e se saiu muitíssimo bem. Além disso, os que apoiavam mais ardentemente os direitos civis no Senado foram obrigados, uma vez que estavam diante de milhões de afro-americanos que assistiam aos trabalhos pela televisão, a se comportar como corredores na era das bigas. A acusação de molestamento sexual levantada contra Thomas havia sido feita por um membro de sua própria raça, que não só tinha um caráter muito forte mas também compartilhava de grande parte de sua filosofia, incluindo o desprezer a respeito da inútil nomeação do juiz Robert Bork à Suprema Corte. Por cerca de 33 horas, os norte-americanos ficaram imobilizados diante de seus aparelhos de TV, assistindo às audiências, que, além do testemunho de Thomas e Hill, incluíam também o testemunho de vinte pessoas representando ambos os lados. Ao fim, tanto o Comitê Judiciário quanto o Senado votaram a confirmação de Thomas, com a menor margem jamais vista em sua história.

LEITURAS SUGERIDAS

"The legacy of doubt: treatment of sex and race in the Hill-Thomas hearings", de Adrienne D. Davis e Stephanie M. Wildman, em *Southern California Law Review*, 65 (1992), 1367-91, apresenta uma boa visão a respeito da confirmação de Thomas.

"gender, race and the politics of supreme court appointments: the import of the Anita Hill/Clarence Thomas hearings", em *Southern California Law Review*, 65 (1992): 1279-1582, é a mais abrangente coletânea de análises a respeito das audiências de nomeação e confirmação, incluindo os escritos de Anita Hill e dúzias de outros acadêmicos, muitos dos quais estavam diretamente envolvidos com a questão.

Advice and Consent: Clarence Thomas, Robert Bork, and the Intriguing History of the Supreme Court's Nomination Battles (National Press, 1992), de Paul Simon, oferece uma perspectiva histórica das controvertidas recentes nomeações da Suprema Corte por um membro sênior do Comitê Judiciário do Senado.

African American Women Speak Out on Anita Hill–Clarence Thomas, organizado por Geneva Smitherman (Wayne State University Press, 1995), coleta as perspectivas de autoras e acadêmicas negras.

Ver também: BURGUESIA NEGRA; CONSERVADORISMO; *EMPOWERMENT*

ROY L. BROOKS

TIO TOM

Ver TOQUENISMO

TOQUENISMO

Política ou prática racial não-oficial em muitas áreas, o toquenismo foi descrito e analisado pela mídia e pela comunidade acadêmica. Entre as obras acadêmicas que descreveram suas várias facetas como uma fonte política de poderosos interesses brancos, tanto na área pública quanto na privada, nos Estados Unidos, encontram-se as de Ira Katznelson, Benhamin Quarles e Peter Bachrach e Morton Baratz. A obra histórica que originou o termo popular "tio Tom" é, sem dúvida, *Uncle Tom's Cabin*, de Harriet Beechr Stowe.

O toquenismo costuma ser considerado um termo pejorativo semelhante ao "tio Tom", usado por muitos na comunidade negra, mas também por outros fora dela, para descrever a situação social na qual os negros, ou outras pessoas de cor, são empregados somente para propósitos disciplinares. Tanto Martin Luther King quanto Malcolm X usaram os dois termos, toquenismo e "tio Tom", para descrever o grande obstáculo ao progresso racial nos Estados Unidos. Em um de seus discursos de 1964, "Votos ou Balas", por exemplo, Malcolm X afirmou que:

> Assim como o senhor de escravos daquela época usou Tom, o negro da casa, para manter os negros do campo sob controle, o mesmo velho senhor de escra-

vos de hoje tem negros que não passam de tios Tom modernos, tios Tom do século XX, para manter você e eu *in check*, para nos manter sob controle, para nos manter passivos, pacíficos e não-violentos.

Num artigo publicado no *New York Times Magazine*, em junho de 1967, intitulado "MLK define o Black Power", uma declaração similar foi feita por Martin Luther King a respeito de um setor da liderança negra que se tinha permitido tornar-se o representante das estruturas do poder branco e não das massas negras.

O que o toquenismo sugere é que a presença de indivíduos negros proeminentes ou que ocupam posições de evidência em meios institucionais brancos não indica necessariamente que: a) tais indivíduos tenham um desempenho significativo ou papéis influentes no progresso dos negros como um grupo; b) que a presença de tais indivíduos reflete a paridade social entre os negros como grupo, e os brancos, na sociedade americana.

A função do toquenismo como fenômeno social é sugerir aos observadores que a retórica da igualdade racial está ganhando a adesão de interesses poderosos, mas que esse tipo de arranjo não é inconsistente com a existência de uma hierarquia racial, na qual as agendas dos interesses poderosos brancos, e não a paridade social ou racial, continuam a ser dominantes. Como prática ou política racial, o toquenismo é uma maneira de neutralizar os esforços para integrar completamente e institucionalizar a presença de negros ou outras pessoas de cor nos meios culturais e sociais em que os brancos continuam a representar o poder, tomando importantes decisões.

L*EITURAS SUGERIDAS*

Black Men, White Cities, de Ira Katznelson (Oxford University Press, 1973), analisa a utilidade do toquenismo na sociedade branca.

Power and Poverty: Theory and Practice, de Peter Bachrach e Morton Baratz (Oxford University Press, 1970), infere a relevância do toquenismo no *status quo*.

The Negro in Making of America, de Benjamin Quarles (Collier, 1987), complementa os dois livros mencionados anteriormente ao observar as funções sociais do toquenismo.

Ver também: BURGUESIA NEGRA; MYRDAL, GUNNAR; PATERNALISMO; THOMAS, CLARENCE

JAMES JENNINGS

TUMULTOS: EUA (MIAMI), 1980

O tumulto que teve seu foco no distrito de Liberty City assinalou uma pequena variação no padrão estabelecido pelos tumultos urbanos ocorridos na década de 1960. Os tumultos anteriores tenderam a ser precipitados pelos negros em resposta ao que eles percebiam como uma provocação da polícia. A violência também foi mais freqüentemente direcionada contra a propriedade e não contra as pessoas. Os protestos dos negros diziam respeito à pobreza e ao racialismo, particularmente aquele praticado pela polícia.

Em Liberty City foi um pouco diferente. O primeiro incidente teve início no tribunal. Quatro oficiais de polícia acusados de surrar até a morte um executivo negro de Miami foram absolvidos. Muitos suspeitaram de uma falha da justiça, baseada em questões racistas elementares. Além disso, havia um sentimento entre os negros de que as necessidades dos migrantes cubanos na área estavam sendo priorizadas.

Assim como os tumultos da década de 1960, os conflitos com a polícia foram o catalisador da violência, mas, diferente da versão anterior, a violência foi concentrada contra as pessoas brancas. Como uma testemunha ocular citada por Leonard Broom descreveu: "A ira é tão intensa, os sentimentos, tão turbulentos, que os ataques objetivaram as pessoas brancas com a intenção de causar um grande mal físico".

Os brancos foram atacados enquanto caminhavam pelas ruas, arrancados de seus carros e perseguidos pela cidade. A propriedade também foi vandalizada, mas os tumultos de Liberty City se distinguiram pela total violência contra as pessoas. Houve 18 mortes e o custo da destruição foi calculado em centenas de milhões de dólares.

LEITURAS SUGERIDAS

The Miami Riot of 1980, de B. D. Porter e M. Dunn (Lexington Books, 1984), é uma versão abrangente dos tumultos com a devida ênfase para os conflitos interétnicos entre negros e cubanos que exacerbaram os tumultos.

Race, Reform and Rebellion, de M. Marable (Macmillan, 1984); *The Underside of Black American History,* de T. R. Frazier (Harcourt, Brace & Jovanovich, 1982); *Race, Ethnicity and Socioeconomic Status,* de C. Willie (Prentice Hall, 1983) e *The Black Community,* de J. E. Blackwell (Harper & Row, 1985), abordam bases semelhantes a respeito de desordens urbanas.

Ver também: CONFLITO INTERÉTNICO; GUETO; RELATÓRIO KERNER; RELATÓRIO SCARMAN; TUMULTOS: EUA, 1965-67

ELLIS CASHMORE

TUMULTOS: EUA, 1965-67

O centro-sul de Los Angeles apresenta a maior concentração de negros na cidade. Essa área inclui também o distrito chamado Watts. Em 11 de agosto de 1965, os negros tomaram as ruas e, durante seis dias, se engajaram no que passou a ser conhecido como "os tumultos de Watts". Alguns brancos foram atacados, mas a destruição objetivava principalmente a propriedade: carros foram virados, lojas saqueadas, prédios incendiados. A palavra de ordem dos tumultos resumia-a: "Burn, baby, burn". O fogo continuou por dois anos, devastando guetos em lugares como Detroit e Nova York.

O verdadeiro incidente que precipitou os tumultos de Watts envolveu a tentativa de um oficial de polícia branco de prender um jovem negro. (Um episódio similar deu início ao tumulto de Birmingham, ver TUMULTOS: GRÃ-

BRETANHA, 1981). Cada vez mais pessoas foram se envolvendo até ser pedido reforço policial. Cinco prisões foram feitas antes que a polícia se retraísse sob uma chuva de pedras lançada por uma multidão irada. Em vez de se dispersar, a multidão cresceu e começou a assaltar brancos. Nas horas seguintes, houve erupções periódicas de violência, com apredejamentos e coquetéis molotov.

Depois veio o silêncio: a polícia chamou a Guarda Nacional e a situação pareceu sob controle. Essa tática, contudo, serviu para agravar as questões e o tumulto cresceu: edifícios foram incendiados e o roubo, disseminado. "Uma das mais devastadoras explosões de violência dos negros na história desta nação", foi como Douglas Glasgow descreveu o evento. "A sua ira estava direcionada contra a estrutura da sociedade branca, suas instituições repressoras e seus símbolos de exploração no gueto: as cadeias de lojas, os oligopólios que controlavam a distribuição dos produtos, os agiotas, aqueles que detêm o controle das pendências do gueto, os proprietários ausentes e os agentes que controlam a subclasse enquanto salvaguardam os direitos daqueles que a exploram."

Uma estimativa avaliou o total de participantes em mais de 30 mil, ou 15% da população negra adulta da área. Das 3 927 pessoas presas, a maioria era negra, mas somente 556 tinham menos de 18 anos, enquanto dois tinham mais de 25 e 602 mais de quarenta. Não foi, portanto, um tumulto de jovens.

Vários tipos de explicações foram evocados para determinar as causas dos tumultos em Watts, desde o clima excessivamente quente (a teoria do "longo e quente verão") até a influência de agitadores externos. Glasgow oferece provavelmente a mais plausível delas quando cita as condições: "Pobreza, discriminação racial, longo isolamento da sociedade mais ampla". Além disso, havia a frustração proveniente do fracasso do movimento pelos direitos civis em instigar qualquer mudança imediata e tangível depois de anos de campanha por uma reforma social.

É evidente que houve uma frustração que não se restringiu apenas aos negros de Los Angeles, mas que persistiu em todos os Estados Unidos durante os dois anos que se seguiram. Erupções semelhantes ocorreram em outras cidades americanas, que alcançaram seu verdadeiro clímax em julho de 1967, quando uma esquadra de Detroit organizou uma invasão a clubes de apostas freqüentados por negros. Houve várias prisões (num estranho paralelo com o incidente em Bristol, Inglaterra, em 1980, quando a polícia invadiu um café freqüentado por negros; tornando-se o estopim de um tumulto em massa no qual a polícia terminou por se recolher, deixando para trás uma área de "acesso proibido"). Na manhã seguinte, cerca de duzentos negros haviam-se juntado nas ruas. Uma garrafa foi atirada da multidão e chocou-se contra a janela de um carro de polícia que já estava de partida. A multidão cresceu para cerca de 3 mil pessoas às oito da manhã e a polícia foi mobilizada. Assim como ocorreu em Watts, pedras foram lançadas e prédios incendiados, provocando um recolhimento da polícia. Os relatórios sobre armas de fogos voltaram para a polícia que, no meio da semana, quando a erupção inicial tinha acalmado, deu início a uma série de invasões às casas dos residentes. Mais uma vez, os serviços da Guarda Nacional foram convocados. Os esforços para restabelecer a ordem e o controle só exacerbaram a situação, fazendo a violência irromper novamente, de modo que, ao final da semana, 7200 pessoas haviam sido presas, 43 pessoas foram mortas, trinta ou mais pela polícia. Os prejuízos à propriedade excederam os 22 milhões de dólares.

Os meados da década de 1960 foram um período de grave descontentamento para os negros. Os tumultos podem não ter sido um método eficiente de se sobrepor à ordem social, mas certamente chamaram a atenção da população americana, dando visibilidade aos problemas específicos dos negros. Nesse sentido, os tumultos foram espetacularmente bem-sucedidos. Como um observador afirmou: "Repórteres e operadores de câmeras correram para dentro dos guetos; autoridades eleitas e nomeadas os seguiram, sociólogos e outros acadêmicos chegaram pouco depois. O presidente estabeleceu uma comissão de tumultos; assim fizeram também os governadores". Essa comissão terminou por concluir que a causa dos tumultos residia no racismo e na resultante pobreza dos negros, o que gerava a sua subnutrição, baixos salários, vestimentas precárias e moradia pobre. O movimento pelos direitos civis protestou precisamente contra essas características da vida dos negros, mas é indiscutível que a violenta pressão dos tumultos durante dois anos conquistou mais do que cem anos de protesto pacífico.

LEITURAS SUGERIDAS

Fire This Time: The Watts Uprising and the 1960s, de Gerald Horne (University Press of Virginia, 1995), documenta o impacto da raça no período pós-guerra em Los Angeles.

The Black Underclass, de Douglas Glasgow (Jossey-Bass, 1980), é um resumo reflexivo das razões e das conseqüências dos incidentes de Watts e uma avaliação da situação dos negros nos Estados Unidos modernos.

Ghetto Revolts, de J. R. Feagin e H. Hahn (Macmillan, 1973), avalia as razões e os efeitos dos tumultos nesse livro que abarca muitas perspectivas, e que pode ser proveitosamente lido em conjunto com *The Politics of Violence*, de D. O. Sears e J. B. McConahay (Houghton Mifflin, 1973), como tema central, os "novos negros urbanos e o tumulto de Watts".

Ver também: BLACK POWER; GUETO; MÍDIA E RACISMO; MOVIMENTO PELOS DIREITOS CIVIS; RELATÓRIO KERNER; TUMULTOS: GRÃ-BRETANHA, 1981

ELLIS CASHMORE

TUMULTOS: EUA, 1992

Os distúrbios na área centro-sul de Los Angeles e em outras cidades dos Estados Unidos durante três dias, a partir de 30 de abril, foram desencadeados por um incidente ocorrido um ano antes. Rodney King, afro-americano, foi detido por quatro oficiais brancos do departamento de polícia de Los Angeles e surrado com cacetetes. Um vídeo amador gravou o episódio que parecia revelar excessiva violência.

Os quatro oficiais foram levados a julgamento e absolvidos por um júri formado por seis homens e seis mulheres, dos quais um era hispânico, outro filipino e os demais, brancos. A absolvição provocou protestos contra o comando da polícia de Los Angeles que, mais tarde, fugiram ao controle, deixando 44 mortos, 2 mil feridos e 1 100 presos.

Antecipando a reação a esse veredicto, a polícia de Los Angeles separou um milhão de dólares para a remuneração de horas extras. Mesmo assim, a resposta da polícia às explosões iniciais foi tímida e hesitante. O chefe de polícia, Daryl Gates – forçado a renunciar por causa do incidente com King, mas ainda na ativa na época do tumulto –, respondeu às críticas dizendo que temia que a presença da polícia piorasse as coisas.

A polícia de Los Angeles empregava somente dois oficiais para cada 11 mil residentes, a proporção mais baixa nos Estados Unidos (a cidade de Nova York emprega 3,7), e 15 por quarteirão (comparado com 89 para Nova York). Tentou-se envolver o bairro a partir do policiamento da comunidade, mas, com tão poucos oficiais, o enfoque não deu certo. Quando a polícia de Los Angeles falhou em superar a violência inicial, mil oficiais federais e 4 mil das tropas do Exército e da Marinha foram enviados para Los Angeles, como reforço, prontos para entrar em ação ao comando expresso do presidente. Foram deixados de prontidão 1 400 membros da Guarda Nacional californiana. O governador da Califórnia, Pete Wilson, decretou estado de emergência.

Nos dez anos que precederam a violência, a população de minorias étnicas da cidade de Los Angeles passou por algumas mudanças demográficas. Embora a população afro-americana tenha diminuído de 13 para 11%, tanto a população latina quanto a asiática cresceram. Coletivamente, o nível de desemprego entre os três grupos era de quase 50%. À medida que os brancos foram se mudando para lugares como Simi Valley (onde ocorreu o julgamento) e o condado de Ventura, os conflitos interétnicos começaram a vir à tona – do mesmo modo como em Miami, 12 anos antes. O distrito predominantemente asiático conhecido como Koreatown foi particularmente prejudicado.

Leituras sugeridas

The Los Angeles Riots: Lessons for the Urban Future, organizado por Mark Baldassare (Westview Press, 1994), aborda três questões: quais as causas dos tumultos, o que realmente aconteceu e quais foram as conseqüências?

"How the rioters won", de Midge Decter, é parte de uma série de artigos de uma edição especial de *Commentary* (v. 94, nº 1, jul. 1992) a respeito dos distúrbios em Los Angeles.

"Causes, root causes, and cures", de Charles Murray, é uma coletânea especial de documentos publicada num número do *National Review* (v. 44, nº 11, jun., 1992) dedicado à análise das insurreições.

Ver também: CONFLITO INTERÉTNICO; DESVANTAGEM; SUBCLASSE; TUMULTOS: EUA E GRÃ-BRETANHA

Ellis Cashmore

Tumultos: Grã-Bretanha, 1981

O termo "tumulto racial" foi usado no discurso popular e político para descrever e definir a onda de perturbações violentas que eclodiram primeiro em Brixton, Londres, em abril de 1981 e, subseqüentemente, em várias outras grandes cidades da Grã-Bretanha durante o "longo e quente verão" do mesmo ano. A tipificação desses incidentes como "tumultos raciais" não só ajudou a moldar um debate político desenvolvido a respeito da questão, mas também ajudou a determinar a natureza das subseqüentes intervenções políticas.

De fato, uma investigação cuidadosa do que ocorreu em Brixton, Southall, Toxteth, Moss Side e outros lugares em 1981 revela que "tumulto racial" é uma classificação completamente imprópria: não somente é uma descrição factual incorreta como também despe os incidentes e seus participantes de qualquer caráter político.

Entre os vários e freqüentemente disparatados episódios de violência de 1981, somente o confronto no distrito de Southall, Londres, poderia ser legitimamente rotulado de "racial", uma vez que os choques ocorreram principalmente entre jovens brancos e os jovens asiáticos residentes na área. Um show dos 4-Skins – um grupo que fazia constantes referências aos *slogans* nazistas – atraiu uma grande legião de skinheads jovens para o distrito; alguns integrantes desse grupo violentaram um mercador asiático, quebraram algumas janelas e depredaram a rua principal de Southall tentando provocar prejuízos ainda maiores. Os jovens asiáticos locais reagiram com força e apesar (ou por causa) da intervenção policial, a cena do lado de fora do show degenerou em uma batalha. Coquetéis molotov foram atirados, e o público da casa de shows acabou sendo massacrado.

A violência que irrompeu três meses antes em Brixton e que logo chegou a Toxteth, Moss Side e outros distritos foi de natureza totalmente diferente. Lá, as hostilidades foram direcionadas principalmente para a polícia e, assim como a explosão da violência em Watts, Los Angeles, em 1965, precipitadas em grande parte por aquilo que os residentes percebiam como molestamento racial e intimidação por parte dos oficiais de polícia. Mais ainda, embora tenham ocorrido em distritos contendo populações negras relativamente grandes, esses tumultos não eram apenas confrontos entre a juventude negra e a polícia; um número substancial de jovens brancos também participou dos incidentes. Das 3 074 pessoas presas durante os tumultos, mais de 2 400 eram brancas, de acordo com as estatísticas do ministério de Assuntos Internos.

Tanto no seu uso histórico quanto no atual, o termo tumulto tem uma conotação popular de violência impensada em larga escala, perpetrada por pessoas com a intenção pura e simples de badernar e causar graves prejuízo às pessoas e às suas propriedades. Os episódios de 1981, que passaram a ser chamados de "incêndios e depredações", foram amplamente veiculados pela mídia e pelos debates políticos nesses termos. Na verdade, a mídia desempenhou um papel decisivo no processo de despolitização dos incidentes, primeiro incluindo sob as manchetes do tumulto toda uma série de acontecimentos que em outras ocasiões nem seriam registrados dessa forma ou que seriam até classificados como crimes normais. A mídia também foi acusada de produzir um efeito "dominó", ao mostrar em detalhes cenas dramáticas dos tumultos em Brixton, encorajando os jovens de outras partes do mundo a imitá-los. Essa interpretação a respeito dos "incêndios e depredações" foi em parte apoiada por Lord Scarman em seu relatório oficial. Não existem provas, porém, que sustentem essa visão, nem uma explicação de por que os jovens em Toxteth, Moss Side e outros lugares esperaram quase três meses após os tumultos de Brixton para se decidir a imitar aquelas cenas. O mais importante, contudo, é que a interpretação do efeito "dominó" desempenha um papel ideológico significativo ao minar a noção de que os tumultos foram inspirados em protestos políticos e reais de grande vulto. Como um jovem em Handsworth, Birmingham, explicou: "Nós estamos lutando por nossos direitos – contra a polícia – isso não é ser peça de um dominó".

Se os distúrbios ocorridos não foram "tumultos raciais" resultados de efeito "dominó" de incidentes ocorridos anteriormente, mas formas de protesto contra condições específicas, é preciso estabelecer quais eram realmente essas condições. O aumento dramático do desemprego, especialmente entre os jovens, tanto em nível local como nacional, certamente constituiu uma das mais significativas causas subjacentes aos tumultos, apesar de o desemprego, segundo revelações dos estudos a respeito dos incidentes "Burn, baby, burn" nos Estados Unidos, não provocar direta e inevitavelmente a insurreição social. Além disso, os níveis de desemprego em partes da Escócia e nordeste da Inglaterra excederam os de Brixton, Toxteth e Moss Side, sem que essas regiões tenham sido cenário de desordem.

Ao tomar as ruas, os jovens deixaram claro que a sua hostilidade era direcionada contra a polícia: em todos os principais distritos afetados em 1981, as relações entre a polícia e a comunidade eram de péssima qualidade; desconfiança mútua e ressentimento caracterizavam a relação. Por um lado, as comunidades insistiam que eram maltratadas pela polícia, sujeitas ao molestamento racial e a uma intensificação do controle policial como o exercício Swamp 81 em Brixton, quando a polícia metropolitana lotou o distrito com policiais extras, incluindo um Grupo de Patrulha Especial. A polícia, por outro lado, justificava esses métodos de ação apontando o índice de criminalidade desproporcionalmente alto em Brixton e em outras áreas multirraciais.

A caracterização dos episódios de Brixton e de julho de 1981 como "tumultos" assegurou que o impulso para o debate político e as prescrições políticas se enquadrassem firmemente na idéia de "lei e ordem". O imperativo da ação, em outras palavras, foi assegurar que os episódios não se repetissem. Uma intensificação do policiamento nas áreas afetadas e, mais genericamente, uma ampliação dos poderes da polícia foram as iniciativas subseqüentes mais significativas. Embora os incidentes de 1981 possam ter incluído alguns atos injustificáveis de destruição, os participantes, de um modo geral, eram notadamente seletivos na escolha de seus objetivos. O fato de esses episódios terem sido respondidos como pura e simplesmente uma crise na ordem, degrada e deprecia o sentido do protesto das comunidades. Pior; promove uma visão distorcida, porque deixa intocadas as causas subliminares desses incidentes, aumentando a possibilidade de outras rebeliões, talvez ainda mais graves.

LEITURAS SUGERIDAS

Uprising, de Martin Kettle e Lucy Hodges (Pan, 1982), é uma narrativa detalhada dos tumultos de 1981, que discute as várias explicações oferecidas e identifica o policiamento como o principal catalisador dos incidentes.

Race and Class (edição especial dupla, "Rebellion and Repression", v. 23, n° 2/3, 1982) apresenta uma narrativa dos tumultos com a devido referência aos fatores históricos e contemporâneos.

Public Disorder, de Simon Field e Peter Southgate (Home office Research Study n° 72, 1981), compreende dois relatórios: o primeiro avalia os episódios "Burn, baby, burn" nos Estados Unidos e a importância dos estudos para os incidentes na Grã-Bretanha em 1981; o segundo é uma pesquisa a respeito das visões e experiências dos homens residentes em Handsworth, Birmingham – cenário de um dos tumultos de 1981.

Ver também: POLÍCIA E RACISMO; RELATÓRIO KERNER; RELATÓRIO SCARMAN; TUMULTOS: EUA

BARRY TROYNA

TUMULTOS: GRÃ-BRETANHA, 1985

Os tumultos de 1985, assim como os de 1981, ocorreram nos maiores centros urbanos, envolveram uma grande quantidade de jovens negros (mas não apenas) e foram precipitados por incidentes envolvendo a polícia. Os primeiros três episódios em Birmingham, Brixton (Londres) e Liverpool sugeriram que era possível julgar tais eventos nos mesmos termos de seus precursores. Apesar de haverem ocorrido duas mortes em Birmingham, elas pareceram acidentais, aparentemente ninguém sabia que dois asiáticos estavam presos num edifício em chamas. Em Tottenham, no norte de Londres, contudo, a erupção final da seqüência de tumultos tomou um novo rumo quando um oficial da polícia foi atacado e morto. Os agitadores, armados, atiraram na polícia que se muniu de gás lacrimogênio (embora não o tenha usado) e desferiu golpes de cacetete pela primeira vez na Grã-Bretanha.

Em Birmingham, os acontecimentos foram estimulados por uma infração de trânsito ocorrida em 9 de setembro. Ironicamente, o dia anterior havia sido de celebração, quando os residentes de Handsworth se congregaram no seu parque local (a cerca de um quilômetro do incidente) para as festividades anuais do distrito. Uma operação padrão foi conduzida de maneira pouco cuidadosa, provocando uma reação excessiva e uma erupção de violência que se avolumou durante a noite. Policiais violentos terminaram por atirar em Cheryl Groce, negra, mãe de seis filhos, desencadeando mais violência em Brixton. Uma semana depois, outra mãe, e negra, Cynthia Jarrett, foi atingida fatalmente durante uma invasão policial em sua casa, em Brodwater Estate, Tottenham. Um dia depois a violência explodiu; durante a violência em 6 de outubro, PC Keith Blakelock morreu.

As explicações populares para os tumultos eram conhecidas: desemprego maciço, indisciplina nata, agitação de políticos de esquerda e a mais implausível de todas, abuso de drogas. As prescrições eram inimagináveis: requisitar outra pesquisa do tipo Scarman, democratizar a força policial, acabar com as cortes e aumentar o investimento no centro da cidade.

Uma das figuras políticas interessantes que surgiram em conseqüência dos tumultos em Tottenham foi Bernie Grant, líder do conselho local, que mais tarde se tornou o membro eleito do parlamento. Para muitas pessoas, Grant era um extremista que falava friamente a respeito da polícia conseguir um "bom esconderijo" (223 policiais foram feridos e um morreu durante o tumulto; vinte civis foram feridos). Sua inequívoca oposição à violência nas discussões com a juventude negra, suas tentativas de persuadi-la a se engajar num processo político e a recusa em condenar o julgamento subseqüente de 45 acusados de tumultuar e perturbar a ordem ("Não se pode apoiar o sistema judiciário quando ele se adequa a nós e ir contra ele quando o veredicto não lhe agrada") afastaram-no, contudo, de muitos jovens negros. Apesar de ter sido ridicularizado por todos os lados, Grant tornou-se um político digno de nota, ativo na "bancada negra" do Partido Trabalhista e fortemente opinativo em todos os aspectos das relações raciais.

LEITURAS SUGERIDAS

The Roots of Urban Unrest, organizado por John Benyon e John Solomos (Pergamon Press, 1987), é um manual com contribuições de uma grande variedade de acadêmicos e outros profissionais a respeito da questão "o que deu errado na década de 1980?".

"Forms of colletive racial violence", de Terry Davis (em *Political Studies,* v. 34, nos 40-60, 1986), avalia os tipos de explicações para os tumultos urbanos.

"Metaphysics of paradigms", de Michael Haas (em *Review of Politics,* v. 48, nº 4, 1986), analisa as teorias da violência urbana e as suposições a elas subjacentes.

Interpretations of Violence, de J. Gaffney (Centre for Ethnic Relations Research, Warwick University, 1987), é uma análise do discurso de três relatórios que se seguiram ao tumulto de Handsworth em 1985. O Relatório Policial enfatizava uma conspiração; o Relatório Negro, as condições sociais, e o alegadamente imparcial Relatório Silverman, o desemprego. Nenhum deles lidou integralmente com a operação do racismo como um fator na experiência dos negros na área.

Ver também: MÍDIA E RELAÇÕES RACIAIS; POLÍCIA E RACISMO; TUMULTOS: GRÃ-BRETANHA, 1981.

ELLIS CASHMORE

Unesco

A Organização Educacional, Científica e Cultural das Nações Unidas (Unesco) é uma organização especializada, criada em 1946, que tem o seu "quartel general" em Paris. O preâmbulo à sua constituição declara que "a grande e terrível guerra que terminou há pouco foi possível devido à negação dos princípios democráticos de dignidade, igualdade e respeito mútuo dos homens e à propagação, em seu lugar, por meio da ignorância e do preconceito, da doutrina da desigualdade entre homens e raças". Nesse espírito, a Conferência Geral da Organização (com representantes dos 50 Estados-membros), em 1950, instruiu o diretor-geral "a estudar e coletar dados científicos relacionados às questões raciais, para difundir amplamente as informações coletadas e preparar uma campanha educacional baseada nas mesmas".

De acordo com isso, a Unesco convocou uma reunião de especialistas em todas as variedades de disciplinas que redigiram uma "Declaração a Respeito da Raça", publicada em 1950. Algumas de suas alegações e dos termos usados foram muito criticados, especialmente pelos antropólogos e geneticistas. Muitos sustentaram que a declaração confundia raça como fato biológico com raça, fenômeno social. A Unesco convocou uma segunda reunião na qual foi redigida a "Declaração da Natureza da Raça e das Diferenças Raciais", de 1951. Como se considerava importante evitar qualquer sugestão de que aquele fosse um manifesto oficial, incorporando a última palavra na questão racial, essa declaração foi submetida a uma avaliação por um grande número de antropólogos e geneticistas. As opiniões resultantes foram reunidas e apresentadas na circular *The Race Concept: Results of an Inquiry*, de 1953. Em 1964, uma outra reunião de especialistas foi promovida para atualizar e completar a declaração de 1951, dando origem a *Proposals on the Biological Aspects of Race* (1964). Uma quarta Declaração a Respeito da Raça e do Preconceito Racial foi preparada por um comitê de especialistas em 1967. Ela incluía várias proposições a respeito da natureza do racismo, um conceito que não havia aparecido anteriormente nas declarações da Unesco. Existe alguma variação no endosso aos estatutos por parte dos participantes. Somente a declaração de 1964 foi descrita como um texto representativo da unanimidade de todos os que dele tomavam parte.

Na implementação de seu mandato, a Unesco elegeu e publicou (a partir de 1951) um conjunto de estudos curtos na série *The Race Question in Modern Science*, seguido de outras como *The Race Question in Modern Thought* (declarando as posições das principais religiões) e *Race and Society*. Elegeu também pesquisas pioneiras a respeito de distinções raciais nas sociedades latino-americanas. Mais recentemente, colaborou com a United Nations Human Rights Center na preparação de material para o ensino de matérias que discutem a discriminação racial no contexto dos direitos humanos. Isso faz parte do seu contínuo Major

Program XII, que aborda a eliminação do preconceito, da intolerância e do racismo.

Um desenvolvimento particularmente importante foi a adoção unânime, em 1960, da General Conference da *Convention Against Discrimination in Education*. Ela define a discriminação e obriga os partidos estaduais a adotar várias medidas para eliminar e evitá-la. Em 1978, essa convenção foi seguida pela igualmente importante *Declaration on Race and Racial Prejudice*, adotada e proclamada pela General Conference, no mesmo ano. Depois de recordar as quatro declarações mencionadas, ela inicia com o artigo I:

> Todos os seres humanos pertencem a uma única espécie e descendem de um eixo comum. Eles nascem com a mesma dignidade e os mesmos direitos e todos formam uma parte integral da humanidade.
>
> Todos os indivíduos e grupos têm o direito de ser diferentes, de se considerar diferentes e de ser tratados como tais. Contudo, a diversidade de estilos de vida e o direito de ser diferente não podem, sob nenhuma circunstância, servir de pretexto para o preconceito racial.

Se ocorrer de um Estado se ver envolvido num caso diante da Corte Internacional de Justiça, ou qualquer outro tribunal internacional, a adoção da Convention of Declaration da Unesco pode ser citada como um teste de suas políticas, mas as medidas da Unesco para reforçar o cumprimento de tais instrumentos são mais fracas que as da United Nations International Convention on the Elimination of All Forms of Racial Discrimination.

LEITURAS SUGERIDAS

Four Statements on the Race Question (Paris, Unesco, 1969) são os quatro documentos citados.

The Retreat of Scientific Racism, de Elazar Barkan (Cambridge University Press, 1992), tem um epílogo especialmente relevante, pp. 341-6.

Ver também: AMBIENTALISMO; HEREDITARISMO; NAÇÕES UNIDAS; RAÇA

MICHAEL BANTON

VOLK

Palavra correspondente a "povo", que em alemão e línguas de mesma raiz é aplicada a grupos culturais e nações que estão por se formar. Em alemão, ela significa muito mais que o que nós conhecemos por "povo". Desde o crescimento do movimento romântico do final do século XVIII, o termo passou a significar a união de um grupo de pessoas com uma essência transcendente. Essa essência recebeu nomes diferentes como "natureza", "cosmos", "mitos", mas cada um desses exemplos representava a fonte da criatividade individual e a sua unidade com os outros membros do *Volk*. Disso derivou-se uma corrente do pensamento alemão que divergia do nacionalismo e da religião tradicional ocidental. O *Volk* era a mediação entre o indivíduo isolado, alienado pelas forças da sociedade moderna e o universo. Em *Mein Kampf*, Adolf Hitler criticou a ingenuidade dos volkistas, mas fez uso de suas idéias para descrever a sua visão de uma Alemanha racialmente poderosa e unida.

Uma palavra derivada, *Herrenvolk*, significa "povo senhor", e foi usada por Pierre van den Berghe para caracterizar "o igualitarismo *herrenvolk*" e a "democracia *herrenvolk*". Nas sociedades supremacistas brancas, como as da África do Sul após a conquista européia, uma minoria branca passou a ser senhora de uma grande população negra. Para preservar a sua posição privilegiada, os brancos tinham de manter a solidariedade entre si, o que requeria o cultivo da confiança e de sentimentos de igualdade no próprio grupo. Essas atitudes contrastavam com a suposição de desigualdade no seu trato com os negros.

LEITURAS SUGERIDAS

The Scientific Origins of National Socialism, de Daniel Gasman (Macdonald, Londres and Elsevier, Nova York, 1971).

South Africa: A Study in Conflict, de Pierre van den Berghe (Wesleyan University Press, 1965).

Introduction to Race Relations, de Ellis Cashmore e B. Troyna (2ª ed., Falmer Press, 1990), aborda a interpenetração de conceitos como *Volk* e *Germanen* no desenvolvimento da filosofia nacional socialista.

Ver também: ARIANOS, CHAMBERLAIN, HOUSTON S.; GOBINEAU, JOSEPH A.; HAECKEL, ERNST; LÍNGUA, RAÇA E ETNIA; RAÇA

MICHAEL BANTON

"WHITE FLIGHT"*

Este termo implica desilusão e até mesmo ressentimento em relação a um tipo de mudança social. Refere-se ao movimento dos brancos de bairros e escolas que passaram por recentes mudanças na sua composição étnica. A natureza dessa mudança é, algumas vezes, voluntária – a busca de emprego, talvez, ou de moradia barata. Entretanto, pode também ser fabricada, derivando de um comprometimento generalizado com a chamada hipótese de contato. De acordo com ela, o contato direto entre brancos e negros diminui os medos dos primeiros a respeito da cultura e do estilo de vida dos últimos, atenua o preconceito racial e fortalece a probabilidade de integração, harmonia racial e estabilidade social.

---

* Mantido no original, é um conceito inexistente na sociedade brasileira. (N. do E.)

A mudança social nessas circunstâncias deriva de várias fontes, entre elas a política de governos nacionais. Por exemplo, mudanças na população étnica de Estados nacionais e determinadas regiões dentro deles podem derivar de alterações nas políticas de imigração dos Estados e também de iniciativas mais localizadas. A determinação, talvez, de um governo local em assegurar que determinadas áreas residenciais e suas respectivas escolas abranjam um caráter étnico mais heterogêneo. Outro ponto de partida pode ser o judiciário. Nos Estados Unidos, o fim da segregação nas escolas ganhou maior relevância depois de 1954, quando a Suprema Corte decretou, no caso *Brown v. Board of Education, Topeka, Kansas*, que a educação segregada era inconstitucional.

O *White flight* é, portanto, uma resposta súbita ou gradual à não segregação *de jure* e *de facto*. Ele, acima de tudo, exemplifica o que alguns cidadãos brancos podem perceber como a sua própria ineficiência política. A sua inabilidade, em outras palavras, o fluxo do assentamento negro em seus bairros ou de desviar o Estado de seu objetivo de alcançar a integração racial. De acordo com esse ponto de vista, a determinação do Estado em alcançar a integração é perseguida à custa da segurança de seus bairros e escolas, da retenção de suas identidades particulares (e tradicionais) e da virtude de suas culturas e valores. Tanto nos Estados Unidos quanto na Grã-Bretanha, o alarme populista contra essas manobras, orquestradas pelo Estado para criar uma aparência de "equilíbrio racial" nos bairros e nas escolas, freqüentemente encontra ouvidos simpáticos nas respectivas legislaturas. Em 1966, Ronald Reagan tornou-se governador da Califórnia; em parte por causa de sua oposição comprometida aos "agitadores" do distrito de Watts, em Los Angeles. Na Grã-Bretanha, o "*white flight*" ganhou endosso e legitimidade implícitos da baronesa Hooper, então porta-voz do governo conservador para a educação na Casa dos Lordes. Em seu apoio à escolha de escolas para os filhos por parte dos próprios pais, um tema ideológico e político chave do Ato da Reforma Educacional de 1988, a baronesa insistiu que os conservadores "não desejavam circunscrever essa escolha de nenhuma maneira". O seu pronunciamento a respeito da superioridade da escolha fazia entrever o que alguns receberam como a bênção oficial do Estado para o *"white flight"* no sistema educacional.

Em 1987, Jenny Carney escreveu para a Local Education Authority (LEA), do Condado Britânico de Cleveland, requerendo que ela conseguisse que sua filha, Katrice, fosse transferida de sua escola multirracial, em Middlesbrough, para uma outra "onde houvesse uma maioria de crianças brancas". A insatisfação de Carney com a escola de sua filha baseava-se principalmente no seu comprometimento com uma educação multirracial e de diferentes credos. "Eu não creio que seja certo ela voltar para casa cantando em paquistanês", informou à LEA. "Eu sei que eles só aprendem três canções em paquistanês, mas eu simplesmente não quero que ela aprenda essa língua."

Embora tenha aprovado a requisição de Carney, a LEA reconheceu que ficara presa entre duas partes da legislação que forneciam linhas mestras contraditórias a respeito dessa questão. De um lado, a seção 18 do Ato de Relações Raciais de 1976 afirma que "é ilegal para uma LEA, no cumprimento de suas funções de acordo com os Atos de Educação, cometer qualquer ato que constitua uma discriminação". Ao reconhecer que a requisição de Carbey era influenciada pelas características raciais percebidas na população de alunos da escola, Cleveland ficou preocupada com a possibilidade de ter violado essa seção do ato e infringido a lei. De outro, a seção 6 do Ato de Educação de 1980 confere à LEA o dever de se submeter às preferências dos pais no tocante à escolha das escolas dos filhos, salvo em algumas exceções, não-aplicáveis no caso em questão. De acordo com a Comissão para a Igualdade Racial (Commission for Racial Equality, CRE), Cleveland infringiu a lei, mas não segundo o então secretário Estadual da Educação,

John MacGregor, que viu o Ato da Educação de 1980 como soberano no tocante à escolha parental. A CRE tentou uma revisão judicial contra Cleveland e a Secretaria Estadual.

Em outubro de 1991, Justice Macpherson decidiu a favor de Cleveland. Ele insistiu que a seção 6 do Ato de Educação de 1980 fornecera uma tarefa mandatária especial à LEA que não era afetada pela natureza das requisições dos pais. O juiz também não aceitou a contestação da CRE de que "segregar" significava manter separado. Na sua visão, a transferência de Katrice para uma escola onde 98% das crianças fossem brancas sugeria que, embora ela estivesse se afastando das crianças da minoria étnica (sua escola anterior incluía 40% de alunos de origem sul-asiática) ela não estava sendo segregada (ou seja, sendo separada) deles.

A CRE apelou contra essa decisão, mas em julho de 1992, a Corte de Appeal confirmou a decisão original. Se é ou não um sinal verde para o *white flight* das escolas multirraciais, ainda não há resposta. Mas isso demonstra, contudo, a natureza improdutiva do Ato de Relações Raciais de 1976 e a sua incapacidade, em especial, de evitar que os pais afastem seus filhos das escolas por motivos explicitamente raciais.

LEITURAS SUGERIDAS

The Struggle for Black Equalitty 1954-1980, de Harvard Sitkoff (Hill e Wang, 1981), oferece uma narrativa histórica a respeito daqueles que fizeram campanhas pela não-segregação nos Estados Unidos e o recolhimento por parte dos brancos por eles engendrado.

The Logic of Racism, de Ellis Cashmore (Allen e Unwin, 1987), oferece um testemunho à visão de que os cidadãos brancos, especialmente aqueles que moram em bairros arruinados, freqüentemente invocam as diferenças culturais como uma metáfora para a sua própria impotência política. As entrevistas indicam como o ressentimento é evocado, uma vez que os direitos dos indivíduos brancos estão sendo vistos violados em favor dos direitos dos grupos.

Black and White in School (Teatchers College Press, 1989) é de autoria de Janet Ward Schofield. Aborda as conseqüências da não-segregação na Wexler Middle School, cidade ao norte dos Estados Unidos.

"Tolerating intolerance" de Carol Vincent, publicado no *Journal of Education Policy* (v. 7, nº 1, 1992), avalia o histórico dos debates internos e as prováveis conseqüências da decisão de Macpherson no caso Cleveland – LEA.

Ver também: EDUCAÇÃO E DIVERSIDADE CULTURAL; MULTICULTURALISMO; SEGREGAÇÃO; TRANSPORTE EM ÔNIBUS ESPECIAIS

BARRY TROYNA

Xenofobia

Termo que significa literalmente medo de estrangeiros (do grego *xenos*, para estranho, e *phobia*, para medo ou aversão). Uma vez considerada condição psicológica – para descrever pessoas que temiam ou abominavam grupos tidos como "estrangeiros" – a sua mais recente aplicação foi nos ataques aos imigrantes e pessoas em busca de asilo político na Europa ocidental.

O European Parliament's Committee of Inquiry into the Rise of Racism and Fascism in Europe (1985) identificou a xenofobia como um novo tipo de espectro assombrando a Europa. O relatório do comitê gerou a declaração de 1986 contra o racismo e a xenofobia, assinado pelas principais instituições da União Européia, que continuou subseqüentemente a usar as duas expressões sem fazer distinção entre elas. O Heads of State and Government of the Council of Europe, na sua declaração de Viena de 1993, adotou um plano de ação contra manifestações de racismo, xenofobia, anti-semitismo e intolerância que gerou estabelecimento da European Commission against Racism and Intolerance. Em 1993, as Nações Unidas nomearam um Special Rapporteur on Racism and Xenophobia.

Na Alemanha, a palavra *Rassismus* está desconfortavelmente associada à época nazista. As instituições alemãs estão mais dispostas a se referir a ele como *Fremdenfeindlichkeit* e traduzi-lo para o português como xenofobia. É um fator subliminar à crescente referência à xenofobia nos acordos internacionais.

Na França, sociólogos escreveram a respeito de um princípio de inferiorização e exploração que permite ao grupo vitimizado ter um lugar na sociedade, contanto que seja baixo, e de um princípio de diferenciação representando o outro grupo tão diferente que precisa ser segregado, expulso ou destruído. A oposição à imigração contínua na França, assim como em outros países europeus, gerou nos últimos trinta anos um estresse maior a respeito das diferenças culturais do que das biológicas.

Se quisermos diferenciar o racismo da xenofobia, podemos dizer que o racismo se baseia em idéias de inferioridade enquanto a xenofobia em diferenças fundamentais entre culturas.

LEITURAS SUGERIDAS

"Hostility and fear in social life", de John Dollard (em *Social Forces,* v. 17, 1938), é uma declaração teórica inicial de medos e preconceitos.

The Nature of Prejudice, de Gordon Allport (Addison-Wesley, 1954), apresenta um texto social psicológico clássico, que explora as raízes do preconceito.

The Arena of Racism, de Michael Wieviorka (Sage, 1995), é um tratamento mais contemporâneo do conceito.

Ver também: BODE EXPIATÓRIO; DOLLARD, JOHN; OUTROS; PRECONCEITO; RACISMO EUROPEU

MICHAEL BANTON

ZIMBÁBUE

A história colonial do Zimbábue, antiga colônia real com governo próprio da Rodésia do Sul, teve as suas raízes na ocupação do território entre os rios Limpopo e Zambesi pelos colonizadores-soldados brancos recrutados por Cecil John Rhodes em 1890. Essa invasão confrontou-se com a resistência dos habitantes nativos da área, culminando nas "rebeliões" de Shona e Ndebele de 1896-97, que foram derrotados pelas armas tecnologicamente superiores dos brancos na época. O potencial agrícola e mineral do país atraiu subseqüentemente um grande influxo de colonizadores brancos. A maioria deles era formada por britânicos ou pessoas de origem sul-africana, embora as minorias judaicas da Europa central e gregas também estivessem presentes.

Em 1923, o território obteve o seu próprio governo por parte da comunidade sob condições que deram à população branca uma autonomia virtual em todos os negócios internos. Os brancos, que haviam estabelecido o seu controle por meio do uso de técnicas coercivas ditadas por critérios raciais, consolidaram o seu controle em bases raciais, garantindo que o poder político e econômico permanecesse em suas mãos. A distribuição de terras, o controle das estruturas ocupacionais e educacionais e a manipulação de controle dessa, foram os principais instrumentos desse processo. Uma estrutura de dominância branca foi desenvolvida e, com exceção de alguns poucos pontos críticos, não era explicitamente racial na sua construção. Grande parte dessa estrutura era formada pelo apartheid *by bylaw*, uma ferramenta executiva e uma prática administrativa, mas os seus efeitos na criação de um sistema racialmente discriminatório de oportunidades eram tão onipresentes quanto os do sistema racial da África do Sul.

Em 1953, a Rodésia do Sul uniu-se à Federação da Rodésia e Nyasaland como o parceiro dominante dos dois. Uma experiência de vida curta na tentativa de assimilar políticas, a Federação dissolveu-se em 1963, tornando os territórios dos dois parceiros independentes, transformando-os em Zâmbia e Malawi. A dissolução da Federação soou como uma sentença de morte para as políticas assimilacionistas, "multirraciais" da Rodésia, as políticas negras assumindo uma postura de confronto e os políticos brancos endurecendo em suas linhas raciais mais abertas. Em 1965, o governo de Ian Smiths do Rhodesia Front declarou unilateralmente a sua independência da Grã-Bretanha (UDI), um movimento não reconhecido pela comunidade internacional. Uma crescente guerrilha pela libertação conduzida pelos negros, aliada ao isolamento internacional, gerou o colapso da estrutura branca de poder e um assentamento negociado nas conversas constitucionais da Lancaster House em 1979. A independência foi concedida ao Zimbábue pelo governo britânico em 1980, de acordo com a constituição da Lancaster House, depois de uma eleição em que o governo do ZANU-PF de Robert Mugabe chegou ao poder.

A constituição da Lancaster House colocou o poder político firmemente nas mãos dos negros. Oitenta das cem cadeiras da House of Assembly foram ocupadas pelo eleitorado negro. As vinte cadeiras reservadas aos constituintes brancos foram desativadas em 1987, removendo assim a última estrutura ostensivamente racista da política do Zimbábue. Desde a sua ascensão ao poder em 1980, o governo ZANU-PF buscou uma política de reconciliação racial, concedendo plenos direitos aos cidadãos brancos. Buscou ao mesmo tempo uma política de ações afirmativas que fez com que muitos brancos – especialmente os empregados em serviços públicos e no comércio – ficassem ocupacionalmente vulneráveis. A população branca, que chegou a 230 mil em 1976, caiu para 138 mil em 1985. Uma emigração em rede dos brancos persiste até hoje, mas há indicadores de que isso está diminuindo. Os brancos que permanecem lá ainda têm um poder econômico considerável, especialmente nos setores industrial, comercial e agrícola.

A raça, portanto, continua a ser um fator significativo, mas cuja importância vem diminuindo, na estrutura da sociedade do Zimbábue. O significado do valor étnico na sociedade do Zimbábue é motivo de contínuos debates, alguns deles descartando esse fator e outros (por exemplo, Sithole) argumentando que, em certos contextos, ela tem influência política. A população negra do Zimbábue tem as suas próprias divisões internas lingüísticas/culturais, sendo a mais proeminente aquela existente entre Ndebele (a maior parte em Matabeleland, aproximadamente 18% da população) e Shona (a maioria em Mashonaland, 78% da população). Os próprios Shona subdividem-se nas categorias cultural-lingüísticas Karanga, Korekore, Manyika, Ndau e Zezaru. Os dois principais partidos políticos têm políticas pan-étnicas, não-raciais, mas têm de lidar com o fato de que o apoio ao ZAPU vem em grande parte de Ndebele e o apoio ao ZANU-PF, de Shona. A etnia como fonte política, portanto, continua a ter a sua importância, e um grau de "aritmética étnica" continua a surgir de tempos em tempos no processo político.

LEITURAS SUGERIDAS

Politics in Rhodesia, de L. Bowman (Harvard, 1973), oferece uma ampla delineação das políticas pré-independência no Zimbábue.

"Race and power in Rhodesia", de M. Murphree, em Politics of Race, organizado por D. Baker (Saxon House, 1975), enfoca as dimensões raciais da sociedade colonial da Rodésia.

"The salience of ethnicity in African politics", de Masipula Sithole (em Journal of Asian and African Studies, 1985), enfoca a discussão no fator étnico do Zimbábue pós-colonial.

Ver também: ÁFRICA, APARTHEID

MARSHALL MURPHREE

Índice Remissivo

Nota: os números de página em **negrito** indicam a principal cobertura de um tópico.

Abernathy, Ralph 288
aborígenes australianos **25-31**, 197, 252, 436; relações com a polícia 29, 421
absorção 27
Academic American Encyclopedia 185
ação afirmativa 13-4, 18, **31-8**, 345, 365; regras limitadoras da 17; termo freqüentemente utilizado no debate sobre a 345
aceitação social 85
Achad (referente à teoria sionista clássica) 509
Acordo de Paris (1898) 432
Acordo de Paz de Dayton (1995) 507
Acordo Europeu de Línguas Regionais Minoritárias 328
acordos de trabalho 310, 314, 352

adaptação 279-80
Addis Ababa 336
Adorno, Theodor *The Authoritarian Personality* **439-40**, 491
AFDC (Auxílio para Famílias com Crianças Dependentes) 408
Afeganistão 134
África 9, **38-43**, 113, 436; colonialismo europeu 97, 346-8; conquistas militares 119; diáspora 169; do Norte 502; êxodo para a 227; movimentos libertários 385; Ocidental 326, 352; Oriental 416, 501-2; relacionamento entre Inglaterra e 434; retorno à 389, 479-81; ritmos musicais 91; sudeste, regimes racistas 380; visão da migração em massa de negros para a 115; *ver também* África do Sul; Angola; Argélia;

caráter etíope; CNA; Líbia;
Moçambique; Namíbia; Nigéria;
Quênia; Tanzânia; Uganda;
Zâmbia; Zimbábue
África do Sul 43-5, 48, 243; Ato
das Áreas Grupais 506; Ato do
Registro da População 330; Atos
e Emendas às Leis Bantu (1963 e
1964) 34-5; britânica 10;
burguesia negra da 47; castas
117, 118, 119; "coloridos" 34;
maioridade após as eleições
(1994) 41; migração para a 353;
política "Batustan" 506; política
européia e norte-americana
relacionada a 283; população
substancial de colonizadores
europeus 40; posições sociais dos
negros 455; racialismo 105, 223,
342, 563; racismo estatal 341; *ver
também* apartheid; Sharpeville;
Transkei; Transvaal
africanos 69-73
afro-americanos 120, 274, 360, 455
características coletivas 486;
tratamento vergonhoso
dispensado a 377; *ver também*
OAAU.
afro-americanos 46-56, 236, 531-3;
"abismo entre as atitudes" de
brancos e 13; alegada
desvantagem, como causa de
contínuo empobrecimento 147-8;
condenação do rap 477; conflito
entre cubanos e 134; conflito
violento filmado 303; crianças da
parte interna da cidade têm
maior dificuldade para se
preparar para a faculdade do que
os brancos ricos 347; crianças e
inteligência 13; cultura 49, 215;
descendentes 380; destino de
Farrakhan para 600 mil (1995)
382; discriminação no local de
trabalho 33; *empowerment* 21-2;
estereótipo de 257; expectativa
de vida 18; heróicos e
desafiadores, se fracassam 123-5;

índices de condenação por crimes
violentos 194; ira e frustração
entre muitos 422; juiz
conservador que se beneficiou da
ação afirmativa 16; legislação
que favoreceu a prática da
segregação de brancos e 284;
matrifocalidade 408-10;
mobilidade gravemente restrita
506; mulheres e humor 259;
música 91-2; perda da fé no
sistema judiciário criminal 422;
políticas de detenção e revista em
relação a 420-1; população
abertamente insatisfeita 15-6;
racismo invertido 473-5;
tamanho da população 319, 541-2;
termo "negro" recodificado 87; *ver
também* afro-americanos; blues
Afro-brasileiros 104
Afro-caribenhos: na Grã-Bretanha
56-61, 106, 221, 314, 349, 459,
518; racismo invertido 473-5
Afrocentrismo 62-4, 213, 215
Aho, James R. 391
Aids (Síndrome da Imunodeficiência
Adquirida) 382
AIE (Aparato Ideológico do Estado)
247
Aikman, Troy 124
Alabama 55; *ver também*
Birmingham; Montgomery
Alasca 265
Alcorão 379
Alemanha 357, 426, ataques
violentos a estrangeiros 467;
banimento governamental da
música "Oi!" 512; colonial 133,
134; fascistas 210, 211, 390;
Gastarbeiter (guest workers) 312,
392; grupos que se opõem à
migração da Europa Oriental 466;
movimento wagneriano 240;
nacionalismo romântico 244;
povos originais da 126; raça
germânica 98; racismo 466;
radicais/extremismo de direita
422, 511; reclamações a respeito

da polícia vindas da 420; Terceiro Reich 230, 233, 240; turcos na 467; *ver também* Nationalist Front; nazismo; Vogt
alfabetização 219, 220
Alkalimat, Abdul 109
Allen, Theodore 99
Allport, Gordon 193
Alta Corte (Austrália) 30
Altab Ali 362
Althusser, Louis 247, 262
Alva, Klor de 87
amálgama 64, 254
ambientalismo 65-7
América Central 266, 297, 316; *ver também* Caribe; Guatemala; México; Panamá
América do Sul 113, 266, 325; população roma 502; *ver também* Bolívia; Brasil; Guiana; Peru; Venezuela
American Journal of Sociology 150, 151
American Sociological Review 257
americanização 84, 316
americanos nativos *ver* índios americanos
ameríndios 102-3, 360
Amin, Idi 42, 235
Ammon, Otto 159
Amritsar 226
Amsterdam News 121
análise do discurso 398
ancestralidade 103, 116, 450; africana 227, 330, 450, 455; comum 157, 200, 401; antropóide inferior 154
Anger Gutiérrez, José 129
anglicização 84
anglo-saxões 181; *ver também* WASPs
angloconformidade 43-4
Angola 39, 41, 189, 353
Anthias, Floya 198
anti-racismo 180-1, 373, 429, 468; conflitos 234; demonstrações 221, 469; políticas educacionais 82;

idéias 182; organizações 221; ação política 343
anti-semitismo 67-8, 200, 397, 439, 459, 467; plano do Conselho Europeu contra 560; situação aflitiva de 121; genocídio 509; organizações 245, 367
Antiescravidão Internacional 192
antropologia estruturalista 398
Anwar Muhammed 80
Apalaches, montes 266
apartheid 43, 69-73, 330, 505, 510; campanha da resistência pacífica para desafiar a lei do 336; inventado após a abolição 44
Apodaca, Jerry 129
aprisionamento 29, 91, 123, 124
Apte, M. L. 255-6
árabes; 38, 168, 509; executivos 39, 479; minoria em Israel 510
Arábia Saudita 411
áreas de gueto 240-2, 334, 493, 522, 538; afro-americanos pobres urbanos concentrados em 506; cultural ou social 372; dominados pelo crime 422; "embelezamento" 494; grandes quantias de dinheiro entrando nas 477; judeus que morreram em 233-4; protótipo 432-3
Argélia 39, 140, 336, 360
arianos 74-7, 239, 246, 324; sinônimo para brancos 98
Aristóteles 431
Arkansas 73
Armênia 358
armênios 169, 232; genocídio 397; palavras 502
Asanti, Molefe Kete 20
Ásia 69, 309, 325, 530, 518; nativos americanos sem doenças quando chegaram da 265
asiáticos 71, 221 248, 542; hostilidade entre afro-caribenhos e 438; violência por parte de 142; jovens residentes 543; *ver também* ásio-americanos; Grã-

A

569

Bretanha; sul-asiáticos; Estados Unidos
ásio-americanos **75-9**, 250, 319, 360
Assembléia de Combahee 214
Assembléia Geral (NU) 386
assimilação 27, **84-6**, 103; adaptação e 279-81; forçada 268; ideologia de 182; modelos educacionais 272; resistência a 254
Associação Nacional para a Promoção das Pessoas de Cor NAACP (National Association for the Advancement of Colored People) 48, 54, 227, 368, 382
astecas 86, 239, 266, 352
ataques 16; a minorias étnicas 467, 512; racistas 19, 363, 364, 422; violentos 289
Átila, o Huno 100
atjehneses 409
Atlanta (Georgia) 110, 186, 187, 288-9, 302
Ato da Discriminação Sexual (1975) 322
Ato da Reforma e Controle da Imigração (EUA, 1986) 300, 318
Ato da Reforma Educacional (Grã-Bretanha, 1988) 82, 557
Ato de Asilo e Imigração (pedidos) (Grã-Bretanha, 1993) 311-2
Ato de Autodeterminação (EUA, 1975) 270
Ato de Contratação para o Trabalho Público (EUA) 35
Ato de Deficiência Mental (Grã-Bretanha, 1913) 205
Ato de Direito às Terras do Norte (Austrália 1976) 28
Ato de Exclusão dos Chineses (EUA 1882) 316
Ato de Oportunidades Iguais de Emprego (EUA, 1972) 31
Ato de Remoção dos Índios (EUA 1830) 267
Ato de Reorganização Indígena (EUA 1934) 269

Ato de Restituição dos Direitos Civis (1988) 55
Ato do Título Nativo (Austrália, 1993) 302
Ato dos Imigrantes da Comunidade (Grã-Bretanha 1962) 310
Ato Hart-Celler (1965) 317
Ato McCarran-Walter (1952) 317
Ato Policial (Grã-Bretanha, 1964) 496, 498
Atos de Educação, Grã-Bretanha (1944) 517; (1980) 557, 558
Atos de Imigração: Grã-Bretanha (1971) 311; (1988) 312; EUA (1917) 316
Atos de Nacionalidade, Grã-Bretanha (1948) 309; (1981) 311
Atos de Relações Raciais, Grã-Bretanha: (1968) 321; (1976) 82, 322, 482, 557
Atos de Rowlatt 225
Atos dos Direitos Civis (EUA): (1866) 304; (1964) 31, 286, 306, 307, 370, 532; (1991) 35, 55, 307, 532
Auschwitz 233
ausländerfrei 467
Australásia 133
Austrália 25, 144, 278, 353, 455, 481; assentamento britânico 437; celebrações do bicentenário da colonização branca (1988) 29; doenças deliberadamente disseminadas entre as populações nativas 231; Investigação Nacional a Respeito da Violência Racista 421; reclamações contra a polícia 420; *ver também* aborígenes australianos
Áustria 465-6, 468
auto-suficiência 28-30
autodeterminação 28, 86, 437
Aztlán **86-7**

baasscap 69
Bachrach, Peter 534
Bacon, Francis 353
Bacu 503

Bagehot, Walter 159
Baker, Houston 475
Bakke, Paul Allen 37
Bakthin, M. 254
balcanização 21, 503
Bálcãs 502
Baltimore 51
bancos 107, 472
Bangladesh 80, 312; descendentes 80, 518; rapto de mulheres 191; molestamento racial 506
Banton, Michael 198, 461, 489
Baratz, Morton 534
Barlow, William 91
Barry, Marion 123, 382
Barthes, Roland 430
bascos 329
batismo nativo 115
Batista, Fulgencio 299
Begun, Yosif 199
belgas 40; Bélgica 132, 272; racismo 466-8
bengaleses 82-3, 446
Bennett, Lerone 97, 99
BEV (inglês negro vernacular) 327
Bhaba, Homi 174, 254
Bíblia 65, 233, 413-4, 448, 503; Curse of Ham 97; rituais de veneração a Jah 418
Biddiss, Michael 240
Biko, Steven 72
Billboard (revista) 477
biologia 14, 452, 561; características 383; "raça" como termo equivocado 451; tendência a equiparar "ideologia a" 213
Bird, Larry 124
Birmingham (Alabama) 34, 52, 293
Birmingham (Inglaterra) 18, 83, 464, 482, 544, 546; Handsworth 544, 547; Sparkbrook 241
Black Power 72, 108, 291, 370, 494
"Black Star" linha de navios a vapor 228
Blackburn 83
Blakelock, Keith 547
Blauner, Robert 242, 135
"blue beat" 483

blues 91-2; cantoras clássicas 259
Blumenbach, J. F. 98
Boas, Franz 93-4
bode expiatório 94-6, 176, 441
bôeres 39, 69
Bogan, Lucille 259
boicotes 282-3, 288, 386
Boinas Marrons 129
Bolívia 354
bombeiros 35, 52, 279
Bonacich, E. 359
Booth, Stanley 91
Bork, juiz Robert 55, 531
Bósnia Herzegovina 503; limpeza étnica 235, 507
Boston 54, 381
Boyle, Edward 139
Bradford 80
brancos pobres 99, 464
brancura 97-101
Brasil 102-5; doenças deliberadamente disseminadas entre povos nativos 436; escravidão 103, 184-5, 190, 192, 353; falta de distinções agudas entre as várias cores 331; pessoas de herança mista tornam-se a maioria 374-5
Braun, Carol Moseley 55
Bristol 539
Bronowski, Jacob 157
Broom, Leonard 536
Brown, Oliver ver Suprema Corte
Buber, Martin 397
Bucareste 503
Buffon, G.-L. Leclerc, conde de 65
Bulgária 503
Bunyan, John 447
burguesia negra: na Grã-Bretanha 106-7; nos EUA 108-10
burguesia; ver também burguesia negra
Burke, Edmund 145-7
Burma 77, 416
Burma, John 257
Burns, Robert 447
Bush, George 16, 53, 186, 307
Buthelezi, chefe Mangosutho 337

B

571

Butlin, Noel 26
Byrd, Gary 476

caboclos 102
cadinho de raças 84, 372
Califórnia 128, 316, 344;
  "Proposição 318"; *ver também*
  Los Angeles; San Francisco
Callaghan, James, lorde 320
Calley, Malcolm 414
Câmara dos Comuns 309, 310
Camboja 77
Cambridge, Godfrey 257
campanhas de "nigger-hunting"
  362
Canadá 144, 265, 272, 321;
  colonizadores britânicos 363;
  direitos aborígenes/direito à terra
  266, 437; emigração irlandesa
  para 278; multiculturalismo 371;
  população francófoba 327
capitalismo 111-4, 150, 178, 209,
  309; britânico industrial 26;
  ferramenta para dividir a classe
  trabalhadora no 378; grupos
  étnicos vulneráveis à exploração
  do 202; negro no 90; opressão
  estrutural na forma de 22;
  racismo relacionado ao
  desenvolvimento do 462; relação
  determinante entre o colonialismo
  e o 114; relações raciais não
  podem existir independentemente
  de 491; sociedades no 205
características: biológicas 406, 462;
  culturais 406; distintivas, de
  populações brancas 120;
  fenotípicas 456; físicas 236, 239;
  morais 239; negativas 256;
  psicológicas 406; raciais 365; 557
caráter etíope/etíopes 98, 114-6,
  251, 389
Cardiff 362
Caribe 113, 132, 190, 227, 309,
  352; descendentes 328; distinções
  entre brancos, mulatos e negros
  330; línguas européias 325;
  migração para a Grã-Bretanha

309, 317; os roma embarcaram
  como escravos para o 503;
  sociedades 416 *ver também,*
  afro-caribenhos, *creole*; reggae
Carlyle, Thomas 278
Carmichael, Stokely 90, 101, 470
Carney, Katrice 557
Carolina do Norte 55, 267
Carolina do Sul 55
casamento misto 64, 99-100, 105,
  330
casamento: arranjado 198;
  compulsório 118; etnicamente
  misto 334; redes baseadas em
  408; *ver também* procriação;
  intercasamento
caso do "corredor do Central Park"
  (1989) 121
caso Mabo (Austrália, 1992) 29,
  437
castas 117-9; "atrasadas" 168;
  hindus 119, 378, 502; *ver também*
  párias, Castles, S. & Kossack, G.
  *Imigrant Workers in the Class
  Structure in Western Europe* 20
Castro, Fidel 297, 337
Castro, Raul 129
catalães 329
categorias "meias-castas" 118
catolicismo/católicos 68, 280;
  hostilidade entre anglo-saxões e
  anglo-americanos 278; igreja
  103, 128; ingleses 314; irlandeses,
  nos EUA 202; rompimento da
  Inglaterra com 276
caucasianos; *ver também* Europa
  Oriental
causes célèbres 120-25
CCCS (Grupo de Raça e Política do
  Centro de Estudos Culturais
  Contemporâneos) 342
censura 429
Centro de Assistência à Pobreza do
  Sul 48
Centro de União para Estudos
  Econômicos e Políticos 46, 52
Césaire, Aimé 388
Chaggar, Gurdip Singh 362

Chakrabarty, Dipesh 521
Chamberlain, Houston Stewart 125-7, 245, 273
Chambers, Robert 244
Chávez, César 87, 127-30, 199
Chavis, Benjamin 382
Chicago 54, 92, 242, 269, 282, 302
chicanos 127-9, 199, 298; Conferência Nacional da Juventude Libertadora Chicana (1969) 86; plano para a autodeterminação cultural e a unificação dos chicanos 86
chimpanzés 278
China 79, 352, 358; escravidão 189, 192; reintegração de Hong Kong 313
CIA (Central Intelligence Agency) 185, 335
cidadania 316, 424, 432; direitos 87, 311, 313
cidadania/naturalização 300, 315
Cientistas Comportamentais Americanos 255
ciganos 85, 234, 467, 501, 513; alvos de ataques 467
Cingapura 78, 326
Clark, Kenneth 100
Clarke, Sebastian 483
classe 198, 202, 378, 398, 507, 519; conceito marxista 338-41; distinções marcadas e profundas 105; dominante 114, 143, 254, 426; estrutura de 168; exploração 340; grupos minoritários organizados com base em 87; nacionalismo e 338-41; perfil 58-60; sociedade estratificada 56; terra colonial e propriedade da terra 99; *ver também* classe média; classe trabalhadora
classe média: afro-brasileira 104; branca 200, 241, 422, 473; cubana 299; movimento liberal (Índia) 224; negra 107, 108, 109, 290
classe trabalhadora 200-1, 248,

516-8; apoio para grupos políticos racistas 342-3; branca 70; chicano 298; desemprego 221; divisões internas na 339-40; hostil 512; latino 121; negros/afro-americanos 108, 109, 121; organizações da união de comércio 210; organizações políticas 209-11; relações raciais, Brasil 104-6; sul-asiática 83
classificação 98; gênero 213, 411-2; indivíduos como negros 374; preocupação com 397; raça como 447-50
Clinton, Bill 37, 318, 464
CNA (Congresso Nacional Africano) 44, 336-7
CNI (Congresso Indiano Nacional) 224, 226
"Coalizão Arco-Íris" 283
Coalizão dos Negros Ativos para Ação Comunitária Unificada 282
Cochrane, Johnnie 124
Cockney Rejects, The 512
Código de Hamurabi 407
código talmúdico 527
"Códigos Negros" 285
Cohen, R. 392-3
Coleman, James 138
Collins, Patricia Hill 213, 216
Colombo, Cristóvão 270, 436
Colonial Office (Grã-Bretanha) 27
colonialismo 38, 69-70, 130-5, 277, 325, 354; administrações centralizadas 40; atitudes refletidas em 397; britânico 56, 114, 190-1; cristianismo como uma ferramenta do 389; desumanização vivenciada por grupos subordinados 220; dominação 134, 174, 248, 398; escoceses e 97; europeus 40, 97, 403; expansão 503; imperialismo 130, 354; ingleses e 97, 98, 99; interno 135-7; irlandeses e 276-81; relação determinante entre capitalismo 114; *ver também* pós-colonialismo

C

573

colonizadores portugueses 132, 133, 503; na África 39-40, 41, 352; na Austrália 133; o Brasil 102, 103; *ver também* línguas
Colorado 15
Combate (grupo paramilitar) 294
Combs, Sean "Puffy" 479
Comissão de Direitos Civis 37, 306, 370
Comissão de Oportunidades Iguais de Emprego (EEOC) 31-2, 37, 306, 370
Comissão de Relações Comunitárias (Grã-Bretanha) 322
Comissão de Trabalhadores Agrícolas (1992) 318
Comissão pela Igualdade Racial (CRE) 140, 323, 365, 557
Comissão Real (1987-91) 29
Comitê de Coordenação dos Estudantes 89
Comitê de Eliminação da Discriminação Racial (CERD) 149; *ver também* ICERD
Comitê Rampton *ver* Relatório Swann
Comunidade 70; *ver também* Nova Comunidade Britânica
Comunidade Mundial do Islã 381
comunismo/comunistas 79, 292; colapso de 466, 503, 511; negros 493; primeiros/antigos estados 184
condado de Cleveland (Inglaterra) 557
condado de Ventura 542
condução em ônibus 138-40, 168, 386
Cone, James 91
Conferência dos Líderes Cristãos do Sul (1957) 224, 282, 289, 332, 370
Conferência Nacional da Juventude Indígena 270
Conferência Permanente da Índia Ocidental na Grã-Bretanha 59
conflitos 69, 83, 314, 372; adultos negros e brancos e seus filhos 362; afetando a cultura 121;

afro-americanos e cubanos 142; étnicos 42, 166, 202; grupos lingüísticos minoritários em sociedades multilinguais 327; interétnicos 142, 542; internacional 235; racial 245; racista e anti-racista 264; social 202
conflitos civis 235
Confúcio 100; código de Confúcio 527
Congresso de Igualdade Racial (EUA) 273
Congresso Nacional Indiano 224
Congresso Pan-Africano 337
conotações pejorativas 105
conquista 44, 143-5, 215-6, 266
Conquista da Louisiana (1803) 152
Conrad, Joseph 435
consciência 199, 229, 246, 247; africana 389; americana 92; diáspora como uma forma de 170; étnica 152; falsa 262, 378; manipulação 134; mudança ocorrida na 12; mudanças epistêmicas em 220; negra 89; política 521; racial 104, 168, 331
Conselho Econômico e Social das Nações Unidas 231
Conselho Nacional de Distúrbios Civis *ver* Relatório Kerner
conservadorismo **145-8**
"contaminação" da "negritude" 201
contratos governamentais 35-6
Convenção dos Direitos de Todos os Trabalhadores Migrantes e Membros de suas Famílias (NU 1991) 388
Convenção Internacional *ver* ICERD
Conversas constitucionais da Lancaster House (1970) 563
Cook, capitão James 25, 133
"Cop killer" 477
cor da pele 61, 105, 131, 238, 249, 278; associada ao mal 503; branco, imbuído de novo significado 98; conotações negativas 97; sinal dizendo ao

preconceito quem odiar 176; sinônimo de desvio e inferioridade 451; transporte em ônibus e 140; tratamentos de branqueamento 100; *ver também* linhas de cor.

Coréia 76; coreanos 77, 78

Corte Federal (Austrália) 30

Corte Internacional de Justiça 231, 551

Cosby, Bill 48, 258

Coulthard, G. R. 389

Council of Europe, Declaração de Viena (1993) 560

Courtet de l'Isle, Victor 238

Cox, Oliver C. 149-51, 340, 342, 345, 378, 459, 485

crack, cocaína 123, 382

Crane, D. 259

creole(s) 152, 266 267, 327-8

crime 45, 423; horrendo 124; índices de condenação de 194; "luta contra" 423; negros com 20 anos em média encarcerados ou envolvidos com o sistema judiciário 54; população negra personificada na música 476; suposto 121; violento

cristandade 67-8, 83, 133, 410; associações tradicionais 97; combinação de crenças africanas e 115; evocada para justificar teorias de conspiração a respeito dos judeus; ferramenta do colonialismo 389; ideais 132; missões 27; negros ensinados a acreditar em 228; negros requisitados a repudiar ingresso na Etiópia 38; ortodoxo 397; século XIX 114; tolerância da maioria das variedades de 314; *ver também* Igreja Africana Ortodoxa; Igreja Batista; católicos; Batismo Nativo; Igreja do Novo Testamento de Deus; pentecostalismo; protestantes

cromossomos 236

Cronon, E. David 227

Cuba 134, 184, 297, 337; migração 299, 536

Cuffee, Paul 115

culpa 97, 280

cultura(s) 82, 91, 144, 153-4, 255, 390, 491; africanas 73; americana 20, 429; antropologia estruturalista e 398; autônomas 103; celta 277; comum 212; concepção fluida de 21; conflitos afetando 121; "conscientemente sintética" 484; criação de renas 437; diferenças de 251-2, 272, 397, 399, 451, 561; distinta(s) 84, 152; diversas 22, 198, 271; européia 126; formas híbridas 20; fusão de grupos 64; identidade 170; incompatibilidade de 141; indiana tradicional 224; instituições 89; integração 129, 218; italiana 201; judaica 200; matriarcal 407; matrifocal 409; noções essencialistas de 255; pan-caribenha 484; papel desempenhado pela 174; resistência 521; revitalização 20; skinhead 362

Cuvier, George 251, 448

Dacar 132

Daddy Grace 116

Damas, Leon 390

Darwin, Charles 66, 126, 245, 252, 449

darwinismo 156-8, 244, 246 *ver também* neodarwinismo; darwinismo social

darwinismo social 159-61, 162

Davies, Allison 176

Davies, Carole Boyce 435

Davies, Christie 257

Davis, Allison 377

Dawkins, Richard 514

Dawkins, Trevor 482

"de cor" 71

De Klerk, F. W. 72

Década Internacional dos Povos

C-D

575

Nativos de todo o Mundo (NU 1994) 388

decadência do paradigma 434

declaração de Balfour (1917) 503

Declaração dos Direitos Civis (1875) 285

Degler, Carl N. 97-8

Denton, N. A. 507

Departamento de Educação e Ciência (Inglaterra) 139

deportações 235

Derrida, Jacques 398, 430

descendentes 152, 292, 380, 401; africanos 103; caribenhos 325-7; comuns 157; mexicanos 199; mistos 102, 374

descolonização 280, 397, 427; político 164

desconstrução 430

desenvolvimento 162-6

desobediência civil não-violenta 225, 289, 332, 368, 370

desobediência civil *ver* desobediência civil não-violenta

despossessão 269

despotismo 402, 403

desvantagens 60, 395, 494; empresas de negócios 36; minoria 360; racial 360

Detroit 266, 380, 421, 492, 537, 539

Deutsche Alternativ Party 511

Deutsche Volksunion 467

dialetos 85, 325, 503

diáspora 87, 169-71, 254; africana 46; indiana (asiática) 81, 501; judaica 68, 169, 256, 509; negra 484

Dieter-Opp, K. 528

diferenças raciais 251; em níveis de QI 273, 274, 275

Dinamarca 132

Dinkis, David 55

direito à terra 437; aborígenes 266; caça e pesca 437; cidadania 87, 312; direitos 308, 425, 504; econômicos 149; femininos 406, 407, 409; língua 327; político 72; propriedade 70; social e legal,

oposição a 292; voto 77, 285, 290; *ver também* direitos civis

direito a voto 53, 285, 290, 306, 369

direitos civis 15, 27, 123, 288, 334, 471; privação de 13; lei reforma os 289, 332

direitos das mulheres 406, 407, 411

direitos humanos 149, 308, 425, 504; Comissão das Nações Unidas sobre 386-7

disc jockeys 475, 483

discriminação 36, 85, 104, 251, 438; atos sociais, pessoais de 285; de sexo 31, 306, 524; disseminada, negação das origens para superar a 282; educação 306; exposição 365; habitação 321, 506; intencional 306; "invertida" 32, 34; legislação da imigração 311; legislação e 19, 304; minoria católica 280; muito mais patente 168; mulheres e 351; necessidade de encorajar a eliminação da 394; origem da 30, 35; passada 33, 361; políticas oficiais geradas para a remoção da 473; proibição da 369; religiosa 31, 35; resistência maior e mais aberta dos jovens à 61; segurança eliminada 71; trabalho e 31-6 53, 300, 305, 321, 395; *ver também* discriminação racial

discriminação racial 52, 167, 171-2, 387; ação afirmativa, a principal arma nos ataques a 18; ação contínua para a exterminação da 471; categórica 105; combate à 319, 322, 323; efeitos debilitantes da 60; internacional 308; pesquisa especial das NU sobre as formas contemporâneas de 372; policiamento e 420-1; proibição da 31, 34, 450; prova de atos deliberados de 322; situações em que eleitores negros nunca poderiam ter eleito um candidato negro 53; tendência policial de negar a 421; tentativas ineficientes de eliminar 323; *ver também* CERD; ICERD

discurso colonial 173-4

dispersão *ver* diáspora

diversidade cosmopolita 171

diversidades físicas 448

divisão de trabalho: sexual 405, 411; mundo 144; *ver também* NIDL

Dixon, E. D. 288

Dodd, M. 151

doenças 26, 265, 277; deliberadamente disseminadas entre os povos nativos 436; epidêmicas 144; européias 436; falta de imunidade a 102; mortes de judeus em guetos em conseqüência de 233-4

Dollard, John 150, 175-6, 485

Dolls Test 100

dominação 218, 262, 426; branca 186; classe dominante 263; colonial 134, 173, 174, 248; política européia de 40

Dorneles Vargas, Getúlio 218

doutrina freudiana 175

Drake, St. Clair 377

Dreyfus, Alfred 121, 508

drogas 91, 123, 333; abuso 29; pesadas 382

DuBois, W. E. B. 50-1, 170, 227, 229, 452

DuCille, Ann 213

Dukakis, Michael 283

Duke University 431

Dumkley, H. Archibald 481

Dummett, Ann 312

Dyer, general 226

Dyson, Michael E. 335

Edsall, Thomas e Mary 49

educação 31, 50, 78, 299; aproveitamento/conquista 13, 82; discriminação em 305; diversidade cultural e 180-3; índios norte-americanos e 270;

iniciativas que impedem estrangeiros não documentados de receber 318; instituições de 152, 304-5; limitadas 128; melhoras na 128; meritocrática monocultural 182, 372; modelos de assimilação 372; multicultural 51, 82, 154, 180, 181, 372; "não-brancos" impedidos de compartilhar 506; normas dos homens brancos da classe média 473; PC e currículo 431; precária 268; programa para atrair estudantes brancos para escolas predominantemente de negros 16; "repressora" 219; "resultados inferiores" em 60; segregadas 138-40; *ver também*, fim da segregação

efeito "dominó" 350, 496, 544

Egito 132, 352

Einsatzgruppen 234

Elijah Muhammad (Elijah Poole) 333, 380, 381

Elkins, Stanley 189

emancipação 91, 183-5, 198, 502; mentes e pensamentos 229; mulheres 334

emigração em massa 278, 281

emigração, *ver* migração

empowerment 185-7

emprego/subemprego 57, 310, 541, 544; afro-caribenhos mais vulneráveis ao risco de 60; alto 17, 221, 472-3; crônico 523; estrutural 424-5; pobreza e 51-2

emprego/trabalho: discriminação 31, 32-3, 34-6, 52, 53, 300, 305, 321, 394; altas exigências 472; critério baseado no mérito 395; desejável, acesso a 285; "não-brancos" impedidos de compartilhar 506; oportunidades iguais 17; perspectivas de emprego dos brancos nativos ameaçadas 221; políticas restritivas 472; proscrição da lei do racialismo em 322

D-E

577

endogamia 118-9

enfoque das "necessidades básicas" 165

enfoques/princípios *laissez-faire* 310, 395

Engels, Friedrich 262, 338, 339

episódios "queima e depredação" (1981) 544

Ernst, D. 392

erotismo 411

Escandinávia 325

Escócia 545; colonizadores da América na 97; colonizadores protestantes em Ulster 276-7; lavradores despossuídos 353; parentesco 400; trabalhadores irlandeses que migraram para a 339

escravidão 39, 98, 188-93, 352, 408; abolição da 98, 184, 285, 292, 374, 502, 505; apartheid e 69; brasileira 103, 218; *de facto* 99; defesa "racional" contra a dissolução 98; duração da segregação muito tempo depois do fim da 17; exemplo extremo de "poder cru" da 418; hibridez e 254; legislação permitindo a 502; plantações latifúndios 103, 404, 99; pobreza e 71, 377, 404; raça como um fator econômico na 339; reparações propostas por anos de 382; roma 503; *ver também* emancipação; Jim Crow

escravo 377, 403

eslavos 316

Eslováquia 512-3

Espanha: colonialismo 118, 131, 132, 184, 266; fascismo 211; ideologia do nacionalismo 384; judeus expulsos da 68; missionários do século XVI na 86; *status* social 100; *ver também* línguas

"esposas da guerra" 76

esquemas do Canal e Panamá 354

esquetes 259

essencialismo 21, 255

Estados árabes 38, 510

Estados do Golfo 191, 356

Estados multinacionais 42

Estados Unidos da América 123, 318, 322; ação afirmativa, a principal arma no ataque ao racismo nos 16; Agência de Proteção ao Meio Ambiente 464; anti-semitismo 68; Ato do Direito ao Voto (1965) 53, 306; castas 117, 119; categorias monorraciais do censo 375; Centro de Mídia e Assuntos Públicos 147; Comissão e Justiça Racial 463; condenação do rap por dois presidentes 477; crimes de violência 194; cultura 153; Departamento de Estatísticas de Trabalho dos 52; Departamento de Justiça (Divisão de Direitos Civis) 31; Departamento do Censo dos 47, 51, 109; Departamento Federal de Transportes dos 36; desvantagem 168; direitos aborígenes nos 266; DJs de rádio 475-6; drogas 176-8; educação 37; escravidão 103, 340-1; estados do sul 54, 104, 189, 240, 285, 290, 304, 368, 505-7; exploração da mão-de-obra africana 426-7; grupo minoritário de maior crescimento 78; grupos imigrantes europeus 275; igualitarismo conservador 395; ilhas do Pacífico tomadas pelos 133; imigração ilegal 318, 521-2; imperialismo lingüístico 325; inglês negro vernacular, 324, 327-9; insurreições nas cidades 286; integração mais um ideal do que uma realidade 272; intenção de ser uma "nação transformadora" 19; leis a respeito da discriminação racial 308; marxismo 334; migração 314, 315; migração contínua da América Latina 300; movimento rastafari 479-80; mudança demográfica decorrente da imigração e dos altos índices de natalidade 319;

mudanças sociais e políticas 15; multirracialismo 374; "negros dos guetos" 522; negros requisitados a abandonar as esperanças de integração nos 115-6; patriarcado 408-9; pentecostalismo 413; 414; 415; política urbana 464; posturas sociais 374; prefeitos negros 54, 55, 123; preocupação a respeito do influxo de imigrantes da Europa Oriental nos 84; "raça" como uma construção social 450; racismo institucionalizado 342; reapropriação da unidade cultural e da solidariedade que se dissipou nos 87; relações raciais nos de classe trabalhadora 105; skinheads 504, 511-2; sociólogos "negros" radicais nos 150; supremacistas brancos 240; termo mulato usado nos 374; testes de QI 13, 250, 273; tropas federais tiveram de escoltar alunos negros para o ginásio 73; uso do termo "meia estirpe" 374; variações raciais 93; *ver também* sob vários tópicos ex-afro-americanos; americanos nativos; ásio-americanos; Black Power; Chicago, hispânicos; condução em ônibus; Los Angeles; Malcolm X; méxico-americanos; Nova York; porto-riquenhos; Pruitt-Igoe; Suprema Corte; tumultos; WASPs

Estatuto de Asilo e Imigração (Grã-Bretanha 1996) 312-3

estereótipos 58, **193-6**, 247, 303; afro-americanos 258; afro-caribenhos 349; racial dominante 339-340; étnico 257; Jim Crow 257; negativo 226-227, 304-305; desvantajosos 256

estrangeiros 79, 467; agitadores 493; ataques violentos a 467

estratificação 56, 117; etnia, uma fonte fundamental de 199; racial 330; sexo-gênero-classe 407

Estreito de Bering 265

Estudo da Academia Nacional de Ciências (A Common Destiny: Black in America) 47

"estudos de assuntos negros" 51

estupro 121, 124, 235

etnia 22, 165, **324-9**, 450; "culto de" 19, especialização econômica e 359; falar de 20; humor e **255-9**; língua, raça e **324-9**; militante 130; organização de 401; patriarcado e **405-12**

etnocentrismo 439; *ver também* preconceito; xenofobia

"etnocídio" 103

eufemismos 105, 167, 360

eugenia 160, **203-5**

eurocentrismo 20, 339, 344, 430

Europa Centro-oriental 235

Europa Oriental 134, 316; área caucasiana 502; movimentos racistas e nacionalistas extremados 466; população Roma 502; redistribuição de grupos populacionais 146

European Commission Against Racism and Inloterance 561

European Parliament's Committee of Inquery into the Rise of Racism and Fascism in Europe (1985) 560

"europeização" 133

eutanásia 234

evolução 157, 244

exclusão 76, 211, 469

Exercício Swamp 497, 545

exércitos 72

exotismo 397

expectativa de vida 16, 346

exploração **205-8**, 247, 262; classe 340; economia global 164; grupos étnicos vulneráveis a 202; pós-colonial 254; princípios de 561; raça como modo de 340; realidade do colonialismo 40; servidão branca precursora de 99; trabalho/mão-de-obra 56, 392, 428, 458

E

579

expulsões 81
extermínio 103, 232; centros para 233; em massa 293; *ver também* genocídio
Eysenck, Hans 518

Fairbairn, comandante 497
família real de Tembu 335
famílias 49, 85; destruição de unidades nucleares e poligâmicas 408; separadas 27; interétnica 76
Fanon, Frantz 100, 174, 435
Fard, Wallace D. 116, 380
"fardo dos homens brancos" 133-4
Farrakhan, Louis (Louis Walcott) 381-2, 474
fascismo 209-12, 385, 390; grupo 294, 366; ideologia 384; jovens brancos 82
fatores ambientais 158, 249, 252, 275
fatores de produção 206
FBI (Federal Bureau of Investigation) 335
Federação da África Central 486
feminismo negro 213-6, 259
feminismo/feministas: assume o lugar da diferença radical 412; chicano 129; negras 213-6
fenótipos 217, 236, 237; características 428, 451; características reais ou imaginárias 456; comportamental 275; diversidade 461; racial 104; variação 99, 485
Fiji 133, 166
filipinos 77, 137, 326
filogenia 244
fim da segregação 138, 139, 140, 305; reação dos brancos 15-6
Firth, sir Raymond 154, 400
Flórida 55, 267, 299
Foner, Nancy 59
Ford, Henry 68
Ford, J. Aold 116
Fort Hare University College 336
Foucault, Michel 173, 398, 430
Foxx, Red 257

França 132, 133, 357, 508, colonialismo/colonizadores 39, 40, 266, 354; emancipação dos escravos 184; inferiorização e exploração dos 561; movimento rastafari na 316; nacionalidade/ nacionalismo 383, 397; oposição à imigração contínua 561; os romani enviados por navio como escravos para a 503; outros na 397; racismo na 465; "relações raciais" consideradas mal formuladas na 450; surgimento do extremismo de direita na 422; *ver também* Dreyfus; *Front National*; Gobineau
Franks, Gary 147
Frazier, E. Franklin 108, 377
Freedom's Journal 348
Freeman, Edward A. 278-9
Freire, Gilberto 216-7
Freire, Paulo 218-20
Frente National (Grã-Bretanha) 221-2, 294, 511
Friends of the Earth 471
Fröbel, F. 392
Frobenius, Leo 389
Front National (França) 467, 468
Fruto do Islã, 381
Furious Five 476
Furnivall, J. S. 416
futebol 469

Galton, Francis 203
Gandhi, Mohandas Karamchand (Mahatma) 127, 223-6, 289, 368, 419
gangues de jovens 83
ganja 481
Gardner, B. B. 176
Gardner, M. 176
Garvey, Marcus Mosiah 100, 116, 227-9, 333, 389, 480, 481
gás lacrimogênio 546
Gaskell, Elizabeth 278
Gasman, Daniel 245
Gastarbeiter (*guest workers*) 312, 392
Gately, Kevin 221

E-G

580

Gates, Henry L. 451
gênero 346, 398, 519; análise 214; classificações 213, 411-2; definições que promovem cegueira 214; desigualdade 198; diferença 398; grupos minoritários organizados com base em 87; igualdade 372
genética/genes 13-4, 157, 203, 274, 275; aconselhamento 205; comum entre parentes 400-1; darwinismo e 66, 157, 158, 449; diversidades 461; hereditariedade e 158, 249; privilégio 346; sociobiologia e 513, 514, 515
Gengis Khan 100
genocídio 102, 103, 144, 230-6, 509; étnico, sistemático 507; intenção de 503-4; povos nativos 397
genocídio 230-6, 466, 507; ver também limpeza étnica
genótipos 94, 236-8,
georgiana 502
germanen 126
Ghazi 502
GI Fórum 128
Gibbs, Jewell Taylor & Hines, Alice M. The Multiracial Expece 375
Giddings, Franklin H. 159
Gilroy, Paul 170, 484
Glasgow, Douglas 470, 538
Glazer, Nathan 201
Gliddon, George Robbins 252
glossolalia 414
Gobineau, Joseph Arthur de 74, 126, 238-40, 252, 273
Goldberg, David T. 22
Goldman, Ronald 124
Gonzales Construction Company 15
Gonzales, Rodolfo "Corky" 86
Gordon, Milton M. 84
Gossett, Thomas F. 94
governo conservador 310
governo Keating Labor (Austrália) 30
Grã-Bretanha 252, 294, 523, 556; a tour de rap de Snoop Doggy Dogg

477; asiáticos na 80-3, 221 349, 460, 546; Associação de Trabalhadores Indianos e Associação de Trabalhadores Paquistaneses na 272; autores marxistas 151, 340; categoria "negra" 198, 365-6; categorias monorraciais do censo na 375; colonialismo da 131, 134, 190, 266, 276; detentor de passaporte sem direito para trabalhar na 313; direito à terra nos EUA 437; diversidade cultural na 181, 183; escravidão 184-5, 190, 502; fascismo na 209-12; inglês negro na 325, 327-8; integração como mais um ideal do que uma realidade na 272; leis proibindo a discriminação racial na 450; mercado de trabalho e índices de promoção 17; molestamento racial na 362; multirracialismo na 373; o trabalho de Hall sobre a experiência negra na 254; oportunidades iguais na 395; pentecostalismo na 413-5; política urbana na 464; racismo na 343-5, 428; reclamações contra a polícia na 376; reggae 484; relações raciais na 486; ska introduzido na 483; super-representação de minorias étnicas na televisão da 349; uso do termo "meia estipe" na 374; ver também sob vários tópicos, por exemplo, afro-caribenhos; asiáticos; Ato das Relações Raciais; burguesia negra; Escócia; Frente Nacional; imigração; Inglaterra; Partido Conservador; Partido Trabalhista; Relatório Scarmann; tumultos
Gramsci, Antonio 246, 248, 263
Grande Conselho Londrino 445, 458, 507
Grande Migração Atlântica (1870-1914) 355
Grandmaster Flash (artista de rap) 476

G

581

Grécia/gregos 126, 358, 407; e
  barbaroi 397; língua 502
Green Bay 266
Greensboro 293
Gregory, Dick 257
Groce, Cheryl 547
grupos de extrema direita 170;
  extremismo 422
grupos étnicos 196, 271, 409, 415,
  466; cinco principais nos EUA
  77-8; classe negociante nos 81;
  conscientes 152; consistentemente
  desprivilegiados 130; desigualdade
  legalmente implantada entre os
  143; diferenças de 271, 451;
  distinto 270, 326; exterminação de
  nações e 232; grupos
  normalmente chamados de "raças"
  mais bem designados como 449;
  hierarquias nos 271, 272; piadas a
  respeito dos 257; qualidades
  exclusivas cultivadas
  internamente 152; significação,
  pelo fato de pertencer a 326;
  vulnerável à exploração 202
grupos externos 439, 443
grupos neofascistas 466
grupos raciais 104, 329; ver também
  grupos raciais
grupos religiosos 85, 314, 466
Gt. Bernie 547-8
Guadalupe Hidalgo, Acordo de
  (1848) 86
Guarda Nacional 539-9, 541
Guatemala 265, 267
Guerra da Independência (Israel/
  Palestina, 1948) 235
Guerra do Golfo (1991) 283, 511
Guerra Revolucionária Americana
  (1775-81) 266
Guest workers trabalhadores
  convidados temporários 169, 312,
  392
guetização 242
Guiana 365
Gumplowicz, Ludwig 159, 160
Ha'am (a respeito da teoria sionista
  clássica) 509

habitação 464-5; famílias negras
  304-5; melhor 270; práticas
  discriminatórias 321, 506;
  proscrição da lei do racialismo
  em 322
Hacker, Andrew 12, 49
Hadon A. C. 449
Haeckel, Ernst 244-6
Haile Selassie I (imperador da
  Etiópia) 480, 482
Haiti/haitianos 47, 133
Hall, Stuart 170, 254, 341
Halliday, R. J. 160
Hamilton, Charles V. 90, 101, 470
Hamilton, William D. 513
Hanks, Lawrence J. 186-7
Harlem 291, 333; El Barrio 432;
  caso do corredor do Central Park
  121
Harrell, Andre 479
Harris, Fred 49
Hartman, P. & Husband, C. Racism
  and the Mass Media 350
Harvard Educational Review 13,
  274
Hattersley, Roy 311
Havaí 78
Hechter, Michael 528
Hegel, Georg W. F. 396, 459
hegemonia 246-8, 338, 353, 477
Heidegger, Martin 396
herança 116; ver também
  hereditarismo
heranças 374-5, 435
hereditariedade 249-51, 274
hereditarismo 251-3, 513 ver
  também castas; genética;
  genótipos
Herrenvolk 554
Herrnstein, Richard 13-4, 16, 19
Herskovits, Melville 377
Herzl, Theodor 386, 508
heterogeneidade 20, 254
heterozigotos 237
Hibbert, Joseph 481
hibridez 72, 253-5, 484
hierarquias 118, 378; aceitação de
  521; étnica/racial 506; na

linguagem 74; "raça" rejeitada como unidade das 452
Hill, Anita 532
Hill, Clifford 414
hinduísmo 83, 356, 410, 411; sistema de castas 117, 118, 378
hindus 352
Hines, Alice M. & Gibbs, Jewell Taylor *The Multiracial Experience* 375
Hiro, Dilip 414
hispânicos 78, 360, 523, 541; oportunidades de voto 306; *ver também* latinos
Hitler, Adolf 240, 245, 324, 390, 553; mentor intelectual de 273; explicação lógica para o desejo de erradicar os roma 503
Holanda 132, 384, 481
Holocausto 68, 233-6, 509; *ver também* genocídio
"homens brancos irados" 17
Homo sapiens 251, 449
homofobia 478
homogeneidade/homogeneização 20, 254, 367
homozigotos 236-7
Hong Kong 78, 313, 326
Hooker, John Lee 92
Hooper, Gloria, baronesa 556
hottentots, *ver* khoikhoi
Howlin' Wolf (Chester Burnett) 92
Hull, Gloria 214
humor e etnia 255-9
Hungria 465, 467, 512
Hurston, Zora Neale 259
Husband, Charles 350
Husserl, Edmund 396
Huxley, sir Julian 195
"Hymietown" 382

Ice Cube (artista de rap) 476
Ice-T (artista de rap) 477
ICERD (Convenção Internacional pela Eliminação de Todas as Formas de Discriminação Racial) 149, 220, 387

identidade: construção 171; aspectos brancos de 375; cultural 170; elemento definidor de 397; etnia 20, 521; etnicamente "pura" ou absoluta 254; fixa, não mais representa a 398; imperial 397; múltipla a 398; multirracial 374; nacional pós-colonial 280; noções essencialistas 255; questões filosóficas a respeito da natureza de 396, 398
ideologia 206, 248, 261-4, 403, 430; assimilação 182; contatos 245; debates marxistas a respeito de 338; espectro amplo 90; fascista 209, 385; legitimação 402; missão civilizadora da 403; multiculturalismo como 371; nacionalismo como 262, 383; política 211, 212; racista 216, 248, 262, 340-5; tendência a equiparar "biologia com" 213
Igreja Batista 92
Igreja da Nação Ariana 391
Igreja de Deus do Novo Testamento 414
Igreja Ortodoxa Africana 228
igualitarismo conservador 394, 395
Ilha de Murray 29
Ilhas do Pacífico 133
Illinois 265
Iluminismo 397
"imaginação da tradição" 200
imigração 93, 169, 181, 466; ataque 422; ataques a comunidades 422; categoria legal de "imigrante" 312; chineses 75, 77; debate público crescente a respeito de 465; enfoque *laissez-faire* 311; ilegal 192, 300, 318, 319, 523; lei 304-23; oposição a 561; pacífica 143; vistos como temporários 80
imigrantes 84
Immigration from the Commonwelath (White Paper, 1965) 321
imperialismo 87, 130, 245; conivência hipócrita com 389;

H-I

583

"cultural" 349; legado de 474; lingüístico 325; otomano 503; posturas refletidas em 397; racial 245

Império Austro-húngaro 503

impérios 130, 132, 352

incas 239, 266, 267, 352

incidentes "Burn baby, burn" (década de 1960) 242, 492-3, 496, 537, 544

independência 134, 226, 267, 434

Índia 57, 316, 360; acordo de trabalho 352-3; colonialismo 41, 132, 191, 419; cultura comum com a Inglaterra 154; intocáveis 522; língua inglesa 325; muçulmanos da 356; povos roma 501; relações com a Europa 113; *ver também* bengaleses; castas; Gandhi; hinduísmo; INC; punjabis; sikhs

Indian Opinion 224

Indiana 124

Índias Ocidentais 275, 365; catequisadores de escravos 115; possivelmente o mais importante papel da escravidão nas 413; *ver também* Caribe; Jamaica; Trinidad

Índias Orientais Holandesas 353

índice cefálico 94

índios americanos 168, **265-71**, 272, 306, 436; genocídio de 397; vistos como selvagens subumanos adequados somente para o extermínio 293

índios cherokees 267

índios seminoles 267

índios sioux 268

índios *ver* índios americanos; ameríndios; povos nativos

Indochina 41, 316, 353

Indonésia 41, 416; grupos étnicos 409

industrialização/desenvolvimento capitalista 384

inferioridade 100, 228, 229 248, 404; complexo que atormenta os negros 100; irlandeses tidos pelos colonizadores ingleses 99; natural

14, 98; negritude conectada à selvageria e à 97; negros, em certa medida, forçados a aceitar a 286; racismo se baseia em idéias de 561

Inglaterra 266, 384; católicos em Maryland 314; colonizadores da América 97-8, 266; colonizadores protestantes em Ulster 277; cultura 154; grupos fascistas 294; movimento rastafari 481; nordeste da 545; origem do capitalismo localizada na 113; origens dos skinheads 511; patriarcado 407; proletariado 340; protestantes na América 292; relacionamentos entre a África e a 435; rompimento com o catolicismo 276; "último centro de influência germânica" 239; *ver também* Birmingham; Blackburn; Bradford; Bristol; Bronwich Ocidental; Liverpool; Londres; Manchester; South Shields

inglês negro 324, 326-7

instituições legais e justiça criminal 52-4

insurreições 24, 267, 334, 422-3, 492; cidadãos não-judeus foram liquidados 234; precipitadas por questões relacionadas a trabalho 17

integração 119, 181, 218, **271-3**, 332; declarada impossível 227; gradual 20

inteligência 13, 239; e raça **273-6**; *ver também* QI

interior das cidades 421

International Migration Review 527

Interscope Records 477

intimidações 18

intocáveis 367

intolerância 350, 387, 561

investigações oficiais 321, 322

Irã 411, 502

Irlanda 99

Irlandeses: na América 136, 202, 278, 279; e colonialismo **276-81**;

na Grã-Bretanha 278, 311, 457; nacionalismo 339; piadas sobre 257; trabalhadores que migraram para a Inglaterra e a Escócia 339-40; vitimados e depreciados 99

irracionalidade 210, 461

Islã (islamismo) 38, 83, 410, 411; adoção do preto para simbolizar demônios 97; eficácia minada pela conquista 134; expansão 502; *ver também* Fruto do Islã; Nação do Islã; Comunidade Mundial do Islã

Israel 275, 356, 510; minoria árabe em 510; limpeza étnica em 235

Itália 132; cultura na 201; racismo na 465

Iugoslávia (antiga) 355-6; limpeza étnica na 235, 465-6, 507

Jackson, Jesse 54, 147, 282-4, 382

Jackson, Mahalia 92

Jacobson, L. 442-3

jains 83

Jamaica 57, 342, 481; dialeto 85; DJs na 475; estilo étnico de música 484; *ver também creoles*

James I, rei da Inglaterra 353

James, Winston 61

Japão, japoneses 76, 79, 133, 316, 352; Buraklumin (ETA) 119, 522; *gaijin* 397; mulheres 76

Jarrett, Cynthia 547

jati, 118

javaneses 409

Jeffries, Leonard 20

Jenkins, David 114-5

Jenkins, Roy, lorde Jenkins de Hillhead 271

Jensen, Arthur R. 13-4, 161, 274, 518-9

Jewison, Norman 303

Jim Crow 91, 177, 257, 284-6, 505

Johannesburgo 336

Johnson, Charles S. 377

Johnson, Guy B. 377

Johnson, Lyndon B. 33, 35, 290, 369, 492

Jones, Mack H. 186

Jordan, Colin 367

Jordan, Winthrop 97

Journal of Communication 380

Journal of Legal Studies, The 526

Journalism Quarterly 348

judaísmo 410

Judenfrei 467

judeus 194, 202, 305, 352, 361; afastados por comentários 382; alvos dos skinheads 513; aterrorizados pela KKK 292; demonstrações organizadas em torno de áreas com grandes comunidades de 221; emancipação dos 183-4; etnia 200; europeus 232-6; filhos da Europa Oriental, cabeça alongada 93; generalizações vulgares feitas a respeito dos 438; genocídio 502-3; *goyim* e 61; humor 256; influência no governo, literatura e arte 126; língua, história e cultura 200; massacre, na Rússia 508; minorias centro-européias no Zimbábue 562; mobilidade social dos 200; política da Solução Final 233; raça supostamente distinta e inferior 211; teorias de conspiração sobre 391; *ver também* anti-semitismo; diáspora; gueto; Holocausto; judaísmo; nazismo; sionismo

Junta de Relações Raciais (Grã-Bretanha) 321, 322

Kadafi, Muamar 337

Kansas 16, 267

Kant, Immanuel 459

Karim, I. B. 334

Katznelson, Ira 534

Keith, sir Arthur 161

Kemp, Jack 186

Kennedy, Robert 289

Kernner, Otto 492

Khaddar 225

khoikhoi (hottentots) 69

I-K

585

Kidd, Benjamin 159
kikuyu 42
King, Don 124
King, Martin Luther 15, 47, 127, 288-91, 305, 332; reconhecimento da inspiração em Gandhi 226; sobre toquenismo 534, 535; *ver também* Movimento pelos Direitos Civis; SCLC
King, Rodney 122-3, 422, 541
Kingsley, Charles 278
Kipling, Rudyard 133-4
Kirp, David 139
Klineberg, Otto 377
Knox, Henry 267
Knox, Robert 252
Kool Herc (*disc jockey*) 475
Kosack, G. & Castles, S. *Imigrant Workers in the Class Structure in Western Europe* 343
Ku Klux Klan 195-7, 229, 286, 512; termo neonazismo aplicado a 391
Kuper, Leo 389

Landry, Bart 109
Laos 77
lapps *ver* saami
lares consanguíneos 408
latinos 15, 49, 296-301, 471; acusados de estupro 121; crescimento do índice de natalidade/aumento da população 319, 541-2; escolas 50; políticas de detenção e revista em relação a 421; problemas com a imigração 300; venda de tóxico nas comunidades com populações majoritárias de 463
"lavagem cerebral" 134
Lawrence, Errol 248
Lawrence, Stephen 18
Le Page, Robert 326
LEAS (Local Education Authority) 557
Lebensraum 245
Lee, Bill 302
Lee, Jacquelyne (Shelton) 302
Lee, Spike 302-3, 335

lei da biogenética 244
lei internacional 230, 437
lei: direitos civis (EUA) 304-7; discriminação racial (internacional) 308; imigração (EUA) 314-9; imigração (Grã-Bretanha) 308-13; internacional 230, 437; relações raciais (Grã-Bretanha) 319-23; terra tida como *terra nulis* 437
leis penais (1697) 277
Lemkin, Raphael 230, 232, 236
Levelers 239
Lévi-Strauss, Claude 25
Levine, Lawrence 92
Lewis, Oscar 433
Líbano 358
liberalismo 395
"liberdade acadêmica" 431
Libéria 133, 228
Liberty Lobby 511
Líbia 337
Liga Antinazista 221
Liga de Defesa dos Brancos 366
Liga de St. George 294
Liga Muçulmana 225
Liga Pan-germânica 245
linchamentos 286; "legal" 121
língua galesa 329
língua(s) 12, 144; a capacidade de ser simultaneamente o mesmo e 254; africana 73; asiática 77, 83; diferença cultural e biológica 452; distinta/que distingue 152, 198; espanhol 128, 325; francês 43, 325; georgiana 502; hierarquia de 74; hindi 502; indo-européia 74, 324; inglês 43, 158, 325; iranic 502; judaica 200; nativa, incentivada 269; nativas 43; novos nacionais 43; oficiais 43; ossética 502; português 43, 325; raça, etnia e 324-9; redescoberta de 389; romani 502; sinais codificados em 430; swahili 43; tentativa de classificar os seres humanos com base em 397; *ver também* dialetos

línguas faladas 414
línguas indo-européias 74, 324
línguas maternas 82, 182
Linha da Proclamação (1763) 266, 267
linhas da cor 321, 329-31
Little Rock 73
Little, Earl 332
Liverpool 362, 496, 546; Toxteth 543-5
Londres 139, 204, 325, 336, 423; Brixton 241, 496; 497, 498, 542-3, 546; Dagenham 18; Hampstead 241; Notting Hill 58, 241, 362, 309; Red Lion Square 221; Southall 139, 362, 542; Tottenham (*Broadwater Fram*) 547; Tower Hamlets 446, 506; Whitechapel 362; *ver também* GLC
Lopez Tijerina, Reies 129
Los Angeles 110, 192, 476; Bel-Air 241; departamento de polícia (LAPD) 122, 124, 423, 425, 541; Koreatown 542; protestos/tumultos (1992) 48, 122, 422, 423, 540-2; rádio KACE 477; Watts 321, 376, 421, 492, 542, 547
Loteamento Geral, ou Ato de Dawes (1887) 268
Louisiana 286
Loving, Richard e Mildred 374
Lumpenproletariat 367
luta armada 427

Mabley, Jackie "Moms" 259
MacGregor, John 557-8
Macpherson, Mr. Justice 558
maias 266, 267
Majdanek 233
Malásia 326
Malawi 563
Malcolm X (Malcolm Little/El-Hajj Malik El-Shabazz) 47, 332-5, 381, 362; biografia filmada de 303
Manchester 18, 80; Moss Side 542-3

Mandela, Nelson 72, 335-7
Mandela, Winnie 337
Maoris 436, 437
máquinas partidárias democráticas (EUA) 279
Marable, Manning 289
Marcantonio, Vito 199
Marcuse, Herbert 396
Marger, Martin 272
Marginalização 29, 62, 503, 507
Marley, Bob 481, 483
Marshall, George 512
Marshall, Thurgood 53, 532
Marte 380
marxismo 151, 204, 246, 385, 522; categorias de análises 151, 487; ideologia 262; noções de fases históricas 162; racismo e 338-45; *ver também* capitalismo; classe
Maryland 51, 314
Mason, David 497
Mason, William 293
Massachusetts 99
massacres 102, 235, 508; *ver também* Sharpeville
Massey, D. S. 507
Mato Grosso 192
matriarcado 408
matrifocalidade 408-10
Mauritânia 192
Mayr, Ernst 157
McDuffie, Arthur 142
McGuire, George Alexander 228
McLaren, Peter 22
Meca 333
meia estirpe 253, 374
membro da casta 118
"memória" 280
Memphis 291
Mendel, G. J. 158, 236
mentalidade sambo 257, 404
mercantilismo 352-4
Merian, Lewis 269
mérito 345-7
Merton, Robert 442-4
Mesopotâmia 352, 407
mesticismo 218

L-M

587

mestizos 118, 266
Metzger, Tom 512
México, Golfo do 265
méxico-americanos 128, 297, 300; movimentos 87; singularidade entre imperialismo EUA 87; veteranos de guerra 128; *ver também* latinos
México/mexicanos 64, 86, 137, 352; imigração ilegal de 318
Miami: tumultos de Liberty City 142, **536-7**
Michigan Milityia 391
Middlesbrough 557
mídia: tentativa de expor/ ridicularizar preconceito na 258; massa 328; racismo e **348-51**
migração 80-2, 352-7, 432, 536; África varrida por ondas de 38; asteca 86; caribenha para a Grã-Bretanha 317; classe média e 299; contínua, latino-americana para os EUA 300; correntes atuais 356-7; destituição e 277-9; Escócia-Irlanda para a Nova América 278; forçada 235, 503; irlandesa para a Grã-Bretanha 339-40, 355, 457; legislação 57, 76; mão-de-obra 352; mão-de-obra da Nova Comunidade Britânica 457, 486; massa 115, 229, 281; não-regulada 309; padrões recentes de 298; rural-urbana 355-6; trabalhadores temporários 392; *ver também* imigração
Miles, Robert 343, 345, 474; grupos militantes 129, 291
Miller, W. R. 290
minangkabaus 409
minoria intermediária 42, **358-9**
minoria tuzi 38
minorias étnicas 141, 169, 272, 365; alegadas propensões ao crime de 425; ataques a 467; 342; autocontratação 106; bairros 422, 472; candidatos a eleições 129; crenças e teorias sustentadas por 474; desconfiança da polícia 18; filhos 182; harmonia de 371; língua 328; manejo da mídia com 348, 349, 350, 351; mudanças demográficas na população 541; prejuízo ao meio ambiente 464; retratados em filmes 303; super-representação na televisão britânica 349; união de 260
minorias/grupos minoritários 85, 304, 471; ações afirmativas projetadas para favorecer 15; brancos pobres 465; colonizados 136; comunidades 420, 466, 468; conexão e reagrupamento de 21; crescimento mais rápido, nos EUA 78; descrição humorística de 258; descrição/delineamento de 17; em posição de desvantagem 167; identificados 503; judeus e gregos 562; nacional 186; organizadas com base em gênero, classe e orientação sexual 87; preconceitos negativos contra as 440; quase todos os poderes das colônias tropicais européias governadas por 360; racial 328-9; segundo maior nos EUA (em breve as maiores) 297; subalternos 521; "super-identificação" com má qualidade de habitação 464; vitórias simbólicas sobre grupos majoritários 256; *ver também* ação afirmativa; ciganos; minorias étnicas
miscigenação 27, 374, 404
miss América Negra 124
missionários: século XVI 86; século XIX 114
Mississipi 90, 92, 176, 266
misturas de raças 27, 103, 118, 126
mobilidade social 202, 293; ascendente 59, 74
Moçambique 42, 353
Mohamed, Jan 174
Mohawks 270
Moldávia 502

molestamento: racial e racista 18, 48, 59, 82, **362-4**, 421, 506
mongóis 98, 120, 251, 265
mongolóides 454
monismo 244
monitoração étnica 365-6
Montgomery (Alabama) 288, 289, 367
Moore, Robert 464
mórmons 292
mortalidade 465; infantil 16
Movimento Britânico 222, **366-7**, 511
"movimento contra os trabalhadores braçais indianos e chineses" 75
Movimento do Povo Negro (África do Sul) 72
movimento Mau Mau 41
Movimento pelos Direitos Civis 48, 90, **367-70**, 540
movimento rastafari 200, 229, **479-82**; ideais 484; expressões do caráter etíope 115; música de 483; unidos por ancestralidade comum 200
Movimento Volkish 244-5
movimentos libertários 42, 214, 385
movimentos messiânicos 114, 116
Moyniban, Daniel Patrick 201
muçulmanos 81, 142, 397, 502; roma inicialmente identificados com 503; *ver também* Nação do Islã
muçulmanos negros *ver* Nação do Islã
Muddy Waters (Mckinley Morganfield) 92
Mugabe, Robert 336, 563
Muhammad Ali 381
Muhammad Speaks (revista) 381
mulatos 118, 374
mulheres 31, 403-4, 410-1; aquisição de talento reconhecido 346-7; condenação do rap 477; diatribes malevolentes contra 475-7; discriminação contra 34, 349-50; emancipação de 334;

humor 259; japonesas 75, 76; latina, alto índice de natalidade 319; o papel das 411-2; práticas que depreciam abertamente as 22; primeira senadora americana negra 55; rapto de 191; representação de outras raças sobrepondo-se às das 397-8; subalternas 194-5; "suposta" resposta ao abuso do rap 478; violentadas 121, 124; *ver também* direitos das mulheres; feminismo
Müller, Max 74
multiculturalismo 20, 154, **371-3**; "ativo, produtivo" participantes de 22, cursos sobre 431; "policêntrico" 21; processo para levar a 20; *ver também* educação; correção política; ideologia
multilingualismo 182, 325
multirracialismo/birracialismo **373-6**
Munroe, B. 259
Murphy, Eddie 257
Murray, Charles 13-6, 19, 147
música 85, 152; *ver também* blue beat; blues; rap; reggae; rhythm and blues; ska
música gospel 92
música reggae 328, 481-2, **483-4**
musicais 259
Myrdal, Gunnar 118, 485; *An American Dilemma* 47, **376-8**

Nação do Islã (muçulmanos negros) 333, **379-82**
Nação Ewe 42
Nação Ibo 42, 232
Nacional-socialismo *ver* Nazismo
nacionalidade 397
nacionalismo 86, 211-2, 240, **383-5**; classe e 339-41; "econômico negro" 147; extremo 208; genuíno 42; ideologia do 262, 383; irlandês 339; negro 332; romântico 244; separatista, alerta para o 452; Terceiro Mundo 162
Namíbia 41

"não-brancos" 69, 101, 321, 419, 506

Napoleão Bonaparte 184

National Front (Alemanha) 511

National Institute of Prejudice and Violence 50-1

Natural Resources Defense Council 471

nazismo 245, 426, 510; anti-semita, genocídio 509; campos de concentração 185, 234; filosofia 126; genocídio e judeus europeus 233; líder nacional que foi simpatizante 70; palavra alemã *Rassismus* desconfortável associada com a era do 561; *slogans* 467; *ver também* Chamberlain; Gobineau, Haeckel

négritude 116, 388-90

negro spirituals 91

negros: abuso de mulheres no rap 478; antagonizados por 412; ataques aos 17; brancura e a desvalorização da negritude para os 100; classe média 108-10, 290; classe pobre e trabalhadora 110; classificação de indivíduos como 374; consciência de pertencer a um mesmo povo 254; cristandade e 221, 333; definidos 47; distinções entre brancos, mulatos e 330; encorajados a se defender por si mesmos 12; escolha de categoria racial 376; gueto 522; índice mais alto de condenação dos 195; jovens desempregados 60; legado modificado e vendido para uma nova geração 335; linchamentos dos 293; linguajar dos 85; movimentos nacionalistas messiânicos dos 114; música com referências específicas aos 92, 478; naturalmente adequados à servidão e ao trabalho 98; naturalmente inferiores 14; o termo "negro" recodificado 87; oportunidades de voto dos 306; oposição aos direitos sociais e legais concedidos aos 292; pesquisa especial das NU a respeito das formas contemporâneas de racismo 387; política 342; proposta de que fossem esterilizados os 14; relações de poder 418; ridicularizados como idiotas divertidos 284; senso de coletividade que precisa ser descoberto 20; servidão aos brancos, precursora da exploração dos 99; sistemática supressão da potencialidade dos 388-9; subordinação aos brancos 186; tentativa de imitar os estilos de vida da classe média branca 200; venda de tóxicos em comunidades com populações de maioria 463-4; violência entre brancos e 58, 309; visão da masculinidade 124; visão da migração em massa para a África 115; *ver também* afro-americanos; afro-caribenhos; direitos civis; também tópicos acima prefixados por "negro"

neodarwinismo 158

neonazismo 221, 292, 390-1, 469, 504; partidos políticos 82, 390

Nepal 133

nepotismo 514

New York Times 472

New York Times Magazine 535

Newark (Nova Jersey) 421, 492

Newman, Oscar 445

NIDL (Nova Divisão Internacional de Mão-de-obra) 392-3

Nigéria 189, 232, 360

Nike 283

Nixon, Richard M. 33, 90

Noble Drew Ali (Timothy Drew) 379

Nordenstreng, Karl 349

Nott, Josiah Clark 252

Nottingham 58, 309, 362

Nova Comunidade Britânica 81, 311; migração da mão-de-obra para a Grã-Bretanha (década de 1950) 457, 486

Nova Jersey 475
Nova Orleans 152, 266, 382
Nova York 78, 475, 537; Bronx 381; Brooklyn 302; "caso do corredor" do Central Park (1989) 121-2; Corporação Carnegie 376-7; polícia 335; porto-riquenhos 432-3; prefeitos negros 54, 55; WBLS Rádio 477; *ver também* Harlem
Nova Zelândia 353, 436, 481
Novo México 129
Novo Negro" 100
NWA (banda de rap) 476-7
Nyerere, Julius 530

OAAU (Organização da Unidade Afro-americana) 333
Oca 270
Oceania 436
ocupações manuais 81
OFCC (Gabinete de Anuência de Contratos Federais) 35
"Oi!" (música skinhead) 512
Oklahoma 267, 391
OLP (Organização de Libertação da Palestina) 337
Omaha 333
Omi, M. & Winant, H. *Racial Formation in the United States* 342
ontogenia 244
ONU 188, 192, 386-8, 510; Declaração dos Direitos Nativos 328; Pesquisa Especial sobre Racismo e Xenofobia 561; *ver também* CERD; ICERD; UNCG; Unesco
oportunidades iguais 107, 140, 271, 365, 394-6, 471; apoiadores das ações afirmativas complicam o conceito 346; política igualitária conservadora 17; *ver também* EEOC
Ordem (grupo supremacista branco) 391
orientação sexual 87
orientalismo 397
origem nacional 31, 35

otomanos 503
ouro 75, 266
"outros tipos de mães" 215
outros/diferença 100, 131, 255, 396-9, 451; negação de voz para 521; "não-civilizados" 277

Pai Divino 117
países ricos em petróleo 356
palavras osséticas 502
Palestina 337, 356, 508, 509
Panteras Negras 129
papuas 245
paquistaneses 163, 512; episódios de "surras em paquistaneses" 362
Paquistão 57, 356
Paracelsus 251
Paraibuna 192
Paramount Pictures 303
parentesco 400-2, 402, 404, 409, 514
párias 119, 522
Paris 335
Park, Robert 485
Parks, Rosa 288, 367
Partido Conservador Britânico 57, 148
Partido de La Raza Unida 129
Partido Libertadoor Inkatha 337
Partido Nacional Africano 73
Partido Nacional Britânico 367
Partido Socialista Nacional (Grã-Bretanha) 367
Partido Trabalhista (Grã-Bretanha) 57, 310, 311, 320; "bancada negra" 548
partidos políticos: neofascistas e de direita 466; nazistas 390; neonazistas 82; *ver também* Conservador, Trabalhista
"passagem" 330
passaportes 313
paternalismo 40, 402-4
Paton, GEC 257
patriarcado 22; e etnia 405-12
patrimônio da humanidade 30
Peach, Blair 221
Pearson, Karl 204

N-P

591

Pech, Randy 15
Península do Cabo York 30
Pensilvânia 314
penteados africanos 100
pentecostalismo 59, 413-5
"periferia lunática" 309
perseguição 75
Peru 192, 354; *ver também* incas
pessoas à procura de asilo 188, 356-7, 311-2
pessoas prejudicadas 431
Pessoas Unidas para Salvar a Humanidade (PUSH) 282, 283
Pettigrew, Thomas 440-1
Phillips, Kevin 49
Phizacklea, Annie 343
piadas, *ver* humor
pied noirs 354
Pieterse, Jan 97
pigmentação *ver também* linhas de cor; cor de pele
pluralismo 143, 371, 415-7; cultural 38, 84; estrutural 84; heranças ao longo de gerações 374; "igualitário" 198; 272
pobreza 177, 290, 463, 464, 506; crianças negras com três vezes mais probabilidade do que as crianças brancas de viver em 16; "cultura da" 433; emprego e 51-2
pobreza 71
poder 20, 398, 405 418-20, 430; centralizado no macho 405; *ver também* Black Power
poder/conhecimento coincidentes 430
polícia 142, 543; assassinato de 546; aumentando os poderes de 313; autoridades oficiais identificadas pela 478; britânica após tumultos da década de 1980, 425; hostilidade dirigida contra 543, 545; incidentes de molestamento racial registrados na 18; investida contra 476; metropolitana 545; negros e 492, 536-40; policiamento "pesado" e "suave" 497; predominantemente forças brancas 48; provas plantadas 124; provocação por parte da 536; racismo e 420-5; relações aborígenes com a 29, 421; surras administradas pela 122; tortura e assassinato por parte da 72; uso de gás lacrimogênio e cacetetes 546; violência excessiva por parte da 541

policiamento deficiente 421-2
policiamento excessivo 420-1
polissemia 451
politicamente correto 429-31
políticas 54-5, 87, 198, 221; feminista 213; raça e 426-9
poloneses cristãos/judeus 234
Popat, Andrew 148
populações indígenas 360; direitos 437; eliminação gradual 102; genocídio 397; línguas/tradições 43
Porto Rico 184; porto-riquenhos nos Estados Unidos 137, 297, 298-9, 432-3
pós-colonial 254, 280, 434-5
Poulantzas, N. 262
povo dravidian 502
povo pratihara 502
povo saami 437
povo wik 30
povos nativos 436-7
Powell, C. 257
Powell, general Colin 48
Pravda 510
pré-requisitos residenciais 315
preconceito 146, 161, 176, 421, 438-41, 445; confinamento cultural em virtude de 29; fascismo e 211; mídia e 257, 234; negação das origens para superar o 280; polícia 421, 422; "raça" 89; vítimas do 75
preconceito 51, 351
Prêmio Nobel da Paz 14, 290, 376
pretos 101; *ver também* afro-americanos; negros
Price-Mars, Jean 389

principado de Wallachian 502
privação 133, 196; cotidiana 467; comparação 141
processo de procriação 103, 161, 454; marital e extramarital 105
Proclamações de Emancipação (EUA): (1862) 189; (1863) 284.
profecia autocumpridora 442-4
Programa "To" *ver* eutanásia
Programas de Empresas de Negócios de Minorias 36
progroms 95, 397; Polônia 126, 333, 344; migração de poloneses 136, 355
Projeto de Lei das Relações Raciais (Grã-Bretanha, 1965) 321
proletariado 247, 264, 340
proletarização 218
prosperidade 52, 72, 118
protestantes 276, 280; *ver também* WASPs
Protocols of the Learned Elders of Zion, The 68
Pruitt-Igoe 444-6
Pryor, Richard 257
psicanálise 396, 411
Punch (revista) 278
punjabis 83

QI (cociente de inteligência) 13-4, 250, 273-6, 518
quakers 314
Quarles, Benjamin 534
Quebec 270
Queen Latifah (artista de rap) 478
Quênia 41, 42, 80, 81

raça 213, 447-56; aplicação de raciocínio científico para a compreensão da 98; biológica 375; catalisadores de tumultos 122; definições que promovem "cegueira" 214; derivação de 126; dificuldade de tratar da 11; germânica 98; hierarquia da 74; incidentes violentos em que foi um fator de motivação 18; inferior 99; inteligência e 13,

273-5; língua, etnia e 324-9; noções fixas, essencialistas de 21; política e 426-9; preocupação de classificar os seres humanos com base na 397; privilégios 98; "proto-raça" 380; relações entre classe e 150; superior 100; uso como construção em discurso comum da língua inglesa 158
raça mista *ver* misturas raciais
raça negróide 454
racialismo 223, 373
racialização 344, 366, 456-7
racionalismo 62, 145
racismo 207, 385, 429, 458-62, 491, 533; aborígenes australianos 28, 29; ações afirmativas, a principal arma no ataque ao 16; asiáticos na América 76-7; ausência de responsabilidade estatal pelo 394; biológico 428; branco 421; capitalismo relacionado ao 378, 462; caso ou julgamento tornado público que corporifica 121; científico 252, 428, 456, 460, 365; classe trabalhadora 340, 342; comportamento de sala de aula monitorado para erradicar o 43; comprometimento com o 367; concepção anti-racista do 180; declaração do Parlamento Europeu contra o (1986) 560; demonstrações e encontros organizados em torno do 221; disseminado 294; dissolvido, mito do 218; distinto de xenofobia 561; do meio ambiente 463-5; drogas e 176-8; espectro de ataque motivado por 122; estado 341; europeu 465-9; exacerbado 16; experiência comum de 198; explícita subordinação 211; fontes mais fortes de 94; fracassando em reconhecer o significado do 373; história nas organizações feministas 214; humor e 256; ideologia 168, 215,

P-R

593

216, 247, 343-5; inato do 38; institucional 469-73; interação entre política e 342; invertido 473-5; luta 333; marxismo e 150, 338-45; mídia e 348-51; motivo das ações LAPD 124; oposição aos direitos sociais e legais concedidos aos negros 292; organização marginal com comprometimento com 367; *passim*, 190, 426, 459, 461-2, 481; pesquisa especial das NU sobre 387, 561; polícia e 18, 420-5; políticas oficiais designadas a aliviar as conseqüências do 19; por procuração 107; procura de verdades 13; projetando um argumento 98; raça e 298; relação entre fascismo e 211; resistência maior e mais aberta a 61; sancionado pelo governo 177; sionismo como forma de 510; virulento 189, 330; visto como baseado em idéias de inferioridade 561

racismo científico 252, 428, 456, 460, 519

racismo do meio ambiente 463-5

racismo institucional 104, 343, 469-73; como um instrumento de opressão 495; polícia 424, 497

racismo invertido 473-5

Rainwater, Lee 445

Rakim (artista de rap) 170

Randel, William 293

Ranger, T.; Samad, Y. e Stuart, O. *Culture, Identity and Politics* 200

rap (música) 170, 335, **475-9**

Ratzenhofer, Gustav 159

reafirmação 279-81

Reagan, Ronald 34, 37, 53, 55, 395

reassentamento 103

reciprocidade 515

Reeves, Frank 366

reflexão 219

Reformas de Montagu — Chelmsford (1919) 225

refugiados 77, 78, 297; ataques a campos de 422; políticos 80, 299

região dos grandes lagos 265

regime de classe autoritário 209

Regulamento Coolie 352-3

Reid, Antonio "LA" 479

relações raciais 48, 120, 450, 485-91

Relatório Dillingham (1910) 316

Relatório Kerner (1968) 49, 350, 421, **492-5**, 496

Relatório Scarman (1981) 421, 495, **495-9**, 544

Relatório Swann (1985) 499-50, 518

religião 144, 228 391, 410-1; africana 73; discriminação com base em 31, 35; indígena 268; "maconha" imbuída de propriedades 481; negra, elementos de outro mundo 389; *ver também* cristianismo, hinduísmo; Islã; judaísmo

Renan, Ernest 67

represálias 289

República Tcheca 465, 503, 513

republikaner 467

Repúdio 279, 397

reservas 266-7, 270

resistência passiva, *ver* desobediência civil não-violenta

Rex, John 131, 464

Rhodes, Cecil John 562

rhythm and blues 484

Rice, Thomas 284

Robinson, Cedric 344

Rodésia 353; *ver também* Zimbábue

roma, 501-4

romanos 126, 407

romanização 244, 279

Romênia/romenos 465, 467, 502

Root, Maria P. P. 375

Rose, Arnold 377

Rose, Tricia 478

Rosenthal, R. 442-3

rótulos pejorativos 172

Rousseau, Jean-Jacques 418

Rowe, W. & Schelling, V. *Memory and Modernity* 254

Ruanda 235
Rush Communications 479
Russel, John, 277
Rússia 133, 184, 502; 508
Rustin, Bayard 288
Rutherford, J. 170

Saddam Hussein 283
Said, Edward W. 398, 435
Samad, Y.; Ranger, T. Stuart, O.
  Culture, Identity and Politics
  200
San Francisco 442-3
sânscrito 502
Santh, Roxanne 478
São Paulo 192
Sartre, Jean-Paul 435
Satyagraha 224
saúde 216, 269, 318, 433, 465;
  "não-brancos" impedidos de
  entrar em repartições 506
Sauvy, Alfred 529
Sayles, John 442
Schelling, V. & Rowe, W. *Memory
  and Modernity* 254
Schlesinger, Arthur 20
Schopenhauer, Arthur 396
"Scratching" 476
segregação 48, 147, 241, 285, 286,
  505-7, 561; duração longa
  depois do final da escravidão 12;
  educacional 138-40, 285, 289,
  304, 305; étnica 463; física 426;
  galopante 494; institucionalizada
  104; legislação que possibilitou 2;
  organizações femininas 214;
  políticos que se declararam
  contra 70; transporte 289, 304;
  ver também apartheid; fim da
  segregação
segregação *de facto* 506
segregação *de jure* 506, 507
seleção natural 157, 161, 449
seleção sexual 157
Selma 290
"selvageria" 121
Senghor, Leopold 116, 389
Seraw, Mulvgeta 512

Sérvia 502
sexismo 429, 461
Shakeaspeare, William 282
Sharpe, Samuel 115
Sharpeville 72, 387
Shockley, William 14
Shohat, Ella 21
sicilianos 316
siddis 502
Sierra Club 471
significados 451
significante 450-3
sikhs 85, 316; conflitos com
  muçulmanos 142
Simi Valley 542
Simmons Russell 479
Simpson, Nicole 12, 124
Simpson, O. J. 11, 124, 423
sinônimos 98, 294, 453-6
sionismo 387-8, 474, 508-11
sistema mita 354
sistema vinculado ao débito 192
sistemas de gênero sexual 405, 407,
  412
Sisulu, Walter 336
Sithole, Ndabaningi 564
Sivanandan, A. 56
"ska" 484
skinheads 362, 366, 511-3, 543,
  504
Smedley, Audrey 100
Smith, Adam 146
Smith, Charles Hamilton 252
Smith, Clare 259
Smith, Ian 384
Smith, John Maynard 513
Smith, Samuel Stanhope 66
Smuts, Jan Christian 70
Snoop Doggy Dogg (artista de rap)
  477
Sobibor 233
Social Research 162
socialização 175
Sociedade Antiescravidão 192
Sociedade Audubon 471
Sociedade Gaélica 276
Sociedade Wilderness
sociedades multiétnicas 72-3, 467

R-S

595

sociobiologia 513-6
South Shields 362
Sowell, Thomas 147, 525
Soweto 72
Spencer, Herbert 159
Spivak, Gayatri 435, 521-2
Sri Lanka 166, 191
St. Louis 266
Stam, Robert 21
Steele, Shelby 106
Sturat, O.; Samad, Y. Ranger, T. *Culture, Identity and Politics* 200
sub-rendimento 60, 304, **516-20**
Subaltern Studies (revista) 521
subalternos 521
subclasse 202, 423, 472-3, 476, 478, **522-4**; cronicamente dependentes; virtual 81
subordinação 135, 186, 228, 286; mercado de trabalho 58; representação de humanos 434-5; sexual feminina 405-6
Sudeste da Ásia 113, 385
Suécia 437
Sugar Hill Gang (banda de rap) 476
Suíça 272
sul-asiáticos: na Grã-Bretanha 17, 106, 142, 198, 241, 309; alunos escolares 139, 518, 558; *ver também* "Pakis"
Sumner, William Graham 159, 160
superpopulação 57
Suprema Corte (EUA) 55, 289, 445, 531, 532; Brown v. Board of Education, Topeka, Kansas (1954) 15, 138, 305, 368, 556; vários outros casos 31-7, 52, 285, 304, 305, 307
supremacia branca 240, 292; crenças vagas e possivelmente incoerentes a respeito da 451; movimentos 460-1; opressão "estrutural" na forma de 22; política fixada para manter a 69-70; termo neonazismo aplicado a grupos 391
swahili 43
Sweezy, P. 151

S-T

596

Tailândia 77
Taiwan 78
Tambo, Oliver 336
Tan and Tan (efeito da mídia na auto-estima dos negros) 350
Tanzânia 41, 43, 80
tasmanianos 397
Teamsters' Union 128
televisão 258, 349-50
Templo Americano da Ciência Moura 379
Tenochtitlán 86
teoria da escolha racional **525-8**
"teoria da modernização" 163
teoria do subdesenvolvimento 174-5
teoria matemática 157
teorias conspiratórias 391
Terceiro Mundo 162-6, 349, 392-3, **529-31**
terrorismo 366
Teste de Aptidão Escolar (SAT) 50
testes acadêmicos padronizados 473
Texas 86, 129
Thatcher, Margaret, baronesa 106, 116
Thomas, Clarence, 53, **531-3**
Thomas, L. V. 388-9
Thomas, W. I. 442
Thoreau, H. D. 289
Time Warner 477
"Tio Tom" ver toquenismo, 534-5
tipologia racial 98, 156, 246-7, 252
"toasting" 475, 483
Todorov, Tsvetan 398
tolerância 48, 76, 103, 271
toquenismo **534-5**
Torá 68
Tosh, Peter 482
trabalhadores de *repartimiento* 354
trabalho escravo 184
trabalho, *ver* emprego
traços faciais 105
tradição judaico-cristã 410
Transkei 335
Transvaal 70, 133
Treblinka 233
tribalistas 42

tribos bantu 69
Trinidad 154
Trivers, Robert 515
tumultos: EUA (1965-67) 291, 492,
537-40; (1980) 536-7; (1992)
422, 540-2; *ver também*
Birmingham (Alabama); Detroit;
Los Angeles; Miami; Newark
tumultos: Grã-Bretanha (1981) 17,
350, 422, 542-5; (1985) 422,
546-8; *ver também* Birmingham
(Inglaterra); Blackburn; Bradford;
Bristol; Liverpool; Londres;
Manchester; Nottingham; West
Bromvich
turcos 133, 232, 468-9
Turner, Henry M. 116
Tylor, sir Edward 153
Tyndall, John 367
Tyson, Mike 124

Ucrânia 232
UFW (União dos Trabalhadores
Agrícolas) 127
Uganda 40, 42, 80, 81, 235
Ulster 277, 280
UNCG (Convenção das Nações
Unidas sobre Genocídio, 1948)
232
Unesco (Organização Educacional
Científica das Nações Unidas)
549-51
UNIA (Associação Universal do
Progresso Negro) 116, 228, 333
União Nacional Britânica de
Jornalistas 365
União Soviética (antiga) 133, 234,
465; escravidão 185, 192
Universidade da Califórnia 37
Universidade de Birmingham
(Inglaterra) 248
Universidade de Massachusetts 47
Universidade de Missouri 304
URSS *ver* União Soviética

Vacher de Lapouge, Georges 159
Vale do Mississipi 265, 266
Vallance, Russ 192-3

Van den Berghe, Pierre L. 188-90,
193, 554
Van Eurie, John 100
varíola 26, 102, 265
varnas 118
Venezuela 356
vergonha 280
Versalhes, Tratado de (1919) 235
Verwoerd, Hendrik Freutsch 71
Vietnã 77, 78; Guerra 76, 291
Villareal, Roberto 187
violência 291, 297, 547, 542-3;
agitação 122; autodefesa,
inteligência e 336-7; de caráter
regional 142; endossamento da
332; étnica 366; índices de
acusação por crimes 95;
interétnica 83, 141; movimentos
de extrema direita 468-9; negros
e brancos 58, 308-9; oposição a
542-3; polícia, excessiva 536;
racial 48; racista 59, 465-7;
sectária 280
Virgínia 53, 55, 374
vírus
Vlaams Blok 467
Vlax Roma 502-3
Vogt, Carl 125, 159
Volk 553-4
Voltaire 66

Waddington, C. H. 158
Waitangi Tribunal (1975) 437
Walker, Alice 215, 303
Wall Street 121
Wall Street Journal/NBC News Poll
(1991) 12
Wallace Deen Muhammad 381
Wallman, Sandra 199
WAR (Resistência Ariana Branca) 511
Ward, R. 359
Warner Brothers Records 477
Warner, W. Lloyd 118, 150, 176,
377, 485
Warren, chefe de Justiça 305
Washington (DC) 123, 374, 382,
421; Projeto de Sentenças de 54;
Relatório do Censo 319

T-W

597

Washington Post 303
Washington, Booker T. 147, 227
Washington, Desiree 124
Washington, Harold 55
WASPs (Protestantes Anglo-saxões Brancos) 279, 292, 360-1
Weber, Max 112, 419
Weizmann, Chaim 508
West Bromwich 139
West Indian Gazette 59
West Side Story 433
West, Cornel 122, 478
"White Flight" 555-8
Wierviorka, Michel 21
Wilkins, Roger 49
Wilkinson, Bill 294
Williams, Sherley Anne 215
Wilson, A. N. 67
Wilson, Edward O. 513
Wilson, Pete 541
Wilson, William Julius 109
Winant, H. & Omi, M. *Racial Formation in the United States*, 342

Winfrey, Oprah, 49
Wippler, R. 528
Wirth, Louis 242
Woltmann, Ludwig 245
Wounded Knee, batalha de (1890) 268, 270

Xavier University 152
xenofobia 357, 387, 560-1

Young, Arthur 277
Young, Crawford 162
Young, Robert 21

Zâmbia 563
zambos 118
Zanzibar 39
Zenner, W. 359
Zhou 352
Zijderveld, A. 256
Zimbábue 40, 41, 562-5
Zinkhan, G. M. 348-9
Zona Asiática Obstruída 316
zoroastristas 83

www.gruposummus.com.br

IMPRESSO NA
sumago gráfica editorial ltda
rua itauna, 789　vila maria
02111-031　são paulo　sp
tel e fax 11 **2955 5636**
sumago@sumago.com.br